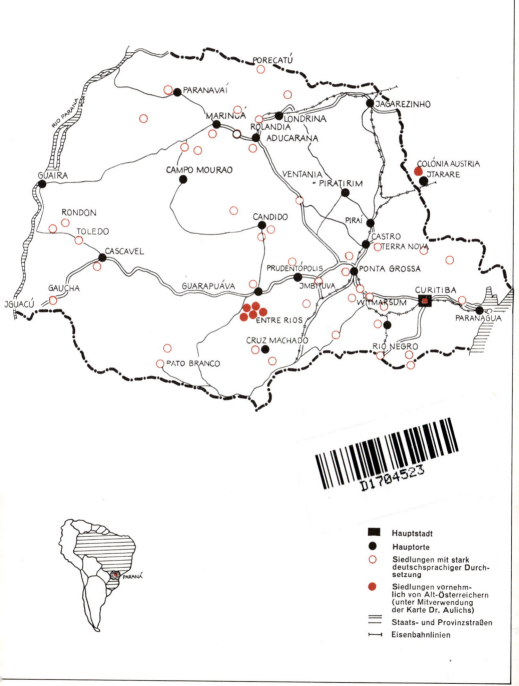

IIg
HEIMAT SÜDAMERIKA

Karl Ilg

HEIMAT SÜDAMERIKA
BRASILIEN UND PERU

Leistung und Schicksal deutschsprachiger Siedler

Mit 47 Farbbildern, 26 Zeichnungen und 12 Karten

TYROLIA-VERLAG
INNSBRUCK–WIEN

Bilder am Umschlag:
vorne: Donauschwabenfleiß in Paraná (Foto Ilg)
hinten oben: Aufstrebendes Curitiba, Paraná (Foto Ilg)
unten: Die „VW-do-Brasil"-Werke in São Paulo (Foto VW)

Zeichnung der Vorsatzkarten Grafiker Depaoli, Innsbruck
(nach Vorlagen des Verfassers);
Bild Nr. 5 „Erzherzogin Leopoldine", Stich von Natale Schiavoni
(Bildarchiv Österr. Nationalbibliothek);
alle übrigen Aufnahmen vom Verfasser.

CIP-Kurztitelaufnahme der Deutschen Bibliothek

Ilg, Karl:
Heimat Südamerika : Brasilien u. Peru ; Leistung u. Schicksal deutschsprachiger Siedler / Karl Ilg.
– 2., neubearb. Aufl. – Innsbruck ; Wien : Tyrolia-Verlag, 1982.
    1. Aufl. u. d. T.: Ilg, Karl : Pioniere in Brasilien
    ISBN 3-7022-1449-6

1982

ISBN 3-7022-1449-6

Alle Rechte bei der Verlagsanstalt Tyrolia Gesellschaft m.b.H., Innsbruck
Satz, Druck und Buchbinderarbeit in der Verlagsanstalt Tyrolia Gesellschaft m.b.H., Innsbruck

Zur ehrfurchtsvollen Erinnerung
an die österreichische Erzherzogin
und erste Kaiserin Brasiliens

DONA LEOPOLDINA

und an die namenlosen Leistungen
der deutschsprachigen
Kolonisten Südamerikas

INHALTSVERZEICHNIS

Einleitung 9

1. TEIL
AUF ERKUNDUNG, DAS MILIEU 13

Siedlungsschauplatz Brasilien 14
Alte deutsche Verbindungen zu Brasilien 16

Österreicherin an deutscher Einwanderung vordergründig beteiligt 22
Die Werbetätigkeit Major von Schäffers 25

Urbarmachung in Rio Grande do Sul 29
Die ersten eigenen Eindrücke 32
São Leopoldo, Ausgangsort der Kolonisation 41
Der Aufmarsch in die Serra und ins Hügelland:
Urwaldrodung – Pioniertat der Deutschen 45
Deutsche Urwaldrodung erschließt neue Nahrungsflächen 48
Gründe der Auswanderung und die Herkunftsgebiete unserer Kolonisten 52
Der Siedlungsausbau in den fünfziger Jahren 55
In Rio Grande vor und nach der Jahrhundertwende 57

In Santa Catarina 64
Die Landschaft, Schwierigkeiten aller Art 64
Im deutschen Städtedreieck 66
Die Urbarmachung des „Hinterlandes" von Santa Catarina 78

Die Kolonisation in Paraná 95
Zukunftsreiches Land! 95
Große deutsche Zuwanderung nach Paraná nach dem Ersten Weltkrieg 101
Der äußerste Far-West in Paraná 121

Deutsche in Stadt und Staat São Paulo 126
Der deutsche Beitrag zur Industrialisierung Brasiliens, Schwerpunkt
São Paulo; die deutschsprachigen kulturellen Einrichtungen 129
Das Heydtsche Reskript 137

Rio, Hauptstadt des Kaiserreiches: für viele Deutsche erste
Begegnungsstätte mit Brasilien, Petropolis 139

Deutsche Kolonisten in Espirito Santo 141
Zuerst Siedlungen im „Kalten Land" 141
Die Deutschen im „Warmen Land" 151

Deutsche auch in Minas Gerais und weiter im Norden 154

Vorstoß in den Mato Grosso 157
Vor allem deutsche Binnenwanderer 157

Sehr alte Siedlungen auch in Peru 161
Neue Tochtersiedlungen 179

Überleitung 185

2. TEIL
VOLKSKUNDE DER DEUTSCHSPRACHIGEN KOLONISTEN
IN BRASILIEN UND PERU 189

Siedlungs-, Flur- und Wirtschaftsform 191
Zuerst Waldhufensiedlung, dann Streusiedlung und Haufendörfer 194
Auch in den Städten deutsche Siedlungseigentümlichkeiten 195
Gemischte Landwirtschaft im Gegensatz zu bisheriger Monokultur 196
Urwechselwirtschaft, Hackbau 199
Die typischen Anbaupflanzen 200
Landwirtschaftliche Geräte, neue und gewohnte 202
Verkehrsmittel 206

Die Volksnahrung 208

Bauen und Wohnen 214
Die Bautechnik, Riegelwerk, Pfahlbau 217
Struktur und Einrichtung des Kolonistenhauses 219
Tiroler Haus, Donauschwabenstil 227
Wie die Pozuziner in Peru bauen 229
Die allgemeine bauliche Weiterentwicklung 231
Typische Hofformen 232
Die deutschen städtischen Bauformen 235

Die Siedlertracht 237
Die Männerkleidung 237
Die Frauenkleidung 239
Historische Trachten 240

Sitte und Brauch 243
Sippen- und Familienbindung 244
Erbfolge, Aussteuer und Hochzeit 244
Begräbnissitten 247
Die Nachbarschaft 249
Die „Vendas" 249
Andere Gemeinschaften 251
Die Bräuche, die Lebensbräuche 254
Auch eigene „Kolonistenheilige" 254
Heil- und Abwehrkräfte 255
Die Tauffeier 255
Die Trauung 256
Totenbrauch 257
Das Weihnachtsfest, Höhepunkt
im Jahresbrauch 258
Brauchtum im übrigen Jahr 260
Palmbuschen, Heiliggräber, Osterspiele 262

Die Dialekte 265
Neustammbildung 266

Schlußwort 270

Register 271

EINLEITUNG

Bei der Abfassung meiner ersten Darstellung über unsere Siedler in Brasilien und Peru, 1972[1], verfügte ich weder über den Raum noch die Möglichkeit, die Leistungen unserer Siedler in diesem gewaltigen Lande und auch in Peru, wo namentlich Tiroler und Rheinländer beachtliche Siedlungsarbeit leisteten und noch leisten, so aufzuzeigen, wie ich dieses in meiner Darstellung „Pioniere in Argentinien, Chile, Paraguay und Venezuela", 1976[2], versuchen konnte. Eine Neufassung war daher geboten.
Dieses umso mehr, als der erste Band „Pioniere in Brasilien" unerwartet rasch vergriffen war, und bei der Anschaffung des zweiten Bandes über die anderen genannten Länder immer nach dem ersten gefragt wurde, allein schon, um der Vollständigkeit willen. Doch muß hinzugefügt werden, daß auch die gewaltige Entwicklung, die sich in diesen Ländern in den vergangenen zehn Jahren vollzog, als auch die vielen *Neugründungen* von deutschen Siedlungen eine neue Darstellung rechtfertigen, wenn nicht herausfordern.
Um ihr gerecht zu werden, habe ich diese Gebiete in weiteren Expeditionen zu erforschen gesucht.
Die empfangenen Unterstützungen zur Durchführung dieser Untersuchungen verpflichten mich wieder zu größtem Danke: Zunächst meinem zuständigen Bundesministerium für Wissenschaft und Forschung in Wien mit Frau Bundesminister *Dr. Hertha Firnberg* und dem ersten *Sektionschef DDr. Walter Brunner.* Neben aller anderen Hilfe danke ich ihnen auch für die nötige Freistellung. Im weiteren danke ich dem Österreichischen Fonds für wissenschaftliche Forschung unter den Professoren *DDr. Rohracher* und *Dr. Tuppy,* nicht minder den Landesregierungen von Tirol unter Landeshauptmann *ÖR. Wallnöfer* und Landeshauptmann-Stellvertreter *Dr. Prior* und von Vorarlberg unter Landeshauptmann *Dr. Keßler.* Außer diesen sind wir den Herren Generaldirektoren der Österreichischen Länderbank, *Dr. Erndl, Dr. Vranitzky* und ganz besonders unserem Freunde und Gönner Senator *Prof. Hanns Bisegger,* Bielefeld, zugleich Honorarkonsul von Guatemala, größten Dank schuldig. Wir schließen in diesen aber auch die verehrten konsularischen Vertreter unseres Heimatlandes, allen voraus Generalkonsul *Rainer von Harbach,* Curitiba, sowie die Herren des Hans-Staden-Instituts in São Paulo mit Direktor *Fouquet* und *Dr. Fröhlich* sowie *Dr. Kleine* vom „Verein 25. Juli", São Leopoldo, mit ein. Ich habe aber nicht minder auch vielen konsularischen Vertretern der Bundesrepublik Deutschland Dank und Anerkennung auszusprechen. Dieses gilt auch für die Unterstützung bei der Vorbereitung der Reisen und bei den daraus resultierenden Hilfsaktionen.
Da für einen österreichischen Forscher die ihm zur Verfügung gestellten Mittel nicht sehr bedeutend sind, mußten sie stets möglichst effizient genutzt werden. In bezug auf Verkehrsmittel als auch an Begleitpersonen ließ sich am erfolgreichsten sparen.
Wie auf den früheren Forschungsfahrten 1965/66 und 1968 nahmen wir uns (meine Frau und ich) auch auf den nachfolgenden in den Jahren 1973, 1974, 1977 und 1978 stets vor, mit den Verkehrsmitteln des einfachen Mannes zu reisen. Nicht allein aus notgedrungener Sparsamkeit, sondern auch in der Erfahrung, auf diese Weise am besten und schnellsten die geographische, ethnologische

---

1 Ilg, Karl: Pioniere in Brasilien. Tyrolia-Verlag Innsbruck–Wien–München 1972
2 derselbe: Pioniere in Argentinien, Chile, Paraguay und Venezuela. Tyrolia-Verlag Innsbruck–Wien–München 1976

und soziologische Situation der Siedlungen, denen wir zufuhren, erfassen zu können. Waren wir aber vordem in Brasilien, wie ich seinerzeit schilderte, auf den langen Fahrten im Interior stets „rot verstaubt und wie gerädert" aus den „primitiven Omnibussen" ausgestiegen, so hatten wir nun auf vielen Strecken auch im Inneren Brasiliens einen Reisekomfort angetroffen, der sich in wenigen Jahren unvorstellbar rasch verbessert hatte. Zu den in den Urwäldern neu entstandenen „Kolonien" führten allerdings, und begreiflicherweise, wieder Erdstraßen und herrschten Zustände, wie sie jedem harten Beginnen beschieden sind. Wir waren ja auch nicht auf Bequemlichkeiten abgestellt.

Was die Anzahl der Begleitpersonen betraf, begleitete mich auch auf diesen Fahrten, auch auf schwierigsten und mitunter vielleicht auch ein wenig gefährlichen, nur meine Frau. Ein Leben lang hatte sie mich bereits auf allen Exkursionen begleitet. Wir waren aufeinander eingespielt. Entlohnen mußte ich sie auch nicht. Allerdings: Das Opfer unserer vier Kinder war groß.

Rückblickend würde ich dieser Art und Zusammensetzung eines „Expeditionsteams" für Aufgaben, wie sie mir gestellt waren, wobei möglichst rasch Verbindung zur gesamten Gemeinschaft einer Gruppe, also auch zum fraulichen Teil derselben, gefunden werden mußte, auch für alle Zukunft die besten Chancen versprechen.

Durch die geringe Teilnehmerzahl waren wir unübertroffen wendig und fanden leicht Aufnahme, einmal, weil wir ungefährlich erschienen und außerdem mit dem Kavaliersgeist des Südamerikaners rechnen durften.

Es drängt mich daher begreiflicherweise, auch all den vielen guten Helfern und Gastgebern in den beiden Ländern selbst und meiner Frau aus tiefem Herzen zu danken.

Was uns Schwierigkeiten stets gerne ertragen ließ, war neben der Forscherbegeisterung das Empfinden, Brücken schlagen, Kenntnisse oft unmittelbar weitergeben und so zum Verständnis der Probleme beitragen, oft auch zu deren Lösungen mithelfen zu können. Die Verbindung des deutschsprachigen Mitteleuropa zu Südamerika war ohnehin lange Zeit dürftig gewesen. Der gewaltige Einwandererstrom im 18., 19., aber auch in den „Notjahren" des 20. Jahrhunderts aus dem deutschsprachigen Mitteleuropa nach Nordamerika ließ beinahe auf die Tatsache vergessen, daß im 19. und 20. Jahrhundert große Gruppen auch nach Südamerika auswanderten.

Heute bilden diese bzw. ihre Nachkommen das an Zahl stärkste deutschsprachige Kontingent außerhalb Europas in der Welt. Es dürfte sich schätzungsweise um 4 Millionen handeln!

In Brasilien dürften es an die 2 Millionen sein, die sich in Sprache und Kultur noch mit der alten Heimat verbunden fühlen, ohne die Zugehörigkeit zur neuen zu verleugnen. Allerdings gelangen wir zu dieser Zahl nur, wenn wir auch die „nur" Dialektsprechenden und der deutschen Hochsprache in Wort und Schrift nur dürftig Kundigen miteinbeziehen. Allein, warum sollten wir es nicht?! Ich komme später auf die Begründung zurück!

Andere Staaten nahmen sich schon immer mit größtem Interesse ihrer ausgewanderten Landsleute an; uns haben zwei Weltkriege und andere politische und wirtschaftliche Umwälzungen in vielen Fällen davon abgehalten.

Umso erfreulicher ist, daß sich hierin vieles im letzten Jahrzehnt geändert hat. Dieses aufzuzeigen, ist ebenso ein Anliegen dieses Buches, wie den Siedlern selbst ihre Nachbarn, von denen sie oft nur wenig Kunde besitzen, näherzubringen.

Insbesondere die Bundesrepublik Deutschland und in ihr vor allem die Wirtschaft und Industrie haben namentlich in Brasilien die Möglichkeit für deutsche Investitionen erkannt und damit gleichzeitig auch die Verbindung zu den Ausgewanderten verstärkt. Die Schweiz ist ebenfalls am brasilianischen Aufbau beteiligt; jüngst ist auch Österreich, namentlich in Brasilien aktiv geworden.

Die günstige Wirtschaftslage in den genannten Staaten ermöglichte im vergangenen Jahrzehnt auch eine zunehmende Reisetätigkeit zu den Ausgewanderten. Desgleichen wurde es möglich, Jugendliche aus den sogenannten „Kolonien" zur Ausbildung nach Europa zu holen, womit neue, früher undenkbar gewesene Kontaktmöglichkeiten Gestalt annehmen konnten.

Alle diese Vorgänge, Wandlungen und Entdeckungen brachten es schlußendlich mit sich, daß ich das schon druckreife Manuskript einer zweiten Auflage meines Buches „Pioniere" verwarf und mich zu einer völligen Neufassung entschloß.

Ich verkenne dabei die Schwierigkeiten meines Unterfangens sowie die möglichen Fehlerquellen keineswegs und bitte schon jetzt, angesichts der Weite des Beobachtungsraumes, um entsprechende Nachsicht. Außerdem war es wieder mein Bestreben, die wissenschaftlichen Forschungsergebnisse in allgemein verständlicher Form darzubieten, auf daß dieses Buch, wie die früheren, zu vielen Lesern und ihren Herzen finden und damit jenes Ziel erreichen möge, das ihm letzten Endes gestellt ist, Verbindung zwischen Verwandten „hüben und drüben" herzustellen und sie wissen zu machen, wie sehr sie noch in der Sprache, im Brauchtum, in der Bauweise und Lebenshaltung miteinander übereinstimmen und auf diese Weise Kontinente überbrücken.

Karl Ilg

1. TEIL

AUF ERKUNDUNG
DAS MILIEU

SIEDLUNGSSCHAUPLATZ BRASILIEN

Daß sich solche Siedlungen in Südamerika erhielten, ist neben ihrer gewissen Geschlossenheit dem Milieu zuzuschreiben, in das unsere Auswanderer in diesen Ländern versetzt sind. Es verzögerte bzw. verhinderte ihre Integration. Die Fremde wies sie gewissermaßen in ihre Eigenart zurück. Sie fanden hier nur geringe sprachliche, kulturelle, landschaftliche und klimatische Ähnlichkeiten mit ihrem Mutterland vor, an die sie sich (wie in Nordamerika) anschließen konnten. „Alles war anders." Sprachlich gehört Südamerika dem romanischen Bereich an, damit auch mentalitätsmäßig und kulturell, sofern wir von der indianischen und Negerbevölkerung und deren Vermischungserscheinungen absehen. Landschaftlich und klimatisch befinden sich die Länder in den Tropen oder Subtropen.

Während alle übrigen südamerikanischen Länder (neben dem indianischen) dem spanischen Sprachraum zuzuordnen sind, spricht man in Brasilien portugiesisch. Allein es bedeckt mit seinem Staatsgebiet beinahe die Hälfte des südamerikanischen Kontinents, nämlich 8,5 Millionen qkm von den insgesamt 18 Millionen.
Nicht mit Unrecht wird dieser fünftgrößte Staat der Erde auch als „das Land der Zukunft" bezeichnet. Denn seine – allerdings rasch anwachsende – Bevölkerung von gegenwärtig ca. 100 Millionen steht in keinem Verhältnis zur Größe der Fläche, auf der noch weite Strecken nicht oder kaum besiedelt sind. Viele Bodenschätze sind ungehoben, ja noch gar nicht erforscht. Damit erhält aber auch das in diesem Land außerhalb Europas am stärksten vertretene deutsche Element (!) eine besondere Bedeutung.

Der Wunsch Portugals, seine 92mal größere brasilianische Kolonie mit Menschen aus Europa zu besiedeln, um das nur minimal bevölkerte Riesenland mit produzierenden Siedlern zu erfüllen, liegt schon länger zurück. Er wurde, wie nicht anders zu erwarten, im merkantilistischen Zeitalter ausgesprochen. Gleichzeitig war man sich damals in Lissabon, wenn auch z. T. mit Enttäuschung, darüber einig geworden, daß das kleine Land am Ebro unmöglich in der Lage wäre, die für die Besiedlung dieses gewaltigen Raumes nötigen Menschen aus eigenen Reihen aufbringen zu können. Es war ohnehin erstaunlich, daß die kleine Seefahrernation so viele und große Gebiete in Afrika, Asien und in der Neuen Welt erobern, in Besitz nehmen und diesen Besitz vor bedeutend größeren und stärkeren Rivalen durch so viele Jahre zu verteidigen vermochte.
Also befaßte man sich mit dem Plan, aus Portugal freundschaftlich gesinnten Ländern stammende Kolonisten zu gewinnen. Ich darf mich im folgenden Zitat wie auch noch bei einigen anderen Gelegenheiten an den brasilianischen Historiker Porto Aurelio, São Leopoldo, halten, um die Gelegenheit möglichster Objektivität der Darstellung, die mir stets ein besonderes Anliegen ist, zu nützen. Er schreibt in diesem Zusammenhang[3]:

Warum der Süden Brasiliens?

„Der Gedanke, den äußersten Süden von Brasilien durch Angehörige fremder Nationen kolonisieren zu lassen, da die Bevölkerung der Inseln hiezu nicht ausreiche, bestand schon lange, ehe man ihn in die Tat umsetzte. Als sich im Jahre 1725 die Regie-

---

3 Porto, Aurelio: Die deutsche Arbeit in Rio Grande do Sul, São Leopoldo. Rio Grande do Sul 1934. S. 5

rung der Hauptstadt für die Kolonisierung von Rio Grande do Sul zu interessieren begann, dessen Besiedlungspläne João de Magalhães ausarbeiten sollte, bemühte sich der Überseerat (Conselho Ultramarino), sogleich in seinen Berichten dem König nahezulegen, Bewohner der Azoren in die neu zu gründende Provinz zu senden. Man gab allerdings zu, daß es schwierig sei, die genügende Anzahl Familien aus dieser Gegend zusammenzubringen, und deshalb befand in seinem Amtsschreiben vom 22. Juli 1729 der Rat es für gut, ‚daß, sofern man in den Ortschaften der Kolonie und anderweitig im Süden keine Bewohner der Inseln ansiedeln wolle, oder wenn ihre Zahl nicht ausreichen sollte, man auch ausländische Familien bekommen könne, nämlich Deutsche, Italiener und andere Nationen, ausgenommen Kastilianer, Engländer, Holländer und Franzosen'. – Diese Einschränkung war vollständig gerechtfertigt, da keinerlei gute Beziehungen bestanden, im Gegenteil Portugal mit jenen Nationen im Kriege lag."

Die Azorianer waren die ersten europäischen Kolonisten in Rio Grande, die größtenteils selbst das Land bestellten. Ihre Einwanderung erfolgte vornehmlich in den Jahren zwischen 1750 und 1800 und ergoß sich – was sofort hinzuzufügen ist – ausschließlich in den waldoffenen Kamp. Im ganzen handelte es sich um etwa 2000 Familien. Sie bestellten mit den altgewohnten Geräten und nach der einfachen Weise die bisher als Weideland genützten Flächen mit Weizen und anderen Brotfrüchten, die wieder in den – wenn auch wenigen – Städten, die jedoch großteils von Verwaltungsbeamten und Militär bewohnt waren, dringend benötigt wurden. Vieles mußte ja aus Portugal eingeführt werden.

1818 kam es zur ersten mitteleuropäischen Einwanderung. Doch wäre es falsch, wie dies häufig geschieht, sie als „deutsche" zu bezeichnen. Denn es handelte sich in Wahrheit um aus dem Französisch sprechenden Kanton Freiburg eingetroffene Ansiedler.

Aurelio Porto bemerkt[4]:
„In demselben Jahr bat der Kanton Freiburg, welcher seine Beziehungen mit Portugal wiederhergestellt hatte, Dom João VI. um die Erlaubnis, eine Anzahl schweizerischer Familien ansiedeln zu dürfen. Nach Prüfung dieser Bittschrift beauftragte der König durch ein Dekret den Handelsminister seines Landes, die Gründung der Kolonie zu organisieren, da er sich entschlossen habe, ‚die Zivilisation des großen Reiches Brasilien aufs beste zu fördern, was man nicht in dem gewünschten Maße erreichen könne ohne Hilfe und ohne Anwachsen einer Bevölkerung, die durch Geschlechter hindurch Landarbeit und Handwerk betrieben hätte. Diese Berufe aber seien dem Staate, der sie fördere, von großem Nutzen!'.
Die Kolonie Nova Friburgo wurde im Januar 1820 gegründet und schon am 3. desselben Monats zum Flecken erhoben. Seine Gründer waren 1682 Schweizer Kolonisten, welche bei verschiedenen Gelegenheiten dort ankamen."
Neu-Freiburg = Nova Friburgo liegt 100 km nördlich von Rio entfernt, ist heute Universitätsstadt mit 67.000 Einwohnern, Handels- und Industriezentrum einer ansprechenden, aber wenig fruchtbaren Landschaft, die insbesondere durch den Gegensatz von der Ebene, in der die Stadt liegt, und dem hinter ihr aufragenden Orgelgebirge geprägt ist.

Der erste Gründungsversuch ging aber leider fehl. Umso mehr stellt er jedoch den ihm nachfolgenden, erfolgreichen Gründungsversuch von *São Leopoldo*, der von deutschsprachigen Siedlern getragen wurde, ins rechte Licht.

Daß die erste Ansiedlung von Mitteleuropäern keinen Erfolg hatte, hing einmal damit zusammen, daß die vom Schweizer Kanton z. T. gewissermaßen „Abgeschobenen" – es gibt für diesen Vorgang aus der Schweiz in Südamerika mehrere Beispiele, so auch in Argentinien[5] – nicht bestqualifizierte Aussiedler waren, noch mehr aber mit den auftretenden Krankheiten und dem Umstand zusammen, daß die an der Einwanderung zwar sehr interessierte, in der Einwanderungspolitik aber völlig unerfahrene Regierung glaubte, den neu aus Europa ins fremde Land versetzten Leuten

---
4 Porto, Aurelio: Die deutsche Arbeit in Rio Grande do Sul, São Leopoldo. Rio Grande do Sul 1934. S. 38/39
5 Ilg, Karl: Pioniere in Argentinien, Chile, Paraguay und Venezuela. Innsbruck–Wien–München 1976

am besten dadurch zu helfen, daß sie ihnen für die Anfangsjahre mit großen Zuschüssen unter die Arme greife.[6]
Die Schweizer hatten eine tägliche Unterstützung von 160 réis erhalten. Diese genügte ihnen zum täglichen Haushalt völlig und reizte zu keiner strengen Kolonisationstätigkeit an.

Den Schweizern folgten später deutsche Kolonisten nach. „Diese versuchten gleich durch eigene Kraft ihren Unterhalt zu erwerben, indem sie das Land bestellten, das man ihnen zuwies. Trotzdem der Boden sehr ungeeignet war und an den steilen Abhängen des Orgelgebirges lag, belohnte er doch die unentwegte Arbeit dieser Kolonisten."[7] Erst durch diesen Erfolg angeregt, kam es auch zur Gründung einer für die Einwanderung zuständigen „Inspectoria" in Brasilien am 23. Dezember 1823.

Daß jedoch dieser erste zaghafte Erfolg mit deutschen Kolonisten in der Folge zu einer so gewaltigen deutschen Ausbreitung führte – die später auch in vielen anderen südamerikanischen Staaten Nachahmung fand –, hing eng mit der Vermählung der österreichischen *Erzherzogin Leopoldine*, Tochter Kaiser Franz' I. – als deutscher Kaiser als Franz II. geführt – mit dem portugiesischen Thronfolger *Pedro* in Wien am 13. Mai 1817 zusammen. Damals hatte der portugiesische König bereits zehn Jahre in Rio residiert, wohin der königliche Hof vor den französischen Truppen aus Lissabon geflüchtet war. Schon dadurch war für Brasilien ein großer Wandel eingetreten und wurde es die Rolle los, vornehmlich nur der Ausbeutung ausgesetzt zu sein, welches Schicksal es mit den meisten, um nicht zu sagen allen, europäischen Kolonien teilte.

Die diesem Land durch das Schicksal gegebene Chance und die Rolle, die dabei – mittelbar und unmittelbar – auch Österreich bzw. das deutsche Kaisergeschlecht der *Habsburger* spielte, ist fesselnd und für die gesamte europäische Geschichte, insbesondere aber für Mitteleuropa, von Bedeutung. Leider ist uns davon ebensowenig wie von unseren Ausgewanderten bekannt. Und dennoch könnten uns diese Beziehungen in der Vergangenheit die noch heute bestehenden Verbindungen besser verstehen lassen, auf die sie zurückgehen, und sie leichter neue wecken lassen.

ALTE DEUTSCHE VERBINDUNGEN ZU BRASILIEN

Die Verbindungen übrigens, welche Deutsche mit Brasilien geknüpft haben, gehen aber noch viel weiter als in die Zeit des beginnenden 19. Jahrhunderts zurück.
Bei der Aufzählung der Persönlichkeiten, welche vor der deutschen Kolonisation Brasilien aufsuchten und in ihm wirkten, kann es sich im folgenden schon allein aus thematischen Gründen um keine Vollständigkeit, sondern nur um gewisse Hinweise handeln. Was hier unterlassen bleiben muß, hat übrigens H. Karl Oberacker – nicht zuletzt in seinem jüngsten Buch über die österreichische Prinzessin – in hervorragender Weise bereits ausgeführt.[8]

Seit der Entdeckungszeit

Schon an der Entdeckung der „Neuen Welt" überhaupt waren deutschsprachige Menschen beteiligt und halfen andere, sie vorzubereiten. An erster Stelle ist auf den großen

---

6 Porto, Aurelio: Die deutsche Arbeit in Rio Grande do Sul, São Leopoldo. Rio Grande do Sul 1934. S. 39
7 Porto, Aurelio: Die deutsche Arbeit in Rio Grande do Sul, São Leopoldo. Rio Grande do Sul 1934. S. 39
8 Oberacker, H. Karl: Kaiserin Leopoldine, ihr Leben und ihre Zeit. Federação dos Centros Culturais 25 de Julho. São Leopoldo 1980

Martin Behaim, Kartograph, Mathematiker und Astronom (1459–1507) aus *Nürnberg* zu verweisen, denn erst durch seine Erfindung, die er „Astrolabium" nannte, war es möglich, in die unbekannte Hochsee jenseits der Äquinoktiallinie hinauszustoßen. „Das waren Tabellen, die den Standort der Himmelskörper für jeden Zeitpunkt eines Jahres vorausberechnen ließen."[9] Noch heute bilden diese übrigens einen unentbehrlichen Behelf für die Hochseeschiffahrt. Mit 25 Jahren war der junge Nürnberger das erste Mal nach Portugal gekommen und damals bereits ob seiner Kenntnisse vom König in den „geheimen nautischen Generalstab" als auch in den „Ausschuß der Mathematiker" aufgenommen worden. Im gleichen Jahre 1484 war er dann zusammen mit Diego Caō „als erster Europäer unter dem südlichen Kreuz durchgesegelt, jenem Sternengebilde, das als Sinnbild des Nachthimmels über der südlichen Halbkugel gilt".[10] 1494 wieder nach Nürnberg zurückgekehrt, vollendete er in knapp zwei Jahren den ersten „Erdapfel", wozu ihn der Stadtrat beauftragt hatte, nämlich „ein getreues Bild der Erde mit sämtlichen, neu entdeckten Ländern anzufertigen". Mit Hilfe dieses Globus konnte Kolumbus seine Hoffnung begründen, auch auf dem Westwege Indien zu erreichen. Übrigens waren sich beide Männer auch persönlich bekannt; Kolumbus hatte längere Zeit ebenfalls in Lissabon gelebt.

Als Pedro Alvares Cabral am 22. April 1500 (als in Innsbruck das „Goldene Dachl" gebaut wurde) die brasilianische Küste entdeckte, hatte ebenfalls ein Deutscher ihn begleitet und unterstützt. Es handelt sich um einen „*Meister Johann*", der vermutlich als Astronom und Navigator beteiligt gewesen war. Zusammen mit dem portugiesischen Flottenschreiber hat er die erste Urkunde über Brasilien verfaßt und dem König die Lage „der neu entdeckten Insel *Vera Cruz*" geschildert.
Neben vielen anderen in Portugal tätig gewesenen deutschen Gelehrten, wie Hieronymus Münster, Valentin Ferdinand, Ferdinand von Ulm u. a. darf auch nicht auf die deutschen Schiffsbauer vergessen werden, welche mit ihren Zimmerleuten auf den portugiesischen und spanischen Werften arbeiteten. Die Schiffe des Kolumbus waren den seetüchtigen „Hanse-Koggen" nachgebaut, die wieder die „Wikinger Drachen" weiter entwickelt hatten.

Hans Staden schreibt die erste Landes- und Volkskunde

Ein Deutscher schrieb auch die erste Landes- und Volkskunde eines brasilianischen Landes, nämlich *Hans Staden* (gest. 1547) aus *Homberg an der Efze*. Auf seiner zweiten Südamerikafahrt als „Kanoner" strandete sein Schiff vor der Küste des heutigen Paranagūa. Er erreichte *São Vicente* mit seinen Kameraden zu Fuß und wurde dort zum Kommandanten von *São Felipe*, des ersten portugiesischen Forts in Südbrasilien ernannt. Als er von dort aus einmal zur Jagd in den Urwald aufgebrochen war, geriet er in indianische Gefangenschaft. Die „Tupinambas" schleppten ihn nach *Ubatúba*, wo er auf andere Gefangene stieß, die ebenso wie er aufgefressen werden sollten. Durch ein glückliches Geschick diesem grausamen Tode entronnen, schrieb er, wieder heil in die Heimat zurückgekehrt, die „wahrhaftige historia und beschreibung eyner Landtschafft der Wilden, Nacketen, grimmigen Menschenfresser Leuthen, in der Newen Welt America gelegen, vor und nach Christi geburt im Land Hessen unbekannt, bis uff dise Zwey nechst vergangene jar, da sie Hans Staden vom Homberg auss Hessen durch seyne

---

9 vgl. Jacques Norbert: Martin Behaim, Seefahrer und Sternenrechner. Berlin 1942. – Oberacker, Karl Heinrich jr.: Der deutsche Beitrag zum Aufbau der brasilianischen Nation. São Paulo 1955. S. 29, ebenda S. 29
10 ebenda S. 29

eygene erfarung erkant, und yetzo durch den truk an tag gibt". Das war anno 1557.[11] (Siehe Textzeichnung 2.)

Durch *Ulrich Schmidl*, Landsknecht aus dem bayrischen *Straubing*, erhielt das südliche Brasilien 1567 eine weitere wertvolle Reiseschilderung. In seinem und dem folgenden Jahrhundert waren auch viele deutsche Landsknechte und Fähnchenführer in portugiesischen Diensten in Brasilien tätig, so *Heliodor Hesse*, der am 1. März 1565 am Fuße des Zuckerhutes *São Sebastiano do Rio de Janeiro* gründen half. Sein Enkel – so vermutet K. H. Oberacker begründet[12] und ich halte mich auch im weiteren an ihn – stieß von *Paranagúa* über die *Serra do mar* bis zu den *Campos* um *Curitiba* vor und leitete damit die Eroberung des Paranenser Hochlandes für Portugal ein. Er wird deshalb „als Organisator, Kolonisator und damit als der eigentliche Gründer dieses Staates (Parana)" bezeichnet. Gerade dieser Staat sollte später ein besonderes Betätigungsfeld der deutschsprachigen Kolonisten werden.
Doch auch im brasilianischen Norden waren Deutsche früh am Werke, insbesondere in *Pernambuco*, welches man als die blühendste Kolonie im Norden bezeichnen konnte. Schon unter „den ersten Siedlern in Pernambuco, die bald nach 1535, als Duerto Coelho seine Kolonie gründete, ins Land kamen, befanden sich auch etliche Deutsche, die Stammväter der in Brasilien heute weitverbreiteten Familien *Lins* und *Hollanda*"[13]. *Sebald Lins* stammte aus *Ulm. Arnual von Holland* aus *Utrecht*.[14] Beide hatten weitere Familienangehörige und Freunde nach sich gezogen.
Hier entstand, wie wir noch vernehmen werden, auch am Beginn der deutschsprachigen Kolonisation des 19. Jahrhunderts eine der frühesten Niederlassungen. Es ist durchaus möglich – so denke ich –, daß die Nachkommen der ersten Einwanderer zu den späteren Kolonisationsgründungen animierten.
Ein Christoph Lins hatte auch 1585 an der Paraibamündung die erste portugiesische Festung angelegt und „damit das Gebiet des heutigen Staates mit gleichem endgültig den Portugiesen gesichert. Das Fort maß etwa vierunddreißig Meter im Geviert... Über dem Eingang erhob sich ein Turm mit zwei Veranden, so daß das ganze wohl mehr an eine deutsche Burg erinnert haben dürfte"[15].
Im weiteren begegnen uns in diesem Raume Namensträger der Familien Beck, Helbach, Sienplisel, Wolf, Jansen und Moeller.

Moritz von Nassau-Siegen; unvergessene Entwicklungshilfe

Als Pernambuco vorübergehend in holländischen Besitz geriet (1630–1654), war es wieder ein Deutscher, der dieser Zeit und diesem Teil des Landes seinen Stempel aufdrückte, nämlich Fürst *Moritz von Nassau-Siegen*. Ab 1602 hatte die „ostindische Handelskompanie" die holländischen Interessen in Ostindien zu vertreten vermocht, während ihre Schwestergründung die westafrikanischen Besitztümer sicherte bzw. in Amerika weiter ausbaute. So wurde nach der Eroberung *Bahias* 1624 mit Söldnertruppen unter deutschen Offizieren Pernambuco erobert und damit eine der damals reichsten brasilianischen Provinzen dem holländischen Großreich einverleibt. Zur Verwaltung desselben benötigte es eines ebenso geschickten Militärs als Staatsmanns. Als solchen

---
11 Fouquet, Karl: Hans Staden, Zwei Reisen nach Brasilien, 2. Auflage. Marburg 1963
12 vgl. Oberacker, Karl Heinrich: Der deutsche Beitrag zum Aufbau der brasilianischen Nation, S. 51. São Paulo 1955
13 ebenda, S. 55
14 Holland war bekanntlich bis zum Westfälischen Frieden noch zum Deutschen Reich gehörig
15 Kadletz, Theodor: „Christoph Lins", in: „Volk und Heimat", 3. Jg. São Paulo 1937

hatte Prinz Friedrich Heinrich von Oranien seinen Vetter Moritz von Nassau Siegen-Dillenburg empfohlen. Am 4. August 1636 wurde er zum „Gouverneur-Capiteyn ende Admirael-Generael" von „Neu-Holland" ernannt.
Moritz von Nassau, am 17. Juni 1604 im hessischen Dillenburg geboren, war schon 1626 in holländische Kriegsdienste getreten. „Als er 1632 den berühmten General von Pappenheim vor Maastricht zum Rückzug zwang, war sein Name in aller Mund."[16] Nun war er, erst zweiunddreißig Jahre alt, zum obersten Befehlshaber und zum höchsten Beamten „Neu-Hollands" ernannt, wie diese holländische Eroberung umbenannt wurde. Dessen Hauptstadt war *Recife*. Unter den holländischen Truppen befanden sich viele Deutsche; das Offizierskorps war größtenteils deutschsprachig, „wie denn auch bei der Landung Moritz von Nassaus neben der Kompanieflagge sowie der holländischen und oranischen Fahne als ganz selbstverständlich auch die Fahne des Heiligen Römischen Reiches Deutscher Nation gehißt wurde"[17].
Im Jänner 1640 errang Moritz vor der brasilianischen Küste den vollständigen Sieg über die „unbesiegbare spanische Armada" und sicherte damit den holländischen Besitz vor dem größten Konkurrenten. Sodann machte er sich zu einem großen Kulturwerk für diesen Landesteil auf, das ihm Brasilien bis heute nicht vergessen hat. Es betrachtet ihn auch als einen seiner großen Söhne. Doch genauso liebte auch er Brasilien und bezeichnete es in seinem ersten Berichte an den Rat der Neunzehn „das schönste Land der Welt". Er rückte das Land von der Monokultur des Zuckerrohranbaus ab, wenngleich er für ihn durch moderne Methoden neuen Gewinn auslöste. Doch daneben ließ er viele Gewürze und vor allem Maniok anbauen, um die Selbstversorgung zu sichern. Sein Gut „Schönblick" wurde ein landwirtschaftliches Mustergut. Den Holländern riet er zur Ansiedlung der im Dreißigjährigen Krieg verarmten deutschen Bauern, um sowohl ihnen als auch der Kolonie zum Auftrieb zu verhelfen. 1640 gründete er mit einem Schlesier die erste Eisengießerei, um Waffen und landwirtschaftliche Geräte im Lande selbst zu erzeugen.
Recife baute er zur „schönsten Stadt" aus; den nach ihm benannten Stadtteil „*Moritzstadt*" ließ er aus dem sumpfigen Gelände von *Antonio Vaz* bauen. Bald durchzogen dieses breite Kanäle und Straßen, so daß man wie in den Niederlanden auch mit Booten an alle Plätze gelangen konnte, die prächtigen Regierungsgebäude, Kirchen und Paläste zierten. Der alte Stadtkern von Recife blieb hingegen den Kaufleuten vorbehalten. Moritz plante in ihm auch die Errichtung einer Universität. „Daß während der brasilianischen Kolonialzeit überhaupt eine planmäßige wissenschaftliche Erforschung und künstlerische Erfassung der brasilianischen Welt vorgenommen wurde, ist ausschließlich das Verdienst Moritz von Nassaus."[18] Aus seinem Gefolge ist an die großen Gelehrten *Georg Markgraf* aus Sachsen und *Wilhelm Pies* aus Holland zu erinnern. Letzterer schrieb die erste „Medicina Brasiliense", worin er namentlich auch die Tropenkrankheiten schilderte und die bekannten Gegengifte aufführte.
Bedauerlicherweise ließ der Krämergeist der „Kompanie" viele seiner Pläne und Vorkehrungen nicht zur Reife gelangen; „sie fürchtete, er könne seine Volkstümlichkeit dazu ausnützen, um sich zum unabhängigen Herrscher Neu-Hollands auszurufen"[19].
Am 1. Oktober 1643 erhielt er seine Entlassung, die sowohl von der indianischen

---

16 Oberacker, Karl Heinrich: Der deutsche Beitrag zum Aufbau der brasilianischen Nation, S. 65. São Paulo 1955
17 ebenda S. 65
18 Oberacker, Karl Heinrich, Der deutsche Beitrag zum Aufbau der brasilianischen Nation, S. 74. São Paulo 1955
19 Oberacker, Karl Heinrich: Der deutsche Beitrag zum Aufbau der brasilianischen Nation, S. 81. São Paulo 1955

Bevölkerung wie von den ortsansässigen Holländern und Portugiesen tief bedauert wurde. Ergreifende Szenen, nicht zuletzt unter den Indianern, müssen sich bei seinem Abschied abgespielt haben. Nach ihm fand das „Goldene Zeitalter Nordbrasiliens" – so Rocha Pambo[20] – „ein rasches Ende". Schon 1645 begannen sich die Portugiesen gegen Holland zu erheben, 1654 vertrieben sie dieses endgültig.

Große Leistungen der Jesuitenpatres aus Deutschland, der Schweiz und Österreich

Wenn wir schon mit Moritz von Nassau den Beginn der wissenschaftlichen Erforschung Brasiliens ansetzen, dann können wir diese Bemerkung nicht ohne die Erwähnung der großen Verdienste der *Jesuitenpatres* – und unter diesen wieder vieler deutschsprachiger – abschließen. Der Jesuitenorden stellte überhaupt vielfach das sittlich-christliche Gewissen der kolonialen Gesellschaft dar, während andere Vertreter der Kirche, ebenso wie die weltlichen Beamten, an Handels- und Spekulationsunternehmen beteiligt waren, Sklaven hielten und auch in sittlicher Hinsicht nicht selten dem geflügelten Sprichwort nachzuleben schienen, wonach „es südlich des Äquators keine Sünde gäbe".

Die Jesuiten versuchten stets, straffe Zucht aufrecht zu erhalten. Schon 15 Jahre nach der Gründung des Ordens waren Mitglieder desselben nach Brasilien gelangt. Waren es anfänglich Portugiesen und Spanier gewesen, so nahm ab der zweiten Hälfte des 18. Jahrhunderts die Zahl der Deutschsprachigen immer mehr zu. Sie zeichneten sich auch als hervorragende Forscher aus. Pater *Samuel Fritz*, ein Böhmerwäldler, gründete zusammen mit *P. Heinrich Richter* und *P. Wenzel Breyer* das erste Reduktionsgebiet am Ober- und Mittellauf des *Amazonas*. *P. Fritz* erhielt den Ehrennamen „Apostel am Amazonas". Ihn unterstützten *P. Karl Brentano* aus *Komorn* und *P. Franz Xaver Veigl* aus *Bayern*. Brentano schrieb die Missionsgeschichte des *Maynasstaates;* Veigl verfaßte die „gründlichen Nachrichten über Verfassung und Landschaft von Maynas in Südamerika bis zum Jahre 1768", Nürnberg 1785. P. Fritz entwarf die erste geographische Karte dieses Gebietes.

Desgleichen waren deutschsprachige Patres auch im Missionsgebiet von *Maranhão* ab 1661 tätig gewesen. Zu ihnen zählen *P. Johann Philipp Betendorf,* der wie sein Mitbruder *P. Kaspar Misch* aus *Luxemburg* stammte. Ersterer war nicht nur ein großartiger Lehrer, er schrieb auch eine Grammatik der Tupi-Sprache. Neben den genannten Patres wirkten *P. Jakobus Perret* aus dem schweizerischen *Freiburg* und der aus *Konstanz* stammende *P. Konrad Pfeil*. Letzterer zeichnete die hervorragende „Mapa do Rio Amazonas" 1684.

1703 war der Laienbruder Johann *Xaver Treyer* aus *Brixen* in Südtirol an den Amazonas gelangt; er betätigte sich als erster Bildhauer und Kirchenmaler.

1737 kam *P. Aloysius Belcci* aus Freiburg im Breisgau nach *Belem* als Professor an der philosophisch-theologischen Fakultät. Ein bedeutender Missionar des Amazonasgebietes wurde auch *P. Rochus Hundertpfund* aus *Bregenz*, der 1777, wieder in seine Heimat zurückgekehrt, dort starb. Er hatte zuvor viele Jahre auch am *Xingu* missioniert. Brasilianische Gelehrte bezeichnen ihn als „den ersten Erforscher des Xingu", wo heute mein Vorarlberger Landsmann, Bischof Erich Kräutler, die junge Diözese leitet.[21] *P. Rochus* gelang es auch bei einer Vorsprache in Lissabon, die Zulassung weiterer

---

20 Oberacker, Karl Heinrich: Der deutsche Beitrag zum Aufbau der brasilianischen Nation, S. 82. São Paulo 1955. –
Pambo, Rocha: „Historia do Brasil". São Paulo 1941
21 Kräutler, Erich: Blut an den Steinen. Tyrolia-Verlag, Innsbruck–Wien–München 1972

deutschsprachiger Patres, mehrerer aus Österreich, über Königin Marianne von Habsburg zu erwirken. Neben den Missionsgebieten im Norden von Brasilien gab es aber auch solche im Raume des heutigen *Rio Grande do Sul*. Unter den deutschsprachigen Missionaren dort wird immer wieder *P. Anton Sepp von und zu Rechegg*[22] hervorgehoben, der aus *Kaltern* in Südtirol stammte. Er leitete die Mission *São Miguel* und gründete die Reduktion *São João Batista*, welche bald zu den blühendsten unter den sieben in diesem Gebiete emporstieg. P. Sepp war auch Arzt und Baumeister und pflegte vor allem auch Musik und Gesang unter dem Indianervolk. Er starb 1733 in *São João*. Zuvor hatte er noch seinem Bruder *Gabriel Sepp* seine Reisen geschildert, die dieser 1696 erstmals als „Reisebeschreibung" veröffentlichte. In einem weiteren Buche schilderte derselbe die Sitten und Gebräuche der Indianer. Diese Veröffentlichungen bilden ein unschätzbares, verläßliches Quellenmaterial für Geschichte und Völkerkunde. *P. Martin Schmid* aus der *Schweiz* unterrichtete die Indianer im Weben, Malen und Bildhauen, baute die erste Orgel und goß die erste Glocke in São João. *P. Sigismund Asperger* aus *Österreich* wirkte als Arzt. *P. Florian Paucke* legte die umfangreichste Darstellung der jesuitischen Missionsgebiete vor. Sie erfuhr in jüngster Zeit eine vollständige Neuherausgabe.[23] Die Zahl dieser würdigen Männer unseres Volkes ließe sich noch weiter fortführen.

Heeresaufbau nach deutschem Muster

Öfters nannten wir Offiziere, welche für Brasilien wirkten. Zu diesen sind im weiteren zu zählen: *General Johann Heinrich Böhm* (1708–1783), enger Mitarbeiter Graf Lippes, des Begründers der berühmten Kriegsschule auf Feste Wilhelmstein, aus der seine berühmtesten Schüler Scharnhorst und Gneisenau hervorgingen. General Böhm hingegen wurde der Begründer der brasilianischen Armee und Verteidiger Südbrasiliens. Er stammte aus Bremen, trat 1730 ins preußische Heer ein und begab sich 1762 mit anderen deutschen Offizieren nach Portugal. Hier wirkte er mit *Graf Lippe* an der Erneuerung des portugiesischen Heeres. 1767 wurde er zum Kommandanten aller Truppen im „Estado do Brasil" ernannt. Als solcher schuf er aus den brasilianischen Verbänden ein schlagkräftiges Heer. 15 Jahre blieb er so „Generalinspektor aller Truppen in Amerika". Viele Einrichtungen hat er in dieser Eigenschaft aus dem deutschen Heer ins brasilianische übertragen. Auf den südbrasilianischen Schlachtfeldern hat er erstmals Truppenkontingente aus dem ganzen Lande angeführt und damit zweifellos eine nationalbrasilianische Entwicklung eingeleitet, welche unter Erzherzogin Leopoldine eine erste Verwirklichung erlebte.
General Böhm starb am 22. Dezember 1783 in Rio und wurde, da er kurz zuvor zum katholischen Glauben übergetreten war, im Santo-Antonio-Kloster beigesetzt.[24]
Die vorgeführten Tatsachen und Persönlichkeiten machen hinreichend deutlich, daß deutschsprachige Menschen in Brasilien schon lange nicht mehr unbekannt waren, als der große Strom der Kolonisten einsetzte. Schon vor ihnen hatten andere den Boden vorbereitet und ihre Fähigkeiten unter Beweis gestellt.

---

22 Oberacker, Karl Heinrich: Der deutsche Beitrag zum Aufbau der brasilianischen Nation, S. 109/110. São Paulo 1955
23 Paucke, P. Florian: Jesuitenmission in Paraguay. Wien 1959, 1966. I. Teil S. 424, II. Teil S. 1112
24 Oberacker, Karl Heinrich: Der deutsche Beitrag zum Aufbau der brasilianischen Nation, S. 122. Sao Paulo 1955

ÖSTERREICHERIN AN DEUTSCHER EINWANDERUNG VORDERGRÜNDIG BETEILIGT

Erzherzogin Leopoldine von Österreich ist, wie angedeutet, ein wesentlicher Teil des historischen Verdienstes der Herbeiführung der deutschsprachigen Kolonisten nach Brasilien und damit nach ganz Südamerika zuzuschreiben (siehe Farbbild 5).

Schon der feste Vorsatz, mit dem die Schwester der Gattin Napoleons und Kaiserin Frankreichs nach Brasilien kam, war bewundernswert und auch für den Entschluß zur Kolonisierung maßgeblich. Sie wollte Brasilien eine ähnlich gute Landesmutter sein, wie es ihre Urgroßmutter Maria Theresia für Österreich gewesen war. Nicht nur, daß sie die Landessprache vollkommen erlernte und über die Geschichte und Geographie des Landes ausgezeichnet Bescheid wußte, sie hatte auch einen hervorragenden Stab von Wissenschaftlern, Technikern und Künstlern mitgebracht, der sie in ihrer Absicht, dem Land zu dienen, unterstützen sollte.

Die Tochter des österreichischen Kaisers Franz I. war mit dem portugiesischen Thronfolger Pedro 1818 vermählt worden, nachdem König Johann VI. vor Napoleon in die portugiesische Kolonie Brasilien geflüchtet war und in Rio – nicht in der alten Koloniehauptstadt Bahia – Hof „beider Königreiche" hielt.

Für das „Haus Braganza" war es damals ohne Zweifel eine Ehre, mit dem „Hause Habsburg" verbunden zu sein. Auch die menschlichen Qualitäten der jungen Erzherzogin waren hervorragend und stellten für das portugiesische Königshaus ein nicht zu unterschätzendes Kapital dar. Ihr Schwiegervater König João sprach dieses auch schon wenige Tage nach der Landung in Rio und des gegenseitigen Sichkennenlernens mit den Worten aus: „Meine geliebte Tochter, das Glück meines Sohnes ist gesichert, ebenso das meiner Völker, denn Sie werden eines Tages als Königin eine gute Regentin haben, die auch eine gute Mutter sein wird."[25]

Leopoldine wurde vor allem auch den deutschsprachigen Einwanderern Mutter und „Beschützerin". Als solche haben sie sie über ihren frühen Tod hinaus verehrt und empfinden sie gewissermaßen heute noch als solche nach. Wenn man ihre ergreifende Geschichte liest, wie dieses nunmehr ohne Einschränkung an Hand der Biographie H. C. Oberackers möglich geworden ist, ohne die diesem profunden Werk vorausgegangenen Lebensdarstellungen[26] abzuwerten, dann wird man „mich verstehen, wenn ich diese mit 21 Jahren ins Land gelangte Österreicherin als die erste das deutsche Kolonistenheer anführende Frau" bezeichne.[27]

Ein Opferleben

Sie mußte auch vieles von dem selbst erleiden, was unsere Kolonistenfrauen ertragen

---

25 Oberacker, H. C.: „Kaiserin Leopoldine, ihr Leben und ihre Zeit". São Leopoldo 1980. S. 139
26 Setubal, Paulo: A Imperatriz Leopoldina. São Paulo 1926; u. I. Pandiá Calógeras: Formacao Histórica do Brasil. São Paulo 1938 – Schüler, Hermann: Dona Leopoldina, erste Kaiserin von Brasilien. Porto Alégre 1954 – Obry, Olga: Grüner Purpur, Erzherzogin Leopoldine, Brasiliens erste Kaiserin. Wien–Wiesbaden 1958 – vgl. S. Benignus: Deutsche Kraft in Südamerika. Berlin 1971
27 Ilg, Karl: Pioniere in Brasilien. Innsbruck–Wien–München 1972. 1. Auflage – Fouquet, Carlos: Der deutsche Einwanderer und seine Nachkommen. São Paulo 1974 – Ilg, Karl: Das Deutschtum in Brasilien, Eckartschriften, Bd. 68. Wien 1978. S. 14 ff – Fröschle, Hartmut: Die Deutschen in Lateinamerika. Tübingen und Basel 1979. S. 169 ff

mußten: die Fremde, das Heimweh, die großen Schwierigkeiten bei Geburten usw.; die „Retrettas (Closetts), die häßlich wie die Nacht sind", den „Morast um das Landschloß *Quinta da boa Vista*", der „bestialischen Gestank" verbreitete. Sie waren für sie ebenso eine Qual, wie die „Schwärme von Insekten"; auch das feuchtheiße Klima von Rio machte ihr schwer zu schaffen. Ihrem Vater klagte sie, daß sie recht traurige Stunden habe, wenn sie daran denke, daß sie von allem, was ihr teuer sei, soweit entfernt sei: „Dieses macht mich oft sehr weinen."[28]

Aus einem Brief vom 26. 4. 1818 an ihre Schwester Maria Louise, der Gattin Napoleons, klagt der Seufzer: „Gott, wie froh wäre ich, unseren lieben Schnee und frische Luft zu fühlen."

Bei zwei Fehlgeburten mußte sie erfahren, daß sie der ihr zugeteilte, wenig Vertrauen erweckende Wundarzt Picano „mit seinen Händen abscheulich zerfleischte". Bei der plötzlichen Geburt ihrer Tochter Januaria am 11. 3. 1822 hielt sie sich am Hals ihres Gatten fest und entband stehend „wie die wilden Tiere im Walde sich ihrer Last entledigen". So drückte sie sich voll innerer Erschütterung gegenüber ihrer Lieblingsschwester Maria Louise aus; dabei stand bald fest, daß dieses ihr Kind genauso epileptisch wie ihr Gatte war, dessen Anfall sie erstmals wenige Tage nach der Ankunft in Rio miterleben mußte.

Auch die Intrigen bei Hof, das schlechte Verhältnis zwischen dem mißtrauischen König und dem wenig gebildeten, unbeherrschten Thronfolger, die klatschsüchtigen Damen und die z. T. allen moralischen Grundsätzen fernestehenden Kavaliere, einschließlich eines Teils des Klerus, „der nur bestrebt war, sich an der Schüssel der Pfründen zu mästen", stießen sie ab und machten sie einsam.

Umso bewundernswerter ist ihre felsenfeste „Beachtung der guten Grundsätze und Ratschläge des Hauses Österreich", nämlich „zu wollen, was nun ihre Pflicht war, zu ertragen, was nicht zu ändern war, und sich mit dem Schicksal, das ihr Gott auferlegt hatte, abzufinden"[29].

Mit diesen Grundsätzen wuchs diese junge Frau (deren Leben bereits am 11. Dezember 1826, 29jährig, ein jähes Ende nahm, das möglicherweise durch eine körperliche Mißhandlung der wieder Schwangeren durch Pedro mitverursacht wurde) weit über sich hinaus und befähigte sie, entscheidend und jeweils zur rechten Stunde in die Geschichte Brasiliens einzugreifen und es zu seinen Gunsten zu lenken. Doch bevor ich auf diese mutigen Handlungen eingehe, kann ich mich nicht zurückhalten, mit ihrem Brief den erschütternden Ausklang ihres Opferdaseins zu dokumentieren. „Höre den Schrei eines Opfers", schrieb sie an Maria Louise, „kürzlich ging er so weit, daß er mich mißhandelte ... es fehlen mir die Kräfte, mich an ein so schreckliches Attentat zu erinnern ... das zweifelsohne die Ursache meines Todes sein wird."

Pedro hatte sie sogar in dieser Weise in Anwesenheit seiner Geliebten erniedrigt, die die letzten Ehejahre der edlen Gattin zur Hölle gemacht hatte.

Als der Tod, mit dem die junge Frau wochenlang gerungen hatte, an ihr Lager trat, ließ sie ihre Kinder rufen, von denen sie in ergreifender Weise Abschied nahm: von der am 4. April 1819 geborenen Infantin Maria Gloria, der späteren Königin Maria II. von Portugal, von den Prinzessinnen Januaria (geb. am 11. 3. 1822), Paula Maria (geb. am 17. 2. 1823), Francisca Carolina (geb. am 2. 8. 1824) und vom Jüngsten und späteren *Kaiser Pedro II.* (geb. am 2. 12. 1825). (Siehe Farbbild 6.) Den Erstgeborenen João Carlos (geb. am 6. 3. 1821) hatte in jungen Jahren eine Krankheit dahingerafft.

Die Kaiserin wurde zunächst in der Kirche des Ajuda-Klosters beigesetzt, am 1. November 1911 ins Santo-Antonio-Kloster überführt und im Jahre 1954 in der Krypta

---

28 Oberacker, H. C.: Kaiserin Leopoldine, ihr Leben und ihre Zeit. São Leopoldo 1980. S. 210
29 Oberacker, H. C.: Kaiserin Leopoldine, ihr Leben und ihre Zeit, São Leopoldo 1980. S. 212

des Unabhängigkeitsdenkmals in *Ipiranga* zur endgültigen Ruhe gebettet. Erst 1972 wurde Pedro I. an ihrer Seite beigesetzt, wie es Leopoldine immer gewünscht hatte. Doch nun von diesem Opferdasein fort zu Dona Leopoldinens großen historischen Leistungen!

Was ihr Brasilien dankt:

Auf Pedro warteten in Brasilien Aufgaben, denen er nur halb gewachsen war und die er ohne Leopoldine nie gemeistert hätte.
Die entscheidenden geschichtlichen Stunden für die Erzherzogin kamen, als König Johannes VI. von den Cortes in Portugal am 7. 3. 1821 aufgefordert wurde, nach Lissabon zurückzukehren, sofern ihm sein Königtum lieb wäre. In der Tat brach Johannes daraufhin geradezu fluchtartig nach Lissabon auf, wenngleich er zuvor den Plan ausgeheckt hatte, seinen Sohn stellvertretend nach Portugal zu entsenden, wobei Leopoldine mit ihren Kindern – heute würde man sagen „als Geiseln" – in Rio zurückbleiben sollten.

Dieser Plan Joãos war dem Mißtrauen des Vaters gegen den Sohn entsprungen; er fürchtete, Pedro könnte das Königtum an sich reißen, wenn ihm kein Gegenpfand in den Händen verbliebe.

Leopoldine hatte mit allen Kräften gegen diesen ehezerstörerischen Plan angekämpft, nicht zuletzt auch in der Hoffnung, auf diese Weise wieder nach Europa zurückkehren und ihren Eltern und Geschwistern näher sein zu können. Nun war es mit diesem Herzenswunsch vorbei. Sie entschied sich ganz für Brasilien!
Am 22. 4. 1821 war Pedro mit königlichem Dekret „Reichsverweser" in Brasilien geworden. Doch schon sein erstes Auftreten als solcher bei den verbliebenen portugiesischen Offizieren war kläglich. Natürlich trug ihm auch sein intimes Verhältnis zur Generalin de Aoilez kein Ansehen ein. Die portugiesischen Truppen im Raume von Bahia standen nicht auf der Seite des Reichsverwesers. Die Entwicklung schritt daher schier unweigerlich und rasch der Auflösung des Königreiches Brasilien, welche Erhebung König Johannes am 16. Dezember 1815 vorgenommen hatte, entgegen. Nur die „Paulistaner" bzw. die Provinzregierung von São Paulo unter dem Vizepräsidenten *José Bonifacio de Andrada e Silva* bekundeten ihr Interesse und ihre Einsatzbereitschaft zur Aufrechterhaltung der bisherigen Ordnung.

Bonifacio stammte aus *Santos*. Seine Studien hatte er in *Coimbra* absolviert und dann längere Zeit Westeuropa bereist. In *Freiburg in Sachsen* besuchte er die Bergbauakademie und war daher sicher der deutschen Sprache kundig und die Deutschen waren ihm nicht unbekannt. In der Folge wurde er Professor an der Universität Coimbra und war erst 1819 nach Brasilien heimgekehrt. Er und seine „Paulistas" erkannten deutlich, daß die andere Lösung nur darin bestehen würde, Brasilien wieder in die volle Abhängigkeit Portugals als Kolonie zurückzuführen. Dagegen waren sie als „Einheimische" aus verständlichen Gründen. Die Austragung der Interessen begann. Und Leopoldine, so sehnsüchtig sie nach Europa zurückgekehrt wäre, schlug sich immer mehr auf die Seite der Einheimischen. Diese erkannte sie als „königstreu", während sie von den Cortes das Gegenteil annahm. Eine Auslieferung Brasiliens an die Cortes schien ihr ein Beitrag zum Untergang des Königtums überhaupt, dem sie als treue Tochter des Chefs der „heiligen Allianz" mit allen Mitteln entgegenwirken mußte, wenngleich sie nicht von vornherein hierfür Metternichs Billigung und Unterstützung erfuhr.

„Unabhängigkeit oder Tod"

Als die Cortes in ihren Beschlüssen vom 29. September 1821 die Erhaltung Brasiliens als Verwaltungseinheit ablehnten und gegenüber ihrem Gatten ausfällig wurden, schrieb sie ihm nach São Paulo, wohin er in Regierungsgeschäften gereist war, am 28.

oder 29. August 1821: „Der Apfel ist reif, pflücke ihn jetzt, sonst ist er faul." Mit gezücktem Säbel schwor er darauf am Ipirangaflüßchen, wo ihn der Brief erreichte, vor seinem Gefolge: „Bei meinem Gott, ich schwöre, Brasiliens Freiheit herzustellen." Schon zuvor hatte Leopoldine öffentlich erklärt: „Ich bin bereit, für das öffentliche Wohl und die brasilianische Nation, der anzugehören ich mich glücklich schätze, mein Leben zu lassen." Davon beeindruckt und durch die Entwicklung gedrängt, erklärte sich Pedro am 9. Jänner 1822 zum Verbleib in Rio bereit und sprach am 1. September des gleichen Jahres mit den in jedem brasilianischen Geschichtsbuch festgehaltenen Worten „*independencia o morte*" die Unabhängigkeit von Portugal aus.

Schließlich fand diese Entwicklung ihre Krönung in der Ausrufung *Brasiliens zum Kaiserreich* am 12. 10. 1822. Sie bildete zweifellos auch den Höhepunkt der politischen Leistung der Österreicherin für ihre neue Heimat, um deren liebevolle Verbindung sie so viel Leid ertragen mußte.

Sie war es auch, welche die Anerkennung Brasiliens als Kaiserreich gegen die zunächst starken Einwände Metternichs und die Bedenken ihres kaiserlichen Vaters durchzusetzen vermochte. Denn ohne die Hilfe des „ältesten" Kaiserreiches in Europa wäre die Anerkennung des brasilianischen Kaiserreiches nie gelungen.

Franz I. und Metternich konnten später in der Unterstützung der Erzherzogin auch die Gelegenheit zur Ausbreitung der Idee des Kaisertums in der Neuen Welt erkennen. Dieser Versuch wurde bekanntlich noch einmal in Mexiko unternommen und endete tragisch.

Doña Leopoldina war ohne Zweifel eine großartige Frau und bewundernswerte Österreicherin gewesen.

Umso unverständlicher ist es, daß kaum ein deutsches oder österreichisches Schulbuch ihren Namen nennt; in Brasilien hingegen steht ihr Andenken wie jenes an Moritz von Nassau heute noch in hohen Ehren.

DIE WERBETÄTIGKEIT MAJOR VON SCHÄFFERS

Die Beanspruchung des Titels „Kaiserreich" wurde durch die räumliche Größe Brasiliens begründet; ist das Land mit seiner Fläche von 8,511.000 qkm doch fast so groß wie das festländische Europa vom Atlantik bis zum Ural! Die Bevölkerungszahl oder die damalige politische und kulturelle Bedeutung hätten nämlich die Erhebung zum Kaiserreich nicht zu begründen vermocht. Daher mußte der nächste Schritt in der Hebung der Bevölkerung liegen, der unmittelbar die deutsche Einwanderung auslöste. Denn da von Portugal, das gegen Brasilien zum Kriege rüstete, keine Kolonisten zu erbitten waren und auch aus Spanien keine erwünscht wurden, wandte sich das Interesse der brasilianischen Regierung folgerichtig der Bevölkerung des deutschsprachigen Mitteleuropa zu, aus der die Kaiserin stammte. Deren Regierungen hatten auch als erste den jungen Staat anerkannt. Zudem wußte man über die gewaltige deutschsprachige Auswanderung nach Nordamerika seit dem Ende des 18. Jahrhunderts Bescheid und konnte „hoffen" – wie sich ein Staatsmann ausdrückte –, „einen Teil dieses Stromes nach Brasilien abzuleiten".

Vor den deutschsprachigen Siedlern betraten jedoch die Angehörigen des „deutschen Fremdenbataillons" den Boden des Landes. Die Aufstellung eines solchen war angesichts der Kriegsrüstung Portugals und der noch im Lande befindlichen portugiesischen Truppen, die jederzeit vom Norden nach Rio marschieren konnten – zumal sich Bahia portugalfreundlich verhielt –, umso dringender geworden, als sich aus den Südstaaten mit ihrer geringen Bevölkerungsdichte keine ausreichenden Truppen rekrutieren ließen. Das Fremdenbataillon wurde von Pedro I. am 8. Februar 1823 ins Leben gerufen und erfüllte die staatserhaltende Aufgabe vollauf. 1830 wurde es aufgelöst. Zwecks Aufstellung dieses Bataillons hatte die Regierung *Major Georg Anton von Schäffer* zur Anwerbung nach Deutschland entsandt.

Die Historiker haben sich mit der Persönlichkeit dieses Mannes auffallend häufig befaßt. Ohne auf Einzelheiten einzugehen, dürfte festgehalten werden, daß diesem Manne viel üble Nachrede zuteil wurde, wenngleich Kritik an ihm sicher berechtigt war. Sicher überwogen aber seine Verdienste weitaus seine Unzulänglichkeiten. Aurelio Porto berichtet, daß er von vielen verachtet und dem Trunke ergeben als „Hilfs-Katechet" bei den Botokuden-Indianern am Rio Doce starb und dort in Espirito Santo irgendwo sein Grab gefunden habe; hingegen weiß Tschudi, daß sich Schäffer in seine Gründungskolonie *Frankenthal* zurückgezogen und dort den Tod erwartet habe. Außer Zweifel steht, daß Doña Leopoldine Dr. Georg Anton von Schäffer – er hatte am 2. April 1802 in *Göttingen* in „Medizin, Chirurgie und Geburtshilfe" promoviert und war am 27. Jänner 1798 in *Münnerstadt, Unterfranken,* geboren worden[30] – sehr schätzte.

Sie hatte ihn oft als Berater, Überbringer vertraulicher Botschaften und auch als Geldleiher nötig. Oberacker[31] ist hoch anzuschreiben, Schäffer endlich auch in seiner Funktion als Anwerber von Soldaten in Deutschland voll gerechtfertigt und klargestellt zu haben, daß, wenn Verstöße und Wortbrüche gegenüber Soldaten vorkamen, sie nie auf das Konto des auch in finanziellen Dingen sauber und zuverlässig handelnden Mannes, sondern stets zu Lasten einer schlampigen Verwaltung oder eigenmächtiger Beamten gingen. Schlußendlich wurde durch diese Untersuchung auch eindeutig bewiesen, daß Dr. Schäffer seine Soldatenwerbung widerwillig auf sich nahm, wenn auch in Treue zu seinem König und Kaiser. Doch im geheimen hoffte er dadurch, seinem eigentlichen Ziele näher zu kommen, nämlich der Kolonisation durch deutsche Menschen in Brasilien.

Die Entsendung als Werber ab 1823 hatte er in erster Linie Josè Bonifacio de Andrada e Silva, dem „Staatsminister des Königreiches", damit des Äußeren, Inneren und der Justiz, zu danken, den wir als Vertrauten Leopoldinens kennenlernten; die brasilianische Geschichte nennt diesen den „Patriarchen des brasilianischen Vaterlandes".

Major von Schäffer war zunächst in russischen Diensten nach Rio gekommen und hatte sich zuvor privat um die Ansiedlung von Deutschen bemüht und 1818 mit 20 Landsleuten die Kolonie Frankenthal in Süd-Bahia gegründet. In der Folge war er auch durch die Unterstützung Nova Friburgos bekannt geworden.[32]

Deutsche kaiserliche Garde nötig!

Pedro benötigte zur Kontrolle der für ihn unzuverlässigen portugiesischen Truppen um Rio als auch angesichts der feindlichen Haltung derselben in Bahia dringend eine entsprechend große und zuverlässige Truppe. Von vornherein wurde mit mindestens 2000 Mann „kaiserlicher Garde" gerechnet. Zunächst dachte man an die Anwerbung schweizerischer und österreichischer Freiwilliger, wovon Leopoldine jedoch in Rücksicht auf ihren Vater abriet.

Was Schäffer übernahm, führte er mit Gründlichkeit durch und man wird den Histori-

---

30 Oberacker, Carlos H.: Jorge Antonio von Schäffer, Criador da primeira corrente emigratoria alema para o brasil. Porto Alégre 1975 – derselbe: Neues zum Schäffer-Bild. In: Staden-Jahrbuch. São Paulo, Bd. 27/28, 1979/80, S. 67 ff
31 Oberacker, H. G.: Der deutsche Beitrag zum Aufbau der brasilianischen Nation. São Paulo 1955. S. 158 ff
32 Souza, Josè Antonio Soares de: O Major Schäffer e a emigracão alemã para o Brasil. „Brasil-Post", São Paulo vom 11. 5. 1958

kern recht geben müssen, die ihm allein die Heranführung von mindestens 10.000 Familien zuschreiben. Allein im Jahre 1824 kamen nach *Soares de Souza* 2101 Deutsche durch Schäffer nach Brasilien, davon 1300 für die Fremdenbataillons und 800 Kolonisten, die auf verschiedene Siedlungen und Staatsbetriebe verteilt wurden.
Wenn bezüglich der körperlichen und moralischen Beschaffenheit der Soldaten, die Schäffer heranführte, Zweifel erhoben wurden, dann ist Oberacker[33] recht zu geben, wenn er auf das Angebot hinwies, das Schäffer in einzelnen deutschen Staaten gemacht wurde und mit dem er vorliebnehmen mußte, wollte er sich nicht jeder Chance berauben; denn eigentlich war ja eine solche Werbetätigkeit „ungesetzlich".
Bei näherer Betrachtung öffnet sich dem Leser dabei ein Tor zu oft unvorstellbarem Elend jener Zeit in deutschen Städten. *Hamburg* z. B. duldete Schäffers Werbung, „solange sie gehörig geheim betrieben werde", weil dadurch die Stadt „einer Menge Vagabunden ledig werde"[34]! Doch handelte es sich weniger um Verbrecher als um arme Leute, welche die Hansestadt los sein wollte.
In *Mecklenburg* hatte damals das „Bauernlegen" den Höhepunkt erreicht und wurden die verarmten Bauern in Scharen in die „Armen- und Arbeitshäuser" eingewiesen. „Der größte Teil des ersten Schubes auf dem Schiffe Georg Friedrich stammte aus solch einem Armenhaus aus *Güstrow";* in ihm befanden sich wohl 33 Kinder, aber keine Delinquenten!
Eben weil es sich um ehrliche Leute handelte, konnten die aus Deutschland herangeführten Söldner in kurzer Zeit einen zuverlässigen, in strammer Manneszucht disziplinierten Heereskörper bilden.

Dieses bescheinigte Schäffer sogar sein gehässiger Widersacher Boesche, wenn er schreibt: „Die beiden deutschen Grenadierbataillone wurden als Vorbilder im ganzen Heere genannt, und obwohl sie zahlenmäßig nicht sehr stark waren, war Dom Pedro stolz auf sie. Sie stellten zwei feste Säulen dar, auf die sich der Thron absolut verlassen konnte."[35] Und auch eine andere negative Stimme mußte zugeben: „Die Soldaten sind durchwegs wohlgenährt und wohlgekleidet und die deutschen Grenadiere kann man sogar ein schönes Korps nennen. Ihre Manneszucht ist gut und im Felde haben sie sich, soweit sie Gelegenheit hatten, bewährt. In der Schlacht am Paso Rosario vom 20. Februar vorigen Jahres waren den brasilianischen Berichten zufolge die deutschen Soldaten die einzigen, die standhielten und das Heer vor gänzlicher Auflösung retteten."[36]

Aber noch mehr und lieber Kolonisten

Trotz des vordergründigen Auftrages an Schäffer, Soldaten anzuwerben, ist es ihm in erstaunlicher Weise gelungen, um das Vielfache mehr deutsche Kolonisten ins Land zu bringen. Dank hat er dafür allerdings von niemandem erhalten; im Gegenteil! Oberackers Untersuchung stellt daher eine willkommene späte Danksagung an einem verschollenen Grab dar.
Die kleinbäuerliche Einwanderung hatte er nicht zuletzt auch als Mittel des von ihm – als Freimaurer – verabscheuten Sklavenhandels aufgefaßt.
Selbstverständlich hätte er dieses nicht mit asozialen Elementen versucht und erreicht.

Im übrigen war auch den Söldnern von vornherein nahegelegt, nach Absolvierung ihres Dienstes als Kolonisten im Lande zu verbleiben, wozu ihnen der Staat kostenlos Güter zur Verfügung stellte. Der Soldatenberuf wurde gewissermaßen als Übergangsstation zum Kolonistenberuf angesehen.

---

33 Oberacker, H. C.: Neues zum Schäffer-Bild. S. 76
34 ebenda, S. 86/87 – vgl. auch Witte, Hans: Kulturbilder aus Alt-Mecklenburg, Leipzig 1911. 1. Bd., S. 161
35 Oberacker: Neues zum Schäffer-Bild. S. 85
36 ebenda, S. 85

Hand in Hand mit der Aufstellung eines deutschsprachigen Söldnerheeres nahm daher auch die Organisierung eines Kolonistenheeres immer mehr Gestalt an, wobei de Andrada e Silva allerdings auch militärische Absichten mitverfolgte. Es ging ihm insbesondere um die Stärkung der Südprovinzen, die zwar sofort die Huldigung geleistet hatten, deren südliche Grenze aber infolge der erwähnten geringen Bevölkerungszahl ungesichert war. Der Ministerpräsident dachte daher an die Gründung von „Wehrdörfern" mit Hilfe deutscher Kolonisten, wobei ihn General Böhm unterstützte. Beiden standen dabei die Wehrsiedlungen deutscher Bauern an der *Wolga* und in der *Ukraine* vor Augen, deren Nachfahren in der Folge selbst noch nach Brasilien kommen sollten. Zwei Jahre nach der Ausrufung des Kaiserreiches setzte der Strom deutscher Kolonisten nach Brasilien mit Nachdruck ein und schien vorderhand nicht mehr versiegen zu wollen. Die Anwerbung hatte für Brasilien einen erstaunlich raschen Erfolg. Daß dem so war, hing sicherlich mit dem Umstand zusammen, daß, wie die Söldner einem von einer österreichischen (und damit auch deutschen) Prinzessin mitregierten Land lieber als einem völlig fremden dienten, auch die Kolonisten überzeugt waren, in der Habsburgerin eine deutschsprechende und mit ihnen fühlende Landesmutter zu erhalten.

URBARMACHUNG IN RIO GRANDE DO SUL

Der *Schauplatz* der ersten größeren Niederlassung deutschsprachiger „Kolonisten" war der südlichste brasilianische Bundesstaat Rio Grande do Sul. Er bot sowohl von der Geländebeschaffenheit her als hinsichtlich seiner klimatischen Bedingungen die für eine mitteleuropäische Ansiedlung günstigsten Voraussetzungen.
Das Klima ist nicht mehr tropisch, sondern subtropisch, mit Jahrestemperaturdurchschnittswerten von über 20 Grad.[37] Als Temperaturhöchstwerte gelten 40 Grad. Allerdings muß zu diesen Temperaturen noch der hohe Feuchtigkeitsgrad der Luft gezählt werden. Die Jahresdurchschnittswerte liegen überall über 80 Prozent relativer Luftfeuchtigkeit. Die hohe Luftfeuchtigkeit bedeutet für den im Freien Arbeitenden, der aus dem mitteleuropäischen Raum kommt, eine nicht geringe zusätzliche Belastung.
Kaum, daß man die Tätigkeit aufgenommen hat, ist man in Schweiß gebadet. Wir erlebten dieses an uns selbst, insbesondere auf den weiten Fußmärschen durch das Land. Sie ließen uns am besten einen unmittelbaren Einblick in die klimatischen Bedingungen gewinnen. Wochenlang brannte unerbittlich die Sonne nieder. Die Luft war schwül und der Schweiß klebte am ganzen Körper. Dazu kamen die lästigen Borajudos am Tag und Moskitos ab der Dämmerung. Bald litten auch wir unter den schmerzhaften Schwellungen an Armen und Beinen, welche namentlich die Borajudos verursachen. Sie setzen sich vorwiegend auf allen unbedeckten schweißigen Körperstellen fest, auch natürlich an den nackten Armen und Beinchen der Kinder, wenn die Kolonistenfamilie den ganzen Tag auf „Rocas" oder „Plantagen" arbeitet.

Die geographischen Gegebenheiten

Die Oberflächengestalt Rio Grandes weist Ebene, Hügelland und Bergland auf. Von dem rund 282.000 qkm großen Rio Grande do Sul – die Bundesrepublik Deutschland weist zum Vergleich 248.469 qkm auf, Österreich 83.850, die Schweiz 41.300 qkm – entfällt ein gutes Drittel auf die Ebene, die Hälfte aber auf das Bergland, die *„Serra"*. Die grandiose Tiefebene, die sich geologisch und landschaftlich in der gewaltigen *Pampa Uruguays* und *Argentiniens* fortsetzt, weist Ablagerungen aus der Quartärzeit auf. Schon lange waldoffen, bildete sie das ideale Jagdgebiet der meernahen Indianer, nach der portugiesischen Besetzung desgleichen das fruchtbare Weidegebiet der großen Viehherden der „Fazendeiros", von denen die Reichen 1000 bis 1500 Stück ihr eigen nennen.

Wir erlebten es mehrere Male während uns erwiesener Gastfreundschaften selbst, daß der Gastgeber bestohlen wurde, jedoch beim Abhandenkommen nur eines Stücks Vieh kein großes Aufsehen machte. Wir stellten uns dabei diese Situation zu Hause vor ...

Hier auf den *„Campos"* ist die Welt des vielbesungenen „Gaucho". „Tapfer, diszipliniert, in Kategorien der Hierarchie denkend, dem Kommando gehorchend, mit seinem Pferd zu einer kämpferischen Einheit verschmolzen, solidarisch mit dem Clan, die Weiten der Pampas beherrschend, ist der Gaucho" – so schreibt H. M. Görgen[38] – „der selbstbewußte Eroberer, der Sicherer der Grenzen, über die hinaus jedoch zahlreiche Bindungen und Austauschmöglichkeiten begründet werden." Viele Begegnungen mit

---

37 Kohlhepp, Gerd: Industriegeographie des nordöstlichen Santa Catarina (Südbrasilien). Ein Beitrag zur Geographie eines deutschbrasilianischen Siedlungsgebietes. Heidelberger Geographische Arbeiten, Heft 21, S. 33 f. Heidelberg 1963
38 Görgen, Hermann Mathias: Brasilien, Landschaft, politische Organisation, Geschichte. Nürnberg 1971. S. 151

ihm haben uns auch immer wieder jenes Bild bestätigt, das H. M. Görgen entworfen hat. Allerdings muß hinzugefügt werden, daß heute vielfach Drahtzäune die Viehwacht des Gaucho ersetzen bzw. einschränken, so daß man Gaucho-Gruppen wohl die Zäune zur Kontrolle abreiten sieht, sie aber weniger, wie früher, im Ritt auch die Herden selbst zusammen- und vom Eindringen in fremde Weidegebiete abhalten müssen. Auch entdeckt man heute in der Ebene weithin große Weizen- und Wasserreiskulturen. Größtenteils liegen auch sie in der Hand der Großgrundbesitzer. Daher sind die auf dem Felde Arbeitenden in der Regel „agregados", Landarbeiter. Damit will ich nur kurz andeuten, daß wir uns in der Ebene im Einzugsgebiet des Großgrundbesitzes befinden.

Entlang der Atlantikküste geht die Ebene in viele Strandseen über, die sogenannten „lagoas", deren größter, die *„Lagoa dos Patos"* durch den Rio-Grande-Kanal mit dem Meer verbunden ist. Ein weiterer Teil des südlichsten, brasilianischen Staates besteht aus Hügelland, sowohl im Süden als im Nordwesten. Das *südliche Hügelland* war vor der deutschen Einwanderung vielfach waldbedeckt und bildete gegen Uruguay und Argentinien gewissermaßen einen natürlichen Grenzsaum. In unmittelbarer Nähe liegen in der Ebene auch die großen Städte *Rio Grande, Pelotas* und die Landeshauptstadt *Porto Alégre*. Zusammen mit São Leopoldo und *Novo Hamburgo* stellt die Einmillionenstadt auch den wirtschaftlich-industriellen Schwerpunkt des südlichsten brasilianischen Bundesstaates dar. Hier sind die eisen- und stahlverarbeitenden sowie die metallurgischen Werke versammelt, neben pharmazeutischen Produkten auch Bekleidungswaren (Textilien, Schuhe) erzeugende Industrien. Das umliegende landwirtschaftliche Gebiet rief auch eine bedeutende Konserven-, Milchwaren- und Speiseölindustrie hervor. Auch die Bierbrauereien haben sich hier niedergelassen, nicht zuletzt auf Grund deutscher Ansiedler, wie übrigens auch die Lederwarenindustrie, mit Schwerpunkt in Novo Hamburgo, auf deutsche Gründungen zurückgeht. Auch die größte südamerikanische Luftfahrtgesellschaft *„Varig"* hat hier ihren Stammsitz, woran auch ihr Name „Viacão Aeronatico Rio Grande" erinnert. Sie geht ebenfalls auf brasil-deutsche Aktivitäten zurück. Hier besitzt auch die Bauindustrie ihren Schwerpunkt. Porto Alégre ist Bischofs- und Universitätsstadt.
Viele Deutsche haben in Porto Alégre ihren Wohnsitz genommen. In Porto Alégre befindet sich auch die mitgliederstärkste brasil-deutsche Industrie- und Handelskammer mit 754 Mitgliedern (1976). Desgleichen entstand hier auch unter P. Rambo SJ der erste „Deutsche Verein" als Vorläufer des „25.-Juli-Vereins", der die Deutschen im Süden kulturell repräsentiert und in der Stadt eine große Niederlassung besitzt.

Das Hügelland von Pelotas kennzeichnen nur geringe Erhebungen. Die Gegend ist lieblich. Fährt man unter einer mächtigen gelben Staubwolke auf der Erdstraße in die Dörfer ein, so fällt neben der Fruchtbarkeit, die man auf der Strecke bereits beobachtete – Weizen- und Maisfelder wechseln mit Tabakpflanzen ab –, auf, daß sie alle mehr oder minder langgezogene *Straßendörfer* sind. In der Mitte derselben befindet sich die kleine steingebaute Kirche mit spitzem Turm und daneben die kleine im Sonnenglanz träumende Venda, wo der Wanderer eine bescheidene Labung erwartet.

Der dritte Landschaftsteil ist die „Serra". Unter der „Serra" (lat. serra = Säge) versteht man das ursprünglich und heute noch vielfach bewaldete, zerklüftete Bergland, das sich in einem breiten Bogen in Küstennähe über die südliche Hälfte Brasiliens erstreckt und in Rio Grande allmählich in die Tiefebene versinkt. Nur bei Pelotas wölbt sich noch einmal das uns bereits bekannte Hügelgelände auf.
Die Serra wurde bei der Hebung der Landoberfläche, namentlich in ihrem östlichen

Teil, in gewaltige Bruchschollen zerrissen. In große Blöcke aufgelöst, erreicht sie Höhen von 1000 m über dem Meer. Zum Teil bildeten sich dabei großartige Cañons oder in allen Regenbogenfarben schillernde Wasserfälle aus, welche zahlreiche Kaskaden zu überwinden haben. Die Blöcke gliedern sich teilweise in ganze Hügelketten auf, aus denen sich häufig ein runder „*Morro*" als höher gelegener Inselberg heraushebt.

Auf diese mit steilen Abbrüchen versehenen Inselberge haben sich übrigens seinerzeit oft flüchtige Sklaven aus dem Tiefland gerettet und sich bis zur weiteren Flucht verborgen gehalten. Sie bildeten günstige Auslüge und ließen sich unter Umständen auch verteidigen.

Abgesehen von diesen Steilabfällen der Porphyr- oder Granitfelsen mit rötlicher oder braunschwarzer Farbe wird die Serra im östlichen Teil vom dunklen Grün der Urwälder oder der nachgepflanzten Akazien- oder Eukalyptushaine, dem neuen Grün der Maisäcker, dem Samtgrün der Kartoffel- und Maniokfelder und dem besonders kräftigen Grün der Orangen- und Mandarinenbäumchen oder -sträucher bestimmt. Dieses vielfältige Grün, in das sich noch das Silbergrün der Bohnenäcker und Bergreisfelder mischt, ist Zeugnis der Fruchtbarkeit. Den Reiz unserer blumigen Wiesen aber sucht man gleichwohl vergebens.

Weiter im Westen gehen die Serrahöhen in die schon lange waldfreie eindrucksvolle Hochfläche des „*Planalto*" über. Er bildet den vierten Landschaftsteil und stellte bereits in der Indianerzeit die Verbindung zwischen der Tiefebene im Süden und dem mittleren Brasilien her und wurde auch von den nachfolgenden portugiesischen Viehtreibern als Durchzugsland für ihre Herden vom uralten Weideboden der „Campos" im Süden zu den Schlachthöfen von São Paulo und Rio benützt.
Dieser Landschaftsteil bildete, da schon besiedelt, zunächst nicht das Betätigungsfeld unserer Kolonisten, sondern die urwaldbestandenen Gegenden. Um in sie einzudringen, boten sich fast allein nur die Flußläufe an. Wege und Straßen ins Gebirge gab es ja nicht, höchstens einige Indianerpfade. Wie man daher auf Booten in das „Unbekannte" eindrang, bildeten die Flußläufe auch später noch lange die Verkehrsadern, auf denen sich der bescheidene Handel und Export der von den Kolonisten erzeugten Güter vollziehen konnte. Jene Siedlungen, welche diese Verbindungsmöglichkeit nicht besaßen und abseits von Wasserwegen entstanden, gerieten aus diesem Grunde später in vorübergehende Schwierigkeiten.[39] (Siehe Farbbild 1.)

An sich war jedoch der Weg, den der deutsche Kolonisationsvorgang nahm, deutlich von der Natur vorgezeichnet. Auch das wenig geübte Auge vermochte dieses rasch zu erkennen. Nahm die Kolonisationsbewegung von der Ebene aus ihren Ausgang und hatte sie wilde, der Kultur noch nicht geöffnete Urwaldgebiete zu erschließen, dann war es der Weg des geringsten Widerstandes – den fast jede Erschließung auf der Erde einschlug –, sich nach Süden ins Hügelland und nach Norden und Westen in das sich nur sehr allmählich erhebende Serragelände vorzuwagen. Der Eintritt vom Meer in die Serra kam weniger in Betracht. Gegen den Atlantik im Osten fällt nämlich die Serra, im Gegensatz zu ihrem allmählichen, gleitenden Übergang in die Tiefebene, sehr jäh und steil ab, wie sich denn die Serra insgesamt dem vom Atlantik her Zufahrenden als wilde, zerrissene Barriere entgegenstellt, wo hingegen sie auch nach Westen leicht abfällt.
Alles in allem aber war es bestimmt kein Leichtes, in diese Urwälder einzudringen und in ihnen zu bestehen. Mit diesem Vorgang war daher eine gewaltige Kulturleistung verbunden, die von den Pionieren, ihren Frauen und Kindern oft unsägliche Müh und Pein

---

39 Ilg, Karl: Pioniere in Brasilien. Innsbruck 1972. S. 38

an Leib und Seele abforderte, was sich vielfach auch noch an ihren Nachfahren widerspiegelt.

DIE ERSTEN EIGENEN EINDRÜCKE

Wer brennt nicht darauf, in der Fremde mit den ersten Landsleuten, unseren Kolonisten, zusammenzutreffen, denen und deren Vorfahren die erwähnte Kulturleistung letzten Endes zu danken ist.
Schon bald nach dem Antritt unseres ersten Fußmarsches, den wir von *Gramado* aus unternahmen, auf das ich nochmals zurückkomme, wurde uns die erste Begegnung zuteil, und auch, wenn seitdem Tausende nachfolgten, blieb sie uns nicht nur in besonders unvergeßlicher Erinnerung, sondern sie kann nachträglich auch für alle folgenden als charakteristisch bezeichnet werden. Was ich hier über Rio Grande berichte, gilt daher vorweg auch für die meisten anderen Länder.

Ganz Deutschland versammelt

Als wir an einem Abhang mit großartigem Ausblick anhielten, bekamen wir eine Probe von der Haltung der Leute zu spüren. Denn da hielt auch ein Reiter an, fragte uns nach unserem Woher und Wohin und gab uns dann mit viel Stolz zu wissen, daß, wo überall wir jetzt hinblickten, das große Tal vor uns hinab und den nächsten Hang hinauf und so weiter viele Hügelketten fort, nur deutsche Siedler wohnten. „Hier wäre ein kleines Deutschland." Die Leute in „*Tannenwald*", in der „*Kaffeeschneis*" und „*Schwabenschneis*" sowie im „*Jammertal*" wären zwar der deutschen Schriftsprache selten kundig. Doch sprächen sie alle ihren alten angestammten Dialekt, hier das Hunsrückische. Aus dem *Hunsrück*, dem *Eifel- und Moselgebiet* waren viele in die Serra ausgewandert.[40]

Aber Probleme: Sprachschwierigkeiten

Das *Sprachproblem* mußten wir immer wieder als eines der schwerwiegendsten unserer Kolonisten erkennen. Wie es sich damit in den Städten verhält, ist noch gesondert zu betrachten.
Der erste Eindruck auf unserem Ritt durch die Serra wiederholte sich in der Tat in den folgenden Begegnungen an vielen Stellen in der Serra und im Hügelland, und in vielen Jahren so häufig und in gleicher Weise, daß man ihn mit Recht als typisch bezeichnen kann.
Es gab nur noch eine Abweichung, die übrigens ebenso häufig vorkam, und zwar dann, wenn uns die Leute nicht als Einheimische, sondern als Fremde vermuteten. Dann sprachen sie uns durchwegs in Portugiesisch an und gaben auch nur auf portugiesisch Antwort. Man merkte es ihnen ganz deutlich an, daß sie es gar nicht wagten, sich in der deutschen Schriftsprache auszudrücken. Eine schmerzvolle Feststellung für beide Teile! Dabei fiel es ihnen aber gar nicht schwer, die Schriftsprache zu verstehen; lesen konnten sie lange nicht alle. Doch, das Portugiesische, das sie beim Gespräch gebrauchten, war ebenfalls mangelhaft. Waren sie unter sich oder wähnten sie uns auf Grund verschiede-

---

40 Keller, H.: Die Brasilienauswanderung aus dem Hunsrück – Symptom einer geistigen Strömung. In: Inst. f. Ausl. Beziehungen, 16. Jg. (1966). Heft 4, S. 228 ff

ner Merkmale als Einheimische, dann drückten sie sich munter im deutschen Dialekt aus. Deutschsprachige waren sie also auf alle Fälle.
Auch der Steylermissionar P. Guilherme Saake kam auf seiner „Reise durch die deutschen Kolonien in Rio Grande do Sul" 1956 zu denselben Feststellungen und zeigte die bedrückenden Folgen dieser Sprachsituation auf.[41]
„Bei der Unkenntnis des Schriftdeutschen und der mangelnden Kenntnis des Portugiesischen, die zu einer genußreichen Lektüre nicht genügen", sei „die Senkung des geistigen Niveaus nicht zu übersehen". Erzieher und Seelsorger wie auch Politiker und Männer der Presse, die sich über die Zukunft der deutschen Kolonien und ihre Bedeutung für Brasilien Gedanken machen, schauen mit Besorgnis auf diese Situation, die eine der aktivsten Bevölkerungsgruppen des Staates immer weiter von ihrem geistigen Niveau absinken läßt und zu einer Rückständigkeit führt, die sich auch auf den Staat negativ auswirken muß.

Welche Belastungen diese Situation auch in religiösen Dingen auslöst, schildert der Missionar an Hand einer Gemeinde. Da wir ähnliches auch immer wieder erlebten, seien sie hier angeführt: „Nach Verordnung der erzbischöflichen Behörde Porto Alégre ist der öffentliche Gebrauch der deutschen Sprache in den Pfarrkirchen mit Ausnahme der Munizipalorte verboten. Der Pfarrer eines solchen Ortes sagte mir, daß fast die Hälfte seiner Pfarrkinder in deutscher Sprache beichten. – Natürlich taten sie es im Dialekt! – Gerade seine eifrigsten Mitarbeiter, auf die er sich immer verlassen könne, verständen seine portugiesischen Predigten nicht. Er fühle sich deshalb im Gewissen verpflichtet, außerhalb der geltenden Gottesdienstordnung eine zusätzliche heilige Messe mit deutscher Predigt einzulegen. In einem anderen Munizipal kam ein Prediger, der noch nicht sehr lange in Brasilien ist, bei seinen in portugiesischer Sprache vorgetragenen Ausführungen aus dem Kontext. In seiner Not ging er zur deutschen Sprache über mit dem Hinweis, er habe hier im Gotteshaus schon so viele deutsche Beichten gehört, daß er annehme, alle würden seine deutschen Worte verstehen. Die Zuhörerschaft, die schon lange in der Pfarrkirche keine deutsche Predigt mehr gehört hatte, wurde durch die Worte des Predigers so gepackt, daß Tränen der Freude und der Rührung in den Augen vieler glänzten. Ich selber war Zeuge, wie Männer mir nach der Sonntagsmesse von den großen Ereignissen des Sonntags erzählten, nämlich, daß am Morgen im Krankenhaus deutsch gepredigt worden sei und daß in der Pfarrkirche der Chor nach der Wandlung beim Hochamt ein Lied in deutscher Sprache eingelegt habe. Ein Volksmissionar erzählte mir, daß er gelegentlich einer Mission in einem Munizipalort von einer Lehrerin gebeten wurde, er möge doch seine Vorträge, da ihre Mutter und andere ältere Leute kein Portugiesisch verstünden, auch in Deutsch halten."

Auch vielen Brasilianern ist die Problematik bekannt und sie teilen unsere Sorge. Der bedeutende brasilianische Historiker Aurelio Porto ist hier wieder als besonders vornehmer Zeuge vorzustellen. Mit den nachfolgenden Worten deckt er in selbstkritischer Weise auch die im vorübergehenden brasilianischen Verhalten liegenden Ursachen zur Entstehung des Problems auf:
„Uns trifft die Schuld – eine schwere Schuld – dafür, daß er – (der deutschbrasilianische Kolonist, der Verf.) – ein Jahrhundert hindurch in der Isolierung lebte, die ihn wegen der Schwierigkeiten, welche die Sprache bereitete, fernhielt von unserem Volke. Wir haben ihn im weglosen Urwald, wo jede Möglichkeit geistiger Verbindung und des Verkehrs fehlte, ausgesetzt, haben ihm aufgetragen zu arbeiten und nichts weiter von ihm gefordert, als daß er ein tüchtiger Bauer sein solle. Danach haben wir ihm mit Gewalt den Patriotismus aufzwingen wollen, den nur brüderliche Gesinnung und Liebe in seiner Seele wecken konnte. Trotzdem haben die Deutschen und die ersten Generationen ihrer Nachkommen in allen bewegten Zeiten unserer Geschichte, in jedem Abschnitt unserer staatlichen Entwicklung mit uns empfunden und, wie wir sahen, nie-

---

41 Saake, Guilherme: Eine Reise durch die deutschen Kolonien in Rio Grande do Sul. Hans Staden, Jahrbuch, S. 242/43

mals, sei es auf dem Schlachtfeld, sei es im geistigen Kampf, uns ihre Hilfe versagt.'"[42]
Auch den Kolonisten ist die sprachliche Verarmung mit ihren Folgen nicht verborgen. Um zu größeren wirtschaftlichen Leistungen zu gelangen, hielten sie neben einem besseren Portugiesisch stets auch das Erlernen der deutschen Schriftsprache für wünschenswert. Dann könnten sie auch deutsche Bücher lesen und durch sie – so vermeinten sie – auch an den großen Fortschritten des deutschsprachigen Mitteleuropa teilhaben, von denen sie gehört hatten. Um den deutschen Sprachunterricht und die Hebung der Landwirtschaft durch Anwendung besserer Kenntnisse auf allen Gebieten drehte sich überall ein Teil des Gesprächs, wo immer wir auch später abstiegen.[43]

Erst wenn man dieses mit eigenen Sinnen wahrnimmt, wird einem die Notwendigkeit und Verpflichtung des deutschsprachigen Mitteleuropa bewußt, hier mit allen zu Gebote stehenden Mitteln zu Hilfe zu eilen.[44]

Wenig Lernmöglichkeiten in Deutsch

Die deutschen Schulen waren im Zuge der Kriegserklärung Brasiliens an Deutschland, wenn nicht schon 1938 geschlossen worden. Sie waren die ersten „Volksschulen" in Brasilien gewesen; staatliche waren erst in jenem Jahre eingeführt worden. Sie hatten den Kindern wichtige Kenntnisse vermittelt.

Doch wie sollten sich die jungen Leute heute weiterbilden können, ein deutsches Lehrbuch studieren, den Kursen in Europa gut folgen können, wenn sie deutscher Sprache und deutscher Schrift unkundig sind? Brasilianische Gelegenheiten zur Weiterbildung stehen auf dem Lande nicht viele zur Verfügung. Erst jetzt ist es wieder möglich, an die brasilianische Schule deutschen Unterricht als Freifach anzuschließen. Doch wo die Lehrer aus der heute dreißigjährigen Generation hernehmen, die selbst nie Schriftdeutsch lernte?[45]

Daher sind Ausbildungsstätten zur Heranbildung der Lehrer von größter Wichtigkeit. In diesem Zusammenhang verdient das zu Weihnachten 1965 in Rio Grande do Sul vom „Verein 25. Juli" gegründete Jugendheim Gramado besondere Erwähnung[46], ebenso das „Institut für Deutschlehrer in São Leopoldo".

Seit einigen Jahren befindet sich auch in São Paulo eine sehr wichtige und erfolgreiche Ausbildungsstätte für Deutsch-Hilfslehrer.

Deutsche Siedlungsformen; kleine Güter; alte Wirtschaftstätigkeit

Was die deutschen *Siedlungsformen* betrifft, fiel uns sofort auf, daß sie in der Regel entlang einer Schneise entstanden sind, die häufig kerzengerade in den Urwald hinein geschlagen wurde. Quer zu dieser waren die „Kolonistenlose" – ihre Güter – verteilt worden. Engere Nachbarschaft gab es nur in den planmäßig quadratisch angelegten Dörfern oder in den aus deutscher Initiative hervorgegangenen „Haufendörfchen".

---

42 Porto, Aurelio: Die deutsche Arbeit in Rio Grande do Sul. São Leopoldo 1934. S. 240/241
43 vgl. Nelson de Genna: Die Bedeutung deutscher Kultur und deutscher Arbeit in Brasilien. In: Mitt. d. Geogr. Gesellschaft. Würzburg 1933
44 Ilg, Karl: Die deutsch-brasilianischen Kolonien und sinnvolle Entwicklungshilfe am Beispiel der österreichischen Siedlungen. In: Humanitas Ethnica. Festschrift für Theodor Veiter. Wien–Stuttgart, o.J. (1967). S. 270–286
45 Rehs, Michael: Grünes Licht für die Gegenseitigkeit. In: Inst. f. Ausl.Bez. 20. Jg. (1970). Heft 1, S. 1 ff
De Mello Freyre, Gilberto: Unkenntnis der deutschen Sprache. In: Inst. f. Ausl. Beziehungen, 18. Jg. (1968). Heft 1, S. 14 ff
46 Altpeter, H.: Haus der Jugend in Gramado (Brasilien). In: Inst. f. Ausl. Bez. 16. Jg. (1966). Heft 2/3, S. 179 ff

Im allgemeinen waren die von unseren Leuten bewirtschafteten *Güter relativ klein.* Die Größe einer „Kolonie", worunter die Leute ihr Bauerngut verstanden, betrug einschließlich der noch unerschlossenen Urwaldfläche, der „*Capoeira*" (Sekundärwald), dem „*Potreiro*" (Weidefläche) und dem Ackerland, das sie „*Plantage*" nannten, 24 ha. Wir begegneten jedoch vielen Kolonisten, die nur eine „halbe Kolonie" und noch weniger besaßen und sich oft an der untersten Grenze landwirtschaftlicher Existenzmöglichkeit befanden, ja diese z. T. unterschritten hatten. (Siehe Farbbild 36.)

In nicht wenigen, schon 100 Jahre alten deutschsprachigen Siedlungen der Serra herrschte tatsächlich landwirtschaftlicher und existenzieller Notstand. Allerdings hing er nicht allein mit dem Vorhandensein von Kleinbetrieben – „Minifundos" – zusammen, indem der Besitz mehrfache Erbteilung erfahren hatte, sondern auch mit der Art des landwirtschaftlichen Betriebes an sich. Denn in unseren Alpen und Mittelgebirgen müssen Landwirtschaftsbetriebe gleicher Größe auch bestehen, trotz weitaus ungünstigeren Klimas. Im brasilianischen Land sind nämlich vielfach zweimal im Jahr Ernten möglich. Allerdings wird durch das viele Ungeziefer, das sich ebenfalls unwahrscheinlich vermehrt, der Ernteertrag wieder arg geschmälert.

Daneben aber handelt es sich in der Tat um eine sehr extensive Wirtschaftsform.

Hier kannten die Leute hundert Jahre lang keine Düngung. Auch nicht einmal die „Dreifelderwirtschaft" mit alle drei Jahre eintretender Brache kam zur Anwendung.

Man nützte den Boden nach erfolgter Rodung sechs bis acht Jahre fortlaufend, ohne ihn zu düngen. Dann überließ man ihn wieder dem Wald – meistens kam nur noch Sekundärwald auf – und begann an einer anderen Stelle ein „Roca" zu eröffnen. Natürlich verlangte eine so extrem extensive Wirtschaft – in etwa dem „*Plenterbetrieb*" vergangener Zeiten in einzelnen deutschen Mittelgebirgen vergleichbar – außerordentlich viel Bodenfläche. (Siehe Farbbild 35.)

Wo in diesem Gelände die schweren, selbstgebauten Pflüge mit Ochsengespann nicht zur Anwendung kamen, stand – und steht den Kolonisten z. T. heute noch – nur die Hacke zur Verfügung. Viele Kolonisten befinden sich daher – vornehmlich in der Serra – heute noch auf der Stufe des „*Hackbaues*". Die Hacken der Leute schienen mir auch noch viel zu breit. (Siehe Farbbild 37.)

Ständig schlagen sie mit ihr auf die vielen Steine im Acker, und es erzittern die Arme. Ich habe oft alte Leute gesehen, die vor lauter krankhaftem Zittern kaum mehr eine Kaffeetasse halten konnten.

Seltsam erschien uns auch der Umstand, daß die Ackerfläche oft in beträchtlicher Entfernung vom Kolonistenhof und in der Regel in geneigtem Gelände lag, während für den „Potreiro" der unmittelbar um den Hof liegende, zumeist ebene Grund ausgesucht wurde, obwohl sich eine umgekehrte Verteilung als zweckmäßiger empfohlen hätte. Bei der Hanglage war der Acker unweigerlich der Erosion ausgesetzt, ja diese vielfach bereits voll wirksam geworden. (Siehe Farbbild 13.)

Als Ursache dieser Fehlverteilung konnten wir jedoch alsbald die nötige Vorsicht vor Raubüberfällen in der Vergangenheit erkennen. Räuber hatten es früher in erster Linie auf die Aneignung des Viehs abgesehen. Dieses stellte auch den einzigen mobilen Besitz der Kolonisten dar, den man rauben konnte. Daher wollte ihn der Kolonist möglichst in seiner Nähe haben, um allfälligen Raubversuchen rasch zu begegnen. Da man für die Hofanlage tunlichst ebenes Gelände suchte, kam auch der Potreiro in diesem zu liegen und blieb für den Acker häufig nur steiler Grund zur Wahl. Dann blieb man bei dieser Verteilung, auch als für diese längst kein Anlaß mehr gegeben war.

Den „Potreiro" (von lat. pratum = die Wiese), also den Anger in der Nähe des Hofes für das Großvieh, haben sie von den vielen Steinen gesäubert und diese zu einer festen

Mauer aufgeschichtet, welche den Anger vom Ackerfeld und Wald abgrenzt. Hier weidet das Vieh tagaus, tagein das ganze Jahr über im Freien. Eine Heuernte ist fast unbekannt. Unter 30 Kolonisten erfragte ich in der Regel nur bei sieben eine Sense! Die einzige Pflege der Wiese besteht im Aushacken des Unkrautes, namentlich der üppig wuchernden Farne. Das trotz Eigenversorgung nötige Bargeld bringt jedoch nicht die Rinderzucht, sondern die Schweinezucht, wozu der Mais, der „milho", gezogen wird, der allerdings auch als Brotgetreide dient. Jeder Kolonist besaß an die 30 bis 70 Schweine. Gänse und Hühner vervollständigen neben Katze und Hofhund, meist indifferenter Rasse, die Arche Noah eines Kolonisten. Der Bäuerin steht es offen, die wenige Milch der Kühe und die Eier des Hühnervolkes zu verkaufen, wie denn auch stets die Frau Kühe und Hühner zu versorgen hat. Mehr als zehn Liter spendet selten eine Kuh. Wo Umstellungen zu sehen waren, trugen sie deutlich den Stempel jüngster Vergangenheit. Doch verkennen wir nicht, daß sich der Wandel rasch ausbreiten wird.
Immer wieder bekamen wir zu hören, daß junge Leute in die Bundesrepublik und nach Österreich zu Kursen eingeladen wurden, und auch die Regierung treffe viele Anstalten, in die stagnierende Landwirtschaft Bewegung zu bringen. Letztere findet auch in der Lebensweise unserer Kolonisten ihren Niederschlag.

Das meiste, was auf dem Acker geerntet wird, dient den deutschen „Kolonisten" – sie nennen sich selbst stets so, das Wort „Bauer" ist ihnen fast unbekannt – zu ihrem eigenen Lebensunterhalt. Sie befinden sich gewissermaßen noch heute in einer beinahe mittelalterlichen *Eigenwirtschaft* mit *Selbstversorgung*, die natürlich in den Anfängen der Besiedelung notwendigerweise die Ausgangsstellung bilden mußte.

Trotz der Vielfältigkeit der Ernte ist die Ernährung teilweise immer noch als mangelhaft und einseitig zu bezeichnen – am Werktag gibt es viele Tage nur Reis, Maniok und schwarze Bohnen – und besitzt der Körper wenig Gegenkräfte. Es verwundert nicht, daß die Kolonistensöhne zu einem größeren Teil als die Caboclos wehruntauglich sind. Kleine Kinder werden nicht zur Schule geschickt, weil man sie in der Roça braucht. Oft sah ich kleine zwölf- und zehnjährige Buben mit ganz zerschundenen Händchen. Die gesundheitliche Situation ist wesentlich davon gekennzeichnet, daß unsere Kolonisten schon in jungen Jahren abgearbeitet sind. Beim Arbeiten in der „Roça" plagen fast immer Ameisen die bloßen Füße, die dann ganz von Wunden bedeckt sind. Brechen schwere Krankheiten auf die Familie herein, ist auch ihr wirtschaftlicher Ruin da. Die Arztrechnungen verschlingen rasch den kleinen Hof. Sozialversicherungen gibt es kaum und wenn, dann nur in Privatinitiative.

Mitunter konnte man auch noch Formen der *Naturalwirtschaft* entdecken. Denn mit dem Abverkauf der Feldfrüchte wurden auch die Ausgaben in der „*Venda*" bestritten. Ebenso wurde mit Feldfrüchten der Müller, Schuster und Zimmermann „bezahlt". Bilder längst verklungener Zeiten in Mitteleuropa taten sich auf. Aus diesen Gebieten erfolgte daher auch schon lange Abwanderung. Doch die Abgewanderten pflegten z. T. in den von ihnen gerodeten Urwäldern entlang des Paraná wieder nur die altgewohnte Wirtschaft.

Über die Anfänge der Kolonisation wußten sie alle sehr gut Bescheid. Ihre Ahnen hätten sich in den Urwald hineinroden müssen.
Es muß ihr Verdienst bleiben, im schwierigen Gelände Brasiliens die Kultur eingeführt zu haben. Wir konnten es mitansehen, wie hart die Gewinnung dieser neuen Heimat war. Riesige Bäume mußten fallen. Doch ehe man zu ihnen gelangte, mußte dichtestes Unterholz mit der „Buschsichel" geschlagen werden. Dornen, Moskitoschwärme und Schlangengefahr verursachten ständige Erschwernis.

Auch gegen die größten Bäume stand nur die Axt zur Verfügung. Half kein anderes Mittel, schlug man den Riesenbäumen am unteren Stammesende rund herum die Rinde ab. Dann konnte es aber noch Jahre dauern, bis ein so abgestorbener Baum durch den Sturm zu Fall kam.

Allein ehe es zum Roden und Bestellen der Äcker kam, mußten oft auch noch enttäuschende Hürden von seiten örtlicher Verwaltungsstellen genommen werden; häufig kam es infolge Schlamperei zu Fehlmessungen bei den Landzuteilungen und zu Streitigkeiten. Dies hatte oft ein langes Hinwarten zur Folge, das an Nerven und Ersparnissen zehrte.

In den von der Sonne ausgetrockneten Schlag warf und wirft man den Brand und steckt in die Asche die Körner des Maises. Er bedeckt auch heute noch die meisten gerodeten Flächen. Neben Mais, Kartoffeln, Süßkartoffeln, Maniok und Bergreis wird auch Zuckerrohr gezogen. Doch fand ich auch Erdnüsse, Melonen, Gurken, Kürbisse usw.

Zur Verbesserung der landwirtschaftlichen Situation wäre sicher auch eine bessere Anbauberatung und Absatzregelung der landwirtschaftlichen Erzeugnisse, am besten durch eigene genossenschaftliche Organisationen, am Platze. An Stelle der Bauern zieht nämlich vielfach immer noch der Zwischenhandel den größten Gewinn, der häufig in nichtdeutscher Hand liegt.

Vieles wird sich sicherlich in Bälde zum Besseren wenden. Ich schließe diese erste Schilderung unserer Eindrücke mit der Frage, mit der wir oft bedrängt wurden: „Was denkt ihr von uns, wenn ihr das alles seht? Wohl, daß wir weit zurückgeblieben sind?" Ich antwortete stets und mit Überzeugung: „Nein! Im Gegenteil; ich bewundere euch, denn ich muß bedenken, daß ihr euch in einem Jahrhundert oder weniger aus dem frühesten Mittelalter aus eigener Kraft in die Neuzeit emporarbeiten mußtet!"

Doch ehe ich zu den ersten Eindrücken in den Städten übergehe, muß noch eine weitere Seite über unsere Kolonisten im Bergland und in der Hügelkette aufgeschlagen werden.

Tradition überall lebendig

Als Volkskundler war es für mich naheliegend, mich für die Erscheinungen in Sitte und Brauch zu interessieren, zumal sie für den Bestand einer Gemeinschaft und Tradition besonders charakteristisch sind.

Da wir letzterer Frage im zweiten Teil dieses Buches einen eigenen Abschnitt widmen, muß uns hier die Feststellung genügen: Sie haben vielfach die Formen ihres Herkunftslandes bewahrt. Schon dieses mußte uns verwundern. Es war nicht selbstverständlich. Die Leute sprachen jedoch mit uns gerne über diese Fragen.

Eines Tages hatte ich – es war in *Tinimbu* – ganz leise angedeutet, wie gerne ich neben unseren ständigen Aufnahmen von Haus zu Haus einmal eine größere Gruppe von Männern gleichzeitig versammelt hätte, um Fragen zu stellen, wobei die Antworten wie auch meine eigenen Urteile von der ganzen Versammlung sofort auf ihre Richtigkeit zu überprüfen wären. Ich staunte nicht wenig, als sich tags darauf eine ganze Kavalkade von etwa 25 Männern aller Altersstufen trotz des heißen Tages und trotz der vielen Arbeit in der Roça einstellte. Nach mehrstündiger intensiver Rede erklärten sie voll Stolz, daß sie alles gerne gemacht und selbst eine Menge über sich gelernt hätten. Ging es in anderen Fällen die Frauen an, so verhielten sie sich nicht minder aufgeschlossen und interessiert. Rührend, wie sie mir und, in diesem Falle noch besser, meiner Frau die Art des Brotbackens, die Zubereitung der volkstümlichen Speisen, Gebäcke und Getränke und Medizinen schilderten, Christbaumschmuck, Krippen, Weihnachtspyramiden sowie Ostergeschenke hervorholten und nicht müde wurden, über ihr Leben, ihren Alltag und Festtag und über die Jahre zu berichten. Als wir uns am Abend von dieser prächtigen Männergruppe verabschiedeten, trat der Älteste vor und bat mich, wann immer ich das Foto (siehe Farbbild 3) von ihnen zeige, zu berichten, wie sehr sie in Gehaben, Arbeitsauffassung und Kleidung noch die „Unseren" wären.

Wir kamen in Rio Grande do Sul zur nachweihnachtlichen Zeit an. Also im Hochsommer. Da es abnormal heiß war, turnte das Thermometer nicht selten auf 40 Grad hinauf. Mir war seinerzeit in Europa mitgeteilt worden, die deutschsprachigen Kolonisten hätten das *Weihnachtsfest* in der bei uns gebräuchlichen Form abgelegt, was mir angesichts der völligen Umkehrung der Jahreszeit mehr als verständlich schien. Ich konnte drüben jedoch genau das Gegenteil feststellen. Die Deutschen haben dieses Fest seit ihrer Abwanderung vor 100 Jahren nicht nur nicht abgelegt, sondern auf ihre Art ausgebildet und die umwohnende brasilianische Bevölkerung dazu gewonnen. (Siehe Farbbild 45.)

In keinem deutschen Haus und in keiner deutschen Kirche fehlte der Christbaum, auch wenn es ein stacheliges Araucarienbäumchen ist und sich die Weihnachtskerzen in der Hitze nach unten biegen. Um es alle Jahre in der Nähe schlagen zu können, findet man um viele Höfe eigens zu diesem Zweck eingepflanzte Bäumchen.

Doch so war es mit vielem Brauchtum, wie sich von Forschungsreise zu Forschungsreise zeigte. Hier sei im Einleitungskapitel nur noch auf einen anderen Schwerpunkt des rein aus der Heimat mitgebrachten Jahresbrauches erinnert, auf das Kirchweihfest. Es ist bei Katholiken wie Protestanten gleich hoch im Schwange und wird von beiden „die *Kerb*" bezeichnet. Natürlich handelt es sich dabei vielfach nicht um die Erinnerungsfeier an die Vollendung und Einweihung einer „Kirche", sondern nur einer Kapelle. Doch nach Dauer und Festfreude gibt es diesbezüglich keinen Unterschied[47].

Ganz besonders auffallend erhielt sich auch die Sitte des *Bauens und Wohnens*. Ja, diese Tatsache war die erste, die sich uns beim Wandern aufdrängte. Wir mußten uns gestehen, daß die meisten wissenschaftlichen Darstellungen viel zuwenig oder zuwenig nachdrücklich auf diese Erscheinung hinwiesen. Wir waren durch sie daher auch nicht in ausreichendem Maße auf diese vorbereitet. Allein, viele Dörfer hatten ein typisch mitteleuropäisches Gepräge, namentlich in deren haufendorfartigen Ansammlungen und in den an einer Straße kilometerlang sich hinziehenden Waldhufen. In ihnen findet man viele kleine Häuser, vielfach in niedlichem Fachwerk erstellt, die unwillkürlich an die Heimat erinnerten. Doch auch, wenn es sich nur um Bretter verschalte Bauten handelte, waren sie gefärbelt und umgab sie alle „wie zu Hause" ein niederer Zaun und ein blumenreicher Garten (siehe Farbbilder 8 und 46), ganz im Gegensatz zu den Gewohnheiten der übrigen Bevölkerung, deren Häuser und Höfe mit hohen Mauern abgeschlossen sind. Die Häuser der jüngsten Zeit waren großteils gemauert; aber auch dann hatten sie vieles mit unseren kleinen Landvillen gemeinsam. Auf der Serra selbst begegnete man häufig auch anmutigen alpenländischen Hausformen. Ähnliche Übereinstimmungen konnten wir auch bei den Wirtschaftsgebäuden feststellen. (Siehe Farbbild 11.) Diese sichtbaren Ausdrücke lebendiger Überlieferung korrespondierten mit einem wachen Interesse an der alten Heimat.

Über ihre alte Heimat in Europa und über die wirtschaftlichen und politischen Verhältnisse dort hätten die Ausgewanderten nie genug zu hören bekommen können. Bei Vorträgen scheuten junge Mütter selbst einen Ritt von über einer Stunde samt ihrem Baby nicht, um den meist in der Kirche angekündigten Vortrag mitzuerleben. Wenn ich meine Vorträge nach fünfviertel Stunden beendete, waren sie den meisten zu kurz gewesen, obgleich eine unerträgliche Schwüle herrschte und ich mit dem Sprechen erst um 22 Uhr abends beginnen konnte.

---

47 Saake, Guilherme SVD: „Eine Reise durch die deutschen Kolonien". S. 244/245/246

Immer wieder kam auch in den Behausungen, in denen wir mit den deutschen Kolonisten bzw. deren Abstämmlingen am fliegenbedeckten Tisch aßen und mit den Menschen aller Altersstufen Gespräche führten, wobei ihre Liebenswürdigkeit, Freundlichkeit und Gastlichkeit keine Grenzen fand, die Rede auf die alte Heimat.

Man spürte, wie sich alle mit dieser verbunden fühlten, ohne allerdings von ihr noch eine richtige Vorstellung zu haben. Von einfachen Menschen hörten wir in der Regel auf die Frage nach ihrer Herkunft die Antwort „aus Deutschland". Auch die vielen Hunsrücker beispielsweise, die sich „Hunsbuckler" nannten, wußten vom Hunsrück nicht mehr, als daß er „irgendwo in Deutschland" liege. Erst durch die Kolonistensöhne, welche sich in den letzten Jahren zur Ausbildung nach Deutschland und Österreich begeben konnten, sind genauere geographische Bestimmungen der Herkunftsgebiete wieder möglich geworden und konnten mitunter sogar feste Bande mit Verwandten in der alten Heimat geknüpft werden.

Kamen die Leute auf solche Ereignisse zu sprechen, erfüllte sie stets eine sichtbare Erregung. Dennoch wäre es völlig falsch, von ihnen zu erwarten, daß sie sich unschwer von Brasilien trennen könnten. Im Gegenteil! Dieses empfinden sie jetzt als ihre Heimat, die sie lieben. Viel leichter ist es für sie, innerhalb dieses Riesenlandes den Aufenthaltsort zu wechseln, denn dieses zu verlassen.

In Städten Sprachsituation nicht viel besser; Vermischung

Nun ergibt sich noch Gelegenheit, über die Städte und die in ihnen wohnenden deutschsprachigen Bürger zu berichten. Dazu sei vorerst vermerkt: rein deutsche Städte, selbst Städtchen gab es in Brasilien und daher auch in Rio Grande nie.

Allerdings wäre die Annahme einer bei allen deutschsprachigen Bürgern aus diesem Grunde gegebenen Doppelsprachigkeit, so folgerichtig sie auch scheint, übereilt. Viele, namentlich Kinder und Frauen, bewegten sich, zumal früher, fast ausschließlich im Kreise ihrer deutschen Bekannten und Verwandten. Der „Vendabesitzer", der Handwerker usw., den man aufsuchte oder benötigte, sprach genauso den deutschen Dialekt wie sie, und die portugiesische Schriftsprache beherrschten nur deutsche Handelsleute, Beamte u. ä.

Solches hielt sich jedoch nur, solange das deutsche Element in den Städten eine bestimmte Größe nicht unterschritt. War die Möglichkeit eines gewissen Sichgenügens nicht mehr vorhanden, bekam die kleine Gemeinschaft Schlagseite und kippte früher oder später um.

Wie stark früher der deutsche Einfluß auch in Städten war, läßt sich nicht zuletzt wieder an den vielen noch im deutschen Stil erbauten Häuschen, Villen, Lokalen und Kirchen erkennen.

Auch das Brauchtum war, wie im zweiten Abschnitt darzulegen ist, lange in mehreren Städten stark deutsch geprägt. In São Leopoldo hätte man vorzeiten die „Kerb" genauso fröhlich und ausgedehnt erleben können, wie heute in einem Serradörfchen. Heute wird der Gebrauch der deutschen Sprache nicht selten in den Städten als Symbol der Rückständigkeit verstanden, die dem „Fortschritt und moderne Gesinnung versinnbildenden Portugiesischen gegenübergestellt wird, weshalb auch die Kinder, die auf der Straße fast nur mit portugiesischen Lauten in Berührung kommen, im Elternhaus zum Portugiesischen angehalten werden"[48]. Zwischen den Großeltern und Enkelkindern besteht dann keine sprachliche Verständigungsmöglichkeit mehr, wenn die Großeltern nicht das landläufige „Kolonisten-Portugiesisch" erlernt haben.

Übrigens greift diese Entwicklung rapid auch auf das Land über, sofern sie es nicht

---

48 Saake, Guilherme SVD: „Eine Reise durch die deutschen Kolonien". S. 243/244

schon längst erreicht hat. Wer als Bub seine Studienjahre im „Internat" verbracht hat, in dem Portugiesisch Umgangs- und Unterrichtssprache ist, kehrt in sein Dorf zurück, ohne noch dessen Dialekt zu verstehen!
„Ähnlich ist es bei den Professōras, die fern der Heimat, jahrelang in einem luso-brasilianischen Milieu leben."[49] Professōras nennt man die Volksschullehrerinnen.

Zu wenig Wissen voneinander!

Unsere ersten Eindrücke zusammenfassend, mußten wir in aller Objektivität einbekennen, viel mehr als erwartet, auf unseren Wanderungen volkstümliche Eigenarten in der Siedlungs- und Bauweise, im Verhalten der Leute, in ihrer Sprache, in ihrem Brauchtum usw. begegnet zu sein; sie ließen die deutschsprachigen Siedlungen unverkennbar als eine eigenständige Gemeinschaft erkennen, auch ohne daß es ihnen vielleicht selbst bewußt war, und ohne daß sie sich über diese Übereinstimmungen auf weite Strecken hin im klaren waren. Letztere Feststellung beruht nämlich ebenfalls auf einer immer wieder gemachten Erfahrung. Wir stellten fest, daß unsere Leute voneinander viel zuwenig wußten, wie desgleichen wir viel zuwenig von ihnen wissen!
Doch in der Tat! Wie oft wurde uns abgeraten, weiter ins „Interior" (Landesinnere) zu wandern, „die Leute wären bereits vercabocelt", d. h. in der gemischtrassigen Bevölkerung aufgegangen. Tatsächlich trafen wir dann in der Regel das Gegenteil an. Genau so wenig wissen die Städter von den Landbewohnern und umgekehrt.
Die weite Entfernung voneinander, weiters die Verschiedenheit des Herkunftslandes der Siedler und nicht minder auch die verschiedene Religionszugehörigkeit erschweren oft den Zusammenhalt und stehen dem nötigen Bewußtsein der Zusammengehörigkeit nicht selten hinderlich im Wege.
Auf den Friedhöfen liegen Katholiken und Protestanten in der Regel streng getrennt. Wenn dazu noch andere Stammesmentalität und zum Teil auch ein anderes Siedlerschicksal sowie ein verschiedener Zeitpunkt der Einwanderung kommen, ist es verständlich, wenn unter den einzelnen deutschen Siedlergruppen kein sonderlicher Kontakt besteht. Ein Umstand übrigens, der nicht selten ist, sondern – leider – gemeinhin die Regel bildet.

Weit voneinander getrennt leben unsere Kolonistengruppen ein Leben für sich, schlagen sich täglich mit ihren eigenen Sorgen und Mühen auf kleinem Raum herum und wissen wenig voneinander; auf alle Fälle zuwenig, um einen größeren Zusammenhalt zu pflegen. Da sie die deutsche Schriftsprache nicht beherrschen, fürchten sie sogar, daß ihr Dialekt von den anderen nicht verstanden wird.
Unterdessen wissen wir aus unseren Untersuchungen, daß in den anderen südamerikanischen Ländern die Lage nicht anders ist. Daher haben die in jüngster Zeit erschienenen Veröffentlichungen zu diesem Thema nicht nur eine bedauerliche Unkenntnis über das Schicksal und die Leistungen der aus dem deutschen Mitteleuropa Ausgewanderten in diesem selbst zu beseitigen, sondern auch eine empfindliche Lücke im Wissen der Ausgewanderten über sie selbst zu schließen.[50]
Doch nun wollen wir tiefer in das Land und seine deutsche Siedlungsgeschichte einsteigen!

---

49 ebenda S. 245
50 Ilg, Karl: Pioniere in Brasilien. Innsbruck–Wien–München 1972; derselbe: Pioniere in Argentinien, Chile, Paraguay und Venezuela. Innsbruck–Wien–München 1976; derselbe: Das Deutschtum in Brasilien, „Eckartschriften", Bd. 68. Wien 1979. – Ich verweise hier weiters auf: Fröschle, Hartmut: Die Deutschen in Lateinamerika. Tübingen–Basel 1979; Fouquet, Karl: Der deutsche Einwanderer. São Paulo, Porto Alégre 1974

SÃO LEOPOLDO, AUSGANGSORT DER KOLONISATION

Die erste große deutschsprachige Ansiedlung vollzog sich – wie schon angedeutet – in *Sao Leopoldo*. Allerdings hatten bekanntlich schon zuvor weiter im Norden, so in Frankenthal bei Bahia 1818 und 1820 in Nova Friburgo Ansiedlungen stattgefunden. Doch das von Schäffer gegründete Frankenthal konnte nur mit Vorbehalt als „selbständige Kolonie" bezeichnet werden, und von Nova Friburgo haben wir bereits vernommen. Es erlitt – ich halte mich wörtlich an Fouquet – „in seinen Anfängen ein trauriges Schicksal. 1820 traf die Vorhut der Siedler ein, bestehend aus Westschweizern, und am 3. Mai 1824 folgten die ersten Deutschen, 342 Personen. Von insgesamt 2000 für diese Niederlassung geworbenen Schweizern starben 541 während der Reise und in den neun Monaten nach der Ankunft. Weitere 645 zerstreuten sich bald. Der schweizerische Hilfsverein in Rio, der sich der Unglücklichen annahm, stellte 298 Waisen unter 14 Jahren fest"[51]. Weil das Unternehmen in Nova Friburgo nördlich von Rio mißglückte, wandte sich alsdann das volle Interesse des Staates auf dessen Süden und auf deutsche Einwanderer zu. Und weil São Leopoldo Bestand hatte, wird es offiziell als erste deutschsprachige Kolonie in Brasilien betrachtet und bildet damit *für ganz Südamerika den Anfang*. Als Gründungsdatum gilt der 25. Juli 1824. Dieser Tag wird seitdem allgemein als „dia dos Colonos" gefeiert. Die Jahrhundertfeiern zu diesem Tage – die letzte 1974 – gestalteten sich zu gewaltigen Kundgebungen des deutschsprachigen Volkstums in Brasilien. (Siehe Farbbild 4.)

Vorläufer „königliche Fakturei" gescheitert

Die Wahl auf São Leopoldo bzw. auf die vormalige „königliche Fakturei" fiel jedoch nur, weil man für das ursprüngliche Vorhaben auf ihr einen Ersatz finden mußte.

Der mit Hilfe von Sklaven installierten Hanferzeugungsstätte, mit der man eine wirtschaftliche Aktivität im Süden setzen wollte, war nämlich infolge schlechter Verwaltung und Behandlung der Sklaven kein Erfolg beschieden gewesen. Bald wurde die „Feitoria real" aufgelöst bzw. verlagert. Aus der alten, der „velha", wurde eine neue, die „nueva", gemacht.
Man hoffte, sie mit einem neuen Verwalter in Schwung zu bringen. Daher wurde der Leutnant Morais Sarmento als Inspektor entlassen und an seiner Stelle ein Geistlicher, Pater Antonio Concalves da Cruz, eingestellt.
Es ist erschreckend, wie auch er mit den ihm unterstellten Sklaven umging.[52]
„Rauh und tatkräftig, ein unermüdlicher Arbeiter, ausgerüstet mit bester Kenntnis der Aufgaben des Unternehmens, dessen Entwicklung er bereits seit zwei Jahren, seit seiner Ernennung zum Kaplan von Feitoria im Jahre 1799, verfolgte, ... ging er an die Arbeit. Unter außerordentlichen Anstrengungen, wobei er sogar den Schlaf der Arbeiter opferte und unerhörte körperliche Züchtigungen anwandte, erreichte er, daß die Ernte im ersten Jahr 140 Arrobas Flachs betrug, das Höchstmaß dessen, was man unter den gegebenen Bedingungen des Verfalls zu erreichen sich vorsetzen konnte."
Doch dann versagten die Sklaven ihm den Dienst. Sie konnten nicht mehr ..., während Pater Antonio den schlechten Boden für den Niedergang der Ernte verantwortlich machte; jenen Boden, auf dem die deutschen Kolonisten später große Ernten erreichten. Doch schildert Tomaz de Lima die Zustände, die er antraf, wie folgt: „Ich traf die Sklaven ohne Kleidung an, und es war auch keine Baumwollpflanzung vorhanden, um dieselbe zu weben. Weiters hielt er es für nötig, für die Fazenda zwei Schafherden von zusammen mindestens 1500 Stück anzuschaffen; aus deren Wolle könnte man Mäntel (ponchos) und Kleidung herstellen."
Schlußendlich ging auch die Feitoria „nueva" ein; Pater Antonio hatte den Hanfanbau nicht retten können: „Seiner jähzornigen, heftigen Art, den barbarischen Züchtigungen, denen er die unglücklichen Sklaven, die unter seiner Hut standen, oft preisgab, den Geißeln, die den Leib

---

51 Fouquet, Carl: Der deutsche Einwanderer, São Paulo, Porto Alégre 1974. S. 46/47
52 Porto, Aurelio: Die deutsche Arbeit in Rio Grande do Sul, São Leopoldo. Porto Alégre 1934. S. 26/27

peitschten, den furchtbaren Stock, der die Unglücklichen peinigte, den Schmerzen, die er brennen ließ, ... machte sein Tod ein Ende. In einer Dezembernacht, als er durch die Hütten ging und einem nachlässigen Sklaven eine grausame Strafe auferlegte, nahm dieser, zur Verzweiflung getrieben, das Messer und erstach den Priester."[53] Das war 1815 geschehen. Damit ging auch die königliche Feitoria ein. Man mußte an eine andere Möglichkeit der wirtschaftlichen Nutzung des königlichen Besitzes denken und kam auf die Idee der Aufteilung und Vergabe an deutschsprachige Siedler.

Major Schäffer hatte auch für diese Kolonie die Siedler angeworben. Man warf ihm später von Regierungsseite vor, dabei eigenmächtig sehr günstige Bedingungen ausgegeben zu haben. Umgekehrt kann man sich des Eindruckes nicht erwehren, daß ihm mangels tieferer Einsicht in Kolonisationsprobleme von Brasilien überhaupt keine mit auf den Weg gegeben wurden; er mußte sie sich selbst erst zurechtlegen und setzte sie, in der begreiflichen Absicht, seine Tätigkeit zu einem möglichst großen Erfolg zu führen, entsprechend günstig und werbewirksam auf. Da die brasilianische Regierung diese notgedrungen nachträglich genehmigen mußte und sie auf diese Weise auch für die folgenden Kolonisationsprojekte Vorbild wurden, seien sie in den wesentlichsten Punkten festgehalten. Sie bestanden in freier Überfahrt, in unentgeltlicher Abtretung eines Stücks Landes „von 400 bracas (= Klafter) im Quadrat, was ungefähr 48 ha entspricht, in einem Geldzuschuß von 160 Reis (= 1 Goldfranken) für das erste Jahr und der Hälfte für das zweite Jahr, sowie in einer je nach Größe der Familie bemessenen Anzahl von Rindern, Pferden, Schweinen und Hühnern. Weiters wurde eine 10jährige Steuerbefreiung, die sofortige Staatsbürgerschaft und die vollkommene Religionsfreiheit garantiert. Gerade was letztere betraf, so entsprach diese zwar zweifellos den liberalen Auffassungen Major Schäffers, weniger aber der ausschließlich im katholischen Gedankengut verhafteten kaiserlichen Regierung und Bevölkerung.

Auf alle Fälle machten die günstigen Kolonisationsbedingungen Schäffers in Deutschland Eindruck, so daß sich schon sehr bald der erste Auswandererschub in Bewegung setzte, der am 25. Juli 1824 bei der Faktorei eintraf.

Es geziemt sich, die Namen der Beteiligten festzuhalten. Es waren dies: Wilhelm Pobz, Hans Sulzbach, Hans Moog, Valentin Wilhelm, Friedrich Presbach, Philipp Feldmann, Jacques Schilling, Georg Bopp, Alois Stumpf, Daniel Theophil Kümmel, Andreas Christian Mayer, Friedrich Wilhelm Jäger, Ignaz Rasch und Karl Benjamin Zimmermann. Mit ihnen wurde fürwahr ein neues Blatt in der südamerikanischen Kolonisationsgeschichte, aber auch der europäischen aufgeschlagen und erhielt die Wirtschaftsverfassung Brasiliens ebenso wie dessen Sozialstruktur neue Impulse. Kaiser und Kaiserin hießen diese Kolonisten in Vorahnung der bedeutungsvollen Entwicklung, die sie einleiteten, persönlich willkommen. Anläßlich der Jubiläumsfeierlichkeiten 1974 wurde die Landung der Gruppe nachgespielt, so daß sie auch in jene Gewänder gekleidet war, die jene Kolonisten, vornehmlich aus dem Hunsrück und der Pfalz stammend, damals trugen. „Die Männer waren in blaue Leinenhosen und -röcke mit weißen Knöpfen gekleidet, trugen Holzschuhe und weiße Wollmützen auf dem Haupt; die Mädchen schmückten sich mit blauen Leibchen, rotem Rock und Spitzenhäubchen, während die Frauen in schwarzen Leibchen und Röcken gekleidet waren und darüber eine grüne Schürze sowie ein buntes Schultertuch trugen."

Namensgebung zu Ehren der Kaiserin

Am 22. September des gleichen Jahres 1824 erhielt die mit diesen Menschen gegründete deutschsprachige Kolonie durch kaiserliches Dekret den Namen „Colonia Alemã dos São Leopoldo". Die Namensgebung auf den heiligen Leopold hatte der Kaiser zu Ehren seiner Gattin Leopoldine und ihrer österreichischen Abstammung vollzogen. Der Erfolg dieser ersten deutschen Kolonie und weiterer nachfolgender wäre ohne

---

53 Porto, Aurelio: Die deutsche Arbeit in Rio Grande do Sul, São Leopoldo. Rio Grande do Sul 1934. S. 29

Textzeichnung 1: Der „Kolonistenschuppen" von São Leopoldo

Zweifel für beide Teile ein viel größerer geworden, wenn die brasilianische Verwaltung besser funktioniert hätte. Im späteren Ablauf wirkten sich allerdings auch deutsche Fehler, vor allem das „Heydtsche Reskript", sehr nachteilig aus. Doch davon später. Tatsächlich wurden die Auswanderer schon sehr rasch mit den damals unerfreulichen Zuständen in der Verwaltung konfrontiert. Weder waren die Unterkünfte bereitgestellt, noch die Ländereien vermessen. Zunächst mußten sie alle zusammen mit dem „Kolonistenschuppen" vorlieb nehmen, der erhalten geblieben ist und jetzt zum Museum ausgebaut wird (siehe Textzeichnung 1); sie mußten von den Bruchteilen jener Unterstützung leben, die ihnen zwar feierlich zugesagt, durch gewissenlose Beamte aber vorenthalten wurde. Nur Alkohol gab es genug. Dieser, die Verdammung zur Untätigkeit und das enge Zusammenwohnen führten zu unliebsamen Reibereien.

Mangelhafte Verwaltung; Selbsthilfe

Hätten sich die deutschsprachigen Kolonisten von São Leopoldo in der mißlichen Lage nicht selbst geholfen, wäre die Kolonie genauso zugrunde gegangen wie das erwähnte „Neu-Freiburg". Um der Untätigkeit Herr zu werden, entschloß sich als erster Ludwig Rau 1825 zur Gründung einer Lederfabrik, der rasch weitere deutsche Geschäftsgründungen folgten. 1829 standen schon mehrere Gerbereien, eine Seifenfabrik sowie eine Getreidemühle in São Leopoldo. Nach zwei Jahren waren endlich auch die Kolonielose zur Ausgabe freigegeben worden und regten sich alle Hände freudig in der Feldbestellung (vgl. Karte 1). Zu den ersten Ansiedlern waren alsbald viele weitere Gruppen zugezogen. Brasilien war nun einmal ein Begriff geworden, und der Strom aus dem auswanderungswilligen, immer weitere Menschen gebärenden deutschsprachigen Mitteleuropa ließ sich trotz der vorhandenen Mißstände nicht mehr so schnell stoppen. Die Schleusen nach Südamerika, zunächst nach Brasilien, waren geöffnet.

Heute ist São Leopoldo eine Stadt mit 60.000 Einwohnern und der kulturelle Mittelpunkt einer weiten Umgebung. Für die Deutschbrasilianer ist es eines der großen Zentren. (Siehe Farbbild 4.)

Hier befindet sich die Jesuitenuniversität mit einer theologischen sowie einer geistes- und naturwissenschaftlichen Fakultät. Desgleichen hat die evangelische Theologie am „Spiegelberg" ihren Sitz aufgeschlagen, an den die Ausbildung von Lehrern und Laienpastoren angeschlossen ist. Bis zum Zweiten Weltkrieg bildete das „Colegio Synodal" auf dem Spiegelberg auch die Medizin- und

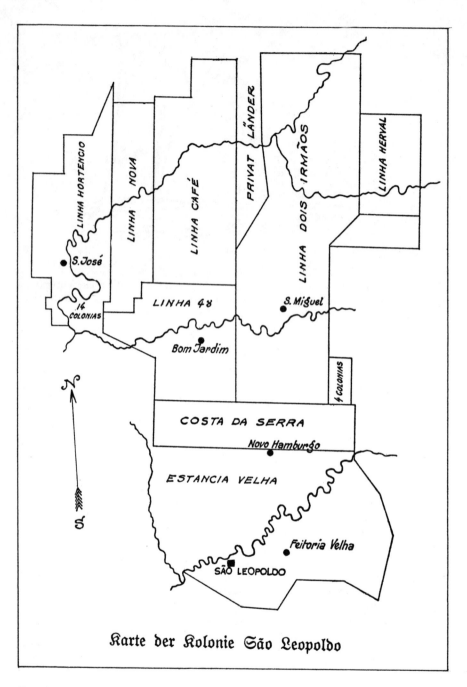

Karte 1
Karte der Kolonie São Leopoldo
nach Porto Aurelio, Die deutsche Arbeit in Rio Grande do Sul, São Leopoldo – Rio Grande do Sul 1934, Seite 41

Jusstudenten für die Universität in São Paulo oder für ein Universitätsstudium in Deutschland bzw. in Österreich aus. Seit 1966 sind die Bildungsstätten nach Ivoti (ehemals Baumschneis – Bom Gardin) verlagert worden. Desgleichen leiten die Jesuiten ein sehr gutes Gymnasium. Angesichts des Bildungsschwerpunktes entwickelte sich in São Leopoldo auch frühzeitig ein bedeutendes Verlagswesen. Es ist unzertrennlich mit dem Namen Rotermunds verknüpft.

Die „Studierstadt" vermittelt mit ihren reizenden Palais im Stile der Wiener Vorstädte und mit ihren schmucken Villen einen beinahe mitteleuropäischen Eindruck. Als ein „deutsches Städtchen", was es zweifellos einmal beinahe war, wird man es aber nicht mehr bezeichnen können. Nach dem Zweiten Weltkrieg, nicht zuletzt auch durch die Nähe zu Porto Alégre (60 km) bedingt, haben sich jüngst auch größere Industrien in seinem Bereich niedergelassen (siehe Farbbild 8).

Unweit von São Leopoldo wurde das Städtchen Novo Hamburgo gegründet. Der Herkunft seiner Siedler entsprechend, erhielt es auch seinen Namen. Hier ist das deutsche Element noch stark vertreten. *Novo Hamburgo* zeichnet sich durch große Gerbereien und Lederindustrien aus. Durch sie hat es für ganz Südbrasilien große Bedeutung bekommen.

DER AUFMARSCH IN DIE SERRA UND INS HÜGELLAND: URWALDRODUNG – PIONIERTAT DER DEUTSCHEN

Der Einwanderungsstrom war bekanntlich von der Natur vorgezeichnet gewesen. Nach Inbetriebnahme der waldlosen Faktorei von São Leopoldo standen als Kolonieland bald nur noch Waldgebiete zur Verfügung. Als erstes hatte man jenes im Süden erschlossen, da das Hügelgelände leichter zu roden war. Hier war es auch tatsächlich mit Pommern zur Gründung von Wehrdörfern gekommen, die alsbald die Bewährungsprobe zu bestehen hatten. Die Siedlungsnahme hier hatte vom Seehafen *Torres* aus anno 1826 den Ausgang genommen, der befestigt und mit deutschen Siedlern besetzt wurde. Von hier aus zogen weitere ins Hügelland von *Pelotas*.

Den Beweis ihrer Verbundenheit mit ihrer neuen Heimat hatten unsere Kolonisten schon drei Jahre nach ihrer Einwanderung das erste, aber nicht das letzte Mal zu erbringen. Argentinische Truppen waren in Rio Grande als Eroberer eingefallen; 1827 kam es am *Passo Rosario* im Bergland von Pelotas zur Schlacht. An ihr nahmen nicht brasilianische Soldaten nicht nur das „27. Jägerbataillon" mit 500 deutschen Söldnern und eine 85 Söldner starke „Lanzenreiterschwadron", sondern auch ein „Freiwilligenkorps" von 120 Mann der eben gegründeten Kolonie von São Leopoldo und ihrer Nachbardörfer teil. Dieses befehligte der seinerzeitige Schiffsarzt Dr. Johann Daniel Hillebrand aus Hamburg.

Der Ausgang der Schlacht, in der die deutschen Kräfte zehnmal höhere Verluste als die brasilianischen hatten, entschied über nichts weniger als über den heutigen Verlauf der südlichen Staatsgrenze!

Dr. Hillebrand kam auch sonst ein wesentliches Verdienst am Aufschwung São Leopoldos zu. Auch im „Farappenkrieg", der die Loslösung Rio Grande do Suls zum Ziele hatte, bewies Hillebrand Tapferkeit, Umsicht und Treue. In diesem Krieg, von 1831 bis 1840, wie im Paraguay-Krieg 1860 bis 1864, standen die Kolonisten ebenfalls ihren Mann. Schwer traf sie auch der Maragatenkrieg von 1893 bis 1895, der nach der Abdankung Kaiser Pedros II. den Süden erschütterte. Wir kommen noch auf ihn zurück.

Doch trafen immer neue Kolonistenschübe ein. Für sie mußten kleine Tälchen, durch die sich die Serra nach Süden öffnete, den Zug der Landhungrigen gegen Norden und Westen öffnen. Wir hatten schon einleitend darauf verwiesen.

Der Umstand, daß die Serra gegen Süden allmählich abfällt – ganz im Gegensatz zum

Steilabfall in Richtung Osten und Atlantik –, begünstigte das Eindringen in nordwestlicher Richtung.

Vorangetrieben wurde dieses einerseits durch die fortlaufenden Einwanderergruppen, aber auch bereits durch eine Art Binnenwanderung. Dann aber wurde es auch durch die Flucht aus den Altsiedlungen hervorgerufen, welche bald nach der Einwanderung politische Unruhen, Bandenüberfälle, alsbald auch Indianer heimsuchten. Doch waren gegen letztere auch die Neugründungen nicht gefeit. Vielmehr befanden sich diese im Einzugsgebiet jener Stämme, die sich in die Wälder zurückgezogen hatten. (Siehe Farbbild 2.)

Porto Aurelio schreibt darüber: „Indessen stellte sich mit der Entfernung von den Plätzen mit dichterer Besiedelung eine neue Gefahr ein. Die Wilden, grausam und angriffslustig, fielen, aus den dichten Wäldern hervorbrechend, nun dauernd über die eben gegründeten Kolonien her, verwüsteten die Pflanzungen und zerstörten die Häuser. Manche, die den Widerstand der Kolonisten bemerkten, die sich zusammenschlossen, um sie zu verjagen, stiegen vorsichtig bei Nacht herunter und griffen nicht selten die Kolonisten an und verwundeten und töteten sie. Frauen und Kinder, von Schrecken gelähmt, wurden zu den eingeborenen Stämmen geschleppt und gewöhnten sich schließlich an ihr wildes Nomadenleben.

Dergleichen ereignete sich oft. Die erste Berührung der Kolonisten mit den Indianern der Serra Geral fällt in das Jahr 1829. Die am weitesten zur Serra vorgeschobenen Gehöfte wurden unerwartet von den Wilden heimgesucht, die fünf Personen töteten und alles, was sie fanden, zerstörten. Auch hierüber gibt uns der Inspektor Tomaz de Lima den Bericht: ‚Diese Katastrophe und die Annahme, daß sie sich nach der Art dieser Wilden noch oft wiederholen werde, hat bei den Kolonisten einen panischen Schrecken hervorgerufen, sodaß sie sich nicht getrauen, sich von ihren Kolonien zu entfernen und ihre ländlichen Arbeiten weiter auszudehnen. Sie können ja auch nicht ruhig und sicher bleiben bei der Isolierung, in der sie sich befinden, und bei dem Mangel an jedem Schutz gegen neue Überfälle!'"[54]

Das brasilianische Interesse an deutschen Kolonisten war groß

Fast jedes Schiff, das in Rio eintraf, wurde bevor es nach Süden weiterfuhr, in der kaiserlichen Hauptstadt vom Herrscherpaar persönlich begrüßt! Kaiser und Kaiserin bewiesen den deutschen Kolonisten die größte Aufmerksamkeit. Dem Einwanderer mag es auch nach langer Seefahrt über ein ihm unbekanntes Meer ein unvergeßliches Erlebnis gewesen sein, von einer Landsmännin in so hohem Rang in deutschen Worten begrüßt worden zu sein. Pedro ließ sich stets von seiner Gemahlin übersetzen. Manche Unbill, die ihrer später wartete, mögen die Kolonisten in Erinnerung an diese für sie sicher unvergeßliche Begegnung mit mehr Mut und Zuvertrauen ertragen haben!

Doch bevor in die Serra hineingesiedelt wurde, versuchten die Behörden, Deutsche im noch ebeneren Land weiter im Westen anzusiedeln. Schon 1824 wurde der Plan ausgeheckt, Deutsche auch in die *Missões* zu verpflanzen, was man vorher, mit gedämpftem Erfolg, auch mit Azorianern versucht hatte. Die Missões bildeten einen Teil des ehemaligen großen Jesuitenreservates im südlichen Paraguay, das dieses im Tripelallianzkrieg teils an Brasilien, teils an Argentinien verloren hatte. Hier war den Deutschen kein Erfolg beschieden.

Für die Deutschen war der Flecken São João ausersehen, wo seinerzeit P. Sepp aus Kaltern verschieden war.

Die Reise dorthin traten 12 Familien mit zahlreichen Kindern und 20 Junggesellen von Porto Alégre am 26. November 1824 an und erreichten am 6. Jänner mit zwei „Snaken" den Bestimmungsort. Der erste Eindruck an demselben muß deprimierend gewesen sein. „Alles war verlassen und tot"; überall „Ruinen verschwundener Pracht". Diese Ruinen rührten allerdings nicht vom erwähnten Paraguaykrieg des Jahres 1864/67 her, sondern vom grausamen Überfall der Spanier

---

54 Porto, Aurelio: Die deutsche Arbeit in Rio Grande do Sul, São Leopoldo. Rio Grande do Sul 1934. S. 116/117

auf die „civitas dei" 1767, welcher durch das Verbot des jesuitischen „Gottesstaates" durch „Papst und König" am 27. 2. desselben Jahres „gerechtfertigt" wurde.[55] Unsere Kolonisten trafen außer den Ruinen nur ein paar durch Trunksucht „halb vertierte Indianer an", welche müde und vollkommen apathisch auf den unheimlich anmutenden Schutthaufen herumsaßen.
Angesichts „dieser Vorbedingungen" ging leider auch unseren Kolonisten der Mut zum Aufbau verloren, und wenige Jahre später „waren sie völlig heruntergekommen".[56] Man hatte ihnen – planlos – zu viel zugemutet.
(Wenn ich immer wieder brasilianische Zeugen zu Wort kommen lasse, dann nicht, um meine eigenen Forschungsergebnisse zurückzuhalten, sondern vielmehr, um sie durch fremde Zeugen zu objektivieren.)

In der Regel war die Kolonisierung – sowohl von Agenten wie Landbesitzern – mit sehr geringen Kenntnissen, oft unter völliger Mißachtung menschlicher Notwendigkeiten und Rücksichtnahmen, aus reiner, rücksichtsloser Profitgier erfolgt.
Trotz aller Schwierigkeiten wurde aber auch immer weiter in die Serra Geral hinauf gerodet. Als nächste Siedlungen entstanden *Travessão, Schwabenschneis, Quatro Colonias, Bom Jardin, Quatorze, Hortencio, Dois Irmãos, Linha Nova, Kaffeeschneis, Erval, Quarenta e Oitu, Feliz, Picadacaia, Porto de Guimaras, Sommerpikade, Fazenda de Padre Eterno, Bom Fine, Munde Novo*, weiters *Nova Petropolis, Santo Angelo, Montalverrie, Estrela, São Laurenco, Santa Cruz, Santa Maria de Solidade* und *Tannenwald* (siehe Farbbild 2).
Während die meisten der genannten Siedlungen auf Privatland entstanden – die Facendeiros erkannten im Verkauf bisher ungenützten Landes und in dessen Aufteilung in kleine Parzellen ein „Riesengeschäft" –, wurden Nova Petropolis, Santa Cruz und Santo Angelo wieder auf Regierungsland geplant. Diese wurden früh Städte – „municipios" –, denen die Rolle von Verkehrs- und Handelszentren planmäßig zugedacht war. Santa Cruz wird als die Tochterstadt von São Leopoldo bezeichnet.
Seine Kathedrale ist nicht nur die höchste, sondern auch die größte des Landes.
Sie könnte ebensogut in einer deutschen oder österreichischen Stadt stehen. Ein Glasfenster in ihr zeigt das Bild des hl. Leopold, des bekannten österreichischen Heiligen. Wandert man durch die Gäßchen, wobei auffällt, daß hier die Bürger jeden Morgen ihren Straßenanteil sauberkehren, wähnt man sich etwa in einer österreichischen Eisenstadt. Auch lagemäßig ergeben sich große Ähnlichkeiten: Nach Süden blickt Santa Cruz in die Ebene wie Eisenstadt in die Pußta, im Norden steigt, wie das Leithagebirge, die Serra an.

Santa Cruz hat namentlich durch seine Tabakindustrie, aus dem Fleiß unserer Bauern und der gewerblichen Tüchtigkeit seiner Bürger hervorgegangen, internationale Bedeutung erlangt. Nördlich von Santa Cruz gibt es die *„Alte Pikade"* und *„Österreicher-Schneis"*. Ein Denkmal, das 1949 errichtet wurde, stellt einen Bauern mit der Axt dar und erinnert an die Besiedlung von 1848, an der hier offensichtlich Österreicher stark beteiligt gewesen waren. Wir begegneten später noch vielen ähnlichen Denkmälern. Hinweise auf österreichische Ansiedler inmitten von Kolonisten aus Deutschland sind in diesem Gebiet nicht selten und lassen schließen, daß bei der Ansiedlung vielfach Gruppen aus verschiedenen Gegenden gemeinsam an die Arbeit gingen.

Deutscher Lehrerssohn aus der Serra brasilianischer Präsident. Die Leistungen der Kolonisten für das Land

In diesem Zusammenhang wäre auch Estrela zu nennen, das stark von Österreichern

---

55 Ilg, Karl: Pioniere in Argentinien, Chile, Paraguay und Venezuela, Innsbruck–Wien–München 1976. S. 190 ff
56 Porto, Aurelio: Die deutsche Arbeit in Rio Grande do Sul, São Leopoldo. Rio Grande do Sul 1934. S. 98

durchsetzt ist. Es erhielt durch Österreich eine landwirtschaftliche Schule (siehe Farbbild 7). Unweit davon liegt die Nachbarsiedlung *Teutonia*.
Im eben genannten Estrela war vor einem Lebensalter ein August Wilhelm Geisel zugezogen – 16jährig, zuerst Schmiedearbeiter, dann Lehrer der deutschevangelischen Gemeindeschule von *Novo Paraiso* bei Estrela. Aus der Ehe mit der Lydia Beckmann von Teutonia gingen fünf Kinder hervor: Amalie, ehem. Mittelschullehrerin in Cachueira do Sul, der Chemieprofessor Bernardo sowie drei Vierstern egeneräle, nämlich Henrique (gestorben 1973), Arlando, längere Zeit Heeresminister, und als Jüngster Ernesto, von 1974 bis 1978 Präsident des fünftgrößten Staates der Erde. (Siehe Abb. 9).
Da für unsere Kolonistensöhne ein Universitätsstudium aus finanziellen Gründen kaum in Frage kam, stellten die Militärakademien für sie die einzigen höheren Bildungsstätten dar. Indem diese hinwiederum neben der militärischen Schulung auf die wirtschaftliche und kulturelle Entwicklung ihres Landes ausgerichtet sind, vermitteln sie eine Erziehung, die häufig mit einer universitären vergleichbar ist. Ihre Zöglinge befinden sich an vielen wichtigen Schaltstellen der Industrie und Wirtschaft. Präsident Ernesto stand beispielsweise zuvor der großen Mineralölgesellschaft „Petro-Brasil" vor.

Die Scheitelhöhe der Serra erreicht

Mit Nova Petropolis und Santo Angelo hatte man bereits beinahe die Scheitelhöhe der Serra Geral erreicht. Das Gelände war durch herrliche Araukarienwälder gekennzeichnet, den einzigen Koniferen Südamerikas. Ihr harziger Duft mag die Kolonisten an die Föhrenwälder der Heimat erinnert haben. Die Früchte, die aus den großen Zapfen fallen, sind genießbar und bilden für die Indianer einen Teil der Winternahrung.

Mit der deutschen Kolonisationsbewegung vom Flachland aufs Bergland der Serra von Rio Grande do Sul und dem unaufhaltsamen Vormarsch aus der Ebene heraus in westlicher und nördlicher Richtung in die Höhe und immer tiefer in den Urwald hinein, vollzog sich jedoch die erste und bleibende kulturelle Leistung der deutschsprachigen Kolonisten. Mit der Urwaldrodung erfolgte nämlich die Erschließung neuer Nahrungsflächen in diesen Gebieten.[57] (Siehe Farbbild 40.)

DEUTSCHE URWALDRODUNG ERSCHLIESST NEUE NAHRUNGSFLÄCHEN

Deren Vorfahren hatten sich einst in die germanischen Urwälder hineingerodet und später ihre Siedlungen in den von tiefem Wald bedeckten deutschen Mittelgebirgen und Alpen angelegt. Den Deutschen, Österreichern und Schweizern war die Auseinandersetzung und das Wohnen im Walde nicht fremd. Sie brachten eine besondere Eignung für die ihnen zugedachte Aufgabe mit.[58]

---

57 Delhaes-Günther, Dietrich: Die europäische Kolonisation in Rio Grande do Sul 1824–1914, Erfolgsgründe und Grenzen. In: Staden-Jahrbuch 1973/74, S. 44 ff
58 Buzaid, Alfredo: Ursprung und Bedeutung der deutschen Einwanderung in Brasilien. In: Dt.-Brs. Heft, Jahrgang XI (1972), Nr. 1/2, S. 2 ff – Zur deutschen Besiedlung von Rio Grande do Sul geben insbesondere Aufschluß: Kurze Geschichte der deutschen Einwanderung in Rio Grande do Sul. Hrsg. vom „Verein 25. Juli". São Leopoldo 1936; Oberacker, K. Heinrich: Die volkspolitische Lage des Deutschtums in Rio Grande do Sul. Jena 1936; Porto, Aurelio: Die deutsche Arbeit in Rio Grande do Sul. São Leopoldo 1936 – Centenario do Colonização Alemã no Rio

1 Paranaguá; Flüsse als erste Zufahrtswege

2 Tannenwald in der Serra von Rio Grande do Sul, ein typisches deutsches Haufendörfchen

3 Eine deutsche Männergruppe aus Tinimbu, Rio Grande

4 Erinnerungsmal an den Beginn der deutschen Einwanderung in Brasilien

5 Österr. Erzherzogin und erste Kaiserin Brasiliens, Dona Leopoldine

6 Kaiser Pedro II., der Sohn Leopoldines

Diese Großtat unserer Landsleute pflanzte sich nachfolgend auch in den anderen südamerikanischen Ländern fort und wurde dadurch für ganz Südamerika zu einer Kulturtat ersten Ranges. Sie bedeutete eine großartige Entwicklungshilfe im 19. Jahrhundert. Weder Indianer noch Portugiesen und Spanier haben sich als rodende Bauern in beachtlicher Zahl in den Urwald hineingewagt.
Das „große Halt" war erst gegeben, als die Kolonisten durch die Urwälder hindurch auf den schon lange besiedelten „Planalto" stießen, jene eindrucksvolle waldoffene Hochebene, welche sich im Landesinneren über einen großen Teil Brasiliens vom Norden nach dem Süden erstreckt und von der bereits die Rede war.
Dieses war um die Mitte des vergangenen Jahrhunderts eingetreten – ein erstaunlicher Wille zur Kolonisierung hatte dem Pate gestanden.

Um es vorwegzunehmen: dieses Halt galt auch nur vorübergehend. Einige Jahrzehnte später sehen wir unsere Leute wieder auf dem Weitermarsch in die *Misiones* von Argentinien und in andere Länder, welche Siedlungstätigkeit ich im Band „Pioniere in *Argentinien, Chile, Paraguay* und *Venezuela*" ausführlich schildere.
Voll Erstaunen und Bewundern muß man sich daher den Worten Pater Saakes anschließen: „Die Kolonisationstätigkeit der deutschen Einwanderer, die ich von São Leopoldo im Osten bis zur Grenze am Uruguay im Westen verfolgen konnte, ist eine gewaltige Leistung. Im Laufe von 100 Jahren erreichten die Kolonisten auf ihrem Zug zum Westen die 600 km entfernte Landesgrenze. Sie überschritten den Grenzfluß und gründeten in Argentinien *Puerto Rico*, das heute eine der blühendsten Gemeinden des Territoriums Misiones ist. Sie drangen in die Nachbarstaaten *Santa Catarina* und *Paraná* ein, an deren Entwicklung sie tatkräftig mitarbeiten, und haben schon ihre Vorhut über den Paranáfluß nach *Mato Grosso* geschickt. Ein endloses, tropisches Waldgebiet, das für die luso-brasilianischen Viehzüchter nicht von Interesse war und deshalb herrenlos blieb, wurde von den Kolonisten in fruchtbares Ackerland umgewandelt, das Millionen das tägliche Brot liefert. Erst seit einigen Jahren hat der Kapitalist unter den Kolonisten sich daran gemacht, durch moderne Maschinen und in extensiver Wirtschaftsform, also auf kapitalistischer Grundlage, den Kamp für den Weizenanbau zu erobern."[59]

Wie man sich, allein im Urwald als Kolonist auf sich gestellt, zurechtfinden mußte, bezeugen viele Berichte. Solche sind in Menge vorhanden und können den Leser nicht nur fesseln, sondern auch ergreifen.
Da mangels Straßen die Wasserwege den einzigen Zugang in den Urwald bildeten, wurde in der Regel von ihnen aus eine Gerade in den Urwald hinein vermessen, und rechts und links von ihr wurden die „Lose" in entsprechender Breite und Tiefe, zuerst 48 ha groß, bald jedoch auf 24 ha herabgesetzt, ausgesteckt. Die Bezeichnung „Los" (brasilianisch „*lote*") erhielt sich nicht zu Unrecht. Denn was man mit dem vom Urwald bedeckten Landstrich eingekauft hatte, stellte sich erst viel später heraus. Man konnte guten Ackergrund, ausreichend Wasser, günstig geneigtes Gelände oder das Gegenteil erworben haben.

Mit vielen Schwierigkeiten verbunden!

Auf alle Fälle vollzog sich dann das immer wieder gleiche, das Roden des Waldes,

---

Grande do Sul, o. J. – vgl. weiter: Jahn, Adalbert: Die Kolonien von São Leopoldo. Leipzig 1871 – Petry, Leopoldo: O municipio Novo Hamburgo. Monografia. Porto Alégre, o. J. – Stutzer, Gustav: Der deutsche Ansiedler in Südbrasilien. 6. Auflage. Braunschweig 1924
59 Porto, Aurelio: Die deutsche Arbeit in Rio Grande do Sul. São Leopoldo 1934

zunächst im Ausmaß der unbedingt notwendigen Nahrungsfläche; dieses geschah durch Niederschlagen der Bäume und des Niederholzes, in das nach einiger Trocknung und bei guten Windverhältnissen der Brand gesetzt wurde. So entstand die „Roca", ein von Asche und angekohlten Baumstämmen und -stümpfen bedecktes Ackerstück, in das sofort die erste Saat, zumeist – wie erwähnt – Mais und etwas Gemüse, gesetzt wurde. Daß das Roden nicht ungefährlich war, braucht kaum eigens vermerkt zu werden. Es konnten nicht nur Unglücke, ja Todesfälle durch herabstürzende Bäume verursacht werden, auch die Gefahr durch wilde Tiere, vor allem durch Schlangenbisse, war ständig zu bedenken.[60] (Siehe Farbbilder 26 und 27.)

Auf die Wunden setzten sich Pakete von Fliegen, und unter die Fußnägel gruben sich die Würmer. Zwickende Ameisen schlichen sich in die Kleider.
Von der entsetzlichen Plage durch die den Arbeitenden ständig belästigenden „Borajudos" und „Moskitos" war bereits die Rede.

Doch auch Indianerüberfälle kamen immer wieder vor und brachten Tod und Leid über die jungen Kolonistenfamilien. Der häufig zu hörende Spruch „Den ersten der Tod, den zweiten die Not, erst den dritten Brot" hatte leider seine Richtigkeit. Auch die Unterkunftsmöglichkeiten waren am Anfang mehr als bescheiden und verlangten nicht zuletzt von den Frauen und Kleinkindern das Letzte. Viel Leid brach auch über die hart dem Boden abgerungenen Siedlungen immer wieder durch die Kriege herein, die unsere Kolonisten völlig schuldlos heimsuchten, so namentlich in diesen Gegenden durch den *Maragatenkrieg* (1893–1895).

Michael R. Schauren schrieb darüber ergreifend. Ein Auszug mag genügen:
„In Boa Vista da Estrela wohnte in jener Zeit ein angesehener Geschäftsmann mit Namen Michael Buchmann. Durch eisernen Fleiß hatte er es zu einem ansehnlichen Vermögen gebracht. . . . Oftmals fuhr er mit dem Dampfer nach Porto Alégre, um seine Produkte abzusetzen.
Am 31. Oktober 1893 kam Michael Buchmann (gerade wieder) mit einem Dampfer von Porto Alégre (zurück). In seiner Begleitung befanden sich sechs bis sieben Personen seiner Familie. Darunter zwei seiner Kinder mit ihren Verlobten, deren Trauung in Lajeado stattfinden sollte. In der Nähe von São Gabriel, am Ufer des Rio Taquari, angekommen, erschienen auf dem Ufer des Flusses mehrere Männer.
Sofort kamen die Leute auf den Dampfer, zogen die versteckten Waffen und fragten, ob Michael Buchmann auf dem Dampfer sei . . . Michael Buchmann wurde von allen Seiten umringt. (Derselbe war wohlhabend, und die Maragaten – „Aufständische gegen die Regierung" – schlossen kurzerhand daraus, daß er nicht auf ihrer Seite stünde. Wie so oft in diesen Zeiten wurde nicht lange verhandelt.)
Michaels Kinder, die des Vaters Gefangennahme mitansehen mußten, weinten und befanden sich in der größten Verzweiflung. Die Maragaten begannen sofort mit seiner furchtbaren und grausamen Hinrichtung. Man gab ihm Messerstiche von allen Seiten. Dann stachen sie ihm die Augen aus, schnitten ihm die Ohren ab. Da derselbe ein sehr starker Mann war, sprang er mit einer Wucht in die Stricke, daß die Schale sich von dem Orangenbaume, an den er angebunden war, loslöste . . .
Nach langen, martervollen Folterqualen starb er. Seine Gebeine wurden später, als sein Tod bekannt wurde, von Johann Nicolaus Heberle gesammelt und auf dem katholischen Friedhof in Lajeado unter großer Beteiligung beerdigt."[61]

Erst als die Verkehrsmöglichkeiten geschaffen waren, konnte sich auf Grund der großen, für die Verarbeitung sehr günstigen Araukarienbestände auf den Höhen der Serra an vielen Stellen auch eine große Sägeindustrie entfalten. Viele Bretterhäuschen der Kolonisten, die namentlich in der Anfangszeit für sie typisch wurden, bezogen von hier das Material. Die Entdeckung der wunderschönen Gegend mit oft großartigen Aus-

---

60 Timpe, Heinrich: In den deutschen Urwaldschneisen – Ritte und Fahrten in Südbrasilien. Hamburg 1925
61 Träsel, P. Albert: Der Maragatenkrieg auf den deutschen Kolonien von Rio Grande do Sul. São Leopoldo 1960. S. 60–62

blicken über die abfallende Serra und die sich im Süden weit ausbreitende Tiefebene als
Fremdenverkehrsgebiet erfolgte zwischen den beiden Weltkriegen, wobei *Gramado* die
Spitze erreichte und Porto Alégre das nötige und finanzkräftige Publikum stellte.
In mäßiger Entfernung von Gramado liegt *Caxias do Sul*. Hier gründeten Norditaliener große
Kellereien, Seiden- und Wollefabriken. Der „vinho tinto", ein süß-herber, dunkler Wein, wird
überall rundherum auf den Weinbergen gewonnen, die in Pergeln, wie in Südtirol und im Trentino, angelegt sind.
Doch müssen sich auch Alt-Österreicher aus den Sprachinseln der „Sette" und „Tredici comuni"
bei der Landnahme von Caxias beteiligt haben. So besitzen die Eberle von den „Sieben Gemeinden" hier große Metallwerke. In Caxias besuchten wir auch die Südtiroler Arztfamilie Brugger.
Das vom humorvollen Vater aus *Lana* geleitete bischöfliche Krankenhaus konnte den Vergleich
mit jedem europäischen aufnehmen. Seine drei Söhne, alle Ärzte, werden das Erbe ihres vor wenigen Jahren verstorbenen Vaters sicher weitertragen. Caxias strebt eine Verbindung zu österreichischen Universitäten an.

Unsere Ansiedler allein auf sich gestellt

Die Geschichte der Ansiedlung deutschsprachiger Menschen in Übersee ist verschiedentlich nicht
erhebend. Im Gegensatz zu den Siedlern der meisten anderen Völker waren unsere Landsleute in
der Regel auf sich allein gestellt. Kaum daß ihnen ihr Heimatland Schutz und Hilfe bot.
Es gab auch lange Zeit keinen deutschen Staat, der das Interesse der Kolonisten vertreten hätte.
Schien es zur Zeit der Blüte der Hanse am Beginn des 15. Jahrhunderts noch, daß der Welthandel
zu einem großen Teil unter deutschen Einfluß gerate, so schlug nach ihrem Niederbruch die Entdeckung Amerikas schon kaum mehr Wellen. Die religiösen Streitigkeiten hatten die Deutschen in
einem solchen Maß beansprucht, daß es andere unterdessen leicht hatten, sich in der Welt umzutun und sich ihre Interessengebiete zu sichern. Nach dem Dreißigjährigen Krieg bestand schon
recht keine Möglichkeit einer Interessenvertretung mehr, sosehr hatten Armut und Spaltung um
sich gegriffen. Leider blieb es auch die nächsten Jahrhunderte so. Wanderten deutschsprachige
Menschen aus, um der Not und Übervölkerung in der Heimat zu entfliehen, so taten sie es auf ihre
Verantwortung. Daß solche Kolonisten wiederum anderen Mächten willkommen waren, versteht
sich gut: man hatte mit ihnen keine außenpolitischen Verwicklungen oder auch nur Verpflichtungen zu befürchten. Namentlich in den Notjahren nach den sogenannten „Franzosenkriegen" versuchten viele Auswanderer, in der Fremde ein besseres Fortkommen zu finden. In Scharen wanderten sie vor allem nach Nordamerika aus, was die praktischen Amerikaner auch tunlichst unterstützten, und viele Deutsche gingen schnell im anderen Volkstum auf. 1858 brachte die englische
Regierung auf „ihre Kosten" auch über 2000 deutsche Siedler in die „Kapkolonie", denen 1877
weitere tausend folgten.
1844 hatte umgekehrt der deutsche Adelsverein große Gebiete in Texas gekauft und 5000 deutsche
Siedler angesetzt. Nach vier Jahren war der größte Teil materiell ruiniert und zum Teil elend
umgekommen. Der Plan war schlecht vorbereitet gewesen[62], wie so viele! Immer wieder in der
weiten Welt gingen deutsche Niederlassungen auf Grund unglücklicher, durchwegs privater
Erwerbungen ein und waren deutschsprachige Siedler die Opfer übler Praktiken oder von Unternehmern, welche gar nicht die Fähigkeit besaßen, günstige Siedlungsplätze zu erwerben, weil
ihnen das nötige Wissen und die Kenntnisse fehlten. Von Staats wegen wurden kaum Versuche
unternommen.
Die gleiche Verhaltensweise trug dazu bei, daß in vielen anderen Teilen der Welt unsere Auswanderer bereits in einem anderen Volkstum aufgingen.
Es scheint mir, daß dieses für das deutsche Element charakteristische Schicksal viel zuwenig
bekannt ist!

Auch in Brasilien waren unsere Kolonisten wenig oder gar nicht von ihrer Heimat
gefördert, von den Kirchen abgesehen, die ihnen auf ihre dringlichen Bitten Seelsorger
entsandten. Diese waren in den schwierigen Anfangsjahren dann auch ihre einzigen,
auch kulturellen Säulen und nicht nur ihre unentbehrlichen seelischen Stützen. Häufig
übernahmen Pfarrer, Patres und Pastoren selbst die Gründung und Führung der Schulen und waren oft aufgesuchte Berater in den täglichen Sorgen des Lebens, nicht selten

---

62 Funke, Alfred: Deutsche Siedlung über See – Ein Abriß ihrer Geschichte und ihr Gedeihen in
Rio Grande do Sul. Halle an der Saale 1902. S. 7

auch ihre alleinigen ärztlichen Betreuer. Wir werden ihre Leistungen an anderer Stelle noch ausführlicher würdigen.

Eine fremde Welt!

Auch uns begegnete sie auf diese Weise, wie sie Tausende von Einwanderern vor uns beeindruckt haben mag. Schon auf der ersten Fahrt nach Süden befanden wir uns zeitweise mitten im dichtesten Urwald, durch den in einer imponierenden Leistung das Asphaltband einer Straße gezogen worden war. Bis ans Auto drangen die seltsamen Schreie und Laute des Waldes. Aus dem dunklen, mit Lianen umwickelten, unglaublich dichten Gebüsch aus Bambus und verschiedenen Sträuchern ragten immer wieder die luftigen Wedel der Palmen oder die gewaltigen Kronen der Pinien. Gelegentlich sah man die aus dem Wald herausgeschnittenen „Roças" (Rodungen) der „Caboclos". Darunter versteht man die auf einer niederen Kulturstufe stehenden Mischlinge. Mitten unter die halbverkohlten Stämme, die als traurige Ruinen zum Himmel ragten – die Hitze stieg am Mittag gelegentlich auf 40 Grad an –, hatten sie Mais, Zuckerrohr, Orangenbäume oder Bananen angepflanzt.
Bananen boten sie gelegentlich in primitiven Verkaufsständen feil, vier bis fünf Bananen um wenig Geld. Dabei „halfen" immer drei bis vier Personen beim Verkauf. Geduldig konnten diese stundenlang auf den „Autocarro" warten, der gerade bei ihnen hielt und an dessen Insassen sie eine Tagesleistung von 50 bis 60 Bananen – wenn es gutging – los wurden.
Die Bedürfnislosigkeit war den Menschen anzusehen. Die Männer nur mit Hose und Hemd, beides zerschlissen und schmutzig, die Frauen in einfache Hemdkleider gehüllt, die Kinder nicht selten ganz nackt, leben sie in ein- oder zweiräumigen Hütten, die Wände aus Flechtwerk mit braunem Lehmbewurf, das Dach aus gelben Palmblättern gebildet. Es mußte schon gut gehen, wenn das Haus Bretterwände und ein Ziegeldach besaß. Wohnen und Kleiden war offensichtlich auch nicht die Hauptsache ihres Lebens. Im Mittelpunkt steht die „Roça" (von lat. roncare, roden). Ist der Boden der Rodung nach einigen Jahren ausgelaugt, gibt man ihn dem Urwald zurück und macht eine andere Roça auf. Primitives Dasein!
Den ganzen Tag erlebten wir so dasselbe Bild: Urwald, aufgelassene und neuerrichtete „Roças". Größere Siedlungen gab es auf einer 300 Kilometer langen Strecke ganz wenige. Siedlungsleere und Einsamkeit rufen unter den Autofahrern eine sichtbare Kameradschaft hervor. Doch bestand sie genauso auch schon bei den Reitern. Hier war jeder auf die Hilfe des anderen angewiesen. Die Gastfreundschaft war herzlich. Das spürte man auch schon auf den einfachen Raststationen, vor denen die Omnibusse zur Verpflegung und Restaurierung der Gäste in Zeitabständen halten.
Vieles war uns anfänglich neu: einmal die vielen Rassen und Farben von Menschen, nicht minder der große soziale Unterschied. Wie die Natur hier ungeheure Gegensätze aufweist, so begegnen sie einem auf Schritt und Tritt in der menschlichen Gesellschaft. Ähnlich wohl hatte auch die Kolonisten das fremde Land beeindruckt.
Doch dann kam erst die Arbeit im Urwald, fernab jeder Kultur und gewohnten Umgebung. Von Gefahren und Krankheiten aller Art war andeutungsweise bereits die Rede. Nicht noch von den primitiven Unterkünften für die erste Nacht und die nachfolgenden Jahre. Anhand eines Berichtes eines Landsmannes, der sich erst vor wenigen Jahrzehnten in Santa Catarina in den Urwald begab, will ich bei der Darstellung dieses Bundesstaates auf die primitive Bauweise näher eingehen. Noch eingehender jedoch werde ich mich im zweiten Abschnitt dieses Buches, der der Volkskunde der Deutschbrasilianer gewidmet ist, mit ihrer volkstümlichen Siedlungs- und Bauweise auseinandersetzen.

In primitiven Unterkünften, jenen der Eingeborenen ähnlich, mußten lange alle Arbeiten der Hausfrau verrichtet werden, waren Kinder, nicht selten ohne fremde Hilfe, geboren worden und erwarteten Schwerkranke und Alte den Tod.

GRÜNDE DER AUSWANDERUNG UND DIE HERKUNFTSGEBIETE UNSERER KOLONISTEN

Man fragt sich unwillkürlich, was die Gründe waren, die deutsche Menschen in so großer Zahl zur Auswanderung bewegten, sodaß sie bereit waren, so große Strapazen und Gefahren aller Art in Kauf zu nehmen! Ist doch zu bedenken, daß sich zur gleichen

Zeit, als die Einwanderung in Brasilien einsetzte, ja schon lange zuvor, ein noch viel größerer Einwandererstrom nach Nordamerika ergoß.
Wie immer, so gab es auch in diesem Falle mehrere Gründe zur Abwanderung: Notstände wirtschaftlicher, politischer und weltanschaulicher Art.
Zu Beginn der deutschen Einwanderung nach Brasilien standen ohne Zweifel wirtschaftliche Motive im Vordergrund. Erst später traten auch politisch-weltanschauliche ins Spiel. Auf diese ist an anderer Stelle einzugehen.
Daß es sich um wirtschaftliche Ursachen handelte, darauf weist bereits die Untersuchung der Herkunftsgebiete der brasilianischen Kolonisten hin; diese reichen von *Pommern* im Nordosten, über die deutschen Mittelgebirge vom *Harz*, dem *Fichtelgebirge*, der *Eifel*, dem *Hunsrück*, den *Vogesen*, dem *Schwarzwald* und dem *Böhmerwald* bis zu den *Alpen*.
Alle diese Landschaften vermochten in der vorindustriellen Zeit die zunehmende Bevölkerung nicht mehr zu ernähren. Für die alpenländischen Verhältnisse ist auf die Untersuchungen meines verehrten Geschichtslehrers an der Universität Innsbruck Univ.-Prof. Dr. Hermann Wopfner über die Übervölkerung tirolischer Landbezirke[63] und auf jene meines Landsmannes Univ.-Prof. Dr. Ferdinand Ulmer[64] als auch auf die wertvolle Darstellung des Problems und der Not der sogenannten „Schwabenkinder" von Otto Uhlig[65] zu verweisen.
Für den Hunsrück, der uns in der Serra von Rio Grande besonders häufig als Herkunftsgebiet genannt wurde, sodaß man das „Hunsbucklerische" als beherrschenden Dialekt hinstellte, liegt durch Hans Keller[66] eine aufschlußreiche Untersuchung vor und ist auch die historische Episode des „Schinderhannes" anzumerken. Doch waren aus der Pfalz, den *Rheinlanden*, dem *Moselgebiet*, dem *Taunus* und *Odenwald* ebenso viele Leute ausgewandert! Sie alle sprachen einen verwandten rhein-mosselländischen Dialekt, hier nur irreführend hunsrückerisch bezeichnet.
Realteilungsgebiete, in denen die Güterzerstückelung so weit vorangetrieben war, sodaß viele Familien unter die Existenzgrenze gedrückt wurden, bildeten ebenso Auswanderungsgebiet, wie Anerbengebiete, in denen neben einem lebensfähigen Bauerntum viele Dienstbotenfamilien ein kärgliches Dasein fristeten. Deshalb war beispielsweise auch Pommern, sobald sich dort die persönliche Freiheit und daher auch Freizügigkeit einstellte, ein ausgesprochenes Abwanderungsgebiet. Hinzu kamen noch politisch verursachte Notsituationen, so in *Preußen* die Landreform durch Hardenberg[67], in anderen deutschen Landschaften, namentlich im Westen, und in den westlichen österreichischen Alpenländern *(Tirol* und *Vorarlberg)* waren es die „Franzosenkriege", welche große Zerstörungen und Hunger ausgelöst hatten[68].

---

63 Wopfner, Hermann: Güterteilung und Übervölkerung tirolischer Landesteile im 16., 17. und 18. Jahrhundert. In: Südostdeutsche Forschungen 3 (1938), S. 202–232.
64 Ulmer, Ferdinand: Die Bergbauernfrage, Schlern-Schriften Nr. 50. Innsbruck 1942
65 Uhlig, Otto: Die Schwabenkinder aus Tirol und Vorarlberg. Innsbruck 1978
66 Keller, H. H.: Die Brasilienauswanderung aus dem Hunsrück. In: Inst. f. Ausl. Beziehungen, 16. Jg., Heft 4., S. 228 ff – derselbe: Hunsrücker Auswanderung im 19. Jh. nach Brasilien. In: „Der Hunsrück". 1965. S. 187 ff
67 Helbok, A.: Deutsche Volksgesch., II. Bd. Tübingen 1967. S. 298 ff
68 Hirn, Ferdinand: Die Erhebung Tirols im Jahre 1809. Die Erhebung Vorarlbergs im Jahre 1809. Innsbruck bzw. Bregenz 1909

Die Hoffnung, durch die Auswanderung bessere Lebensbedingungen zu erlangen, ließ alle Schwierigkeiten geringschätzen. Allerdings waren diese den Auswanderern vielfach auch gar nicht bekannt und waren sie ihnen von den Werbeleitern verschwiegen oder zumindest ungerechtfertigt herabgespielt worden.
Wie oft wurde uns von Erzählungen der Vorfahren berichtet, wonach diese nach den Erfahrungen in der Fremde „zu Fuß" wieder in die alte Heimat zurückgekehrt wären, hätte nicht das Meer sie daran gehindert.

Der Ausbau der Siedlungen in Rio Grande do Sul; bewundernswerte Eigeninitiative

Das Sprichwort, das sie aus der Heimat mitbrachten, „Hilf dir selbst, so hilft dir Gott" haben unsere Auswanderer hundertfach auch in der Fremde in die Tat umgesetzt. Es zeigte auch den einzigen Weg auf, aus der Not herauszukommen. Auf ihm erreichten sie den Ausbau der neugeschaffenen Siedlungen.
Die Masse der Ausgewanderten gehörte am Anfang den landwirtschaftlichen Berufen an. Nichtlandwirte mußten sich notgedrungen ebenfalls zu diesem Beruf bekennen.
Handwerkliche Tätigkeiten konnten nur nebenher Einkünfte bringen. Am Anfang mußte jeder Selbstversorger sein. Insoweit bildete die rasche Möglichkeit zur Ausübung handwerklicher Tätigkeit in der Urkolonie São Leopoldo nicht die Regel, sondern eine Ausnahme. Sie konnte sich, insbesondere was die Lederverarbeitung, aber auch die Mühlenbetriebe betraf, zufolge der bereits vorhandenen „Facendas" (Viehhöfe) und der durch die Azorianer am Ende des 18. Jahrhunderts auf den „Campos" entstandenen Getreidewirtschaft entwickeln.
In den nachfolgenden Rodungsgebieten gab es weit und breit keine solchen industriellen Voraussetzungen und war jeder Selbsterzeuger notgedrungen auch selbst „Axt im Hause". Später wohl bildeten die unterschiedlichen Fähigkeiten des einzelnen auch die Voraussetzung für Ausbildung verschiedenster Nebenberufe. Ähnlich konnten jene, welche vor ihrer Auswanderung Handwerker und Handelsleute waren, wieder zu diesen Berufen zurückkehren. Fast ohne Ausnahme führten diese daneben aber noch lange eine kleine Landwirtschaft und wurden – ja werden z. T., wie wir vernahmen, heute noch! – mit landwirtschaftlichen Produkten bezahlt.
Diese wesentlichen Voraussetzungen für den weiteren Fortschritt der Kolonisierung wurden in Rio Grande bereits 20 bis 25 Jahre nach der ersten Einwanderung erreicht und in den folgenden Jahrzehnten weiter ausgebaut. Wichtige Kräfte wurden der deutschen Kolonisation auch durch einen Teil der ca. 2000 von Pedro II. im Krieg gegen Argentinien angeworbenen deutschen Soldaten und Offiziere (den sogenannten „Brummern") zugeführt. Sie waren geistig beweglicher und verfügten in der Regel über eine bessere Schulbildung als die bäuerlichen Einwanderer, sodaß sie den Aufbau der Kolonien als Lehrer, Koloniedirektoren, Journalisten, Kaufleute und Politiker beeinflußten.[69]
Doch auch wenn es sich dabei um folgerichtig höher dotierte Berufe handelte, in welche ebenso die wenigen Akademiker einzuschließen sind, entstand daraus im deutschen Kolonisationsgebiet nie jener sonst in Brasilien übliche soziale und wirtschaftliche Unterschied zwischen Reich und Arm, sondern *bildete sich eine hier für die Zukunft des südlichen Brasilien entscheidende soziale Ausgeglichenheit heraus.*

---

69 Delhaes-Günther, Dietrich v.: Die europäische Kolonisation in Rio Grande do Sul 1824–1914. Staden-Jahrbuch, Bd. 21/22. São Paulo 1973/74. S. 38

Mit unseren Siedlern soziale Ausgeglichenheit und ein neues Verhältnis zur Arbeit

Carneiro bezeichnete die deutschen Kolonien mit Recht als die „erste Ruraldemokratie Portugiesisch-Amerikas", und von Delhaes-Günther erläuterte diese Feststellung mit den Worten: „In der Tat gab es bei den im Koloniegebiet herrschenden Produktionsverhältnissen weder gravierende Klassenunterschiede noch auseinanderklaffende Einkommens- und Besitzverhältnisse bzw. Konsummöglichkeiten. Ein zentrales Entwicklungsproblem, an dem Südamerika von jeher krankte, war dort inexistent. Die Kolonisten bildeten eine neue soziale Schicht zwischen Großgrundbesitzern und abhängigen Bediensteten, d. h. eine relativ homogene untere Mittelschicht mit mitteleuropäischen Konsum- und Spargewohnheiten."[70]

Hinzuzufügen ist m. E. an dieser Stelle weiters, daß die so qualifizierte soziale Gruppe der deutschen Kolonisten zur Arbeit ein völlig anderes Verhältnis besaß als der überwiegende Teil der übrigen Einwohnerschaft. Für Indianer und Neger und den aus ihnen hervorgegangenen Mischlingen bedeutete Arbeit von vornherein Sklavensache. Auch dann, wenn sie selbst persönlich frei geworden waren. Für den anderen Teil der Bevölkerung bestand dasselbe Urteil aus entgegengesetzten Gründen. Den deutschen Einwanderern hingegen war diese Auffassung völlig fremd. Im Schweiß des eigenen Angesichts und mit der eigenen Hände Arbeit das Brot zu verdienen, faßten sie in gewohnter Weise als Voraussetzung für Gütererwerb und sozialen Aufstieg auf. Damit aber haben wir neben der Urwaldrodung und der damit für Brasilien sehr wichtigen Erschließung neuer Anbauflächen, durch die die Ernährung des Landes gesichert werden sollte, während zuvor vieles eingeführt werden mußte, die zweite große von den Deutschen ausgelöste Entwicklung aufgezeigt, *die Ausbildung einer neuen Bevölkerungsschicht mit einer ganz anderen, positiven Einstellung zur Arbeit.*

Ausdruck dieser ausgeglichenen sozialen Verhältnisse in den deutschsprachigen Siedlungsgebieten waren auch die übereinstimmenden Siedlungs- und Wohnformen. Die Folge davon ist – leider viel zuwenig bekannt und im Schrifttum hervorgehoben –, daß man sich im südlichen Brasilien, auch äußerlich, von Rio Grande angefangen, über Santa Catarina, São Paulo, Parana und Espirito Santo oft in die deutschen Mittelgebirge oder in die Alpen versetzt fühlt. Dasselbe gilt für die anderen Formen des Zusammenlebens.

Alsbald entstanden nämlich – für die Deutschen typisch – auch eine Reihe von Vereinen, teilweise im kirchlichen Bereich, ja sogar Bürgerwehren, die bei den immer wiederkehrenden revolutionären Unruhen den Schutz der Kolonien, aber auch brauchtümliche Aufgaben übernehmen konnten.

DER SIEDLUNGSAUSBAU IN DEN FÜNFZIGER JAHREN

Entscheidend war sodann für jede Kolonie die Möglichkeit, die mit Fleiß erworbenen Erzeugnisse aller Art günstig abzusetzen. Dieses vermochten in erster Linie alle jene Siedlungen, welche zu Wasserläufen Zugang hatten bzw. in Rio Grande sich innerhalb des Flußnetzes des *Iacui, Gravatai, dos Sinos, Cai, Taquari* und *Pardo* befanden.

„Seit 1850 gelang es" – sogar – „den Einwohnern, wie Diehl, Becker, Arnt und anderen, das gesamte Flußnetz des Iacui bzw. *Guarba* der Dampfschiffahrt zu erschließen."

---

70 Delhaes-Günther, ebenda, S. 40

Der Güteraustausch wurde in Form eines dreistufigen Handelssystems organisiert. Der Einzelhändler (Vendist) des Hinterlandes transportierte Kolonie- und Importprodukte meist mit Hilfe von Maultierkarawanen zu den Sammeldepots an den Flußhäfen (São Leopoldo, Taquara, Estrela, Montenegro, Rio Pardo), wo sie von Zwischenhändlern und Transporteuren übernommen wurden, die mit den großen deutschen Import- und Exportfirmen in Porto Alégre – der Bundeshauptstadt – in Verbindung standen (Albrecht, Bromberg, Claussen, Engel, Traeb und Nieckele, Gottwald, Hoefe, Luchsinger, Thomsen . . .). Sie waren die wichtigste kapitalbildende Gruppe unter den Einwanderern und hatten eine Schlüsselstellung in der Riograndenser Wirtschaft inne. Das Handelssystem der deutschen Einwanderer war bis 1875 so weit durchorganisiert, daß es auf der Zwischen- und Großhandelsstufe auch von den neu hinzugekommenen italienischen Kolonien in Anspruch genommen wurde.[71]

Immer wieder Hemmnisse durch die Verwaltung

Mancher Erfolg in Brasilien wäre rascher und vollständiger erreicht worden, wenn wenigstens später die Verwaltung besser funktioniert hätte. Doch in dem Lande, das sich erstmals zu einer modernen Erschließung anschickte, fehlte es an allen Enden. Oftmals standen nur wenig geeignete behördliche Kräfte zur Verfügung. Nicht selten war weder diesen noch den privaten Landverkäufern bzw. ihren Agitatoren die moralische Verantwortung klargeworden, welche mit der Entsendung fremder Menschen in die Verlassenheit des Urwaldes verbunden war.

Ja, die Regierung machte alsbald den Kolonisten sogar selbst Schwierigkeiten. Die erste dieser Art trat durch das kaiserliche Dekret vom 15. Dezember 1830 ein. Mit diesem kündete der Kaiser – fast genau vier Jahre nach dem Tod der Kaiserin – sämtliche Unterstützungen für die Anfangsjahre auf. Der Zweck war, weitere „Ausgaben für Kolonisationszwecke" zu stoppen. Nicht gestoppt wurde jedoch die Schlamperei bei der Verteilung der Kolonisationslose. Viele Familien erfaßte damals Verzweiflung[72].

Daß sich aus diesen Gründen ein Teil der Kolonisten auf die Seite der Unabhängigkeitspartei, verbunden mit einer Lossage von Rio und dem Kaiser, begab, muß man verstehen. Schlußendlich befand sich der Großteil aber wieder bei den Kaisertreuen.

Als der Kaiser, nicht zuletzt wegen der Vorgänge beim Tod der Kaiserin und wegen seines wenig ehrenvollen Lebens abdanken mußte und ein Regentschaftsrat bis zur Volljährigkeit Pedros II. die Regierung übernahm, waren weder die kriegerischen Auseinandersetzungen im Süden beendet – dieses gelang erst General Caxias im Jahre 1848 –, noch hörten die übrigen bekannten Mißstände auf.

Je mehr die Kolonisierung durch private Initiative erfolgte, umso mehr war unsauberen Machenschaften Tür und Tor geöffnet. Erst als Kaiser Pedro II., der Sohn der österreichischen Prinzessin, 1840 an die Macht kam, besserten sich die Verhältnisse. Unter ihm bildete die Regierungsverfügung vom Jahre 1848 eine tatsächliche Erleichterung und machte der oft erdrückend lähmenden Zentralbürokratie ein Ende; die Provinzen wurden ermächtigt, die Einwanderung in die eigene Hand zu nehmen. Mit dem Heydtschen Reskript 1859, auf das wir noch einzugehen haben, wurde der deutschen Kolonisation in Brasilien alsdann auch von Deutschland aus selbst ein schwerer Schlag versetzt.

---

71 Delhaes-Günther: S. 43 – Vgl. auch Delhaes-Günther: Industrialisierung in Südbrasilien. Köln–Wien 1973 – Ramelow, H.: Reiseberichte über Brasilien III. Berlin 1905
72 Porto, Aurelio: Die deutsche Arbeit in Rio Grande do Sul. São Leopoldo 1934. S. 175 ff

IN RIO GRANDE VOR UND NACH DER JAHRHUNDERTWENDE

Nach der würdevollen Abdankung Kaiser Pedros II. 1889 und der Ausrufung der Republik propagierten ihre Vertreter zudem in der Kolonisation die Anlegung von „Mischkolonien", um ein möglichst rasches Aufgehen der Kolonisten im übrigen Staatsvolk herbeizuführen. Damit wurde zwar dieses nicht erreicht, wohl aber den Kolonisten viel Kraft abgefordert, welche anderweitig besser genützt gewesen wäre. Noch 1930 schrieb ein bestimmt objektiver Beobachter, P. von Laßberg, darüber folgendes nieder: „Ich kenne zwei Kolonien, nebeneinander gelegen, bei gleichen Boden- und Verkehrsverhältnissen. Die eine ist besiedelt nach dem System der Mischung, die andere... ist von einer Farbe. Jene ging derart zurück, daß sie in wenigen Jahren ein Sammelplatz... von unordentlichen Subjekten jeder Art wurde, sodaß die Kolonisten ihre Einkäufe bald in der zweiten... Kolonie machten, welche glänzend voranging..."[73]

Die Haupterzeugnisse unserer Bauern

Trotz all dieser Erschwernisse gedieh die deutsche Landnahme in Rio Grande – man kann es nicht anders bezeichnen – unablässig weiter. Bis zur Jahrhundertwende war Erstaunliches geleistet worden. Die Kolonien verwiesen stolz auf ihre Erzeugnisse. An landwirtschaftlichen Produkten wurden aus Gebieten, die früher außer bescheidensten indianischen Maniokäckerchen nichts hervorbrachten, genannt: Mais, Reis, Weizen, Bohnen, Tabak, Erdnüsse, Honig, Zuckerrohr, Hanf, Trockenfleisch, Häute, Schafwolle, Schmalz, Speiseöl, Bier, Wein, Liköre, Schnaps, Lederwaren aller Art, Seile.

Unter den landwirtschaftlichen Produkten müssen insbesondere jene aus der Schweinehaltung als typisch deutsch bezeichnet werden. Durch die Schweinehaltung unserer Kolonisten kam in den Städten ein neuer Fleischgenuß auf, nachdem sich dieser früher vornehmlich auf Rind- und Hühnerfleisch beschränkt hatte. Die Schweinehaltung gehörte typisch zur deutschen Kleinbauernwirtschaft. (Siehe Farbbild 36.)

Nachfolgend industrielle Produkte

Später wurde in den Kolonien auch Baumwolle angebaut und kam es zu industriellen Erzeugnissen aller Art, einfach, weil für Importe zu geringe Voraussetzungen vorhanden waren.

In Montenegro hatte man sich erstmals an die Seidenraupenzucht gewagt und Erfolg gehabt. In Teutonia hatte sich eine Leinenspinnerei und -weberei entfaltet. Daneben war diese Kolonie ob ihrer landwirtschaftlichen Qualitäten gerühmt. In São Sebastião do Cai erzeugte Karl Kaspar Friedrichs einen Weißwein, der „als dem Moselwein ebenbürtig" gepriesen wurde. Rheingantz u. Co. erzeugten in Rio Grande Wollgewebe aller Art, namentlich Decken, Schals, Flanelltücher u. ä.

Der Wille zur Selbsthilfe paarte sich mit einem oft wahrhaft erstaunlichen, ja bewundernswerten Erfinder- und Unternehmergeist. Wo sich unsere Leute helfen konnten, haben sie dieses getan. In diesem Zusammenhang möchte ich auch die „Milhomaschine" – die Maissetzmaschine – erwähnen, die einer der ihren erfand, um die Arbeit

---

[73] vgl.P. v. Laßberg SJ: Die Kolonisation unter dem Gesichtspunkt des Staates und der Kirche. Jahrbuch des Reichsverbandes für die katholischen Auslandsdeutschen. 1929/30. S. 45 – Oberakker: Der deutsche Beitrag... S. 35. Harms-Baltzer Käte, Die Nationalisierung der deutschen Einwanderer in Brasilien als Problem der deutsch-brasilianischen Beziehungen 1930–1938, Berlin 1970

des Kornsetzens zu erleichtern und die Arbeitenden von den ständigen Rückenschmerzen zu befreien (siehe Farbbild 38).
Auch wo überall unsere Kolonisten zusätzliche Verdienstmöglichkeiten entdeckten, verfolgten sie diese Gelegenheiten. Letzten Endes waren sie und ihre Eltern vielfach aus Landschaften in Deutschland abgewandert, in denen schon lange die Heimindustrie den Schlüssel zur Linderung der Not bedeutete. Sie machten sich diesen auch hier zugute.
Dazu gehörte insbesondere die Erzeugung von Pflügen, Karretten, Wagen und Möbeln sowie von Schuhwerk und Sätteln. 1843 gelangten aus den deutschen Kolonien von Rio Grande do Sul bereits 6885 Paar Halbstiefel und 3574 Sättel zur Ausfuhr! Dabei hatten die deutschen Erzeuger einen verbesserten Sattel erfunden, der unter der Markenbezeichnung „Seregato" lief. Wie Aurelio Porto bemerkt, entstand dieser Name aus einem sprachlichen Mißverständnis der Gauchos. Die ersten Erzeuger hatten ihnen den Sattel als „sehr gut" angeboten, und die Gauchos hatten dieses als Markenbezeichnung verstanden – ähnlich übrigens wie in Ungarn für die deutschen Wanderhändler die Bezeichnung „Vigec" entstand, weil diese mit dem Gruß „Wie geht's?" die Häuser betraten.
Was mit der Verbesserung von Reitsätteln begann, setzten die Wagner durch ihre Kunstfertigkeit in der Herstellung verschiedener Wagentypen für den Personen- und Lastenverkehr fort. Ihnen taten es andere Handwerker gleich. Am meisten profitierte davon begreiflicherweise die Landeshauptstadt selbst, wohin Hunderte tüchtiger Handwerker und Gewerbetreibender strömten, ihr Glück versuchen.

Als am 4. Oktober 1881 die erste deutschbrasilianische Ausstellung in Porto Alégre eröffnet wurde, welche bis zum 5. Februar dauerte, konnte man erkennen, was unsere Leute trotz Not und Tod seit dem denkwürdigen 25. Juli 1824 – also in gut 65 Jahren – vollbracht hatten![74] Gleichzeitig dokumentierte diese Ausstellung auch die jüngste Schwerpunktverlagerung der brasilianischen Wirtschaft nach Süden. Der vor der deutschen Einwanderung unbedeutende, weithin unbesiedelte südlichste Landesteil erwies eine früher nicht vorstellbare Vitalität.
Porto Alégre hatte sich zur Verkehrs-, Banken- und Industriezentrale entwickelt, die, durch die deutsche Besiedlung ausgelöst, auch eine entsprechende politische Bedeutung erhielt; ein kräftiges Hinterland verstärkte sie. Auch in den folgenden Jahrzehnten fügte sich ein neuer Betrieb an den anderen.
Der Leser möge es mir verzeihen, wenn ich nun stellvertretend für viele tüchtige deutschbrasilianische Unternehmer jener Zeit einen herausgreife, den ich zutiefst verehren lernte.
Es gäbe wohl auch kein besseres Beispiel für die Emporklettern unserer Kolonistensöhne aus dem einfachen Kleinbauernmilieu irgendwo im „Hinterland" an die Spitze der Industriegesellschaft eines der Bundesstaaten als die Lebensstationen A. J. Renners in Porto Alégre. Es war für mich ein ergreifender Augenblick, ihn 1966 – wenige Monate vor seinem Tode – kennenlernen zu dürfen. Er empfing mich in der frühen Morgenstunde in seinem Arbeitszimmer des von ihm aufgebauten Riesenfabriksbetriebes in Porto Alégre und erzählte mir voller Eindringlichkeit und Bescheidenheit von seiner wahrhaft gewaltigen Leistung. Er gab mir auch einen Rat mit auf den Weg, auf den ich später noch zurückkomme. Seine weitere Aufforderung, möglichst vielen das Wissen um das Schicksal unserer Ausgewanderten nahezubringen, empfand ich wie ein Vermächtnis.
H. K. Oberackers Biographie A. J. Renners[75] erschien gerade noch während der Niederschrift meines Manuskriptes.
Seine „Skizze" hält die Erinnerung an einen Mann fest, der nie vergessen werden sollte!
Sein Vater stammte aus der sogenannten „Berghahnerschneis", dem später Bom Jardin/Ivoti genannten Gebiet. Er „baute" neben seinem Land auch Wassermühlen und erhielt deshalb den Namen „Mühlendoktor". Die technische Ader muß also wohl zum alten Erbgut des 1824 in São Leopoldo eingewanderten Geschlechtes gehört haben. Als erstes Kind von zehn Geschwistern hatte der junge Anton Jakob in Montenegro, wohin seine Eltern verzogen waren und eine kleine Schmalzraffinerie besaßen, neben dem Besuch der Schule die Kühe zu hüten. „Arbeit war in dieser

---

74 Porto, Aurelio: Die deutsche Arbeit in Rio Grande do Sul. São Leopoldo 1934. S. 152/153
75 Oberacker, H. K.: Skizze eines deutschbrasilianischen Unternehmers. In: Wirtschaftskräfte und Wirtschaftswege IV, Beiträge zur Wirtschaftsgeschichte Klett-Cotta 1978. S. 487 ff

Familie kein notwendiges Übel, sondern ethische Verpflichtung der Gemeinschaft gegenüber." Mit dieser Feststellung hat Oberacker m. E. treffend auch die Lebensauffassung A. J. Renners definiert.
Nach der Verheiratung mit der Tochter des größten Handelsmannes am Ort war er als jüngster Teilhaber vor allem zum „Musterreiter" ausersehen gewesen. Als solcher hatte er den Vendabesitzern landauf, landab die Waren anzubieten und die Kolonieerzeugnisse einzuhandeln. Wie er mir schilderte, war er in jenen Jahren bei allem Wetter auf seinem Maultier unterwegs. Bei den oftmaligen, schweren Regengüssen diente ihm nur die „Pala", eine Art „Poncho" als Wetterschutz. Sie sog sich rasch mit Wasser voll und schützte dann den Reiter nicht mehr. Oft sehnte sich Renner nach einem besseren Schutz und erfand ihn alsbald selbst.
Die Gelegenheit kam 1912, als er eine kleine, bankrott gegangene Weberei übernahm und unvermutet rasch Kreditgeber fand. Nun ging er, selbst technisch unausgebildet – den Wunsch zu einer solchen Ausbildung hatte er den Eltern angesichts der großen Geschwisterzahl nie vorzutragen gewagt – mit unglaublicher Eingebungskraft und bewundernswertem Willen daran, den ihm vorschwebenden Wettermantel zu erzeugen, die „Capa ideal". Durch eine in langen Versuchen erprobte Qualität des Stoffes, der dann noch in einem Wachsbad imprägniert wurde, gelang ihm die Erfindung. Jeder, der diesen Wettermantel erwarb, wurde von selbst Renners Propagandist. Noch heute trifft man im Interior Reiter und Reiterinnen mit diesem unverwüstlichen, vor Nässe und kaltem Wind schützenden Kleidungsstück angetan; es schützt den Reiter bis zu den Stiefeln hinab ausgezeichnet und gestattet ihm durch die beiden Armklappen auf der zuknöpfbaren Vorderseite die Lenkung des Reittieres. Den Kopf schützte ja seit langem schon der breitkrempige Reiterhut, ebenfalls von Deutschen erzeugt.
Der Strom an Bestellungen war so überraschend groß und unablässig, daß Renner die Mantelerzeugung zum Aufbau seines gewaltigen Unternehmens nützen konnte.
Er erzeugte schrittweise weitere Bedarfsartikel, wobei er stets mit Klugheit, Gewissenhaftigkeit und erstaunlichem Spürsinn nur solche Güter hervorbrachte, die lange gefragt waren.
Dabei half ihm sicher die Beobachtung und Erfahrung seit frühester Jugend.
Genau wie er selbst noch 74jährig (!) von morgens bis abends spät im Betriebe tätig war, so versuchte er auch, seinen Betrieb möglichst unabhängig aufzubauen, finanziell wie technisch und organisatorisch.
Angesichts des Importstopps von Maschinen aus Deutschland im Ersten Weltkrieg entschloß sich Renner, die Maschinen im eigenen Betrieb herzustellen. Die E-Werke lieferten „fabrikseigenen Strom", und das für die Kraftwerke benötigte Holz wurde aus den „eigenen Wäldern" geschlagen. Der Erzeugung der „Capa ideal" folgte die Herstellung von Fertiganzügen, Überziehern, Damenkostümen, Wirkwaren und Hausschuhen (aus den Abfällen der übrigen Betriebe). Gleichzeitig baute die „Casa Renner" einen sich über fast ganz Brasilien erstreckenden Verkaufsapparat auf.
Nicht minder bewundernswert sind aber auch die sozialen Einrichtungen, die der ehemalige Hüterbub für seine mehrere tausend Angestellten und Arbeiter ins Leben rief, in einer Zeit, als man sich in Brasilien noch kaum an die Ausarbeitung solcher Gesetze wagte. Er schuf für seine Leute eine Krankenunterstützung und Altersfürsorge, eine eigene „Rennerstiftung" zur Betreuung in (z. T. fabrikseigenen) Kliniken, die Unterstützung für Mütter und Kinder, eine Kinderkrippe sowie eine Konsum- und Kreditgenossenschaft, sodaß jeder Fleißige und Sparsame zu eigenem Häuschen und Garten kommen konnte. Von der „Aufteilung der Güter an alle in gleicher Weise" hielt er allerdings nichts. „Es sollte nicht der Faule vom Produktiven leben."
Als Brasilien ein Arbeitsministerium errichtete, zog dieses den weisen Mann als Präsidenten des Industriellenverbandes, den er 1931 gegründet hatte, zum offiziellen Berater heran.
Umso bitterer traf ihn – so meint Oberacker – die sinnlose Zerstörung seiner vielen Verkaufsläden, als im Zweiten Weltkrieg der Haß gegen alles Deutsche den Höhepunkt erreichte.

Zweifellos bildet die Leistung des ehemaligen Hüterbuben eine Spitzenleistung; sie steht aber in Rio Grande do Sul beileibe nicht als einzige da! Dieser Bundesstaat hat vielen Kolonisten und Unternehmern deutscher Zunge seinen Aufbau verdankt und die Mitgliederzahl seiner Handelskammer gibt Zeugnis davon.

An Grenzen angelangt

Wir wollen allerdings auch nicht verkennen, daß im eroberten „Hinterland" – das deutsche Wort hatte sich in Rio Grande do Sul auch in der luso-brasilianischen Bevölkerung

an Stelle des „Interior" durchgesetzt – in mehreren Fällen bereits vor der Jahrhundertwende dem weiteren Fortschritt Grenzen gesetzt waren.
Diese Hindernisse waren in der Folge Ursache weiterer Rodung in westlicher Richtung im Staate selbst oder ein Übergreifen derselben in die Nachbarländer. Die „Gauchos", als welche sich auch die Deutschbrasilianer Rio Grandes stolz nennen, sind in vielen Ländern ganz besondere Pioniere geworden.
Solche Hindernisse waren: einmal, daß ein Teil der Kolonisten ihre Erzeugnisse nicht mehr abzusetzen vermochten. Nicht, daß für diese im Gesamtstaate kein Bedürfnis vorhanden gewesen war. Jedoch die Verkehrsentwicklung hatte mit der deutschen Kolonisation im Staate nicht Schritt gehalten. Infolge örtlich schlechter Straßenverhältnisse brachte der Absatz der Produkte keinen Gewinn mehr ein. Zumal dann, wenn alle dasselbe produzierten. Doch gerade die abseits liegenden Kolonien blieben am beharrlichsten bei den alten Anbaumethoden und -pflanzen. Sie verharrten gewissermaßen in der „Pionierzeit"; teilweise bis in die jüngste Gegenwart, in der wir sie so angetroffen und eingangs beschrieben haben. Dieses Verhalten hatte eine weitere negative Folge: mangels fortschrittlicherer Anbaumethoden sank auch die Ertragsfähigkeit des Bodens fortlaufend. Die Ernteerträge wurden qualitativ und quantitativ geringer. Doch auch der Ausweg, jungfräulichen Urwaldboden zu roden, wurde in den Altkolonien generell von Generation zu Generation eingeschränkter. Die Möglichkeit der Neulanderwerbung für nachfolgende Generationen wurde von Jahr zu Jahr schwieriger.
Mangels Urwaldbodens, auf dem sich bisher die nachfolgenden Generationen ausbreiten konnten, mußte nun der Altbesitz an diese aufgeteilt werden. Die Besitzgrößen sanken immer weiter ab. Es stellte sich relative Landnot ein, wie sie unter ähnlichen Bedingungen bekanntlich auch in den Alpen und Mittelgebirgen schon vor Jahrhunderten bei uns gegeben war.

Abwanderung oder ,,sich bescheiden"

In der Folge gab es für diese so betroffenen Altkolonien nur mehr zwei Möglichkeiten für die Zukunft, entweder sich mit der negativen Entwicklung abzufinden, auf dem immer kleineren (weil geteilten) Acker das Lebensnotwendige zu ernten und dabei immer mehr zu verarmen, oder abzuwandern.
Als Aufnahmegebiete boten sich einerseits die Städte mit ihrer zunehmenden Industrie an. Sie wären nicht so aufgeblüht, wenn sie nicht auf diese guten Menschenreserven zurückgreifen hätten können. Andererseits wird uns nun aber auch die Bedeutung der Industrialisierung der Städte für die deutschbrasilianische Bevölkerung des Hinterlandes einsichtig. Die andere Abwanderung erstreckte sich in die noch unerschlossenen Gebiete des Westens und Nordens.
Alle genannten Möglichkeiten wurden ergriffen. Die einen verblieben in der Serra und, weniger häufig, im Hügelland, in ihrer konservativen Wirtschafts- und Sozialstruktur, in ihrer bescheidenen Lebenshaltung, in ihrer unermüdlichen Emsigkeit auf ihren Roças und Plantagen, in ihrer Gottergebenheit und in ihrem familiären sowie dörflichen Zusammenhalt. Zum Teil sind diese erst in jüngster Zeit durch gute Straßen mittels Benzinfahrzeugen moderner Betriebsamkeit und Kostenberechnung erschlossen worden und hat manche Idylle diese Siedlungen erst jüngst auf Nimmerwiedersehen verlassen.
Die Abwanderung in die Industriegebiete wurde bereits kurz dargestellt.
Die Erschließung neuer Siedlungsgebiete in diesem Staate hat uns aber noch zu beschäftigen. Sie wurde sowohl von den Altkolonien aus, also durch eine, übrigens erstaunlich kräftige Binnenwanderung, besorgt sowie durch neue Zuwanderer, insbesondere nach

Aufhebung des schon erwähnten sogenannten Heydtschen Reskripts. Nach Aufhebung desselben trafen von 1890 bis 1900 in Rio Grande do Sul über 64.000 Einwanderer ein. 1894 lebten ca. 160.000 in den Kolonien, 1900 bereits 350.000![76] Um diese unterzubringen, wurden weit im Westen Urwaldgebiete vermessen und, namentlich für die Italiener auch ein Teil des waldoffenen *Planalto,* so um *Cruz Alta,* „ausgelost".

Wie nicht anders zu erwarten, führte der Erste Weltkrieg zu einer Unterbrechung der Einwanderung und bedeutete die Weltwirtschaftskrise nach dem Krieg auch für unsere Kolonisten eine schwere Belastung, nachdem schon die Kaffeekrise um 1900 zu einer empfindlichen Absatzstockung geführt hatte.

Unter den weit im Westen Rio Grandes erschlossenen Siedlungen ragt eine ganz besonders hervor und ist für die Kolonisierung dieses Gebietes typisch: Neuwürttemberg.

Neuwürttemberg-Panambi und die Deutschrussen

Neuwürttemberg kennzeichnet den brasilianischen Far West in Rio Grande besonders deutlich. Nicht minder ist auch sein frühes Gründungsdatum für diese westliche Rio Grandenser Kolonie charakteristisch. Neuwürttemberg-Panambi liegt ca. 45 km von Cruz Alta, der auf der Hochfläche, dem „Planalto", von Rio Grande gelegenen Kampstadt und alten Verkehrssiedlung entfernt. Die Kolonie wurde von *R. Meyer,* dem Herausgeber des bekannten Meyerschen Konversationslexikons, ins Leben gerufen.

Dieser hatte sich 1896 unter Führung Karls von Steinen auf einer geographischen Expedition im Xingugebiet befunden, als ihm in einer Notlage von aus Rio Grande stammenden Männern Hilfe geleistet wurde.

Bis so hoch hin den Norden hinauf hatten sich also damals schon deutsche „Gauchos" zur Arbeitssuche und zwecks Landkaufs vorgewagt.

Auf diese Weise mit Rio Grandenser Kolonisten bekannt geworden, hatte sich Meyer auch von ihren Dörfern im Süden erzählen lassen und beschloß, nun auch dorthin aufzubrechen. Er wollte sie kennenlernen.

Die Ähnlichkeit der Landschaft, die ihm die Kolonisten schilderten, mit jener Süddeutschlands beeindruckte ihn. Schon 1899 faßte er den Plan, dort selbst Kolonien zu gründen. Die Aufgabe übertrug er *Karl Dhein,* einem jener Männer, die ihm am Xingu zu Hilfe geeilt waren. Dieser stammte aus Montenegro (Schwarzwald), wie Renner, und bereitete den Ankauf von 18.182 qm vor, der von R. Meyer nach seiner Ankunft am 26. November 1898 vollzogen wurde. Meyer suchte sich gleich auch von den ersten Siedlungswilligen begleiten lassen, wobei es sich wieder bezeichnenderweise um Männer handelte, die er am Xingu kennengelernt hatte, nämlich von den Brüdern Peter Bock und Ernst Müller, sämtliche aus Rio Grande do Sul gebürtig. Auch die nachfolgenden Siedler stammten noch aus dem Südstaat. Dieses wirft auch ein Licht auf die Bedeutung der erwähnten Binnenwanderung.

Die Kolonisten aus Rio Grande machten noch lange in Neuwürttemberg über zwei Drittel aus. 1901 reisten sodann die ersten Württemberger ein; Dr. Meyer hatte in Deutschland eine starke Propaganda entfalten lassen, sodaß sich größere Gruppen aus Schwaben meldeten. Sie wurden von Pastor *Hermann Faulhaber* begleitet, dem Dr. Meyer 1906 die Stelle des Koloniedirektors übertrug, was zu einem großen Aufblühen führte.

Ihm war die Gründung der landwirtschaftlichen Kooperative 1906 ebenso zu danken wie die Ansiedlung von Industrien zwischen 1910 und 1914. Neben solchen aus der Lederbranche entwickelten sich in Neuwürttemberg solche von Mühlen, Sägewerke, Eisenwerkstätten und eine Ölfabrik. Indem sie alle dem landwirtschaftlichen Sektor zuzuordnen sind, wird deutlich, daß sich damals die Kolonie bereits zu einem landwirtschaftlichen Mittelpunkt des westlichen Rio Grande entwickelt hatte.

---

76 Delhaes-Günther: S. 45/46

Auch der Erste Weltkrieg vermochte den Anschwung nicht zu hemmen. Nach demselben setzte wieder eine starke Einwanderung aus Württemberg ein. R. Meyer freute sich, seinen Landsleuten „eine neue, nicht von Arbeitslosigkeit und politischen Wirren geschüttelte Heimat" anbieten zu können.
Wie ein Blitz aus heiterem Himmel traf daher die Kolonie im Juli 1926 der unerwartete Tod Hermann Faulhabers. Erst 49 Jahre alt, konnte er den vielen Strapazen, die an seinen Nerven gezehrt hatten, nicht mehr Widerstand bieten. Ihm folgte sein langjähriger Mitarbeiter *Eduard Hempe*.

Am 15. Dezember 1954 wurde die Kolonie durch Staatsdekret zum Munizip erhoben; Sohn *Walter Faulhaber* wurde der erste Bürgermeister desselben. Auch als späterer Präfekt bewies er dieselben Qualitäten wie sein Vater. Leider ereilte auch ihn ein früher Tod! Unter dem ihm 1964 nachfolgenden Rudi A. Franke wurde das Städtchen „una cita dos machinas". Sie beliefert mit ihren landwirtschaftlichen Maschinen das ganze südliche Brasilien. Der Umstand, durch lange Zeit von hervorragenden Männern geführt zu sein, vereint mit dem Fleiß der Kolonisten, ließ hier ein Werk reifen, das dem ganzen deutschsprachigen Element Ehre und Ansehen eintrug.
Neuwürttemberg konnte sich, nicht zuletzt auch, weil hier der Grundsatz der „Mischkolonie" nicht nachdrücklich gefordert wurde, so rasch und gut entwickeln. Bald führte es zur Gründung weiterer Tochterkolonien, die bis Santa Catarina, so am *Chapecó* und *Peperi*, hineinreichten.
Die Volkszählung von 1960 ergab für das Munizip 18.000 Einwohner, wovon 4500, zumeist deutschsprachige, im Städtchen wohnten. Es wird von einem Kranz deutschsprachiger Dörfchen, Weiler und Einzelhöfen umgeben.
Die erste Namensgebung für die Kolonie hatte R. Meyer veranlaßt. Er hatte sie Neuwürttemberg genannt. Später erhielt sie in Anlehnung an Blumenau den romantischen Namen „Elfenau". Im Zuge der Nationalisierung wurde sie dann, wie erwähnt, auf *Panambi* umgetauft. Der Name ist indianischen Ursprungs und erinnert an die hier vorkommende Prachtausgabe eines großen Schmetterlings.[77]
In den letzten Jahrzehnten war Panambi wieder vor allem durch Binnenwanderung, d. h. durch Zuwanderung von Deutschbrasilianern, angewachsen. Kolonisten aus Europa wanderten nach hier nur noch wenige zu. In erster Linie handelte es sich bei solchen um akademische Berufe. Denn neben der Wirtschaft wurden auch Schule und Bildung nie vernachlässigt.
So krönt heute die kulturelle Tätigkeit Panambis ein ausgezeichnetes, von Dr. Wegermann geführtes Privatgymnasium und Colégio. In seiner Villa erinnern viele Bilder an Helgoland.
In Panambi erlebten wir auf unserer zweiten Expedition auch den Staatsfeiertag der Deutschbrasilianer, den 25. Juli, den Tag, an dem die ersten Siedler bei São Leopoldo Südbrasilien betraten, einmal selbst. Der Festtag, in dessen Verlauf es ein großes Churrascoessen, musikalische Darbietungen, Theater und am Abend nach meinem Vortrag Tanz gab, wurde am Morgen durch einen gemeinsamen katholischen und protestantischen Gottesdienst, an dem beide Seelsorger mitwirkten, eingeleitet. Der Festtag verlief richtig familiär. Kaum eine Kolonistenfamilie fehlte!
Mit der von einem jungen, vor zwei Jahren aus der Bundesrepublik eingereisten Pastor gehaltenen Predigt konnte man sich allerdings schwer einverstanden erklären. Den Versammelten wurde in Anlehnung an Bibelstellen des Alten Testaments weisgemacht, daß eine der ersten Unabänderlichkeiten für Einwanderer das Aufgeben ihrer angestammten Sprache und das rasche Aufgehen im anderen Volkstum sei.
Eine Begegnung mit den Mennoniten auf dem Campo Alto, der jüngsten deutschsprachigen Siedlung von Panambi, hätte dem Prediger genau das Gegenteil bewiesen.

---

77 Loew, Ulrich: Cinquentario de Panambi 1899–1949, Porto Alegre 1950
65 Anos de Progresso – Panambi: zusammengestellt von der Zeitung „O Panambiense" anläßlich des 65. Gründungsjahres der Stadt und des 10. Jahrestages der munizipalen Selbständigkeit. Ensino Secundario Evangelico. Os nossos estabelecimentos. 1953 – Kuhlmann, Gustav – Krabe, Friedrich: Neu-Württemberg, eine Siedlung Deutscher im Rio Grande do Sul, Brasilien. Stuttgart 1933

Im benachbarten *Campo Alto* bilden die traditionsstarken Mennoniten im weiteren Umkreis die fortschrittlichsten Bauern. Sie werden von der Regierung besonders gefördert. Ja sie sind bereits Großbauern. Ihre Brüder befinden sich auf dem Kamp von Paraná, denen wir noch begegnen werden. Während jene von Rußland aus in die Mongolei geflüchtet waren, um der Diktatur des Kommunismus zu entkommen, gelangten diese nach Deutschland, von wo aus sie im Oktober 1932 nach Santa Catarina auswanderten. Da sie sich im harten Bergland nicht entfalten konnten, entschlossen sie sich wieder zur Wanderung und trafen am 27. Juli 1958 auf dem Campo Alto ein. Nördlich Panambis geht das Bergland nämlich schon zur Hochfläche über. Diese galt lange als kaum bewirtschaftbar. Die Rußland-Deutschen kauften sich auf dem Steppenboden des „Hochkamp" ein und entfalteten sehr schnell einen riesigen Getreidebau. Sie waren schon in Rußland gewohnt gewesen, mit Maschinenpflügen das Land zu bestellen. Sie zogen die Furchen hier von vornherein nach den Höhenschichtlinien und sicherten die Riesenäcker noch durch Pflanzung von Zuckerrohrhecken und Eukalyptuswäldchen ab.

Man kann mit Recht behaupten, daß sie das neueste Kolonistenzeitalter einbegleiten. Mit dem Heraustreten aus dem Urwald und der Urbarmachung des Kamp ist die jüngste Pioniertat unserer Kolonisten angedeutet. Sie wird bestimmt Schule machen. Schon 1971 schrieb ich: „Da Weizen eine Steppenpflanze ist, wird dieser meiner Meinung nach und auf Grund solcher Pionierleistungen immer mehr den jahrhundertelang nur äußerst extensiv genutzten Kamp erobern und werden die vornehmlich von den Deutschen kultivierten Berggebiete von dem jetzt noch üblichen Maisanbau und der Schweinezucht abrücken. In diesen Landschaften werden sich dereinst, wie in unseren Alpen, Viehzucht, Milch- und Graswirtschaft entfalten. Damit dienen diese Gebiete auch der Fleischerzeugung, welche auf den Campos und Fazendas zurückgehen wird. Brasilien wird mit dieser Umstellung, welche den Naturgegebenheiten besser gerecht wird, wichtige Möglichkeiten der Selbstversorgung erhalten, zu der schon seit 150 Jahren die deutschsprachigen Einwanderer einen großen Beitrag leisteten."[78]

Die Anzahl der „Deutschsprachigen" im Sinne unserer Ausführungen schätzt man *in Rio Grande do Sul auf ca. 320.000.* Dabei ist selbstverständlich die große Zahl der deutschen „Gauchos", die in andere brasilianische Länder auswanderten, nicht mitberücksichtigt.

---

78 Ilg, Karl: Pioniere in Brasilien. Tyrolia-Verlag, Innsbruck–Wien–München 1972. S. 27

IN SANTA CATARINA

Der zweitsüdlichste Staat Brasiliens mit einer Gesamtfläche von 96.000 qkm – ich nenne dazu wieder im Vergleich Bayern mit 70.440 qkm, Österreich mit 83.850 qkm – besaß keine so günstigen Voraussetzungen für die Kolonisierung der Serra wie Rio Grande do Sul.

DIE LANDSCHAFT, SCHWIERIGKEITEN ALLER ART

Während in jenem Bundesstaat die Serra über ihren allmählichen Abfall nach Süden von dieser Richtung aus ein stufenweises Eindringen ermöglichte, fällt in Santa Catarina die Serra do Mar beinahe jäh zum Meer ab, sie konnte nur von dieser Richtung bezwungen werden. Eine weitere Schwierigkeit war hier noch gegeben durch die Zerklüftung des Gebirges und mit dem nach Norden zunehmend dichten, weil immer mehr tropischen Urwald. In den kleinen Niederungen aber zwischen Serra und Meer herrschten neben zahllosen Insektenschwärmen Malaria, Gelbfieber und andere Krankheiten, gab es Schlangen- und Indianergefahr. Hier waren es die „Buger", die Schrecken und Not verbreiteten.

José Decke hielt in seiner anschaulichen Schilderung „Am Lagerfeuer" den Bericht eines Knaben fest, dessen Eltern erschlagen und er selbst von den Indianern, wie es bei Kindern öfters vorkam, verschleppt wurde.
„Meine Erinnerung geht auch genau nur bis an den Unglückstag, an welchem mich die Wilden raubten, zurück. Von früher weiß ich nicht mehr viel. Nur daß ich Eltern hatte, mit denen ich in dem Häuschen wohnte, das die Buger überfielen, ist mir erinnerlich ... Die Wilden ermordeten an dem Tage eine ganze Anzahl Familien, darunter meine Eltern, plünderten und brandschatzten die Häuser und töteten das Vieh. Warum sie mich mitnahmen und nicht auch töteten wie die anderen Kinder, ist mir nie ganz klargeworden ...
Als wir im Lager der Wilden ankamen, wurden wir mit furchtbarem Freudengeheul von den alten Weibern und Kindern, die dort zurückgeblieben waren, empfangen. Ich wurde nicht gleich bemerkt, denn zuerst hatte man vollauf mit dem Auspacken der bis oben gefüllten Körbe zu tun, welche die jüngeren Weiber mitbrachten ..."
Nach einem Auf-die-Probe-Stellen wurde der Bub Stammesmitglied der Buger-Indianer und lebte lange Zeit unter ihnen, sodaß er später Kunde über sie und ihre Gewohnheiten vermitteln konnte.
„Auf einmal trat ein älterer, furchtbar häßlicher Mann auf mich zu. Es war der ‚Pataema', der bei den Wilden die Stelle eines Priesters und Medizinmannes zur gleicher Zeit versieht. Nachdem er mich mit dem Blick eines wilden Tieres sekundenlang angestarrt, fing er plötzlich an, mich mit der Faust auf die Brust zu schlagen. Die ersten zwei, drei Schläge ertrug ich standhaft. Als er aber fortfuhr, meine kleine Brust mit seinen großen Fäusten zu bearbeiten, schrie ich laut auf vor Schmerz. Darauf schien die ganze Gesellschaft gewartet zu haben; denn während vorher gelegentlich der ‚Untersuchung' verhältnismäßige Ruhe geherrscht hatte, brachen jetzt bei meinem Aufschreien diese ungeschlachten Menschen in ein allgemeines infernales Gelächter aus, und dieses Freudengeheul wiederholte sich, sooft mich der ‚Pataema' durch allerhand Manipulationen, welche er noch an mir vornahm, zum Aufschreien brachte ...
Dann wandte der Häuptling seinen Blick auf mich und sah mich lange, wie mir schien, prüfend, aber nicht übelwollend an. In seiner unmittelbaren Nähe standen seine drei Weiber, welche sich von Zeit zu Zeit an ihn schmiegten.
Auf einmal reckte er sich hoch, legte den Arm um die jüngste und hübscheste seiner Frauen, und als diese beglückt zu ihm aufblickte, sprach er lange auf sie ein ...
Da er mit Kruro, seiner Lieblingsfrau, keine Kinder besaß, so hatte er sie gebeten, die Mutterstelle bei mir zu übernehmen, und sie hatte sich aus Liebe zu ihm bereit gefunden ...
Selben Tags noch wurde das Lager aufgehoben, und es ging etwa eine Tagesreise waldeinwärts, wo

7   Deutsche Schule von Estrela, der Heimat Präsident Geisels, Rio Grande

8   Fachwerkhäuschen bei Blumenau, Santa Catarina

9   Staatspräsident deutscher Abstammung General Geisel in Entre Rios mit Mathias Leh

10 Wirtschaftsmetropole Blumenau, Santa Catarina

11 „Tiroler Haus" bei Gramado, Rio Grande

12 Munizip „Dreizehnlinden", Santa Catarina

Textzeichnung 2:
Menschenschlachtung
bei den Tupinambas
nach Hans Staden

neue Ranchos aufgestellt wurden. Und so ging es dann Tag für Tag, immer weiter in das Dunkel des unermeßlichen Urwaldes hinein."[79]

Man darf allerdings nicht übersehen, daß die Indianer auch um ihren althergebrachten, wenn auch größtenteils nur als Jagdgebiet genutzten Bodenbesitz kämpften! Weiter im Norden Santa Catarinas waren es die Botokuden, die den nichtsahnenden Kolonisten Not und Ängste zufügten.

Die „Botokuden", mit einem Holzstäbchen an der Unterlippe gekennzeichnet, schossen mit vergifteten Pfeilen. Nur allmählich wurden sie zurückgedrängt. 1906 waren sie noch überall im Raum von Ibirama, 80 Kilometer von Blumenau entfernt, anzutreffen. Einige zehn Kilometer weiter fanden wir sie jetzt befriedet vor, und zwar durch einen österreichischen Marinehauptmann, der sich vor 50 Jahren nackt in ihre Gewalt begeben hatte. Mit Stolz nannte sich Eduard Hörhan „Katanga Meng'lee (indianischer Name), pazificador dos indios Botokudos do Santa Catarina". Hörhan kam übrigens zur Meinung, daß die Botokuden keineswegs mit den anderen Indianern Brasiliens verwandt wären, sondern am meisten sprachliche Gemeinsamkeiten mit den Ainus hätten. Sie waren Menschenfresser. Schon Hans Staden hatte diese Indianer wie bekannt als Menschenfresser geschildert.[80]
Er hinterließ uns auch die beiliegende Illustration. (Textzeichnung 2)

Der Beginn der deutschen Kolonisation Santa Catarinas fällt in das Jahr 1826. Die erste Station bildete *Torres*, das später anläßlich des Besuches Kaiser Pedros II. in *San Pedro de Alcantara* umbenannt wurde. Der erste Einwandererschub nach hier war von São Leopoldo aus auf dem Rio dos Sinos zum Rio Capivari transportiert worden.

---

79 Entres, Gottfried: Gedenkbuch zur Jahrhundertfeier deutscher Einwanderung in Santa Catarina. Florianópolis 1929. S. 10–13
80 Fouquet, Karl – Maack, Reinhard: Hans Stadens Wahrhaftige Historia. Marburg an der Lahn 1964. S. 186

Von dort marschierten sie zu Land an ihren Bestimmungsort. „Oberst Francisco de Paula Soares, Kommandeur der dort im Jahre 1824 gegründeten Garnison, teilte die Ankommenden nach ihren Konfessionen. Die Katholiken blieben im eigentlichen Torres, damit sie die Fürsorge der Geistlichkeit jener Ortschaft genießen konnten. Die Protestanten wurden mitsamt ihrem Pastor und einem Arzt acht Meilen entfernt angesiedelt, nämlich gleich am Rio Tres Forquilhas, und wohnten dort schön in zwei Parallelpikaden, indem sie die Vorteile des Flusses, der ihrer Kolonie den Namen gab, genossen."[81]

Über die Beschaffenheit des Koloniegeländes berichtet dieser Oberst an die Regierung: „Das Land ist außerordentlich fruchtbar und für jede Kultur geeignet, liegt an den Ausläufern der Serra Geral, nahe dem Meer, umgeben von Seen, bewässert von kleinen Bächlein. Trockenheit und übermäßige Hitze und Kälte sind unbekannt, und es gedeihen infolgedessen prachtvolles Zuckerrohr, Bananen, Tabak, Reis, Mandioca, Kaffee und Baumwolle."[82]

Die Herstellung von Alkohol aus Zuckerrohr würde schon genügen, die Kolonie zu hohem Wohlstand und Reichtum zu bringen.

Als Gründungsdatum gilt das Jahr 1828. Nicht übersehen wollen wir, daß Torres von Rio Grande aus besiedelt wurde, wie denn auch Santa Catarina bis 1818 zum Staat Rio Grande do Sul gehört hatte.

So gut es jedoch am Anfang mit dem Fortschritt aussah, so blieb dieser nachher in der Zeit von 1830 bis 1846 aus verschiedensten Gründen in der Entwicklung stehen, besonders aber wegen des Aufruhrs in der Provinz, der auch hier den gewohnten Gang der Dinge vollkommen durcheinanderbrachte. Als der Kaiser die nach ihm benannte Kolonie besuchte, hatte sie gerade auch eine große Überschwemmung heimgesucht. Die vielen Toten fanden im Friedhof neben der neuen Kirche, die beide Pedro stiftete, ihre letzte Ruhestätte.

Andere Kolonien, deren Gründung nach Torres erfolgte, hatten mehr Glück. Doch die Lage von Torres war bezeichnend und kündete die Richtung der deutschen Kolonisation in Santa Catarina an. Torres – San Pedro de Alcantara – lag an einem alten Indianer- und späteren Maultierpfad von der Meeresküste aufs waldoffene Hochland des heutigen *Lajes*. Die Serra sollte also in einem kühnen Anstieg vom Meer aus in westlicher Richtung bezwungen werden. Auch die Lage der heutigen Hauptstadt Florianopolis erinnert noch an diesen Vorgang; es liegt an der Küste, vom genannten Verkehrszug nicht allzuweit entfernt; für den heutigen Staat liegt es peripher.

Zu jenen Gründungen nach Torres, die sich durch erstaunliche Erfolge auszeichneten, zählten im Küstengebiet Santa Catarinas vor allem jene im Städtedreieck *Blumenau, Brusque, Joinville*. Sie vollzogen eine Kolonisationstat, welche weit über den engeren Raum hinaus Bedeutung erlangte und die deutsche Kolonisationskraft in hervorragender Weise neuerdings zu bestätigen vermochte.

IM DEUTSCHEN STÄDTEDREIECK

Zum Fleiß vieler kam hier wieder der glückliche Umstand hinzu, daß die Kolonisation von beispielgebenden Männern angeführt wurde. Allerdings handelte es sich nicht mehr um ein staatliches Kolonisationsobjekt, sondern um ein privates.

Nach dem Tod der Kaiserin hatte sich ja vieles geändert. Das Interesse an ihren Landsleuten wurde, wie erwähnt, vom Staate nicht mehr in dem Maße wie früher vertreten. Auch Österreich hatte sich nach der enttäuschenden Behandlung ihrer Erzherzogin

---

81 Porto, Aurelio: Die deutsche Arbeit in Rio Grande do Sul. São Leopoldo 1934. S. 100/101
82 ebenda, S. 100/101

schlagartig von der brasilianischen Verwandtschaft zurückgezogen und verhinderte von nun ab auf Dauer jede Heiratsverbindung eines portugiesischen Prinzen mit einer österreichischen Prinzessin!
Auch Leopoldines großem Sohn Pedro II. wurde daher leider keine österreichische Prinzessin anvertraut. Daß dieses für diesen, der deutschen Kultur und Geschichte sehr geöffneten Mann zeitlebens eine große Enttäuschung war, läßt sich denken. Doch trug er diese nie den deutschsprachigen Kolonisten nach, sondern trat in ihrer Förderung bewußt in die Fußstapfen der von ihm heiß verehrten Mutter.

Unter Pedro II.

Pedro II. wird von den Historikern als eine der vornehmsten Herrschergestalten des 19. Jahrhunderts bezeichnet. Von Statur groß, wirkte er mit seinen blonden Haaren und blauen Augen auch äußerlich als Sohn der Habsburgerin. Zur selbständigen Regierung war er aber erst im Jahre 1840 gelangt. (Siehe Farbbild 6).
Bis dahin bestimmte, wie erwähnt, der ihm zur Seite gestellte „Regentschaftsrat". Dieser überließ die Einwanderungspolitik, wie wir vernahmen, völlig der Privatinitiative. Der Regentschaftsrat entließ sofort auch eine Reihe deutscher Offiziere und Beamte, auch in Santa Catarina.
Wie in Rio Grande do Sul versuchten daher auch in den anderen „Südstaaten" private Landbesitzer in der Folgezeit, aus ihrem Vermögen möglichst großen Gewinn zu ziehen. Bisher kaum ertragbringende, vielfach ertraglose Ländereien wurden in Splitterbetriebe aufgeteilt und an die weiter aus Mitteleuropa zuströmenden Siedlungswilligen verkauft. Diese Entwicklung und die nunmehr einzig von privater Gewinnsucht der Pflanzer und Großgrundbesitzer in Brasilien vorangetriebene Landzerstückelung, wäre ohne unsere Kolonisten zum Scheitern verurteilt gewesen, namentlich in Santa Catarina.
Denn im Vergleich zu den früheren großen Landzuteilungen an die portugiesischen Einwanderer – die anfänglich 13.000 ha, dann 6000 ha große, wieder später im Ausmaß von 2200 ha und zuletzt von 544 ha bemessene Grundstücke erhalten hatten – waren die Landzuteilungen von 48 ha, später von 24 ha, fürwahr mehr als bescheiden gewesen. Auf ihnen konnte sich eine kinderreiche Familie in ungünstigem Gelände nur noch mit größtem Fleiß ernähren.
Gerade in der Kolonisierung des Kolonisationsgebietes von Santa Catarina zeigte sich, daß die kleinen Grundstücke eben an Leute ausgeteilt worden waren, welche in Kleinlandwirtschaftsbetrieben bereits erfahren und außerdem willens waren, auch jetzt ihr Bestes an Fleiß und Ausdauer zu geben. Dadurch leiteten diese Betriebe eine neue Form der brasilianischen Landwirtschaft ein. In Santa Catarina wurde diese Entwicklung zum Aufbau vieler *Kleinlandwirtschaften* und einer *gemischten Landwirtschaft* typisch bzw. fand von Rio Grande aus unter noch schwierigeren Voraussetzungen ihre Fortsetzung und Bestätigung.

Mit den Deutschen auch hier neue landwirtschaftliche Betriebsformen sowie die Entstehung eines Bauern- und Mittelstandes

Man kann daher füglich behaupten, daß neben dem Eindringen der Deutschen in den Urwald auch neue landwirtschaftliche Betriebsformen in Brasilien, vorab in Südbrasilien, ihren Einzug hielten.
Dieses zog im weiteren aber auch *veränderte Sozialstrukturen* nach sich: Mit den

deutschsprachigen Kleinbauern entstand nämlich zwischen den brasilianischen Großgrundbesitzern und dem Heer der Sklaven und Armen ein *Mittelstand,* der bisher fehlte und aber für „ordem e progresso", also für das bereits von Pedro I. ausgerufene wirtschaftliche und politische Grundsatzprogramm des brasilianischen Staates, eine unentbehrliche Voraussetzung bildete.

Im Blickfeld der in der Gegenwart allseits praktizierten oder zumindest im Munde geführten „Entwicklungshilfe" für die sogenannte „dritte Welt" sollte man die durch unsere Kolonisten in Brasilien im ersten Viertel des 19. Jahrhunderts eingeleiteten und vollzogenen Veränderungen als einen Entwicklungsbeitrag an Brasilien größten Ausmaßes begreifen können. Die Vorgänge um Blumenau dürfen hierbei besonders genannt werden.

Blumenau und der Kranz der um die heutige Wirtschaftsmetropole Santa Catarinas gelegenen Dörfchen und Streusiedlungen verdanken ihre Entstehung dem aus dem *Harz* stammenden *Dr. Hermann Blumenau.*

Unter großen Entbehrungen hatte er als siebtes Kind eines Oberförsters 1846 an der Philosophischen Fakultät zu *Erlangen* promoviert und war dort auch *Alexander von Humboldt* begegnet, der ihn für Südamerika begeisterte. Noch im selben Jahre machte er sich dorthin auf und bereiste die brasilianischen Südstaaten. Heimgekehrt, hielt er Vorträge, in denen er auf die Kolonisationsmöglichkeiten in Santa Catarina hinwies, und entschloß sich, selbst dort zu kolonisieren.

1848 eröffnete er am Flüßchen „*Velha*" in der Nähe der heute nach ihm benannten Stadt den ersten Landwirtschaftsbetrieb. Am 2. September 1850 gründete er am Flüßchen „*Garcia*", beide im Einzugsgebiet des Rio Itajai gelegen, den zweiten Betrieb und verkaufte aus diesem am 24. August 1852 die ersten Landstücke an deutsche Auswanderer. Das Jahr 1852 gilt daher als Gründungsdatum des Koloniegebietes von Blumenau.

Blumenau entsteht

Heute stellt diese Gründung das reichste Munizip, das größte Industriezentrum und den landwirtschaftlichen Mittelpunkt ganz Santa Catarinas dar, in dem sich, wie Hermes Fontes einmal bewundernd ausdrückte, „die Vermählung der Natur mit der Arbeit vollzog". Am Beginn der Kolonisation stellte das Itajaigebiet „ein sumpfiges, regenreiches, malaria- und gelbfieberverseuchtes Gebiet" dar. Die kleinen Flüßchen Velha und Garcia, im allgemeinen träge dahinfließende Bäche, konnten bei anhaltenden Regengüssen zu reißenden Fluten ansteigen, wie der Itajai selbst, und alles ebene Land überschwemmen, vieles mit sich fortreißend, was der Mensch in Mühe aufbaute, und neben aller Zerstörung noch ein Heer von Moskitos und Borajudos zurücklassen, welche Menschen und Tiere quälten, wie die Zecken, die sich auf den Warmblüter stürzen und oft ein Leben lang Qualen verursachen. Aus diesem sumpfigen Urwaldgebiet eine blühende Landschaft zu machen (siehe Farbbild 10), war nur mit äußerstem Fleiß und unter Leitung eines Mannes möglich, der, selbst ein uneigennütziger Idealist, mit den nötigen Kenntnissen und Führungseigenschaften ausgerüstet war.

Die Großgrundbesitzer Agostinho Abares Ramos und José Henrique Flores stellten den auch in Santa Catarina zuströmenden Kolonisten weiteres Land diesseits und jenseits des Itajai zur Verfügung, allerdings stark parzelliert, sodaß die Größe eines „Loses" auch hier nur rund 25 ha betrug. Da aber auch hier von „geschenktem Land" nicht mehr die Rede war, sondern die Kolonisten alles käuflich erwerben mußten, muß zugegeben werden, daß die meisten Einwanderer zu größerem Landerwerb gar nicht in der Lage gewesen wären.

Man muß die Schilderungen Ferreiras[83] über die Schwierigkeiten und Widerwärtigkeiten nachgelesen haben, die Dr. Blumenau zu überwinden hatte. Nicht selten war er einsam, auf sich gestellt und von seinen Kolonisten mißverstanden. Um das gesteckte Ziel

zu erreichen und den Kolonisten die Hoffnungen zu erfüllen, opferte er nicht nur seine volle Arbeitskraft bis zur Erschöpfung, sondern auch sein Privatleben. Denn er blieb aus diesem Grunde unvermählt. Schlußendlich stellte er zur Erreichung des Zieles auch noch einen großen Teil seines Vermögens zur Verfügung.
„Erst 1860, als die Lebensfähigkeit der Siedler bereits außer Zweifel stand, ihr Gründer aber auch am Ende seiner finanziellen Kräfte war", nahm sich die Regierung der bisherigen Privatsiedlung an und stellte Dr. Blumenau als nun beamteten Koloniedirektor – so Oberacker – „jene notwendigen Mittel zur Verfügung, um seine Siedlungspläne großzügiger vorwärtstreiben zu können."

Auch aus dieser Kolonie Blumenau sollen die ersten Ansiedler festgehalten bleiben, deren Namen fand ich im Archiv aufgezeichnet:
Reinhard Gärtner, 26 J., Ackerbauer aus Braunschweig
Franz Sollentin, 24 J., detto
Paul Kellner, 23 J., detto
Julius Ritscher, 27 J., Feldmesser aus Hannover
Wilhelm Friedenreich, 24 J., Tierarzt aus Preußen
Minna Friedenreich, 24 J., Ehefrau des vorigen
Clara Friedenreich, 2 J., Kind
Alma Friedenreich, ¾ J., Kind
Daniel Pfaffendorf, 26 J., Zimmermann aus Sachsen
Friedrich Geier, 27 J., Tischler aus Holstein
Friedrich Riemer, 46 J., Zigarrenmacher aus Preußen
Erich Hoffmann, 22 J., Klempner aus Preußen
Andreas Kohlmann, 52 J., Schmied aus Preußen
Johanna Kohlmann, 44 J., seine Ehefrau
Maria Kohlmann, 20 J., Kind
Christine Kohlmann, 17 J., Kind
Andreas Bottcher, 22 J., Schmied aus Preußen
Giuseppe Pridarolli, 81 J., aus Tirol, Taglöhner
Im weiteren fand ich noch eine Notiz, die die erste Landung demonstrierte: „Es ergab sich aber auch, daß ein Kind in dem Augenblick das Licht der Welt erblickte, als die Mutter aus dem Canoe stieg, das sie von Itajai nach Blumenau brachte."

Später stellten die Großgrundbesitzer Agostinho Abares Ramos und José Henrique Flores nochmals Land diesseits und jenseits des Itajai zur Verfügung, sodaß sich um das geplante Städtchen alsbald ein ganzer Kranz von deutschen Dörfchen, Waldhufensiedlungen und Einzelhöfen entwickeln konnte. Durch sie wurden nicht nur die nötigen Nahrungsmittel dem Zentrum zugeführt, sondern alsbald auch die für die aufblühenden Industrien notwendigen, verläßlichen Arbeiter gestellt.
So konnte Blumenau mit den Worten Oberackers[84] „neben den Kolonien Dona Francisca (heute Joinville) und Santa Cruz als die vollendetste Siedlung in ganz Brasilien erstehen".

Wie Dr. Blumenau aus schlichten bürgerlichen Verhältnissen stammte und von einfachen Leuten begleitet war, so verhielt es sich auch in den anderen Städten und Dörfern im Städtedreieck.

---

83 Ferreira da Silva, Josè: Doktor Blumenau. Blumenau 1933 und 1973 – Kunsebach, E.: Industrielle Leistungen in deutscher Hand. Brusque 1948 – Kohlhepp, Gerd: Industriegeografie des nordöstlichen Santa Catarina. Universität Heidelberg, 75 anos Industria Cia Hering 1968. Blumenau 1955 – Oberacker, Karl Heinrich jr.: Der deutsche Beitrag zum Aufbau der brasilianischen Nation. S. 242 ff – Ilg, Karl: Pioniere in Brasilien. Innsbruck–Wien–München 1972. S. 31 ff – Ilg, Karl: Das Deutschtum in Brasilien. (= Eckartschriften Heft 68), Wien 1978. S. 83 u. ff
84 Oberacker, Karl: Die Deutschen in Brasilien, S. 200. In: Die Deutschen in Lateinamerika, herausgegeben von Hartmut Fröschle. Stuttgart 1979

Auch hier beachtliche Industrien

Der Umstand, daß es hier zu Industriegründungen kam, lag ähnlich wie in den anderen bereits geschilderten Fällen in der Nachfrage. In Blumenau und Brusque wurde insbesondere versucht, der Nachfrage von Textilstoffen in Stadt und Land zu entsprechen, weil sich hier Kolonisten eingefunden hatten, welche in der Textilerzeugung kundig waren. Angesichts der schlechten Verkehrssituation Santa Catarinas im 19. Jahrhundert – eine sichere Anlieferung war nur über See garantiert und teuer! – war es am zweckmäßigsten, die Nachfrage der Kolonisten in Stadt und Land nach Stoffen für Kleidung an Ort und Stelle zu befriedigen.

In Blumenau hatten sich zunächst die aus *Chemnitz* ausgewanderten Brüder *Hermann* und *Bruno Hering* 1879 zur Aufstellung eines Webstuhles entschlossen, nachdem Hermann zuvor mit den ihn begleitenden erwachsenen Töchtern Zigarren gedreht hatte, um sich durchzubringen, bevor die Gattin mit den Jüngsten und dem ledigen Bruder Bruno angereist kam.
Letzterer scheint ein besonderes Original gewesen zu sein; der brasilianischen Sprache nicht mächtig, muß es durch ihn zu unvergeßlichen Verwechslungen gekommen sein.
1880 besaßen die Brüder schon vier Webstühle und gründeten die Firma. Webekundige Kolonisten gab es eine ganze Reihe. Auf unseren Wanderungen entdeckten wir auch noch heute selbständige Heimweber in den Siedlungen.

Die Firma *Hering* ist aus bescheidenen Anfängen in 100 Jahren zur größten Trikotagenfabrik Südamerikas und zur viertgrößten der Welt aufgestiegen und beschäftigt 8000 Arbeiter und Angestellte.

Ihre Erzeugnisse werden zwar zu 90 Prozent im Inland gebraucht. Dennoch beschickt die Firma auch bereits mit 10 Prozent die Welt und werden ihre Erzeugnisse nach den USA, Kanada, Holland und in die Bundesrepublik exportiert, wo die Großkaufhäuser Quelle, Otto-Versand, Karstadt, Kaufhof, C & A usw. beliefert werden.
Was die Zusammensetzung der Arbeiterschaft betrifft, so handelt es sich überwiegend um Nachkommen der Eingewanderten.

Der Einzug der Industrie – vornehmlich der Textilindustrie – kam übrigens gerade rechtzeitig auch hier in jenem Stadium, in dem die Kleinbauern infolge der Realteilung auf ihrem öfters schon unter 24 ha liegenden Grundbesitze die Existenzgrenze nach unten überschritten hatten; sie hätten, wie in anderen Gebieten, aus gleichen Gründen abwandern müssen; so aber konnten sie sich hier als Industriearbeiter mit bäuerlichem Nebenerwerb halten.

Die Verbundenheit der Arbeiterschaft mit den Industrieherren ist daher begreiflich eine sehr enge und historisch begründet. Auch heute sind viele Arbeiter auf ihren bäuerlichen Zwergbetrieben noch in der Lage, für das tägliche Gemüse, eventuell auch noch für Milch und Fleisch, aufzukommen, während das erforderliche Geld für die übrigen Anschaffungen aus der Lohntüte des Industriearbeiters bestritten wird. Zudem wachsen die Kinder einer solchen Arbeiterfamilie in freier Luft und Natur auf. An den Feiertagen umgibt die ganze Familie eine ländliche Ruhe. Allerdings müssen die Arbeiter für dieses alles nicht selten von ihren Häuschen jeden Tag eine Entfernung bis zu 15 km auf holperigen Kolonistenwegen, zumeist per Rad, hin- und zurücklegen. (Siehe Farbbilder 8 und 46.)

Das sind jene abgehärteten, verläßlichen Arbeitskräfte, aus denen übrigens auch die Industrieherren hervorgegangen sind und ohne welche diese niemals zu jenen Erfolgen emporsteigen konnten, auf die sie heute stolz sein dürfen. Mögen auch die kommenden Generationen von Industrieherren dieser Tatsache eingedenk bleiben!

Zur Kennzeichnung derselben noch folgende Notizen:
Die enge Verbundenheit mit der Arbeiterschaft bzw. überhaupt mit der Bevölkerung macht es auch verständlich, daß der jüngste Sohn des Seniorchefs, namens Kurt, viele Jahre Bürgermeister des 1880 entstandenen Munizips war. Glücklicherweise glitt einst ein von einem Buger-Indianer auf ihn abgeschossener Pfeil an seiner Hosenträgerschnalle ab.

Dessen Bruder Paul war Kunstmaler geworden und malte u. a. die Kreuzwegstationen der katholischen Kirche seiner Heimatstadt.
Annemarie Hering, die Tochter des zweiten Sohnes von Hermann, namens Max, heiratete 1931 den Redakteur des „Urwaldboten" Kurt Prajon, den verdienstvollen Presseleiter unserer Kolonisten, aber keineswegs einen „Reichen".

Die Firma Hering ist jedoch beileibe nicht die einzige in diesem Industriezentrum.

Weiters siedelte sich in Blumenau noch die Familie *Decke* – „heute Industria Artex" – an, welche Wirkwaren und Handtücher erzeugt und ebenfalls eine Reihe bundesdeutscher Kaufhäuser beliefert; weitere Gründungen erfolgten durch die Familien *Jansen* – heute Itupava Secco', *Kühnrich* – heute Itupava Norte und Oeste.
Unter den 400 (!) Handwerks- und Industriebetrieben in Blumenau ragen weiters noch die Fabrik *Krämer* und die *Utex* (früher Garcia) im Garciatal hervor.
Zwecks Selbsterzeugung des vielfach benötigten Baumaterials war 1877 beim Franziskanerkonvent, genannt „Antonius-Kolleg", bereits auch eine Dampfziegelpresse entstanden, deren Erzeugnisse bald schon feste Bauwerke ermöglichte, auch wenn sie – laut Chronik – einen ohrenbetäubenden Lärm verursacht hatte.
Daneben hatten sich eine Schmiede und Tischlerei aufgetan, welche die nötigen Einrichtungs- und Gebrauchsgegenstände errichteten.

Universitätsstadt; Fremdenverkehrszentrum

Hand in Hand mit dem Aufschwung der Wirtschaft ging hier auch jener der Bildung, von Dr. Blumenau bereits grundgelegt, vor sich.

1877 hatte Pater José Jakob schon das Paulskolleg als Bildungsstätte errichtet. Anfänglich diente eine Bretterbude für 16 Buben als Schule und Kirche. Das Gebäude wurde vielfach umgebaut und vergrößert, bis es einem totalen Neubau weichen mußte.

Der eben geschilderte Bildungswille führte später zur Gründung einer qualitätsbewußten Oberschule und fand 1970 seine Krönung durch die staatliche Installierung der „Universität Blumenau".

Auch wenn es sich nach mitteleuropäischen Maßstäben hierbei nur um die Errichtung einer „volkswirtschaftlichen Fakultät" handelt, zeigt sie doch die stolze Entwicklung auf, welche die Gründung Dr. Blumenaus genommen hat.

Jüngst entwickelte sich Blumenau auch noch zum zweitgrößten Fremdenverkehrsort Brasiliens nach Foz Iguacu. Die Erklärung für diese für eine Industrie- und Wirtschaftskapitale zunächst ungewöhnliche Entwicklung liegt m. E. einmal in der schmucken Anlage und Bauweise der Stadt.

Man sieht, wie sich Traditionsstärke sogar auf diese Weise lohnt. Auch die Brasilianer lieben offenkundig das für sie nicht gewohnte Stadtbild . . .

Zum zweiten sind es die Gasthöfe, die eine große Behaglichkeit vermitteln. Natürlich fühlen sich auch die Deutschen hier „wie zu Hause".
So erlebt die deutsche Gasthofkultur in fremden Landen, die mit ihr verbundene Sauberkeit und Sicherheit, aber auch die Atmosphäre der deutschen Stadt eine ungeahnte Wiedergeburt, ähnlich wie es in Tovar in Venezuela zu beobachten ist. Hier wie dort kann man in den gemütlichen Lokalen „Bratwurst und Surkrut", „Kasseler Rippchen", „Klöße", „Wiener Schnitzel" und „Kuchen mit Kaffee" erhalten.[85] Frisches Bier wird zu Wiener Walzer, deutschen Liedern und Märschen gereicht. „Alles blau in Blumenau" lud ein Plakat ins Bierzelt, und nachts lockt die Leuchtschrift des Hotels „Frohsinn" vom Berg herab. Wer es ganz originell haben will, kann sich auf einem alten

---

85 Ilg, Karl: Pioniere in Argentinien, Chile, Paraguay und Venezuela. S. 28 ff

Itajai-Dampfer, der am Ufer anliegt, bewirten lassen und sich in die Zeit zurückversetzen, in der die ersten Kolonisten hier an Land gingen und die sumpfige, malaria- und gelbfieberverseuchte Flußebene zu kultivieren begannen.[86]
Die Kolonisten hatten auch nie den Herrgott vergessen! Am 24. Dezember 1876 war die erste katholische Kirche eingeweiht und bald darauf der obgenannte Pater José zum ersten Pfarrer bestellt worden. Einige Jahre später folgte der evangelische Kirchenbau. Heute vereinigt ein moderner neuromanischer Kirchenbau beide Bekenntnisse unter einem Dach.

Brusque und Joinville (vormals Dona Franziska)

Ähnlich wie Blumenau entwickelte sich auch Brusque, am *Itajai Mirim* gelegen. Der klangvolle Name (sprich Itaschai; i = Wasser auf indianisch) gehört einem kleinen Nebenfluß, der die Zufahrt ermöglichte.
Im Diözesanmuseum von *Brusque-Asambuju* kann man noch die Reste jenes Kahns sehen, in dem die ersten Siedler aus Baden und Österreich 1850 stromauf fuhren: sechs Meter lang, eineinhalb Meter breit und einen Meter tief. Der erste Verwalter von Brusque war hier ein in hohen Ehren gehaltener Baron *von Schneeburg*. Ich wettete, daß er Tiroler Abstammung sei, und fand tatsächlich im Archiv der „amigos de Brusque", vom feinsinnigen Ehrenchef der „Renaux-Werke", *Dr. Guilherme Renaux,* ins Leben gerufen, unter den vergilbten Akten den Nachweis für die Schneeburg von *Hötting bei Innsbruck.*
Später wanderten auch Pommern zu. Zu den Kolonisten aus dem Oberrheingebiet stieß 1862 als 20jähriger Bursche *Carlos Renaux* aus *Lörrach.*
Er begann als Lehrling in einem Kolonialwarengeschäft, dessen Leitung und nachfolgenden Besitz er nach einigen Jahren selbst übernahm. Sodann tat er sich mit vier Polendeutschen aus Lodz zusammen, die Webstühle besaßen, und gründete mit ihnen eine kleine Industrie. Sie woben, er organisierte und handelte. Bald schon so vorteilhaft, daß er 1892 eine Fabrik bauen konnte und zur Weberei 1896 eine Spinnerei hinzufügte, um nicht mehr englisches Garn, sondern brasilianische Baumwolle – wie mir Seniorchef Guilherme Renaux, 92jährig, schilderte: „die beste der Welt" – in Verwendung zu nehmen.

Heute sind es in Brusque und Blumenau zusammen an die 20.000 Mitarbeiter, die in den Textilfabriken ihr Brot verdienen, vornehmlich Deutschstämmige. Es kann für mich keinen Zweifel geben, daß zum raschen Aufblühen der Industrien hier ebenso befähigte Fabriksherren wie die mit ihnen in dörflicher Gemeinschaft zusammenlebenden deutschbrasilianischen Arbeiter beitrugen. Ihre handwerklichen Kenntnisse, die sie von zu Hause mitgebracht und ihren Kindern weitervererbt hatten, bilden bis heute einen unentbehrlichen Grundstock für den eingetretenen Erfolg dieses Raumes von Santa Catarina.

Nördlich von Blumenau ließ der „Hamburger Kolonisationsverein" 1851 unter Senator *Schröder* auf sumpfigem Gelände des Prinzen von Joinville, des Schwagers Pedros II., die Kolonie *Dona Francisca,* das heutige Joinville, entstehen. Hier waren neben Landarbeitern auch Angehörige gebildeten Standes, Akademiker und ehemalige Offiziere – „1848er" –, welche der Heimat aus politischen Gründen, namentlich infolge der eingetretenen „Kleindeutschen Lösung" – wir treffen sie in großer Zahl auch in Südchile[87] an

---

86 vgl. Kunsebach, E.: Industrielle Leistungen in deutscher Hand. Brusque 1948 – Kohlhepp, Gerd: Die Anfänge der Industrialisierung in den alten Kolonisationszentren Santa Catarinas. Staden-Jahrbuch 17. 1969. S. 23 ff
87 Ilg, Karl: Pioniere in Argentinien, Chile, Paraguay und Venezuela. S. 55 ff

–, den Rücken gekehrt hatten, zur schwierigen Kultivierung angetreten. Ihnen war hier in besonderer Weise der Erfolg zuzuschreiben.

Anfänglich handelte es sich wieder um die Befriedigung der Kolonistenwünsche an Ort und Stelle, hier namentlich um die Erzeugung von Eisenwaren für den häuslichen Bedarf sowie für die Landwirtschaft, in der Folge aber auch um die Herstellung von Maschinenersatzteilen und sodann von Maschinen selbst.
Allmählich entstand auf diese Weise hier ein Schwerpunkt der brasilianischen Eisenindustrie. Auch in Joinville wurde auf schulischen Fortschritt Wert gelegt und nach dem Zweiten Weltkrieg eine Ingenieurschule ins Leben gerufen.

Die an sich größte Fabrik im Dreieck ist die *„Tupy"* in Joinville, die Inhaber sind ebenfalls deutscher Herkunft. Sie stellt Gußeisenfabrikate her und beliefert namentlich die VW-Werke mit Autoteilen. Nicht zu übersehen ist auch die große *„Tigre"–Joinville*, von einem *Jansen* gegründet. Er stammte aus Sachsen, wie die *Schmidt*, die alte Erfahrungen aus dem Raume *Rosenthal* und *Meißen* nach *Pomerode* verpflanzten. Ihrer Porzellanmanufaktur war die Herstellung des königlichen Services für Elisabeth II. von England anläßlich ihres Besuches in Brasilien übertragen worden.

Überall in diesem Dreieck begegnet man, wie erwähnt, auf Schritt und Tritt den gleichen sozialen Verhältnissen wie etwa in Schwaben, der Schweiz, in Vorarlberg und in West- und Mitteltirol. Auch die Städte selbst bieten ein Bild, wie man es genauso im deutschsprachigen Raum Mitteleuropas antreffen kann. Blumenau ist hierfür ein treffendes Beispiel. Jeder Bürger pflegt um sein Haus sein Gärtchen, die Villen stehen in reizenden Parks. Geschlossene Häuserfronten gibt es nur im engsten Zentrum. An den Fassaden bemerkt man neubarocken Stuck oder neugotischen Zierat. Um die Städte aber legt sich ein Kranz von Dörfchen oder „Schneisen", brasilianisch „linhas" genannt, in denen sich das deutschsprachige Mitteleuropa ein Stelldichein gegeben hat. Die Dorffriedhöfe bestätigen es auf das eindringlichste. Die norddeutschen Hansen und die ostdeutschen Hinkelday befinden sich in Joinville, die sächsischen *Menk*, rheinischen *Henschel* trifft man in Blumenau, die *Bär* und *Rößler* aus Süddeutschland, die *Stark* und *Sauser* aus Österreich befinden sich in Brusque und Umgebung. Ich stand auf vielen Friedhöfen mit über 300 Grabsteinen mit kaum einem nichtdeutschen Namen! Schon Wettstein schrieb 1907 voller Begeisterung:
„Lassen wir ... den Leser ... einen Blick aus der Vogelperspektive tun. Er erkennt ... ein deutsches Landschaftsbild ... In die grüne Wand gebirgigen Urwaldes sind liebliche Täler mit saftigen Wiesen und fruchtbringenden Äckern geschnitten; anmutige Höfe und einzelne kleine Ansiedlungen schieben sich in die Landschaftsbilder ein und erhöhen den Reiz dieses Bildes, das unsere Gedanken aus diesem deutschbrasilianischen Landstrich zurückführt in die alte (deutsche, der Verfasser) Heimat."[88]

Unvergeßlich bleiben uns auch die vielen Begegnungen in den Dörfern um Blumenau-Brusque, so in *Quabiruba* und in den „*Peterstraße*", in der *Linha Velha*, in *Itupava* und *Ibirama* sowie in der „*Bäckerstraße*", in *Lorena* und *Alsace*, in „*Schleswig*", in „*Sibirien*" und wie sie alle heißen (siehe Karte 2); desgleichen im Siedlungsgebiet um Joinville, so in Pomerode und Jaraguá. Unvergeßlich auch die Gastfreundschaft, die wir hier antrafen!

---

88 Wettstein: Brasilien und Blumenau. Leipzig 1907. S. 135 – Gernhard, Robert: Dona Francisca, Hansa und Blumenau, drei deutsche Mustersiedlungen im südbrasilianischen Staate Santa Catarina. Breslau 1901 – Zimmermann, H. P.: Reminiscencias. In: Blumenau em Cadernos. Tomo IX, Junho de 1968, Nr. 6, pag. 110–112 – Fouquet, Karl: Blumenaus Ringen um seine Privatkolonie 1852–1859. Sonderdruck aus dem „Serra-Post-Kalender" 1970. Rio Grande do Sul 1970 – Blumenau em Cadernos – Tomo IX, Junho 1968, Nr. 6

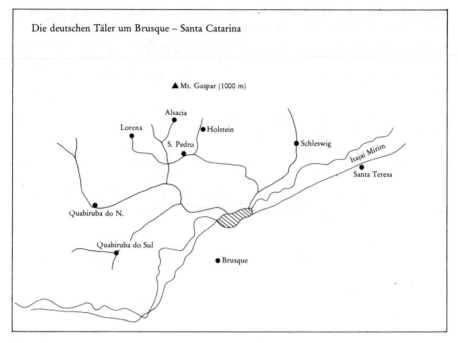

Karte 2

In den vielen kleinen Tälchen hier, welche die steil abfallende Serra einschneiden, lebt aber auch noch manche Idylle und macht sie besonders reizvoll. (Siehe Farbbild 10)

Köstlich hat eine solche *Lenard* in seinem Roman „Die Kuh auf dem Bast" geschildert.
Er spielt in der Kolonie „Dona Ema": „Die Gemeinde sitzt in der Kirche und lauscht der Predigt... Der Pfarrer spricht darüber, was Advent heißt. Wenn er das Gefühl hat, daß die Gemeinde nicht aufmerksam genug lauscht, tritt er mit seinen schweren Reitstiefeln gegen das Katheder, das die Kanzel ersetzt.
Zuhören scheint der Gemeinde das am wenigsten Wichtige am Gottesdienst. Wichtig ist das Herfahren auf dem Ackerwagen..., daß die Pferde schön gestriegelt sind..., daß die kleinen blonden Mädchen saubere Röcke... haben, auch wenn sie bloßfüßig kommen... Noch eine Viertelstunde, und der Pfarrer spricht über verständliche Dinge: er wird nach dem Gottesdienst heute Gemüsesamen verkaufen...
Dona Ema... möchte gerne Hauptstadt eines eigenen Verwaltungsbezirkes werden. ‚Warum auch nicht?', fragt der escrivão, der Schreiber, der in einer Person Grundbuchführer, Notar, Standesbeamter, Friedensrichter und noch einiges mehr ist. ‚Wir haben eine evangelische Kirche mit einem Harmonium, eine katholische Kapelle und eine ganze Mauer der geplanten Kirche, eine Apotheke, ein Wirtshaus mit Ballsaal, eine Schule, einen Mechaniker, einen Fleischhauer, der auch Zähne reißt und bohrt – wir sind was!' "[89]

Die ersten Namensträger, welche ab 1840 bis 1860 rodeten, hatten es jedoch schwer wie überall gehabt. Ähnlich wie im Raume São Leopoldo und Santa Cruz hatten auch hier zunächst die Flußwege benutzt werden müssen, um ins Landesinnere zu gelangen. Auch im nördlich von unserem Städtedreieck befindlichen Stromgebiet des *Rio Negro*, das bereits Mayor Schäffer für die deutsche Besiedlung vorgekehrt hatte, wurde damals

---

[89] Lenard, Alexander: Die Kuh auf dem Bast. Stuttgart 1963. S. 5, 6, 15, 16

weiter gerodet und bevölkert. In den achtziger Jahren wurden übrigens hier auch noch Österreicher aus der *Bukowina* angesiedelt.
Sodann führte aber auch hier der Weg in die Serra hinauf. Auf diese Weise wurde der deutschsprachige Siedlungsraum, ähnlich wie in Rio Grande do Sul, auch in Santa Catarina noch im vergangenen Jahrhundert ins Gebirge hinein bzw. auf die Serra hinauf ausgedehnt.

Sudetendeutsche, damals noch Österreicher, erschließen Höhen der Serra in Santa Catarina

Ab 1873 erfolgte die Erschließung des großen Plateaus um São Bento, wodurch hier auch die höchsten Erhebungen der *Serra do Mar* in die Kolonisierung einbezogen wurden. Eine solche Leistung war zu jener Zeit infolge der Auswirkungen des schon mehrfach erwähnten sogenannten „Heydtschen Reskriptes" aus dem deutschsprachigen Raum nur noch aus Österreich zu erwarten!

Die Darstellung des leider folgenreichen „Heydtschen Reskriptes" selbst habe ich mir für die Schilderung der deutschen Kolonisierung São Paulos vorbehalten, weil in einem Teilvorgang derselben dort auch die Ursache der für die deutsche Besiedlung Südbrasiliens und damit für die deutsche Geschichte insgesamt so einschneidenden und abträglichen Verordnung zu suchen ist.

Die Kolonisierung eines großen östlichen Serrateils von Santa Catarina vollzogen 480 Familien, von denen 215 aus dem *Böhmerwald,* 181 aus *Nordböhmen* stammten. Zu diesen waren noch 62 aus dem damaligen *Polen* und 13 aus *Pommern* gestoßen. Es handelte sich aber auch bei diesen ohne Ausnahme um deutsche Familien.[90]

In *São Bento* fanden die Böhmerwäldler sozusagen ihre alte Heimat wieder: weiten Waldboden auf sanft gewellten dicht bewaldeten Höhen. Selbst das heimatliche Gestein fanden sie vor. Anstatt der dunklen Tannen und Fichten schlugen sie hier die dunklen Araukarien.

Gernhard beschrieb diese Gegend 1901 mit den treffenden Worten: „Die Stadt São Bento liegt am Flusse gleichen Namens, das Land ist durchgängig wellig, hügelig und bergig, und zwischen den Anhöhen entspringen allenthalben Bäche und Flüsse mit silberklarem Wasser, welche sämtliche nach dem schwarzen Flusse, dem Rio Negro (Schwarzbach, der Verf.) hinlaufen ...

Unten im subtropischen Joinvillenser Küstenland der mayestätische Urwald mit seinen bizarren Pflanzenformen sowie die Pracht schönblühender Orchideen und der sinnbetäubende Duft der Orangenblüten, dazwischen bunt flimmernde Colibris, ... eine bunt gefiederte Vogelschar in reichster Auswahl und dazu die Palmen in ihren vielfachen Abarten! Oben im Hochlande die Araukarienzone mit ihren düsteren Fichtenbeständen, deren himmelaufstrebende Stämme, schlank und glatt nach Tannenart gewachsen, erst in den höchsten Gipfeln Äste herausstrecken; und ... wogende Kornfelder und über und in ihnen, schlimmer als unsere einheimischen Spatzen, Tausende kleiner, grünbunter schreiender Papageien von unglaublicher Gefräßigkeit. Unten ... Wohnhäuser aus Palmitenstämmen gebaut, mit Palmblättern gedeckt, ... den Europäern einen fremden Eindruck machend, oben ... Blockhäuser ... mit Schindeln bedeckt, ... just, wie man sie auch in der Schweiz vorfindet."[91]

Doch mußten auch hier viele Schwierigkeiten überwunden werden, bis sich dieses

---
90 Ficker, Carlos: São Bento, das Wagnis einer Koloniegründung. In: Staden-Jahrbuch, Bd. 15. São Paulo 1967. S. 63–79
91 Gernhard, R.: Dona Francisca. Breslau 1901. S. 2, 3 ff

genüßliche Bild einstellte. Der Siedlungsversuch ging vom „Hamburger Kolonisationsverein von 1849" aus, durch den auf den Ländereien des Prinzen von Joinville 1851 „Dona Francisca", das heutige Joinville, gegründet worden war.

Um zum Hochland zu gelangen, auf dem die Durchzugsstraße von São Paulo nach Porto Alégre lief, ließ dieser eine Pikade in den ansteigenden Urwald schlagen und befaßte sich mit der Gründung einer Tochterkolonie. Gleichzeitig verpflichtete sich der Verein für die Landzuteilung gegenüber der brasilianischen Regierung, jährlich 1000 Einwanderer zu stellen, sicher zu einer nach dem Heydtschen Reskript unerfüllbaren Leistung. Das Einwanderersoll wurde daher 1867 auf 400 Personen herabgesetzt und die Werbung in den österreichischen Ländern verstärkt.

So drang auf diese Weise auch in den Weiler Flecken, der an den Bayrischen Wald angrenzt, die Kunde von einer Möglichkeit der Ansiedlung in Brasilien, allerdings auf höchst merkwürdige, schicksalhafte Weise.

Sie hat uns ihr verdienter Landsmann Josef Blau in beherzten Worten geschildert. Dem aus einem österreichischen Pionierbataillon aus Verona zurückgekehrten Anton Zipperer und seiner Frau Elisabeth Mischek aus Gunderwitz waren nach und nach sechs Kinder geboren worden, davon das zweite, Josef, geboren 1847, nach 33 Jahren eine schwere Krankheit befiel. Zuvor hatte er mit 19 Jahren bei den Wiener Hoch- und Deutschmeistern gedient und bei Custozza mitgekämpft, dann das Binderhandwerk gelernt und gut verdient. Dann verfiel der bisher „gesunde und unternehmungslustige Bursche plötzlich einer Art geistigen Umnachtung und wurde nach Prag abgeschoben".[92]

Die besorgte Mutter vermochte zwar den Kranken in häusliche Pflege überantwortet zu bekommen, doch die verschiedenen von ihr unternommenen Heilversuche brachten kein Ergebnis. In dieser Not riet man ihr, den damals weitbekannten Heilpraktiker in Ruhmannsfelden im benachbarten Bayern, Jakob Wohlgemuth, aufzusuchen. Dieser riet ihr nach längerer Behandlung als einzige Hilfe „eine gründliche Luftveränderung" für den kranken Sohn Sepp an und schloß mit den Worten:

„Kehrt mit ihm beim Wirt ein, der gibt Euch einen ganzen Schüppel Blätter mit lauter Einladungen zur Fahrt nach Brasilien! Dort bekommen die armen Leute, die sich bei ihren Bauern Jahr für Jahr so arg schinden müssen und es doch nicht weiter bringen, besseren Grund und Boden, als er sich bei uns finden läßt, und das alles schier umsonst . . .

Da hätte Euer Sepp Luftveränderung genug, und ihr alle werdet auf dem neuen Boden ein Glück finden."[93]

Neue Heimat im Araukarienwald

Das war keine kleine Aufregung, nicht nur für die Familie, sondern für die ganze Ortschaft, als Frau Elisabeth mit diesem Propagandamaterial heimkehrte. Im ersten Augenblick der Begeisterung beabsichtigten gleich 60 Familien die Reise ins gelobte Land, schlußendlich konnte aber der Schulmeister von *Rothenbaum* am 7. Juni 1873 in die Chronik nur eintragen: „26 Personen, darunter 7 Schulkinder, die meisten aus Flecken, verließen ihre Heimat, um sich in Brasilien eine neue zu gründen." Später fügte er hinzu: „Die Auswanderung fand auch in den nächsten Jahren statt." Bei der zweiten Überfahrt war das Segelschiff in der Tat bereits mit 300 Böhmerwäldlern besetzt. Die Aussiedlung hielt bis 1875 an.

Während die späteren Auswanderer schwierige Überfahrten hatten, verlief die erste in neun Wochen glatt. Und in der Tat: „Auf hoher See wurde der Kranke, der so lange teilnahmslos geblieben war, zusehends lebendiger. Sein Zustand besserte sich von Tag zu Tag. Eines Tages gesellte sich der Sepp zu seinen Landsleuten und stimmte in deren Heimatlieder ein. Von da an war er geheilt und erreichte vollkommene Gesundheit und ein hohes Alter."[94]

Am 23. September 1873 wurden an die Siedler in São Bento die ersten 64 „Lose" verteilt, weshalb dieser Tag auch als Gründungstag gefeiert wird. Ihre Siedlung weihten die Böhmerwäldler ihrem Landespatron St. Benedikt. Natürlich versuchte man es auch hier zunächst mit dem Ackerbau. Von ihm mußten sich die Leute ja ernähren können.

---

92 Blau, Josef: Baiern in Brasilien. München 1958. S. 14
93 ebenda, S. 16
94 ebenda, S. 17

1877/78 entstand jedoch durch eine enorme Ratten- und Eidechsenplage eine totale Mißernte, nachdem auch schon in den Jahren zuvor die Ernten nicht die Mühe der Rodung gelohnt hatten. Die Siedler befürchteten, von der Verwaltung betrogen worden zu sein und schlechten Boden zugeteilt bekommen zu haben. Deshalb begaben sich 300 Bewaffnete nach Joinville, und es war nur dem Verhandlungsgeschick der Verwaltung zu danken, daß es kein Blutvergießen gab.

Aufbau einer gewaltigen Sägeindustrie; Möbelherstellung

Bald nach 1888 wandte sich jedoch das Blatt, und vollends, als die Straßenverbindung ins 800 bis 1000 Meter hoch gelegene São Bento hergestellt war. In kühnen Serpentinen führt die Straße aus dem Tiefland heraus. 1913 kam auch noch eine mutig angelegte Eisenbahn hinzu, die das Hochland mit dem Tiefland verbindet.

Nun machten sich die Kolonisten den Araukarienreichtum zunutze und entfalteten eine große Holzindustrie und Sägewirtschaft. (Siehe Farbbild 18)

An diese schloß sich in *Rio Negrinho* eine Furniere- und Sperrholzplattenfabrik unter der Tatkraft von Georg Martin Zipperer, den Söhnen Anton Zipperers und ihres Neffen Carlos, des Sohnes des ehemaligen Patienten Josef, an. Nachfolgend entstanden große Handelsniederlassungen und Fabriken in *Curitiba*, der Hauptstadt des Bundesstaates Paranà. Vielen Landsleuten und anderen wurde auf diese Weise von diesen Böhmerwäldlern in Brasilien Brot und Verdienst vermittelt. Die Holzlager, die ich bei ihnen sah, gehörten denn auch zu den größten, die ich in Südbrasilien antraf.

Der ehemals kranke Josef Zipperer hingegen hatte am Stadtplatz einen Gasthof erworben und ihn „Bayrisches Wirtshäusl" getauft. Von hier aus brachte er schon frühzeitig einen Fremdenverkehr mit beachtlichem Umfang in Gang, wobei er mit seiner eigenen „Heilung in frischer Luft" über das überzeugendste Werbemittel verfügte. Aus dem Städtedreieck Angereiste ließen sich hier auch in Sommerfrischensiedlungen nieder.

Natürlich lösten die großen Arbeitsmöglichkeiten auch einen sehr starken Zustrom des nichtdeutschen Elements aus.[95]

Die Veränderung schreitet vernehmlich voran. Wohl verraten noch Friedhof, Gottesdienst und Musikkapelle Herkunft und Tradition.

Der Holzgroßkaufmann *Karl Zipperer* gab mir sogar eine Schallplatte mit schneidigen Märschen der Kapelle von São Bento als Gruß an die „Wiltener Musikkapelle" in Innsbruck mit. Aber man wird sich ehrlich fragen müssen, wie lange São Bento sein Volkstum noch erhalten kann, wenn nicht mehr geschieht.

Als wir das zweite Mal São Bento besuchten, bildete der Fußmarsch auf der alten Serrastraße nach Dona Francisca – wir fotografierten dort sogar noch „Totenbretter" – ein unvergeßliches Erlebnis!

Jedem aufmerksamen Wanderer werden sich die sehr sauber gehaltenen Paarhöfe, die Wohnhäuser teils mit Dachstock und Kreuzgiebel, die weiße Wäsche, die im Serrawind flattert, die großen Viehweiden und die geraden, einfachen Bewohner in seine Erinnerung einprägen.

Auf dem Friedhof liegen die Katholiken mit Namen wie *Schwarz, Weiß, Mayer, Maaß, Schäfer, Breitenbrunn* „oben"; „unten" die Protestanten mit Namen wie *Eichendorf, Rückert;* und zwischen ihnen steht der alte Glockenturm, darin hängt die Glocke der „Schulgemeinde Dona Francisca 1910", die beiderlei Toten das letzte Geläute gibt.

Eine kulturelle Führung und Zusammenfassung ist uns jedoch nirgends – weder in Dona Francisca noch in Rio Negro, noch in São Bento selbst – begegnet. Sie wäre dringend vonnöten!

---

95 Ilg, Karl: Pioniere in Brasilien. Innsbruck–Wien–München 1972. S. 37 ff

DIE URBARMACHUNG DES „HINTERLANDES" VON SANTA CATARINA

Zur Zeit des Aufstiegs der Böhmerwälder mit Kindern und Truhen auf Mauleseln, ausgerüstet mit den nötigen Werkzeugen für Haushalt, Hausbau und Waldrodung wurde auch schon das „Hinterland" dieses Staats von deutschen Kolonisten zu kultivieren begonnen.
Es handelte sich dabei insbesondere um das Einzugsgebiet des unteren und oberen Uruguaytales, über das 1910 die Eisenbahnverbindung von São Paulo nach Rio Grande geführt werden sollte – leider übrigens wegen Militärüberlegungen als Schmalspurbahn, um die allzeit eroberungsfreudigen Argentinier daran zu hindern, gleich mit ihren auf Normalspur gebauten Zügen in Brasilien einzureisen.
Unter den das westliche Santa Catarina besiedelnden Kolonisten stammte ein Großteil, wie bereits erwähnt, aus Rio Grande, dessen kinderreiche deutsche Dörfer schier ununterbrochen junges Volkstum abzugeben vermochten. Im anschließenden Santa Catarina gab es für sie noch Urwald genug, und die von verschiedenen „Companhias" entsandten Anwerber vermochten es beredt anzubieten.

Allerdings waren es nun keine Canus mehr, auf denen die Landsuchenden ins Innere vorstießen, sondern „Maultiertroppas" und leicht gebaute deutsche Kolonistenwägen, auf denen die Fracht zum neuen Ziel befördert werden mußte. Die Art des Vormarsches hatte sich gewandelt. Lagen die alten Siedlungen, wie wir vernahmen, meernah, entweder an der Küste oder über Flüsse und Flußarme von der Küste her erreichbar, und bildeten befahrbare Flüsse den Zugang zur Erschließung des Landes, so spielten bei der Eroberung des „Interiors" die verschiedenen Einrichtungen, wie Straße und später Eisenbahn, schon die vorwiegende Rolle (ohne daß man damit auf die Wasserwege schon völlig verzichtete).

In Santa Catarina ist das Bergland, also das Serragebiet, bedeutend ausgeprägter als im Westen von Rio Grande. Wir haben es sowohl von Süden her, also von Porto Alégre, als auch über *Rio do Sul* und *Curitibanos* her öfters bereist. Manches trägt noch den Stempel des Beginnens. Auch kann hier von einer Geschlossenheit der deutschen Siedlung wie in den alten Räumen nicht mehr die Rede sein. Bei der Erschließung des Interiors kam ein anderer staatlicher Grundsatz zum Tragen: Man vermied geschlossene Siedlungsräume ein und desselben Volkselements. So wurden hier namentlich deutschsprachige Menschen mit Italienern „gemischt", da ein deutsches, dort ein italienisches Dorf gegründet, dazwischen kamen wieder altbrasilianische Elemente zu liegen.[96]

Porto Feliz/Mondai

Eine der Kolonien, von denen viel die Rede war und die am Uruguay entstand – als wir ihn 1965 in dieser Gegend überschritten, hatte der stark angeschwollene Fluß die Brücke fortgerissen und mußten wir stundenlang in strömendem Regen warten, bis die tüchtigen Pioniersoldaten eine Pontonbrücke angelegt hatten – ist *Porto Feliz/Mondai*. Mußte nicht schon der Name „Hafen des Glücks" viele Hoffnungen sprießen lassen? Auch er gehörte der „neuen Welle" an, während man sich zuvor mit Heiligennamen, zutreffenden Landschaftsbezeichnungen oder Ortsnamen aus der alten Heimat beholfen hatte.
Zwischen dem *Rio Uruguay, Rio Peixe* und *Rio Pepeu-Guacu* herrschte in der Jahrhun-

---

96 Ilg, Karl: a. a. O., S. 39 ff

dertwende noch großer, wilder, unzugänglicher Urwald. Nur ein paar flüchtige Indianer hatten an seinem Rand einige Hütten aufgeschlagen. Dort sollte also der Glückshafen entstehen . . .

Allerdings muß einst in diesem Gebiet ansehnliches Indianervolk gelebt haben, von dem viele Bodenfunde zeugen und das auch Ulrich Schmidl auf seiner Fahrt nach Paraguay kennengelernt haben dürfte. Dieses wieder ließ unverkennbar fruchtbaren Boden vermuten, was sich alsbald auch bestätigte.
Der uns bereits in der Geschichte von Panambi begegnete Karl Dhein hatte schon 1897 auch dieses Gebiet mehrmals bereist, seine Fruchtbarkeit erkannt und auch in hellsten Farben geschildert, „so fruchtbar, wie man es nirgends in Rio Grande findet"[97]. Ein knappes Jahrzehnt später hatte sich auch ein anderer Pionier, der österreichische Kavallerieoffizier *Bruno Kertschmer* für dieses Gebiet begeistert und zu dessen Besiedlung aufgerufen. Doch der erste Weltkrieg ließ keine Träume reifen. Erst nach demselben konnte „das schwer zugängliche Land zwischen den Staaten" (Rio Grande und Santa Catarina) „dem brasilianischen Vaterland endgültig" – durch deutsche Kolonisten – „eingegliedert werden"[98].

Die Pioniere stammten aus Neu-Württemberg. Im Dezember 1919 brach Pastor Hermann Faulhaber mit seinen Getreuen dorthin zur ersten Erkundung auf. Am 22. Mai 1922 legte Faulhaber bereits den „Stadtplatz" im Urwald fest.

Jakob Schüler aus Neu-Württemberg war der erste Kolonist von Porto Feliz; die erste Siedlerfamilie hieß *Richard* und *Emma Brüggemann*. „Frau Brüggemann war in dauernder Sorge um ihre Kinder und wollte sie nicht aus den Augen lassen, denn am Capivara-Bach hatte man frische Tigerspuren gesehen."[99]
Mit Brüggemann, der aus Sachsen stammte, war auch bereits Gewähr für das Aufblühen der Kolonie gegeben. Er besaß hervorragende Führungseigenschaften für die rasch anwachsende Siedlergemeinde.

Das Urteil des Beauftragten der Rio Grandenser Synode über Porto Feliz anno 1923 darf ob seiner bewundernswerten Einsicht festgehalten werden; Pfarrer *Walther Mummelthey* schrieb nämlich an die Direktion von Panambi über deren Tochtersiedlung: „Von der Lage und Güte des Landes, vom schweren Waldbestand und vom Klima bin ich geradezu begeistert. Ich glaube kaum, daß man in Rio Grande do Sul oder Santa Catarina heute noch Ländereien findet, die denen Ihrer Gesellschaft gleichzustellen sind. Was fehlt, ist vorläufig ein guter Absatz, da der Uruguay nicht schiffbar ist und die Bahn dafür nicht in Frage kommt. Die Kolonisten werden gezwungen sein, haltbare Produkte: Tabak, Schmalz, Zucker und Schnaps herzustellen, sich zu Genossenschaften zusammenzuschließen und ihre Produkte bei Hochwasser auf flachen Lastkähnen, deren Holz verkauft werden muß, nach Argentinien zu schaffen."[100]
Doch dann machten die fortdauernden Überfälle der Revolutionäre das Leben schwer und die durchziehenden Truppen nicht leicht. Verwesende Tierkörper, Unrat allenthalben, der von den Durchzügen zurückgeblieben war und das Wasser verseuchte, brachte der Kolonie auch noch die Geißel des Typhus. Doch die Not aller Art hatte die Kolonisten bereits zu einer festen Gemeinschaft gefügt.
Am 28. Juni 1925 wurde die Gründung der evangelischen Gemeinde, wenige Wochen darauf mit 36 Stammitgliedern die des Schulvereins beschlossen. 1931 fand hier unter der Stabführung Direktor Wegermanns bereits das „große Sängertreffen" statt. Dennoch ging es nur zäh voran und

---

97 Koelin, Arno: Porto Feliz, die Geschichte einer Siedlung am Rio Uruguay. São Leopoldo 1976. S. 14
98 ebenda, S. 16
99 Koelin, Arno: Porto Feliz, die Geschichte einer Siedlung am Rio Uruguay. São Leopoldo 1976. S. 24
100 ebenda, S. 27

bereitete die Kolonie Pastor Faulhaber große Sorge und mag diese letzten Endes auch mit zu seinem plötzlichen Freitod geführt haben.

1926 wurde Porto Feliz in *Mondai* umbenannt. Bald darauf kam es endlich durch die Regierung auch zum schon lange notwendigen Bau einer Fahrstraße und einer Telegraphenverbindung. Doch die großen Hoffnungen erfüllten sich erst viel später und liegen heute in den wohlbestellten Ackerflächen, in den einer fortschrittlichen Viehzucht dienenden Wiesenflächen, als auch in den gepflegten Obstkulturen wie in einer modernen, Edelhölzer liefernden Forstwirtschaft vor uns.

Voraussetzung für diesen lange erwarteten Fortschritt waren allerdings die gepflegten Straßen, von denen das westliche Santa Catarina lange träumen mußte.

Die Erschließung der westlichen Serra von Santa Catarina zog sich infolge der besonderen Geländeverhältnisse lange hin. Die westliche Hälfte dieses Bundesstaates besaß zu ihrem meernahen Teil nur eine geringe geographische Verbindung. Dessen Stromsystem war nicht zur Küste hin, sondern nord-südlich ausgerichtet. Daher war auch die Erschließung aus diesen Richtungen zu erwarten. Der Erste Weltkrieg setzte für diese eine erzwungene Pause. Nach derselben öffnete Europa, namentlich das aus vielen Wunden blutende und von Inflation und Wirtschaftskrise geplagte Mitteleuropa wieder seine Tore. Namentlich Italien und der deutschsprachige Raum gaben gerne Menschen ab.

Ein typisches Gebiet, in dem beide Volksgruppen siedelten, war der Raum *Joacaba–Erechim*. In letzterem feiern heute die Italiener alljährlich ein großes Volksfest. Die Kolonisierung ging unglaublich rasch voran. Wo heute blühende Pflanzungen und rege Industrie anzutreffen ist, herrschte in den zwanziger Jahren noch tiefer Urwald und schlug sich in diesem 1924 beispielsweise auch ein Montafoner Bauer, *Alois Schoder* des Namens, der auch darüber schrieb[101] und den ich noch als Heimgekehrten persönlich sprechen konnte, mutterseelenallein seine Roca aus dem dichten Urwald. Ich komme noch auf seine interessante Schilderung zurück.

Das als Handelszentrum bedeutende Erechim hat heute über 80.000 Einwohner. Seit Jahren wirkt in dieser Stadt auch eine Vorarlbergerin als Ordensfrau und als große Wohltäterin, nämlich L. M. *Consolata Graber* aus *Rankweil*, Schwester des ehemaligen Bezirkshauptmannes. Durch ihren unermüdlichen Einsatz gelang es ihr, für hilfsbedürftige Familien eine ganze Siedlung samt Kirche, Werkstätte, Schule und Kindergarten zu errichten. 1973 verlieh ihr die „cidade Erichense" das wohlverdiente Ehrenbürgerrecht.

Mehrere Koloniegründungen aus jener Zeit machten besonders auf sich aufmerksam und blieben in Europa in Erinnerung. Eine unter ihnen ist *Treze Tilias – Dreizehnlinden*.

„Kolonie" Dreizehnlinden

Für die dreißiger Jahre bietet sich uns die österreichische Kolonie Dreizehnlinden für viele damals entstandene „Kolonien" als typisches Beispiel an. Es liegt 36 Kilometer von der Bezirksstadt Joacaba entfernt und wird gerne als „Tiroler Kolonie" bezeichnet. In der Tat hatte das Koloniegelände auch ein Tiroler, nämlich Ex-Landwirtschaftsminister Andreas Thaler, ausgewählt.

„Die Weltwirtschaftskrise der Jahre 1929/30 traf die Bergbauern in Tirol besonders hart. Schon von Haus aus zu einem Leben voll Arbeit und Entbehrung verurteilt, waren

---

101 Schoder, Alois: Auf Neuland in Brasilien. Bregenz 1949

nun viele kleine Landwirte, Handwerker und Gewerbetreibende in Schulden und Schwierigkeiten geraten, denen im kleinen Österreich – geschwächt durch Weltkrieg, Inflation und Depression – nicht abgeholfen werden konnte.
In dieser Lage fühlten sich Tausende Österreicher, besonders Industriearbeiter, gedrängt, ihr Land zu verlassen und in Übersee ihr Glück zu versuchen. 1933 waren es 3000 Personen, die nach Nord- und Südamerika und in die Südafrikanische Union auswanderten. Auch die Sowjetunion war in den zwanziger Jahren das Ziel einiger tausend Arbeiter gewesen. Brasilien war schon 1919 das Ziel einer Auswandereraktion ehemaliger österreichischer Heeresangehöriger unter dem Rittmeister von Gamilschegg gewesen."[102]

Aufbruch unter Andreas Thaler

1926 hatten, wie wir noch vernehmen werden, Vorarlberger eine „*Colonia Austria*" im Staate São Paulo gegründet. Leider mißglückte die Gründung infolge unzureichender Führung. Es lag daher nahe, zur besseren Lenkung und zwecks Vermeidung „völkischer und materieller Verluste" am 29. März 1933 in Wien eine „Österreichische Auslandssiedlungsgesellschaft zur Gründung und Führung von geschlossenen Siedlungen im Ausland" ins Leben zu rufen. Zum Präsidenten dieser Gesellschaft wurde der österreichische Minister für Landwirtschaft, *NR. Andreas Thaler*, der sich auf einem Tiroler Bergbauernhof der „*Wildschönau*" bewundernswert vom Knecht zum Bauern emporgearbeitet hatte und später ins Parlament und sogar in die Regierung berufen wurde, gewählt.
Nachdem er seit 1925 der österreichischen Regierung angehört hatte, war er auf eigenem Wunsch aus derselben ausgeschieden, um sich völlig dem Auswanderungs- und Siedlungswerk widmen zu können und insbesondere den nachfolgenden Bauernsöhnen zum Erwerb eines Hofes zu verhelfen, was in der Heimat nicht mehr möglich schien. Er begab sich auf zwei Studienreisen nach Südamerika (Chile, Paraguay, Argentinien und Brasilien) und lernte auf ihnen in *Cruzeiro do Sul*, dem heutigen Joacaba, den damaligen deutschen und später österreichischen Konsul *Walter von Schuschnigg* kennen, der ihn auf ein geeignetes Gelände von ca. 51,6 km^2 Größe, nördlich von Cruzeiro, 600 m über dem Meeresspiegel gelegen, aufmerksam machte. Dieses Areal gehörte der deutsch-brasilianischen Firma Müller & Selbach in *Itapui* (jetzt Ibicarè) und wurde im folgenden von der Österreichischen Auslandssiedlungsgesellschaft als Ausgangspunkt für die geplante Siedlung angekauft, wobei die Regierung die Kaufsumme vorstreckte. Minister Thaler, tiefreligiös, entlehnte den Namen für seine Kolonie aus dem von ihm bewunderten Vers-Epos des deutschen Spätromantikers Friedrich Wilhelm Weber über die Christianisierung Niedersachsens und das Leben im Kloster „Dreizehnlinden" (etwa im 8. Jahrhundert n. Chr.) und dessen religiöse Gemeinschaft.[103]
In der Tat war auch die Zusammensetzung der Truppe so, daß gewissermaßen für das Nötigste (wie im Versepos von „Dreizehnlinden") selbst gesorgt werden konnte. Es fanden sich darunter ein Geistlicher, Ordensschwestern für Schule und Krankenpflege, Mechaniker und Zimmerleute und vor allem Bauern. In anderen Fällen kamen zur gleichen Zeit auch Kolonisten in den Urwald, allein keine Bauern! Die Nachkommen Minister Thalers leben zum Teil noch in Dreizehnlinden.

---

102 Hinner, Rudolf: Die österreichische Siedlung Dreizehnlinden in Santa Catarina. In: Staden-Jahrbuch, Bd. 14. São Paulo 1966. S. 121 und 122
103 Hinner, Rudolf: a. a. O., S. 123

Als die Auswanderer 1933 bis 1936 vom Innsbrucker Hauptbahnhof bei klingendem Spiel abreisten – zu den Tirolern, namentlich aus dem *Alpbachtal* und der Wildschönau, aber auch aus *Mittel- und Südtirol,* hatte sich noch eine starke Gruppe aus dem *Bregenzerwald* und weitere Auswanderer aus *Oberösterreich* sowie der *Steiermark* gesellt – taten sie dies mit großen Hoffnungen. Man hatte ihnen den Mund wäßrig gemacht.

Hoffnungen, die sich schwerlich erfüllen konnten

Auch Minister Thaler hatte Hoffnungen, die sich bei genauerer Betrachtung kaum erfüllen konnten, so, wenn er in seiner Denkschrift an die Auswanderungswilligen vom August 1933 schrieb: „Wirtschaftlicher Güteraustausch zwischen Mutterland und einer geschlossenen österreichischen Siedlung wird sich von Brasilien aus sehr leicht bewerkstelligen lassen." Wie sollte sich ein solcher Austausch aus der abgelegenen westlichen Serra angesichts der Entfernung und Verkehrsverhältnisse bewerkstelligen lassen? In gleich optimistischer Weise unterrichtete auch die Einwandererschrift von *L. Benesch,* der erster Sekretär war. Die Gegend wurde in dieser Schrift nicht nur als fruchtbar, nämlich als eine „der zukunftsreichsten Zonen ganz Brasiliens"[104], geschildert.
Auch der Absatz der verschiedenen Produkte wurde als „sehr günstig" bezeichnet. In günstiger Entfernung läge „eine ganz modern eingerichtete Schmalzraffinerie, die sämtliche Fettschweine der Umgebung zu guten Preisen kauft"[105]. Tatsächlich aber lag Dreizehnlinden von jedem größeren Verbraucherzentrum weit entfernt und ändern sich die Straßenverbindungen erst heute langsam.
Dem Weinbau wurde „eine besonders hohe Zukunft prophezeit" und gleich geraten, daß „sich die Weinbauern zu einer Genossenschaft mit gemeinschaftlich zu betreibender Kelterei zusammenschließen, so daß der Bauer nur seine Trauben abzuliefern hat, und die von erstklassigen Fachleuten geleitete Kelterei den Wein erzeugt und fachgemäß lagert".
Doch hat sich dieser Wirtschaftszweig bis heute nicht entwickelt. Hingegen konnte das tiefer gelegene, von Italienern besiedelte *Videira* in ihm bereits eine Spitzenstellung erlangen.
Babenberg wurde als „das (zukünftige) Zentrum des Ackerbaus bezeichnet"[106].
Bezüglich der Steuersituation wurde vermerkt, daß die Bauern in Brasilien für ein schönes Bauerngut ... „mit dem Erlös eines Fettschweines und sechs Tagen Straßenarbeit sämtliche Steuern des Jahres abtragen" könnten. Auf die Anfangsschwierigkeiten, welche jedem Siedler bevorstehen, wurde nur beiläufig hingewiesen.

Versuch mit Gemeinschaft

Minister Thaler hoffte sie durch Errichtung eines Gemeinschaftsbetriebes – nach dem Vorbild von Dreizehnlinden – rasch beseitigen zu können. Jeder Kolonist war genötigt, an diesem Betrieb teilzunehmen – eine Vorgangsweise, die damals mehrfach angewendet wurde.
Sicherlich: Die Rodung ging durch den gemeinschaftlichen Einsatz der Arbeitskräfte rascher und gezielter voran, in wenigen Wochen standen auf der Gemeinschaftssäge hergestellte Bretter zur Errichtung von Hütten (siehe Textzeichnung 3), später von kleinen Häusern zur Verfügung. Während die Zimmerleute diese errichteten, schaufel-

---

104 Benesch, L.: Dreizehnlinden. Die österreichische Kolonie in Brasilien. 4. Auflage 1946. S. 12
105 derselbe: S. 12
106 derselbe: S. 24

Textzeichnung 3:
Erste Behausung aus Brettern in Dreizehnlinden

ten und pickelten andere Wege und Straßen aus, bauten Brücken. Alle übrigen, einschließlich der Frauen, waren zur Anlegung von Äckern eingesetzt, auf denen gemeinschaftlich gehackt, gepflügt, gepflanzt und geerntet wurde. Jeder Familie stand der Ertrag daraus bzw. der Lohn der Arbeit in Form von „Gutscheinen" zur Verfügung, mit Hilfe derer alles Lebensnotwendige erworben werden konnte; die Besitzaufteilung sollte erst später durchgeführt werden. Eine freie Verwendung der Lohnerträge war damit empfindlich gehemmt. Umgekehrt waren auf diese Weise auch Mittellose in der Lage, Existenzen zu begründen. Namentlich Junggesellen konnten durch ihren Arbeitseinsatz Guthaben ansammeln, mit deren Hilfe sie später „Land" auch ohne mitgebrachte Geldmittel erwerben konnten.

Der von der Koloniegemeinschaft erarbeitete Ertrag aus dem Holzverkauf finanzierte wichtige Gemeinschaftseinrichtungen. Doch infolge der sich über einen längeren Zeitraum erstreckenden Einwandererschübe, zum anderen durch die schleppende Landvermessung, die, wie in anderen Fällen auch, durch fehlerhafte Vermessungen oft Wiederholungen notwendig machte, wurde die Landaufteilung zu lange hinausgeschoben. So vorteilhaft diese Betriebsform für den Anfang sein mochte, so hinderlich war sie für den folgenden Ausbau. Sie hemmte die Privatinitiative entscheidend.

Auch war die Aufteilung in halbwegs gleichwertige „Lose" infolge der Beschaffenheit des Geländes nicht einfach. Ebene Flächen gibt es wenige, vielmehr ein ewiges Auf und Ab. Teilweise ist der Boden lehmig. Bei Regenwetter kleben sich dem Fußgänger zentimeterdicke Klumpen an die Schuhe. Einige Tage später, wenn die Sonne scheint, ist die Erde wieder hart und weist überall Risse auf. Das Wachstum wird behindert. Andere Strecken sind steinig. Dem Fachkundigen ist bekannt, daß Araukarienwälder weniger gute Böden kennzeichnen.

Schade daher, daß Minister Thaler die Einladung nach *Rolandia* nicht annahm. Der deutsche Kolonieleiter *Nixdorf* hatte sich eigens nach Santos, wo die Tiroler landeten, aufgemacht und sie zur Landnahme auf dem äußerst fruchtbaren Boden des westlichen Parana eingeladen. Sie wären hier mit ihrem Fleiß rasch zu Wohlstand gelangt. Doch hielt Minister Thaler an seiner Meinung fest: „Meine Bergbauern kann ich nicht in die

Ebene führen, ich will höher hinauf, wo die Kinder rote Backen haben. Schwerer Urwald macht uns nichts, wir sind schwere Arbeit gewohnt."[107]

Zweifellos war aber Minister Thaler auch dabei in bester Absicht vorgegangen. Ausreichende Unterlagen fehlten in den meisten Fällen, und auch Brasilien selbst verfügte nicht über solche. Durch die verzögerte Aufteilung des Grundbesitzes an die einzelnen aber hatten diese auch entsprechend lange nicht die zweckmäßigste Anpflanzung und Absatzmöglichkeit ausfindig machen können.

Beim plötzlichen Tod des Ministers noch viele Fragen offen

Daher befand sich die Kolonie noch im Stadium des Suchens und Auswägens, als sie der plötzliche Tod des Kolonieleiters 1939 wie ein Keulenschlag traf. Anläßlich einer Gewitternacht war die für den Verkehr unentbehrlichste Brücke in Gefahr, und bei den Rettungsversuchen wurde Minister Thaler selbst von den Fluten fortgerissen.

In der Folge fehlte den Dreizehnlindern auch noch der Mann, der die Siedlung zu führen vermochte. Minister Thaler hatte keinen Nachfolger herangebildet. Die Fähigen standen abseits und waren großteils abgewandert. Ohne Führung und Anleitung blieben wichtige Existenzfragen der Gemeinschaft ungelöst, so die Verbesserung der Verkehrsverhältnisse, die Entflechtung wirtschaftlicher Probleme, und es kam auch zu keinem genossenschaftlichen Zusammenschluß auf landwirtschaftlicher Basis. Die zu lange gemeinschaftliche Bindung hatte für eine solche die Bereitschaft entzogen. Jeder Kolonist wollte für seine Wirtschaft allein verantwortlich sein und wollte allein auch am besten seine Interessen wahrnehmen können.

Doch kaum, daß er dieses konnte, traf ihn ein weiterer Keulenschlag: 1938 waren die Dreizehnlinder – soweit nicht in Brasilien geboren, zum größten Teil noch österreichische Staatsbürger – Angehörige des Großdeutschen Reiches geworden, so daß sie, wie alle übrigen desselben, der Beschlagnahmung des Vermögens ausgesetzt waren, als Brasilien 1942 Deutschland den Krieg erklärte.[108]

Die Situation läßt sich leicht ausmalen: Nach jahrelangem Warten endlich zu Eigenbesitz gelangt, war dieser erneut gefährdet und wußten einige bis 1952 nicht, ob der Boden, auf dem sie schwer arbeiteten, ihnen tatsächlich gehöre, oder ob sie ihn bald einmal wieder verlassen müßten. Natürlich lähmte dies alles die Eigeninitiative. Ähnlich erging es diesbezüglich, wie erwähnt, vielen deutschsprachigen Kolonien. Jene mußten alsdann noch länger im Ungewissen verharren, während Brasilien sich bereits rasch nach Kriegsende bemühte, den Altösterreichern den beschlagnahmten – jedoch nie eingezogenen – Besitz zurückzugeben, wobei sich für Dreizehnlinden noch erschwerend herausstellte, daß teilweise nicht einmal die nötigen Besitzurkunden vorhanden waren.

Noch krisenhafte Situation 1966!

Gleichwohl traf ich auch Dreizehnlinden bei meinem ersten Besuch Anfang 1966 noch in krisenhafter Situation an. Schon die Straße von Joacaba nach der 40 km entfernten Kolonie war schlecht. Da es geregnet hatte, schien es öfters, wir kämen nicht mehr vorwärts. Der Jeep glitt in dem roten Brei hin und her.

Ich mußte unwillkürlich an die Ochsenkarren denken, auf denen die ersten Siedler nicht nur mühsam ihrer neuen Heimat zustrebten, sondern noch Jahre später alle ihre Erzeugnisse auf den Markt

---

107 Benesch, L.: Dreizehnlinden. Die österreichische Kolonie in Brasilien. 4. Aufl. 1946. S. 5
108 Schoder, Alois: Auf Neuland in Brasilien. Bregenz 1949. Ich komme auf ihn in einem späteren Kapitel wieder zurück

brachten und die erworbenen Waren wieder zurückbefördern mußten. So kann man gerade am Beispiel dieser Kolonie die Schwierigkeiten demonstrieren, welche namentlich den deutschsprachigen Siedlungen im Interior aus jener Zeit begegneten.
Als wir die Höhe erreicht hatten, hörte der Regen auf und alsbald wölbte sich ein herrlicher Regenbogen über dem mit Urwald, Maniokfeldern, Maisäckern und Potreiros (Wiesen) bedeckten welligen Gelände, dem jedoch ein eigentlicher Gebirgscharakter fehlt. (Siehe Farbbild 12)

Was die völkische Situation betraf, hatte sich diese durch die erfolgte Erhebung des Dorfes Dreizehnlinden zum „Munizip", zur Stadt, auch wesentlich verändert. Das Munizip zählte 7200 Einwohner. Im eigentlichen Bereich von Dreizehnlinden lebten dreitausend Menschen. Diese waren zu 70 Prozent Tiroler und Vorarlberger. Zu ihnen konnte man noch einige Deutschbrasilianer und Rußlanddeutsche zählen.
Im ganzen Munizip befanden sich jedoch die Deutschsprachigen in empfindlicher Minderheit.
Anläßlich der Erhebung zum „Munizip" wurde an Dreizehnlinden – wie an andere Siedlungen auch – ein weites umliegendes Gelände angeschlossen. Bei der Koloniegründung war es noch unbesiedelt gewesen und man hätte es als „Landreserve" erwerben können, was versäumt wurde. In der Folge konnte sich das deutschsprachige Dreizehnlinden daher nur noch nach „Babenberg" und „*Tres Barras*" (früher „*Dollfuß*" genannt) ausdehnen, wo Boden und Verkehrslage ungünstig sind. Die anderen Brachländer waren von Altbrasilianern, auch „Lusos" genannt, und Italobrasilianern erworben worden, die so einen erheblichen Teil des Munizips stellen konnten. Selbst die herrliche, fruchtbare „*Linha pineal*" (Pinienschneise) war schon früh in italienischen Besitz gelangt.
Ich fand in Babenberg größtenteils nur arme Leute und unter ihnen – welch unverhoffte Begegnung – einen Schulkollegen aus dem Haller Gymnasium namens Franz Stark, gebürtig aus Kappl im hinteren Paznauntal in Nordtirol. Er ist Junggeselle geblieben und lebte unter denkbar primitiven Verhältnissen. Die nächsten Nachbarn seiner einsamen Hütte waren arme Rußlanddeutsche. Die drei jüngsten Kreuze auf dem Friedhof von Babenberg waren Selbstmördern gesetzt... Die kleine Siedlung „Rosengarten" war schon verlassen.
In Tres Barras stießen wir nur noch auf eine Rheinländer- und einige Österreicher-Familien, denen dort der meiste Grund gehörte; davon dem Bregenzerwälder Bauern Albert Fetz aus Au der kleinste und steilste Grund. Tres Barras würde heute wohl besser als Weidegebiet verwendet werden.

Es war offenkundig, daß durch diese Außensiedlung der Bestand der Kolonie in die Zukunft nicht gesichert werden konnte. Es herrschte schon seit Jahren „Landnot". Die jungen „Tiroler" suchten notgedrungen – die Familien hatten häufig acht bis zehn Kinder (in den vergangenen neun Jahren wurden in Dreizehnlinden 1429 Kinder geboren) – das nötige Neuland woanders. In der Regel zogen sie nach jenem Parana, wohin sie seinerzeit Nixdorf eingeladen hatte, nun aber nicht als Gruppe, sondern als einzelne und gingen vielfach rasch in anderem Volkstum auf. Nicht selten traf sie auch wirtschaftliches Mißgeschick, wobei ihnen jegliche landsmännische Unterstützung von vornherein fehlen mußte.

Ähnliche Schicksale auch in der Umgebung; die Wirtschaftsweise in den sechziger Jahren

Dasselbe traf jedoch für viele deutschsprachige Gründungen in der westlichen Serra zu. Es wird daher stets und ganz allgemein bei notwendiger Aussiedlung unserer Leute Vorsorge zu treffen sein, daß sie zu bereits erfolgten Neugründungen stoßen und rechtzeitig von ihnen Kunde erhalten, oder aber, daß selbst gezielt Tochtersiedlungen gegründet werden. Den zur Abwanderung neigenden Dreizehnlindern empfahl ich schon 1966, die aufstrebende, „nächst verwandte" Kolonie *Entre Rios* zu wählen, von

der noch zu berichten ist. Sie war ihnen noch unbekannt gewesen. Ich bedauerte bereits an anderer Stelle, daß die Kolonien voneinander vielfach keine Kenntnis haben.
Was die Wirtschaftsweise in Dreizehnlinden betraf, hatte sie sich schwerpunktartig auf Maisanbau und Schweinemast eingependelt und stimmte auch hierin mit den meisten Siedlungen in der westlichen Serra überein. Von allen diesen hatten wir schon durch Monate hindurch volle Lastwagensendungen in die Städte beobachtet, obgleich in diesen der Schweinefleischkonsum aus gesundheitlichen Gründen im Abnehmen begriffen war und die Schweinefleischpreise schon lange ständig sanken.
Daher herrschten überall Sorgen und Bedenken um die weitere Zukunft vor. Auch in Dreizehnlinden. Allerdings brauchte es seine Zeit, bis diese uns offen eingestanden wurden. Unterdessen hatten wir jedoch selbst Einsichten gewonnen. Doch stand es zumeist auch in kulturellen Dingen in den Kolonien der westlichen Serra von Santa Catarina nicht zum Besten.

Die Lage in kulturellen Belangen

Wohl hatten die Dreizehnlinder biedere Tiroler Art, Tiroler Dichtkunst, die Kunst zu schnitzen und zu malen, Vorarlberger Witz und Zungenfertigkeit noch unverfälscht erhalten. Das alpenländische Element war stark.

In jedem Haus fand ich Herrgottswinkel und Eckbank; Weihnachten wurde mit Krippe und Christbaum gefeiert, Fasnacht mit „Doktor Eisenbart" auf dem Dorfplatz. Es gab Ostereier und Palmsonntag, Herz-Jesu-Feuer und Totenfeier mit rotweißrot geschmücktem Katafalk, Anklöpfellieder und herumlaufende „Ganggerlen" zur Nikolausnacht, und dies trotz anderem Klima und „verkehrter" Jahreszeit! Ich muß allerdings zugeben, daß unterdessen manches von diesen Sitten und Bräuchen abgebröckelt ist.

Ganz besonders augenscheinlich zeigte sich die Traditionsstärke in der schneidigen Musikkapelle unter der strengen, sehr guten Stabführung von Kapellmeister *Gabriel Hausberger,* der 1933 aus der Wildschönau ausgewandert war. Wenn die Klänge des Kaiserjägermarsches, des Andreas-Hofer-Liedes, unserer Landeshymne, ertönten, standen alle feierlich auf.
Allein, um die schulischen Voraussetzungen zur Erhaltung des aus der Heimat mitgebrachten Kulturgutes stand es schlecht. Wohl hatte Minister Thaler seinerzeit – in klarer Erkenntnis der Bedeutung dieser Frage – deutsche Schulschwestern mitgebracht. Doch während des Zweiten Weltkrieges wurden diese abgezogen. Die nachfolgenden brasilianischen Schwestern hatten daran kein Interesse mehr oder besaßen auch nicht die hierfür notwendigen Voraussetzungen. Nur Frau *Ella Grander* hatte noch selbstlos – „um Gottes Lohn" – weiterunterrichtet. Aber die Schülerzahl war allmählich auf ein Minimum abgesunken.
Ähnlich betrüblich stand es jedoch hinsichtlich des Unterrichts in den meisten deutschen Kolonien der Serra.
Die seelsorgliche Betreuung hatte hingegen seit der Gründung bis zu unserer ersten Begegnung mit der Kolonie in den opferbereiten Händen des Seelsorgers und „Pioniers der ersten Stunde", Weltkriegsveteranen und Kriegsinvaliden, Dekan *Johannes Reitmeyer* gelegen. Er hatte so wesentlich zur Erhaltung der alten Art und Gesinnung beigetragen. Aber sein ständiger Einsatz und seine mehr als bescheidene Lebensweise hatten seine Kräfte aufgezehrt. Die Pfarrgemeinde hing ihm mehr durch sein gelebtes Vorbild, als wegen seiner schon undeutlich gesprochenen Predigten an, während er früher begeisternde, unvergeßliche Ansprachen zu halten vermochte. Somit war auch auf dem kulturellen Sektor Hilfeleistung notwendig.

Hilfe tat not!

Hinsichtlich der wirtschaftlichen Besserstellung war mir schon durch die bisherigen Erfahrungen in der Serra von Rio Grande und Santa Catarina klargeworden, daß die überall geradezu als Monokultur zu beobachtende Ausrichtung auf Maisanbau und Schweinehaltung wirtschaftlich unbefriedigend sei. Zu allen Absatzschwierigkeiten kam noch hinzu, daß der Maisanbau eine folgenreiche Erosion des Bodens auslöste. Der durch den Maisanbau dem Boden angetane Schaden war in Dreizehnlinden teilweise erschreckend. Der Maisanbau verlangt bekanntlich offenen Boden. Dies hatte zur Folge, daß er, bei der Hitze zu Staub ausgedörrt, durch die (vielen) Regengüsse im geneigten Gelände unweigerlich fortgeschwemmt wird (siehe Farbbild 13).
Als uns jedoch 1966 in Dreizehnlinden überall, wo wir hinkamen, eine hervorragende Butter vorgesetzt wurde, die qualitativ haushoch über den Erzeugnissen lag, die uns bisher vorgesetzt wurden, lag für mich die Eingebung auf der Hand, den Landsleuten eine Umstellung auf die Vieh- und Milchwirtschaft anzuraten, umsomehr als ich zuvor im benachbarten, von Trentinern besiedelten Videira den großen Erfolg bei ihrer Umstellung auf den von ihnen in der alten Heimat gepflegten Weinbau beobachtet hatte. Warum sollten sich daher nicht auch die Tiroler und Vorarlberger – in der alten Heimat als tüchtige Großmilchtierzüchter, Käse- und Buttererzeuger bekannt – die ererbten Eigenschaften in Brasilien zunutze machen?
Jedoch „öffentliche Hilfe" war damals noch nicht so leicht zu erhalten, weder in Österreich noch in der Bundesrepublik. Die Voraussetzungen hierfür mußten erst durch intensive Information, auch der Öffentlichkeit, vorbereitet werden!

Vorgeschlagene und organisierte Entwicklungsprojekte für die Wirtschaft

Daher wollte ich zunächst das meine dazu beitragen, einmal durch Herbeischaffung fachmännischer Urteile. Denn obgleich ich Wirtschaftsgeographie studiert hatte, maßte ich mir ein so verantwortungsvolles Urteil nicht an. Die Bitte, mir bei der Auffindung eines Fachmannes behilflich zu sein, richtete ich fürs erste noch in Brasilien an unseren Freund, den österreichischen Generalkonsul *Rainer von Harbach* und an den bundesdeutschen Generalkonsul *Dr. Zimmermann,* beide in Curitiba, der Hauptstadt Paranas, beide auch für Santa Catarina zuständig.
In der Heimat berichtete ich desgleichen in vielen Zeitungsartikeln[109] über die Notwendigkeit der Hilfeleistung gegenüber der Kolonie und welcher Weg einzuschlagen wäre, wobei ich meine Idee, einschließlich der Errichtung einer Molkerei als österreichische Entwicklungshilfe, darlegte.
Gerüchte, etwa vom unterdessen längst aus Dreizehnlinden abgezogenen Pfarrer *Johann Otto Küng,* auf ihn gingen diese für Dreizehnlinden so glückbringenden Ideen und Vorschläge zurück, würden bereits durch das Erscheinungsjahr meiner Artikel

---

109 vgl. Ilg, Karl: Auf Brasilienforschungsfahrt 1965/66. In: Vorarlberger Nachrichten, 25. 1. 1966 bis 2. 7. 1966 (10 Folgen); Die österreichischen „Kolonien" in Brasilien. In: Wiener Zeitung, 23. 7. 1966 bis 6. 8. 1966 (3 Folgen); Heimat in der Fremde. In: Salzburger Nachrichten, 1. 7. 1967 bis 19. 8. 1967 (7 Folgen); Forschungsbericht über die zweite Brasilienexpedition. In: Vorarlberger Volksblatt, 27. 7. 1968 bis 31. 10. 1968 (10 Folgen); Die deutsch-brasilianischen Kolonien und sinnvolle Entwicklungshilfe am Beispiele der österreichischen Siedlungen. In: Humanitas Ethnica (= Festschrift für Theodor Veiter) Wien–Stuttgart 1967, S. 274 ff.; Durch Bergwelt, Urwald und Steppe zu den deutsch-stämmigen Kolonisten Südamerikas. In: Neuland, 7. 2. 1970 beginnend (22 Folgen).

(1966, 1967) widerlegt. Denn der Genannte tauchte erst im Laufe des Jahres 1969 erstmals in der Kolonie auf.
Eine fachmännische Untersuchung über meine Beobachtungen und Vorschläge sollte die spätere Grundlage für konkrete Anträge an die Bundesregierung sowie an die Länder Tirol und Vorarlberg bilden, aus denen der Großteil der Kolonisten stammte.
Anläßlich unseres zweiten Besuches 1968 lag bereits das Urteil der bundesdeutschen Untersuchung vor und bestätigte die Richtigkeit meiner Empfehlung in allen Stücken.

Ich will es in Schlagworten wiedergeben: „Dreizehnlinden seit 1933 aus Urwald (genauer wäre Sekundärwald) herausgerodet, heute durch Erdwege erschlossen, ernährt 7200 Menschen. Entfernung zu größeren Orten: nach Joacaba 40 km, nach Videira 33 km, nach Florianopolis (Hauptstadt) 520 km, nach Porto Alégre 630 km, nach São Paulo 755 km (beide große Verbraucherzentren!); daher Dreizehnlinden marktfern.
Gelände hügelig und bergig. Weder Hochebene noch Talauen, Klima von minus 6 bis plus 40 Grad Celsius. Landwirtschaftliche Betriebsgrößen im Durchschnitt 30 ha. (Hier mußte ich einwenden, daß mit Durchschnittszahlen nicht operiert werden soll; wichtig wäre, daß ca. 30 bis 40 Prozent der Betriebe z. T. wesentlich unter der Durchschnittsgröße liegen!) Vornehmlich Maisanbau, weniger Weizen, wenig Reis und Sojabohnen (für die bestehende Sojamühle müssen dahér 90 Prozent des Rohmaterials eingeführt werden – Rentabilität fraglich); für Eigenbedarf Bohnen, Roggen, Kartoffeln und Maniok, mineralischer Dünger so gut wie unbekannt, organischer sehr gering angewandt.
Schweinezucht (mit Milhofütterung) ausschlaggebender Wirtschaftszweig. Lebendtransport in Verbraucherzentren jedoch kostspielig. Milchtierhaltung nur für Eigenbedarf. Vermutlich dürfte diese Betriebsstruktur bisher die einzige Lösung dargestellt haben. Doch jetzt Änderung notwendig, da sonst Ernährung der wachsenden Bevölkerung nicht mehr gesichert. Intensivierung nur unter Vermeidung weiterer Erosion bzw. deren Zurückdämmung. Daher Begrasung der Hänge, Milchtierhaltung, Molkereierzeugnisse.
Ebene Flächen für Äcker öffnen, auf diese anfallenden Mist; Kunstdünger ergibt weitere Fruchtsteigerung. Dadurch keine Verringerung der agrarischen Erzeugung, eventuell sogar Steigerung auch des Sojaanbaus für Fabrik.
Anlage einer Sennerei dringend nötig, ebenso Ausbildung von Fachkräften. Schaffung einer Genossenschaft!
Betriebsgrößen unter 25 bis 30 ha unrentabel; auflassen, zusammenlegen, Neulanderwerb. Steile Flächen aufforsten, abgelegene Gebiete in genossenschaftlicher Weidewirtschaft nutzen.
Tierärztliche Beratung, Absatzberatung, Zuchtviehhaltung. Anstalten treffen, Dreizehnlinden als Fremdenverkehrsgebiet auszubauen. Klima (milde Sommer) günstig."

Das etwas später eingelangte österreichische Fachgutachten *Dr. Grubers*[110] schlug in dieselbe Kerbe. Auf Grund dieser Anträge sagte Landwirtschaftsminister *Weihs* sofort seine Unterstützung zu; auch erklärten sich die Bischöfe und Landeshauptleute von Tirol und Vorarlberg zur Teilnahme an dieser Entwicklungshilfe bereit und konkretisierte Landeshauptmann *Wallnöfer* diese Absicht mit der ersten Anweisung von 400.000 Schilling, die 1973 als Jubiläumsspende in Dreizehnlinden eintraf und an die 1968 gegründete landwirtschaftliche Genossenschaft angewiesen worden war.
Diese war nämlich ebenfalls während unseres zweiten Besuches gegründet worden, wobei die anwesenden brasilianischen Vertreter mit der Gewährung steuerlicher Vergünstigungen und Subventionen aufmunterten und den ersten Zuchtstier spendeten.
Durch die Genossenschaft hofften wir nicht nur, namentlich die kleinen Landwirte unterstützen zu können (sowohl wirtschaftlich wie bildungsmäßig), sondern auch zur Gemeinschaftsstärkung beizutragen. Nicht zuletzt war sie aber auch als Rechtsträger des Entwicklungsprojektes unentbehrlich. Schade, daß diese wohlgemeinten Vorhaben infolge eigenmächtiger Handlungsweise eines einzelnen nicht zum Tragen kamen.

---

110 Gruber, Dipl.-Ing. Dr. Peter: Studienbericht über Dreizehnlinden, Kurzbericht über Entre Rios. Wien, November 1971

Für den Ärmsten Soforthilfe!

Doch auch den Ärmsten selbst sollte nach Möglichkeit geholfen werden, so auch meinem Landsmann Albert Fetz aus Au. Sein Schicksal, im Interior leider nicht vereinzelt, hatte viele Zeitungsleser erschüttert.
Mit Minister Thaler ausgewandert, hatte er sich hart seinen Hof im Straßenbau verdient. Allerdings lag er weitab vom Siedlungszentrum. In der Holzhütte 4 mal 7 Meter im Geviert, bestehend aus Küche und zwei Kammern, durch die der Wind pfiff, hatte er mit Frau und sechs Kindern gelebt, bis die Zahl sieben voll wurde. Mit dem letzten mußte aber die oft darbende Mutter die Hütte nicht mehr teilen. Sie ging ein Jahr später in die Ewigkeit. Nun stand Fetz mit sieben Kleinen noch hilfloser da. Einen Teil der Kinder nahm man ihm ab.
Von allen Kindern vermochte sich der Vater nicht zu trennen und hungerte nun mit ihnen nach Brot und Liebe. Tatsächlich verhallten meine Berichte nicht ergebnislos. Mit Unterstützung vieler Landsleute konnte Herrn Fetz zu Weihnachten 1970 ein neuer großer Hof mit 25 ha übergeben werden. Den Wohltätern möchte ich an dieser Stelle größten Dank sagen! Gleichzeitig erfolgte durch die bischöfliche Caritas von Tirol eine Kleiderspende nach Dreizehnlinden, welche von den Beschenkten mit Freude aufgenommen wurde.

Auch in kulturellen Belangen rascher Beistand

Neben den wirtschaftlichen Bemühungen erfolgten auch solche in kultureller Richtung. Vor allem ging es darum, den Deutschunterricht mit Unterstützung Frau Ella Granders auf feste Beine zu stellen und ihr endlich für ihre Leistung ein bescheidenes finanzielles Entgelt zu verschaffen.
Als die gute Frau uns beim Abschied andeutete, „sie sehe uns nie wieder", ahnten wir nicht, daß sie schon wenige Wochen später in die Ewigkeit abberufen würde. Mögen ihr diese Zeilen ein bescheidenes Denkmal setzen. Mit ihr war die letzte österreichische Lehrerin in Dreizehnlinden ins Grab gesunken, und den Lohn für viele Jahre konnte ich in bescheidener Form nur noch ihren Angehörigen vermitteln. Daß ihr Sohn Josef mir dieses später in der Verleumdungskampagne Küngs schlecht lohnte, muß vergessen werden.
Als erstes sichtbares Zeichen der Verbundenheit mit der alten Heimat konnte ich mit Hilfe der Tiroler und Vorarlberger Landesregierung die Einkleidung der Musikkapelle und Volkstanzgruppe mit neuen schmucken Trachten in die Wege leiten. Seitdem errang die Musikkapelle schon mehrmals den ersten Preis von Rio, und es „marschiert mit ihr Tirol und Österreich durch die Straßen der Weltstadt", und ohne dieselbe wäre auch dem Tiroler Landeshauptmann 1978 in Dreizehnlinden nicht ein Empfang „wie zu Hause von den Rotröcken" zuteil geworden. (Siehe Farbbild 16.)
Seit 1981 liegt deren Leitung in den Händen des in Curibisba in Musiklehre ausgebildeten *Bernhard Moser* und hat dieser auch die Musikschule aus den Händen Hausbergers übernommen, wofür die Tiroler Landesregierung eine ansehnliche Vergütung gewährt.

Frau Grander hatte uns noch bei jenem denkwürdigen Abschied Frau *Maria Hausberger*, „ihre ehemals beste Schülerin", als Nachfolgerin empfohlen, denn schon ab 1. Juni 1969 durften über unseren Antrag zwei von Österreich bezahlte Deutschhilfslehrer einen geregelten Unterricht aufnehmen und erhielt dieser einen erstaunlichen Zuspruch. Die ersten Lehrerinnen waren *Sr. Cassia* und Frau Maria Hausberger, die Gattin des Kapellmeisters. Der in den Ruhestand getretenen Sr. Cassia folgte Frau *Rosa Rockenbach* nach, welche leider in jungen Jahren 1979 einer schweren Krankheit erlag.

Ihr Begräbnis, an dem mehrere Tausend teilnahmen, gestaltete sich zu einem erschütternden Bekenntnis ihrer Wertschätzung.
Durch mehrere Jahre steht nun schon Maria Hausberger beiden Schulen erfolgreich vor, nämlich sowohl der „deutschen Hilfsschule" wie der „deutschen Vorschule". Letztere hatte ich in Anbetracht der vielen Kleinkinder, welche zu Hause auch in deutschen Familien nur noch brasilianisch sprechen und daher sich in der Hilfsschule nur schwer zurechtfanden, ins Leben gerufen. Stammten die ersten Schulbücher aus von mir gesammelten privaten Hilfsmitteln und des Jugend-Rotkreuzes von Tirol, so übernahm in den folgenden Jahren das Österreichische Bundesministerium für Unterricht die prompte Versorgung mit Lehrmitteln, für die das zuständige Generalkonsulat in Curitiba unter Dr. von Harbach die Anträge stellt. Auch die Geldmittel für die Errichtung der Schulräume sowie der 1974 gegründeten „Vorschule" konnte ich durch private Mittel zustande bringen. Dennoch habe ich die Benennung derselben auf meinen Namen nicht erwartet. (Siehe Farbbild 17.) Wohl aber gebührt an dieser Stelle meinen vielen Helfern größter Dank. Natürlich hätten wir die Organisierung des Deutschunterrichtes nie wagen können, wenn sich nicht in der Zwischenzeit die Einstellung der brasilianischen Regierung und Öffentlichkeit zum deutschsprachigen Element – durch die Ereignisse im Zweiten Weltkrieg argen Belastungen ausgesetzt – erfreulicherweise sehr zum Positiven gewandelt hätte. Man erinnerte sich wieder der kulturellen Leistungen des biederen deutschsprachigen Kolonisten bei der Erschließung des Landes, an den großen Fleiß und an die Ehrlichkeit unserer Leute und wußte diese nicht überall gleich anzutreffenden Eigenschaften als aufbauende Kräfte neu zu schätzen. Um die verschiedenen kulturellen Einrichtungen fest in der Kolonie zu verankern und alle altösterreichischen Siedlungen untereinander mit der Heimat zu verbinden, schlug ich die *Gründung eines Kulturvereines vor,* dem ich den Namen *„Imperatrice Dona Leopoldina"* – in Erinnerung an die bewundernswerte erste brasilianische Kaiserin und österreichische Erzherzogin – gab. Der ehemalige Generalsekretär der Vereinten Nationen, Dr. Kurt Waldheim, damals noch österreichischer Außenminister, lobte diese Namensgebung als „eine für alle Zukunft in jeder Hinsicht konfliktfreie".

Gründung eines Kulturvereins

Erster Präsident des Kulturvereins in „Tirol" war *Camillo Thomes,* von „Entre Rios" *Mathias Leh* und von Dreizehnlinden der 1966 Dekan Reitmeyer nachfolgende Pfarrer *Franz Pointl,* ein gebürtiger Oberösterreicher. Als solcher errichtete er mit unserer Mitwirkung auch das unterdessen unentbehrlich gewordene „Kulturhaus" der Pfarre. Bei der Aufbringung der Geldmittel hierfür waren erfreulicherweise auch die Diözesen von Oberösterreich, Tirol und Vorarlberg großzügig zu Hilfe geeilt.
Unter dem deutsch-brasilianischen Bürgermeister *Nelsido Käfer* begann man mit der Installierung einer Post- und Telefonanlage und mit einer angemessenen Gestaltung der „Praca", des Stadtplatzes.

Wohl vorbereitet rückte auch die 40-Jahr-Feier der Gründung der Kolonie (1973) näher. Dann kamen leider Überraschungen, deren Folgen nur Eingeweihte sorgenvoll erahnen konnten. Wer davon keine Ahnung hatte, für den gestaltete sich die 40-Jahr-Feier 1973 zu einem ungetrübten Jubelfeste; eine Veranstaltung löste die andere ab; vom Weckruf der Musikkapelle über die Darbietungen der „deutschen Hilfsschule und Vorschule" bis zu den konzertanten Aufführungen der Kapelle und auswärtiger Chöre spannte sich bis zum Festumzug am Sonntag, den 12. Oktober 1973, ein Bogen des Frohsinns über das Erreichte, denn daß mit der Milchwirtschaft der Schritt in eine bessere Zukunft getan werden könnte, stand für jedermann ebenso fest, wie das wiedererlangte kulturelle Bewußtsein und dessen Unterstützung durch Österreich ebenso wie durch Brasilien. (Siehe Farbbild 15)

Rückschläge

Allein schon beim Eintreffen überraschte uns die Nachricht, daß die als Entwicklungshilfe vorgesehene Molkerei bereitstünde. Sie wäre vom 1969 eingetroffenen Kaplan Küng, aus *Bings* in Vorarlberg stammend, gebaut worden und trage auch den Namen „Latecinio Joa Küng". Niemand ist es selbstverständlich verwehrt, eine Molkerei als Eigengründung zu setzen. Eine rasche Erbauung war zugegebenerweise angemessen, ansonsten das 40 km entfernte *Tangerà* die Genehmigung erhalten hätte und eine Gründung in Dreizehnlinden auf gewisse Schwierigkeiten gestoßen wäre.

Jedoch der weitere Hergang war betrüblich und die Ursache einer Reihe von Rückschlägen, die der Kolonie besser erspart geblieben wären. Ich halte mich kurz.

Daß mit den bekannten Stellen und Organisationen angesichts der Dringlichkeit überhaupt kein Kontakt aufgenommen wurde, um die Entwicklungshilfe auch unter den gegebenen Umständen zum Wohle der Kolonie doch noch zu realisieren, Vorauszahlungen zu erwirken u. ä., bleibt unverständlich. Mit der Eigengründung fiel die Realisierung der Molkerei als österreichische Entwicklungshilfe fort. Da über Betreiben Pfarrer Küngs zuvor auch die landwirtschaftliche Genossenschaft eingegangen war, fehlte ab nun selbst der offizielle Rechtsträger.

An seinerstatt die erste Entwicklungsrate von 400.000 Schilling aus Tirol ohne vorher eingeholte Erlaubnis (1973) auf die Molkerei Küng zu übertragen, wurde von vielen als Unrecht empfunden. Sie brachte dem Erbauer kein Glück.

„Wenige Monate nach Betriebsbeginn" – ich halte mich wörtlich an den Tätigkeitsbericht Ing. Fill's an die Vorarlberger Landesregierung – „mußte der Betrieb wegen Finanzierungs- und Führungsschwierigkeiten an die Gesellschaft Dresch-Rofner verkauft werden." Doch obwohl J. Küng, wie erwähnt, schon nach kurzer Zeit nicht mehr Besitzer der Molkerei war, vereinnahmte er noch weiter hohe Beträge für diese, wie er zunächst die Jubiläumsspende Tirols an die Genossenschaft ohne Bedenken auf „seine" Molkerei übertragen hatte. Aus Gewissensgründen sah ich mich zum Rundschreiben vom 18. 12. 1979 an sämtliche Nationalräte und an die Regierungsmitglieder von Tirol und Vorarlberg veranlaßt, in dem ich die hohen Summen anführte und sie der dubiosen Verwendung gegenüberstellte.

Denn wie zur Molkerei hatten diese Länder auch zu einer großen Viehspende beigetragen. Die gespendeten Tiere kamen den Tiroler und Vorarlberger Bauern kaum, den kleinen schon gar nicht zugute. Auf der von J. Küng veranstalteten Messe sind „die gespendeten Tiere zu einem Preis verkauft worden, mit dem man drei gute andere Kühe kaufen hätte können", so Dir. Fill. Mit dem nach Abzug der Frachtkosten übriggebliebenen Rest der Verkaufssumme „hat Pfarrer Küng private Schulden bezahlt".

Herrn Direktor *Dipl.-Ing. Herbert Fill* von der Landwirtschaftlichen Lehranstalt in Hohenems bin ich zu großem Dank für die Wahrheitsfindung verpflichtet, mit welcher dem Verleumdungsschwall, der meine Person in Tirol während meines Aufenthaltes in Brasilien (!) überspülte, auf daß im Interesse J. Küngs der „lästige Mahner" endgültig verstummen solle, die Überzeugungskraft genommen. Der Bericht H. Fills veranlaßte als ersten den Vorarlberger Landeshauptmann *Dr. Herbert Kessler* auf eine im Vorarlberger Landtag eingebrachte Anfrage 1979 zu antworten, daß die vom Land gegebenen

Gelder, S 250.000 und S 175.000, „tatsächlich nicht für den namentlich angeführten Zweck verwendet wurden"[111].

Schade, daß zu jenem Zeitpunkt nicht auch schon die Tiroler Landesregierung mitzog; doch von dieser Seite wurde damals noch die für mich bittere Meinung auch in der Presse, von einer „zu weit gehenden Einmischung" meinerseits vertreten. Wäre jedoch Tirol nicht so lange vertrauensselig gewesen, wäre sowohl der Kolonie wie dem Agitator manches weitere erspart geblieben.

Zunächst der Abgang des verdienstvollen Pfarrers Pointl: diesen führte Kaplan Küng mit der Drohung herbei, von einem Heimaturlaub nicht mehr zurückzukehren, wenn ihm nicht die Pfarrerstelle angeboten würde. Weil damit große Gefahr bestand, daß die vielen kleinen Darlehensgeber an die „Molkerei Küng" nicht mehr zu ihrem Geld kämen, kapitulierte Pfarrer Pointl um dieser willen. Sodann kandidierte der „neue Pfarrer" an erster Stelle bei der letzten Bürgermeisterwahl, womit das Auseinanderfallen der Kolonie unvermeidbar geworden war. Der später gestartete Versuch des Pfarrers, auch noch die Präsidentschaft im „Kulturverein" an sich zu reißen, wirft in seinem Endergebnis ein Schlaglicht auf die Verhältnisse: in der außerordentlichen Generalversammlung am 16. 3. 1979 entfielen von den 150 Stimmen auf seine Person eine einzige ...

Mit der vom Pfarrer verlorenen Bürgermeisterwahl war zwar mit seinem Gegenkandidaten *Toni Altenburger* zum ersten Mal nach Minister Thaler wieder ein „Tiroler" Bürgermeister geworden, doch der entstandene Riß ist so schnell nicht zu schließen.[112] Allerdings schlug auch für Pfarrer Küng bald danach die Abschiedsstunde: nach einem zweimonatigen Ferienaufenthalt in Vorarlberg 1980, hatte er am 28. Juli wieder in seiner Pfarre die Sonntagsmesse gelesen; am Montag war er völlig überraschend verschwunden. Am 6. 9. 1980 berichtete die Provinzzeitung „O Estado de Santa Catarina" über den Vorfall unter dem Titel „Pfarrer von Dreizehnlinden verschwindet, Betrügereien verdächtigt", und die „Deutsche Zeitung" in São Paulo vom Sonnabend, den 20. September 1980, berichtete unter der Überschrift „Neues in Sachen Pater Johann Küng" weitere Einzelheiten.

Laut Auskunft weilt der ehemalige Pfarrer von Dreizehnlinden nun wieder in Vorarlberg.

Doch seine Zukunft außerhalb der deutschsprachigen Siedlungen wird uns hier nicht mehr beschäftigen.

Vielmehr hoffen wir, daß mit der Beendigung einer ereignisvollen Periode für unsere Kolonie eine Zeit der Ruhe kommt, in der ihre Leute wieder zusammenfinden mögen und die nötigen Kräfte entwickeln, eine „Tiroler Kolonie" zu bleiben. Voraussetzung ist auch, daß sich bald eine Führerpersönlichkeit aus den eigenen Reihen einstellt, wozu Hoffnung gegeben ist.

Land Tirol in offizieller Hilfeleistung

Dazu hatte ohne Zweifel auch schon der wohlgemeinte Besuch des „Tiroler Landesvaters" Ökonomierat Eduard Wallnöfer 1978, der selbst 1933 nach Dreizehnlinden aus-

---

111 Fill, Dipl.-Ing. Herbert: Tätigkeitsbericht an die Vorarlberger Landesregierung nach seiner beauftragten Untersuchung in Dreizehnlinden vom 22. Juli bis 26. August 1977 – „Dreizehnlinden schießt scharf auf Prof. Ilg". In: Tiroler Tageszeitung vom 16. 10. 1978, S. 3 – „Entwicklungshilfe nach Dreizehnlinden gestoppt". In: Vorarlberger Nachrichten, 22. 3. 1979, S. 3 – „Zur Kontroverse Dreizehnlinden und Prof. Ilg". In: Tiroler Tageszeitung, 27. 10. 1978, S. 4
112 Küng, Johannes: „Mißbrauch von Lehrergehältern für Deutschunterricht". Brief an die österreichische Bundesregierung vom 20. 10. 1979

wandern wollte und zu dessen Ehren eine „45-Jahr-Feier" in Erinnerung an die Gründung veranstaltet wurde, beigetragen! (Siehe Farbbilder 15 und 16).
In der Reisegruppe, die ich von Rio her zu „führen" hatte, befanden sich ebenso Tiroler und Vorarlberger wie Salzburger, Oberösterreicher und Wiener. Ganz Österreich hatte der Kolonie gewissermaßen seine Aufwartung gemacht.
Seitdem reißt der Besucherstrom nicht mehr ab und führt zu immer neuen Verbindungen, obgleich die Berichterstattung einiger Medien und namentlich der zu jener Zeit vom ORF gedrehte Film den Erwartungen keineswegs entsprach. Die Absicht des Landes Tirol, der Kolonie Dreizehnlinden in Zukunft ständige Hilfe, namentlich auf dem kulturellen Sektor, vor allem auch durch Unterstützung von Stipendiaten, zuzuleiten, ist auf alle Fälle anerkennenswert und wird umso mehr von Erfolg gekrönt sein, je gewissenhafter die Hilfeleistungen erfolgen bzw. in Anspruch genommen werden.

Es geht wieder aufwärts!

Gott sei Dank geht es wirtschaftlich in der Kolonie weiter aufwärts. Auf Grund der Umstellung der Wirtschaft konnte das Molkereiunternehmen unter der Leitung der Herren *Dresch* und *Rofner* große Erfolge ernten. Die Anlagen wurden mehrfach vergrößert und modernisiert. Unter dem erst von ihnen (!) geschaffenen Markennamen „Tirol" exportieren sie Butter, Käse und Trockenmilch bis in die Großstädte (siehe Farbbild 14). Dem aus Innsbruck zugewanderten *Ernst Klotz* verdankt Dreizehnlinden zwei weitere Gründungen auf dem industriellen Sektor, die Soja- und die Marmeladefabrik. Beim Zustandekommen der letzteren ist auch die Hilfsbereitschaft aus dem Fürstentum *Liechtenstein* zu erwähnen, indem sich Herr *Richard Hilti* nach meinem Vortrag entschloß, die Klotz-Söhne kostenlos in seinem Konservierungsbetrieb ausbilden zu lassen und zu versorgen.
Neben diesen Betrieben ist auf die Künstlerwerkstätten hinzuweisen, die für Dreizehnlinden charakteristisch sind. Neben *Andreas Thaler* und *Hans Bachler* zeichnet *Gottfried Thaler,* von dem u. a. der große Kruzifixus von *Brasilia* geschaffen wurde, dieses Schaffen aus. Ein wenig mag zur Entfaltung der künstlerischen Fähigkeiten des Thalerenkels aus Dreizehnlinden auch der erwirkte Stipendienaufenthalt in Österreich beigetragen haben. Andreas Thaler ist bemüht, jungen Begabten künstlerische Kenntnisse und so auch zusätzliche Betätigungsmöglichkeiten zu vermitteln.
Ob sich Dreizehnlinden auch als Fremdenverkehrszentrum entwickeln kann, ist zur Zeit schwer zu beantworten. Aussichten sind durchaus vorhanden.
Am Beispiel von Gramado und Blumenau läßt sich beweisen, daß auch die Lusobrasilianer großes Interesse an deutscher Gasthofkultur und ebensolcher Folklore haben; in unserem Falle würde es sich um alpenländische und daher nicht minder attraktive handeln. Die Musikkapelle von Dreizehnlinden wird gerne und überallhin als „Banda" eingeladen, um österreichische Märsche und Walzer aufzuspielen. Für die Tanzgruppe gilt dasselbe, wie denn auch das Markenzeichen der lactecinio ein „Tirolerhut" ist.
Auch das kühlere Klima der Serra könnte in die Waagschale geworfen werden. Allerdings müßte sich auch noch die Infrastruktur in Dreizehnlinden wandeln, was die Erfahrungen anläßlich der 45-Jahr-Feier deutlich machten.
Allein, Voraussetzung für alles weitere ist, daß die Kolonie nach schweren Jahren wieder ganz zusammenfindet und sich als „Tiroler Kolonie" erhält. Denn nur als solche wird sie Anreiz zum Fremdenbesuch geben und ihre Angehörigen aus der alten Heimat anlocken.
Aus der Kolonie hat namentlich die erwähnte Bezirksstadt Joacaba starke Zuwande-

rung von Dreizehnlindern erhalten. Auch an ihrem industriellen Aufbau haben sich unsere Söhne, allen voran die zu Industriellen aufgestiegenen *Lindner*, beteiligt. Es besteht seitdem enge Verbindung zwischen beiden Orten. Deshalb würde sich auch die kirchliche Zuordnung Dreizehnlindens unter den Bischof von Joacaba mehr empfehlen als unter jenen des weit entfernten Cacador.

Die übrigen Siedlungen in der Serra

Mit wenigen Worten ist noch auf die nächste Umgebung von Dreizehnlinden einzugehen. Neben die Tiroler Siedlung setzte man in der weiteren Nachbarschaft absichtlich eine italienische. Videira war auch von vornherein lagemäßig besser situiert.
Es liegt bedeutend tiefer als Dreizehnlinden und an einer Bahnstation, was fürs erste doch, auch bei allen Mängeln, ein großer Vorteil war. Es konnte sich rasch als Markt der umliegenden Dörfer und Höfe entwickeln und macht einen durchaus städtischen Eindruck. Hier wird namentlich Reis und Korn angepflanzt, allerdings nur bei ganz geringfügiger Düngung. Bei jedem Hof steht ein Weinberg. Die Reben werden, wie in Süd- und Welschtirol, in „Pergeln" gezogen. Der kultivierte Wein ist bereits Markenware geworden. Jüngst wurden hier auch prächtige Obstgärten angelegt.
Ganz allgemein wird man sagen können, daß sich die westliche Serra in einem großen Umstellungsprozeß befindet. Neben modernen Obst- und Waldkulturen wird sich auch das, was sich in Dreizehnlinden als richtig erwies, auch in anderen Kolonien bestätigen und diese als geeignete Milchwirtschaftsräume ausweisen, die wie nirgendwo in Brasilien hier eine Zukunft haben.
Je rascher den Kolonien dabei gezielte Entwicklungshilfe zuteil wird und sie auf einen zeitgemäßen landwirtschaftlichen Standard gehoben werden, umso eher wird auch eine planlose Abwanderung und die damit verbundene stete Schwächung der Kolonie gestoppt werden können.
In diesem Zusammenhang erachte ich es als meine Pflicht, auch auf die großen und erfolgreichen Bemühungen der Bundesrepublik in jüngster Zeit hinzuweisen.[113]
Neben den wirtschaftlichen Problemen sind auch die kulturellen Anliegen wichtig. Der Unterstützung des Deutschunterrichts wird dabei eine besondere Aufmerksamkeit entgegengebracht werden müssen. Das nicht nur zum Verbindunghalten mit der alten Heimat und zur Pflege der angestammten Kultur. Deutsch ist die Sprache eines großen, auch technisch und wirtschaftlich bedeutenden Kulturraumes. Tatsächlich bekundet der brasilianische Staat ein eindeutiges Interesse an solchen Bemühungen, auch wenn er sie – infolge der Riesenhaftigkeit des Landes und der damit verbundenen gewaltigen steuerlichen Anforderung an seine 100 Millionen Einwohner – finanziell nicht unterstützen kann.[114]

---

113 Tochtrop, Leonardo: Brasilianische Jungbauern in Deutschland. In: Inst. f. Ausl. Beziehungen, 17. Jg. (1967), Heft 1, S. 12 ff
114 Ilg, Karl: Die deutsch-brasilianischen Kolonien und sinnvolle Entwicklungshilfe, am Beispiel der österreichischen Siedlungen. In: Humanitas Ethnica (Festschrift für Theodor Veiter). Wien–Stuttgart o. J. (1967). S. 274, 275

DIE KOLONISATION IN PARANA

Der drittsüdlichste Staat Brasiliens, *Paraná*, gehörte ursprünglich zu *São Paulo*. Der Staat erhielt, bislang „5. Kronmark S. Paulos", 1853 seine Selbständigkeit. Er besteht aus einer gewaltigen Hochfläche, die, zum Teil aufgebrochen, allmählich zum Rio Paraná im Westen absinkt, während die Grenze im Osten im Steilabfall der „Serra do Mar" liegt. Seit 1873 verbindet die Meeresküste mit dem Hochland eine großartig geführte Straße, deren Anlage 1886 durch eine noch überraschender kühn gebaute und trotzdem bis heute stark frequentierte Eisenbahnlinie übertroffen wird. Der einzige Seehafen des Staates war allerdings schon den Indios bekannt. Große Muschelberge werden als Reste ihrer Opfermähler gedeutet. In der Bucht von Paranaguà, dem heutigen Hafen dieses Bundesstaates, hatte bekanntlich Hans Staden 1551 die neunmonatige Gefangenschaft bei den Tupinambas begonnen, die er in seiner „Wahrhaftigen Historia", von Fouquet 1963 bearbeitet, schildert. Paranaguà wurde von den Portugiesen schon im 17. Jahrhundert zur Stadt erhoben und war lange Zeit die einzige Stadt dieses Staates.

ZUKUNFTSREICHES LAND!

Der Staat Paraná ist einer der zukunftsreichsten; er hat die Größe Frankreichs. Die Bezeichnung Paraná wurde vom Flußnamen abgeleitet. In den Paraná fließen alle Wasser dieses Staates. Es ist ein Land des Waldes und der „Campos", der offenen Ebenen. Ein unbekannter Kolonist beschrieb es treffend: „Am Abend des dritten Tages langten wir auf den vielbesprochenen Campos an. Nach den anderen vorangegangenen, hatte ich erstmals nach langer Zeit die Freude, eine große offene Fläche vor meinen Augen sich ausbreiten zu sehen: Ich sprang hoch auf, wiewohl ich vorher nicht einmal gehen mochte und lief zurück, damit die anderen sich beeilen sollten, mit mir die große Freude zu fühlen." Denn die Ebene erinnerte den Briefschreiber an die Heimat. „Nie war ich so wehmütig gestimmt, wie damals, denn alles war meinem Vaterlande so ähnlich –." Er hatte sich offenkundig an seine norddeutsche Heimat erinnert und mit dieser ist Paraná in der Tat in manchem zu vergleichen.

1979 jährte sich zum 150. Male die deutsche Einwanderung nach Paraná. 1828 hatten sich die ersten deutschen Familien in Bremen eingeschifft und waren nach 115 Tagen Seefahrt in *Paranaguà* gelandet. Am 6. Februar 1829 kamen sie an ihrem Ziel, in *Rio Negro*, an, wo ihnen ein Baron von Antonina Ländereien zur Verfügung stellte.

Wieder wollen wir die Namen der ersten Siedler festhalten. Sie hießen: Tromer, Becker, Casten, Schultz, Grannemann, Sabote, Luck, Mores, Rolfe, Kuss, Grein, Schubert, Stresser, Scheid, Fois, Arke, Thibes, Hacke, Pletz, Ludewick, Arbigaus, Pixius, Ruhr, Stockschneider, Naumer, Losquie, Scherer, Miller, Rauen, Schemitz, Barling, Hau, Hort, Wisbark, Wellens, Ferbot, Quessen, Sandl, Schuck, Leffel, Kuhn, Emmerich, Jungeles, Guebert, Quetem, Kraus, Sauer, Webber, Lampeas, Enders, Klemens, Schluckenbier. Die Familiennamen machen die vorwiegend norddeutsche Abstammung deutlich. Mit der gleichzeitig einsetzenden Binnenwanderung aus Santa Catarina versammelte sich allmählich auch in Paraná „ganz Deutschland".

Dieser Bundesstaat besaß für unsere Kolonisten günstige Voraussetzungen. Von den landschaftlichen Gegebenheiten war bereits die Rede. Dasselbe galt auch für das Klima. „So viel ist gewiß", fuhr der obige Briefschreiber weiter, „daß dort für Landsleute ein reiches Feld liegt, zudem aus den Produkten viel zu machen ist. Das Klima ist kälter; es ist ein Klima, wie es für mich nicht schöner zu denken ist . . . Das Land besteht aus schwarzem Sandboden, ähnlich demjenigen in der Heide bei Euch." Paarten sich diese Voraussetzungen noch mit dem Fleiß unserer Leute, dann konnte Gutes erwartet werden.

Denn „der Brasilianer, der es irgend tun kann" – so wußte es der Briefschreiber weiter –, „hat einen Neger; für einen guten Neger gibt er 800 Milreis. Diese sind aber hier ebenso faul wie ihre Herren und liegen beinahe den ganzen Tag im Hause". Daß dieses damals möglich war, versteht sich aus der Wirtschaftsform vor der deutschsprachigen Einwanderung; sie bestand in extensiver Weidewirtschaft; die auf dem Kamp frei weidenden Fleischtiere brauchten tagein, tagaus keine Betreuung.

Doch auch die bundesstaatliche Regierung war fortschrittsfreundlich. So konnte der Paranenser der „Bandeirante des 20. Jahrhunderts" werden. Die unendliche Weite eines 200.000 qkm umfassenden Raumes wurde „von einem modernen Typ des konzentrierten Willensmenschen erforscht, bevölkert, erschlossen und systematisch genutzt"[115].

Der brasilianische Historiker Rocha Pombo[116] weist darauf hin, daß das Bandeirantentum in Paraná „nicht so wild und wüst" war wie anderswo. Die Paranenser Expeditionen hätten „weniger Indianer zu fangen und Gold zu schürfen" gehabt, als die Grenzen zu bewachen!

„Wagemutig, verschlossen, auf Sicherung und Erweiterung seines dem Urwald abgerungenen Besitzes bedacht", schreibt Hermann Görgen, „ein multinationales Gemeinschaftsbewußtsein brasilianischer Toleranz entwickelnd, stellt der Paranenser Einwanderer als ein schöpferischer und einfallsreicher, aber ebenso auch als harter, aber nicht minder gastfreundlicher, den angleichenden Umweltsbedingungen verhafteter Pionier eine einmalige Symbiose aus vielen europäischen Nationen dar."[117]

Den gewaltigen Aufschwung, den dieser Staat erlebte, demonstriert wohl am eindrucksvollsten *Curitiba*, die Hauptstadt des Bundesstaates, selbst. 1857 zählte Curitiba nach Pedro Jaulois „ca. 3000 Einwohner" – heute, 120 Jahre später, – über 1 Million.

Curitiba heißt zu deutsch „viel Holz". Der Name der heutigen Großstadt erinnert an die ursprüngliche Beschaffenheit der Landschaft. Aus Aufzeichnungen der Missionare von *Tirol* um 1880 konnte ich entnehmen, daß damals die weitere Umgebung von Curitiba noch bewaldet war. Die Missionare schätzten die Indianer in Paraná noch auf 22.000 Seelen.

Heute ist Curitiba auf den Waldreichtum weit entfernter Gebiete angewiesen. Seine Möbelindustrien aber sind berühmt; eine sehr große liegt bekanntlich in den Händen der aus dem Böhmerwald eingewanderten Familie Zipperer. Seit 50 Jahren besitzt Curitiba auch eine Universität, die einen ausgezeichneten Ruf hat.

„Der erste Deutsche, der in Curitiba seinen Wohnsitz nahm und sein Handwerk, die Schmiederei betrieb, war *Michael Müller*, der 1833 *Anna Krantz* heiratete", schrieb Pastor Fugmann. Kaiser Pedro II. hatte es nicht unter seiner Würde empfunden, diesen deutschen Pionier in seiner Werkstatt zu besuchen. Diese Bemerkung gibt mir auch Gelegenheit, nicht nur auf die wahrhaftige Persönlichkeit des Sohnes unserer Erzherzogin und seine Anhänglichkeit gegenüber den Landsleuten seiner Mutter hinzuweisen, sondern auch noch jenen Baron von Antonina kurz zu charakterisieren. Er wurde in der bereits erwähnten Rio-Grandenser-Kolonie *Taquari* geboren und war daher mit den deutschen Buben seines Dorfes großgeworden. Aus ärmlichen Verhältnissen hatte sich der Schneidersohn zum „Träger des Rosenordens und Senator auf Lebenszeit" emporgearbeitet. Ihm war die Selbständigwerdung Paranás zu verdanken, und etwas vom Ersten war, daß er sodann seine deutschen Nachbarn zur Kolonisierung einlud. So kam es, daß „von der Abwanderung aus Santa Catarina alle größeren Orte im Staate Paraná", wie Fugmann schreibt, „den Grundstock ihres Deutschtums erhalten" haben.

---

115 Fugmann, W.: Die Deutschen in Paraná. Curitiba 1929. S. 12
116 Pombo, Rocha: In Historia de la eslavidad de la raza africana en el Nuevo Mundo, 4. Bd. Barcelona 1879
117 Görgen, Hermann: Brasilien; Landschaft, politische Organisation, Geschichte. Nürnberg 1971. S. 141. – Aulich, Werner: Alemaes no Paraná. Curitiba 1953

13 Erosionserscheinung nach Maisanbau in Dreizehnlinden

14 Heutige Milchproduktion in Dreizehnlinden

15 Trachtenbild aus Dreizehnlinden, 1978

16 LH. Wallnöfer vor den Dreizehnlinder-Rotröcken

17 Schulgebäude (und Kindergarten) in Dreizehnlinden

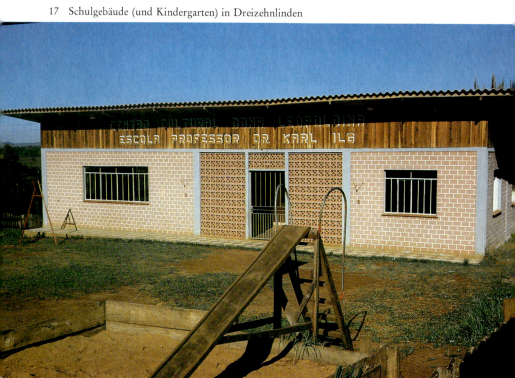

Die Wolgadeutschen kamen über Pedro II.

Den Norddeutschen und Catarinensern folgte eine Welle deutschsprachiger Einwanderer aus einer ganz anderen Richtung, nämlich von der *Wolga* her und demonstrierte neuerdings die Hochschätzung des deutschen Elementes durch Kaiser Pedro II.

Indirekt kann man allerdings daraus auch auf den Schmerz und die Enttäuschung schließen, die ihm durch das „Heydtsche Reskript" bereitet wurde, auf das wir noch einzugehen haben. Pedro II. hatte die kaiserliche Gewalt 1840 übernommen und Brasilien bis 1889 glücklich regiert. Nicht zuletzt führte seine Abschaffung der Sklaverei 1888 zu seinem Sturz. Mit Recht trägt heute eine brasilianische Geldnote (10 Cruzeiros) sein Bildnis. Pedro II. hatte überall, wo er konnte, das Vermächtnis seiner Mutter durch Fortsetzung der deutschsprachigen Kolonisation befolgt.

Was aber die oben angedeutete neue Richtung, aus der deutsche Kolonisten zuströmten, betrifft, so war diese durch die Vorgänge in Rußland bestimmt. Dort hatte „der Zar", wie sich die Zeitgenossen ausdrückten, „gegenüber den Wolgadeutschen das kaiserliche Wort gebrochen". Als die deutsche Fürstentochter (von Anhalt-Zerbst) als Zarin Katharina II. 1763 deutsche Bauern zur Kolonisierung der Gegend an der mittleren und unteren Wolga rief, „einer gefürchteten Wildnis, wo neben Wölfen und Bären auch wilde asiatische Volksstämme, Mongolen, Kalmücken, Tartaren, Kirgisen, einbrachen und Raub, Brand und Mord verbreiteten und in der die vorausgegangene Ansiedlung russischer Kolonisten fehlgeschlagen hatte, wurde die Anwerbung der deutschen Kolonisten mit der Vergabe von Freiheiten und Rechten auf ewige Zeiten verknüpft". Nun da der „deutsche Mohr" wieder einmal seine Schuldigkeit getan, wurden sie ihm schrittweise abgenommen. 1850 war den Wolgadeutschen zum letzten Male größerer Landerwerb auf der Westseite der Wolga erlaubt worden. Panslawistische Bestrebungen ließen eine weitere geschlossene Ausbreitung der Wolgadeutschen als „unerwünscht" beurteilen. Schon 1798 hatte man auch mit der Auflösung der kulturellen Freiheiten begonnen. 1874 wurden die ersten Wolgadeutschen zum Militärdienst ausgehoben, obwohl den Kolonisten „auf ewig" die Befreiung vom Militärdienst zugesagt worden war. Als dann auch noch Mißernten einbrachen, stand für viele der Wille zur Abwanderung aus dem wortbrüchigen Lande fest.

Kaiser Pedro II. wollte mit ihnen den Getreidebau entwickeln; vielleicht auch die Westgrenze absichern. (Siehe Farbbild 19.)

Pedro II. hatte offenkundig zu jenen „im Westen" gehört, welche die Vorgänge „im Osten" aufmerksam verfolgten, welche Haltung übrigens auch heute in vielen südamerikanischen Ländern festgestellt werden kann. Beweis für die Aufmerksamkeit Pedros ist mit die Tatsache, daß seine Abgesandten am frühesten mit den Auswanderungswilligen aus Rußland Kontakt aufnahmen und sie zur Ansiedlung in Brasilien einluden. Erst nachfolgend warben auch die USA und andere südamerikanische Länder, vor allem Argentinien, um sie.

Ebenso waren die von den Wolgadeutschen ausgesandten „Kundschafter" ohne Verzug nach Brasilien gereist und hatten dort größtes Entgegenkommen gefunden. Auf den deutschen HAPAG-Schiffen hatten sie dazu „freie Fahrt" erhalten. Brasilien willigte in alle Wünsche ein: in die kostenlose Landzuteilung nach freier Wahl (obwohl dergleichen seit 1830 nicht mehr üblich), in die Erwerbung als „Gemeindebesitz" (wohl an der Wolga, nicht aber in Brasilien bekannt) und in die „geschlossene" als auch „konfessionell getrennte" Ansiedlung (was ebenfalls nicht der damals herrschenden Kolonisationspolitik entsprach).

Möglich, daß Pedro II. mit der Erlaubnis zur geschlossenen Dorfanlage wieder eine Absicherung der Westgrenze Paranás durch „Wehrdörfer" im Auge hatte; eben erst war ja der Paraguay-Krieg beendet ... Auf alle Fälle erwartete sich Pedro II. mit der Ansiedlung der Wolgadeutschen jedoch eine Hebung des im argen liegenden Weizenanbaus. Auf Seite der Wolgabauern war ein *Karl Hartmann* die Seele des Unternehmens gewesen und auch er wollte für seine Landsleute wieder Weizenböden erhalten. Leider entschied er sich dabei entgegen den wohlgemeinten Ratschlägen der Regierungsvertreter für den waldoffenen Kampboden in der Gegend von *Ponta Grossa*, wohin sich der Kaiser auch sofort persönlich zur Begrüßung begab, als die ersten Gruppen aus Rußland eingetroffen waren. Durch die falsche Bodenwahl wurde dann bedauerlicherweise das mit so großen Hoffnungen auf eine umfangreiche Ansiedlung von Rußlanddeutschen in Paraná und auf ein damit verbundenes Getreidezentrum vorgetragene Kolonisationsprogramm zum Scheitern verurteilt. Der Boden erwies sich beim damaligen Stand der Landwirtschaft für den Getreidebau als ungeeignet. Erst ein dreiviertel Jahrhundert später gelang es den Donauschwaben, mit modernen Methoden den Wunschtraum des Kaisers zu verwirklichen. (Siehe Farbbild 20.)

Infolge dieses bald überall bekannt gewordenen Fehlschlags siedelten sich die nachfolgenden Auswanderer in den bereits erwähnten Ländern USA und Argentinien an. Jene wurden zu den siegreichen Konkurrenten Brasiliens. Die Vereinigten Staaten errichteten gleich schon an der russischen Grenze von *Eydtkuhnen* ein Werbebüro, das die Auswanderer nach Brasilien mit dem Hinweis auf die billigere, weil kürzere Fahrt nach Nordamerika erfolgreich abwarb. Argentinien stellte hingegen werbewirksam seine fruchtbaren Böden in der Pampa den „schlechten in Paraná" gegenüber. Daneben schreckte es aber auch vor gewaltsamen Eingriffen nicht zurück, indem es nach Brasilien bestimmte Auswandererschiffe auf hoher See aufbrachte und in argentinische Häfen beorderte. Doch entsandten die Argentinier auch Abwerber nach Brasilien selbst. Hierbei sei laut mündlicher Überlieferung, welche Brepohl–Fugmann[118] aufzeichneten, ein Wolgadeutscher namens „*Basgal*" den Argentiniern besonders behilflich gewesen. Tatsächlich stieß ich auf seine Existenz und Tätigkeit in *Entre Rios*, Argentinien, in Urkunden und auch, daß er den Vertragstext 1877 formulierte, in welchem es u. a. heißt: „Da ihnen (den Wolgadeutschen) aber weder das Klima noch die Gegenden Brasiliens zusagten, so haben sie sich entschlossen, in die argentinische Republik zu kommen; und weil sie deren Gebiet in verschiedenen Richtungen bereist haben, finden sie, daß jene Hindernisse nicht bestehen." Basgal muß sich tatsächlich zu Beginn in Brasilien aufgehalten haben und dann nach Argentinien weitergereist sein. Die unterschiedlichen Kaufbedingungen unterschlug er bei seinem Werbefeldzug. Denn während Brasilien den Grundbesitz schenkte, den es den „Fazendeiros" zuvor abgekauft hatte, mußten den argentinischen „Hazenderos" die geforderten Summen ohne staatliche Hilfe bar erlegt werden.

Tatsächlich haben sodann die Wolgadeutschen die argentinische Pampa, wie seinerzeit die Wolganiederung zu einer Getreidekammer und Argentinien zu einem Getreideexportland erhoben, nachdem sie, wie ich es schilderte, große Schwierigkeiten überwinden mußten.[119] Genau dasselbe haben die Wolgadeutschen aber auch in den USA zustande gebracht, hier die Prärie mit ihren großen Pflügen umbauend und ihr frostbeständiges Korn aussetzend, das in den Vereinigten Staaten erst den weltgroßen Getreidebau auslöste.

Als ich anläßlich der 200-Jahr-Feier der Vereinigten Staaten zum Festvortrag an die Universität in *Lawrence, Kansas*, und anschließend zum Studium des deutschen Elementes in der Prärie eingeladen wurde, begegnete ich u. a. eben auch den Nachkommen der Rußlanddeutschen und stellte um *Hays* dieselben Ortsnamen fest, wie wir sie in Brasilien erwähnten, bzw. als Auswanderungsorte urkundlich erwähnt finden, da sind *Mariental, Pfeifer, Köhler, Zug, Solothurn, Luzern*, so daß anzunehmen ist, daß die alten Gemeinschaften – z. T. offenkundig auch schweizerischen Ursprungs – erst auf der Reise auseinander gerissen wurden. Denn auch in der argentinischen Pampa bin ich diesen gemeinsamen urkundlichen Zeugnissen begegnet.

Pedros Projekt gescheitert: zu früh!

Die in Parana verbliebenen Wolgadeutschen mußten sich aber notgedrungen umstellen auf Milchwirtschaft, Mais- und Bohnenanbau sowie auf Mategewinnung. Von den vielen Dörfern um Ponta Grossa gingen *Moema, Taquari, Gertrudes, Pellado, Guarauna, Boluquara, Tavares, Bassos* wieder ein, bei *Lagos* hatte nur das katholische *Mariental* Bestand, während *Johannisdorf* als Wolgadeutschen-Siedlung unterging. Bei *Palmeira* gingen *Lago* und *Pugas* unter, während sich *Papagaios novos* und *Quero-Quero* hielten. Aus ihnen sieht man noch heute Frauen in weiten Röcken und typisch gebundenen

---

118 Brepohl, W. – Fugmann, W.: Die Deutschen in Parana, Curitiba 1929. S. 63 ff
119 Ilg, Karl: Pioniere in Argentinien, Chile, Paraguay und Venezuela. S. 126

Kopftüchern auf den Markt von Ponta Grossa und Curitiba kommen und ihre Erzeugnisse (Bohnen, Quarkkäse und goldgelbe Butter) feilbieten. Sie sprechen auch noch ihren eigenen Dialekt und zeichnen sich durch Hochschätzung ihrer Traditionen aus. Über diese soll im volkskundlichen zweiten Teil dieses Buches noch ausführlicher berichtet werden. Frau Elisabeth Frank hat in ihrem Roman „Helles Licht auf dunklem Leuchter"[120] ein ebenso ergreifendes wie anschauliches Bild des Lebens auf einem Wolgadeutschendorf auf dem Kamp von Ponta Grossa entworfen.

Die Kolonistentöchter werden heute wie ehedem gerne in brasilianischen Haushalten angestellt. Auch haben sich die Wolgadeutschen in nicht geringer Zahl in den Städten als Handwerker niedergelassen und dort Karriere gemacht.

Ihre häufigsten Familiennamen lauten auf Justus, Hilgenberg, Niesing, Jurk, Wichert, Albach, Gorte, Krutsch, Hardt, Christensohn – Norddeutschland verkörpernd –, während die Ott, Bauer, Markgraf, Rein, Stöcklein, Bach, Becher, Dechandt, Holzmann, Köhler und Eberle aus Süddeutschland nach Rußland und dann nach Brasilien ausgewandert sein dürften.

Herrenhuter in Paraná

1885 wanderte noch eine „Herrenhuter Brüdergemeinde" aus Rußland nach *Itapocu* in Santa Catarina ein und gründete 1886 „Brüdertal". Der letzte Transport von Wolgadeutschen nach Brasilien traf – mit bischöflicher Unterstützung – 1889 in Brasilien ein. Ihnen folgten sodann noch Österreicher aus der *Bukowina*.

Ab 1908 – als 1896 das Heydtsche Reskript wieder aufgehoben worden war – setzte auch wieder eine sehr starke Einwanderung aus Deutschland nach Paraná ein. Dabei wurden vor allem die bereits bestehenden deutschsprachigen Siedlungen verstärkt. Überall entwickelte sich – für Deutsche typisch – ein intensives Vereinsleben, wobei neben den kirchlichen Vereinigungen die „Schul- und Unterstützungsvereine", aber auch die „Gesangs- und Turnvereine" wichtige kulturelle, soziale und gesellschaftliche Aufgaben zu erfüllen hatten. Man kann direkt das Aufblühen der Vereine mit der Erstarkung des deutschsprachigen Elements oder bei deren Untergang die Abnahme desselben bis zur Bedeutungslosigkeit gleichsetzen.

Neben der Kolonie Rio Negro, von Santa Catarinensern, vor allem aus Dona Francisca, dem heutigen Joinville, gegründet, weiters *Castro*, von Deutschen ab 1880 besiedelt, *Lapa*, schon seit 1830 beschickt, und Ponta Grossa, 1875 von Deutschen aufgesucht, ab 1877 auch von den Wolgadeutschen besiedelt, erhielt vor allem Curitiba selbst in den ersten Jahrzehnten des 20. Jahrhunderts sehr starken deutschen Zuzug.

Starker Zuzug nach Curitiba

Herr Assessor Helmuth *Abeck*, dessen Eltern aus *Namibia* (Deutsch-Südwestafrika) eingewandert waren, erzählte mir 1977, daß die Landeshauptstadt bis vor 50 Jahren vielfach ein ganz deutsches Gepräge aufgewiesen habe; es hätte viele Straßenzüge mit weißgetünchten, gemauerten Häusern, davor Blumengärten mit aus Europa eingeführten Nippfiguren, Gartenlauben usw. gegeben. Vom Besuch Pedros II. 1880 in Curitiba wird erzählt, er wäre vor einem zweistöckigen Hause stehen geblieben und hätte erfreut und bewundernd gefragt, wer der Besitzer desselben sei; „ein Deutscher" war die Ant-

---

120 Frank, Elisabeth: Helles Licht auf dunklem Leuchter. Neuendettelsau 1957

wort. Beim nächsten Haus war es ebenso, worauf der Kaiser gefragt habe: „Bauen nur die Deutschen so hübsche Häuser?"

In Curitiba setzte das deutschsprachige Vereinsleben am 4. April 1869 mit der Gründung der „Germania" ein, 1874 folgte der „teutobrasilianische Verein Concordia", 1884 deren beider Zusammenfassung im „Deutschen Sängerbund", wobei dessen Namensgebung wie folgt begründet wurde: „Die Pflege des Gesanges und besonders des deutschen Liedes, in welchem sich das deutsche Gemüt, also etwas gerade unserem Volke so recht Eigentümliches, ausgeprägt findet, bleibe in der Fremde immer das erste und stärkste Bindeglied zur Gesellschaft und alten Heimat." In der Tat lernen auch viele Brasilianer über deutsche Lieder die deutsche Sprache und ist die Liedpflege auch eine eminente Sprachpflege.

Dem Gesangsverein folgte 1882 der Theaterverein „Thalia" nach, 1883 der „teutobrasilianische Turnverein", 1895 der „Deutsche Schützenverein", 1884 der „St.-Elisabeth-Verein", 1897 die „Freiwillige Feuerwehr", 1900 der „Handwerkerunterstützungsverein", am 28. Mai 1928 der „Bund der Österreicher" und mit ihm fast gleichzeitig der „Schweizerklub."[121]

Meine im letzten Jahrzehnt mehrfach in Curitiba gehaltenen Vorträge wurden bezeichnenderweise stets von allen drei Vereinen, der Bundesrepublik, der Schweiz und Österreich, gemeinsam veranstaltet. Stets waren auch die Generalkonsule dieser Länder anwesend bzw. übernahmen meine Begrüßung, wofür ich ihnen an dieser Stelle danken möchte. Vor allem aber danken wir dem österreichischen Generalkonsul Rainer von Harbach; er und seine liebenswürdige Gattin bescherten uns schon das erste Mal einen reizenden Empfang, bei welchem neben vielen Honoratioren und allen deutschsprechenden konsularischen Vertretern auch der Rektor der Universität erschienen war und in der meinen herzlichen Danksworten folgenden Ansprache seine Verbundenheit mit den europäischen Universitäten und die Tatsache hervorhob, sein Wissen und medizinisches Können in erster Linie seinen Wiener Lehrern zu verdanken. Prof. *Reinhold Bossmann* war der bedeutendste Germanist dieser Universität.

Den drei landsmannschaftlichen Vereinigungen waren im übrigen zur Zeit der Gründung auch wichtige soziale Aufgaben übertragen gewesen. Da diese heute von anderen Einrichtungen getragen werden, dienen sie ebenfalls vordergründig gesellschaftlichen Zielen. Neben der Pflege des Gesanges und Tanzes, der Folklore, werden die Mitglieder durch „Chop-(Bier-)feste" mit Hofbräuhausgesängen und Sambaliedern, Exkursionen und Vorträgen zu einer nicht zu vermissenden Gemeinschaft zusammengehalten.

Die schulischen Aufgaben wurden ebenfalls nicht vernachlässigt. Am Ende fanden sie ihre Krönung in der Gründung der erwähnten „ersten brasilianischen Staatsuniversität".

An der Gründung von Schulen hatten religiöse Institutionen ebenfalls immer großen Anteil: Fast zur selben Zeit wie in Curitiba wurde auch in Rio Negro 1903 von den „Schwestern der göttlichen Vorsehung" eine Mädchenoberschule errichtet. 1923 übersiedelte das uns bekannte, 1895 von den Franziskanern in Blumenau errichtete „Colegio Seraphico" nach Rio Negro. In Ponta Grossa hatte die evangelische Kirchengemeinde 1894 die „Deutsche Schule" gegründet, in Castro 1896 den Schulverein „Deutsche Einigkeit". Nachfolgend hatten auch *Bom Gardin, Iraty, Victoria, Concordia, Cruz Machado, Independencia, Encalitado, Linha Paraná*, die Kolonien *Iracema-Straße* und *Victoria-Straße* endlich – 1928 – auch *Esperanca* und *Serra Negra* deutsche Schulen erhalten.

Die kulturelle wie religiöse Betreuung der Wolgadeutschen hatten schon lange – wie übrigens in Argentinien auch – die Steyler Missionare erfolgreich übernommen.

---

121 Abeck Helmuth: Deutsche Mitarbeit in Parana, Colabaracão Germanico no Parana, 2. Auflage, Curibiba 1980.

Deutsche Handwerker und Industrielle in Curitiba

Das erwähnte, von Pastor Fugmann herausgegebene „Jahrhundertbuch" der deutschen Einwanderung in Paraná gibt auch überzeugend Einblick in die erstaunliche Präsenz der deutschen Handwerks- und Industriebetriebe in Curitiba um 1930. Konditoreien und Restaurants, Nudel- und Schokoladefabriken, Porzellan-, Glas- und Beleuchtungswarenerzeugung, Färbereien, Bierbrauereien, Maschinenwerkstätten, Gießereien, Bau- und Möbelfirmen lagen größtenteils in der Hand deutschsprachiger Bürger. Aus den kleinen Handwerkern waren eben vielfach, wie mir der langjährige Präsident der deutschbrasilianischen Handelskammer Joao Maschke (1955–1970) in Curitiba erklärte, kleinere und größere Fabrikanten geworden. Auf seinen Großvater geht auch die Gründung der über ganz Brasilien sich erstreckenden Bierbrauereigesellschaft „Brahma" zurück. Die Firmenbezeichnung erklärt sich aus „Brauhaus Maschke".

Nach dem Zweiten Weltkrieg entwickelte sich Curitiba zu einem „zweiten São Paulo", indem es große Ländereien in Papagaios novos, der einbezogenen, verstädterten Wolgadeutschensiedlung, planvoll zur Errichtung von Industrien zur Verfügung stellte. (Siehe Buchumschlag Rückseite oben.)

Viele Industrien von São Paulo haben seitdem hier Zweigniederlassungen aufgebaut, in besonderer Weise jedoch die „Siemenswerke".

GROSSE DEUTSCHE ZUWANDERUNG NACH PARANÁ NACH DEM ERSTEN WELTKRIEG

Schon in den 30er Jahren hatte sich eine besonders starke Zuwanderung aus dem deutschsprachigen Mitteleuropa nach Paraná vollzogen. Zu den frühesten Versuchen zählt an seiner Grenze eine mit großen Hoffnungen gegründete österreichische Kolonie, die ich hier mitzähle.

Die untergegangene Colonia Austria

Der noch 1918 durchgeführte Eisenbahnbau der *Sorocaba-Linie* hatte bald mehrere Koloniegründungen, teils durch neue Einwanderer, teils durch inländische Deutsche, ausgelöst gehabt. So entstanden damals bei *Presidente Prudente* in der Folge die Kolonien *Aimorè, Quellental, Costa Machado* sowie *Wolhynia* und *Colonia Rio Grandense*. Die Namen der Siedlungen erlauben auch Schlüsse über die Herkunft der Siedler. Kurz nach Ende des Ersten Weltkrieges, 1923, bemühten sich auch beschäftigungslos gewordene Sticker und Textilarbeiter des Vorarlberger Rheintales unter Mitwirkung des Landtagsabgeordneten *Breuß*, des Ortspfarrers *Meusburger* und des Gemeindearztes *Dr. Rudolf Grabher* um Landerwerb im Staate São Paulo.

Es gelang ihnen ein Landerwerb auf der *Fazenda Corredeira*, unweit der Stadt *Itararè*. Sie nannten die darauf gegründete Kolonie hoffnungsvoll „*Colonia Austria*", auf diese Weise den Plan zu einer ebenfalls großen österreichischen Ansiedlung anzeigend.
Da die Verbindung mit ihr völlig verlorengegangen war, hatte uns die Vorarlberger Landesregierung ersucht, der Existenz dieser Siedlung mit unseren engeren Landsleuten nachzugehen. Der Weg zu ihr führte uns von Ponta Grossa, der größten Stadt im „Interior" von Paraná, mehrere hundert Kilometer in nordwestlicher Richtung, wobei unser im roten Staub eingehüllter Omnibus die höchste Serrastufe zu überwinden hatte. Wir gelangten in eine geradezu siedlungsleere Zone. Sie bildet die Grenze zum anderen Staat. Unsere Gäste im Omnibus waren halbwilde Gesellen. Wohl nicht umsonst war auch Polizei zugestiegen. Unser nächstes Ziel war Itararé. Dort hofften wir, genauere Nachrichten zu erlangen.
Itararé liegt am nördlichen Abhang der Serra. Als wir bei stockdunkler Nacht ankamen und uns nach einer „Colônia Austria" erkundigten, gab es nur die einhellige Antwort „Nã tem!". Dennoch fanden wir sie. Sie heißt heute *Barias das Sedas*. Dazwischen hieß sie *Corredeira*. Die Siedlung hatte also dreimal den Namen geändert.
Die Kolonie lag in einer sehr ansprechenden und auch fruchtbaren Landschaft in 500 Meter Höhe

und hat viel Ähnlichkeit mit der Gegend nördlich des Bodensees. Doch die Siedlung ist heute erloschen. Nur noch zwei Familien haben sich auf ihr erhalten, zwei Lustenauer namens *Grabherr-Meyer*. Der eine ist kinderlos, die Kinder des andern können kaum noch Deutsch. Wie sollen sie sich in dieser Vereinsamung auch halten? Die abgewanderten Vorarlberger überließen die von ihnen mühselig gerodeten „Sitos" (Höfe) um billiges Geld den ihnen nachfolgenden Italienern. Diese kehrten großzügig mit dem Pflug die fruchtbare Scholle um, während es die Vorarlberger nur mit der Hacke versucht hatten. Die arbeitslosen Sticker waren eben keine Bauern gewesen. Zuerst hatte man ihnen Baumwolle zu pflanzen angeraten, von 1926 bis 1931 versuchten sie es mit Seidenraupenzucht.

Sie standen ohne richtige Führung da. So kam es weder zu einem Kirchenbau und viel zu spät zur Erstellung einer Schule. Als 1934 die Bürgerkriegskämpfe auch unsere Kolonie heimsuchten, verließen viele den Boden, mit dem sie nicht vertraut geworden waren. Sie haben sich verschiedentlich, zum Teil um São Paulo, niedergelassen. Die letzten verließen 1947 ihren Besitz, auf dem andere heute hohe Erträge ernten, die angesichts der verbesserten Verkehrs- und Marktlage auch guten Absatz finden.

Hier war also nicht der Boden schuld, daß die Kolonie nicht gedieh, auch nicht das Fehlen einer (Boden-)Reserve. Es fehlte an Führung und Leitung. Die einzelnen waren sich selbst überlassen gewesen. Die zwei Zurückgebliebenen sind in allem ein Mahnmal, „wie es nicht geschehen soll". Eine Rettung der Kolonie ist nicht mehr denkbar.[122]

Roland und Neu-Danzig entstehen

Knapp zehn Jahre nach dieser Koloniegründung vollzog sich weiter im Westen Paranás mit Angehörigen von über 40 Nationen, aber besonders vielen Italienern, Japanern und Deutschen die Umwandlung eines riesigen Urwaldgebietes in ein am meisten erschlossenes Gebiet im Interior der brasilianischen Bundesstaaten.[123]

Den Plan dazu hatte der fortschrittliche Gouverneur Manuel Ribas mit Hilfe der „Companhia Terras Norte do Paraná", die ein Teilunternehmen eines englischen Stahltrusts war, zu verwirklichen versucht. „Außer dem Bauvertrag, der den Betrieb der Eisenbahn in die Hände der Engländer legte, wurden diesen noch die Rechte riesiger Ländereien zu niedrigsten Preisen rechts und links der Bahn zur Kolonisierung übereignet."[124]

Umgekehrt besaß insbesondere Europa nach dem Ersten Weltkrieg eine Masse von Auswanderungswilligen; Deutschland mit 70 Millionen Einwohnern hatte allein 6 Millionen Arbeitslose.

Um der Not der Arbeitslosen nach dem ersten Weltkrieg entgegenzutreten, nahm die „Gesellschaft für Siedlung im Ausland" bzw. ihr Leiter, Minister a. D. *Dr. Erich Koch-Weser*, seinerzeit Oberbürgermeister von *Kassel*, auch Verbindung zum englischen Eisenbahnunternehmen in Nordparaná auf.

Um Fehlinformationen zu vermeiden und deutsche Auswanderungswillige vor Irreleitungen und Katastrophen zu verschonen, hatte sich nämlich die deutsche Reichsregierung 1926 unter Reichskanzler Luther entschlossen, selbst eine staatlich geförderte und kontrollierte „Gesellschaft für wirtschaftliche Studien in Übersee" zu gründen. Mit in deren Aufgaben eingebunden war auch die Suche nach möglichst großen Siedlungsräumen, um in diesen eine umfangreiche deutsche Ansiedlung zu tätigen. Mit solchen Aufgaben in Brasilien wurde Dr. Koch-Weser beauftragt, der sich auch selbst mit dem Gedanken an Auswanderung befaßte.

Neben wirtschaftlichen Nöten wurden es zunehmend auch politische, welche Deutsche an Auswanderung denken ließen.

Stand am Anfang der dreißiger Jahre ein Großteil der Arbeiterschaft dem Kommunismus bzw. extremen sozialistischen Ideen nahe, so wandte sich dieser später einer Idee zu, aus der die natio-

---

122   Ilg, Karl: Pioniere in Brasilien. Innsbruck–Wien–München 1971. S. 89 ff
123   vgl. Aulich, Werner: Alemães no Paraná. Curitiba 1953. S. 122 ff
124   Schlieper, Gustavo: Die Geschichte der Familie Gustavo und Herta Schlieper, im Jahre 1933 ausgewandert nach Brasilien. Eigenverlag. Rolândia 1974. S. 21

nalsozialistische Partei und Massenbewegung hervorging. Ebenso wie Angehörige der ersteren Parteirichtungen, suchten damals auch christlichsoziale Parteigänger ihr Heil im Ausland, von der Hoffnung getragen, nach vorübergegangenem Gewitter dem Vaterland wieder voll zur Verfügung stehen zu können. Auch Koch-Weser gehörte zu ihnen.

In Verhandlung mit der englischen Tochtergesellschaft gelang es ihm auch noch, einen Teil der den deutschen Ansiedlern beim Landkauf zufallenden Finanzlast durch Lieferung von Eisenbahnschienen durch deutsche Firmen zu kompensieren und so das Geschäft zu beschleunigen.

Auch war Koch-Weser in Hamburg mit dem aus *Sumatra* heimgekehrten, in der Hansestadt geborenen Farmer und Makler Oswald Nixdorf zusammengetroffen, dem er nun, „wie gerufen", die Geschäfte eines Kolonieleiters und Siedlungsberaters an Ort und Stelle, mit den nötigen Erfahrungen ausgestattet, übergeben konnte.

Nixdorf hatte im bekannten *Witzenhausen* seine Schulung genossen, in welchem viele hervorragende Koloniefachleute herangebildet wurden. Der Landpreis pro „Kolonie", auch hier „Los" oder „Lote" genannt, wurde mit 1000 RM festgelegt. Ein „Los" umfaßte, wie seit langem, wieder 10 Alqueiren oder genau 24,2 ha. Die brasilianische Regierung erhob keine Einwände, so daß durchaus die Aussicht bestand, den seinerzeitigen Plan Pedros II. einer großen Ansiedlung der Wolgadeutschen mit anderen Deutschen zu verwirklichen. Nixdorf war bereits 1932 mit den ersten Siedlern – wieder Schwaben – ins Koloniegebiet abgereist, in dessen dichtem Urwald Wolgadeutsche als von der Eisenbahngesellschaft gemietete Holzfäller und Arbeiter die „Schneisen" zu den „Losen" geschlagen hatten.

Voll Begeisterung konnte Nixdorf Koch-Weser berichten, daß der Boden der Kolonie ausgezeichnet sei und „von Kennern als viermal besser als jener des Kaffeelandes von São Paulo eingestuft" werde. In der Tat handelte es sich hier um eine weit verbreitete „Terra roxa", Roterde vulkanischen Ursprungs, in einer nicht seltenen Mächtigkeit von 15 bis 20 Metern! Auch an diese Tatsache konnten sich mit Recht viele große Hoffnungen knüpfen; den von Arbeitslosigkeit, Weltwirtschaftskrise und Bodenknappheit geplagten Landsleuten bot sich ein weites fruchtbares Land mit für Europäer günstigem Klima als neue Heimat an. Die im Bau befindliche Eisenbahnlinie garantierte im voraus die Verkehrserschließung. Bei der Gründung von *Terra Nova* unweit Castro, das wir noch kennenlernen, hatte letzte Tatsache ebenfalls eine große Rolle gespielt.

Gleichwohl blieb der erwartete Kolonistenstrom aus Deutschland aus. Die am 30. 1. 1933 zur „Machtergreifung" gelangte nationalsozialistische Partei hatte andere bevölkerungspolitische Pläne und stand einer Auswanderung großer Gruppen ablehnend gegenüber. Nixdorf warb – wie Friedrich Prüser in „Roland und Rolandia"[125] ausführte – um Siedler, wo überall er konnte, damit die ausgeholzten Schneisen nicht nutzlos verunkrauteten.

Er fand sich, wie wir vernahmen, auch rechtzeitig bei der Landung der „Tiroler" in Santos 1933 ein: „Herr Minister, ich habe fruchtbarstes Land entdeckt, kommen Sie zu uns!" Doch Minister Thaler erkundigte sich, wie mir Nixdorf selbst schilderte, „ob Berge in der Gegend wären." Als Nixdorf eine verneinende Antwort gab, habe Thaler abgelehnt. Er sei es seinen Leuten schuldig, ihnen eine der Heimat ähnliche Landschaft zu vermitteln. Doch ebenso, wie dieser ablehnte, fielen auch andere aus.

1936 wurde zwar der Bahnbau vollendet und *Londrina* erreicht. Jedoch an Stelle von „vielen Deutschen" strömten nun Angehörige anderer Völker, Portugiesen, Spanier, Italiener, Polen, Tschechen, Engländer und Japaner, ins fruchtbare Land.

Die Auffahrt von Ponta Grossa nach dem nordwestlichen Paraná mit den bekannten

---

125 Prüser, Friedrich: Roland und Rolandia. Bremen 1947. S. 49, vgl. auch Schauff Johannes, 25 Jahre Rolandia, Bonn 1957

Kaffeestädtchen Londrina und *Rolândia* ist großartig! Ein eleganter schwerer Omnibus fährt mit 80 bis 90 Stundenkilometern die herrlich angelegte „Estrada do Café" dahin. Auf Asphaltstraße!

Die „Estrada do Café" hilft nicht nur, das „Schwarze Gold" von Paraná, den Kaffee, rasch und sicher über den Steilabfall der Serra do Mar an den Hafen Paranaguá zu befördern, sie erschließt auch ein Hinterland, das bis jetzt wenig und vielfach einzig von Indios besiedelt war. Stundenlang fährt man durch niedergebranntes Waldland, in dem sich der Buschwald breitmacht. In ihm eingebettet liegen die kleinen Einzelhöfe und Weiler der Caboclos. Die Kinder sieht man zum Teil nackt unter der Tür stehen. Beim Hof ein Pferch mit kleinen, schwarzen Schweinchen, rundherum, ziemlich verunkrautet, kleine Mais- und Maniokroças. Vieles wird sich bald ändern!
Londrina nennt sich mit Recht „a cidade que mais cresce no estado"; es ist die am schnellsten, aber auch am schönsten wachsende Stadt Paranás. Rolândia aber darf sich als reizende Villen- und Gartenstadt bezeichnen. Sie zählt 20.000 Einwohner, Londrina 80.000. Die Städte haben ein Alter von 50 Jahren, den Rang eines Munizips genießen sie seit 1935 bzw. 1944.
Doch Rolândia und *Cambe-Neudanzig* blieben die einzigen deutschen Siedlungen. Und auch diese sind, wie wir es noch zu erörtern haben, gefährdet. Den ersten „Schwaben" war allerdings noch eine größere Gruppe aus Deutschland nachgefolgt, von Koch-Weser selbst angeführt. Es handelte sich um Techniker, andere Akademiker und Geschäftsleute, die sowohl aus weltanschaulichen als auch rassischen Gründen die Heimat rechtzeitig verließen. Eben diese Gruppe von Siedlern aus Deutschland war erfreulicherweise in die Lage versetzt, größeren Landkauf zu tätigen und diesen auf Grund ihrer Bildung und Fähigkeiten auch vorbildlich zu nützen. Diese hier angesiedelten Deutschen verfügten über zwei Dinge, welche beide zugleich die meisten Siedler nicht besaßen.

Deutschsprachige Kaffee-Fazendeiros

Sie wurden vermögende „Kaffeefazendeiros". Denn als mit Beginn des Zweiten Weltkrieges Paraná, in einem unglaublichen Vorgang der Rodung und Kultivierung, in wenigen Jahren die Kaffee-Erzeugung von São Paulo überflügelte und zum größten Kaffeeproduzenten Brasiliens mit 950 Millionen Kaffeesträuchern und einer Jahresleistung von 1,004.000 Tonnen aufrückte, waren sie daran in entscheidender Weise beteiligt.
Sicherlich waren ihnen auch Klima und Boden hilfreich, wie es andere vergebens erhofften. (Siehe Farbbild 22.)

Die „terra roxa" bedeutet dicken, fruchtbaren Humus. Unter ihm liegen 1000 Meter Basalt. Die Decke neigt sich dem Paraná zu. Er bildet den größten tektonischen Grabenbruch Südamerikas, etwa dem Rheintalgraben vergleichbar. Als sich dieser Riß durch die Westtrift in der Erde öffnete, entströmten ihm flächenartig riesige Lavamassen: unsere Roterde. Ihre Röte ist hier besonders intensiv. Sie färbt Schuhe, Kleider, Autos, Häuser, kurz, alles rötlich. Sie macht den Müttern, die ihre Kinder sauberhalten wollen, ordentlich Sorgen. Die Plantagenbesitzer aber sind stolz und glücklich über diese Röte. Sie ist ein Zeichen bester Bodenqualität.
Ein Kaffeestrauch in der Höhe von 1,5 bis 1,8 Meter und etwa einem Meter Durchmesser gibt eine normale Ernte von 20 bis 30 Kilogramm Bohnen Rohkaffee ab. Die Säcke werden zu 40 Kilogramm gehandelt. Für einen Sack erhält der Kolonist 80 bis 100 Novo-Cruzeiros. Ich habe viele Kolonisten mit einem Besitz von 25.000 bis 30.000 Kaffeesträuchern angetroffen. Der gebildete Mittelstand verfügt über etwa 80.000 Sträucher und muß allerdings zu ihrer Betreuung Agregados – Landarbeiter – nehmen. Sie wohnen dorfartig unter der Führung eines Aufsehers in kleinen Holzhäuschen inmitten der Plantagen. Man spricht hier von einer Granja (sprich: Granscha). Die Fazendeiros verfügen über Besitzungen von 500.000 bis 1,000.000 Kaffeebäumchen. Doch gibt es

solche nicht in Rolândia. Auf der 700 Kilometer langen Autostraße von São Paulo waren auf den letzten 300 Kilometern solche Großgrundbesitzer anzutreffen. So weit das Auge blickte, nur wohlgeordnete Kulturen von Kaffeebäumchen – nichts als das! Monokultur auf einer Fläche von halb Österreich. Wir erinnern uns noch, wie nach dem Krieg der Kaffee die „harte Währung" bildete. Damals wurden die Leute hier reich. Sie haben den Wohlstand behalten, denn die brasilianische Regierung erblickt im Kaffee heute noch gewissermaßen das Mittel zur Deckung ihrer Währung. Die Kaffeebauern stehen unter ihrem Schutz, allerdings auch unter ihrer Kontrolle.

Leider haben die Mißjahre der jüngsten Vergangenheit, nicht zuletzt durch die schonungslosen Abholzungen im neuesten Rodungsvorgang, so daß die kalten Südwinde ungehindert in die Tropen einbrechen und verheerende Fröste auslösen, zu einem Niedergang der Kaffeekultur Paranás um die Hälfte und damit zur Umstellung auf andere Anbaupflanzen geführt. Wir kommen darauf noch zurück.

Zunächst aber gestatteten die wirtschaftlichen Fortschritte in dieser Kolonie auch einen frühzeitigen Übergang von dem überall bei der Kolonisierung gegebenen Primitivzustand zu gehobener Lebenshaltung. Dabei zeigte sich auch hier, daß die Kolonisten ehestens zur deutschen Kultur zurückkehren wollten. Schon 1934 kam es zur Gründung des „Deutschen Kulturvereines", der heute als Verein „Concordia" fortlebt.

Durch viele Jahre führte die deutsche Schule der aus dem Saarland stammende Lehrer *Nikolaus Kempf*. Auch Vortragende und Theatergruppen aus Deutschland wurden eingeladen.
Die Hochachtung vor den deutschen Kulturwerten blieb auch bei den jüdischen Siedlern verwurzelt und kam stets offenkundig zum Tragen.
Ich habe auch eine Reihe von Einladungen in jüdische Familien erhalten und mir als stillem Beobachter dieser Menschen, ihrer Reden, ihrer Erinnerungen, ihres Milieus, das sich in Garten und Haus zeigte, objektiv sagen müssen, daß in ihnen fast ausschließlich deutsche Kultur lebte und noch lebt. Es muß z. B. für *H. Maier*, der den Ersten Weltkrieg als Hauptmann eines Artillerieregimentes durchmachte, eine harte Stunde gewesen sein, aus seiner Vaterstadt Frankfurt schmählich auszuziehen.[126] (Siehe Farbbild 22)
Die Mißachtung der milieubedingten Gegebenheiten neben den rassischen hat m. E. entsetzliche Konsequenzen ausgelöst.

In Rolândia gründete Dr. Maier den „Pro Arte Club".

Anläßlich meines Vortrages in ihm kamen die gegensätzlichen Gruppen erstmals zu einer gemeinsamen Veranstaltung zusammen. Die durch die politische Vergangenheit geschlagenen Wunden heilen langsam. Doch das gemeinsame Kolonistenschicksal wirkt auch hier verbindend.
Wir haben namentlich zwei Familien, *O. Nixdorf* und *Dr. G. Schlieper*, für ihre Gastfreundschaft und die gute Einführung in die Probleme der Kolonie zu danken. Im brieflichen Kontakt werden wir ständig über diese auf dem laufenden gehalten.
Dr. Schlieper aus Fritzlar verließ, vordem einflußreicher Techniker bei den AEG, später Abteilungsleiter bei Lorenz/Berlin, Deutschland 1935 und entwickelte in Rolândia einen großen Sägebetrieb, bevor er sich 1939 im Kaffeeanbau ein „Betätigungsfeld" schuf, „so interessant, daß dies viel des Verlorenen aufwog"[127]. Er verlor nie den Kontakt mit der Wissenschaft, und seine jährlichen Rundbriefe zeugen von einer imponierenden Belesenheit und Weltaufgeschlossenheit.
Von Oswald Nixdorf war bereits die Rede. Seine erfolgreichen Bemühungen um Rolândia treten neuerdings in seiner Selbstdarstellung[128] ungeschminkt zu Tage. Er blieb nicht von Intrigen verschont. Er gab der Kolonie den Namen, wie er selbst aus Bremen stammt. Ihm war es auch zu danken, daß seine Vaterstadt der Kolonie 1957 eine genaue Nachbildung der Rolandstatue vor dem Bremer Rathaus in Dreiviertelgröße des Originals stiftete. Heute ist sie der Stolz der Einwohner der Stadt, nicht nur der Deutschen. Ein Padre bemerkte zu mir lächelnd, er hätte auch schon

---

126 Maier, Max Hermann: In uns verwoben, tief und wunderbar. Erinnerungen an Deutschland. Frankfurt a. M. 2. Auflage 1975 – derselbe: Ein Frankfurter Rechtsanwalt wird Kaffeepflanzer im Urwald Brasiliens. Bericht eines Emigranten 1938–1975. Frankfurt a. M. 1975
127 Schlieper, Gustavo: Die Geschichte der Familie Gustavo und Herta Schlieper, im Jahre 1933 ausgewandert nach Brasilien. S. 27
128 Prüser, Friedrich: Roland und Rolandia. Zur Aufrichtung eines Bremer Rolands im brasilianischen Rolândia. Bremen 1957. Besonders: Deutsche Siedlung in Brasilien. S. 44 ff

alte Mütterchen gesehen, die beim Vorübergehen ein Kreuzzeichen machten, „wohl in der Annahme, daß Roland ein Heiliger sei".
Unter der Leitung Nixdorfs entstand in Rolândia nunmehr auch eine Stickstoffabrik. Ein Zeugnis, daß mit dem ewigen Raubbau Schluß gemacht werden soll. Daß dies hier in Rolândia, in einem der humusreichsten Gebiete, erfolgt, ist ein Beweis erstklassigen deutschen Pioniergeistes.[129]
Im vergangenen Jahr schloß er die Augen –.

Zukunft nicht sorgenfrei

In der Vergangenheit wurde diese Kolonie häufig und mit Recht als besonders hoffnungsvoll und vorbildlich hingestellt. Bei der 25-Jahr-Feier der Gründung Rolândias 1957 hatte man noch den Mut, eine eigene Zeitschrift – „Roland" – aufzulegen, deren Redaktion in den Händen der Kulturvereinigung „Pro Arte" lag. Koch–Weser hatte in ihrer ersten Nummer die wichtigen Sätze in bezug auf die Integration niedergeschrieben:
„Ein zu jäher Sprung von der deutschen in die brasilianische Denkart läßt den Deutschstämmigen meistens seine bisherige Kulturstufe verlieren, um auf einer tieferen Stufe der brasilianischen Kulturwelt wieder neu zu beginnen. Je länger er wirklich zweisprachig bleibt und die Tradition der Vorfahren bewahrt, umso höher wird auch die brasilianische Kulturstufe sein, auf die es ihm überzugehen gelingt; und umso mehr europäische Werte kann er mit sich nehmen und für Brasilien fruchtbar werden lassen."[130]
Obwohl die Kolonie ein großes Intelligenzpotenzial auszeichnet, fand sich aber unter den Befähigten keine Persönlichkeit, die sich für eine allseits anerkannte Führung eignete. Die divergierenden Kräfte waren stärker. Die Zeitschrift „Roland" mußte ihr Erscheinen 1964 wieder einstellen. Von den 500 Mitgliedern des Klubs Concordia, der Nachfolgerin des „Deutschen Kulturvereins", sind nur noch 15 Prozent deutschsprachig. Den letzten Deutschunterricht gab Frau Hildegard Kempf 1974. Auch der Kulturverein „Pro Arte" leidet an Besucherschwund. Vor allem aber fehlt der Kolonie die aufbauende Jugend. Sie hatte die Möglichkeit, Hohe Schulen in den Großstädten zu besuchen, und ist vielfach in diesen verblieben. Zur Arbeit auf den Plantagen, welche von Landarbeitern besorgt wird, wurde sie nur selten herangezogen; daher konnte sie auch zum Boden kein über das Materielle hinausreichendes Verhältnis gewinnen. Mischehen sind unter den Jugendlichen die Regel, die Nachkommenschaft der hervorragenden Familien nicht ausgenommen.
Man ist versucht anzunehmen, daß die vom Koch-Weser so objektiv beurteilten Voraussetzungen für eine erfolgreiche Integration in Rolandia – früher als es jener ahnte – bereits eingetreten sind.
Leider wurde die Kolonie auch in wirtschaftliche Nöte und daraus folgende Umstellungen gedrängt.

Als ich Rolândia vor wenigen Monaten wiedersah, erkannte ich die Landschaft kaum wieder! Das einst dominierende dunkle Grün der Kaffeesträucher war vielfach dem Goldgelb der Weizenfelder und dem hellen Grün der Sojaplantagen gewichen.

In der Nacht auf den 18. Juli 1975 brach ein schwerer Frost auf die Kaffeeplantagen Paranás herein. Obwohl das Thermometer nur 4 Grad minus anzeigte, mußten von den 950 Millionen Kaffeesträuchern 450 Millionen ausgerissen werden. Sie waren erfroren. 1978 brach nochmals ein schwerer Frost auf die Kulturen herein. Begreiflich, daß

---

129 Nixdorf, Oswald: Pionier im brasilianischen Urwald. Tübingen–Basel 1979. S. 3/3
130 Die Einweihung der „Ricasa" in der Kolonie Rolândia. In: Brasil-Post, 29. 6. 1968, Nr. 917, S. 17

Rolândia und seine Nachbarsiedlungen seitdem in der Abkehr von der Monokultur eine wichtige Existenzgrundlage erkennen.
Für eine Reihe von Kolonisten war die Katastrophe auch Anlaß zur Abwanderung.

Terra Nova

Neben Rolândia und Cambe war in jener Zeit Deutschen auch das Gelände von Terra Nova über die „Gesellschaft für Siedlung im Ausland" vermittelt worden.[131] Man muß ihm in 1000 m Höhe durch den dichten Urwald zuschreiten. Dann öffnet sich – so schrieb ich – „ein lieblich aus ihm herausgerodetes, welliges Plateau. Viele Häuser sind bereits gemauert. Es werden Weizen, Reis, Kartoffeln, Süßkartoffeln und Mais angebaut und mit letzteren die Schweine gefüttert." Die Kolonie bestand zu zwei Drittel aus Wald und einem Drittel aus „Kamp". Es liegt westlich von Ponta Grossa. (Siehe Farbbild 26.)
Auch hier hatte die englische Eisenbahngesellschaft die relative Gewißheit des Absatzes gegeben. Wie in Rolândia hatte auch in Terra Nova neben der wirtschaftlichen Not in Deutschland die politische, weltanschauliche Not den Anlaß zur Gründung geboten.

Verschiedene Anzeichen auf wachsende Unduldsamkeit, auf Einengung der persönlichen Freiheit und auf nahende Kriegsgefahr hatten viele gereizt, den Lockrufen zur Auswanderung Folge zu leisten. Zu diesen gesellten sich später auch noch jene, welche z. T. mit Recht eine Verfolgung nach dem Kriege zu befürchten hatten.[132]
Nach Terra Nova kamen zunächst Leute der ersten Gruppe, einfache Arbeiterleute, vornehmlich aus Schwaben, die aus weltanschaulichen Gründen eine persönliche Konfrontierung mit dem Nationalsozialismus befürchteten und dieser rechtzeitig aus dem Wege gehen wollten, Sozialisten, noch mehr Christlichsoziale. Das Kolonistenschicksal hatte sie hier gerade allmählich zu einer Gemeinschaft zusammengeführt, als nach dem Zweiten Weltkrieg jene weitere Gruppe eintraf, die jener Partei angehörte, vor deren Gewalt die ersten geflohen waren, ein Ereignis, das sich in vielen Kolonien wiederholte und in allen begreiflicherweise zu argen Belastungen führte.

Erstmals in der Koloniegeschichte wurden die Kolonistengemeinschaften in den 30 Jahren durch politische Gegensätzlichkeiten gestört und kam es zu bisher unbekannten, die Existenz der Kolonien gefährdenden Zerreißproben. Die Einigung war auch hier schwer.
Hier gelang sie der gütigen und tüchtigen Familie *Hoffmann* und ihrer Tochter *Alice*, die Lehrerin ist.
Zur 25-Jahr-Feier des Bestehens der Kolonie wurde ein neues Schulgebäude zustande gebracht. Auch wurde ein Kulturbund gegründet, der sich dem „25. Juli" anschloß und dem unter den gegebenen 50 Familien 50 angehören! Unter einer tüchtigen Lehrerin besuchen von den 27 Schulkindern, darunter 16 Buben, alle den deutschen Sprachunterricht und schneiden mit ihrem Opfer, zweimal in der Woche den obligaten Unterricht von 12 bis 13 Uhr verlängert zu bekommen, so gut ab, daß ihre deutschen Theateraufführungen usw. ein Stolz der Gemeinde sind.
Überall ist jedoch die Einigung und gute Führung die Voraussetzung für das Gedeihen.

Politische Gegensätze in unseren Kolonien lange unbekannt; die Kirchen

Die in den letzten Kapiteln mehrfach angeführten politischen Gegensätzlichkeiten nötigen noch zu einigen Bemerkungen:

---

131 Aulich, Werner: Alemães no Paraná. Curitiba 1953. S. 157
132 Maack, Reinhard: Die neuerschlossenen Siedlungsgebiete und Siedlungen im Staate Paraná. In: Jb. A. Jg. 11, 1937/38, H. 2., S. 208–242

Unsere Kolonien hatten bis jetzt nur die Gegensätzlichkeit des christlichen Bekenntnisses an Ort und Stelle zu verkraften gehabt. Von Anbeginn an hatte nämlich die brasilianische Regierung Katholiken und Protestanten gemeinsam angesiedelt, und nur bei den altösterreichischen Kolonien war in der Regel ein einziges Bekenntnis anzutreffen. Die Handlungsweise der Regierung verstand sich sowohl aus der vertraglich zugesicherten Religionsfreiheit als auch aus dem Bestreben, die Entstehung geschlossener protestantischer Siedlungen zu vermeiden. Häufig hatten die Einwanderergruppen zudem schon in der Heimat religiös gemischte Gemeinden gebildet und kamen über die religiöse Gegensätzlichkeit hinweg. Außerdem wirkte auch das bereits erwähnte gleiche Kolonistenschicksal in der Neuen Welt verbindend. Den einfachen Gläubigen erschien – von einigen Fanatikern abgesehen – die kirchliche Gegensätzlichkeit weniger eindrucksvoll als die Notwendigkeit des Zusammenhaltes in der Fremde. Der religiöse Unterschied wurde mehr von den Anführern der beiden Kirchen betont, weshalb sie vor allem die Mischehenbildung unterbinden wollten. Viele Pastoren und unter den katholischen Priestern namentlich die Angehörigen des Jesuitenordens haben keine Gelegenheit unterlassen, auf die religiöse „Gefahr der Mischehenbildung" hinzuweisen, bei deren Verhinderung im gegebenen Falle allerdings eine andere Gefahr, nämlich die der biologischen Isolierung, die Folge sein mußte. Das deutsche Unglück der religiösen Spaltung feierte dergestalt bis in den hintersten brasilianischen Urwald Urstände und trug nicht selten auch zur wirtschaftlichen Schwächung der deutschsprachigen Ansiedlungen bei. Hierin hat glücklicherweise die geänderte Haltung beider Konfessionen nach dem Zweiten Weltkrieg eine Wendung zum Positiven und zur Gemeinschaft gebracht.

Dieser Hinweis enthebt uns jedoch an dieser Stelle auch nicht der angenehmen Pflicht, die großen Verdienste beider Kirchen, insbesondere der Pastoren, der Steyler Missionare und Jesuiten im Hinblick auf die Erhaltung der deutschen Sprache, der Gründung und Führung der deutschen Schulen – bis zum Zweiten Weltkrieg besaß nämlich Brasilien keine staatlichen Volksschulen – in der Erhaltung von Sitten und Bräuchen aus der Heimat und der Geselligkeit unter den Kolonisten hervorzuheben.

Gleichzeitig muß an die Herausgabe verschiedener Zeitungen, Zeitschriften, Hausbücher und Kalender erinnert werden, die von kirchlicher Seite, nicht selten nach Überwindung großer technischer wie finanzieller Hindernisse gedruckt, redigiert und verlegt wurden. In den abgelegenen Einödhöfen unserer Siedler stellten sie sehr häufig den einzigen Kontakt mit der Umwelt und alten Heimat, die einzige kulturelle Nahrung, aber auch Unterhaltungslektüre dar.

Daß die evangelische Kirche von der Bedeutung der Lutherschen Bibel her grundsätzlich für die Pflege der deutschen Hochsprache und damit letzten Endes auch des deutschen Volkstumsgedankens mehr Aufwand bekundete als die katholische, nämlich die auf „Allgemeinheit" abgestellte Kirche, bleibt eine historische Tatsache. Dem katholischen deutschsprachigen Priester wurde stets auch die religiöse Betreuung der umliegenden, zahlenmäßig oft bedeutenderen, nichtdeutschen Bevölkerung anvertraut, während sich der Pastor allein seiner deutschen Gemeinde samt all deren Sorgen annehmen konnte.

Zu letzteren müssen wir selbstverständlich neben den seelischen Nöten auch die leiblichen zählen. Es gibt keinen Zweifel, daß die Masse der Pastoren für deren Lösung auf Grund ihrer eigenen landwirtschaftlichen Betätigung mehr Kenntnisse bereit hatte, als jene der katholischen Priester, wenngleich z. B. aus ihrem Kreise die Gründung der Raiffeisenverbände hervorging.

In diesem Zusammenhang dürfen auch die Ordensschwestern, Diakonissinnen und Pastorengattinnen nicht unerwähnt bleiben. Ihre stille, frauliche Hilfe hat gewaltig zur Erhaltung der Kultur unserer Auswanderer beigetragen und ihnen die Last der Urbarmachung und Kolonisierung der brasilianischen Staaten erleichtert.

Je mehr religiöse Auffassungen überbrückt werden konnten, umso mehr traten in der Folgezeit unterschiedliche, politische in den Vordergrund. Der politische Spaltpilz machte auch vor unseren Siedlungen und Gruppen nicht halt. Allerdings ist er mehr importiert als unter den Altsiedlern gewachsen.

Neben den großen Einwandererwellen aus Europa hat aber gerade auch Paraná viele Deutschbrasilianer aus den brasilianischen Staaten aus Rio Grande do Sul, aus São Paulo und aus Santa Catarina nicht nur erhalten, sondern halten diese Vorgänge immer noch an.

Die Donauschwabendörfer von Entre Rios

Ein näher geschildertes Siedlungsunternehmen muß stets stellvertretend für viele in seiner Umgebung betrachtet werden. Zu einem in jeder Hinsicht positiven Ereignis entwickelte sich die Ansiedlung der Donauschwaben im westlichen Paraná. Sie vollzog sich in der neuesten Epoche und in einem bisher kaum von Deutschen erschlossenen Gelände in Brasilien, nämlich auf einer offenen Hochsteppe. Nicht mehr, wie bisher, bildete der Urwald den Schauplatz für eine imponierende deutsche Pioniertat, sondern der „Kamp". Eine neue Seite der deutschen Kolonisation wurde damit in Brasilien aufgeschlagen.

Das Wort „Kamp", als verdeutschte Bezeichnung vom portugiesischen „Campo = Feld, Ebene" zu verstehen, ist uns schon mehrmals begegnet. Bereits bei der Entstehung der Urkolonie São Leopoldo, das auf den campos von Rio Grande do Sul entstand, war davon die Rede. Und auch, daß sich von dort ab die Kolonisationstätigkeit der Deutschen im Waldgebiet vollzog, womit eine neue Phase der Landnahme in Brasilien, ja in ganz Südamerika eingeleitet worden war. Nun finden wir die Deutschen erstmals wieder auf dem „Kamp", genauer auf dem „Hoch-Kamp". Das ist in Paraná jene gewaltige Hochfläche in 800 bis 1000 m Meereshöhe, die bei Paranaguá, wie geschildert, in steilen Abbrüchen zum Atlantik abfällt.

Westwärts von Curitiba und Ponta Grossa wirkt sie in ihrer gewaltigen Ausbreitung besonders eindrucksvoll, insbesondere von den Felsen der „Vila Velha" herab, den aufgespaltenen Blöcken einer einst riesigen, später abgetragenen und nur noch in diesen Resten vorhandenen Landoberfläche. (Siehe Farbbild 19.)

Es handelt sich um eine charakteristische Savannenlandschaft. Soweit sie waldoffen war, war sie von den Indianern als Jagdgebiet und von den Portugiesen als Weide- und Durchzugsgebiet verwendet worden.

Damit hing eine äußerst extensive Nutzung zusammen. Für eine intensivere hielt man den Hochkamp für ungeeignet.

Der Hochkamp in seiner Beschaffenheit

Der Hochkamp von *Guarapuava* befindet sich zwischen den Urwaldgebieten westlich Curitiba und den Urwaldgebieten östlich des Paraná.

Von Curitiba aus nach Osten fahrend, strebt man den fünf Dörfern der Donauschwaben in *Entre Rios* zu. Die mühselige Fahrt wurde uns auf jedem Kilometer – und es sind deren Hunderte! – zu einem Erlebnis. Da war es die Gewalt des Urwaldes und dann wieder die ihn besiegende noch größere Gewalt des Menschen. Diese hat in den letzten Jahrzehnten durch den Einsatz großer Traktoren, Caterpillars u. ä. Maschinen, welche der Zweite Weltkrieg zur großen Entfaltung gebracht hatte, eine ungeahnte Steigerung erfahren. Durch sie hat sich auch in Südamerika, vor

allem in Brasilien, der „Far West" in seinem Tempo vervielfacht. Was früher nicht einmal in einem halben Jahrhundert möglich war, vollzieht sich jetzt in wenigen Jahren.
Zum Teil ragten aus dem Urwald noch wahre Riesenbäume heraus, von dichtem Laubgebüsch als Unterholz umgeben. Gegen Osten erhält der Wald sodann einen anderen Charakter; das Gelände wird höher, und es wurde „kälter"; da und dort zeigte sich schneeweiß schimmernder Reif. An Stelle der Laubbäume sah man nun „Pinien", besser gesagt Araukarien (die einzigen Nadelbäume Brasiliens). Sie imponieren durch ihre herrlichen Kronen, die wie vielarmige Kandelaber zum Himmel aufragen, worauf wir schon hinwiesen.
Während in der ersten Urwaldzone eine radikale Schlägerung und Brandrodung zu beobachten war, gab es hier eine regelrechte Holz- und Sägewirtschaft. Überall dampften die kleinen Sägewerke; man hörte den Schlag der Äxte. Das Araukarienholz hatte in letzter Zeit preislich stark angehoben. Grund genug, es auszubeuten. Leider wird noch lange nicht überall an Aufforstung gedacht. Solches Vorsorgen befindet sich erst in den Anfängen und ist am stärksten bei den Deutschen verbreitet.
Als Holzfäller wurden Russen und Polen verpflichtet, die ihre Heimat aus politischen und religiösen Gründen verlassen haben. Hier konnten sie mitten im Wald ihre hölzernen Kirchen im typisch orthodoxen Stil errichten. Doch sind sie offenbar nur „Arbeiter". Der Waldbesitz liegt in Händen reicher Fazendeiros. Diese hatten zuvor schon die weiter westlich gelegene Waldzone „ausgebeutet". An ihrer Stelle breitet sich heute Gebüsch und Steppengras aus.
Dann gelangten wir auf alten Steppenboden. Sicher trug auch er einmal Wald, wie es uns gelegentliche Waldinseln bezeugen.

Große Weidegebiete erscheinen vielleicht voller Romantik, sie zaubern in ihrer scheinbaren Unermeßlichkeit und mit dem darauf friedlich weidenden Vieh Bilder wie aus Urzeiten hervor, in denen dem Menschen Land in unbegrenzter Fülle und Ausdehnung zur Verfügung stand. Sie verleiten uns schier zum Glauben, es würde immer so bleiben. Bis vor wenigen Jahren war man der Meinung gewesen, zu mehr als zu Weidezwecken, somit zu einer äußerst extensiven Nutzung, würden sich die Steppen- und Savannenstrecken hier nie eignen. Den Gegenbeweis führten erst die *Donauschwaben* durch. In der Tat handelt es sich um höchst humusarme Latosolböden auf Basaltunterlage, auf denen nur dürftige Niedergrassteppen, mit Hart- und Sauergräsern bestanden – „campos limpos" genannt – gediehen und denen erst Kalk, Thomasmehl und Formaldünger – in großen Mengen! – zugeschossen werden mußte, um eine ertragreiche Landwirtschaft zu entfalten. Den Donauschwaben gelang sie! (Siehe Buchumschlag vorne.)
Gerade wenn man aus dem tiefen „Interior", aus dem Urwald im Westen und über die riesigen Steppenweiden, in ihre neue Heimat hineinfährt, wird das Erlebnis doppelt großartig und ein Zeugnis ihrer weit nach Westen vorgetragenen Kultur. Urplötzlich werden die Campos von Riesenäckern abgelöst. Einsame Traktoren ziehen kilometerlange Furchen bis zum Horizont, und an anderen Stellen bedeckt bereits das saftige Grün des Getreides Flächen, welche sich über 150 km ausdehnen. Triumph des Schwabenfleißes! Bestaunt von der ganzen Umgebung, geachtet und gefördert von der brasilianischen Regierung. Ruhmesblatt auch altösterreichischen Bauerntums! Pioniertum der Zukunft![133] (Siehe Farbbilder 20, 23 und 25.)

Vor über zwei Jahrhunderten waren ihre Vorfahren dem Rufe des deutschen Kaisers Karl V., seiner Tochter Maria Theresia und seinem Enkel Josef II. gefolgt und hatten die in sie gesetzte Hoffnung, daß aus den in den Türkenkriegen verlassenen und verödeten Niederungen blühendes Kulturland entstehe, in bewundernswerter Weise erfüllt.

---

133 Wieland, Lothar: Das „Weizenwunder" von Guarapuava. Die Donauschwabensiedlung Entre Rios – ein geglückter „Eingliederungsfall" in Brasilien. In: Institut für Auslandsbeziehungen Stuttgart. Zeitschrift für Kulturaustausch, Jg. 19, 1969, Heft 4, S. 312–315
Donauschwaben in Paraná. Curitiba 1971, Brasil. Herausgeber: Cooperativa Agraria

Aus der Batschka, Syrmien, Slawonien und dem Banat war durch sie eine „Kornkammer" entstanden.[134]
Österreicher waren sie zuvor nur zum geringsten Teil, soweit sie aus Vorderösterreich, d. h. aus Teilen Badens, des Elsaß, aus Tirol, Vorarlberg und der Steiermark stammten, gewesen. Der größere Teil war aus Lothringen, Hessen, Rheinfranken, der Pfalz, Bayern und Schwaben dem Rufe des Kaisers gefolgt und in sogenannten „Ulmerschachteln" die Donau hinuntergefahren. Prinz Eugen hatte hierfür in den siegreichen Schlachten über die Türken bei Peterwardein 1716 und bei Belgrad 1717 die Voraussetzung geschaffen.

Als bei der Dreißigjahrfeier 1981 im Festzuge von Entre Rios auch die Gestalt des Prinzen und seiner Offiziere aufschien, hatten die Donauschwaben von Brasilien gezeigt, daß sie die Erinnerung an die Taten ihrer Väter in vollem Bewußtsein in die neue Heimat mitgenommen hatten!

Die Einwanderung an die Mittlere Donau hielt durch 70 Jahre an, von 1720 bis 1790! Zeichen des damals überquellenden deutschen Volkstums!

Auch als die Einwanderer unter Maria Theresia direkt der ungarischen Verwaltung unterstellt und die von Prinz Eugen geschaffene politische Eigenständigkeit verloren, konnten sie die sprachliche, schulische und religiöse Selbständigkeit bewahren, sodaß sie, auch als sie nach dem Ersten Weltkrieg an Jugoslawien, Rumänien und Ungarn aufgeteilt wurden, sich als Einheit fühlten und über Staatsgrenzen hinweg, durch einen gemeinsamen, in der Diaspora entwickelten, dem Schwäbischen nahen Dialekt verbunden, auch eine solche blieben. Der Zweite Weltkrieg erst zerstreute sie in alle Winde!

Ergreifend bleibt in diesem Zusammenhang ihr Lied, das sie in Entre Rios uns vorsangen:

> Von deutscher Erde sind wir abgeglitten,
> auf deutscher Insel, weit im Völkermeer,
> doch wo des Schwaben Pflug das Land durchschnitten,
> wird deutsch die Erde, und er weicht nicht mehr ...
> Wer mag den Schwaben fremd im Lande schelten ...

Das grausamste Schicksal hatten jene Donauschwaben erlitten, die aus Jugoslawien stammten. Viele von ihnen retteten nicht einmal, wie die anderen, das nackte Leben, sondern wurden in den Vernichtungslagern Rudolfsgnad und Krudija zu Tode gebracht. In Erinnerung daran pilgern die Donauschwaben alljährlich im Sommer zu der in der Mitte ihrer fünf Dörfer von Entre Rios errichteten Kapelle, wobei alte Männer je ein Kreuz mit den Namen der Vernichtungslager vorantragen.

1954 übernahm Baden-Württemberg die Patenschaft über die Volksgruppe der Donauschwaben, 1964 die Stadt Sindelfingen die Patenschaft über die Landsmannschaft der Donauschwaben aus Jugoslawien.

Von den 1931 noch auf 600.000 geschätzten „Donauschwaben" in Jugoslawien leben heute nur noch – größtenteils in Kolchosen – 25.000.

160.000 Donauschwaben leben heute in *Österreich*, 500.000 in der *Bundesrepublik Deutschland*, sehr viele in den USA, 30.000 in Argentinien. In den ersten Nachkriegsjahren beherbergte das 7-Millionen-Volk der Österreicher über zwei Millionen Flüchtlinge, unter ihnen auch den größten Teil jener „Donauschwaben", die 1951 nach Brasilien auswanderten.

Die heißersehnte Möglichkeit, noch einmal selbständige Bauern zu werden, eröffnete ihnen die „Schweizer Europahilfe".

Als sich die Verhandlungen von Kardinal Dr. Innitzer, Wien, mit Argentinien zwecks Aufnahme von Flüchtlingen aus Österreich zerschlugen, nahm Erzbischof Dr. Rohracher, Salzburg, über die

---

134 vgl. Gauss-Weidenheim: Die Donauschwaben. Bild eines Kolonistenvolkes. Freilassing 1961
Ilg, Karl: Erwandertes Rumänien. E.-Kolb-Festschrift. Innsbruck 1971. S. 105 ff

„Schweizer Caritas" Verbindung mit der eben genannten „Europahilfe" auf, zumal in jener Notzeit nur noch die Kirche über tragfähige Auslandsverbindungen verfügte. Auf diese Weise kam das Projekt „Gojas" in Brasilien zustande und wurden der *Franziskanerpater Stefan*[135] zusammen mit *Ing. Michael Mohr* zur Erkundung desselben ausgesandt. Als beide mit guten Eindrücken nach Österreich zurückkehrten, sahen sich die versammelten Bauern vor die Wahl gestellt, „entweder in Österreich Knecht zu bleiben" oder nach Brasilien auszuwandern. Ihr Anführer Mohr erklärte, andere Angebote hätten sich zerschlagen. Die Schweiz garantierte die Übernahme eines wesentlichen Teils der Kosten. Die Stimmung unter den Versammelten war, wie mir einer der Mitarbeiter Mohrs schilderte, trotz des unerwarteten „Glücks" gedrückt, ging es doch in eine unbekannte Fremde. Außerdem stand die nicht zu beantwortende Frage im Raume, ob der von der Regierung vorgesehene Getreidebau auf dem „Kamp" wirklich durchführbar sei. Die brasilianischen Fazendeiros lachten denn auch die auf der Steppe einzelnstehenden Siedler der soeben in Guarapuava neu gegründeten „Agraria" mit dem Bemerken an: „Wenn hier Getreidebau möglich wäre, hätten wir ihn schon längst selbst in Angriff genommen." Tatsächlich faulte die erste Getreideernte auf den Halmen ab. Die Aussaat war zu spät vorgenommen worden. Außerdem fehlte es am richtigen Saatgetreide. Im zweiten Jahr erstickte die Ernte in gewaltigen Regengüssen; die Erntemaschinen kamen nicht voran. Schon regten sich allenthalben Stimmen der Verzweiflung, und als kaum mehr Geld für das tägliche Brot vorhanden war, kam es auch unter den 500 Familien zu empfindlichen Abwanderungen in die Bundesrepublik und in die Städte Paranás. Doch die dritte Ernte fiel endlich zufriedenstellend aus.

Alt-Österreicher erfüllen Pedros Traum

Am Ende ging auf diese Weise der von Pedro II. gehegte Plan, die Kulturlandschaft der „Campos" von Paraná in ein Ackerbaugebiet umzuwandeln, in Erfüllung! Brasilien erhielt im Laufe der dritten Periode der deutschsprachigen Kolonisation in Entre Rios die bedeutendste Kornkammer des Landes!

Allerdings stellte sich der Erfolg nicht sofort ein.

Dieses lag einmal daran, daß die Siedler erst allmählich zu jenen Anbaumethoden und -pflanzen gelangen konnten, die der phosphor-, kalk-, kali- und stickstoffarme Kampboden zuließ. Auch die gelieferten Pflugmaschinen und das Sägewerk entsprachen zunächst nicht den örtlichen Bedingungen. Umgekehrt war das seelische Durchhaltevermögen der Leute seit dem trostlosen Verlassen ihrer geliebten Heimat, den Schrecknissen der Flucht, der Ungewißheit, die hernach folgte, bis auf die letzten Reste zusammengeschmolzen.

Als dann Ing. Mohr als erster Kolonieleiter auch noch – ähnlich wie Minister Thaler – von den Leuten im Anfangstadium eine Gemeinschaftsarbeit abverlangte, um rascher ans Ziel zu kommen, fiel die Hoffnung auf den Nullpunkt, „weil sie die Flucht vor den Russen insbesondere auf sich genommen hätten, um dem Zwang der Kolchosierung zu entrinnen". Doch konnte nur so zügig die Anlage von Straßen, die Errichtung von 500 Wohngebäuden, fünf Schulen und Kirchen, des Krankenhauses sowie eines Sägewerkes und des Büros der „Agraria" durchgeführt werden. Das Holz dazu lieferten die Araukarienhaine, die sich als „Galeriewälder" entlang der Flußläufe, welche den „Kamp" von Entre Rios durchziehen und eingrenzen; auch die Bäume wurden noch kollektiv geschlagen und geschnitten. Dann wurde der Zwang schon aufgegeben. Gleichwohl wurde Michael Mohr 1954 nicht wiedergewählt. Auch an ihm, „der sich nach dem Heldentod seiner Söhne nur mehr für seine Landsleute einsetzen wollte", hatte sich das Schicksal so manchen Kolonieleiters unbarmherzig erfüllt. Er verließ die Kolonie unverdankt. Ja, im Gegenteil! Er mußte sogar bis an sein Lebensende dem Vorwurf, finanzielle Ungenauigkeiten begangen zu haben, ertragen, wobei ihm der Gegenbeweis mangels ihm zur Verfügung stehender Unterlagen nicht gelingen konnte. Erst den Bemühungen des Präsidenten *Mathias Leh* ist es zu danken, Mohr „post mortem" voll gerechtfertigt zu haben. Mohr folgte nach einer kurzen Zwischenlösung *Georg Stock*. „Mit ihm begann" – so die Festschrift – „eine Periode der Konsolidierung auf begrenzter wirtschaftlicher Basis."[136]

---

135 Medger-Hamerla, Ruth – Werm, Josef: Salzburg und die Heimatvertriebenen. Pater Stefan und sein Werk. Salzburg 1966
136 Donauschwaben in Paraná, S. 61

18 Bretterstapel in São Bento, Santa Catarina

19 „Hochkamp" von Paraná

20 Getreidefelder der Donauschwaben

21 Buchspende an Entre Rios mit Ehepaar Ilg

22 Fruchtbares Rolândia, Siedlerhaus des Rabbi Meyer

Doch nicht ohne Krise und guten Anführer!
Nach Stocks Abgang nach sieben Jahren Tätigkeit ergriff die fünf Dörfer bzw. die sie anführende Kooperative neuerdings eine Krise.
Ich erlebte sie in unmittelbarer Anschauung, als ich Anfang 1966 erstmals nach Entre Rios gekommen war. Wieder einmal war die Führung der „Agraria" verwaist und wollte sich keine Nachfolge finden, als ich den jungen Mathias Leh kennenlernte.
Man konnte in ihm unschwer einen besonders tüchtigen Landwirt und begabten Manager erkennen. Seine eigene große Landwirtschaft und Bildung waren mehr als überzeugend. Daher drang ich in ihn, die Führung der „Agraria" zu übernehmen, und beeinflußte die Agraria-Mitglieder im gleichen Sinne, wie ich ähnlich schon in anderen Kolonien vorgegangen war.[137] Während einer Veranstaltung bei unserem zweiten Besuch 1968 kam er öffentlich darauf zu sprechen.
Diese Begegnung damals wäre für ihn zur Übernahme der Leitung der Kooperative entscheidend gewesen. Tatsächlich nahm Leh kurze Zeit darauf die Wahl an, und es gelang ihm mit ebenfalls jungen und tüchtigen Mitarbeitern ein Aufbauwerk, das wahrhaft seinesgleichen sucht!
Dieses Beispiel macht aber auch wieder deutlich, daß das Wohl und Wehe unserer Siedlungen zu einem ganz wesentlichen Teil von der Qualität des Anführers abhängt, den die deutschsprachigen Gründungen jeweils besitzen.
In der Tat, so ist es! Diese Erkenntnis drängte sich uns nach vielen Beobachtungen und Erfahrungen wie von selbst auf. Andere Volksgruppen, wie z. B. Italiener (oder überhaupt Romanen?), tragen sich in ihrer gedrängten Bau- und Wohnweise selbst. Der Geist der „Communitas" ist bei ihnen stärker als bei den verstreut wohnenden deutschsprachigen Individualisten. Ebenso stehen sie viel mehr unter dem Einfluß der Großfamilie. Die Großmutter wird ihre Angehörigen auch den entferntest wohnenden Enkel nicht vergessen lassen. Den Deutschen muß vieles davon ihr Führer ersetzen, dem sie auch entsprechende Gefolgschaft entgegenbringen.
Wir begannen die Bedeutung dieser führenden Persönlichkeiten immer höher einzuschätzen, wie deren allfälliges Fehlen zu bedauern. In der Regel war damit der Niedergang einer Kolonie verbunden. Begreiflicherweise war daher unser Auftreten mit dem Suchen nach solchen Persönlichkeiten verbunden. Mathias Leh ist ein solch besonders befähigter Mann.
Mathias Leh stammt aus dem Dorf Tomaschanzi, Kreis Djakowo in Slawonien und wurde am 6. Juli 1937 als Kind einer Bauernfamilie geboren. 1944 mußte diese die Flucht ergreifen. Sie fand vorübergehend in Österreich, und zwar in St. Peter im Sulmtal in der Steiermark, Heimat, wo Mathias die Volksschule, die Hauptschule aber in Deutschlandsberg besuchte. Wie viele Donauschwaben aus dem krisengeschüttelten Entre Rios suchte auch er zunächst in São Paulo Verdienst. Zuerst Tellerwäscher, dann Bürogehilfe, bildete er sich am Hans-Staden-Institut in Portugiesisch und Buchführung aus und kehrte dann in die bäuerliche Wirtschaft seiner Familie zurück. Seit dem 6. Juni 1966, über 15 Jahre, führt er nun die „Agraria" und damit die Donauschwabendörfer erfolgreich an. Unser Urteil von damals hat sich erfreulicherweise mehr als bestätigt. (Siehe Abbildung 9.)
Doch bedurften er und die Donauschwaben auch des Wohlwollens vieler Männer, die nicht ungenannt bleiben dürfen: des Generalkonsul *Dr. Zimmermann* der BRD und

---

137 Donauschwaben in Paraná. Curitiba 1971. S. 61 – Ilg, Karl: Pioniere in Brasilien. 1972. S. 80 ff – Ilg, Karl: ebenda, S. 80 – Frösch, Max: Guarapuava. Die donauschwäbische Flüchtlingssiedlung in Brasilien. Freilassing 1958 – Elfers, Albert: Donauschwaben in Paraná. Ein Rechenschaftsbericht. Curitiba 1971

Dr. Harbachs von Österreich in Curitiba, die sich schon nach meiner ersten Vorsprache 1966 mit Volldampf hinter die Unterstützung machten, Expertenuntersuchungen durchführen ließen und fähige Entwicklungshelfer anzogen, aus der BRD aber vor allem des Landwirtschaftsministers *Dr. Josef Ertl* und des Ministerpräsidenten von Baden-Württemberg *Dr. Hans Filbinger* und seines Nachfolgers!
Dank zu sagen ist weiters dem Landtagsabgeordneten *Dr. Peter Wetter*, dem Stuttgarter Bürgermeister *Dr. Lang* und *Dr. Rommel* – um nur einige zu nennen – sowie den Herren der *Landsmannschaft der Donauschwaben* und von *„Schwaben International"*.
1969 – also drei Jahre nach unserem ersten Besuch – hatte die Landsmannschaft selbst direkten Kontakt mit der Kolonie aufgenommen.
Neben der großen Hilfe der Bundesrepublik (und einer bescheidenen aus Österreich) ist aber auch das beachtliche Interesse Brasiliens an diesen Kolonien nicht zu übersehen. Entscheidend war bereits bei ihrer Ansiedlung das Wohlwollen des damaligen Staatspräsidenten von Paraná Univ.-Prof. *Dr. Munhez da Rocha Netto* und seines Staatssekretärs für Landwirtschaft *Frederico V. Lacerda de Werneck*.
Staatspräsident General *Ernesto Geisel* bewies das unverminderte Interesse Brasiliens an der Kolonie durch seine persönliche Teilnahme an der 25-Jahr-Feier am 30. Oktober 1976. (Siehe Abbildung 9.)
Schon 1968 stellten wir in allem einen bedeutenden Fortschritt fest. Die Holzhäuser glänzten von weitem im sauberen Kalkanstrich. Hinter den Toreinfahrten mit dem sauberen sogenannten „fränkischen" Hoftyp, der unter Maria Theresia im ganzen Südosten verbreitet worden war, sah man kleinen Wohlstand. Heute entdeckt man teilweise bereits steingebaute, villenartige Gebäude. Die Donauschwaben waren Manns genug gewesen, „ihre Heimat" in die Neue Welt „mitzunehmen" und sich so von vornherein in ihr nicht entwurzelt zu fühlen. Genauso wie sie die Kerne aller Früchte mitnahmen (so daß bei ihnen Birnen, Trauben, Zwetschken, Pflaumen, Himbeeren, Brombeeren usw. wachsen), sprechen, singen, tanzen und beten sie.
Die positive Einstellung des Staates zur Pflege der deutschen Sprache und von Sitte und Brauch bestätigte mir Freund Leh mit den Worten: „Der brasilianische Staatssekretär für Paraná, Dr. Moro, hat dem österreichischen Konsul Rainer von Harbach und unserem Bischof, der auch Österreicher ist, Don Frido Helmel, und mir persönlich gesagt, daß er äußersten Wert darauf legt, daß uns dieses alte Erbe und Sprachgut erhalten bleibt, und daß es unsere Verpflichtung ist, diese Kulturschätze an unsere neue Umgebung weiterzugeben ..."
Dieses war auf die Dauer ohne gedeihliche Ausbildung der Jugend nicht möglich!

Anliegen: Landwirtschaftsschule

Damit aber stand wieder ein kulturelles Anliegen im Vordergrund, dessen Erfüllung allen österreichischen Kolonisten in Südamerika zugute kommen könnte und sollte.
Die alten Auswanderer hatten ihre Ausbildung noch in den Schulen der Donaumonarchie erhalten, und die jüngeren hatten wie M. Leh während ihres Fluchtaufenthaltes in Österreich seine Schulen besucht; sie waren damit gut gefahren. Daher wollten sie sie auch „drüben" nicht vermissen und ihren Kindern weitervermitteln. Ohne Zweifel imponieren diese Bauern und Bauernsöhne, die ein so hartes Schicksal zur Bewunderung meisterten, auch in der Formulierung ihrer Wünsche.
Es war sicher: Wollte sich die Siedlung festigen, mußte sie zu einer eigenen höheren Schule („Ginásio" mit landwirtschaftlichem Lehrplan) gelangen.

Doch Leh dachte mit mir nicht nur an seine eigenen Dorfgenossen, sondern auch an die anderen aus Österreich ausgewanderten Kolonisten und stimmte von vornherein dem Plan zu, die Schule zugunsten aller altösterreichischen Kolonien in Südamerika zu installieren.

Zweifellos stellt für eine solche Schule Entre Rios den günstigsten Standort dar. Außerdem handelt es sich um die fortschrittlichste Kolonie und um Menschen, welche in einem über zweihundertjährigen „Leben in der Diaspora" am besten die nötigen Kräfte zum Durchhalten entwickeln konnten. Ich begründete das Ansuchen um Mithilfe an die österreichische Bundesregierung (Projekt 461/69 Brasilien A/69) mit nachfolgenden Worten:

„Entre Rios ist die landwirtschaftlich fortschrittlichste altösterreichische Siedlung (Kolonie) in Südamerika, unter welche insbesondere noch ,Tirol' (gegründet 1857 in Espirito Santo, Brasilien), Pozuzo (gegründet 1858 in Peru) und Dreizehnlinden = Treze Tílias (gegründet 1932/33 in Santa Catarina, Brasilien) zu zählen sind. Entre Rios, bestehend aus fünf Dörfern, wurde 1952 von (Alt-)Österreichern gegründet. Wenn zur Förderung der landwirtschaftlichen Struktur und Kenntnisse der Ausgewanderten eine landwirtschaftliche Lehranstalt errichtet werden soll – und eine solche wird von Wissenschaftlern und Fachexperten als dringend geboten bezeichnet –, dann kommt dafür in erster Linie aus geographischen, organisatorischen, materiellen und ideellen Motiven obgenanntes Entre Rios in Betracht. Die Schule soll allerdings allen genannten Siedlungen zur Verfügung stehen und diese befruchten.

Entre Rios liegt zu allen diesen Siedlungen zentral, obgleich mit Straßenentfernungen zwischen 800 und 1000 km sowie 1500 und 1800 km gerechnet werden muß; allerdings sind solche Entfernungen in Brasilien üblich und gelten als gering.

Pozuzo (Peru) wird zur Zeit nur auf dem Luftwege verbunden werden können.

Die zu errichtende Schule für Burschen und Mädchen soll einen wichtigen Beitrag zur Verbesserung der Landwirtschaft und des Ausbaus der technischen Kenntnisse und Hilfsmittel sein, der für das gesamte Agrarland Brasilien von lebenswichtiger Bedeutung ist. Gleichzeitig wird sie aber auch Kultur und Erziehungswesen heben können. (Näher läge das nicht genannte *Carlos Pfannl* in Paraguay.)

Entre Rios wurde als die fortschrittlichste Siedlung bezeichnet: Sie kann damit auch durch ihr Beispiel die anderen Siedlungen und eine weitere Umgebung unterrichten und beeinflussen. Erstmals wurde durch sie auf dem Kamp (Steppenboden) eine Pflug- und Ackerbaukultur entfaltet und zu bereits in ganz Brasilien bekannten und bewunderten Leistungen geführt. Auch genossenschaftlich (Cooperativa Agrária) ist sie gut entwickelt.

Gleichwohl ringt auch diese Siedlung mit Problemen (Erosion, Düngungsfragen usw.) und bedarf schulischer Betreuung; noch mehr jedoch die übrigen österreichischen Siedlungen, in denen zum Teil noch mittelalterliche Anbauweisen herrschen.

Entre Rios lieferte 1966 bereits 56 Prozent der gesamten Weizenproduktion der Provinz Paraná, eine Produktion, die durch die Anwendung moderner Methoden noch vergrößert werden kann. Angesichts der überragenden Bedeutung der Landwirtschaft in diesem Gebiet hat die landwirtschaftliche Zentralgenossenschaft (Cooperativa Agrária) des Schulprojekts angenommen und sich bereit erklärt, aus Interessentenbeiträgen die Bezahlung der Lehrkräfte sowie die laufenden Kosten der Schule zu übernehmen. Der gelegentlichen Entsendung der einen und anderen österreichischen Lehrkraft würde jedoch größtes Interesse entgegengebracht, auch um die Kontakte zu vertiefen. Die Genossenschaft wird auch einen beträchtlichen Anteil der Kosten der Errichtung der Schule übernehmen.

Auch das Fachgutachten über die Notwendigkeit dieser Bildungsstätte durch den uns bereits von Dreizehnlinden her bekannten Agrarexperten Dipl.-Ing. Dr. Gruber vom österreichischen Landwirtschaftsministerium ging in dieselbe Richtung.

Immer wieder auftauchende bürokratische Hürden ließen die schon lange bewilligte Unterstützung von 200.000 öS zur Anschaffung von Lehrbehelfen jedoch erst 1979 wirksam werden.

Die für den Bestand der Siedlung, ihren Fortschritt, aber auch für unsere anderen Kolonien so wichtige „Landwirtschaftliche Schule" konnte am 30. Oktober 1971 feierlich eröffnet werden.

Neben eigenen größten Anstrengungen der Kolonisten, war es vor allem der großzügige Beitrag der Bundesrepublik Deutschland gewesen, der dieses ermöglichte.
Aus persönlich erlangten Mitteln konnte ich 1973 die Errichtung der Schulbibliothek in Höhe von 120.000 öS bestreiten. Zu diesen Spenden trugen in besonderer Weise der Großindustrielle Theodor *Hladik* der Hämmerle-Werke sowie der *Rotary-Club*, beide *Dornbirn*, Vorarlberg, sowie der *Lyons-Club*, *Vaduz*, *Liechtenstein*, bei. (Siehe Farbbild 21.)

Neben der finanziellen Unterstützung bewilligte der brasilianische Staat ausnahmsweise auch die Unterrichtsgestaltung nach österreichischem Lehrplan. Heute weist das nach der österreichischen Erzherzogin benannte „Ginasio Imperatrice Leopoldina" 500 Schüler auf. Unter ihnen finden wir auch Stipendiaten aus den österreichischen Siedlungen Dreizehnlinden in Santa Catarina und *Carlos Pfannl in Ostparaguay*.

Unter dem Hinweis der jahrhundertealten Zugehörigkeit der „Donauschwaben" zu Österreich und ihrer Kulturtat für dieses an der Mittleren Donau, war es mir schon 1969 gelungen, Österreich für die Vergütung von zwei Deutschlehrern an der Volksschule zu gewinnen, und beschloß die Salzburger Landesregierung die Bezahlung einer Deutschlehrerstelle an der landwirtschaftlichen Lehranstalt. Längere Zeit war sie mit dem hervorragenden *Dr. Jakob Lichtenberger*, selbst Donauschwabe, besetzt. Da die Siedlung Lehrkräfte noch nicht aus den eigenen Reihen stellen kann, bemerkt Gappmaier mit Recht, „wird sie auch in Zukunft noch auf die Hilfe aus Österreich und Deutschland angewiesen sein"[138].

Im Vestibül der Schule ist ein Halbrelief eines Sämanns zu sehen, von Gottfried Thaler, dem bekannten Schnitzer aus Dreizehnlinden, geschaffen. Auf einer Tafel lesen wir den Spruch:

Wir pflügen und wir streuen
den Samen aufs Land.
Doch Wachstum und Gedeihen
liegt nur in Gottes Hand.

Unter der klaren Einsicht Mathias Lehs, frühzeitig auch die Jugend für die kulturellen Aufgaben der Kolonie und ihren Bestand gewinnen zu müssen, entstand 1969 das „Jugendzentrum von Entre Rios", mit eigener Zeitschrift.
Ebenso entstanden eine ganze Reihe weiterer kultureller Einrichtungen, so neben einer „Blasmusikkapelle" eine „Jugendkapelle" (mit 56 Bläsern!), eine reizende Jugend-Tanzgruppe (siehe Farbbild 25), eine Akkordeongruppe, eine Zithergruppe, ein „Spielmannszug" (mit 30 Teilnehmern), der gemischte „Donauschwabenchor", ein Schüler- und Jugendcenterchor, mehrere Kirchenchöre und eine ausgezeichnete Sing- und Volkstanzgruppe in überlieferter Tracht.
Der Umstand, daß sich dieses große, eigenständige und selbstbewußte kulturelle Engagement mit einem überaus erfolgreichen wirtschaftlichen paart, wie sie sie beide gegenseitig voraussetzen und tragen, macht die Einmaligkeit dieser entlegenen Dörfer auf dem Kamp Paranas aus!

Bildungswillen, gepaart mit Fortschrittswillen!

Durch die wirtschaftlichen Leistungen waren aus den donauschwäbischen „Bauern"

---

138 Gappmaier, Josef: Bericht über die Entwicklung der Donauschwabensiedlung Entre Rios bei Guarapuava, Paraná. Staden-Jahrbuch, Bd. 27/28, 1979/80, S. 58

mit einem durchschnittlichen Besitz von 27 ha (1951) allmählich Großlandwirte mit einem durchschnittlichen Besitz von 130–170 ha (1971) geworden, wobei diese in der Regel noch einen Pachtgrund von 300 bis 600 ha dazu bewirtschaften. Aber es gibt sogar Besitzer unter ihnen, die über bis zu 1000 ha selbst verfügen, wobei man bedenken muß, daß sie alle ohne Geldmittel auf dem Kamp beginnen mußten! Ich habe sie noch mit von Pferden gezogenen Pflügen arbeiten gesehen. Heute besorgen dieses modernste Traktoren in einem ununterbrochenen Tag- und Nachteinsatz.
Noch beeindruckender sind die Produktionsziffern! In Tonnen wurden erzeugt:

	Weizen	Reis
1961/62	3.400	11.652
1968/69	32.500	22.400
1969/70	40.500	22.900

1971 erzeugte damit Entre Rios allein 10 Prozent der brasilianischen Weizenernte. Insgesamt brachte die Ernte 1971 einen Ertragswert von 30,500.000 DM ein und hat sich dieser bis heute verdoppelt.
Der Traum des brasilianischen Kaisers Pedro II. hatte sich erfüllt!
Auch hatten die Donauschwaben gelernt – ich verwies sie 1968 auf das Beispiel und Vorbild der Rußlanddeutschen auf dem Hochkamp des westlichen Rio Grande do Sul –, nach den Isohypsen zu pflügen, um die Erosion zu stoppen. Gleichzeitig hatte Mathias Leh – ich darf bescheiden vermerken: auf meine Anregung hin – die bei der ersten Landverteilung infolge der damals herrschenden Grundsätze zu kurz gekommenen Bauern (Land erhielt man 1951 nur ab Volljährigkeit, als Mann!) mit Neuland ausgestattet, das durch die Kooperative erwirtschaftet worden war: 14.000 ha! Man bezeichnete dieses die „innere Landreform". Durch sie wurden Gegensätze ausgeschaltet und alle gleichmäßig in den Erfolg mitgerissen.

Nicht zuletzt konnte auf dem Kampboden von Entre Rios – keine Roterde! – nur mit fachgerechten Düngemethoden und ebensolcher Schädlingsbekämpfung ein anhaltender Erfolg verbürgt werden. „Bei den Böden handelt es sich um Latosole, die im allgemeinen tiefgründig, kastanienfarbig und gleichmäßig locker sind; doch sind sie sauer und arm an organischer Materie."[139] Der Kalkarmut konnte durch eine an einem örtlichen Kalkbruch aufgestellte Mühle begegnet werden.

Nachfolgend stellte sich als wichtigstes Anbauprodukt die Sojabohne als Sommerfrucht heraus; 1977 hatte sie mit 85.640 Tonnen schon fast zwei Drittel der Getreideernte erreicht.[140]
Die „Cooperativa Agraria" wurde folgerichtig in „Cooperativa Agraria Mista" umbenannt. Selbstverständlich waren mit großen Erzeugungsmengen auch viele Absatzfragen zu lösen. Allein auch hierin bewies das junge Team außerordentliches Geschick. Die Glanzleistung auf diesem Sektor aber erbrachte Leh mit seinem Team im Zustandebringen des Vertrages mit der „Antarctica-Brauerei", der zweitgrößten Brauerei Brasiliens. Zufolge desselben stellt sich diese als Abnehmerin der gesamten Gerstenernte zur Verfügung, worauf diese entsprechend anwuchs. 1981 – im Jahre der dreißigsten Wiederkehr der Ansiedlung – hatte diese in Entre Rios bereits 63.000 Tonnen erreicht, welche aber erst rund 40 Prozent des Bedarfes darstellen! Die wirtschaftliche Zukunft ist, wie selten, abgesichert!

---

139 Gappmaier, Josef: Bericht über die Entwicklung der Donauschwabensiedlung Entre Rios bei Guarapuava, Paraná, Brasilien. Staden-Jahrbuch, Bd. 27/28, 1979/80, S. 52
140 ebenda, S. 58

Zur Erzeugung des Malzes – „die Malzfabrik ist die größte südlich des Äquators" – wurde das Industriegelände der „Agraria Mista" auf 40.000 m² erweitert und die Finanzierung der benötigten Einrichtungen durch die eigens gegründete Gesellschaft „Agro Malte" erleichtert, an der Antarctica und Agraria Mista zu je 50 Prozent beteiligt sind. Im Industriegelände finden wir neben Prüfanlagen bei der Getreideübernahme und einem modernen Keimversuchslabor „Lagerhallen und Hochsilos mit einer Kapazität von 100.000 Tonnen, modernste Saatguthallen, riesige Kunstdüngerhallen, Mahl- und Reisschälmaschinen, Futtermittelmischbetriebe bis hin zu gut ausgestatteten Betriebswerkstätten" – so Prof. Lichtenberger.

Der vermehrte Anfall von Futtermitteln wird auch die Viehwirtschaft noch vergrößern, die jedoch schon jetzt die Bedürfnisse der Kolonie deckt.

Natürlich genügten die 2000 Donauschwaben nicht für alle benötigten Arbeitskräfte und erfolgte eine lusobrasilianische Zuwanderung. Für diese Zuwanderer gibt es nun ein eigenes Dorf, eine eigene Schule und Fürsorge, welche von den „Irmas Mercedarias de Caridade", einem spanischen Schwesternorden, geleitet werden.

Dieser geballten und gezielten Organisationskraft wird man für die Zukunft nur weiter das Maßhalten im entscheidenden Augenblick wünschen müssen.

Von den Donauschwaben und Mathias Leh, der als Sohn dieser Gemeinschaft zu verstehen ist und auch nur mit ihr wirken kann, ist dieses anzunehmen!

Die Mennoniten von Witmarsum

Die mit Recht durch den Staatspräsidenten ausgezeichnete Pioniertat der Donauschwaben steht jedoch in der Gegenwart nicht vereinzelt da. Sie hat ihr Gegenstück in der Leistung der aus Rußland stammenden deutschsprachigen Mennoniten, ebenfalls auf dem Kamp. Die Kolonie „*Campo Alto*" auf der Hochsteppe Rio Grandes und „*Witmarsum II*" (siehe Farbbild 24) auf der Hochsteppe von Paraná entstanden zur gleichen Zeit. Sie wurden wenige Monate nach Entre Rios gegründet.

Auch bei der 25-Jahr-Feier Witmarsums war Staatspräsident General Geisel, selbst deutscher Abstammung, ehrend anwesend. Der Generalkonsul der Bundesrepublik berichtete darüber wie folgt:

„Die braven Leute waren sehr überrascht, als sie aus Brasilia die Nachricht erreichte, daß Staatspräsident Geisel ihre Arbeit durch seine Teilnahme an der Jubiläumsfeier ehren werde. Kurz nach 12 Uhr mittags, am 4. März 1977, schwebte der Präsident mit seinem Gefolge (die Minister für Erziehung Ney Brage und Landwirtschaft Paulinelli u. a.) mit dem Hubschrauber auf der Kolonie ein. Auf dem kurzen Fußweg zur Ehrentribüne nahm der Präsident eines der blonden Kinder auf den Arm, die Begeisterung über sein Erscheinen war riesengroß. An der Tribüne zogen dann die Musikkapelle, eine Abordnung der ältesten Kolonisten und eine Herde der Tiere vorbei, die Witmarsum den Wohlstand gebracht hatten. Der Vorsitzende der Genossenschaft sprach von den Mühen der vergangenen 25 Jahre und gab der vollen Zuversicht der Mennoniten für die Zukunft Ausdruck. Als anschließend Gouverneur Jayme Canet gesprochen hatte, geschah etwas, was niemand erwartet hatte, der Staatspräsident selbst schritt ans Mikrophon. Er betonte eingangs die vielversprechende Stellung des Staates Paraná innerhalb der brasilianischen Föderation, sprach aber dann sofort von dem bewundernswerten Zusammenhalt, den Anstrengungen und dem hohen Entwicklungsstand der Kolonie Witmarsum, ja, er stellte sie als Beispiel für Brasilien hin. Zum Abschluß betonte er sein persönliches Interesse an einer gemeinsamen Lösung der anstehenden Probleme.

Bei ihrem Staatspräsidenten fanden die Siedler offene Ohren. Lange hatte er sich zuvor mit dem ältesten Kolonisten, dem heute 81jährigen *Hans Bold*, in deutscher Sprache unterhalten. Auf den Schulbesuch folgte die Einweihung der neuen Molkerei, die mit ihren blitzblanken Geräten und klinisch weiß gekleideten Schweizern den Präsidenten offensichtlich beeindruckte. Auf dem Platz neben der Mennoniten-Kirche führte dann die Jugend von Witmarsum Volkstänze vor. Hier hatte ich Gelegenheit, mit dem Präsidenten zu sprechen und ihm einzelne Lieder und Tänze zu erklären.

Er brauchte die Erklärung kaum, denn die meisten Darbietungen waren ihm bekannt. Bei einem Tanz meinte er fachmännisch, dies sei aber wohl doch kein deutscher Volkstanz, und tatsächlich, es hatte sich ein amerikanischer „square-dance" in das Programm eingeschlichen. Als ich dem Präsidenten für seine zweite Visite in Paraná zur Ehrung deutscher Siedler dankte, sagte er sichtlich stolz, diese seien ja nunmehr auch tüchtige brasilianische Siedler geworden. Als seine riesige Fahrzeugkolonne in einer Staubwolke verschwand, neigte sich der wohl größte Tag in der Geschichte der fleißigen Mennonitengemeinde seinem Ende zu."

Ein Teil dieser Mennoniten war bereits 1930 nach Brasilien gelangt. Sie gehörten jener Gruppe an, die Rußland anläßlich der Machtergreifung Stalins verlassen wollte. Ein anderer Teil stammte aus *Kanada* und hatte sich von Rußland schon im vergangenen Jahrhundert zur selben Zeit getrennt, als die uns bekannten Rußlanddeutschen in Paraná und Argentinien angesiedelt wurden. Näheres in „Pioniere in Argentinien...".

Anfänglich in der Serra angesiedelt

Die unmittelbar aus Rußland Eingereisten waren auf Kosten der deutschen Reichsregierung nach Brasilien gebracht und im Bergland von Santa Catarina angesiedelt worden, das sich damals bekanntlich besonders intensiv um Kolonisierung bemühte. „Jedoch die Umstellung von der Steppe in den Urwald" – schreibt der Chronist *Peter Pauls* junior[141] in „Witmarsum in Paraná nach 25 Jahren", im Dezember 1976 – „war schwer. Unbeugsamer Wille aber ließ in zwei Jahrzehnten eine disziplinierte, vorbildlich organisierte Landsiedlung erstehen." Im *Kraueltal* entstanden drei Siedlungen: *Witmarsum* (I), *Waldheim* und *Gnadental*.

Die Mennoniten waren bald so zahlreich, daß sie nachfolgend auch auf die Höhe der Serra vordringen konnten. Hier gründeten sie auf dem sogenannten *„Stolzplateau"* noch *„Auhägen"*. Diese Siedlung wurde allerdings infolge des schlechten Bodens bald wieder verlassen. In den anderen drei aber entstanden neben drei Sägewerken zwei Möbelfabriken, eine Stärkefabrik auf Grund des Maniokanbaus und hatte bereits die Elektrifizierung Einzug gehalten, als sich 70 Familien zur Abwanderung nach *Bagé* an der Grenze zu *Uruguay* entschlossen, um dort endlich wieder eine Weizenkultur zu eröffnen, wie sie sie in Rußland gewohnt gewesen waren.

Jahrzehntelang hatten die Alten die Sehnsucht nach offenem Land unterdrückt und das Kraueltal als Gottes Bestimmung anerkannt. Dann war das alte Heimweh der Steppensöhne wieder aufgebrochen.

Für die im Kraueltal geborene Jugend hingegen war der Abschied von der Waldheimat und den in ihr möglichen Abenteuern mit Affen, Tatus, Pacas, Wildschweinen, Hasen, Igeln und Rehen schmerzvoll.

1947 hatte der Leiter des M. C. C. in Brasilien auf Besuch geweilt, um Möglichkeiten einer neuerlichen Ansiedlung von mennonitischen Rußlandflüchtlingen in Brasilien zu eruieren. Diese Gelegenheit nützte nun ein anderer Teil der Krauelbewohner, dem Zentralkomitee den Wunsch nach Abwanderung in die Steppe zu unterbreiten.

Sehnsucht nach der Steppe

Pauls senior wurde deshalb 1949 zur Erkundung nach Paraná ausgesandt. Schlußendlich stellte sich die Ankaufsmöglichkeit der großen Fazenda „*Cancela*" des Obersten Roberto Glaser, der österreichischer Herkunft war, ein, so daß es am 7. Juni 1951 zum Vertrag und damit zur Gründung der neuen Kolonie kommen konnte.

Die Fazenda lag in den sogenannten *„Campos Gerais"*, jener großen waldoffenen Hochfläche, auf der die Herden der Viehbesitzer von S. Paulo zur „freien Weide" getrieben wurden. Der Name „Cancela" erinnerte an die ehemalige große Pforte, welche die Fazenda auszeichnete, welche an

---

141 Pauls, Peter: Witmarsum in Paraná, 1976 – vgl. weiter Brepohl, Friedrich: Brasilien und die mennonitische Einwanderung 1832

dem alten Weg nach Paraguay lag. Die Vorbesitzerin war Dona Rita de Cancela gewesen, die zu ihren Lebzeiten auf 13 Kinder, 87 Großkinder, 232 Urgroßkinder und 23 Ururgroßkinder blicken konnte. 1870 sei sie noch 96jährig allsonntäglich 35 km zum Gottesdienst nach Almeira gefahren worden.
Senator und Oberst *Glaser* erwarb die Fazenda 1921 und unterhielt auf ihr nebenbei eine Spielhölle samt dazugehörigem Barbetrieb. Trotz des behördlichen Verbotes sei sie eifrig besucht gewesen und hätten sich allerhand Abenteuer abgespielt. Er verkaufte an die Mennoniten auch nur einen Bruchteil der Fazenda, jedoch zum selben Preis, mit dem er seinerzeit die ganze erworben hatte.
Allein den Mennoniten war sie trotzdem recht, weil sie, wie mir Peter Paul senior 1977 persönlich mitteilte, kein zweites Mal mehr in Waldgebiete ziehen wollten, wenngleich diese billiger und besser gewesen wären. Die ehemaligen Söhne der Steppe wollten unbedingt auf den offenen Kamp.

So kauften die 150 Familien 7864 ha, wobei sie die Kaufsumme durch eigene Beiträge und eine Anleihe bei den Glaubensgenossen in den USA zustande bringen mußten. Man beschloß, ihr wieder den Namen „Witmarsum", des Geburtsortes des Religionsgründers Menno in Holland, zu geben. Witmarsum II entstand!

Am 6. August begannen schon zwei Traktoren mit dem Umpflügen des Kamps. Um die Ansiedlung zu erleichtern, hatten die meisten Krauelbewohner ihre Holzhäuser mitgebracht. Zu diesen Mennoniten stießen sodann noch weitere aus *Boqueirão* bei Curitiba sowie die vorgesehenen letzten Flüchtlinge aus Rußland, unter diesen auch *Robert Jansen*, der jene Gruppe von Rußlanddeutschen über den gefrorenen *Amur* anführte, die vor Stalin in die *Mongolei* flüchtete, sodann in die Wirren des chinesisch-japanischen Krieges geriet und endlich auf abenteuerliche Weise nach Deutschland gelangt war, als gerade der Zweite Weltkrieg einsetzte. Während einige seiner Leidensgenossen noch rechtzeitig Brasilien erreichten, gelangte er mit anderen erst nach Frontdienst und Kriegsende dorthin. Umgekehrt hatte er jedoch in Deutschland noch moderne Landwirtschaftsmethoden studieren können, was für die neue Kampsiedlung von großem Vorteil war.

Schlußendlich Glaubensbrüder aus ganz Rußland versammelt

Am Ende dieser kleinen Völkerwanderung hatten sich in Witmarsum II Glaubensbrüder aus der *Ukraine*, der *Krim*, dem *Kaukasus*, dem *Ural*, aus *Taschkent* und *Sibirien* zu einem neuen Beginn zusammengefunden.
Zur großen Bestürzung der Siedler stellte sich aber heraus, daß der geplante Weizenanbau wieder nicht durchführbar sei. Selbst der Hirseanbau, auf den große Hoffnungen gesetzt wurde, erwies sich letzten Endes infolge des hohen Blausäuregehalts als unrentabel.
Ich war 1966 gerade zufällig in jenem Augenblick auf dem Dorfplatz von Witmarsum eingetroffen, als der alten Jansen den Bauern mit Stolz und in großer Hoffnung die ersten geernteten Halme der Hirse zeigte, und habe ihn im Bilde festgehalten. Später folgte die Enttäuschung. In dieser Bedrängnis lenkte Jansen die Kolonisten auf die großen Möglichkeiten in der Milchwirtschaft hin, in der sodann tatsächlich eine hervorragende Existenzgrundlage gefunden wurde.

Das nahe gelegene, in kürzester Zeit zur Großstadt angewachsene Curitiba verbürgt für eine sichere Abnehmerschaft der Milcherzeugnisse. Durch Düngung und unermüdliche Bodenbestellung gelang ihnen das schier Unglaubliche; sie verwandelten das Kampland in fruchtbaren Weideboden. Heute gilt Witmarsum als ein Musterbeispiel der brasilianischen Milchwirtschaft. Auf den sattgrünen Matten werden Holsteiner Kühe gehalten; sie produzieren täglich 36.000 Liter Milch. Während 1954 erst 506 Kühe mit einem Jahresmilchanfall von 261.489 Litern gezählt wurden, waren diese Zahlen 1964 auf 1269 Kühe mit 2,304.922 Liter und 1975 auf 2937 Kühe mit 8,013.574 Liter angestiegen. Aus den letzten Zahlen wird auch bereits der züchterische Erfolg sichtbar.
Schon 1964 war auch die „neue Molkerei" in Betrieb genommen worden und sie erzeugte als Markenartikel die Tafelbutter „Cancela". Bei der Wirtschaftsumstellung war der alte Jansen ein selbstloser Berater gewesen. Ihm gelang es auch, „rostfreie" Gräser anzupflanzen, die Silowirtschaft und die Stallwirtschaft zu entfalten. Die Sauberkeit der Ställe fällt denn auch sofort ins Auge.

Umstellung auf Vieh- und Milchwirtschaft

Doch muß zugegeben werden, daß die Umstellung der Mennoniten auf Viehwirtschaft nie so überzeugend vor sich gegangen wäre, wenn ihnen nicht zwei andere Kolonien ein Vorbild gegeben hätten, nämlich die Holländer und Deutschen in *Carambei Castrolandia* und die vorwiegend schwäbischen Kolonisten von Terra Nova, beide in der Nähe von Witmarsum gelegen und beide, insbesondere aber die Holländer, in der Milchwirtschaft erfolgreich erfahren. So stellt sich die Leistung der Mennoniten in Witmarsum würdig an die Leistung der Donauschwaben.

Während ich diese Zeilen niederschrieb, waren Entre Rios, Witmarsum und Carambei im Begriffe, sich zu einer großen Kooperative zusammenzuschließen.

Die Mennoniten beweisen in der Pflege der deutschen Sprache und des angestammten Brauchtums, nicht zuletzt aus religiösen Gründen, ein besonderes Durchhaltevermögen. Ihre Einstellung zur Bibel machte eine deutsche Schulbildung unentbehrlich, was vielfach auch zu eigenen Lehrerbildungsstätten führte. Davon profitieren auch andere deutsche Kolonien, indem sie die bei den Mennoniten ausgebildeten Lehrer beziehen. Dieses gilt für das „Ginasio Estadual Fritz Kliewer" der Mennoniten in Witmarsum ganz besonders.

Witmarsum II ist auf vier Dörfer aufgeteilt. In diesen grenzen die Höfe „wie in Rußland" aneinander; Donauschwaben wie „Wolgadeutsche" wollten 1951 ihre Dörfer in Paraná nach ihren 200 Jahre alten Gewohnheiten anlegen, deren Vorteil sie in den militärischen Grenzräumen Europas erprobt hatten. Die Grundstücksgrößen der an die 40 Höfe wurden, wieder in gleicher Gewohnheit, in 10 ha eingezäuntes Privatland und 40 ha offener Weide aufgeteilt. Da dadurch jedoch schon 7000 ha der 8000 ha großen Fazenda bei Beginn der Kolonisation ihre Besitzer gefunden hatten, waren für spätere Besitzerweiterungen sowie neue Hofgründungen durch die Jugend schon früh Grenzen gesetzt. Umso mehr, wenn das bei der Siedlungsgründung den einzelnen Kolonisten zugemessene Landausmaß für die Viehwirtschaft zu klein wäre und nicht bei 30 Kühen, sondern bei 50 bis 80 eine gesicherte Rentabilität gegeben ist.[142]

Neue Siedlungsbestrebungen hoch im Norden

Daher liegt heute schon die Frage einer weiteren Tochtergründung (eines Witmarsum III?) im Raum, und sehen Robert Jansen mit Pastor *Schwantes* eine Ansiedlung im *Mato Grosso* in der Nähe von *Barra do Garcia* im Bereich der Verwirklichung. Wir kommen später darauf zurück!

DER ÄUSSERSTE FAR-WEST IN PARANÁ

Die äußerste Etappe des paranensischen Far-West liegt im Urwaldgebiet entlang des Grenzflusses Paraná in einem breiten Gürtel zwischen dem *Rio Paranapanema* im Norden und dem *Rio Iguacu* im Süden. Wir trafen auf sie 90 Kilometer westlich von Rolândia, in *Maringá*.

Heute hat diese Stadt schon 100.000 Einwohner. Vor 30 Jahren war an derselben Stelle noch der

---

142 Pauls, Peter junior: Witmarsum in Paraná, 1976

„Mato". Sinnvoll ließ man im Stadtbereich zwei Flächen mit Urwald bestehen. Man leitete Wege hindurch und kann die „Parks" heute als Erholungsflächen und zu Studienzwecken aufsuchen.
Bald hinter Maringá trägt sodann die Landschaft – es handelt sich noch immer um Roterde wie in Rolândia, die nach den Geologen von Argentinien (Misiones) bis in den Norden des Amazonasgebietes reicht und die mit seinen 1,2 Millionen Quadratkilometern die größte Roterdefläche der Welt darstellt – den typischen Stempel jüngsten Rodungsgebietes. Das Durchkommen war für uns nicht einfach, da Regen eingesetzt hatte. Als ich mich nach Fahrtmöglichkeiten nach *Guaira* am Paraná erkundigte, hieß es, daß die „gepflügte Straße" durch den vorausgegangenen Regen mehrfach grundlos geworden sei; ich sollte jedoch am Morgen um drei Uhr wieder nachfragen kommen, was ich dann auch tat. Eine Stunde später rollten wir bereits durch viele Pfützen. Aber wir rollten. Der Tag erwachte grau in grau. Der Nebel hing in den Bäumen und Sträuchern des Urwalds. Besonders trist aber muteten die „Roças" an; kreuz und quer lagen die halb angekohlten Riesenstämme herum. Teilweise war die Rinde von ihnen schon abgefallen, so daß das tote Gehölz ausgestreuten Knochen von Riesentieren glich. (Siehe Farbbilder 26 und 27.)
Zwischen den Stämmen standen die graubraunen Maisstengel, in der Mitte abgeknickt, so daß der Kolben nach unten hing. Man holt nämlich die Maiskolben erst zum Verkauf oder zur Fütterung heim und entgeht dieser Art der Aufbewahrung dem vielfachen Ungeziefer am besten. Ja wäre nicht das Ungeziefer in Brasilien . . . ! „Insecticidos", Vertilgungsmittel, spielen daher schon heute eine nicht unbeträchtliche Rolle.
Nicht selten waren schon zwischen Maisroças oder Weideroças – die Tiere müssen sich zwischen den Stämmen das Futter suchen – junge Kaffeeplantagen eingefügt.

Die Höhe der Sträucher erlaubte eine ungefähre Schätzung des Alters des Rodungsgebietes, das wir durchfuhren. Es war jung! Auch die „Häuser" – bretterverschalte, kleine Gebäude – machten den Eindruck der Jugend, denn oft waren die naturbelassenen Bretter noch ganz frisch.
Auf größeren Plantagen lebten arme „Caboclos". Die selbständigen Pioniere waren Brasilianer, Russen, Polen und Italiener. Gerade Italiener traf man häufig an, und die „Bars", kleine Bretterbuden, trugen oft Namen wie „Bar Italia", „Bar Capri", „Bar Milano". Sie deuten auf die Herkunft der Leute hin. Ebenso häufig gab es aber auch Heiligennamen, nach welchen Bars, Maismühlen, aber auch die Fazendas selbst benannt sind. Das bedeutet eine Wiederholung eines Vorganges bei der Landnahme. Im 16., 17. und 18. Jahrhundert wurden nämlich den Städten in Brasilien kaum andere als Heiligennamen gegeben.
Noch einer Erscheinung möchte ich Erwähnung tun, nämlich dem „büschelweisen Pflanzen". Allein zwischen den liegenden Stämmen der Roças könnte man gar nicht säen. Sicher war das büschelweise Pflanzen auch in den Alpen und in anderen Rodungen einst gemeinhin üblich gewesen. In einigen Reliktgebieten hatte ich es dort noch selbst (so im Zillertal) beobachtet.
Ein paarmal fuhren wir auch durch gerade entstehende Städte, welche stets im Quadratgitter angelegt waren. Die Bevölkerung bestand jeweils aus einem bunten Gemisch von Völkern und Rassen. Auch Syrer und andere Vorderasiaten mischen hier mit. Die oft malerischen wilden, zerrissenen Gesellen trugen stets den großen Facão an der Seite hängend. Doch wenn sie nicht alkoholisiert sind, sind sie alle liebe Leute. Das müssen auch die Flöhe erkannt haben . . . !

Mit *Guaira* hatten wir 1968 erstmals die Westgrenze erreicht. Vor uns dehnte sich der riesige Paranáfluß aus, der hier eine Breite von fünf Kilometern besitzt. Unweit davon im Süden bauten sich die gewaltigen Wasserfälle der *Sete Quedas* auf. Der Gischt lag 50 bis 70 Meter hoch über den pechschwarz schimmernden Basaltfelsen.[143]
Heute geht hier das größte Elektrizitätswerk der Welt, und zwar in Zusammenarbeit zwischen Brasilien und dem ebenfalls zukunftsträchtigen Paraguay, der Vollendung entgegen.

Bei unserem Besuch am anderen Tag, mit einem kleinen Boot von Guaira nach Paraguay überzusetzen, wäre es uns bald übel ergangen. In der Mitte des Stromes setzte der kleine Motor aus, wir trieben hilflos den Wasserfällen zu. Erst bei etwa 600 Meter Entfernung gelang es, den Motor wie-

---

143 Guaira. Estado do Paraná. Elaborado Pelo Jornal („„Gazeta"-Direktor Francisco David Kutter) o. J.

der in Gang zu bringen. Der Bootsführer, ein Mischling, hatte einen bösen Dämon im Motor vermutet und wollte ihm mit einem Hammer zu Leibe rücken.
Das war das erste Mal. Unterdessen haben wir schon oft die Grenze überquert und sind über die „ponte de amicade" (Freundschaftsbrücke) gefahren, welche sichtbar verbindend wirkt und den unseligen Paraguaykrieg vergessen läßt. Im Gegensatz zu damals, mit welchen kriegerischen Ereignissen der heutige Grenzverlauf im Westen Brasiliens festgelegt wurde und unser Bundesstaat Paraná seine heutige Gestalt erhielt, arbeiten die beiden Länder eng zusammen, wobei in gewissem Maße auch die in beiden Staaten vorhandene starke deutschsprachige Gemeinschaft eine Rolle spielen mag. Mit der Besiedlung Paraguays beschäftigt sich mein Band „Pioniere in Argentinien..."[144].

Guaira hat bereits die 15.000-Einwohner-Grenze überschritten. Es geht auf eine spanische Gründung des Jahres 1560 zurück. Aus den Steinen des seinerzeitigen Forts sind die Wände der Kirche gebaut. Die deutsche Kolonie ist beträchtlich.

Unter den deutschen Familien fallen die Namen Burkhardt, Filip, Böse, Riese, Weber, Schongenhauer, Nixdorf, Erdunger, Kelkert, Nehring, Bardenmann, Eidam, Wendland, Letsch, Van Eye, Berthold, Hering und Löst auf. Im „Hotel Danubio" bereitete uns das Ehepaar Hermann und Ida *Lohse* aus Oberösterreich eine gastliche Aufnahme.

Bei den Deutschen handelt es sich durchwegs um Landwirte.

Starke Niederlassungen in Rondon und Toledo

Besonders stark ist das deutsche Element in *Rondon* und *Toledo*.

Herkunftsmäßig stammen die Deutschen hier überwiegend aus Rio Grande do Sul und Santa Catarina, doch befinden sich stets einige neu eingewanderte Deutsche unter ihnen. Ihr Einzug erfolgte vorwiegend in den fünfziger Jahren.

Nach Rondon und Toledo ging es wieder über seifige Roterdestraßen. Doch trockneten sie bald auf und begannen später zu stauben. Rechts und links zeigte sich dasselbe unordentliche Rodungsbild wie an den Vortagen. Gegen Mittag änderte sich die Kulturlandschaft insoweit plötzlich auffallend, als die Rodungen größer, geordneter wurden, von sauberen Zäunen umgeben waren und die Gebäude umfangreicher wurden. Es waren nur noch Ziegeldeckungen anzutreffen und – was besonders auffiel – eingeglaste Fenster mit Vorhängen.

Die Siedler aus Rio Grande do Sul und Santa Catarina waren im Zuge einer sauber und ehrlich durchgeführten Organisation unter dem Kaufmann *Willy Barth*, Santa Cruz, in den Urwald gelangt.

Mit ihnen marschierten auch Italiener, die sich ja schon in Rio Grande und Santa Catarina häufig neben und mit den Deutschen niederließen; es waren vielfach Altösterreicher. Rondon hat heute 65.000 Einwohner, Toledo nur etwas weniger.

Der Abstammung nach handelt es sich bei den Deutschen von Rondon und Toledo um Pommern, Hunsrücker und Westfalen.[145] Von dort hatten sie sich in den Südstaaten niedergelassen. Allein einige Urkundenstudien gaben auch hier rasch Auskunft über die Gründe der Abwanderung. In Westfalen herrschte das Anerbenrecht. Die Söhne, außer dem Hoferben, erhielten nur eine Kate, Kuh und einen Krautacker zur Miete. Sie blie-

---

144 Ilg, Karl: Pioniere in Argentinien, Chile, Paraguay und Venezuela. Innsbruck–Wien–München 1976. S. 187 ff
145 Diener, Walter: Hunsrücker Volkskunde. Bonn–Leipzig 1925
Keller, H.: Die Brasilienauswanderung aus dem Hunsrück – Symptom einer geistigen Strömung. In: Institut für Ausl. Beziehungen, 16. Jg. (1966), Heft 4, S. 228 f

ben damit ihr Leben lang und mit ihren Familien arme „Heuerlinge". Als der Ruf an sie erging, wanderten viele u. a. nach Brasilien aus.
Hier, vor allem in Rio Grande, erlangten sie Hof und Besitz und „jeden Sonntag ein Huhn im Topf", was damals als Inbegriff bäuerlicher Glückseligkeit und einfacher Wohlhabenheit galt. Als relative Landnot im Süden Brasiliens entstand und da die Ansitze unter zwölf Hektar nicht mehr verkleinert werden durften bzw. sollten, war vielen der Ruf zur neuen Landnahme willkommen. Sie verkauften den alten Boden an die Nachbarn, welche zurückblieben und gerne aufkauften, und erwarben sich um dasselbe Geld im Urwald eine zehnmal größere Grundfläche. Auch in Rondon und Toledo stand der Urwald auf fruchtbarer Roterde, zehn bis fünfzehn Meter tief, auch hatte die Siedlungsgesellschaft Wege und Brücken schon im voraus gebaut. Weizen, Mais, Rinder und Schweinezucht gediehen in dieser Landschaft prächtig.

Im Pfarrarchiv von Rondon konnte ich an Hand des Heiratsregisters die Herkunft der Männer aus folgenden Siedlungen feststellen, und zwar kamen von Rio Grande do Sul, aus *Santa Rosa* ein Arend, Wandrowsky, Schefflent, Abegg, Dunke, Ruppenthal, Kirsch, Nering, Schweig, Frega; aus *Ijui* ein Granich, Bussler, Guse, Wilde, Bonmann; aus *Cruz do Sul* ein Fochintz, Eberth; aus *Concordia* ein Klitzke, Lemke; aus *Lajeado* ein Gall; aus *Soledade* ein Matte; aus *Taquarà* ein Mette; aus *Santo Angelo* ein Woldenberg, Probst, Fotsch; aus *Santa Cruz do Sul* ein Fochintz; aus *Montenegro* ein Wilmsen, Herpich; aus *Carazinho* ein Kopper; aus *Piratuba* ein Müller, Escher, Trautmann, Laske, Zimmer, Closs, Krug; aus Cruz Alta ein Ritschner; aus Getulio Vargas ein Klitzke, Scharff; aus *Marcelino Ramos* ein Kistenmacher, Hassener, Romer; aus *Passo Fundo* ein Metz, Suptiz; aus *Itapiranga* ein Schug. Vom Bundesstaate Santa Catarina, aus *Blumenau* ein Renters; aus *Erechim* ein Ehrlich, Sauer, Raspe; aus *Palmeira* ein Kempfer, Salomon; aus *Joacaba* ein Hansen; darüber hinaus aus *Rolândia* ein Becker; aus *Belo Horizonte* ein Dopke; weitere aus *Itapiranga, Soledade, S. Bonifacio, Mercedes, Acatuba, Trombude, Alto;* aber auch aus Deutschland, so ein Vogt aus *München,* ein Narke aus *Berlin,* ein Marzenkowsky aus *Eberfeld,* Agraringenieur Isenberg aus *Marburg a. d. Lahn* (vgl. Karte 3). Letzterer führte ohne Zweifel seinen Mitbürgern modernste Anbaumethoden vor. Auf einem erworbenen Gelände von 400 ha, das allerdings beste Roterde aufweist, erreicht er daher größere Ertragsergebnisse, als sie die Donauschwaben auf dem Kampboden in Entre Rios trotz großen Chemieeinsatzes erreichen. Bei den Waldrodungen wirkten in der Regel Paraguayer mit. Diese Eingeborenen sind hervorragende Holzfäller. Motorsägen sind erst seit dem Einsatz deutscher Entwicklungshelfer bekannt geworden.
Landvermesser Isenhagen stammte aus *Westfalen* und wanderte hier als erster 1912 im Urwald ein.

Die Hoffnung der Kolonisten, auf Grund des guten Bodens in Zukunft eine große Ackerbaukultur entwickeln zu können, wurde uns überall bestätigt.
Allein die umfangreichen Waldrodungen, welche wir auf unserer Fahrt durch das „letzte Interior" angetroffen haben, stimmten uns auch nachdenklich. Das rücksichtslose Schlägern wird nicht zuletzt auch klimatische Folgen nach sich ziehen.
Karl Otto Müller schreibt im selben Sinne über die neuesten Rodungsvorgänge: „Als ich 1935 meine erste Fahrt nach Nordparaná machte, . . . erstreckte sich noch geschlossener Urwald über eine Fläche von mehr als 300 km Breite bis zum Rio Paraná, ein tropisch, subtropischer Regenwald. Von einem Höhenrücken . . . schweifte der Blick ringsum über die Wipfel der Urwaldriesen, ein unerhört eindrucksvolles Bild . . . Damals konnte ich nicht ahnen, daß der vor mir liegende Urwald in wenigen Jahrzehnten restlos vom Erdboden verschwunden sein könnte! Welcher Wandel 1971 . . . Die Robotermaschinen amerikanischer Bauart haben den Kolonisten die mühsame Arbeit des Rodens vielfach abgenommen. Das Land ist jetzt eine typische Kulturwüste!"[146] (Siehe Farbbild 26)

Auch Prof. *Heinrich Maak* drückt sich besorgt über die damit verbundenen Veränderungen der Naturlandschaft aus: „Wo der Wald vernichtet wird, trifft der Regen direkt die Bodenoberfläche. Wasser fließt schnell ab und verursacht unkontrollierbare Hoch-

---

146 Müller, Karl Otto: Notizen gelegentlich eines Wiedersehens mit Brasilien nach 35 Jahren. Jahrbuch des Instituto Hans Staden 1973, S. 9

wässer. Ungeheure Mengen fruchtbaren Bodens werden fortgespült... Auf jedes Hektar entfällt pro Jahr ein Bodenverlust von 200 bis 800 Kubikmeter... Brasilien befindet sich auf dem Weg der Bodenzerstörung, wie weiland die Mittelmeerländer, wenn keine Änderung erfolgt."[147]

Allerdings konnten wir immer wieder beobachten, daß die Deutschsprachigen den Wald noch am meisten schonen und große Flecken für ihre Nachkommen stehen lassen. Das rührt vielleicht von einem alten besonderen Verhältnis des Volkes zu unserem Wald her. Aufforstungen sind bei unseren Kolonisten seit 20 Jahren überall üblich geworden. Den landschaftlichen Höhepunkt unserer Fahrt durch den Bundesstaat Paraná bildete zweifellos *Foz do Iguacu* mit den berühmten drittgrößten Wasserfällen der Erde. (Siehe Farbbild 28.)
Beiderseits des Flusses spannt sich auch noch ein unberührtes Urwaldgebiet.
Allerdings mußte ich beim letzten Verweilen an den Wasserfällen an Prof. Maak denken: Die herabstürzenden Wassermassen waren von der mitgeführten Erde rot gefärbt. (Siehe Farbbild 28)

Auch einen Dank an die Autobusfahrer!

Nach großen Fahrten gedenken wir immer dankbar der brasilianischen Omnibusse, die uns viele tausend Kilometer durchs weite Land geführt haben und noch weiter führen werden: Sowohl die „Viacões" (Unternehmungen) wie die Fahrzeuglenker und Fahrzeuge sind nicht genug zu loben. Im Saus geht es über riesige Schlaglöcher, über holprige Bretterbrücken, meist ohne Geländer, über schlammige Straßenstrecken und selbst mitten durch Bäche hinweg. Trotzdem passiert selten ein Unglück. Die Wagenführer sind wahrhafte Künstler und dabei stets freundlich und entgegenkommend. Sie sind in besonderer Weise Bahnbrecher in der Modernisierung Brasiliens und in der Erschließung dieses Riesenlandes.

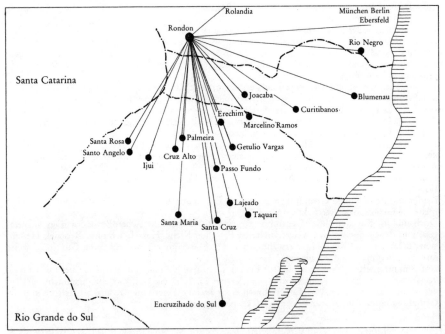

Karte 3: Die deutsche Einwanderung in Rondon und ihr Herkunftsgebiet

---
147 ebenda

DEUTSCHE IN STADT UND STAAT SÃO PAULO

An den Bundesstaat Paraná schließt auf unserer Fahrt von Süden nach Norden jener von *São Paulo* an. Die Stadt São Paulo wird im Volksmund „die Lokomotive Brasiliens, Rio der Speisewagen, die übrigen Länder als Schlafwägen" bezeichnet. Wir haben allerdings in diesen „Schlafwägen" schon sehr viel erwachtes Leben kennengelernt. São Paulo hat 1980 über 11 Millionen Einwohner gezählt. Für das Jahr 2000 schätzt man eine Einwohnerzahl von 18,5 Millionen! Es ist mit einem ungeheuren Tempo aus 37 Munizipien zusammengewachsen. Jede Minute wird ein Hausbau vollendet. Den größten Aufschwung nahm die Stadt zur Zeit des Kaffeebooms. Durch die nachfolgende Industrialisierung wurde dieser bis in die Gegenwart fortgesetzt.
Die „Bandeiranten São Paulos" waren immer schon Draufgänger. Auf der Hochfläche von São Paulo – wir haben die Auffahrt zu ihr vom Hafen Santos aus eingangs beschrieben – herrscht Arbeitsklima. Die Höhenlage (800 m über dem Meer) erleichtert dieses.

„Wer denkt daran" – so schreibt Günter Neufeldt –, „daß fast gleichzeitig deutsche Menschen in *Santos* ihre Schiffe verließen, um sich in der Umgebung von São Paulo ein neues Leben aufzubauen"[148], als andere Deutsche mit der gleichen Absicht 1824 in São Leopoldo und 1828 in São Pedro de Alcantara die erste deutsche Siedlung angelegt haben." Die erste deutsche Ansiedlung in São Paulo wurde am 4. Juli 1827 gegründet.

Über die Weiterentwicklung derselben unterrichtete ausführlich Friedrich Sommer in drei Bänden „Die Deutschen in São Paulo", die als unveröffentlichtes Manuskript im Hans-Staden-Institut in São Paulo einzusehen sind.
1827 verordnete der Visconde de São Leopoldo, daß auch im Raume von São Paulo „namentlich an der Küste Ländereien vorzukehren sind, auf denen Ackerbau möglich ist und die per Schiff erreichbar sind". Wieder zogen Badener, Rheinländer, Pfälzer, Bayern und Österreicher – diese katholisch, während Preußen, Holsteiner und Sachsen evangelisch waren – in São Paulo ein; nicht selten in ganzen Sippen.
In Santos stiegen sie an Land, erhielten Verpflegung und Unterkunft im Militärspital bis zur Weiterfahrt und auch Beschäftigung, soweit eine solche gleich angestrebt wurde.
Im Gedenkjahr der 150. Wiederkehr der Landung im Staate São Paulo wurde tatsächlich unweit von *S. Amaro* auf einem Grund, auf dem ein Gebäude errichtet werden sollte, ein vergessener deutscher Friedhof einer untergegangenen Siedlung entdeckt.
Santo Amaro war ursprünglich ein Indianerdorf namens *Ibirapuera* gewesen. In dessen Nähe wurden einst Hunsrücker und Badener Kolonisten, „mehrere Hundert", angesiedelt. Der Kern der Ansiedlung lag bei *Parelheiros;* dort standen früher 40 ansehnliche Bauernhöfe, und die Gegend heißt heute noch *„Colonia Velha"* oder *„Colonia Alemã"*. Oberhalb derselben liegt besagter Friedhof.
Leider konnte sich diese Gründung nicht halten. Die Leute vermischten sich oder wanderten ab, je mehr die Großstadt näherrückte.
Doch sind im Kataster dieser Gegend noch „eine Anzahl von deutschen Besitzernamen eingetragen, von denen nur die der weitverbreiteten Familien Klein, Hessel, Schmidt, Roschel, Helfenstein, Schmuck und Reinberger erwähnt seien"[149]. Die Städter haben auf ihren Gütern teilweise ihre Zweitwohnung aufgeschlagen.
Auf dem nunmehr denkmalgeschützten Friedhof, auf dem sich noch deutsche Gräber mit schmiedeeisernen Kreuzen befinden, wurde vom „Verein 25. Juli" ein Gedenkstein angebracht, an dem der Gouvernador Laudo Natal im Rahmen einer kleinen Feier einen Kranz niederlegte und die Gründung eines Fundus zur Pflege der Gedenkstätte anregte.

---

148 Neufeldt, Günter: Vom versunkenen Deutschtum. Staden-Jahrbuch, Bd. 27/28, 1979/80, S. 61 ff
149 Neufeldt, Günter: Vom versunkenen Deutschtum. Staden-Jahrbuch, Bd. 27/28, 1979/80, S. 62/63

Handwerker und Akademiker

Als Handwerker, Zimmerleute, Maurer und Metallarbeiter bekamen die Einwanderer in São Paulo sofort Anstellung; auch Gewerbetreibende waren erwünscht. Die Stadt suchte geradezu nach solchen Leuten!
1856 entstand in São Paulo schon die erste deutsche Brauerei. Ein Glockengießer – der sog. „Glockenheinz" – eröffnete im gleichen Jahr den ersten Tanzsaal in der Stadt. Doch fanden auch Akademiker ein reiches Betätigungsfeld. Die Brüder *Daniel* und *Kornelius Knösel* aus Hamburg errichteten die erste Buchbinderei, der Arzt *Dr. Theodor Reichert* aus Posen 1851 die erste Privatklinik, während *Dr. Gustav Schaumann* aus Hamburg die erste Apotheke in São Paulo errichtete. Die ältesten heute noch bestehenden Gräber des Deutschen Friedhofes reichen in das Jahr 1859 zurück.

Seine Entstehung hängt mit dem Verbot von 1858 zusammen, die Toten in den Kirchen zu bestatten.
Alsbald hatten sich in São Paulo schon viele gebildete, deutsche Bürger versammelt, unter ihnen auch die „Brüder *Rath*". 1845 aus Schwaben eingewandert, war *Karl Friedrich Josef* Naturwissenschaftler. Er machte sich um das Bergwesen sehr verdient. Später verlegte er sich auf die Naturheilkunde, so daß ihm die Freunde zum Geburtstag 1861 dichteten:

> Heil ihm, dem Vater Rath,
> dem Biedermann, dem Weisen.
> Heil ihm, Heil ihm, dem jugendlichen Greisen.

Sein Bruder *Daniel* begründete den Elementarunterricht in São Paulo und führte gleichzeitig ein Schuh- und Ledergeschäft. In die brasilianische Geschichte Eingang fand der deutsche Diplomatensohn *Francisco Adolfo Varnhagen*. Auf seinem von der Stadt errichteten Denkmal lesen wir: „Dem Gedächtnis Varnhagens, Visconde de Porto seguro, entsprossen der fruchtbaren Erde, die Columbus entdeckte, angehalten zu allem Großen und Nützlichen von seinem Vater, vergötterte er sein Vaterland und schrieb ihm seine Geschichte."

Varnhagen stieg zum bedeutendsten Historiker São Paulos auf und erhielt den Adelstitel. Die „Deutsche Schule" in São Paulo trägt heute stolz seinen Namen: „Visconde de Porto seguro".

Schon 1862 wurde der „Deutsche Hilfsverein" gegründet, der die kulturelle und gesellschaftliche Organisation der Stadt in die Hand nahm. Er hatte dabei die früher erfolgte Gründung in Rio zum Vorbild genommen. Die Brasilianer nahmen an seinen Veranstaltungen mit großer Zustimmung teil, „hatte es doch dergleichen bislang nicht gegeben".

1863 Deutsche Volksschule; Deutsche Zeitungen

Am 15. Juli 1863 wurde im Hause des Apothekers *Krug* die 1. Deutsche Schule eingerichtet, an der der Schweizer *Leopold Schifferli* aus *Wolfiswyl* durch viele Jahrzehnte verdienstvoll wirkte. Die Zahl der deutschsprachigen Bürger und damit auch die Zahl der Kinder hatte eben von Jahr zu Jahr zugenommen und damit auch das Bedürfnis nach Bildung in europäischen Maßstäben gesteigert. Neben Ärzten, Apothekern hatten sich nun auch Professoren, Techniker, Architekten und Offiziere eingefunden. Mit der Wahl *Albert Kühlmanns* aus *Bremerhaven* zum ersten deutschen Landtagsabgeordneten von São Paulo wurde der Einfluß des deutschsprachigen Elementes bestätigt, den dieses in den wenigen Jahrzehnten in dieser Stadt gewonnen hatte.
Von 1896 bis 1918 wanderten nach einer im Hans-Staden-Institut aufgefundenen Statistik 24.637 „Reichsdeutsche" und 21.583 Österreicher ein. Noch viel stärker war der inländische, statistisch nicht erfaßbare Zuzug aus allen deutschen Kolonien gewesen.

Immer mehr war São Paulo zur Drehscheibe und zum Sammelpunkt der Wirtschaft und Industrie geworden.

Die Einwohnerzahl vermehrte sich ständig, nicht zuletzt auch durch die große Einwanderung aus Italien, Spanien und Portugal, wobei erstere das 20fache, die beiden letzteren in jener Zeit das 10fache der deutschen bzw. österreichischen ausmachten. Allerdings war nicht mit jedem dieser Einwanderer die gleiche Arbeitskraft verbunden. Hatte São Paulo im Jahre 1900 165 Fabriken mit 17.737 Arbeitskräften gezählt, so hatte man 1920 bereits 4145 Fabriken mit 83.998 Betriebsangehörigen errechnet.

Die deutschen, schweizerischen und österreichischen Bewohner verteilten sich auf alle Berufe. Neben dem wirtschaftlichen Einsatz war in jener Zeit ihr kultureller besonders beachtlich. Vor 80 Jahren hatten sie, mit einer Depesche Kaiser Wilhelms begrüßt, durch die „Deutsche Zeitung" ein eigenes tägliches Publikationsorgan erhalten.

Evangelische und katholische Gemeinden; Benediktinerabt Michael Kruse

Doch auch auf dem religiösen Sektor suchten sie ihre Eigenständigkeit wie die Kolonien auf dem Lande. Bereits 1858 war mit Pastor *Hölzel* aus Joinville eine evangelische Seelsorge eingerichtet worden. Am 1. November 1877 vollzog er sodann die Gründung der „Evangelischen Gemeinde". Alle deutschen Geistlichen aber überragte der aus *Stukenbrock* stammende Benediktiner P. Michael Kruse[150].

1899 bereits zum Abt von *Olinda* geweiht, gründete er noch im selben Jahre in São Paulo die „Deutsche katholische Gemeinde", 1902 das „Gymnasium São Bento", 1906 das große „Sanatorium Santa Catarina", 1907 die „Freie Philosophische Fakultät"; 1911/12 schritt er zum Neubau der Klosteranlage nach „Beuroner Schema". Die in dieser Anlage eingeschlossene neue Kirche, 1922 geweiht, wurde „die größte und schönste der Stadt" bezeichnet. Als sich auch über dieser deutschbrasilianischen Persönlichkeit im Ersten Weltkrieg Intrigen zusammenzogen, stellte sich kein Geringerer als der Stadtkommandant General Luiz Barbedo mit folgendem Aufruf schützend vor ihn:
„Was die Gerüchte über das Vorhandensein von verborgenen Waffen angeht, so besteht keinerlei Anlaß, von der Erlaubnis des Abtes Gebrauch zu machen und im Kloster und Schulen eine Hausdurchsuchung vorzunehmen. Diese Einladung entsprang der höchst lobenswerten Gewissenhaftigkeit des Abtes Michael Kruse, den ich hiermit meiner größten Hochachtung versichere."
1928 bewirtete der Abt auf der Chacra des Klosters die Besatzung des Schulschiffes „Emden" und empfing Exkönig August von Sachsen. Am Karfreitag 1929 starb er und wurde in São Paulo begraben.

Die später gegen Abt Kruse geschürte Agitation ließ vielleicht den Wandel im Verhalten eines Teiles der brasilianischen Bevölkerung und vor allem innerhalb der führenden Schicht zum deutschen Element erkennen.

Wenige Jahre nach dem Tode Abt Kruses erfolgte in Deutschland die Machtergreifung Adolf Hitlers. Allenthalben wurden nun auch in Brasilien nationalsozialistische Töne laut, welche den nationalen Interessen des Landes zuwiderliefen. Als auch noch jugendliche Gruppen in Parteiuniformen, vielfach von „Reichsdeutschen" angeführt, durch die Straßen marschiert waren, auf den Lippen ein Lied, das laut Überlieferung von der lusobrasilianischen Bevölkerung falsch verstanden, als besonders aufrührerisch empfunden wurde und umgedichtet lautete: „Heute gehört uns Deutschland, morgen die ganze Welt", da konnte eine unterdessen auf Hochtouren laufende Kriegshetze leicht in der brasilianischen Bevölkerung die „Furcht vor den Deutschen" hochziehen. Die Berichte über die NS-Vernichtungen taten ein Übriges, um die kulturelle Großtat einer

---

150   Scherer, P. Michael OSB: Abt Michael Kruse, ein großer Benediktiner. München 1963

aufopferungsvollen Kolonisationsgeschichte unseres Volkes in schmähliche Vergessenheit zu stürzen.
Natürlich waren solche Entwicklungen am meisten in den Städten zu verspüren. Umso erfreulicher ist der Wandel, den wir heute nach dem Tiefstand des deutschen Ansehens in der Welt gerade in São Paulo, stellvertretend für ganz Brasilien, konstatieren können.

Neben den geschilderten Großtaten verschiedener deutschsprachiger Siedlergruppen im Landesinneren, welche zweifelsohne das Ansehen des deutschen Elementes förderten und die Erinnerung an den Arbeitseifer desselben, seine Verläßlichkeit und Qualitätsleistung immer wieder bestätigten und aus einem Ansehenstief herausführten, waren es die deutschen Handwerker und Industriellen in den Städten, welche diese Entwicklungen zum Erfolg führten.

Angesichts der Bedeutung São Paulos als Industriekapitale Brasiliens mag es daher gerechtfertigt sein, den deutschen Beitrag zur Industrialisierung an dieser Stelle zu würdigen.

DER DEUTSCHE BEITRAG ZUR INDUSTRIALISIERUNG BRASILIENS, SCHWERPUNKT SÃO PAULO; DIE DEUTSCHSPRACHIGEN KULTURELLEN EINRICHTUNGEN

Leider kann dieses Kapitel jedoch nicht umfassend geschrieben werden: es fehlen die dazu notwendigen Unterlagen und Detailuntersuchungen. Jene von Kohlhepp[151] über Santa Catarina erwähnte, ist die einzige dieser Art.
Doch genauso wie in Porto Alégre, São Leopoldo und Novo Hamburgo, Rio Grande do Sul und im Städtedreieck Blumenau – Brusque – Joinville Santa Catarinas machten sich auch in São Paulo aus dem deutschsprachigen Europa oder aus dem brasilianischen Süden zugewanderte Deutsche als Handwerker und Techniker, in der Folge zu Industriellen aufgestiegen, einen Namen.

Nannten wir in Porto Alégre Antonio J. Renner und verwiesen auf die Gründung der Varig, der größten südamerikanischen Fluggesellschaft, welche Otto Ernst Meyer zu danken ist, und nannten wir im catarinensischen Städtedreieck die Namen wie Hering, Renaux, Schlösser, Kühnrich, Hansen, Schmidt u. ä., bzw. waren in Curitiba die Müller, Essenfelder, Hauer und Heisler, erstere als Vertreter der Eisenindustrie, letztere des Handels, die Stellfeld als Pharmazeuten, die Johnscher als Hotelunternehmer, die Zipperer als Möbelfabrikanten und die Nixdorf in Rolândia als Kunstdünger- und Siloerzeuger zu nennen, so müßte man in São Paulo auf die Familie *Zerrenner*, welche die „Companhia Antarctica Paulista" ins Leben rief, die zweitgrößte Bierbrauerei des Landes, weiters auf die Familien *Weiszflog*, *Mangels*, *Gutmann* und *Bernauer* als Begründer großer Metallwarenfabriken, auf die *Heydenreich* als Bekleidungsgroßhändler und eine Reihe von Lebensmittelerzeuger verweisen. Was letztere betrifft, ist zu bedenken, daß Brasilien lange Zeit vorwiegend ein Agrarland war. Für andere Unternehmen fehlte außerdem, im Gegensatz zu anderen Einwanderern, beispielsweise den Italienern, lange die Mitwirkung des Großkapitals aus den deutschsprachigen Ländern selbst.

Wie in der Landwirtschaft vorwiegend „Tat kleiner Leute"

Über einen großen Zeitraum wird man auch den deutschen Beitrag zur Industrialisierung Brasiliens – ähnlich wie vordem den enormen deutschen Beitrag zur landwirtschaftlichen Erschließung Brasiliens als die „Tat kleiner Leute" bezeichnen müssen.

---

151 Kohlhepp, Gerd: Die Anfänge der Industrialisierung in den alten Kolonisationszentren Santa Catarinas, Staden-Jahrbuch 17, 1969, S. 23 ff

Erst spät deutsches Großkapital

Beim großen Aufstieg der brasilianischen Industrie nach dem Zweiten Weltkrieg war allerdings das deutsche Großkapital in vollem Ausmaß angetreten.
Nun war es endlich anders geworden. 1971 beliefen sich allein die bundesdeutschen Investitionen bereits auf 3 Milliarden DM und haben sich unterdessen wohl verdoppelt. Die Hilfe schließt auch Fertigungskapazitäten, Fabrikationsmethoden sowie das Mitwirken deutscher Fachleute mit ein, und der Einsatz tritt auch optisch durch wohlgelungene architektonische Anlagen in Erscheinung (siehe Buchumschlag, Rückseite unten).

Über die direkten deutschen Auslandsinvestitionen hinaus sind noch viele beteiligungsähnliche Darlehen wirksam, denn die Firmen in der BRD sind an über 40 brasilianischen Unternehmungen beteiligt. Letzterer Vorgang zeichnete sich 1970 als neue Entwicklungsphase ab, indem deutsche Neugründungen abgeschwächt und die Zusammenarbeit mit brasilianischen Unternehmungen verstärkt wurde. Nicht wenige derselben sind deutschbrasilianischen Ursprungs.

Ähnlich haben auch die deutschen Banken gehandelt und, wie *Dr. Karl Klasen*, als damaliger Vorsitzender des Aufsichtsrates der Deutschen Überseeischen Bank und nachmaliger Bundesbank-Präsident, erklärte, zwei Wege beschritten und durch Gründung eigener Häuser als auch durch Beteiligung an brasilianischen Banken „die ganze Bandbreite bankenmäßiger Möglichkeiten geboten".[152] Wenn man bedenkt, daß bei Wiederaufnahme der Geschäftsbeziehungen vom totalen Verlust aller deutschen Produktionsstätten nach dem Zweiten Weltkrieg ausgegangen werden mußte, stellt das unterdessen Erreichte zweifellos eine bewundernswerte Leistung dar, woran der damalige Kammerpräsident und heutige Präsident der Republik *Iao Baptista Leopoldo Figueredo* und sein Vizepräsident *Hans Schnitzlein* größte Verdienste tragen. Am 27. August 1948 war es zur Wiedererrichtung der Handelskammer gekommen. Da die Errichtung der Deutschen Botschaft erst in das Jahr 1951 fiel, erfüllte die Kammer durch entscheidende Jahre hindurch auch die Übermittlerin guten Willens in jeder Richtung. Infolge des starken Einsatzes der deutschen Industrie wurde die Handelskammer 1967 in „Deutsch-brasilianische Industrie- und Handelskammer" umbenannt. Die brasilianische Regierung erkannte ihr im gleichen Jahre die „Gemeinnützigkeit" zu und sprach ihr damit in seltener Weise ihre Nützlichkeit und Hilfestellung für den eigenen Staat aus. Zwei Phasen kennzeichnen den deutschen Einsatz ganz besonders:
Die eindrucksvolle Investitionswelle in den Jahren 1956–1961 und die Beteiligungswelle nach 1971. Im Jahre 1956 war es Dr. Hans Schnitzlein auch gelungen, mit Brasilien ein Abkommen über die Rückgabe des deutschen Vermögens zustande zu bringen. Diese Maßnahme Brasiliens hatte natürlich auch in den Kolonien viele Sorgen zu zerstreuen vermocht und einen neuen Anfang bedeutet.
Die zweite Phase setzte 1971 ein, als Präsident *Medizi* den Ausbau der Schwerindustrie dekretierte, nachdem es der Militärregierung 1964 gelungen war, die zwischen 1961 und 1964 aufgetretene Unordnung auf monetärem und fiskalischem Gebiete zu überwinden und Präsident *Castello Branco* „Sparsamkeit, Industrialisierung und den Ausbau des Mittelstandes" als die nunmehr gültigen Grundsätze der Regierung bezeichnete.

Den Auftakt zur zweiten Phase bildete die Deutsche Industrieausstellung in São Paulo vom 23. 4.–4. 5. 1971 unter dem Titel „Deutschland und seine Industrie". Diese Industrie, wieder zur Weltgeltung gelangt, setzte mit großem Geschick alle ihr zur Verfügung stehenden organisatorischen und künstlerischen Möglichkeiten ein, um der Präsentation zum vollen Erfolg zu verhelfen, der auch erreicht wurde. Die Bundesrepublik wurde auf diese Weise nicht nur nach den USA zum zweitgrößten Handelspartner des zukunftsträchtigen. Riesenreiches – ein Viertel aller Waren

---

152 Camera teuto-brasiliera de Comercio e Industria em São Paulo. São Paulo 1973. S. 31 ff

bezieht dieses aus der Bundesrepublik –, sondern darüber hinaus durch seine angesiedelten Industrien und Teilhaberschaften in größtem Ausmaß präsentiert.

Angesichts der erwähnten und schon früher erlangten industriellen Vormachtstellung São Paulos, deren Ursache Gilberto Freyre in einer von Brasilien zu unbedacht geführten Einwanderungspolitik erkennt, war es naheliegend, daß sich der deutsche Beitrag nach dem Zweiten Weltkrieg wieder vornehmlich in São Paulo und Umgebung niederschlug, wenngleich betont werden kann, daß dieser in jüngster Zeit immer mehr auch auf andere brasilianische Länder ausgedehnt wurde.

Für den von der Regierung propagierten Ausbau des Verkehrs auf der Straße wurden die VW do Brasil (Volkswagenwerke, S. Paulo), die ZK (Zahnrad Friedrichshafen in *S. Caetano do Sul*), die Mercedes Benz (in *S. Bernardino do Campo*), die Krupp Metallurgica (in *Campo Limpo*), die MWM Motores Diesel (in S. Amaro), die Dürr-Waschanlagen (in *Jurutuba*) bei S. Amaro), die Alfred Floes do Brasil (in *Jundiai*) sowie die Amortex S. A. (in S. Amaro) nicht mehr fortzudenkende Säulen. Die VW begannen mit der Fertigung von Personenwagen 1956. Heute ist dieser Betrieb der größte Automobilhersteller Südamerikas, wobei die erste Million Fahrzeuge 1970 bereits zu 100 Prozent im eigenen Lande hergestellt wurde. Die VW do Brasil beschäftigen 24.000 Mitarbeiter. Auch die Mercedes Benz haben von Brasilien aus den südamerikanischen Export erobert und beschäftigen 10.000 Mitarbeiter. Die erwähnte ZK, Krupp Metallurgica, Teves do Brasil und Amortex S. A. liefern hochqualifizierte Autobestandteile, ähnlich Karl-Schmidt-Pistoias (in *S. André*), Otto-Deutz-Motores (in S. Paulo), Robert Bosch (in Campinhas) und Rolamentos (in S. Amaro).
In der Elektroindustrie nehmen Siemens do Brasil (in *Lapa* bei S. Paulo), die den größten Teil der Kraftwerke liefern, Osram (in S. Paulo), AEG (in Jundiai, S. Paulo und *Recife*) hervorragende Plätze ein. Daneben hatte die deutsche Industrie immer auch schon in der Textilerzeugung eine hervorragende Stelle inne, desgleichen die chemische Industrie. Aus letzterer sind als Spitzen zu nennen: BASF Brasileira S. A., Industrias Quimicas (in S. Paulo), Bayer do Brasil (in Belford, *Roxo, Rio, Socorro;* hier namentlich Herstellung von Pflanzenschutzmitteln), Berlimed-Schering (in S. Paulo und S. Amaro, der der größte Chemiehersteller des Landes ist), Böhringer-Mannheim (in Rio), Merck-Pharmazeutica (in *Santos Dumont*), Labortex der Continental-Gummiwerke, Hannover (in S. André) und schlußendlich auch Eau de Cologne 4711 (in *Petropolis*)[153].
Unter den Textilfabriken ist an die Maquinas Texteis (in *S. Clara*), die Gütermann-Seidenindustrie (in S. Paulo), die Süssen-Maquinas (in S. Amaro) usw. zu denken[154].
Die hier angeführten Firmengründungen stellen jedoch nur eine unvollständige Auswahl dar.

Ein sehr großer, wirtschaftlicher Einsatz Westdeutschlands in Brasilien, mit nicht minder bedeutsamem Einsatz der deutschen Technik und Wissenschaft gekoppelt, dürfte auch jener auf dem Atomsektor sein.
Möglich, daß in diesem Zusammenhang bald auch ein sehr abgelegenes deutschsprachiges Kolonisationsgebiet, auf das wir bald zurückkommen, nämlich jenes im „Kalten Land" *Espirito Santos,* eine Rolle spielt. In den „Tiroler Bergen" dort scheinen bedeutende Uranvorkommen vermutet zu werden.
Im industriellen Fortschritt Brasiliens ist jedoch auch das übrige deutschsprachige Mitteleuropa beteiligt. Die Schweizer Firmen, von den Kriegsfolgen unberührt, konnten auch während des Zweiten Weltkrieges am Ausbau ihres wirtschaftlichen Einflusses arbeiten. Die Schweiz stellt daher heute den drittgrößten Investor in Brasilien dar. Er ist ebenfalls in den für die Schweiz typischen Firmen internationalen Ranges auf dem Feinmechanik-, Chemie- und Textilsektor sichtbar. Österreichs Kontakte konnten erst nach dessen Unabhängigkeitserklärung 1956 zaghaft anlaufen und liegt Österreich heute an 30. Stelle in der Liste der Investoren. Dennoch sind heute „nahezu dreißig österreichi-

---

153 Deutschbrasilianische Industrie- und Handelskammer. Deutscher Beitrag zur Industrialisierung Brasiliens, Rio und São Paulo, März 1971
154 Camera teuto-brasileira de Comercio e Industria em São Paulo. Relatorio. Geschäftsbericht 1971–1973. São Paulo 1973

sche Firmen in irgendeiner Form" – wie Außenminister Pahr in einem Bericht festhält – „in Brasilien vertreten, eine Zahl, die österreichischerseits in einem anderen Überseeland kaum erreicht wird". Zu diesen zählen „Schrack (Relaisproduktion) in São Paulo, Franz Haas in Curitiba, Plasser und Theurer in Rio, neben VOEST-Alpine, UEW, Swarovski, Waagner-Biro, Komar, Klinger u. a."[155].
In der Nähe von P. Alégre schufen jüngst österreichische Ingenieure ein hochmodernes Hüttenwerk.

São Paulo auch Schwerpunkt der kulturellen deutschen Organisationen

Entsprechend der Bedeutung und Stellung des deutschsprachigen Elements in den Städten sind auch seine kulturellen Einrichtungen und gesellschaftlichen Organisationen von entsprechendem Gewicht.
Der gewaltige Aufstieg São Paulos brachte es auch mit sich, daß sich in dieser Stadt auch die bedeutendsten deutschsprachigen kulturellen Institutionen befinden. Unter die bedeutendsten wissenschaftlichen Einrichtungen ist das *Hans-Staden-Institut* zu zählen. Es wurde kurz vor Beginn des Zweiten Weltkrieges 1938 als „Institut für Wissenschaft, Schrifttum und brasilianisch-deutschen Kulturaustausch" gegründet. Es war aus dem Zusammenschluß des „Deutschen Vereins für Wissenschaft und Kunst" sowie des „Archivs der deutschen Einwanderung" hervorgegangen. Das Hans-Staden-Institut besitzt ein universitätsreifes Archiv und eine ebensolche Bibliothek über alle das deutschsprachige Element betreffenden Fragen. Seine alljährliche Veröffentlichung „Staden-Jahrbuch" ist von großer wissenschaftlicher Qualität. Ich erachtete es als meine Pflicht, den verdienstvollen Direktoren im Vorwort für alle Hilfe zu danken.
Als mitgliederstarke Vereinigung mit Sitz in São Paulo ist die *„Gesellschaft Pro Arte* zur Pflege von Kunst, Literatur und Wissenschaft" zu nennen. Sie besitzt in vielen Städten Niederlassungen.
Im äußersten Süden Brasiliens wird man allerdings den *„Kulturverein vom 25. Juli"* (Einwanderungsdatum) als stärkste deutschbrasilianische kulturelle Organisation bezeichnen dürfen. Die ersten Gründungen dieses Vereins entstanden 1951 in dem bereits erwähnten P. Alégre und Panambi! „Wegbereiter waren", bemerkt Fouquet[156], „Fritz Rotermund, Major Petry und P. Martin Rambo SJ, der bis zu seinem frühen Tode bestrebt war, auf die geschichtlichen und moralischen Grundlagen dieser volkstümlichen Bewegung aufmerksam zu machen." Heute ist es namentlich *Dr. Theo Kleine*, der von S. Leopoldo aus deren Geschicke lenkt.
Neben den obgenannten Vereinigungen darf die *„Martinsstiftung"* als hilfreiche Förderin all dieser Bestrebungen nicht unerwähnt bleiben.
In den anderen südamerikanischen Ländern haben wir allerdings diese Mehrteilung nicht angetroffen; sie kann wohl durch die Geschichte und Größe des Landes begründet werden, stellt aber zweifellos eine Schwächung dar. Indessen erscheint angesichts der jüngsten Vorgänge und Bedürfnisse ein organisatorischer Zusammenschluß des deutschsprachigen Elements auch in Brasilien nicht ausgeschlossen. Staatlicherseits dürften gegen einen solchen kaum Bedenken bestehen, sofern den proklamierten Integrationsbestrebungen kein Hindernis erwächst.

---

155 Pahr, Dr. Willibald, Bundesminister für Auswärtige Angelegenheiten, Wien: Brasilienbericht, nach durchgeführter Auslandsmission, gütigst zur Verfügung gestellt mit Schreiben vom 21. Juli 1980
156 Fouquet, Carl: Der deutsche Einwanderer, S. 168 – derselbe: Kulturelle Vereinigungen im brasilianisch-deutschen Bereich. Veröffentlichung des Hans-Staden-Instituts. São Paulo 1970

In São Paulo werden auch die zwei deutschsprachigen Tageszeitungen, die „Deutschen Nachrichten" und die „Brasilpost", verlegt. Erstere, vom Zillertaler *Karl Troppmaier* gegründet, kann als das für den städtischen Kulturkreis sowie für Wirtschaft und Industrie sprechende Organ angesehen werden, während die von Frau *Ursula Dormien* geleitete „Brasilpost" den Kolonisten im hintersten Interior erreicht und daher ebenfalls für die brasildeutschen Interessen unentbehrlich ist. Eine Auflassung, durch wirtschaftliche Schwierigkeiten und mangels ausreichender Inserate hervorgerufen, würde verheerend wirken.

Neben den großräumigen Vereinigungen sind die örtlichen kulturellen und gesellschaftlichen zu nennen. Die Spitze unter den gesellschaftlichen Vereinigungen bildet zweifellos der vornehme „Club Transatlantico, S. Paulo". Er wurde am 11. Mai 1954 gegründet. Vor dem Krieg hatte er „Germania" geheißen; in Rio wurde dieser Name beibehalten. Die Mitgliederzahl, darunter hervorragende Persönlichkeiten, liegt bei 600 bis 700.

Die Veranstaltungen der Klubs umfassen „Vortragsabende" mit bekannten Wissenschaftlern, Politikern und Wirtschaftstreibenden, „Heimatabende", wobei bestimmte deutsche Städte und Landschaften den Themenkreis bilden. Weiters gibt es alljährlich den „traditionellen Gründungsball" sowie „Exkursionen" und „Klubkneipen" etwa unter dem Titel „Bayrische Brotzeit" u. ä.

Die „Schulvereine", aus denen diese Klubs hervorgingen, sind ebenfalls lebendig geblieben bzw. haben sich nach der Verbotsaufhebung neu formiert. Ihre Leistung ist bewundernswert. Umsomehr, wenn man bedenkt, daß auf den Schultern ihrer Mitglieder praktisch die Existenz der großen und neuen teuren Schulen beruht. In der Altersversorgung erbrachte jener von S. Paulo eine Glanzleistung, nämlich die Errichtung eines Dorfes, aus Pavillons bestehend; die Alten werden in ihnen von den Mitgliedern auch durch Besuche betreut. Angesichts des Umstandes, daß in den südamerikanischen Ländern die staatliche Versorgung erst in den Anfängen steckt, sind diese Selbsthilfeeinrichtungen von geradezu unschätzbarem Wert! Wir in Mitteleuropa wissen angesichts des uns selbstverständlichen Sozialstaates nicht, wieviel in Südamerika – aber auch in Nordamerika! – durch Privathilfe erreicht werden kann!

Neben diesen Vereinigungen sind auch die nationalen zu nennen, so die schweizerischen Gemeinschaften und der „Verein der Österreicher" namens „Babenberg", dieser schon seit vielen Jahren durch den österreichischen Generalkonsul *Dr. Otto Heller* verdienstvoll geführt. Seine Bedeutung in São Paulo vermag er durch allseits beachtete Kulturveranstaltungen unter Beweis zu stellen.

Weitere Vereinigungen bilden die „ständischen", als da sind „Gesellenvereine", „Meistervereinigungen" u. ä.! Sie sorgen dafür, daß die Mitglieder in Notfällen unterstützt werden. Vielfach findet man diese aber auch schon in kirchlichen Aktivitäten eingebunden. Den kirchlichen – katholischen, evangelischen und mennonitischen – Organisationen kommt große Bedeutung zu, und ihr Tätigkeitsgebiet wird überall auf dem sozialen und kulturellen Sektor sichtbar. Doch sei auch die Hilfe der kirchlichen Institutionen aus Mitteleuropa nicht verschwiegen! Ethnologisch interessant war uns hier die Mitteilung P. Justin Kleinwächters, S. Paulo, der mit dem Aufbau von „Kolpingfamilien" in Brasilien betraut ist. Es zeige sich dabei eine Schwierigkeit insoweit, als bei den Romanen der Kameradschaftssinn, in diesem Fall eine Unentbehrlichkeit, nicht im gleichen Maße wie bei den Deutschbrasilianern vorhanden sei.

Erfreulich ist unter den kirchlichen Vereinigungen der Abbau der in der Vergangenheit in belastendem Ausmaß gegeneinander errichtet gewesenen Schranken. In jüngster Zeit haben sich vielfach die katholischen und evangelischen Gemeindemitglieder zu einem gemeinsamen „Christlichen Kulturverein" zusammengefunden. In diesem Zusammenhang muß allerdings auch an eine weitere Veränderung in der Haltung der Kirchen erinnert werden.

Zwei ehemalige Säulen heute nicht mehr vorhanden

Die kulturelle Existenz unserer Siedlungen baute in der Vergangenheit auf zwei Säulen auf. Die eine Säule war die Schule, die andere die Kirche! In den von den Kolonisten selbst und mit nicht geringen Opfern gegründeten und erhaltenen Volksschulen lernte die Jugend Lesen, Schreiben und Rechnen, was angesichts des völligen Fehlens staatlicher Schulen bis in die Mitte unseres Jahrhunderts und des damit verursachten weit verbreiteten Analphabetentums etwas Großes bedeutete. In der Kirche wurden ihr sicher in erster Linie der Grundbegriff der Religion und eine gottgefällige Lebensführung vorgetragen. Darüber hinaus aber vermittelten die Seelsorger auch in Absicht und unbeabsichtigt die Kunst der Sprache und Literatur. Mit Recht haben wir daher in einem früheren Abschnitt katholische Priester und evangelische Pastoren – zählen wir nun auch die mennonitischen Prediger hinzu! –, weiters Nonnen und Pastorensgattinnen als unentbehrliche Stützen des deutschen Volkstums in der Fremde bezeichnet. Heute versteht sich nicht nur die katholische Kirche „der Allgemeinheit verpflichtet", sondern hörte auch die evangelische Kirche, indem sie sich ebenfalls „als missionierende Kirche versteht", auf, „deutsche Volkskirche" zu sein. Der damit verbundene Verlust ist schwerwiegend!

Nur in den Großstädten, wo ausreichend Seelsorger vorhanden sind, konnten sich wieder ausschließlich deutsche Kirchen bilden. São Paulo kann mit seiner modernen katholischen „Bonifaziuskirche" als Beispiel angeführt werden. Ihre Festschrift des Jahres 1966 beginnt mit den Worten: „Die von dem ehrwürdigen Abt P. Miguel Kruse OSB aus dem Kloster S. Bento vor vielen Jahren gegründete ‚Deutsche Katholische Gemeinde' trug nicht den Namen des Apostels der Deutschen. Es war aber naheliegend, dem Beispiel anderer Auslandsgemeinden zu folgen und die nach dem Kriege 1948 wieder begründete Gemeinde der deutschsprachigen Katholiken in São Paulo nach dem hl. Bonifazius zu benennen." Es bedurfte allerdings großer Anstrengungen und Hilfen aus Deutschland, die Kirchenbauabsicht zu verwirklichen.

1953 wurde zu diesem Zwecke der „Freundeskreis St. Bonifazius", die heutige „Sociedade São Bonifacio", gegründet. Am 4. 6. 1961 konnte erst der Grundstein gelegt, zu Pfingsten 1965 das Richtfest gefeiert werden. Heute verfügt diese Gemeinde nicht nur über die Kirche, sondern zusätzlich über Festsaal, Bibliothek, Bastelräume sowie ein Colegio für Mädchen, geführt von Klosterfrauen. In ihm befindet sich auch eine Schulküche, welche für verschiedene Veranstaltungen herangezogen werden kann. Daher konnte schon 1966 erstmals ein großes Kirchweihfest gefeiert werden mit Getränken und Belustigung von mittags bis abends, reicher Verlosung, Vergnügungen, Überraschungen, Konzert der VW-Kapelle usw.[157]

Die Lage der deutschen Schulen

Neben der „Kirche" war es, wie wir bemerkten, die „Schule", welche für die Erhaltung des deutschsprachigen Elements entscheidend war. Allein, den Deutschsprachigen sind im Laufe des Zweiten Weltkrieges die „eigenen", auf ihren Dorf- oder Stadtbereich bezogenen Volks- und Mittelschulen verlorengegangen. Wo nicht durch deutsche „Hilfsschulen" ein gewisser, aber nie ausreichender Ersatz entstand, ist daher innerhalb der jungen Generation mit einem zunehmenden Verlust der deutschen Sprache in einem Ausmaß, wie noch nie zuvor, zu rechnen.

Die seinerzeit hervorragenden höheren „Deutschen Schulen" sind unter anderen Namen teilweise wieder erstanden. In São Paulo ist das Kolleg Visconde de Porto Seguro (nach dem Adelstitel des deutschbrasilianischen Historikers Varnhagen

---

157 Festschrift zur Einweihung der St.-Bonifazius-Kirche São Paulo, 5. 6. 1966

benannt), die ehemalige „Ollindaschule". Jene bildete wohl für den größten Teil der Kinder der bürgerlichen Welt im deutschsprachigen Süden die Bildungsstätte für höhere Berufe. Auch heute weist das Kolleg einen Zug auf, der den Absolventen das Studium an brasilianischen wie an deutschen und österreichischen Universitäten ermöglicht. Die Ollindaschule wurde am 22. September 1878 eröffnet. Ihre größte Wohltäterin war die Österreicherin *Clementine Breine*. Die neue Schule wurde nach Enteignung der ersten im Zweiten Weltkrieg 1974 bezogen. Sie wird heute vom italodeutschen Direktor *Tuelli* hervorragend geführt und weist 3000 Schüler auf.
In Rio gibt es neben der älteren „Cruzeiroschule" noch die im prächtigen Palais und Park der ehemaligen amerikanischen Botschaft errichtete „Corcovadoschule", von Direktor *Dengler* geleitet.

Und die Zukunft der kulturellen Einrichtungen? Probleme und neue Entwicklung

Die pädagogische Leistung und Wissensvermittlung dieser Schulen ist allerdings auch für viele nicht deutschsprechende Familien Anreiz, ihre Kinder in diese Bildungsstätten einzuweisen, während ärmeren deutschbrasilianischen Familien die Schulbeiträge zu hoch sind. „Schule und Kirche", bis zu unserer Epoche „Grundsäulen" der Kultur unserer Kolonisten in Stadt und Land, stellen sich als Erhalter unserer Sprache und Kultur somit selbst in Frage!
Daher wird die Zahl der Deutschsprachigen, einschließlich der Dialekt sprechenden, in Brasilien auf 1,8 Millionen, davon in Rio Grande auf 350.000, in *Santa Catarina auf 260.000*, in *São Paulo und Rio* auf *300.000*, in *Paraná auf 180.000* und in *Espirito Santo auf 180.000*, geschätzt, in rascher Zukunft empfindlich zusammenschrumpfen, wenn nicht Unvorhergesehenes geschieht.

Umso mehr aber vermögen wir auch nun die erfolgreiche Errichtung der Schule „Imperatrice Dona Leopoldina" in Entre Rios und desgleichen das hier bereits erwähnte „Fritz-Kliewer-Gymnasium" der Mennoniten in Witmarsum in ihrer Bedeutung für das deutschsprachige Element im Interior einzuschätzen. Letzteres hat in Peter Pauls junior einen sehr einfallsfreudigen Leiter gefunden, er ist wie erwähnt der Sohn des ehemaligen Anführers vom Kraueltal auf die Cancela-Fazienda.

Unter die kulturellen Einrichtungen für das deutsche Element sind aber auch jene Einrichtungen zu zählen, welche deutsche Sprache, Literatur und Kultur in bislang ungekanntem Ausmaß auch an andersvölkische Menschen vermitteln. In allen größeren Städten entstanden die *„Goetheschulen"*. Millionen von Brasilianern werden durch sie für unsere Sprache und Kultur geöffnet und bekommen Verständnis für unser Volk und seine Leistungen vermittelt.

Reisen ins alte Europa; Besucher aus diesem in den Kolonien

Während den Kindern unserer Auswanderer leider viele Schulen alten Stils verlorengegangen sind, darf allerdings auch nicht unerwähnt bleiben, daß immer mehr Kolonistensöhne in die Lage versetzt werden, vorübergehend ihr Dorf zu verlassen, um im deutschen Mitteleuropa landwirtschaftliche Bildung zu erlangen. Im Zuge der „Entwicklungshilfe" werden Kolonistensöhne an die landwirtschaftlichen Schulen in Deutschland und Österreich oder auf einen „Musterhof" eingeladen. Der Erfolg besteht einwandfrei nicht nur in einer großen Bereicherung landwirtschaftlicher Kenntnisse, sondern auch in der Vermittlung über die schulische Bildung hinausreichender Kenntnisse und Erfahrungen; sie gewinnen den Anschluß an den aufstrebenden sprachlichen Kernraum und erfahren an sich den Vorteil, die deutsche Sprache zu beherrschen, genauso wie ihnen die brauchtümliche Übereinstimmung die Anpassung „in der Fremde" erleichtert. Solches war bisher den „kleinen" deutschsprachigen Landwirten in Brasilien – im Gegensatz zu jenen in anderen südamerikanischen Ländern – kaum möglich gewesen. Plötzlich gewinnen nun Eigenschaften an Wert, die man gerade endgültig aufgeben wollte. Diese Entwicklung geht zudem Hand in Hand mit einem sichtbaren Fortschritt in der Landwirtschaft. In die gleiche Richtung läuft auch der Umstand, daß Menschen aus Mitteleuropa in die wirtschaftliche Lage versetzt wurden, die verbesserten Chancen in der Verkehrsentwicklung zu nutzen und namentlich zu den vermehrt anfallenden Jubiläumsfeierlichkeiten in großer Zahl zu erscheinen, oft in ganzen Gruppen.

Auch diese Kontaktnahme zwischen den Ausgewanderten und dem Mutterland war in früherer Zeit nicht denkbar gewesen. Daher scheinen sich in der Tat in einem für den Weiterbestand des deutschsprachigen Volkselements kritischen Augenblick neue Chancen anzukündigen.

Auffallenderweise stellen sich auch gerade jetzt die vielen Anlässe zu solchen Begegnungen ein. Jubiläumsfeiern zur 150., 100., 50. und 25. Wiederkehr der Einwanderung drängen sich infolge der uns bekannten Einwanderungsperioden gerade in unseren Jahrzehnten zusammen. Auf diese Weise entstanden viele neue Kontakte mit dem Herkunftsland. Auch erinnerte man sich des deutschsprachigen Mitteleuropa, als von dort Hilfe kam und dieses durch den eigenen wirtschaftlichen Aufschwung nach dem Zweiten Weltkrieg in der Welt neue Geltung erhalten hatte.

Die 150-Jahr-Feier zur Erinnerung an die deutsche Einwanderung wurde 1974 von der ganzen Öffentlichkeit Brasiliens wahrgenommen. Jede Zeitung von Format würdigte sie, und jede größere Stadt in Südbrasilien machte den 24. Juli zu ihrem eigenen Fest. Die staatliche Post gab eigene Briefmarken mit dem Bild des Kolonisten heraus. Besonders eindringlich gestaltete sich dieses Jubiläum in São Leopoldo! Der Staatspräsident General Geisel zeichnete es durch seine Anwesenheit aus. Aus Mitteleuropa war ein ansehnlicher Stab von Diplomaten, Politikern und jenen Wissenschaftlern eingetroffen, welche sich mit Themen der deutschsprachigen Einwanderung befaßt hatten. Die Bundesrepublik hatte Trachten-, Musik- und Reitergruppen entsandt.

Ein besonderes Erlebnis bildete die Darstellung der Einfahrt des ersten Einwandererschiffes in den Rio dos Sinos. Sie erfolgte möglichst geschichtsgetreu, worüber bereits im Kapitel über São Leopoldo berichtet wurde. Eine riesige Begeisterung machte sich unter den Tausenden von Besuchern und Gästen breit, als die „historische Gruppe" an Land trat!

Auch die ausländischen Journalisten hatten ihren Berichten zufolge die geschichtsträchtige Darstellung des Beginns der deutschsprachigen Kolonisation in Brasilien und damit in ganz Südamerika zutiefst erfaßt!

Das ehrwürdige Denkmal, vor 50 Jahren „den Vätern zum Gedächtnis" errichtet, stand im Mittelpunkt. Es sollte nicht vergessen werden.

Fast jede größere Feier wurde auch sinnvollerweise zum Anlaß genommen, historische Gaben und Erinnerungsstücke zu sammeln und sie in geeigneter Form aufzustellen. Im Nu war eine große Zahl von Heimatmuseen mit für die Forschung wertvollen Archivbeständen ins Leben gerufen.

In São Leopoldo selbst entstand das erwähnte „Museum der deutschen Einwanderung" (Museu da imigração alemão), in dem sehr interessante Erinnerungsstücke Aufstellung fanden, die von den Lebensgewohnheiten der ersten Siedler, ihrer Bauweise und Kleidung, ihren Wirtschafts- und Hausgeräten, Waffen, Kunst- und Kultgegenständen, Wirtshaus- und Bräuhausschildern, Turner- und Schützengildenfahnen berichten. Eine lobenswerte Tat stellt auch die Rückerwerbung und Adaption des

ersten Einwandererschuppens, der „casa que abrigon os primeiros imigrantes alemaes, em 25. de julho de 1824", dar. In ihm soll ebenfalls ein Museum (und Archiv!) errichtet werden. (Siehe Textzeichnung 1.)
Rechtzeitig lag auch Carl Fouquets „Der deutsche Einwanderer" vor, herausgegeben vom „Instituto Hans Staden", und der „Federacao dos Centros Culturais 25. de Julho", dem mein Buch „Pioniere in Brasilien" 1972 vorausgegangen war. Schon seit mehreren Jahren vergriffen, möge dessen hier vorliegende neue Auflage ihre Aufgabe noch besser erfüllen.
Die „Deutschen Nachrichten", deren frühe Gründung erwähnt wurde, lieferten ebenso wie die von Karl Oberacker, Oskar Schrappe und Otto Braun 1930 gegründete „Brasilpost" wichtige historische Abhandlungen zu diesem Thema.
Von Karl Oberacker wurde auch die großartige Darstellung der Kaiserin Leopoldine[158] in brasilianischer Sprache vorgelegt. Unterdessen ist dieses grundlegende Werk auch in deutscher Sprache erschienen![159].

DAS HEYDTSCHE RESKRIPT

Leider wurden in dem so fortschrittlichen São Paulo – nicht in der Stadt, sondern im Staat! – auch jene Ursachen gesetzt, die zum für die deutsche Einwanderung so verhängnisvollen sogenannten „Heydtschen Reskript" führten, welches das „Königreich Preußen" anno 1859 erließ und dem sich 1871 das ganze, eben entstandene „Deutsche Kaiserreich" anschloß.

Deutschsprachige Einwanderer waren schon über Santos, Santo Amaro und São Paulo ins Landesinnere vorgestoßen. Durch den Schweizer Gesandten Tschudi besitzen wir eine treffliche Schilderung des damaligen Kolonistenlebens im „Interior" São Paulos; überall regte sich Fleiß; immer weiter gegen Westen entstanden saubere Fachwerkhäuschen; mehrere Dörfer erhielten durch die Ansammlungen unserer Handwerker und Bauern städtischen Charakter, so *Campinas*. Hier entstand alsbald ein eigener deutscher „Hutmacher-Klub". Dazu muß bemerkt werden, daß die Gauchohüte erstmals von deutschen Hutmachern – ähnlich wie in Pennsylvanien von deutschen Mennoniten – hergestellt wurden. Sie waren den in Deutschland trachtlich weit verbreiteten breitkrempigen Hüten nachgebaut. Die mit Beigabe von Kaninchenhaaren hergestellten Hüte galten bald als die vorzüglichsten Allwetterhüte, vortrefflich gegen Sonne, Regen und Kälte. Der deutschsprachige Vormarsch führte später auch zur Gründung reiner deutscher „Kolonien", nämlich von *Rio Claro* und *Sorocaba*, wo sich Deutsche, Österreicher und Schweizer sogar frühzeitig schon zum „Leseverein Germania" zusammenschlossen. So groß war ihre Zahl und ihr kulturelles Bedürfnis! Diesen folgten *Itu* und das erwähnte *Porto Feliz*.

1842 kam nun Senator Vergueiro auf die Idee, auf seinen Besitzungen deutsche und schweizerische Kolonisten für ein „Halbpartsystem" anzuwerben. „Dieses System, das in São Paulo allgemein Anklang fand" – schreibt Oberacker[160] – „band den Einwanderer so lange als Plantagenarbeiter an den Großgrundbesitzer, bis er die vorgestreckten Reisekosten und sonstigen Vorschüsse (z. B. für Einkäufe im Kramladen des Großgrundbesitzers, für Arzt, Apotheke usw.) samt den Zinsen bezahlt hatte. In späteren Verträgen wurde darüber hinaus noch eine solidarische Haftung aller Familienmitglieder für die aufgelaufenen Kosten festgelegt, was bei Krankheits- und Todesfällen zu hohen Verschuldungen führte. Infolge der sozialen, wirtschaftlichen und rechtlichen

---

158 Oberacker, Karl jun.: A Imperatriz Leopoldina, sua Vida e sua Epoca, Rio 1973
159 derselbe: Kaiserin Leopoldine, ihr Leben und ihre Zeit. Federacao dos Centros Culturais 25 de Julho. São Leopoldo, Brasil 1980
160 Oberacker, Karl: Der deutsche Beitrag. S. 238

Verhältnisse im Lande war es dem Grundbesitzer bei bösem Willen ein Leichtes, den landes- und sprachunkundigen Arbeiter in einer dauernden Schuldknechtschaft zu halten, zumal dieser auch die Hälfte des ihm zustehenden Ernteertrages im allgemeinen an den Arbeitgeber selbst verkaufen mußte."

Dadurch entstanden in der Tat in einem Teil des Bundesstaates São Paulo unter deutschsprachigen Einwandererfamilien sklavenähnliche Abhängigkeiten. Als dieses in Europa ruchbar wurde, prasselte es Proteste. Unseligerweise geriet das ganze Kaiserreich in Verruf, wenngleich dieses „Halbpartsystem" – die sogenannte „Parcerie" – nur einige „Paulistaner" entwickelt hatten. Aus dem brasilienbegeisterten Generalkonsul *Heydt* von Preußen wurde der gewichtigste Gegner dieses Landes. Den Schlußpunkt der ausgelösten Kampagne bildete 1859 das oft genannte „Heydtsche Reskript". Diese zunächst von Preußen am 3. November jenes Jahres erlassene Verordnung, der sich 1871 das ganze Kaiserreich anschloß, untersagte alle bisherigen Konzessionen bei einer Beförderung von Auswanderern nach Brasilien.

„Es kam dadurch zu einer nicht mehr gutzumachenden Unterbrechung der deutschen Einwanderung",[161] wenngleich Fouquet zuzustimmen ist, „daß Preußen mit dem Edikt nicht die Einwanderung verbot"[162] und daß daher nach dem Erlaß desselben auch preußische Staatsbürger immer noch eingewandert seien. Allein diese wenigen hatten nicht mehr die Bedeutung der früheren Züge.

So berechtigt die Empörung über die menschenunwürdigen Tricks einiger Großgrundbesitzer von São Paulo war, so unberechtigt war sie gegenüber allen anderen brasilianischen Staaten. Man hatte das Kind mit dem Bade ausgeschüttet und unreparablen Schaden angerichtet. Der Großteil der deutschen Einwanderer wurde seitdem bzw. durch diese Verordnung in andere südamerikanische Länder animiert und nicht zuletzt nach Afrika umgeleitet, wo das Zweite Kaiserreich koloniale Absichten vertrat. Österreich und die Schweiz schlossen sich dieser Verordnung nicht an, die erst 1896 wieder aufgehoben wurde.

Die brasilianische und deutsche Geschichte, vorab die deutsche Kolonisationsgeschichte, wären andere Wege gegangen, wenn dieses Reskript nicht erschienen wäre!

---

161 Ilg, Karl: Das Deutschtum in Brasilien. Eckartschriften, Heft 68. Wien 1979. S. 31 ff
162 Fouquet, Carl: Der von Heydtsche Erlaß vom Jahre 1859, Staden-Jahrbuch, 14. Bd. São Paulo 1966. S. 71 ff

RIO, HAUPTSTADT DES KAISERREICHES; FÜR VIELE DEUTSCHE ERSTE BEGEGNUNGSSTÄTTE MIT BRASILIEN, PETROPOLIS

Auch in *Rio* und seinem Stadtstaat *Guanabara* – welcher Name soviel bedeutet wie „die dem Meer ähnliche Bucht" – hatten sich selbstverständlich früh Deutschsprachige niedergelassen. Rio bildete seit 1763 den Sitz der Vizekönige, von 1822 bis 1889 war es die „Kaiserstadt" und anschließend bis 1960 die „Hauptstadt der Republik". Hier lag der Schwerpunkt der Verwaltung, auch für unsere Eingewanderten, in der in der Folge auch Söhne derselben als Beamte, Offiziere und Gelehrte wirkten. Rio, von dem Stefan Zweig 1942 schrieb, „es gibt keine schönere Stadt auf der ganzen Erde", bildete auch den Haupthafen der Einwanderung. Hier haben viele deutschsprachige Auswanderer nach langer Überfahrt den unvergeßlichen Dreiklang von blauem Meer, dunkelroten, glattgeschliffenen Basaltbergen von bizarrer Gestalt und grün wucherndem Tropenwald bewundert und dem Land Brasilien ihre Liebe geschenkt, allen voran „Dona Leopoldina" selbst. Mit ihr setzte 1821 auch das erste Fußfassen deutscher Bürger ein. Wir denken an den großen Zoologen *Johann Natterer*, den Botaniker und Arzt *Georg Heinrich von Langsdorff*, der den ersten „Führer für Auswanderer nach Brasilien" schrieb, an die hervorragenden Kartografen *Daniel Peter Müller* und *Wilhelm Ludwig von Eschwege*, den Geologen *Johann Emanuel Pohl*, den Anthropologen und Botaniker *Karl Friedrich Philipp Martius*, an den hervorragenden Kunstmaler *Thomas Ender* sowie an den ersten großen deutschen *Kaufmann Wilhelm von Theremin*.

In Rio entstand 1821 die erste deutsche Vereinigung in Brasilien. Sie erhielt den Namen „Germania". Sie diente sowohl kulturellen und gesellschaftlichen Bedürfnissen als auch zur gegenseitigen Hilfeleistung. Manchem deutschen Einwanderer gab sie in der Not der Fremde ersten Halt, bis 1844 ein eigener „Deutscher Hilfsverein" gegründet wurde. Sie besteht, wie erwähnt, heute noch.

In Rio erschienen im Laufe der Zeit sechs deutschsprachige Zeitungen; auch die Schulgründungen waren beachtlich. Gleichwohl erreichte die „deutsche Kolonie" der Stadt, wenn auch die älteste, nie die Zahl und den Einfluß jener von São Paulo.

Im Einzugsgebiet des Stadtstaates liegt auch das uns bekannte *Nova Friburgo*, nordöstlich von Rio in den Bergen gelegen, in dem sich das tragische Ende des ersten Einwandererversuchs vollzog. Das Unternehmen glückte, wie erwähnt, erst im zweiten Anlauf, als vor allem „Rheinhessen", von ihren Pastoren begleitet, 1824 angesiedelt wurden. Unterdessen hatte aber schon die Kolonisation im Süden des Reiches die ersten Erfolge zu verzeichnen gehabt und blieb deshalb und auch infolge der günstigeren klimatischen Bedingungen der Schwerpunkt der deutschen Kolonisation in Brasilien über ein Jahrhundert hin mit dem Süden verhaftet. Rio lag gewissermaßen im nördlichen Randgebiet desselben.

Das kaiserliche Petropolis

Wohl aber erfolgten in diesem Raume auch noch Impulse zur deutschen Ansiedlung, insbesondere durch den Sohn Leopoldines, Kaiser Pedro II. Dieser verlagerte nämlich den Sitz des Hofes während der schwülen Sommermonate ins Gebirge, indem er 1845 den deutschen Pioniermajor *Julius Friedrich Koeler* beauftragte, die Sommerresidenzstadt *Petropolis* anzulegen. Der Sommeraufenthalt der Kaiserfamilie in den Bergen hatte nicht nur viele Diplomaten und Beamte, sondern auch viele deutsche Kolonisten als Kaufleute, Handwerker und Bauern angezogen. Daran erinnern noch die Namen der Straßenzüge in die kleinen „Täler" hinein, wie *Bingertal, Ingelheimertal, Moseltal, Westfalental, Schweizertal* usw. Kaiser Pedro, dem Volke seiner Mutter zutiefst verbunden, liebte es, mit deutschsprachigen Menschen zusammenzuleben. Sein „Palast" mit den einfach möblierten Kaiserzimmern, der zu besichtigen ist, versetzt uns nicht nur in jene Zeit, in der Pedro II., der Sohn der Habsburgerin, „eine der edelsten Herrschergestalten des 19. Jahrhunderts", den Entschluß zur Abschaffung der Sklaverei faßte und bald nach dessen Verwirklichung 1888 abdanken mußte, sondern erinnert uns auch daran, daß er mit seiner demonstrierten Wohnkultur auch in dieser Hinsicht für die vornehmen Kreise Brasiliens vorbildlich wirkte. 1858 wurde in Petropolis eine eigene deutsche Zeitung, die „Brasilia", herausgebracht; so stark war damals das deutschsprachige Element vertreten. Doch bevorzugt dieses auch heute noch diese Stadt und ihre Umgebung als Sommeraufenthalt und als Alterssitz. Auf dem Friedhof fand 1942 auch Stefan Zweig seine letzte Ruhestätte.

Über die auch in Petropolis aufgetretenen Schwierigkeiten, welche unsere Kolonisten zu meistern hatten, berichtete spannend Hans Heinz Keller in „Neue Heimat Brasilien", 1963, dem wir auch den Lageplan von Petropolis entnehmen.

Karte 4:
Anlageplan von Petropolis

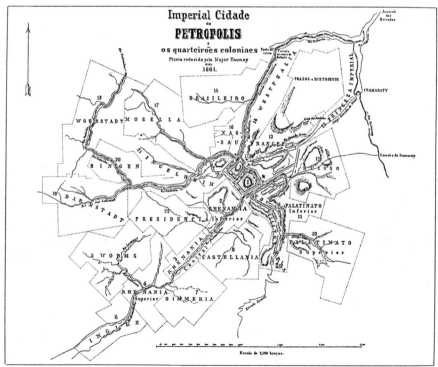

DEUTSCHE KOLONISTEN IN ESPIRITO SANTO

Espirito Santo ist mit seinen 45.000 qkm[163] ein vorwiegend gebirgiges Land, das im Süden Höhen von 1200 bis 1400 m erreicht und gegen Norden allmählich abflacht. Das Gebirge tritt großteils bis an die Küste heran und bildete auf diese Weise ein eklatantes Hindernis für die Landverbindung zwischen dem Norden und Süden des Kaiserreiches. Daher bestand immer wieder die Gefahr des Auseinanderfallens des Riesenreiches in zwei selbständige politische Gebilde; nach der Verlagerung der Hauptstadt von Bahia nach Rio somit immer wieder die Gefahr des Abfalls des Nordens. Dieser trat Kaiser Pedro II. bewußt durch die deutsche Kolonisierung Espirito Santos entgegen, welche folgerichtig auch die Anlage von Straßen durch das Gebirge nach sich ziehen mußte. Damit war auch dieser deutschen Kolonisation eine staatspolitische Aufgabe gestellt.
Die deutsche Kolonisierung erfolgte vom Süden nach dem Norden, also aus den bereits erschlossenen Landesteilen heraus. Hierbei spielte zweifellos auch eine Rolle, daß Pedro II. den Männern der noch von seinem Vater 1830 aufgelösten Fremdenlegion neue Ansiedlungsmöglichkeiten verschaffen wollte.
Im Gegensatz zu den vielen Darstellungen über die Kolonisation der Deutschen im Süden sind jene im Norden spärlich. Auch der Kontakt zu ihnen ist mangelhaft. Wer sich dorthin aufmacht, kann immer noch mit kleinen Entdeckungen und Überraschungen rechnen. Schon die Anreise von Rio beeindruckt.

Anfänglich führt der Autobus an herrlicher Küste entlang. Auf der weiten Strecke nur ein paar Fischerdörfer, ganz selten ein kleines Pfahlhaus, wohl eine Sommerfrische. Dann kommen Gebirge auf, aber von höchst merkwürdiger Gestalt. Der aufgerichtete „Zuckerhut", Wahrzeichen Rios, besitzt hier zahlreiche Brüder. Daneben gibt es sozusagen „umgefallene Zuckerhüte" und mächtige Riesenbrocken aus Granit, alle zusammen von Wind und Wasser geradezu „poliert". Dieses Berggebiet ist fruchtbar, wenngleich sich die Fruchtbarkeit nur auf die Schwemmböden beschränkt. Auf ihnen standen prächtige Mandarinenplantagen, Zuckerrohrfelder und Haine von Mamónbäumen, an deren großen, durstlöschenden Früchten mit Petroleumbeigeschmack wir jedoch nie großen Gefallen gefunden hatten. Dann kamen wieder Urwaldstrekken. Die Besiedlung war überall äußerst spärlich.

Vitória, in dessen Hafen die Erze aus Minas Gerais auf die nordamerikanischen und europäischen Frachter verladen werden, ist eine typische, von zähem Wachstum ergriffene Hafenstadt, in deren Stadtteil *„Vila Velha"* sich die Portugiesen 1535 niederließen. Vasco Fernandez Coutinho war am 13. Mai 1534 in der Bucht von Vitória gelandet, einem Sonntag, dem Tag „Domingo do Espirito Santo". Dieses Ereignis gab auch dem ganzen Land den Namen.
Die Befriedung der kriegerischen Indianer überließen die Portugiesen den Jesuiten, die bald nach ihnen Fuß faßten.

ZUERST SIEDLUNGEN IM „KALTEN LAND"

Die Anzahl der Deutschsprachigen in Espirito Santo schätzt man auf 180.000. Ausgangspunkte des deutschen Siedlungsvorganges vom Süden nach Norden waren *Santa*

---

163 Görgen, Hermann M.: Brasilien, Landschaft, politische Organisation, Geschichte. Nürnberg 1971. S. 113 ff

Isabel und *Santa Leopoldina*. Ersteres wurde von Pedro II. 1840 gegründet, indem er hier am *Rio Incu* 38 Familien aus dem Rheingebiet und vom Hunsrück ansiedelte. Santa Leopoldina wurde 1851 gegründet, wobei „Preußen, Sachsen, Hessen, Badenser, Schweizer, Tiroler, Luxemburger, Franzosen und Belgier"[164] hier angesiedelt wurden; doch handelte es sich bei den Letztgenannten ebenfalls vorwiegend um Deutsche – eben z. T. um ehemalige Legionäre. Zu diesen waren jedoch neuangeworbene Kolonistenfamilien gestoßen. Mit deren Töchtern traten die abgerüsteten Soldaten alsbald in eheliche Verbindungen.

An die verschiedenen Herkunftsgebiete erinnern heute noch die um Santa Leopoldina gelegenen Siedlungen mit ihren Namen wie „Luxenbourg, Suissa, Holanda, Tirol" u. a. (Vgl. Karte 5)

Karte 5
Deutsches Siedlungsgebiet von Santa Leopoldina

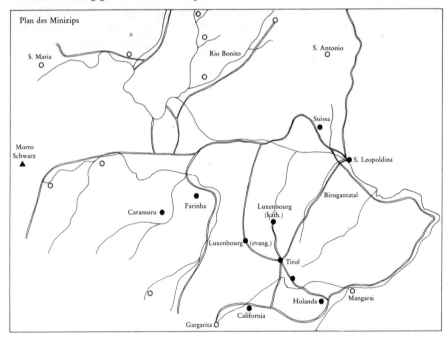

Der Name Santa Leopoldina traf ursprünglich nicht auf das Städtchen, sondern auf die ganze von Deutschen besetzte Landschaft zu. Sie benannten diese zu Ehren ihrer geliebten Heerführerin und Kaiserin und schufen in ihrer Begeisterung, kirchlichen Beschlüssen bis heute vorgreifend, sogar gleich eine „Santa" Leopoldina. Das Städtchen hieß *„Porto do Cachoeiro"*, also „Hafen am Wasserfall". Große Bedeutung erhielt dieser Hafen, als die deutschen Bauern, hier als die ersten in der Geschichte, in der zweiten Hälfte des vergangenen Jahrhunderts, zum Kaffeeanbau übergingen und dabei große wirtschaftliche Erfolge erzielten. (Siehe Farbbild 29.)

17 Städte erinnern mit ihren Namen an die erste Kaiserin, während sie in Europa wie vergessen ist.

---

164 Nauck, Ernst G. – Gremser, Gustav: Eine Studienreise nach Espirito Santo. Hansische Universität, Abhandlungen aus dem Gebiet der Auslandskunde, Bd. 4. Hamburg 1939

Die Befriedung der Aymores und Botokuden, woran der Name Vitória erinnert, muß jedoch noch lange mangelhaft gewesen sein, da diese noch um 1820 von Santa Leopoldina aus auf Kanus Überfälle bis Vitória auszuführen vermochten. Kurz vor der deutschen Niederlassung hatte hier ein heiligmäßiger Tiroler Kapuzinerpater namens *P. Hadrian Lantschner,* der aus Innsbruck gebürtig war, missionierend gewirkt. An ihn erinnern heute noch viele Spuren sowie Erzählungen.
In der Ebene von Santa Isabel steht ein hochgeschätztes Marienheiligtum aus der Jesuitengründung des Jahres 1565. In Isabel hingegen mag es vor der deutschen Einwanderung so ausgesehen haben, wie es P. Doldt 1896 in der Pfarrchronik von Tirol niederschrieb: „Santa Isabel war vor 50 Jahren noch Urwald, bewohnt von Tapiren, Tigerkatzen verschiedenster Gattung, Wildschweinen, Rehen, Affen und verschiedensten giftigen Schlangenarten. Bis zum heutigen Tag ist es nicht gelungen, das Schlangengezücht auszurotten; jedes Jahr kommen Fälle von Schlangenbiß vor und gar mancher Kolonist hat auf diese Weise schon sein Leben lassen müssen. Die Tigerkatzen sind jetzt seltener geworden, doch werden Panther in einem Teile der Pfarrei noch ziemlich häufig angetroffen. Auch haben sich die Tapire noch erhalten und werden von den Kolonisten gejagt. Zu den Hauptfeinden der Kolonisten zählen jetzt die Wildschweine und Affen, welche den Maisfeldern und anderen Pflanzungen sehr schädlich sind."[165]
Die katholische Pfarre von S. Isabel wurde erst 1876 errichtet und von Steyler Missionaren besetzt.[166] Die starke Einwanderung von Evangelischen, namentlich aus Pommern, führte aber auch schon früh zur Niederlassung von Pastoren. Die bekanntesten Familiennamen lauten hier auf Glaim, Stein, Lange, Degen, Bastian, Marx, Warm, Darrehofer, Gasse, Jahn, Lüttich, Gilles, Seith, Rein, Müller, Preuß. In der Folge zog sich die katholische deutsche Bevölkerung in *Campinho, Santa Maria,* zusammen, was später wieder weiter im Innern zum Ausbau protestantischer Schwerpunkte führte. Indem eine Gruppe die andere übersprang, erschlossen beide das „kalte" wie „warme" Land von Espirito Santo.

Campinho hat zweifellos heute Santa Isabel wirtschaftlich überflügelt. Es besitzt auch ein „Ginasio". Dessen „viceprefeito" ist Robert Kautzky; sein Vater Wolfgang ist 1904 aus Wien III, Metternichgasse, eingewandert. Robert hat eine große Getränkeerzeugung aus der Quaranafrucht entwickelt. Auch seine großartige Orchideenzucht bewunderten wir. Das ergreifende Einwanderungsdenkmal von Campinho stammt von einem österreichischen Bildhauer.
Hauptpfarre des Gebietes um Santa Leopoldina wurde hingegen „*Tirol*".

Dorf „Tirol" entdeckt!

Doch dieses mußten wir auch erst entdecken! 1966 gelangten wir erstmals nach Santa Leopoldina. Die einzige Personenangabe, die wir über Santa Leopoldina besaßen, betraf einen Herrn Dr. Holzmeister, einen Verwandten unseres bekannten Wiener Architekten. Wir trafen gegen Abend total durchnäßt ein. Sein großes und schönes Haus, das er allein mit seiner Schwester bewohnte, war unschwer zu finden. Er gab uns auch einige wertvolle Hinweise für die Geschichte der Siedlung.
Heute stellt sein Haus ein wertvolles Museum dar, in dem auch Erinnerungsstücke von „Tirol" Aufstellung gefunden haben.

---
165 Pfarrchronik aus Tirol, dzt. in Missionsstation S. Leopoldina
166 In: „Die Missionsgesellschaft von Steyl", Jubiläumsausgabe zum 8. September 1900. S. 431 ff

Am Abend ließ Dr. Holzmeister unser kleines Gepäck ins benachbarte „Hotel" schaffen. Als ich jedoch dieses betrat, stand für mich fest, lieber die Nacht im Freien zu verbringen, als hier zu schlafen. Das Haus war total verschmutzt, und die Wirtin, einer Bordellmutter ähnlich, schien wenig einladend. In dieser Situation fragte ich mich in der regenreichen Nacht bis zum Pfarrhof auf dem Berg oben durch und traf hier nicht nur auf große Gastfreundschaft, sondern auch auf eine Fülle von Aufzeichnungen, die mir die Steyler Patres nach einigem Zögern und mit dem Bemerken überließen, ich sollte nach dem strengen Tag besser schlafen, welchem wohlgemeinten Rat ich jedoch angesichts des hochinteressanten Inhalts nicht Folge leisten konnte.

Die Anlage von „Tirol" erfolgte vor über hundert Jahren, im Mai 1857.

Nach den Napoleonischen Kriegen, denen eine viel größere Armut folgte als nach dem Zweiten Weltkrieg, waren auch Tiroler der Einladung der österreichischen Prinzessin und brasilianischen Kaiserin Leopoldine zur Aufstellung einer Fremdenlegion gefolgt und später hier angesiedelt worden. Ihnen waren 1857 weitere Tiroler Aussiedlerfamilien gefolgt, die vornehmlich aus dem *Stubaital* und aus *Mieming-Obsteig* im Oberinntal stammten. Den Namen Tirol rechtfertigen noch heute Familiennamen wie Walcher, Pfurtscheller, Egg, Schöpf, Siller, Liner, Rainer, Helmer, Schäfer, Thomes, Greil usw. Zu meiner nicht geringen Verwunderung mußte ich später feststellen, daß es sich teilweise um dieselben Familien und deren Herkunftsgebiete wie in *Pozuzo/Peru* handelte, sodaß anzunehmen ist, daß in beiden Gruppen heute noch Verwandte leben, die zwei Kolonisationsvorgänge der gleichen Zeit über Tausende Kilometer auseinanderrissen. In der Folge hatten sich in Porto do Cachoeiro die Holzmeister aus *Fulpmes* als Kaufleute niedergelassen, welche vom aufsteigenden Kaffeehandel in Espirito Santo profitierten. Unsere Kolonisten erzeugten noch um die Jahrhundertwende einen vorzüglichen „Bergkaffee".

Es war klar: Wir mußten um alles in der Welt zu den vergessenen Kolonisten im Dorf „Tirol" selbst gelangen. Der Weg dorthin war durch die vorangegangenen Regengüsse kaum befahrbar und auf alle Fälle gefährlich geworden.
Der Jeep bog nördlich Santa Leopoldinas von der Roterdestraße in einen Feldweg ab, der steil bergauf führte. Der Weg war total verwaschen. Was den Fahrzeugen in diesem Land zugemutet wird, ist außerordentlich. Neben Kurven gähnten wieder Abgründe, oder es ging durch dunklen, modrig-feuchten Urwald. Kam dann einmal Tageslicht, sah man die schon früher beschriebenen Berggestalten zum blauen Himmel aufragen: Zuckerhüte, Halbkugeln, Tonnen, steil aufgerichtete Zigarren, stets von dunkelbrauner bis rotbrauner Gesteinsfarbe, ein Bild, das sich, einige Tage später, im Norden von Espirito Santo noch vervielfachen sollte.

Hier im Süden, im sogenannten „Kalten Land", waren die Berge mehrfach bis zur Kammhöhe mit Urwald bedeckt, wohingegen oben im Norden, im „Warmen Land", die eben beschriebenen nackten Felsen wie eine Zyklopenwelt anmuten. Zwischen den bizarren Berggestalten liegen kleine oder größere Tälchen ausgebreitet, jedoch wenig untereinander verbunden.
Das wohl erst „sekundär" gehobene Granit- und Basaltplateau erfuhr nachträglich keine ausreichende fluviatile Ausformung mehr, sodaß es keine eigentlichen Täler und damit auch keine von der Natur gewiesenen Zugänge gibt. Vielmehr liegen zwischen den vielen, weiter oben bereits erwähnten „Zuckerhüten, Halbkugeln, steil aufgerichteten Zigarren" dieser Zyklopenwelt sumpfige, abflußlose, talartige Wannen, jede für sich abgeschlossen und nur über kleine Pässe zugänglich und auch nur nach zeitraubenden Abflußbauten einigermaßen nutzbar. In jüngster Zeit waren aber hier mehrfach Geologengruppen, auch deutsche, aufgetaucht und ist von großen Uranvorkommen die Rede. Edelsteine wurden von den Kolonisten oft gefunden. Auch die Goldwäscherei wurde von ihnen geübt.
In den talartigen Wannen leben die Siedler in größter Einsamkeit. Im Lauf mußte ich an die 30 „Gatter" öffnen, da bei der Steilheit der Jeep nicht wieder hätte anfahren kön-

nen. Aber gerade diese „Gatter", mit deren Hilfe die Kolonisten ihr „terreno" abgrenzen, heimelten uns an. In der Mitte desselben befindet sich ihr kleines Haus. Das „Land", ihr „terreno", umfaßt in der Regel 25 ha, das aus 7 ha Maniokfeld, 2 ha Mais- und Reisfeld, 2 ha Bohnenacker, 7 ha Weide und 7 ha Urwald besteht. Die 7 ha Urwald werden in einigen Jahren in ein Maniokfeld und dieses bzw. das andere Land in Sekundärwald, sogenannte Capoeira, verwandelt. Nur Pfade verbinden die Höfe untereinander.

In Tirol angekommen, stellten wir wieder eine Wanne fest. Darin eingebettet lagen die hübsche Kirche, das „neue" Pfarrhaus und Schulhaus, eine „Venda", ein Bauernhaus und ein Friedhof voller geschmiedeter Kreuze. (Siehe Farbbilder 30, 31)

Der Unterschied zwischen „kaltem" und „warmem" Land

Im „Kalten Land" sind im Winter in der Höhe gelegentlich Nachtfröste möglich; das „Warme Land" liegt nördlicher und um einiges tiefer. Dort sind keine Fröste zu erwarten.

Doch wie sieht so ein „Winter" aus?
Am Mittag glüht die Sonne wie bei uns im heißesten Sommer. Wir kamen jedesmal schweißgebadet von unseren Märschen zurück. Doch die Abende sind kühl, und die Leute klagten über die „kalten Nächte", die bei 0 bis 5 Grad liegen. Auch unsere Fenster hatten kein Glas, sondern nur „Mückengitter", und wir froren. Die Natur blüht jedoch wundervoll! Die Mandelbäume, die Tulpenbäume, die Rosen und vieles andere standen in herrlichster Farbenpracht, und die Orangen und Mandarinen leuchteten golden aus dem Dunkelgrün ihrer Büsche.
Wir ritten von Kolonist zu Kolonist und wagten auch den Ritt durch den Urwald auf den höchsten Berg, von dem aus ich das ganze Gelände zu überblicken hoffte; es handelte sich um ein Gebiet von der Größe eines Bezirkes, das in viele Tälchen, Rücken und Hangstufen aufgegliedert war, darin eingebettet die Höfe liegen.
„Tirol" war ohne Zweifel der Extremfall des „Kalten Landes". Die Besiedlung versteht sich nur aus dem Bestreben der damaligen kaiserlichen Regierung, dadurch die Landverbindung zwischen Nord- und Südbrasilien auszubauen und zu sichern. (Siehe Farbbilder 30 und 39)

Das Gelände erforderte ohne Zweifel einen harten Einsatz, für den Bergbewohner allein befähigt waren. Vor meiner Erinnerung stehen die steilen Hänge, auf denen der Urwald mit seinen riesigen Bäumen abgeholzt werden mußte. Sehr viele Leute starben an Schlangenbissen; einige wurden von Tigerarten zerrissen. Die Ernährung war notgedrungen einseitig, und der Tod hielt unter Kindern und Wöchnerinnen entsetzliche Ernte.

Wie „Tirol" heranwuchs; Pater Lantschner aus Innsbruck

Nach mühseliger Rodung des Urwaldes hatten sich die Tiroler zunächst Bananen, Maniok und Bohnen angepflanzt. Wie wenig die Guten über Klima, Boden und Anbauweise der fremden Pflanzen unterrichtet waren, demonstriert ein kleines überliefertes Geschichtchen. Ein Tiroler hätte den Wald geschlagen, die „Roça" angelegt und dann nach zwei Tagen harten Ackerns seinem Nachbarn verkündet, er hätte eine große Bananenpflanzung angelegt. – Er hatte Bananenfrüchte in den Boden gesteckt . . .
Sie schlugen sich durch steiles Gelände im tiefen Wald bis auf die Hochebene in 1200 m durch. Das Städtchen Santa Leopoldina liegt 33 m hoch. Später schlossen sich aber auch die Tiroler dem Kaffeeanbau an und es machte sich ein erster Wohlstand unter ihnen breit. „Tirol" wurde zum führenden Dorf. Nach dem Einzug der Tiroler stellte sich ihnen der oben genannte P. Hadrian Lantschner als Pfarrer zur Verfügung, wie ich es den Urkunden entnehmen konnte. 1863 erbauten sie die erste kleine Kirche, welche P. Hadrian auf den hl. Fidelis weihte. P. Hadrian, dessen Gebeine heute in der Tiroler

Kirche ruhen, muß sich mit „seinem" Dorf auf das innigste verbunden gefühlt haben. Der hl. Fidelis ist der Patron der Tiroler Kapuzinerprovinz.(Siehe Farbbild 31.)

An P. Hadrian gemahnt auch eine Erzählung, die mir öfters vorgetragen wurde und die ich auch in der Pfarrchronik aufgezeichnet fand, nämlich, daß man die Gestalt des am 23. Dezember 1868 in Vitória beerdigten Paters – er war 98 Jahre alt geworden – zwei Jahre lang, bis zu seiner Beisetzung in der Kirche von Tirol, bei Tag und Nacht mit dem Brevierbuch in der Hand über den Tiroler Dorfplatz schreiten gesehen hätte. Erst als er im Tiroler Dorf seine Ruhe gefunden habe, wäre die betende Erscheinung verschwunden.

Am 12. März 1895 stand schon die zweite Kirche und zogen P. Doldt und P. Tollinger vom „Göttlichen Worte" als Seelsorger ein.

Bei ihrer Ankunft mußten sie vorübergehend noch in Santa Leopoldina wohnen. Zufolge der Aufzeichnungen P. Doldts wies ein Herr Holzmeister den Patres „ein Lokal ohne Fenster" als Behausung an – „das Licht drang durch eine Dachöffnung ein" –, während „der Herr selbst ein schönes, geräumiges Haus besitzt".

Am 4. März 1898 verfügte der Bischof von Vitória: „Wir befehlen den Gläubigen von Porto do Cachoeiro und der *Mangerahy* sowie allen übrigen, welche nördlich und südlich vom St.-Maria-Fluß wohnen, daß sie den Seelsorger von Tirol als ihren rechtmäßigen Seelsorger anerkennen."[167] Damit war Tirol tatsächlich zum Mittelpunkt im „Kalten Land" geworden.

1897 erbauten die Tiroler stolz eine Schule, außer der vom Dorf „*Schweiz*" die einzige! 1901 bezogen sie ein neues, noch größeres Gotteshaus und bauten 1902 ein noch schöneres Schulhaus. Im gleichen Jahr statteten sie ihre Musikkapelle mit Instrumenten aus Tirol aus und ließen sich Krippenfiguren von dort für ihre Kirche kommen, die Herr Johann Pfurtscheller schon 1901 mit einem schönen Kreuzweg aus Tirol ausstatten hatte lassen.

1902 hatten sich die Tiroler in einem „Volksverein" zusammengeschlossen. 1915 errichteten sie noch einmal das Pfarrhaus neu und schöner.
In ihm schrieb der Pfarrer an einem bedrückenden Abend die Worte in das Archivbuch: „Armes Tirol. Wilson ist imperator mundi sine corona." Bis 1918 hatte man in dem fernen Land für unsere Soldaten gebetet. So stark war das Denken „hinüber", auch wenn von „herüber" kaum mehr Fäden bestanden.
1940 wurde im Zusammenhang mit den politischen Verhältnissen die Schule geschlossen und der letzte Seelsorger, P. Oskar Kneip, nach *Belo Horizonte* abgezogen. Ahnen wir den Schmerz unserer Leute?

Krise im Bergkaffeeanbau

Unterdessen war auch der Kaffeeanbau schon Jahrzehnte hindurch zurückgegangen und dann erloschen. – Damit war auch Santa Leopoldina als Hafen eingegangen, zu dem herunter viele Mauleselkarawanen die wertvollen Kaffeesäcke geschleppt hatten, damit sie von dort aus nach Vitória verladen werden konnten.
Der Abzug der Patres aus Tirol und das Schließen der Schule als wichtiger Kulturträger besiegelte auch den wirtschaftlichen Niedergang. In dieser Verfassung trafen wir unsere Landsleute 1966 erstmals an. Es fehlte an allem, an der geistlichen und geistigen Betreuung als auch an wirtschaftlichen Aussichtsmöglichkeiten. Heute leben in „Tirol" etwa 200 bis 250 deutschsprachige Familien (über mehr als Schätzungen verfügt niemand!). Jede Familie besitzt 8 bis 14, ja 17 Kinder. Die Einwohnerzahl wäre somit auf 3000 bis 4000 zu schätzen.

---

167   Pfarrbücher in Santa Leopoldina

Die Leute kämpfen sich auf einem durch den ehemaligen Kaffeeanbau erodierten Boden mit Maniokanbau und -verkauf schlecht und recht durch.
Der Mensch hier „nimmt von der Natur nur und gibt ihr nichts". Man rodet und sengt unbarmherzig den Urwald nieder und überläßt es dem Boden selbst, nach wenigen Jahren Ausbeutung sich zu regenerieren. Doch ist dieser im Laufe der Zeit dazu nicht mehr in der Lage, insbesondere dann nicht, wenn man ihm diese Übung schon lange abverlangte. Fortlaufend wird außerdem wertvoller Humus durch die „Großen Regen" und nach einer Dürreperiode, welche den Boden zu Staub austrocknet, fortgeschwemmt. Seitdem sich der Kaffeeanbau als unrentabel erwies, schuftet die ganze Familie auf den Maniokfeldern von sechs und sieben Uhr früh bis acht und neun Uhr abends. Die Fröste hindern selbst das Wachstum des Manioks empfindlich.

Die Manioca ist eine Buschpflanze, die in der Erde große Knollen treibt. An die vier bis fünf Knollen wiegen zusammen fast ein Kilo. Da sie noch eine giftige Flüssigkeit enthalten, muß diese ausgepreßt werden, was unsere Kolonisten vielfach mit Hilfe der Wasserkraft, d. h. in kleinen Mühlwerken, besorgen. Ausgepreßt, wird der Maniok zu Farinhamehl gemahlen, das im nördlichen (und rückständigeren) Brasilien eine sehr wichtige Volksnahrung darstellt. Auch unsere Kolonisten in Tirol nähren sich entscheidend von Bohnen und Farinha. Wenn letztere älter wird, ist sie voller Würmer! In der Tat sind auch viele Kolonisten „verwurmt". Medizinen fehlen ihnen gänzlich, leider auch die Gewohnheit bzw. das „Küchenrezept", das Farinhamehl zu kochen. Man schüttet es nämlich, ohne es zu kochen, in großen Massen in den warmen Bohnenbrei, den es mittags und abends gibt.

Die weitverbreitete Verwurmung der Bevölkerung ist die Folge der Lebensweise. Doch auch die Unreinheit des Wassers und mangelhafte Hygiene ziehen eine Reihe von Krankheiten nach sich. Ärztliche Hilfe steht kaum zur Verfügung!

Die vordem ständig in Tirol anwesenden Patres erscheinen von dem ca. 40 km entfernten Santa Leopoldina nur noch alle sechs bis sieben Wochen zum Gottesdienst und zur Vollziehung anderer priesterlicher Pflichten. Der Kontakt kann angesichts der sehr schwierigen Wegeverhältnisse nicht rege sein.
In Santa Leopoldina hatte man 1903 mit einem Kirchenbau begonnen. Doch konnte die Kirchweihe und die Weihe des Pfarrhauses erst 1913 vorgenommen werden. In jenem habe auch ich die Patres in jener stürmischen Nacht erstmals angetroffen. Einige Jahre später errichtete P. Antonio Böhmer ein Pfarrzentrum mit Kapelle unmittelbar in der Stadt; die alten Gebäude sind verwaist.

Die anderen Orte im „kalten Land"

Natürlich suchten wir auch die anderen Orte des „Kalten Landes" auf.
In der „Schweiz", wo laut Emigrantenverzeichnis im Pfarrarchiv von Santa Leopoldina 1856 160 Schweizer einzogen, haben wir eine Frau Buchi angetroffen, die beim Aussprechen ihres Namens das „ch" noch so tief aus der Kehle holte, daß man glauben konnte, nicht ihre Ahnen vor 125 Jahren, sondern sie selbst wäre gerade aus der Basler Gegend eingewandert.
Überall besprachen die Kolonisten auch hier die Möglichkeit, an den sehr bescheidenen brasilianischen Volksschulunterricht einen deutschen Sprachunterricht anzufügen. Daß sie trotz ihres langen Vergessenseins die Sprache der Heimat und ihre Art bewahrten, verdient unsere Bewunderung!
Im „*Farinhatal*" – dessen Gemeinde neben einigen Tirolern aus Hunsrückern besteht – wollten wir 1966 das Herz-Jesu-Fest feiern. Für uns eine großartige Gelegenheit, um mit den sonst sehr verstreut wohnenden Kolonisten zusammenzukommen.

Nach einem Fußmarsch langten wir auf einer großen Lichtung an. Sie war leicht gewellt, und auf dem größten Hügel, zu dessen Füßen ein Bächlein vorbeizog, stand eine weißgetünchte Kapelle, dem hl. Sebastian geweiht. Rundherum hatten sich an die 80 Familien versammelt, um dem Gottesdienst beizuwohnen, den unser Begleiter, P. José Hieblinger – ein Niederösterreicher – sofort halten wollte.

Obwohl es sich fast ausschließlich um deutschsprechende Beter handelt, wird die Messe über Auftrag seit Jahren nur brasilianisch gehalten. Deshalb forderte mich P. José auf, selbst eine kleine deutsche Predigt zu halten – ich würde es dürfen. Aber ich hatte ja noch nie gepredigt . . . Gleichwohl gab ich dem Drängen nach und ging vom Gebot aus: „Mach dir die Erde untertan", welchem Auftrag unsere Kolonisten sehr entsprächen . . . Die einfachen Leute waren unendlich dankbar, einmal wieder in ihrer Sprache angesprochen zu sein. Manchem Manne waren die Augen feucht geworden! „Sie hätten seit 1940 keine deutsche Predigt mehr gehört."
Männer und Frauen waren durchwegs in ihrer Kolonistentracht erschienen, die sich von den Eingeborenen deutlich abhob. Die Frauen und Kinder, welche zu Fuß gekommen waren, wuschen sich, bevor sie die Kapelle betraten, im kleinen Bach die Füße. Erst dann zogen sie die Schuhe an, welche sie zuvor in der Hand mitgetragen hatten.

Nach der andächtig mitgelebten Messe entwickelte sich im Tälchen, wo eine Verkaufsbude stand, ein munteres, farbiges Treiben; schade, daß es dann – von uns unbemerkt – in eine Rauferei unter den Burschen ausartete, in deren Folge einer die Pistole zog und den 35jährigen Elias Schulz über den Haufen schoß. Dieser war Hunsrücker aus dem Farinhatal gewesen, während der Totschläger, der in den Wald flüchtete, aus der „Schweiz" zugeritten kam. Totschlag und Selbstmord kommen, wie ich aus den Urkunden ersehen konnte, unter den Kolonisten öfters vor.

Waren in den ersten Jahrzehnten mehr Österreicher, Schweizer, Luxemburger und Rhein- und Moselländer zugezogen, so änderte sich dieses ab 1873 schlagartig. Ab dann war der Zuzug aus Pommern und Sachsen sehr stark und hielt bis 1896 an! Die Deutschen aus den verschiedenen Herkunftsländern vermischten sich ständig untereinander, soweit nicht kirchliche Barrieren dieses verhinderten. Die Tiroler hatten es hinsichtlich der Vermischung am schwierigsten; immer wieder wurde uns nämlich berichtet, daß „man sie lange infolge ihres Dialekts nicht verstanden hätte".
Im April 1977 war es mir nach vorangegangenen Studien nochmals vergönnt, das ausgedehnte Siedlungsgelände zu durchstreifen, mit vielen Leuten zu sprechen und von den Patres sämtliches, bisher noch nicht zugängliches Archivmaterial zur Einsicht zu bekommen.

Ich verdanke dieses namentlich P. Joaõ Ustarbowski, der P. Antonio als Pfarrer von Santa Leopoldina vor einiger Zeit abgelöst hatte. Mit dem noch immer anwesenden P. José Hieblinger, meinem österreichischen Landsmann, entwarf ich auch auf Grund der gemeinsam erwanderten geographischen Kenntnisse die beigeschlossene Planskizze. (Vgl. Karte 6)

Nun kann es für mich infolge aller Unterlagen keinen Zweifel mehr geben, daß neben Katholiken auch Evangelische – und vermutlich daher Nichttiroler – in „Tirol" das Siedlungswerk begannen. Zeuge dafür ist der „Untere Friedhof" in der Nähe des „Harbler Hofes". Dort harren Protestanten der Auferstehung. Im Laufe der Jahrzehnte wanderten ihre Nachkommen offenkundig ab. Die allgemein folgenreichsten Abwanderungen fanden vermutlich in den dreißiger Jahren statt. Als in Santa Leopoldina 1937 die „Kaffeemaschine" – eine große Trocknungs- und Schälanlage – fertiggestellt wurde, war gerade der Kaffeeboom in Paraná ausgebrochen und führte in Espirito Santo zum raschen Niedergang des wegen des Geländes arbeitsintensiveren und durch weitreichende Erosion schon gefährdeten Bergkaffees. Viele Plantagen wurden damals aufgelassen; heute kann man in der dichten „Capoeira" noch wildwuchernde Kaffeesträucher antreffen, die mich auch als erste auf die Frage einer möglicherweise eingetretenen großen Abwanderung aufmerksam machten.

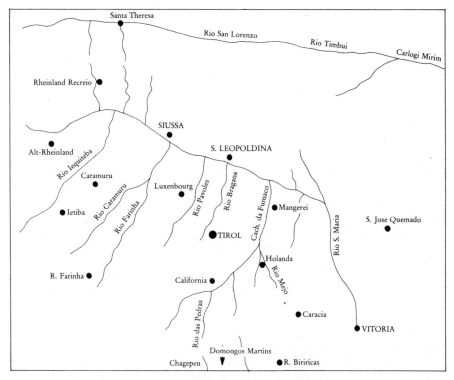

Karte 6
Die deutschsprachigen Dörfer um „Tirol"

Abwanderung; aber immer noch Verbundenheit mit dem Mutterland

Die erste größere Abwanderung setzte wahrscheinlich schon um die Jahre 1924 und 1925 ein. Ich beziehe mich dabei auf eine Notiz in den Schulaufzeichnungen, wo zu lesen ist: „Der Rückgang der Schülerfrequenz ist dem Umstande zuzuschreiben, daß manche Kolonisten aus Tyrol und anderen Distrikten wegziehen, da bezügliche Ländereien abgebaut sind und zugleich Ländereien von sehr schwachen Humusboden sind." Gleichwohl dankte noch am 7. Jänner 1924 der Erzbischof von Köln der Pfarrgemeinde „Tirol" für das außerordentlich hohe Sammelergebnis an die notleidende Bevölkerung an Rhein und Ruhr. Am 26. März 1924 stellten unsere Kolonisten eine „weitere Gabe von 400 Milreis dem Erzbischof zur Verfügung". Man muß diese Spenden umso größer einschätzen, je mehr man in die Verdienstmöglichkeiten unserer Leute Einblick erhält. Es fehlte diesen Kolonisten jegliche Kenntnis moderner Anbaumethoden! Seit dem Niedergang des Kaffeeanbaus zog vielfach Armut ein.
Wenn sie nicht untergingen, dann wieder nur infolge ihres unermüdlichen Fleißes! In der Tat! Und dieser ist umso bewundernswerter, als sie in diesem wenig Vorbild in der weiteren Nachbarschaft hatten . . .
Ihre ganze Einsatzmöglichkeit besteht darin, für die Kinder, namentlich für ihre Söhne, wieder „Land" zu erwerben, damit auch sie eine „Kolonie" von zirka 25 Hektar ausbauen und eine Familie erhalten könnten.

Tirols Zukunft! Hilfe aus der alten Heimat

„Tirols" Zukunft wird man leider als beschränkt bezeichnen müssen. Es steht nicht mehr viel „Reserveland" zur Verfügung. Es wird eine gelenkte Abwanderung ins Auge zu fassen sein. Es war mir daher ein besonderes Anliegen, sie mit den Leuten und Verhältnissen in Dreizehnlinden und Entre Rios vertraut zu machen. Gerade aber im Hinblick auf größere Verbindungen muß wieder für eine entsprechende Pflege der deutschen Sprache vorgesorgt werden.

Über meine Bemühungen konnte durch die österreichische Bundesregierung auch hier am 1. Juni 1969 der Unterricht an zwei Schulen in Tirol begonnen werden. Die ersten Lehrer waren Frau Martha Giesen-Nagel und Herr Mathias Nickel. Die Schulkinder hatten ein Alter von 12 bis 32 Jahren. Mit anderen Worten: Auch die Erwachsenen wollten in den Genuß des Unterrichts kommen, für den die Tiroler Lehrerschaft die Schulbücher sammelte und das Jugendrotkreuz für dieselben die Frachtkosten übernahm.

Heute betreut beide Schulen der tüchtige *Camilo Sebastiao Thomes*. Seine Mutter war eine Greil, deren Vorfahren aus Silz im Oberinntal stammen. Er ist Hilfslehrer, „Friedensrichter" und „dirigente de comunidade eclesia de base", also Laienseelsorger, in einer Person. Mit ihm und seiner Pfarrgemeinde feierten wir 1977 ein unvergeßliches Palmsonntagsfest. Weiters ist Camilo noch „presidente do syndicato dos trabaladores rurais", was der Stellung eines brasilianischen Entwicklungshelfers gleichkommt. Mit diesem begabten, verläßlichen jungen Mann, den wir 1973 entdeckten, läßt sich auch der Aufschwung in dieser lange genug völlig vergessenen Kolonie erhoffen, soweit er noch möglich ist.

Als Ziel steckten wir uns die Loslösung vom Maniokanbau als Monokultur hin zur Pflege moderner Bananenpflanzungen, wofür gute Absatzmöglichkeiten gegeben und eine Regenerierung des Kulturbodens verbunden wären, was schlußendlich zur Wiederinbetriebnahme des Bergkaffees führen könnte. Angesichts der Stellung des Kaffees auf dem Weltmarkt müßten dem qualitätsreichen „Bergkaffee" einige Chancen gegeben sein.

Während wir mit einer Geldspende des österreichischen Industriellen *Dr. Hladik* (Hämmerle-Betriebe, Dornbirn) ein bescheidenes erstes Schulgebäude errichten konnten, sind wir nun durch eine große Finanzhilfe des „Deutschen Kulturverbandes", Wien, sowie einem Zuschuß des „Ambassador Clubs", Innsbruck, und der Tiroler Landesregierung im „oberen Tirol", als dem heutigen Siedlungsschwerpunkt (siehe Karte 6) in der Lage, ein einfaches „Kulturzentrum" mit Schulraum, Vortragssaal samt Wasch- und Toiletteanlage zu errichten. Denn gerade auch Hygiene und das Verständnis für die gesundheitliche Bedeutung des Trinkwassers müssen gefördert werden.

Zu unserer großen Freude erklärte sich Herr Generaldirektor Dr. Wolfgang Erndl von der Österreichischen Länderbank spontan bereit, für dieses Zentrum die Glocke zu spenden. Sein Nachfolger Generaldirektor Dr. Vranitzky verwirklichte dieses Versprechen, wobei ihn Dr. Feuchtmüller unterstützte. Im April 1982 langte die Glocke unter großem Jubel und vom Bürgermeister von Santa Leopoldina begleitet in Tirol ein. (Siehe Textzeichnung 4.)

Schon vor einigen Jahren konnte nach einer Milchspende durch die „Tiroler Caritas" die Aufzucht von Milchtieren, worunter auch Ziegen zu verstehen sind, vorgenommen werden. Dadurch ließ sich eine bessere Ernährung der Kleinkinder sicherstellen.[168]

---

168 Nauck, Ernst – Gremser, Gustav: Eine Studienreise nach Espirito Santo. Hansische Universität, Abhandlungen aus dem Gebiet der Auslandskunde, Bd. 4. Hamburg 1939 – Da Costa, Pacheco R. J.: Deutsche Kolonisten in Espirito Santo. In: Neue Forschungen über die deutschbrasilianische Bevölkerung, Geogr. Zeitschrift, 1. Heft, Jg. 1965

Der Kolonie Tirol wäre jedoch eine ebensolche Publizität, wie sie die österreichischen Kolonien „Dreizehnlinden" und „Pozuzo" besitzen, zu wünschen.

DIE DEUTSCHEN IM „WARMEN LAND"

Einen Teil der deutschsprachigen Siedler lernten wir um Santa Isabel und Santa Leopoldina im „Kalten Land", kennen, doch leben ebenso viele im „Warmen Land". Dieses wird von keinen Winterfrösten heimgesucht; es liegt tiefer, wenngleich die Landschaft ebenfalls gebirgig ist. Das „Warme Land" schließt sich an das „Kalte Land" in nördlicher Richtung an.

Dieses war unser nächstes Ziel. Im „Warmen Land" im Norden leben mehr deutsche „Lutheraner". Der Vorgang der deutschen Landnahme in Espirito Santo[169] war, wie erwähnt, so, daß Katholiken und Protestanten einander gewissermaßen übersprangen. Hatte die eine Gruppe sich niedergelassen, setzte sich die andere weiter im Innern fest. Durch nachträgliche Ereignisse aber bildete sich der katholische Schwerpunkt im Süden, der andere im Norden heraus. Im Norden liegen die Siedlungen bei 150 bis 300 m, und auch die Verkehrslage ist teilweise günstiger. Die größere Wärme fördert das Wachstum.

Im deutschsprachigen Siedlungsgebiet im Norden finden sich zwei Hauptpunkte: *Santa Maria* und *São Bento*. Das protestantische Santa Maria (den Namen hat es noch von den Portugiesen erhalten) liegt in einem offenen Tal. Es handelt sich um Abstämmlinge aus Pommern. Schon gleich fielen uns die vielen gemauerten Häuser auf, welche einen gewissen Wohlstand verraten. Neben den Wohngebäuden standen große Wirtschaftsgebäude, welche sich beim Näherkommen als große Hühnerfarmen erwiesen. Den anfallenden Hühnermist gebrauchen die Leute zur Düngung ihrer großen Gemüsefelder, in denen herrliche Salate und vor allem kräftige, große Tomaten gedeihen. Hier waren die Leute also gut beraten. Der Absatz von Gemüse, Tomaten und Hühnern erfolgt genossenschaftlich. Abnehmer sind die Städte Vitória und Rio. An der genossenschaftlichen wie landwirtschaftlichen Entwicklung haben die Pastoren, welche in der Regel selbst auch eine kleine Landwirtschaft führen, nicht geringen Anteil.

Neben Gemüseanbau und Hühnerzucht pflegt jeder Kolonist einen größeren oder kleineren Viehbestand an Zebus, zum Teil aber auch schon an modernen Rassen. Allerdings handelt es sich auch dann fast ohne Ausnahme um Fleischtierrassen.

Schnell hatte sich zu unserem Empfang in Santa Maria ein Bläserchor eingestellt, der mühelos deutsche Kirchenlieder spielte, daß man im Augenblick vergaß, weit in der Fremde zu sein. Das Städtchen macht einen sauberen Eindruck. Um das Munizip Santa Maria liegen viele deutschsprachige Siedlungen, Schneisen und Einzelhöfe. An den „Schneisen" bauen sich die Höfe wie in Waldhufendörfern hintereinander auf. Der weitere Ausbau der Schneisen zu Straßen lag in der Regel in den Händen Privater, welche sich so ein zusätzliches Einkommen schufen, während die Anrainer selbstredend gern ein Entgelt für den Straßenausbau entrichteten. Wer wollte nicht eine bessere Verbindung zur Außenwelt haben?

Die Höfe selbst sind, je weiter wir vom Städtchen Santa Maria abrückten, einfacher gestaltet; häufig sind es nur Brettergebäude, gelegentlich trifft man aber auch Fachwerkhäuser an. Solche bilden namentlich die „Vendas".

---

169 vgl. Wagemann, E.: Die deutschen Kolonisten im brasilianischen Staate Espirito Santo. München 1915

Unter den entfernt wohnenden Siedlern hier gibt es allerdings nicht nur bescheiden Wohlhabende, sondern leider auch Arme.

Das Herz der Pommerschen Kolonisten mag dabei an sich nicht das mitleidigste sein. Möglich auch, daß durch die glaubensmäßige Einstellung Armut teilweise als Strafe und als Selbstverschulden empfunden wird. Unvergeßlich blieb uns in diesem Zusammenhang die Begegnung mit einer jungen deutschen Familie mit zwei Kindern, deren eines offenbar todkrank war und von der schwangeren Mutter getragen wurde. Die Familie hatte den Hof ohne Ziel verlassen und irrte also bettelnd umher. Wir nahmen sie in unserem Gefährt mit ins Munizip, mit der Absicht, die Armen im Hospital abzuliefern. Uns schien nämlich auch der Mann schwer krank, vermutlich lungenkrank, und wohl schon lange nicht mehr arbeitsfähig. Das Kind mag gelbfieberkrank gewesen sein. Wir selbst waren gegen diese Krankheit, die in weiten Gegenden grassierte, geimpft. Mit Geld- und Sachspenden verabschiedeten wir uns voll Wehmut von diesen Kolonisten, die gar nicht begreifen konnten, daß ihnen Gutes geschehen war.

Die deutsche Einwanderung und Kolonisation hielt auch hier über das 19. und 20. Jahrhundert an. So trafen wir auf jener Fahrt ins Interior von Santa Maria auf einen Bayern namens Franz Stöckl, am 6. Mai 1899 zu *Tittmoning* geboren, der 1924 in Rio an Land gegangen war. Er schlug sich nach Vitória durch, nachdem ihm ein Landsmann die Mitarbeit auf seinem Landgut zugesagt hatte. Eine Zeitlang „putzte" er tatsächlich bei ihm die Weide, d. h., er hieb mit der „foice" das Unkraut um, was ja die einzige Wiesenpflege darstellt. Alsdann wagte er sich nach Santa Leopoldina vor, das er auf einem Boot, welches auf dem Rio mit Stangenstoßen weiterbewegt werden mußte, erreichte. Auch hier reinigte er anfänglich den „Bast", wie man die Wiese auch nennt. Franz war fleißig und bald in der ganzen Gegend als solcher Mann bekannt. In der Folge nahm ihn eine Sägerei auf. 1928, also nach vier Jahren, hatte er genügend Ersparnisse, um sich nach Ankauf eines Lastautos als Transporter selbständig zu machen. Sein guter Ruf brachte ihm weiter Erfolg. Als aber der Krieg ausbrach, zogen sich die Freunde von ihm zurück. 1943 sollte er umgebracht werden. Den „Camion" mußte er abgeben. Er steht heute noch verrostet in Vitória.
Allein Franz gab nicht auf und versuchte, auf andere Weise seine Existenz aufzubauen. Heute besitzt er im Interior 100 Hektar Land, eine eigene „Kaffeemaschine" (d. h. Kaffeeschälanlage) sowie eine Farinhamühle. Daneben besitzt er eine Geflügelzucht mit 100 Stück Hühnern, welche er mit eigenem Zuckerrohr füttert. 1967 konnte er seine „alten" Geschwister in Tittmoning bei Passau besuchen und war dann, von der ganzen Gemeinde als „Amerikaner" und „Pionier" gefeiert, zu seiner Familie, die er hier gegründet hatte, zurückgekehrt. Es glänzte eine Träne in seinem Auge, als er erzählte.
Nördlich von Santa Maria folgt italienisches Siedlungsgebiet. Ähnlich wie für die Deutschen der Hafen Vitória und der Flußlauf des Rio Santa Maria den Zugang ins Bergland bildeten, erfüllten *Colatina* und der *Rio Doce* diese Aufgabe für die Italiener. Der Rio Doce (süßer Fluß) verdient seinen Namen mit Recht. In herrlicher Breite, umgeben von sanften Ufern, zieht er als silbern leuchtendes Band vom Hafen Colatina in das Hügelland von Espirito hinein. Die Italiener fanden ein fruchtbares Gelände vor. Das *Val Canaan* war besonders gesegnet. Doch sie verhielten sich gegenüber dem Wald anders als die Deutschen. Sie schlugen ihn überall erbarmungslos nieder, weithin loderten die Brände. Der Wald erschien ihnen als ein feindliches Element. In dessen Asche pflanzten sie in Monokultur Kaffeestauden an und entwickelten so in günstigem Gelände große Kaffeeplantagen. Doch wurde das Land damit frühzeitig ausgelaugt, denn auch hier war gegen die Erosion kein Kraut gewachsen. Heute trifft man auf weiten Strecken nur noch Weidegebiet und Fazendas an. Der Siedlungscharakter ist der enger Dörfer. Auch im Hausbau zeigt sich ein erstaunlicher Unterschied; hier herrscht das quadratische Steinhaus vor. Die Friedhöfe gleichen Totenstädten. Die Kirchen mit freiem Campanile sind sehr bunt gestrichen.

Im deutschsprachigen São Bento dagegen, das beinahe auf der Höhe von *Bahia* den nördlichsten deutschen Siedlungsraum darstellt, gibt es wieder neugotische Kirchen, die möglichst auf einer Anhöhe stehen. Auch dieser Raum ist vornehmlich von Pommern besiedelt. Neben einer beträchtlichen Viehzucht (Zebuochsen) pflegen sie einen noch durchaus rentablen Kaffeeanbau. Auf der Fahrt dorthin, übrigens wieder durch eine romantisch wilde, zyklopische Landschaft, begegneten wir häufig großen Viehherden.

An der Spitze der Herde ritten zwei, drei schneidige Gauchos, noch mehr am Ende. Letztere führten auch einen Plachenwagen mit, der ihre Behausung darstellte. Das Schlimmste für die wandernden Herden ist nicht die Futter-, sondern die Wassernot. Nur selten kam ein Ziehbrunnen und um ihn dann stets ein geschäftiges Treiben. Zebus sind bedeutend widerstandsfähiger gegen Durst als unsere Viehrassen.

Die Besiedlung von São Bento erfolgte über den Fluß gleichen Namens. Wieder herrschen Einzelhöfe vor. Pastor Heid muß, bis er seine äußersten Schutzbefohlenen erreicht, 440 Kilometer reiten! Das kirchliche Brauchtum ist auch hier das beherrschende, nach ihm regelt sich das Leben der Gemeinschaften.

Zur Messe – alle sechs bis acht Wochen – strömt jeweils alles zusammen. Sie bildet den einzigen Versammlungsanlaß. Stets entwickelt sich nach ihr ein geselliges Treiben, und es stellen Krämer ihre Waren um die Kapellen auf. Entgegen der Meinung reformfreudiger Pastoren, man sollte den Tanz nach dem Gottesdienst abschaffen, bin ich mit dem alten Pastor der Ansicht, daß dies ein Fehler wäre. Er stellt nicht nur ein unschuldiges Vergnügen dar, das man den hart arbeitenden Kolonisten wohl gönnen sollte; er vermittelt auch Bekanntschaften, so daß nicht nur die engsten Nachbarn untereinander zum Heiraten kommen.

Eine weitere Ausbreitung der deutschsprachigen Kolonisten ist hier nicht mehr möglich. Das Land ist verteilt. Überzählige Kolonisten müssen abwandern, ähnlich wie dies in den alten Siedlungsräumen von Rio Grande do Sul, desgleichen auch schon in jenen von Santa Catarina der Fall ist.

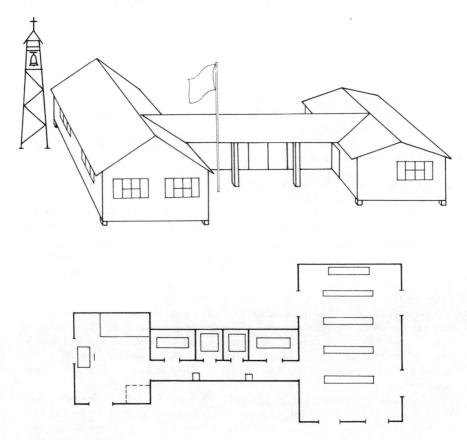

Textzeichnung 4
Plan des Kulturzentrums „Tirol"

DEUTSCHE AUCH IN MINAS GERAIS UND WEITER IM NORDEN

Der Entschluß des Kaisers zur Errichtung von Petropolis, wo er auch mit seiner Gattin würdig begraben liegt, war auch Auftakt und fiel in die Zeit der deutschen Besiedlung in weiteren nördlicheren Staaten. Der Kaiser wollte auch in ihnen deutsche Siedler am Werke sehen! Ausgangspunkt und bedeutendster Versammlungsplatz für die deutschsprachige Besiedlung nach Norden war *Juiz de Fora* in *Minas Gerais*.
Der Tiroler Alois Bock aus Imst gelangte 1860 dorthin und schilderte Juiz de Fora in seinem Reisetagebuch, das ich Herrn Franz Treffner, Imst, verdanke, mit folgenden Worten: „Juiz de Fora ist ein wunderschöner Ansiedlungspunkt. Die ganze Gegend ist kleinhügelig, mit kleinen und größeren Flächen in den Niederungen. Es zieht sich eine schöne Straße der Hauptniederung entlang nach den höher liegenden Kolonien in *Minas Gerais*. Die Straße ist schnurgerade. An beiden Seiten sind hübsche, nach orientalischem Stil erbaute und mit Kolonisten bewohnte Häuser. Am Ende dieser Gebäude steht das Wohnhaus des Herrn Direktors Grebert und bildet den Schluß dieser Straße. Dieser steht der Gesellschaft Uniao et Industria vor, welche Gesellschaft für die ganze Kolonisierung haftet." Also lag die Kolonisierung auch hier wieder in der Hand einer deutschsprachigen Organisation!
Juiz de Fora liegt in nicht allzu weiter Entfernung von Petropolis, der kaiserlichen Sommerresidenz. Alois Bock gab sicherlich in seinem Tagebuch die allgemeine Meinung der Leute wieder, wenn er weiter schrieb: „Der Kaiser hat sein ganzes Augenmerk auf die Kolonisation gerichtet. Er sucht so viele Deutsche als möglich aufzubringen, um so den Übergriffen der Großen Schranken setzen zu können, denn er setzt großes Zutrauen auf die Deutschen."
Unter diesen befanden sich auch hier Tiroler. Alois Bock und seine Frau gehörten einer großen Gruppe von Landsleuten aus *Imst*, dem *Pitztal*, dem *Gurgltal*, *Vinschgau* und *Oberinntal* an, die ein „Herr Pergager" aus München zur Auswanderung nach Juiz gewonnen hatte und in *Innsbruck* laut Tagebuch mit den Worten verabschiedete, wie man sie häufig aus diesen Anlässen hören konnte:
„Eine große Anzahl so ehrenwerter Tiroler, es sind 500 an der Zahl, hat sich entschlossen, ihre so lieb gewonnene Heimath mit einer neuen in Brasilien zu vertauschen, um den so gut klingenden Namen Tirol über den großen Ozean hinüber nach Brasilien zu verpflanzen, damit Tirol mit seinen Bewohnern auch über den Äquator herüber gepriesen werde." Was die Leute dann erwartete, blieb der Heimat vielfach unbekannt.
Auch in diesem Falle bewegten die Auswanderer mehrere Gründe, einmal die Hoffnung, zu Besitz und Vermögen, zu Haus und Hof zu kommen, aber auch politische Verfolgung, wie den Alois Bock selbst, darüber hinaus auch richterliche Verfolgung und das Ausweichen vor der Militärverpflichtung, sowie endlich die Heiratsmöglichkeit, die vielen in der Heimat mangels entsprechenden Vermögens verwehrt war. So waren auch mit Bock 72 junge Leute von Innsbruck abgereist, die „in Hamburg nicht schnell genug auf Deck, noch vor Ausfahrt des Schiffes, von einem Hilfspriester getraut werden konnten".
Allein das Mitbringen von Frauen lag im Interesse der Regierung, denn ohne diese wären die Kolonisten wohl häufig nur auf farbige Frauen, vielfach auf schwarze Sklavinnen angewiesen gewesen. Bock schilderte jene wie folgt: „Ihr Körperbau ist schöner als bei den Europäerinnen und ihre Geilheit ... hat keine Grenzen ... Ihre halbnackte Kleidung, ihr üppiger, wohllüstiger Körperbau verschafft ihnen viele Liebhaber,

hauptsächlich von Deutschen, welche bei ihrem Anblicke eine Sinnesberauschung bekommen, welche sie ganz verstandlos macht." Ganz bestimmt war es falsch, alle farbigen Frauen so zu charakterisieren, doch konnten die Versuchungen zur Vermischung, welche fast ausnahmslos damals zum kulturellen Abstieg führten, nicht übersehen werden.

Die Tiroler Gruppe in Juiz de Fora muß sehr stark gewesen sein.

Im Jahre 1861 erhielt der Postmeister von *Volders* vom Auswanderer Josef Kelmer aus Volders einen Brief, in dem er u. a. nachstehendes berichtet:

„Am 23. Juni 1861 abends trafen, wie berichtet, Se. Majestät der Kaiser und Ihre Majestät die Kaiserin mit zwei Prinzessinnen in der Kolonie ein, in welcher seit einigen Jahren auch viele Tiroler sich niedergelassen haben. Zum Empfang der brasilianischen Majestäten waren mit großem Aufwande die Vorbereitungen getroffen. Die Kolonisten paradierten in eigens verfertigten Uniformen, die bevorzugten Tiroler aber bildeten eine eigene Kompanie. Hauptmann derselben ist Franz Gritsch, früherer Stabstrompeter der Kaiserjäger, Oberleutnant Glatzl aus Matrei, Leutnant Josef Kelmer aus Volders. Die Kompanie marschierte in kurzer Tiroler Tracht aus. Die Majestäten wurden unter dem Klange der Kompaniemusik mit großem Jubel empfangen. Des anderen Tages" – schreibt der brasilianische Landsmann weiter – „gingen der Kaiser, die Kaiserin, die zwei Prinzessinnen und der ganze Hofstaat nach Juiz-de-Fora zum feierlichen Gottesdienst. Die Stadt war mit großem Aufwand geziert, die Bürgergarde paradierte in scharlachroter, mit Gold verzierter Uniform. Am 25. Juni hatten wir das Glück, Se. Majestät den Kaiser und die Kaiserin und die zwei Prinzessinnen wieder in unserer Kolonie zu sehen, wo von den allerhöchsten Herrschaften ein gemütliches Frühstück eingenommen wurde. Die Kolonisten paradierten und wir Tiroler hatten ein Scheibenschießen. Nachts fand eine großartige Beleuchtung mit 12.000 Lichtern in bunten Farben auf freier Weite statt, ebenso ein großer Fackelzug von vielen hundert Personen, alles Kolonisten. Eine ungeheure Menge Volks war aus der Stadt Juiz-de-Fora und Umgebung herbeigeströmt. Das Vivat-Rufen erscholl unaufhörlich.

Des anderen Tags verlangte der Kaiser, Hauptmann Gritsch, Oberleutnant Glatzl und Leutnant Kelmer sollten sich in ihrer Nationaltracht photographieren lassen, welchem höchsten Wunsche natürlich mit Freude entsprochen wurde."[170]

Von dieser einst offenbar starken Tiroler Kolonie habe ich 1974 nur noch die Gräber auf dem Friedhof von *São Pedro* gefunden. Einige Beispiele: Anton Munk und Margarete Munk waren noch im Jahre 1848 in Tirol geboren worden; letztere verstarb hier 1921, ersterer 1922. Deren Tochter Philippina war hier 1876 geboren worden und hier 1955 verstorben; ihr Sohn Pedro wurde 1889 geboren und verschied 1922. Die Gattin Anton Munks, Elsa, geb. Bartels war ebenfalls 1922 verschieden.

Neben den Familiennamen Munk und Bartels, sind auch jene auf Müller, Graber, Mitterhofer und Jenewein – geschrieben „Jenevain" – auf dem alten Friedhof häufig. Sonst aber traf ich nur noch eine 80jährige Frau Mitterhofer an, die gebrochen Deutsch konnte und mir auf meine Frage, ob sie etwas über ihre Herkunft wisse, antwortete, „ihre Vorfahren wären von irgendwo in Deutschland gekommen".

---

170 Ilg, Karl: Die deutsch-brasilianischen Kolonien und sinnvolle Entwicklungshilfe am Beispiel der österreichischen Siedlungen. In: Humanitas Ethnica (Festschrift für Theodor Veiter). Wien 1967. S. 274 f

In der Nähe von Juiz de Fora stieß ich noch auf weitere Ansiedlungen mit typischen Tiroler Familiennamen wie Gritsch, Glatzl, Kelmer u. a. Unter den 300.000 Einwohnern von Juiz de Fora finden wir jedoch allgemein sehr viele deutsche Familiennamen. Besonders verbreitet sind die Namen Thielmann, Tostes, Becker, Waitzel, Peters, Scheffer, Grömann, Keler, Hagele, Landau, Katan, Möller u. a.
Die heutige wichtige Industriestadt war seinerzeit als Verkehrsknotenpunkt wie geschaffen, die unter Kaiser Pedro eingeleitete deutsche Besiedlung des Nordens, zunächst von *Minas Gerais,* zu organisieren und voranzutreiben.

Nun dürfen wir noch auf weiter nördlich gelegene deutschsprachige Gruppierungen hinweisen. Allerdings hängt der Bestand des deutschsprachigen Elementes allein von den heute bestehenden mehr oder minder geschlossenen Ansiedlungen auf dem Lande und entsprechenden Gruppierungen in den Städten ab.
„*Minas*" besaß wohl eine Reihe deutschsprachiger Kolonien, allein sie sind großteils untergegangen. Zu diesen sind die Niederlassungen im Quellgebiet des *Rio Mucuri* zu zählen, welche Teófilo Benedito Otoni 1853 gründete, mit der Absicht, „durch das Einfließenlassen germanischen Blutes die Tüchtigkeit des heute nach diesem Unternehmen benannten Munizips zu heben". Allein die Gegend am Mucuri galt alsbald „ärger als Sibirien" und wurde verlassen.
Im „Manchester von Minas" lebten 1926 noch so viele Deutschsprachige, daß es sich lohnte, einen „deutschen Schulverein" zu gründen; unter den 300.000 Einwohnern von *Belo Horizonte* haben wir eine katholische und evangelische deutsche Gemeinde von je 200 Familien festgestellt. Hier wurden nach dem Zweiten Weltkrieg die großen Mannesmann-Werke angesiedelt. Solche Ereignisse fördern nicht nur das deutsch-brasilianische Verständnis, sondern unterstützen auch den Bestand des Elementes, zumal mit solchen Industriegründungen in der Regel auch die Übersiedlung von deutschen Familien verbunden ist, deren Erhalter als Ingenieure oder Vorarbeiter benötigt werden.
Weiter im Norden gingen um 1861 mehrere, auch die Kolonien *Moriz* und *Theodoro* infolge Fehlplanung und Krankheit wieder ein, in *San Salvador* gibt es eine kleine deutschsprachige Kolonie, nicht zuletzt dank des hier bestehenden, 1828 gegründeten, deutschen Industrieunternehmens Westphalen, Bach und Krohn und seines Tochterunternehmens „Tabak-Damermann und Co.".
In diesem Raume hatte bekanntlich auch bereits Major Schäffer zu kolonisieren versucht und gründete 1818 Leopoldina und *São Jorge*. Heute erinnern nur noch deutsche Familiennamen an dieses Unternehmen.
Auch in *Pernambuco* sind „Deutsche" anzutreffen. Hier holte sich auch Pater Kruse die ersten Sporen. Nicht zuletzt lockte auch die deutsch-schwedische Firma Lundren „Casa Pernambucanas" deutsche Weber an, so daß sich eine kleine Gemeinde bis heute halten konnte.[171]

---

171 Fouquet, Carl: Der deutsche Einwanderer, S. 56 ff

VORSTOSS IN DEN MATO GROSSO

Die deutschsprachigen Siedlungen weckten in uns auch oft die Überzeugung, daß neben die Verbesserung der Anbaumethoden bald eine allfällige Neulanderwerbung treten muß. Wie man in „Tirol" nicht mehr viel Neuland im Urwald erwerben kann und die „Tiroler" eine neue Heimat weiter im Westen suchen, so ist Ärgeres noch in den relativ übervölkerten deutschsprachigen Siedlungsgebieten in Rio Grande do Sul und nicht minder in Santa Catarina gegeben. Ja wir könnten verallgemeinern: In allen alten deutschsprachigen Siedlungen, die gleichzeitig zumeist gebirgigen Charakter tragen, ist der Boden relativ knapp geworden und die Abwanderung im Gange. Waren in den vergangenen Jahrzehnten neben den Städten vor allem die Bundesstaaten Paraná, São Paulo und Minas Gerais das Ziel, so wurde dieses in jüngster Zeit immer mehr der *Mato Grosso*. Die Siedler hierfür stellen vornehmlich die Südstaaten; es handelt sich also wieder vor allem um eine Binnenwanderung und damit um einen Beweis der immer noch ungebrochenen Kraft dieses deutschen Elements.
Unter Mato Grosso verstehen wir einmal den so benannten Staat, einen der 26 Staaten Brasiliens, dann aber auch das ganze Land im Westen des fünftgrößten Landes der Erde. Gegen die Atlantikseite dieses Riesenlandes zu baut sich bekanntlich die „Serra" auf, ein reichgegliedertes, häufig auch wildzerklüftetes, urwaldbestandenes Bergland. Auf ihm liegen z. B. auch die von uns beschriebenen deutschsprachigen Rodungssiedlungen von Espirito Santo, desgleichen auch viele deutschbrasilianische Städte, Dörfer und Einzelhöfe in den Staaten Minas Gerais, São Paulo, Santa Catarina und Rio Grande do Sul.
Weiter gegen Westen folgt der Serra ein weites Kampgebiet, eine alte waldoffene Landschaft. Sie war und ist zum Teil noch das Reich der viehhaltenden Fazendeiros. Dort hatten wir die Donauschwaben angetroffen. Ihm folgt sodann nach Westen der „Mato Grosso", eben jenes gewaltige Waldgebiet, das früher einmal noch umfangreicher war und sich unermeßlich weit vom Norden Amazoniens bis Rio Grande do Sul im Süden ausdehnte, wahrlich ein Mato Grosso, der „Große Wald"! Dort hatten wir von Maringá aus Guaira, sodann Rondon und Toledo kennengelernt und gleichzeitig so auch den jüngsten „Far West" Brasiliens erlebt sowie ihn zu beschreiben versucht. Der Staat Mato Grosso aber nennt sich beinahe zu Unrecht so, denn gerade dieser Staat ist zu 80 bis 90 Prozent ohne Wald.

VOR ALLEM DEUTSCHE BINNENWANDERER

Vor längerer Zeit erregte bereits jene deutsche Gruppe Aufsehen, welche sich nach *Cáceres* im Staat Mato Grosso begab. Sodann war es die Anlage der deutschsprachigen Kolonie von *Gleba Arinos*. Die Leute stammten vornehmlich aus Rio Grande do Sul, und auch der Leiter der Firma kam aus Porto Alégre. Gleba Arinos liegt mehrere Tagreisen nordwestlich von *Cuiabá*. Dorthin zu gelangen, geschieht auch heute noch nicht ohne Gefahr. Vor unserer Abreise erhielten wir darüber eine behördliche (!) Schilderung folgenden Inhalts:
„Die Gleba Arinos ist von Cuiabá aus in der Regenzeit nur mit einem Lastkraftwagen oder Jeep, der bis zu dem am *Rio Arinos* gelegenen sogenannten Hafen *Rio Claro* 24 Stunden braucht, und anschließend mit einem Flußschiff in weiteren zwei bis drei

Tagen zu erreichen. Zwischen Rio Claro und der Gleba Arinos leben noch wilde Indianerstämme, die das Boot schon mehr als einmal mit Giftpfeilen beschossen haben. In der Trockenzeit von April bis November ist eine Anfahrt zur Gleba Arinos von Cuiabá aus auch mit dem Lkw oder Jeep, allerdings nur unter außerordentlich widrigen Begleitumständen, möglich. Ein mit 15 Personen beladener Lastwagen benötigte dieser Tage für die Fahrt etwa 70 Stunden, da unterwegs alle Mitfahrenden laufend die metertiefen und breiten Rinnen und Löcher zuschütten und mit an Ort und Stelle selbst geschlagenen Bäumen zudecken mußten."
Diese deutsche Ansiedlung liegt somit und bezeichnenderweise wieder im Wald, obgleich, wie erwähnt, der Staat Mato Grosso wenig Wald besitzt.

Böse Überraschungen

Unternehmungen im Wald haben jedoch nicht selten mit Überraschungen zu rechnen. Hier handelte es sich um tropenfeuchten Urwald. Das gewaltige Wachstum, das die Leute antrafen, fundierte nämlich nicht auf einer großen Fruchtbarkeit des Bodens, sondern vielmehr auf dem hier besonders kraß zu Tage tretenden Gesetz des Werdens und Vergehens. Der in Masse sterbende Wald auf der einen Seite gibt genügend Humus zum massenhaften Gedeihen des anderen. Wird aber dieser Vorgang durch die Beseitigung des Waldes unterbrochen, dann bringen wohl noch die nächsten Jahre große Ernten hervor, sodann nehmen sie aber rapid ab; in Gleba Arinos war keine dicke Humusschicht, auch keine Roterde vorhanden, die in vielen anderen Fällen weiteren Anbau ohne Düngung ermöglicht.
Auf die kleinen Kolonisten brach Enttäuschung nieder. Ihre Hoffnungen, rasch zu guter bäuerlicher Existenz zu gelangen, wurden nicht erfüllt. Außerdem gab es für die hart genug erarbeiteten landwirtschaftlichen Erträgnisse kein Absatzgebiet. Viele hundert Kilometer rundherum saßen nur primitive Indianer.
Begreiflich, daß alsbald nach erfolgter Rodung Abwanderung einsetzte. Die Lösung konnte nicht in der Anlage kleinbäuerlicher Kolonistenbetriebe liegen. Nun versuchte man es erfolgreich mit Gummiplantagenbau. Da dieser aber vorteilhaft nur im Großgrundbesitz betrieben werden kann, bleibt für die Kolonisten kein anderer Weg, als ihre Güter an Landkäufer abzutreten und es, sofern sie nicht verderben wollen, zunächst als Landarbeiter zu versuchen.

1965 war eine große Werbung im Gange, nicht zuletzt auch im deutschsprachigen Mitteleuropa, mit dem Ziel, für den beabsichtigten Gummiplantagenbau finanzkräftige Kreise zum Erwerb von Grundbesitz zu gewinnen. Ein Los umfaßte 57.000 bis 65.000 Hektar. Pro Hektar erwartete man eine Kaufsumme von rund 100 DM (700 Schilling).

Die Arbeit in den Plantagen ist bei dieser großen Abgeschiedenheit, bei oft notgedrungener einseitiger Ernährung sowie angesichts der großen Insektenplage – bei ihrer Arbeit tragen die Männer Gesichtsmasken und Handschuhe trotz der großen Schwüle – schwierig. Doch die Situation verbessert sich laufend. Schon gibt es für den, der das nötige Kleingeld hat, eine Flugverbindung nach Cuiabá.
Die Mutigen versuchten es noch einmal mit Ackerbau und er gelang. Auch die Insektenplage wurde schon stark zurückgedrängt.

Ein anderes Wagnis wurde in *Barra do Garcia* bestanden. Die Siedlungsplanungen wurden durch den volksnahen unternehmerischen Pastor Schwantes seit 1971 auf Hochtouren vorangetrieben. Der Bezirk Barra do Garcia ist nach Flächeninhalt größer als der Bundesstaat Paraná. Unterdessen sind über 300.000 ha schon verteilt. Die Malaria- und Gelbfiebergefahr konnte nach vier Jahren überwunden werden. Was jedoch vor allem vorhanden ist und in den Südstaaten immer empfindlicher fehlt, ist das noch zur Verfügung stehende Neuland. Die Regierung gewährt dabei günstige Kredite, so daß die Kolonisten nur 20 Prozent der Barmittel aufbringen müssen. Damit erhalten unsere Alt-Siedler endlich Besitzgrößen, die ihnen im vergangenen Jahrhundert infolge einer kleinlich-eigensüchtigen Haltung vorbehalten blieben.

Der aus Rio Grande do Sul stammende Pastor machte schon vor Jahren im *Serado* für 900 Familien Siedlungsmöglichkeiten ausfindig. Die ursprünglich von Buschwald eingenommene Ebene liegt in 700 m ü. d. M.; sie besitzt ein günstiges Klima, dessen Temperatur im Maximum kaum über 38 Grad emporsteigt. Sechs Monate sind feucht, die anderen trocken. Auf Grund der natürlichen Gegebenheiten dürfte sich die Gegend namentlich für Trockenreisanbau eignen, sobald die Regierung die nötigen Verkehrserschließungen getätigt hat.

Ein drittes Witmarsum?

Seit längerem verhandeln nun auch die Mennoniten von Witmarsum in Paraná unter Robert Jansen mit Pastor Schwantes in der Absicht, die überschüssigen Jungbauern im Mato Grosso anzusiedeln. Das dritte Witmarsum befände sich auf diese Weise wieder in derselben Nachbarschaft wie die vorangegangenen; Rio Grandenser und Catarinenser wären ihre Gefährten in der Eroberung neuen Kulturlandes.

Im allgemeinen dürfte allerdings gelten, daß der Staat Mato Grosso keine günstigen Voraussetzungen für deutsche Ansiedlungen aufweist und solche wohl auch in Zukunft nicht zu erbringen vermag. Weiter im Norden, in den Niederungen des Amazonas und in dessen Urwäldern sind die Bedingungen für die Niederlassung der weißen Rasse überhaupt schon schlecht; die UNESCO hält dort nur Menschen der gelben Rasse als Siedler für geeignet.

Andere Hoffnungen

Am ehesten käme vielleicht im Staate Mato Grosso noch die *Serra Santa Bárbara,* ein höher gelegenes Roterdegebiet, das sich ganz im Westen in einer Länge von 400 Kilometern und einer Breite von vierzig Kilometern von Norden nach Süden erstreckt, für eine deutschsprachige Besiedlung in Betracht. Dort bestünde eine Verkehrsmöglichkeit zum Paranáfluß, der bekanntlich schiffbar ist.
In der Nähe liegt dort *Diamantino,* in dem ein hervorragender Jesuitenpater und ihm zur Seite ein tüchtiges Entwicklungsteam der österreichischen Caritas wirkt.

Diamantino war vordem Glücksjägerstadt. Gold- und Diamantensucher hatten sich hier niedergelassen, desgleichen auch andere, welche skrupellos rasch zu Geld kommen wollten. Der Alkohol floß reichlich, und Colt und Facão saßen locker in der Hand. Gedungene Mörder, sogenannte Capangas, hatten häufig Aufträge. Wer den anderen haßte, dem konnte es einfallen, einen „Capanga" zu engagieren, einen bezahlten Mörder. Das Geschäft kostete etwa 200 Schilling. Um diesen Betrag ist ein Capanga willens, den Auftrag auszuführen. Er wird es allerdings nicht unterlassen, zuvor in die Kirche zu gehen, für den zu Ermordenden zu beten, eventuell auch einen Geldbetrag in den Opferstock zu werfen oder gar eine Messe lesen zu lassen, auf daß die Seele des Ermordeten möglichst rasch in den Himmel komme und dem Mörder nicht noch nachträglich unangenehm werde. Nun wurde durch unsere Leute eine große Beruhigung und Ordnung herbeigeführt.

Ähnlich wie hier in jüngster Zeit lagen die Verhältnisse früher in vielen brasilianischen Landschaften, die nunmehr kultiviert sind. Die Schilderung mag uns daher vielleicht auch wieder einen kleinen Einblick in die vielfachen Schwierigkeiten werfen lassen, denen der Pionier ins Auge blicken muß.

Damit befinden wir uns am Ende unserer Brasilienfahrt! Sie führte uns durch Schauplätze vieler deutschsprachiger Siedlungen in den südlichen brasilianischen Staaten. Natürlich: Deutschsprachige fänden sich noch in anderen brasilianischen Staaten, bei *Manaus* am Amazonas, aber nicht in größeren Gemeinschaften!

Voll Bewunderung und Anteilnahme haben wir das Werk unserer Auswanderer und deren Kinder und Kindeskinder verfolgt und halten es in ihrem und unserem Interesse, aber auch zum Nutzen der Völkerverständigung, welche nur auf dem Wege gegenseitiger menschlicher Kontaktnahme erfolgen kann, für wichtig, die Verbindung zu ihnen und von ihnen zu uns nie mehr abbrechen zu lassen.

Wie sehr sie noch Teil von uns sind, wird uns die nachfolgende volkskundliche Betrachtung, werden uns ihre Sprachgewohnheiten, ihre Sitten und Gebräuche, ihre Bau- und Siedlungsweise und alle übrigen Lebensformen noch deutlicher machen können.

23 Vitória, Hauptstadt der fünf Donauschwabendörfer

24 Zentrum von Witmarsum II, Paraná

25 Kindertanzgruppe der Donauschwaben

26 Urwaldrodung in Terra Nova

27 Junge „Roca" in Rondon, Paraná

28 Iguacu-Wasserfälle

SEHR ALTE SIEDLUNGEN AUCH IN PERU

Als ich noch nicht an das Wagnis denken konnte, neben dem großen Brasilien auch die anderen südamerikanischen Staaten zur Erforschung der deutschsprachigen Siedler zu bereisen, hatte mich der aus Tirol stammende damalige verdienstvolle Präsident des österreichischen Forschungsrates, Univ.-Prof. DDr. Rohracher, aufgemuntert, wenigstens das „Tiroler Dorf *Pozuzo*" in Peru in meine Forschungen miteinzubeziehen und damit erstmals auch in einen südamerikanischen, spanisch sprechenden Staat einzureisen. Die Ergebnisse fanden daher auch bereits im ersten Band Aufnahme und müssen deshalb auch in dessen erneuerter Auflage verbleiben, wenngleich die klare Trennung in einen portugiesisch und spanisch sprechenden Teil begrüßenswerter gewesen wäre.[172] Peru ist unter den spanisch sprechenden Staaten in der Reihe nach Argentinien (1856) der fünfte südamerikanische Staat, der dem Beispiel Brasiliens folgend, deutschsprachige Siedler zur Kultivierung einlud.

Über Pozuzo Peru mit dem Atlantik verbinden!

Der Promotor der deutschsprachigen Kolonisation in *Peru* war der Weltreisende und Forscher *Damian Freiherr von Schütz-Holzhausen*, aus *Nassau* gebürtig, an der Bergstraße wohnhaft. Nach Alexander von Humboldt und Friedrich Gerstäcker hatte er Peru bereist und war zur Überzeugung gelangt, daß sich in Peru besonders günstige Landschaften und Voraussetzungen für eine deutsche Ansiedlung befänden. Doch vertrat er die Meinung, daß das Gelingen einer Kolonisation bedeutende Kapitalien voraussetze. „In Deutschland sind diese nicht aufzutreiben und in Südamerika besitzt sie nur die Regierung von Peru, durch ihr Guano-Monopol die reichste aller spanischen Regierungen. Der jetzige Präsident General Castilla interessiert sich namentlich für dieses Unternehmen ... Sollte aber eine andere Regierung siegen, so kann dadurch die Kolonisation wohl verzögert aber nicht ruiniert werden, denn alle Parteihäupter in Peru habe ich für meine Ideen gewonnen!"[173] So schrieb Schütz in einer Erklärung vom 10. Dezember 1856, die in der „Augsburger Allgemeinen Zeitung" erschienen war. Dort führte er auch noch weiter aus: „Der zu kolonisierende Distrikt liegt am Ostabhang der Anden, an den Zuflüssen des *Ucayali*, durchschnittlich 5000 Fuß über dem Meere und ist gänzlich frei von Sümpfen. Er hat einen der reichsten Silberdistrikte der Welt in seiner unmittelbaren Nähe, wodurch ein stets lohnender Absatz für alle Produkte geboten wird, während umgekehrt die Urbarmachung der benachbarten Ländereien und die Einwanderung den günstigen Einfluß auf die Entwicklung des Bergbaus äußern muß. Jetzt schon läßt die Regierung einen Weg von *Cerro de Pasco* nach der ersten Kolonie am oberen Pozuzoflusse anlegen. Von hier ist der *Mayrofluß* (in der Luftlinie) nur 10 Stunden entfernt, von wo aus selbst bei dem tiefsten Wasserstande Dampfboote von sechs Fuß Tiefgang eine ununterbrochene Schiffahrt bis zum Atlantischen Ozean finden. Hier am Mayro haben sich im vorigen Jahre zehn aus Nordamerika gekommene Deutsche angesiedelt und eine Plantage gegründet. Jeder, der den östlichen Abhang der

---

172 Ilg, Karl: Pioniere in Argentinien, Chile, Paraguay und Venezuela. Innsbruck–Wien–München 1976
173 vgl. Schütz-Holzhausen, Damian v.: Der Amazonas. 2. Auflage. Freiburg i. Br. 1895. Anhang, S. 410

Anden bereist hat, wird mir zugeben, daß es dort Landstriche gibt, die von keinem Teil der Welt in bezug auf Fruchtbarkeit des Bodens und der Lieblichkeit des Klimas übertroffen werden."[174] Als Zeugen rief Schütz u. a. Humboldt an.

Neben der Besiedlung eines so vortrefflichen Landstriches ging es also offenbar auch noch um eine Verbindung des östlichen Peru mit der Atlantikküste und im weiteren mit Europa, welche durch dieses Kolonisationsunternehmen herbeigeführt werden sollte. Das Verständnis für diesen peruanischen Plan finden wir leichter, wenn wir bedenken, daß es zu jener Zeit noch keinen Panamakanal gab, wenngleich der Plan als phantastisch zu bezeichnen war. Mit ihm hing die Kolonisierung Pozuzos zusammen.

Wie „La increible odisea del Pozuzo" begann...

So wird mit Recht eine interessante Darstellung von Fotos und anderen Zeugnissen der deutschsprachigen Kolonisation Pozuzos im kleinen Missionsmuseum der Herz-Jesu-Missionare von *Lima* überschrieben. In der Tat war die Kolonisation dieses Urwalddorfes jenseits der Anden im Regenwaldgebiet der Amazonasniederung mit einer „unglaublichen Odyssee" verbunden. Keine mir bekanntgewordene Gründung in Südamerika war mit soviel Schwierigkeiten und Abenteuerlichkeiten verknüpft wie diese. Auf Grund der mir unterdessen zugänglich gewordenen urkundlichen Zeugnisse sowie von Gesprächen und Erkundigungen an Ort und Stelle wurde es mir auch möglich gemacht, den Hergang der Besiedlung und das Schicksal der Kolonie bis heute ausführlicher und genauer darzustellen, als mir dieses bei der Abfassung der ersten Darstellungen vergönnt war. Namentlich hatte ich das Pfarrarchiv durch das Entgegenkommen *P. Alois Starkers* völlig frei durchstöbern können.

Ganz ohne Zweifel stimmten die Angaben des Freiherrn Schütz-Holzhausen nicht vollständig, was zur Vermutung führt, daß Schütz erst nachträglich die Gegend um Pozuzo näher kennenlernte. Denn sowohl die Angabe bezüglich des Straßenbaus von Cerro de Pasco nach Pozuzo entsprach nicht der Wahrheit; er war infolge der Nachlässigkeit des Innenministers nicht zur Durchführung gekommen. Ebenso stimmte die Angabe bezüglich der Schiffbarkeit des Mayro nicht. Von der Mündung des Mayro in den *Palcazu* war die Dampfschiffahrt nur bei hohem Wasserstande möglich. Auch lag Pozuzo nicht 5000 Fuß (1600 m), sondern nur 800 m hoch, weshalb es auch mit der „Lieblichkeit des Klimas" nicht so weit her war. In Wirklichkeit erhielt auch nicht „jeder Unverheiratete 60 Morgen", sondern es reichte das 1858 an Pozuzo verteilte Land nicht aus, um jeder Familie 100 Morgen zu überweisen. Schütz war offenbar in mehreren Punkten einer gewissenlosen Großsprecherei aufgesessen, und mit ihm waren es vor allem auch die Kolonisten, wobei an insgesamt 10.000 Personen gedacht war, die der von der Regierung zum bezahlten Kolonisationsdirektor ernannte Freiherr heranführen sollte.

Der Zug formierte sich im tirolischen Oberinntal

Als Kolonisten gewann er Tiroler aus *Silz, Haiming, Obsteig,* der *Leutasch,* aus *Innsbruck, Landeck, Wörgl, Schwaz, Rattenberg, Häring, Pfunds, Polling, Schmirn, Seefeld, Wattens, Zams, Bruck, Matrei, Navis, Schwendberg* und selbst aus dem *Enneberg*. Daneben hatten sich Vorarlberger eingefunden und Deutsche aus dem *Rhein- und Moselgebiet,* namentlich aus *Burglahr,* Kreis Altenkirchen, aus *Bridel,* Kreis Zell, aus dem *Hunsrück,* dem *Westerwald* und der *Eifel*.
In Tirol hatte Schütz in dem jungen *Kaplan Josef Egg* in *Wald bei Imst,* aus Innsbruck

---

174 Schütz: S. 411/12

gebürtig, einen offensichtlich für die Auswanderungssache überzeugten Mithelfer gefunden. Die Kapläne waren ja häufig die Begleiter der „Schwabenkinderzüge" über den Arlberg an den Bodensee gewesen und hatten die Not aus der Nähe erfahren. Man gewinnt angesichts so vieler Auswandererereignisse aus Tirol nach Südamerika – bekanntlich war zur gleichen Zeit aus Tirol, namentlich aus seinem westlichen Teil, eine weitere große Gruppe nach Santa Leopoldina in Espirito Santo und nach Juiz de Fora in Brasilien aufgebrochen – den Eindruck, daß unser Land damals sehr stark von Agenten verschiedener Kolonisationsunternehmungen erfolgreich bereist worden war.

Bittere Not drängte zum Verlassen der Heimat

Ebenso werden wir aber auch schließen dürfen, daß die wirtschaftlichen und sozialen Verhältnisse in unserem Lande vor Beginn des Industriezeitalters alles eher als günstig waren und auf der ärmeren Bevölkerung empfindlich lasteten. Jedermann erinnert sich an das Kapitel der „Schwabenkinder"[175], der „Ährenleserinnen", der „Wanderarbeiter" und „Karner"[176].

Bezeichnend für jene Verhältnisse mag auch ein „anonymes" Auswandererlied jener Tage gelten, das nach Stefan Heimerl lautete:

> Nach Peru trägt Eure Arme
> in das schöne Land, das warme,
> wo Euch kündet die Natur:
> wirket dort für Eure Kinder
> nicht, wie hier für Bauernschinder
> und für Buckelhuber nur.

Der „anonyme" Verfasser wurde später bekannt; es war der Bauer Hans Obrist (1798–1882) aus *Stams*. Ähnliche Klänge hatte ja auch der Bregenzerwälder Schriftsteller Franz Michael Felder anklingen lassen.[177]

Neben dem jungen Kaplan Egg hatte sich noch ein Geistlicher für die Auswanderung verwendet und eigentlich den Stein ins Rollen gebracht: *P. Augustin Scherer*, Benediktinerpater von *Fiecht*, Pfarrer in *Stans*, später im *Achental*. Dieser war nach Aussage des Theologieprofessors von Salzburg, *Dr. I. A. Schöpf*[178], „auf einem katholischen Kongreß in Deutschland mit einem hervorragenden katholischen Mann, dessen Name mir entfallen ist, näher bekanntgeworden. Dieser schrieb ihm 1856, daß Baron Schütz von Holzhausen aus Peru angekommen sei, um nach einem Contrakte mit der peruanischen Regierung deutsche Kolonisten katholischer Religion für die Gegend von Pozuzo und Mayro anzuwerben und daß er solche besonders in Tirol zu finden wünsche". Schütz wurde dabei als Katholik gepriesen. P. Scherer nahm nun Verbindung mit dem Freiherrn auf und „teilte seinem Freund Josef Egg, Capellan in Wald" diesen Plan mit. Schütz bat nun Kaplan Egg um ein Rendezvous bei P. Scherer in Stans, das bald zustande kam. Schütz begab sich nach diesem gemeinsam mit Egg nach Silz und verblieb dort einige Tage. Beim Abschied ernannte der Freiherr Kaplan Egg zum „Bevollmächtigten", wobei auch gleichzeitig schon die Abreise nach *Antwerpen* für 29. März

---

175 Ulmer, Ferdinand: Die Schwabenkinder. Prag–Berlin–Leipzig 1943 – Uhlig, Otto: Die Schwabenkinder aus Tirol und Vorarlberg. Innsbruck 1978
176 Hörmann, Ludwig v.: Tiroler Volkstypen, Wien 1877 – vgl. Heimerl, Stefan: Pozuzo, ein vergessenes Kapitel europäischer Auswanderergeschichte, Dissertation
177 Felder, Franz Michael: Gesammelte Werke. Bregenz 1970 ff
178 Schöpf, I. A.: Die Tiroler Kolonie am Pozuzo in Peru. Österr. Jahrbuch 1892 zum besten des St.-Anna-Spitals Salzburg

1857 vereinbart wurde. Nun begaben sich P. Scherer und Kaplan Egg schnell auf Werbung, ersterer vor allem im Unterinntal, der Kaplan hingegen im Oberinntal mit Schwergewicht um Silz, wo Egg zuvor Seelsorger gewesen war. Neben diesen beiden Herren muß Freiherr von Schütz auch eine Verbindung zu Herrn Provikar *Paul Matt* von *Andelsbuch* im *Bregenzerwald* gehabt haben, der dann die Familien Tschofen und Wiederin zur Auswanderung gewonnen hatte. Als sich am 16. März 1857 im Morgengrauen in Silz die Leute zur Ausfahrt sammelten, war die erwünschte Anzahl von Auswanderungswilligen bereits erreicht. Unter ihnen befand sich auch Kaplan Egg selbst und seine Schwester Agnes mit Familie.

„Sie besaß in Silz ein kleines Anwesen mit einer mageren Kuh und, wenn's hoch ging, mit noch einem Kalb. Ihr Mann Caspar zog allwöchentlich einmal oder zweimal mit einem Karren nach der neun Stunden entfernten Landeshauptstadt, um für seine Schwester, genannt die schwarze Marianne, welche auf dem Kirchplatz einen kleinen Kramladen hatte, verschiedenerlei Sachen einzukaufen."[179]

Pater August Scherer hatte Kaplan Egg mit allen für einen Gottesdienst notwendigen Utensilien ausgestattet, und der Ministerialrat Ritter von Fleißner, Wien, hatte für Arzneimittel gesorgt.

Die Tiroler hatten sich in Silz im Oberinntal gesammelt. Die Hoffnungen, die die Auswanderer hegten, waren sehr groß.[180] Ihre alte Heimat schien ihnen armselig und eng, wie ein Kerker. Unter den polizeilichen Widerwärtigkeiten, die sie empfanden, war auch die Verordnung gemeint, daß Mittellose nicht heiraten durften. Tatsächlich gab es dann auf dem Schiff bzw. vor der Einschiffung ein großes „Hochzeiten".

Unserem Innsbruck am grünen Inn wollten sie bald ein ebenbürtiges Pozuzo am grünen *Huancabamba* entgegenstellen, wie es dem Erzählen nach eines ihrer Kolonistenlieder verkündete.

Der Tag des Abschieds

Als aber dann der Tag des Abschieds am Innsbrucker Bahnhof kam, drang doch viel Leid an die Oberfläche.

Der 16. März 1857 war mit einem düsteren Morgen angebrochen. „Der Himmel war verhangen und schneeflockig, als wollte er ‚non plazet' (es gefällt mir nicht!) verkünden", berichtete Dr. Schöpf, der ebenfalls zugegen war. „Auf dem Silzer Dorfplatz standen die Leute Kopf an Kopf gedrängt zur Verabschiedung. Kein Auge blieb trokken. Vielfach hörte man lautes Weinen."

Die Predigt des jungen Kaplan Egg hatte zudem die Herzen aufgewühlt: „Nicht Ihr, Tyrol sollte weinen, daß es seine Söhne und Töchter nicht ernähren kann und sie ziehen lassen muß! Ihr aber hebet das Herz empor! Wer mutig ist und hoffet, der bauet sich wieder eine neue Heimath." Nur die Schwester Dr. Schöpfs ging trockenen Auges fort, „lachend, denn sie war nicht zu Hause aufgewachsen", weshalb die Mutter, die das Kind vermutlich in der Fremde unterbringen mußte, sich schwor: „Und wenn ich hundert Kinder hätte, würde ich keines mehr aus dem Haus verstellen." Man spürt aus diesen Bemerkungen die Schwere des Schicksals unserer Bergbewohner von damals. Dr. Schöpf wurde ebenfalls um den Priestersegen gebeten und fügte dazu bei: „Ich gab

---

179 Schöpf, I. A.: Die Tiroler Kolonie am Pozuzo in Peru. Österr. Jahrbuch 1892 zum besten des St.-Anna-Spitals Salzburg
180 Eichhorn, Bernd: Tal der Verheißung (= Grüner Roman, Bd. 52). Wien o. J. – Dupouy, Walter: Analogias entre la Colonia Tovar, Venezuela y Ja Colonie de Pozuzo en le Peru. In: Boletin de la Asociacion cultural Humboldt, 1968, Heft 4. Caracas 1969. Seite 91–144

ihn: In nomine patris – mir war es, als stünde ich auf dem Friedhofe vor Särgen teurer Angehöriger und als hauchte ich: Requiescant in pace."

Die Tage zuvor hatten sich die Auswanderer im Wirtshause „Zur Post" allmählich eingefunden, dort und bei Bekannten genächtigt und ihre Fuhrwerke auf einem Grundstück abgestellt, das heute noch den Namen „Peru" trägt. Von hier verabschiedeten sich nach der Messe die Träger und Familien des Namens Zoller, Gstir, Adler, Bachleitner, Doblander, Egg, Foeger, Gritsch, Hechenberger, Hosp, Koch, Mair, Mairhofer, Müßigang, Schrott, Walser, Prantl, Unfrid, Schweigl, Oberdanner, Rofner, Weit, Stadler, Staud, Jäger, Haller, Sailer, Westreicher, Haselwanter, Strigl, Raffl, Eisendle, Kramer, Randolf, Lamprecht, Kapeller, Maurer, Schöpf, Bauer, Witting und Walcher.

Hinzuzufügen ist jedoch noch, daß sich keine „Laningerfamilie" unter denselben befand. Die unterste soziale Schicht beteiligte sich nicht am Auszug.

Bis *Augsburg* ging's mit Fuhrwerken, ab dort mit dem Zug, ähnlich wie in den uns schon bekannten Fällen. Dort bestiegen sie die Eisenbahn und begaben sich damit auf eine „Fahrt ohne Wiederkehr". Dieses muß den Leuten wohl bewußt gewesen und in Erinnerung verblieben sein. In *Stuttgart* waren noch die Vorarlberger zugestiegen. In Antwerpen stachen sie in See, nachdem sich zuvor auch noch die Rhein- und Moselländer eingefunden hatten. Ihre Namen lauteten auf Fischer, Goerres, Hochscheid, Kratz, Wasner, Krall, Seek, Müller, Loew und Schauss. Insgesamt waren bei der ersten Ausfahrt nach dem Berichte eines weiteren mitziehenden Geistlichen namens *Überlinger* 308 Personen versammelt, darunter 32 Brautpaare. „Es wurde die österreichische Volkshymne geblasen, ein schallendes Vivat dem Kaiserhause Österreich ausgebracht und ein Lebewohl dem Vaterlande Tyrol", berichtete Dr. Schöpf auf Grund der Briefe seiner Schwester, die ihn mit sehr ausführlichen Schilderungen auf dem laufenden hielt. Noch vor der Abfahrt war die Nachricht eingetroffen, daß ein jüdischer Kaufmann, Johann Renner aus *Hamburg,* einen hohen Geldbetrag für die Auswanderer erwirkt habe und persönlich 60 Kühe, 60 Schweine und 60 Ziegen für die Kolonisten stifte.

Hingegen hatte die herzoglich nassauische Regierung ihrem Landsmann Schütz bei der Anwerbung Schwierigkeiten gemacht: „Es ist zur Kenntnis gekommen, daß von seiten des seit langer Zeit in Amerika weilenden Damian von Schütz beabsichtigt wird, eine größere Anzahl deutscher Auswanderer zur Niederlassung in Peru anzuwerben.

Es ist Vorkehrung getroffen, daß sobald von seiten irgendeines Agenten oder Zwischenträgers eine Tätigkeit für den bezeichneten Zweck entwickelt wird, unverzüglich Anzeige an das herzogliche Amt zu geeignetem Einschreiten erfolgt. Wiesbaden, den 4. März 1856."[181]

Schütz aber war von mehreren Blättern als „Abenteurer" bezeichnet worden, und auch Gerstäcker hatte sich gegen ihn gewandt und seine Aussage über die Kolonisationsbedingungen als viel zu optimistisch verurteilt. Bald sollte sich dieses bewahrheiten.

Landung, Enttäuschung, Marschantritt

Auf der Überfahrt waren zwei Erwachsene und fünf Kinder gestorben. Als die 294 Leute am 28. Juli 1857 in *Callao* landeten, grassierte dort das Gelbfieber und sie erfuhren gleichzeitig, daß der von der Regierung als ausgeführt bezeichnete Weg von Cerro de Pasco nach Pozuzo noch gar nicht recht begonnen worden war. Enttäuschung, ja Verzweiflung machte sich breit, war doch schon die Seefahrt für viele eine Tortur gewesen. Schütz hatte sie am Hafen erwartet und alles unternommen, um seinen Schützlingen zur Seite zu stehen. Er begleitete sie auch auf dem weiten Weg und lernte auf diesem Kaplan Egg als unerschütterlichen, auf Gott vertrauenden Anführer der Tiroler in

---

181 vgl. Heimerl, Stefan: a. a. O.

einem solchen Maße schätzen und achten, daß er ihm später die zweite Auflage seines Buches „Der Amazonas" widmete. Mit dem Dampfer „Inka" fuhren die „Tiroler" und „Preußen" zunächst bis *Huacho* und traten sodann den Marsch über die Anden an. Ein Aufenthalt in Lima war nicht vorgesehen. „Es war nämlich mit Recht zu befürchten, daß die Einwanderer, wenn man sie in Callao und Lima ließ, von ihren Landsleuten beredet, sich bald zerstreuten und keinesfalls eine Kolonie in den entfernten Urwäldern bilden würden", schreibt Schütz.[182]

Tatsächlich hatte nämlich die deutschsprachige Kolonie in Lima, die auch heute beträchtlich und einflußreich ist, längere Zeit eine ablehnende Haltung gegen den Plan von Schütz eingenommen, wozu sie mehrere Überlegungen anleiteten. Zum einen befürchteten die Geschäftsleute, daß, wenn der Plan wirklich gelänge und sich der Frachtverkehr von Mayro zum Amazonas verwirklichen lasse, dieses eine wesentliche Verminderung ihrer Geschäftseinnahmen in Lima zur Folge hätte. Gelänge er aber zum anderen nicht, dann würden die angeworbenen Einwanderer nach Lima zurückkehren und wieder nur dem „deutschen Hilfsverein" zur Last fallen.

Das Gepäck, von dem besonders die riesigen Truhen kaum befördert werden konnten, war unterdessen auf Hunderte von Mauleseln geladen worden, Frauen und Kinder erhielten Esel zum Reiten, und nun ging es über die schneebedeckten Berge nach Cerro de Pasco. In Cerro de Pasco machte Schütz von Holzhausen gegenüber dem Präfekten seinem angesammelten Ärger über die Vortäuschungen und Schlampereien Luft und handelte sich damit leider auch noch persönliche Feindschaft ein, die in der Folge zu seiner Abberufung führte.

Eine große Gruppe löste sich ab

In *Acobamba* war sodann das frühe Ende des erstellten Weges erreicht; 70 Leute, zumeist Unverheiratete, verließen hier den Zug und mit ihnen „auch der Geistliche Überlinger, der später als reicher Mann in einem Kurort starb"[183]. Ab nun mußten unsere Landsleute den Weg erst bauen, was fast zwei Jahre in Anspruch nahm. Oft trafen die Lebensmittelsendungen zu spät ein, so daß die Frauen tagelang hungerten, um ihren hart arbeitenden Männern das Nötigste nicht vorenthalten zu müssen. Die zum Wegebau verpflichteten Indios flüchteten auf der Nahrungssuche in abgelegene Dörfer und kamen nicht wieder zum Vorschein. Mitten in dieser Not wurde Schütz von der Regierung zur „Rechenschaftslegung" nach Lima abberufen. Es wurde ihm der Vorwurf gemacht, „er habe einen Teil der Ansiedler an benachbarte Pflanzer verkauft". Obwohl es rund um Acobamba überhaupt keine Pflanzungen gab und die Eingabe von jedermann „als alberne Lüge" erkannt werden konnte und die Tiroler in einem Schreiben an den Gouverneur dieses auch darlegten, mußte von Schütz die Gruppe verlassen.

Freiherr von Schütz empfahl die Einwanderer der Sorge seines treuen braven Freundes, des Pfarrers Egg, der nunmehr allein ihren Mut aufrecht hielt, und begab sich nach Lima. In Acobamba hatte Schütz seinen letzten Heller, ja, wie die Ansiedler später rühmend Friedrich Gerstäcker versicherten, seinen Siegelring hingegeben, um Lebensmittel für die Kolonisten anzuschaffen, und in Cerro de Pasco mußte er seine goldene Uhr versetzen, um nach Lima reisen zu können. Ein Hauptpunkt seiner Unbeliebtheit bei den peruanischen Behörden lag eben darin, daß er selbst streng rechtlich gesinnt, eine gewissenhafte Verwendung von Staatsgeldern auch von anderen verlangte und so den üblichen Veruntreuungen hemmend im Wege stand.[184]

Ihn „Abenteurer" zu schelten, war sicher ungerecht. Wohl aber war er von einem Mangel an Erfahrung im Umgang mit den Menschen dieser Länder, namentlich der Behör-

---

182 Schütz-Holzhausen, Damian von: a. a. O., S. 18
183 Heimerl, Stefan: a. a. O., S. 69
184 Schütz-Holzhausen, Damian von: a. a. O., S. 275

den, nicht freizusprechen, wie er es auch unterlassen hatte, die Möglichkeiten an Ort und Stelle vor dem Einzug unserer Landsleute einer genauen Kontrolle zu unterziehen. Auf alle Fälle war durch die eingetretenen Spannungen der große Ansiedlungsplan bereits zum Scheitern verurteilt, noch bevor die erste Gruppe ihr Ziel erreichte.

Die Behörden hatten das Interesse an ihm verloren und machten Schütz für alle Unzulänglichkeiten verantwortlich. Daran änderte auch das kaum nach ihrem Eintreffen in Pozuzo an die Regierung gerichtete Schreiben der Kolonisten nichts, worin wir lesen: „Als die Kolonisten nach vielen Mühsalen im Juli 1859 endgültig ihren Wohnsitz an dem Zusammenflusse des Pozuzo und Huancabamba aufgeschlagen hatten, fühlten sich die Gemeindevorsteher verpflichtet, ihrem früheren opferwilligen Führer folgende Erklärung zu widmen . . . Sie bezeugen dem Herrn Damian von Schütz, daß derselbe an der Verzögerung der Besitznahme von der Kolonie sowie an allen vorgekommenen Unfällen, welche die Kolonie betrafen, schuldlos ist. Im Gegenteile fühlen sich alle Kolonisten dem Herrn Schütz zu größtem Dank verpflichtet, weil selbige ihre gegenwärtige gute Lage demselben zu verdanken haben."[185]
Unterschrieben war diese Depesche von Josef Egg, Pfarrer, *Christoph Johann* und *Joseph Gstir*. Hochwürden Egg war also Pfarrer geworden, Herr Johann dürfte der Sprecher der Rheinländer, Gstir jener der Tiroler gewesen sein. Später begegnen wir diesem als Bürgermeister.

Als Tag des Einzuges in Pozuzo wird der 25. Juli 1859 genannt. Eine Aufzeichnung konnte ich nicht finden. Was die „vorgekommenen Unfälle" betraf, wird man vor allem an den 28. Februar 1858 denken müssen, worüber bei Dr. Schöpf nachzulesen ist: „Der Boden, auf dem nunmehr die Colonie ihr Lager aufschlagen mußte, ist ein enges Thal und heißt *Santa Cruz*. Da war es, wo am 28. Februar 1859, 9 Uhr abends, aus einem engen Seitenthälchen eine Muhre hervorbrach, wodurch ein paar Hütten fortgerissen wurden und fünf Personen zugrunde gingen, darunter auch meine kleine Nichte Maria."[186]

Einzug in Pozuzo 1859

Über den Einzug lesen wir in seinen Aufzeichnungen: „Die Gruppe ist fast auf die Hälfte zusammengeschmolzen im Juli 1859 in Pozuzo eingetroffen. Am Zusammenfluß des Huancabamba und dem Pozuzo hatte die Regierung eine Pflanzung angelegt. Der Ertrag war jedoch derart, daß die Colonie kaum eine Woche davon hätte leben können. Am linken Ufer des Pozuzo wohnten wohl noch zwei Indianerfamilien, die natürlich auch nichts zu entbehren hatten."[187] So jämmerlich mußte also begonnen werden, nachdem man nach monatelanger oft stürmischer Seefahrt zwei Jahre hindurch provisorisch am Wege gelebt hatte, an ihm Kinder geboren und Tote beerdigt wurden.

Pozuzo war jedoch schon einmal besiedelt gewesen. Daran erinnerte auch eine aufgefundene Kirchenglocke aus der Jesuitenzeit. Die Indianer wußten davon. Die Zahl derselben in der Umgebung mußte vor dem Eintreffen unserer Landsleute viel größer gewesen sein. „Ein Fieber (Typhus) hatte aber viele Indianerdörfer entvölkert", wußte Dr. Schöpf zu berichten.

Beim Einzug in Pozuzo war Schütz wieder zugegen und nahm mit den zu „Alkalden" ernannten Christoph Johann und Josef Gstir die Landverteilung vor, wobei das Los entschied. Die Tiroler siedelten sich rechts des Flusses Huancabamba an, die Rhein- und Moselländer gründeten ,,*Prusia*" (Preußen) jenseits desselben.

„Dem Geiste der Ordnung und des Fleißes, der das Gemeinwesen durchwehte, verdankten es die Ansiedler", schrieb Schütz, „daß die Kolonie schon Ende 1860 sich im blühendsten Zustande befand."[188] Dieser war nicht zuletzt dank des immer wieder auf-

---

185 Schütz-Holzhausen, Damian von: a. a. O., S. 419
186 Schöpf, I. A.: a. a. O., S. 9
187 Schöpf, I. A.: a. a. O., S. 11
188 Schütz-Holzhausen, Damian von: a. a. O.

richtenden, mutigen, ja tapferen Pfarrers möglich, der Priestertum und die Rolle des weltlichen Anführers in gütiger Weise vereinigte. Wieder einmal bestätigte sich meine Lehrmeinung über die Bedeutung des Anführers in der deutschsprachigen Kolonisation. Egg war außerdem noch Heilpraktiker und Richter; in der Freizeit widmete er sich der Bienenzucht. Seinen Mut bewies er besonders deutlich, als er im Peruanisch-Chilenischen Krieg (Salpeterkrieg) in Pozuzo einen peruanischen Mörder hinrichten ließ. Sein Nachfolger, Pfarrer *Schafferer* aus *Gschnitz*, verschanzte sich sogar 1914 gegen die ausrückenden räuberischen Truppen des Subpräfekten Enrique Matallana und nahm sie mit seinen Schützen gefangen.

Die Gegend von Pozuzo war übrigens fruchtbar und lohnte den Einsatz fleißiger Hände. Schon die ersten Tiroler, welche lange vor dem Eintreffen der Gruppe eine Erkundung durchgeführt hatten, „entwarfen bei ihrer Rückkehr nach Santa Cruz ein günstiges Bild von der Herrlichkeit des Thales, das sie an die Thäler der Heimat erinnerte"[189]. Es gediehen vorzüglich Mais, Weizen, Yucca (Maniok), Reis, dieser zweimal im Jahr, Zuckerrohr, Bananen, Melonen und andere ihnen noch unbekannte Früchte, vor allem aber auch Tabak, Coca und Kaffee, welch letzterer das vornehmlichste, weil auf den Maultierrücken am leichtesten transportierbare Ausfuhrprodukt wurde.

Die Landschaft von Pozuzo ließe sich vielleicht am besten mit jener von Kufstein oder des mittleren Bregenzerwaldes vergleichen. Allerdings unter Abzug des breiten Talbodens und daß man sich die Hänge und Berge nicht mit dem saftigen Grün unserer Wiesen und Bergmähder, sondern vom dichten, dunklen Urwald bedeckt vorstellen muß. Ebenso sind die Temperaturen viel höher, und die Feuchtigkeit beträgt fast 100 Prozent! Gleichwohl handelt es sich, wie erwähnt, um ein in allem liebliches Bild. Allein die Abgeschlossenheit war bedrückend, und es war schwer, den Handel mit der Außenwelt herzustellen. (Siehe Farbbild 32.)

Der erste Weg von Huacho über Cerro de Pasco, dann drei Tage lang über vereiste Pässe, nach Santa Cruz und weiter nach Pozuzo machte den Export gewichtsreicher Güter unmöglich. Auch war immer wieder die Gefahr des Verfalls dieses Weges gegeben, wenn er nicht ständig benützt wurde, was nur bei einer entsprechenden Größe und Volkszahl der Kolonie vermeidbar war. Deshalb richteten die Kolonisten beider Ortsteile bereits am 1. Mai 1864 an den Präsidenten von Peru ein Bittschreiben des Inhaltes: „Wir halten es für nötig, die Notwendigkeit und Wichtigkeit einer Vermehrung der Kolonie auseinanderzusetzen, damit sie den Hoffnungen entspreche, die die hohe Regierung hegte, als sie uns kommen ließ. Wir bitten Eure Exzellenz, einen neuen Contrakt für die Herschaffung von 1000 Kolonisten abschließen zu wollen, und wenn es möglich ist, Herrn Damian von Schütz, unseren früheren Chef, damit zu beauftragen. Er besitzt unser ganzes Vertrauen."[190] Allein, Herr von Schütz lehnte ab.

Noch weitere Tiroler nach Pozuzo

Die zweite Einwanderergruppe aus Tirol kam zwar trotzdem zustande, denn unter dem 16. März war im „Boten" zu lesen:

„Gestern verließen mit dem über Kufstein nach Baiern abgehenden Abendzuge bei 350 tirolische Auswanderer das Vaterland, um jenseits des Meeres eine neue Heimat zu suchen. Es war ein zu Wehmut und ernsten Gedanken stimmender Anblick, diese Wanderer, die in fernen Zonen eine bessere Heimat zu finden hoffen, gruppenweise an dem mit Menschen angefüllten Bahnhofsplatze ankommen zu sehen. Es gab unter diesen

---

189 Schütz-Holzhausen, Damian von: a. a. O.
190 Schütz-Holzhausen, Damian von: a. a. O., S. 278

Auswanderern bejahrte Männer und Frauen, ja Greise, Familienväter und -mütter, teilweise auch kräftige jugendliche Leute, viele Kinder, mitunter ganz kleine. Eine Menge Bekannter und Verwandter der Auswanderer war mitgekommen, um ihnen hier noch das letzte Lebewohl, den letzten Händedruck zu bieten, zum letzten Male ins Auge zu blicken. Verschiedenartig waren die Eindrücke des Abschieds. Man sah tränenfeuchte Augen und in vielen Gesichtern den Ausdruck gepreßter Herzen; bei anderen wieder im Gegenteil sorglosen Gleichmut, ja Freude und Jubel.

Unter den weiblichen Auswanderern bemerkte man wenige, die hübsch und stark waren, die meisten waren schwächlichen Aussehens und manche auch augenfällig in einem Zustande, der der neuen Ansiedlung am Pozuzo einen baldigen Zuwachs in Aussicht stellte. An herzerschütternden, aber auch an empörenden Szenen fehlte es nicht. Ein Mann nahm sein kleines Kind mit auf die Wanderung. Eine Verwandte flehte ihn auf den Knien an, den kleinen mutterlosen Wurm ihr zurückzugeben, sie würde ihm Mutter sein. Mit den rohesten Ausdrücken stieß der Mann sie zurück und äußerte: ‚Wenn er zu Grunde gehen werde, so sei um das Kind auch kein Schade.' Ein anderer Mann, der zu den Auswanderern gehörte, verlor, als es zum Abschiede kam, plötzlich Lust und Mut mitzugehen und war auch nicht durch Zureden seiner Angehörigen zum Einsteigen in den Waggon zu bewegen. Als diese ihn beim Arm ergriffen und zum Einsteigen zwingen wollten, nahm sich seiner das herumstehende Publikum in sehr energischer Weise an und entriß ihn den Händen seiner Genossen. Beim darüber entstandenen Handgemenge bedurfte es des kräftigen Einschreitens der Polizei, um die Erhitzten auseinander zu bringen.
Zu den Auswanderern stellte das Oberinntal das stärkste Kontingent, und mancher desselben wurde von der Heimatgemeinde mit den Mitteln für die Reise ausgestattet. Viele nahmen Handwerkszeug, Lebensmittel und auch Stutzen mit. Mögen den Wanderern ihre Hoffnungen erfüllt werden und sie vor Täuschungen bewahrt bleiben! Mögen sie, wenn sie reisemüde an den Küsten des Stillen Ozeans landen und ihnen die Riesenberge des Landes das Bild der für immer verlassenen Heimat zurückrufen, die Zufriedenheit und die Wohlfahrt finden, die sie hier vermißten. An Arbeit wird es ihnen nicht fehlen . . ."[191]

Es handelte sich um wenig geeignete Leute. Mehreren hatten die Gemeinden, wie erwähnt, die Überfahrt bezahlt, um sie für immer los zu sein. Übermäßiger Früchte- und Rumgenuß führte schon in Lima zu vielen Erkrankungen unter ihnen, in welchem sie vier Monate auf ihren Abtransport warteten. Es war geplant gewesen, die zweite Gruppe in eben dem der Amazonasverbindung schon näher gelegenen Mayro, das auch tiefer und in einer flachen Gegend lag, anzusiedeln. Doch war wieder einmal der von der Regierung zu erstellende Weg nicht vorhanden bzw. in großen Teilen abgerutscht. Daher verblieb auch diese Gruppe in Pozuzo. Sie lebte dabei von den Regierungszuschüssen und gab sich keiner ordentlichen Arbeit hin. „Es war ein Glück für Pozuzo, als die Lieferung von Lebensmitteln endlich aufhörte und die Faulenzer meistens die Kolonie verließen, um ihr Bummelleben in den Städten fortzusetzen."

Aber noch 1875 beklagte sich Pfarrer Egg darüber, daß einige dieser Familien am Pozuzo gar nicht seßhaft würden, sondern, wenn die strenge Feldarbeit begann, die Kolonie verließen, um später wiederzukommen; eine Familie war fünfmal weggezogen und jedesmal wieder zurückgekehrt.[192]

Doch vermochten auch diese Belastungen den Aufstieg der Urwaldkolonie nicht zu hemmen, was für die Qualität des größeren Bevölkerungsteiles spricht. Auch schritt man unentwegt zu Wegverbesserungen.
Am 4. Oktober 1868 waren auch zur großen Freude der Pozuziner sieben Stahlteile als Geschenk der deutschen Kolonie von Lima eingetroffen und schnell zum Neubau zweier Hängebrücken verwendet worden, von denen die eine zum Dank als „Kaiser-Wilhelms-Brücke" getauft wurde. Über diese beiden schwankenden Brücken vollzog

---

191 Schadelbauer, Karl: Innsbruck vor hundert Jahren. Amtsblatt der Landeshauptstadt Innsbruck, Nr. 3, März 1968, S. 6/7
192 Schütz-Holzhausen, Damian von: a. a. O., S. 278

sich nun von 1868 bis 1975 sämtlicher Verkehr, nicht ohne Unfälle, jedoch unter weitaus günstigeren Bedingungen als auf den früheren Holzbrücken, welche bei Hochwasser häufig einstürzten und auch sonst mit Lebensangst betreten wurden.

Ein amtlicher Bericht vom 30. Mai 1892 gab den unentwegten Fortschritt der Kolonie mit folgenden Zahlen bekannt: „Die Kolonie zählt 85 deutsche Familien mit 488 Köpfen und 13 Peruanische (Indianer) mit 60 Köpfen. Dieselben sind verteilt auf 101 Ansiedlungen. Sie besitzen 238 Stück Rindvieh, 29 Reittiere, 275 Schweine und ungefähr 5000 Hühner. Die Gemeindeverwaltung liegt ganz in den Händen der Deutschen. In deutscher Sprache wird der Schulunterricht erteilt, wenngleich auch Spanisch gelehrt wird. So kommt es, daß auch die dortigen Indianer deutsch verstehen, einige es auch sprechen."[193] Die Gründung und Leitung der Schule war wieder dem Pfarrer zu verdanken gewesen.

Außer Coca, Reis usw. führt der amtliche Bericht eine jährliche Produktion an Kaffee von 1500 bis 2000 Arobas und an Tabak von ungefähr 5000 Arobas an. Alle Lebensmittel sind im Überfluß vorhanden. „Die Liste ergibt eine Reihe der nahrhaftesten und schmackhaftesten Produkte, die unter und über der Erde gedeihen. Auch die Jagd liefert gute Beute: Tapir, Bär, Wildschwein und einige Nagetiere geben vorzügliche Braten. Außer der Kokainfabrik existieren zwei Zuckerrohrdestillationen und zwei Webstühle, auf welchen aus der in den Pflanzungen gezogenen Baumwolle vorzügliche Stoffe gewebt werden."[194]

Der zweite Weg, Gründung von Tochtersiedlungen

Schon drei Jahre zuvor hatte der Handelsmann *Eduard Boettger* den zweiten Weg (siehe Karte 7) nach Pozuzo, nämlich mitten durch den Urwald und Sumpf über die Pässe nach Huancabamba, anlegen lassen, wobei es 1890 zur Gründung und Aussiedlung von Pozuzinern in *Oxapampa* kam; die erste Tochtersiedlung war entstanden.

Auf dem Denkmal dieser heute wichtigen Handelsstation lesen wir als Gründer die Namen von Enrique Boettger, José Mueller, Ricardo Baumann, Jorge Hassinger, Manuel Mueller, Christobal und Martin Stadler, José Schmaus, Agosto Gustavsohn, Enrique und José Heidinger, Erneste Muehlenbruck eingetragen. Es dürften also vornehmlich „Preußen" ausgewandert sein.

Im weiteren wurde von hier aus noch *Villa Rica* gegründet. Gründer dieser Siedlung war der Deutsche *Leopold Kraus*. Die beiden Tochtersiedlungen wandten sich, weil höher gelegen, anderen Landwirtschaftszweigen, nämlich von allem Anfang an mehr der Viehzucht und Milchwirtschaft zu. Heute sind sie allerdings schon mehrheitlich von nicht deutschsprachigen Siedlern bewohnt. Während in Pozuzo der Kaffeestrauch nach drei Jahren eine volle Ernte ergab, benötigte er in Oxapampa fünf Jahre; Reis und Bananen gediehen überhaupt nicht. Durch viele Jahre bildete in Oxapampa und Villa Rica jedoch der Holzverkauf die sicherste Einnahmsquelle.

Seinetwegen hatte Boettger ja auch die Straße von *San Ramon* her nach Oxapampa ausgebaut; der Holzverkauf in den waldlosen Westen mußte ja eine gewaltige Bedeutung gehabt haben. Allerdings handelte es sich ausschließlich um Raubbau; es wurde nie an eine Aufforstung gedacht.

Mit der Straßenführung nach Oxapampa und der Auswanderung der Kolonisten dorthin, lag aber auch der Wunsch und Plan auf dem Tisch, diese Verbindung bis Pozuzo weiter zu führen. Mit der zweiten Wegführung war auf alle Fälle auch eine wesentliche Verkürzung der Strecke verbunden gewesen. Allerdings wurde die Verbindung nur langsam zur Straße erweitert und gab es noch lange gefahrvolle Streckenteile. Zwei davon wurden im Volksmund „großes und kleines Purgatorium" genannt. Der in die zähen Felsen eingesprengte Reitpfad hatte öfters nur einen Meter Breite, und auch wir

---

193 Schütz-Holzhausen, Damian von: a. a. O., S. 424
194 Schütz-Holzhausen, Damian von: a. a. O., S. 424

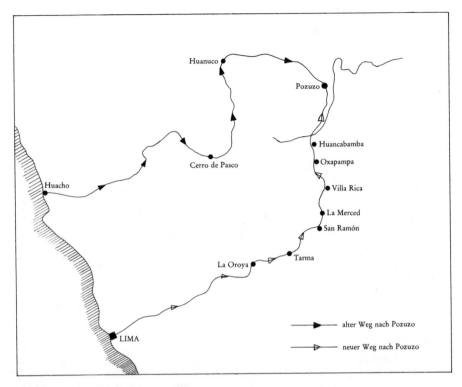

Karte 7
Der „alte" und „neue" Weg nach Pozuzo

konnten uns erst allmählich an den schwindelerregenden Blick in die Abgründe gewöhnen. Abbrüche und Vermurungen waren an der Tagesordnung. Namentlich das Abwärtsreiten auf glitschigem Pfade war halsbrecherisch. (Siehe Farbbild 33)

Ich hatte im ersten Buche (S. 98 ff) diese Reise des Jahres 1968 mit folgenden Worten beschrieben: „Auf der Paßhöhe (Ticliopaß, 4880 m, auf den die höchste Eisenbahn der Welt nach der Bergwerksstadt *Oroya* führt) siedeln die Indianer, genau wie vor Hunderten von Jahren, und die sich hier bietenden Bilder der Landschaft, des Wirtschafts- und Siedlungswesens, des Volkslebens mögen den ermüdeten Auswanderern ähnlich wie uns selbst fremd und malerisch zugleich erschienen sein. Sicher litten unsere Landsleute dort ähnlich unter Sauerstoffmangel wie wir, wenn auch vielleicht nicht in dem Ausmaß, da ihre Verkehrsmittel langsamer waren als unser Auto und sich daher der Übergang auch nicht innerhalb weniger Stunden vollzog.

Als ich am Ticliopaß ausstieg, um noch zweihundert Meter höher zu den interessanten Hütten der Indios aufzusteigen, welche eine verblüffende Ähnlichkeit zur Bauweise in Tibet und in der Mongolei zu haben scheinen, spürte ich, daß ich nur ganz langsam vorangehen konnte. Und als mich die Indios beim Fotografieren mit Mist und Steinen bewerfen wollten, fiel es mir schwer, rasch auszuweichen.

Bis in diese Höhen, also bis über 5000 Meter, reicht der indianische Getreidebau; kleine und größere Terrassen, kunstvoll eine über der andern und von zugeleiteten Schneebächen bewässert, standen voll Weizen und dieser in goldener Reife! Auch die Terrassen haben eine auffällige Ähnlichkeit mit ostasiatischen Anbaumethoden.

Die Hütten bestehen aus Trockenmauerwerk, das von einem Dachgerüst in Form von Sparren (also ohne Mittelsäule) überdacht wird, auf das die Indios Felle auflegen, um auf diese wiederum das Steppengras zu schichten, das auch den Schafen und Lamaherden zur Weide dient. Natürlich beeindruckten uns auch diese fremdartigen, zu den Kamelen zählenden Tiere außerordentlich. Als ich beim Auto wieder glücklich und unverletzt angekommen war, zog gerade eine Lamatroppa,

schwerbeladene Tiere, etwa 35 an der Zahl, den Paß herauf, von der „Madringhá", dem Leittier mit Glocke am langen Hals und mit höchst interessiert blickenden Augen, angeführt. Zwei Treiber, mit Lamafellen bekleidet, begleiteten die Tiere.
Alsbald wurden uns die vielen fremdartigen Bilder vertraut. Abgesehen von den vereinzelt lebenden Nomaden wohnen die Indios in aneinandergebauten Quartieren, die sehr lang sind und viele Familien in je zwei oder drei Räumen aufnehmen können. Jedes Quartier richtet sich zur Straße mit einem Tor und einem Fenster. Die barackenähnlichen Gebäude sind aus großen, luftgetrockneten Lehmziegeln errichtet und zumeist naturfarben belassen. Sie heben sich also kaum vom Boden oder von dem Felsen ab.
Und aus diesen Gebäuden springen viele Kinder, schier alle gleich und alle trachtlich gekleidet wie die Indianerfrauen selbst. Sie bieten ein außerordentlich farbiges Bild. Auf ihrem Kopf tragen sie, kaum daß sie das Haus verlassen, auch wenn sie sich nur zum Tratsch mit der Nachbarin vor die Tür setzen, einen großen Stroh- oder Filzhut mit breitem, schwarzem Band. Unter dem Hut schauen die langen blauschwarzen Zöpfe heraus. Jede Frau trägt die Zöpfe lang, und man muß unwillkürlich wieder an die (ehemalige) Bedeutung des Zopfes in Asien denken. – Der Oberkörper der Frauen steckt in einer weißen Bluse und in einem farbigen, meist roten Mieder. Beide sind allerdings zumeist von einem Schultertuch überdeckt, das viele Zwecke erfüllt. Neben der Wärmehaltung dient es zum Befördern von Lasten aller Art, der Feldfrüchte, des Brennholzes, namentlich aber der Kleinkinder, die auf dem Rücken der Frauen groß werden, wobei sie zur Nahrungsnahme schnell einmal mütterlich an die Brust vorgezogen werden.
Die Frau und Mutter steht überhaupt im Vordergrund. Die matriarchale Sozialstruktur ist trotz aller Überschichtungen offenkundig. Die Frau bestellt auch den Acker und kommt damit für den wesentlichsten Teil der Nahrung auf, beim Kleinkind beginnend. Die beherrschende Stellung zeigt sich eben auch in der Tracht, deren Schilderung insoweit noch zu vollenden ist, als der Unterkörper in mehrere bunte Röcke gehüllt wird.
Die Frauen haben einen eigenartig wippenden Gang; ich vermute, daß er von den Säbelbeinen herrührt, die viele Frauen wohl vom frühen Lastentragen her haben dürften.
Die Männer betreiben Viehzucht oder sind in Bergwerken tätig, in denen von alters her Kupfer und auch Gold gefördert wird. Ihre buntgestrickten Wollmützen mit geometrischen Mustern wären wieder hervorzuheben. Bei Gold tauchen Erinnerungen an den Inkaschatz auf, an die Tragik des Indianervolkes und an Pizarro, der in Lima ermordet wurde, nachdem zuvor der letzte Inka „gnadenhalber" nicht gevierteilt, sondern erdrosselt worden war . . .
Diese Indianerwelt mit hochkultiviertem Ackerbau reicht über drei Andenketten, über *Tarma, La Merced* bis Oxapampa, das wir kaum zwölf Stunden Fahrt erreichten, nachdem von Tarma, noch mehr von La Merced ab die Straße gefährlich geworden war, nämlich schmal in die Felsen eingesprengt und in ständigen unübersichtlichen Kehren verlaufend, von denen aus man einen unheimlichen Blick in die Tiefe von 300 Metern und mehr gewinnt. Die verwitterten Holzkreuze an diesen Kehren erinnern eindringlich an den Tod, der hier häufig Ernte hält. Die deutsche Pensionswirtin in Lima erklärte uns, daß sie, wie viele andere, beim Anblick dieser Straße nach La Merced umgekehrt wäre. Am unheimlichsten erschien uns nicht die Straße, sondern vielmehr der unermüdlich mit allen Fahrgästen plaudernde, gestikulierende, oft den Kopf wendende indianische Fahrer des klapprigen Omnibusses. Oft stand jener wirklich mit einem Hinterrad in der Luft! Als es Abend geworden war, hatten wir jedoch heil Oxapampa erreicht und bezogen bei einer Chinesin Quartier, in der Hoffnung, anderntags auf einem Lastwagen bis *Aguas Blancas* zu gelangen. Ein normaler Autoverkehr war von hier ab nicht mehr zu erwarten. Die Chinesin war eine reizende Wirtin und die Bettwäsche sogar sauber. In Peru haben sich übrigens viele Chinesen heimisch gemacht. Die volksmäßige Anpassung macht ihnen offensichtlich keine Schwierigkeiten.
Um zwei Uhr früh wurden wir dann durch die Mitteilung geweckt, daß um vier Uhr früh tatsächlich ein Lastwagen bis Aguas Blancas fahre und uns mitnehme, worum wir uns gleich nach unserer Ankunft in Oxapampa bemüht hatten. Nun erlebten wir am eigenen Leibe die letzte Wegstrecke nach Pozuzo in ihrer damals gegebenen Erbärmlichkeit, einer Verbindung, an der seit über 100 Jahren gebaut wird und die noch nicht vollendet war, obgleich ihre Fertigstellung den Kolonisten schon vor ihrer Einwanderung feierlich und von Staats wegen zugesichert worden war. Hatte die Straße von La Merced nach Oxapampa schon mehrere zur Umkehr bestimmt, so war nun vielfach angesichts der Schmalheit der Kehren, der Steilheit der Hänge, von denen oft Muren und Felstrümmer abbrechen, der Brücken, die nur aus nebeneinandergelegten Rundstämmen bestehen, vielfache Gefahr gegeben. Gerade an die Brücken über die Hangrinnen denke ich mit einem unangenehmen Gefühl. Daß sie kein Geländer hatten, trotz der gewaltigen Abgründe, war ja selbstverständlich, nicht aber, daß man die Rundstämme längs gelegt hatte und auch nicht verankerte. So mußte der Fahrer genau auf den Balkenrücken fahren . . . Wehe, wenn die Räder in die Rillen geraten wären: Dann wären die Stämme ins Rollen gekommen . . .
Bei einem Bretterschuppen als „Hotel" endete sodann auch diese „Straße". Wir hatten somit

Aguas Blancas erreicht. Auf dem zweiten Teil dieser Strecke hatte der Wald, Urwald natürlich, zugenommen.
Wir waren in den Einflußbereich des Amazonas gelangt. Ein paarmal hatten sich über uns mehrere Gewitter entladen. Der Oststau an den Anden machte sich wieder bemerkbar.
Die Hotelwirtin, eine fast zahnlose Indianerin, bot uns eine Hühnersuppe an. Was neben den Fleischstückchen in der unklaren Brühe herumschwamm, war kostenlos. Während sie mit uns plauderte, stillte sie gleichzeitig an der einen Brust ein Schweinchen und an der anderen einen vierjährigen, schmutzigen Buben. Glücklicherweise konnten wir auf eine Übernachtung verzichten, da die Sonne noch im Zenit stand und wir hoffen konnten, bei gutem Ritt noch am gleichen Tag Pozuzo zu erreichen. Die Pritschen starrten vor Schmutz. Da sie gerade frei waren, hatten sich die Schweinchen dort niedergelassen.

Wir hatten noch nicht lange gegessen und geplaudert, als wir das Klappern von Hufen und deutsche Laute hörten. Herr Koch von Pozuzo und sein Sohn waren mit einer Maultiertroppa gekommen, die Kaffeesäcke geladen hatte; er war bereit, uns drei Tiere zur Verfügung zu stellen, so daß wir bald mit ihm aufbrechen konnten. Der Reitpfad ist häufig in den Felsen eingehauen und dann nur 80 bis 90 cm breit. Auf der einen Seite gähnen unheimliche Abgründe und auf der andern steigen jäh die Felswände hoch. Dabei schreiten die Tiere stets auf dem äußersten Rand ... man hing immer über dem Abgrund. (Siehe Farbbild 33.)
Allerdings laufen die Tiere so auch am wenigsten Gefahr, mit dem Gepäck oder Reiter an der Felswand anzustoßen und das Gleichgewicht zu verlieren. Wir sahen es unserer „Gepäckmula" an, wie vorsichtig sie schritt. Mitunter konnte aber auch der Pfad abgerutscht sein. Dann zitterten selbst die Tiere vor dem gewagten Sprung. Einmal sang ich bei einer solchen Gelegenheit, um das Tier zu beruhigen. Es war mir eingefallen, daß ich diesen Rat in der Literatur gelesen hatte. Dann kamen wieder sumpfige Waldstrekken, in denen die Tiere bis zum Bauch im Lehm versanken. So ging es sechs bis sieben Stunden fort, bis wir endlich die Hängebrücke erreichten, die über den reißenden Huancabamba zum anderen Ufer gespannt ist, die Kaiser-Wilhelm-Brücke; der Bretterboden schließt nicht immer sehr gut ... Als wir die Reittiere hinüberzogen, schwankte er sehr; mein Tier wurde wild, schlug mich zur Seite, und ich konnte mich gerade noch an einem Aufhängestab halten, um nicht in die beachtliche Tiefe zu stürzen. Nachträglich erfuhr ich, daß ich nicht der erste gewesen wäre. – Als wir Pozuzo erreichten, war dunkle Regennacht hereingebrochen.

„Es war ein schlimmer Ritt gewesen!" Begreiflich, daß meine Frau in den folgenden Nächten schlecht schlief und mich öfters fragte, ob wir wohl wieder heil zurückkehren könnten. Als die geübte Bergsteigergruppe unter H. Gasser, Leiter der Alpinschule Innsbruck – alles Andengipfelbezwinger –, den gleichen Weg zurücklegte, gab es laut seinem Bericht drei Ausfälle und einen bei einem Haar tödlichen Absturz."

Bis 1975 mußten alle Erzeugnisse der Landwirtschaft auf diesem Wege verfrachtet werden. Jeder Kaffee- und Reissack mußte auf dem Rücken des Maulesels limawärts geschleust werden, und auch die Fleischkühe mußten den schmalen, schwindelerregenden Felspfad entlanggetrieben werden. Fast jeder Viehtrieb brachte den Verlust einiger Tiere, und auch „Mulas" stürzten immer wieder in die Tiefe. Nicht selten forderte der Pfad aber, wie schon angedeutet, auch Menschenleben.
Daher kam denn auch mein Seufzer 1972 aus tiefer Brust: „Es müßte eines der wichtigsten Anliegen der einheimischen Regierung sein, doch endlich die schon vor 100 Jahren den Siedlern versprochene ‚Straße' zur Verfügung zu stellen!"[195]

---

[195] Ilg, Karl: Pioniere in Brasilien. Innsbruck–Wien–München 1972. S. 101

Gute Priester als Anführer

Kein Zweifel: In Anbetracht aller dieser Schwierigkeiten verdiente die Leistung unserer Leute und vor allem auch von Pfarrer Egg vollste Bewunderung. Ich stelle dieses mit ebensolcher Begeisterung fest, wie mir die notwendige Kritik eines geistlichen Herrn an anderer Stelle schmerzvoll war!

Als Pfarrer Egg das 75. Lebensjahr erreichte, quälte ihn und seine Pfarrkinder, denen er nun seit 38 Jahren unermüdlich seine unschätzbaren Dienste widmete, begreiflicherweise die Frage, wer dereinst, wenn einmal der treue Hirte seine Augen schließe, die Sorge für seine Herde übernehmen werde.[196]

1890 schrieb Pfarrer Egg daher seinem Schulfreund Professor Dr. I. A. Schöpf und dem Dekan Hörmann von Matrei am Brenner, ob sie nicht einen Tiroler Geistlichen für seine Nachfolge ermuntern könnten. Denn der Plan, Benediktiner anzusiedeln, hatte nach dem Tode P. Augustin Scherers 1878 keine Aussicht auf Verwirklichung mehr. Auch der Versuch, den Steyler Orden für Pozuzo zu gewinnen, schlug fehl.

So war der hochherzige Entschluß des Kooperators von *Gschnitz, Franz Schafferer,* von größter Bedeutung, sich mit Genehmigung des Brixner Bischofs nach Peru einzuschiffen. Er traf nach verschiedenerlei Schwierigkeiten am 5. Februar 1891 in Pozuzo ein, ,,wo ihn die Bevölkerung mit größtem Jubel empfing. Trotz der Regenzeit", so Schütz[197], ,,wurde Kaplan Schafferer von der Schützentruppe und Kranzjungfrauen festlich eingeholt, und selbst Pfarrer Egg, kaum genesen von einer schweren Krankheit, kam ihm eine halbe Stunde weit entgegengeritten und umarmte ihn zitternd vor Rührung unter Freudentränen".

Pfarrer Josef Egg, der mehrmals die Einladung auf den Bischofsstuhl von *Huanuco* in Bescheidenheit und aus Treue zur Gemeinde dankend ablehnte, lebte in Pozuzo noch bis 1905. Er starb am Josefstag jenes Jahres.

Pfarrer Franz Schafferer stand der Gemeinde bis 1936 vor. Hochgewachsen, stämmig gebaut, verkörperte er einen anderen Menschentyp als der mehr zart und klein gebaute Vorgänger. Er war gelernter Schmied und Tischlermeister! Die Grabkreuze für Pfarrer Egg und sich selbst verfertigte er selbst.

Ich bedauerte ihren verunkrauteten Stand 1968; Pater Alois Starker ließ die Gedenkstätte unterdessen schön renovieren. Die von Schafferer verfertigten Macheten hatten besten Ruf; einige davon stehen heute noch im Gebrauch, ebenso die von ihm hergestellten Schränke, Tische und Stühle. Ich habe sie in vielen Häusern gesehen –.

Er unterrichtete die Leute im Hausbau und entwarf hierfür klimatisch und landschaftlich günstige Pläne. Darüber mehr im 2. Teil dieses Buches!

Unter seiner geschickten Hand vollzog sich auch einmal eine Blinddarmoperation an einer Frau mit dem Küchenmesser. Schafferer hatte auch eine landwirtschaftliche Genossenschaft und einen Gemeindeladen ins Leben gerufen. Die Schule führte er mit energischer Hand. Denn diese hatte nur von 1864 bis 1878 einigermaßen funktioniert und befand sich bei seinem Eintreffen in gefährdetem Zustand.

Ab 1878 hatte die Regierung die Beschaffung der Lehrergehälter völlig eingestellt. Erst 10 Jahre später erreichte Pfarrer Schafferer wieder deren Zusage, die jedoch stets nur mit großen Verzögerungen eingehalten wurde.

Schon bei seinem Eintreffen stellte er eine mangelhafte oder keine Kenntnis der deut-

---

196 Schütz-Holzhausen, Damian von: a. a. O., S. 283
197 Schütz-Holzhausen, Damian von: a. a. O., S. 284

schen Schriftsprache, des Lesens und Schreibens fest! Die Kolonisten hatten ihre Kinder in der Landwirtschaft benötigt.
Daneben sorgte er für die ethnische Reinerhaltung der Gruppe und war Mischehen abhold. Sein energisches Eintreten für von ihm als wichtig erkannte Anliegen fand nicht mehr bei der ganzen Kolonistenschaft Zustimmung. Es entwickelten sich Gegenkräfte und „Parteischaften", die ihm das Leben vergällten. Man warf ihm sogar vor, sich durch sein Handwerk zu bereichern, obgleich er große Wohltaten brachte. Er vereinsamte.

Nicht unerwähnt darf bei unseren geistlichen Herren auch der Umstand bleiben, daß sie infolge der Wegverhältnisse und Entfernung Pozuzos kaum mit ihren Standesbrüdern Kontakt pflegen konnten. Neben diesen Schwierigkeiten waren es aber sicher auch die gänzlich verschiedenen Lebensweisen.

Professor Schöpf, selbst geistlichen Standes, entwarf über die peruanischen Priester von damals kein gutes Bild, und zwar im Zusammenhang mit dem Absetzen Überlingers in Cerro de Pasco: „ . . . denn er sah, daß dort viel Geld zu verdienen sei. Für eine Messe 1½ bis 2 Thaler und nach der Messe noch mehr Einkommen für die sogenannten Responsos. Denn wenn er aus der Kirche ging, erwarteten ihn stets einige fromme Weiber, welche solche Responsos für die Verstorbenen verlangten. Der Geistliche murmelte einige Worte, sprengt Weihwasser und erhält 1 Real. Es gibt nur wenige, welche nicht in öffentlichem Concubinate leben. Gar viele sind überdies dem Trunke und theurem Spiele ergeben; es kommt vor, daß der Geistliche betrunken zum Altare geht . . . Daß Geistliche die Schule besuchen, kommt nicht vor."[198]
Natürlich klagte Pfarrer Schafferer nicht nach Hause. Vielmehr gelang es ihm 1924 nochmals eine große Hilfe aus Europa für Pozuzo zu organisieren, darunter wichtige Werkzeuge.

Es wurde ihm nicht verdankt, vielmehr wurde er weiter verleumdet und starb einsam und verbittert. – Seine Schwester lebt noch in Bludenz, Vorarlberg.
Zwei Jahre vor seinem Tode hatte er noch Besuch aus Europa erhalten. Mein verehrter und lieber Lehrer Univ.-Prof. Dr. Hans Kinzl, ehemaliger Vorstand des Geographischen Instituts der Universität Innsbruck[199] nahm anläßlich seiner Andenexpedition 1932/33 die Gelegenheit wahr, nach Pozuzo einen Abstecher zu machen. Seine Berichte und Vorlesungen hatten mich schon lange mit Pozuzo bekanntgemacht, bevor es Schmid-Tannwald[200] 1957 als „vergessen im Urwald" beschrieb.
Doch unter diesen beiden Geistlichen vollzog sich die „Robinsonade einer ganzen Volksgruppe!" Alles mußten sie für sich selbst erzeugen, die Bretter und Balken zum Hausbau schneiden, die Dachschindeln spalten, die Stoffe herstellen und schneidern, die Schuhe erzeugen usw. Bis 1876 hatte Pfarrer Egg keine eigene Kirche, er las die Messe in einem hölzernen Gebäude, das auch als Schule diente. Diesem folgte ein anheimelnder Steinbau als erste Kirche, die in Erinnerung an den Tag des Auszuges, wie beschlossen, dem hl. Josef geweiht ward. Ein Kirchenfenster trug das Bild der tirolischen Dienstbotenheiligen Notburga. Über der Eingangstür der Kirche lesen wir heute noch die Strophe aus dem tirolischen „Herz-Jesu-Lied": „Drum geloben wir aufs Neue, Jesu Herz, Dir ewige Treue."

Wir wollen die Liste der geistlichen Nachfolger noch bis in die Gegenwart zu Ende führen. Pfarrer Schafferer folgte von 1936 bis 1938 der Kamillianerpater August Gottardi aus Salurn als „paroccus interimus". Dann stellten sich die Patres der Kongregation des Heiligsten Herzen Jesu ein, unter ihnen als erster P. Luis Ipfelhofer aus dem Landshuter Bezirk von 1938 bis 1943, dann P. Michael Wagner aus dem Bayrischen Wald von 1943 bis 1958, dem von 1958 bis 1964 *P. Johann Pezzei* folgte, der aus dem südtirolischen Gadertal stammte. Ihm folgte bis in die Gegenwart der in Schlesien geborene P. Alois Starker.

---
198 Schöpf, I. A.: a. a. O., S. 16
199 Kinzl, Hans: Bei den Deutschen am Pozuzo (Peru). In: Pädagogische Warte, 41. Jg., Heft 16, 15. Aug. 1934, S. 771–775
200 Schmid-Tannwald, Karl: Pozuzo – vergessen im Urwald. Braunschweig 1957

Neubesinnung auf die alte Heimat

Pater Wagner gelang die Wiederbelebung der Verbindung mit Deutschland, Österreich und seinem Bundesland Tirol. Die Jahrhundertfeier der Einwanderung stand vor der Tür. Unter P. Pezzei wurde sie 1959 feierlich begangen.
Er dichtete aus diesem Anlaß sogar ein Bühnenstück „Pozuzo – Vergessen im Urwald", das damals uraufgeführt wurde. Es schildert den entbehrungsreichen Marsch über die Andenpässe. Während der Großteil mit dem Wegebau beschäftigt war, sandte Pfarrer Egg einige Männer voraus, um die ersten Nahrungsflächen anzulegen...
Das Bühnenstück schließt mit den Worten: „So gingen die einen voraus, und die anderen bauten den Weg weiter. Aber es dauerte noch ein ganzes, ein volles Jahr, bis die letzten in Pozuzo waren und ihre Hütten errichten konnten. Was weiter war, das wißt ihr alle. Wie es jetzt ist, brauchen wir euch nicht vorzuspielen."

In der Tat wußten die Pozuziner damals alle über ihre Geschichte Bescheid, und „vergessen im Urwald" waren sie nur für die deutschsprachige Öffentlichkeit; denn in Peru waren die „Pozuzinos" unterdessen ein Begriff geworden, und ihre Odyssee hatte sich wie eine Legende überall im Lande verbreitet. Daß unsere Landsleute allen großen Schwierigkeiten trotzten und bereits ihre Erzeugnisse bis Lima führten, hatte ihnen die Bewunderung der Peruaner eingebracht. Ihre Leistung wurde als Vorbild „peruanischen Kolonisationswillens" hingestellt.

Unter den Indianern allerdings hatten sich selbst Sagen von „merkwürdigen weißen Frauen im Urwald" gebildet, welche durch unbekannte Kräfte oder Ereignisse dorthin versetzt worden waren und selbst außerordentliche Fähigkeiten besäßen.

Die Unterbrechung der Verbindung mit der Heimat hatte mit dem Ersten Weltkrieg begonnen und sich im Niedergang der deutschen Schriftkenntnis in der jungen Generation sowie in der Kriegserklärung Perus an Deutschland 1942 fortgesetzt, die leider auch eine Veränderung in der Einstellung zum deutschsprachigen Kolonistenelement herbeigeführt hatte.

Noch 1958 war der peruanische Bischof von Huanuco aufgeregt zu Pater Pezzei in die Sakristei geeilt, nachdem er bei einer Hochzeitsfeier den Ringtausch nach Brixner Ritual an Stelle der Spende eines Geldbetrages an die Braut nach peruanischer Sitte vorgenommen hatte: „Wir sind hier in Peru und nicht in Deutschland: ich verbiete Ihnen die deutsche Sprache in der Kirche!"

Die Jahrhundertfeier

Es war daher zweifellos ein Glück, daß das Näherrücken der Jahrhundertfeier nicht nur in Pozuzo die Erinnerung an die Heimat neu wach rief, sondern daß auch in der Heimat durch die Vorträge Prof. Kinzls und die mit großer Einfühlung verfaßte Schrift Schmid-Tannwalds[201], desgleichen Franz Braumanns „Heimat im Urwald"[202] und nachfolgend sein „Tal der Verheißung"[203], ebenso auch Mais Weltführer „Peru" Nr. 6[204] das Interesse am Schicksal dieser außerordentlichen Kolonie geweckt wurde und sich zur gleichen Zeit in Lima Männer fanden, welche gewillt waren, die unentbehrliche Rolle des Brückenträgers zu übernehmen sowie die peruanische Regierung wieder für engere Kontaktaufnahme zu gewinnen.

In diesem Zusammenhang verdient die „Union Austria" in Lima in besonderer Weise

---
201 Schmid-Tannwald, Karl: Pozuzo – vergessen im Urwald. Braunschweig 1957
202 Braumann, Franz: Heimat im Urwald. Würzburg 1958
203 derselbe: Tal der Verheißung. Freiburg i. Br. 1960
204 Verlag Volk und Heimat. 8021 Buchenrain 1960

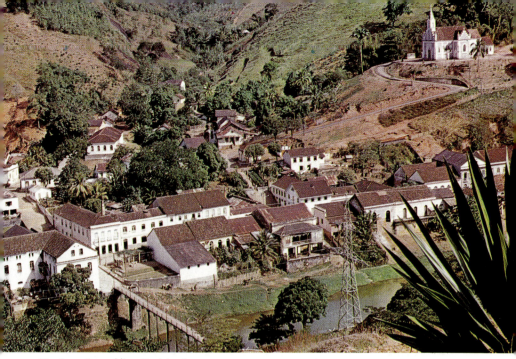

29 Santa Leopoldina, Espirito Santo

30 Blockflur und Streusiedlung in Tirol

31　Dorfkirche zum Herzen Jesu in Tirol

32　Alte Kirche zum hl. Josef in Pozuzo, Peru

hervorgehoben zu werden! Ihre Gründung erfolgte 1934 durch *Lothar Mayer,* heute Direktor des angesehensten Hotels von Lima, seinen Bruder Max, Gutsbesitzer, *Franz Braun* und *Herbert Goller.* Letzterer war Tiroler, die beiden erstgenannten stammen aus meiner Heimat *Dornbirn* in Vorarlberg. Lange vor der Botschaft war es diese Union, mit heute 106 Mitgliedern, welche für Pozuzo die Treuhänderstelle übernahm und mit Hilfe Prof. Kinzls die Bestrebungen P. Wagners förderte. Im allgemeinen Bestreben der deutschsprachigen Staaten nach dem Zweiten Weltkrieg, die vielfach verschütteten Verbindungen zum Ausland und zu den Ausgewanderten wieder aufzunehmen, vereinigten sich erfreulicherweise bundesdeutsche und österreichische Stellen zu einer gemeinsamen Aktion für unsere Tiroler-Rheinländer-Kolonie jenseits der Anden. Auf österreichischer Seite wirkten der seit 1945 in Lima ansässige und seit 1950 bestellte Honorarkonsul Alfred Carl Bucher und der in der Geschäftsstelle der Bundeshandelskammer tätige Dr. Harald Holtz; die bundesdeutschen Hilfen waren namentlich dem damaligen Gesandten Dr. Schmidt zu verdanken. Dr. Holtz war von 1959 bis 1961 Präsident der Union Austria, d. h. der Vereinigung der Österreicher in Peru, und arbeitete aufs engste mit P. Pezzei zusammen.
Auf diese Weise kam es ab 1959 zu einer Reihe bedeutender wirtschaftlicher und kultureller Hilfen für Pozuzo! Leider zu wenig kulturellen –!

Österreich und das Land Tirol vereinten sich zu einer Spende eines E-Werkes, einer drahtlosen Sendestation, zur Errichtung einer medizinischen Ambulanz, welche der Tiroler Arzt Dr. Zangl durch zwei Jahre führte, zum Bau eines „Collegio", eines Gebäudes, in welchem die weitab wohnenden Schulkinder während des Schuljahres Unterkunft und Verpflegung erhielten, und endlich zum Bau einer neuen großen Kirche.
Unter den Stiftern der Glasfenster derselben befanden sich die Tiroler Cordillerenexpedition, die Diözese und Stadt Innsbruck, aber auch andere Tiroler Orte (einschließlich Südtirols), wie Zams, Seefeld, Haiming, Bruneck und Campill im Gadertal.

Trotz materieller Hilfen Volkstum gefährdet

Schade, daß diesen Hilfen nicht auch ein klarer Plan zur Erhaltung und Förderung des Kolonistenvolkstums angehängt war.

An die Stipendien für die Pozuziner Lehrer in Lima wurde nicht die Verpflichtung geknüpft, daß sie nach ihrer Ausbildung mindestens für einige Zeit in ihrer Urwaldheimat wirken müßten. Nicht einmal für ihre Ausbildung in der deutschen Sprache wurde gesorgt.
Hatte man früher zu Unrecht das Spanische vernachlässigt, was zum Schaden der Kolonisten geschah, so war es nun eine Schadenszufügung, die deutsche Sprache zu vernachlässigen, umso mehr, da der Mehrsprachenkundige überall in den Entwicklungsländern größere Chancen besitzt. Während all der Jahre wurde der Pflege des Deutschunterrichts keine oder zuwenig Beachtung geschenkt und für eine zielbewußte Verankerung derselben kaum eine rechte Anstrengung unternommen. Ganz im Gegensatz zu den 100 Jahren zuvor, in denen namentlich die aus Tirol stammenden Ortspfarrer solches zum Wohl ihrer Gemeindeangehörigen und mit ihrer vollen Zustimmung als Selbstverständlichkeit betrachtet hatten.
Das E-Werk konnte nur die Kirche, den Pfarrhof und einige Gebäude rundherum mit Strom beliefern. Die Arztstation brach nach 1969 zusammen. Der Arzt verließ das Land. Auch die noch zu erwähnende Entsendung von Entwicklungshelfern brachte nicht das erwartete Ergebnis. Entwicklungshelfer sind gewohnt, mit stark Zurückgebliebenen zu arbeiten. Doch hier war die Annahme, die Bevölkerung „von Grund auf anlernen" zu müssen, falsch und führte zu Verstimmungen.
Die Versäumnisse auf kulturellem Gebiet blieben nicht ohne Folgen. Zudem griff während des Zweiten Weltkrieges auch der Staat nach Pozuzo! Die damals kritische Einstellung Südamerikas gegen deutschsprechende Siedler machte vor keinem Winkel halt. Pozuzo erhielt eine Polizeistation; gleichzeitig wurde die Nationalisierung gefördert. Pater Pezzei wurde abgezogen. Er, der für die Erhaltung des Volkstums noch sehr viel getan hat, lebt seitdem in Lima.

Das Fehlen jeglicher Gegenkräfte gegen eine bisher ungekannte „politische Welle" in

Peru sowie der Mangel einer deutschen Hilfsschule wirkte sich begreiflicherweise weiter negativ auf die heranwachsende Jugend aus.

Außerdem standen der Gemeinde ab nun lange nicht mehr aus dem gleichen Lande stammende und im Volk verwurzelte Seelsorger vor, sondern Missionare, denen jede Seele gleich betreuungswert erscheint. Pozuzo war zum kirchlichen Mittelpunkt eines großen Gebietes bestellt worden, in welchem die indianische und Mestizenbevölkerung überwog. Gleichzeitig wurde von den Missionaren die Vermischung gutgeheißen.[205]

Aber kein Grund zum Aufgeben

Auf Grund enttäuschender Feststellungen über die derzeitige kulturelle Lage Pozuzos wurde daher in einem in der Tiroler Presse erschienenen Artikel 1971 festgestellt, daß „das Tirolertum bzw. Deutschtum in Pozuzo in wenigen Jahren völlig erloschen sein" werde.[206]

Trotz der berechtigten Sorge widersetzte ich mich diesem vernichtenden Urteil und hielt nicht nur entgegen, daß Pater Pezzei noch vor zehn Jahren deutschsprachige Volksstücke aufführen konnte, daß in „Prussia" (Rheinland) und in Santa Rosa, den damaligen Außenorten von Pozuzo, noch jüngst auch von den Kindern zu über 70 Prozent deutsch gesprochen wurde und daher sich so schnell ein Untergang nicht vollziehen könne, zu welchem Urteil mich auch die Beobachtungen und Erfahrungen aus vielen anderen Kolonien berechtigten.
Zwei Jahre vor dem Bericht Hannes Gassers hatten wir auch in und um den Dorfkern noch viele deutschsprechende Familien angetroffen und den herben, altertümlichen Tiroler Dialekt auf Tonband aufgenommen. Auch hielt ich damals einen Lichtbildervortrag im gerammelt vollen Pfarrsaal. Ich konnte genau beobachten, daß ihn fast alle verstanden hatten, auch die Kinder. Ebenso konnte ich ihren Unterricht im Collegio besuchen. Wieder sprachen viele Kinder mit mir deutsch. Wir erlebten damals auch das Herz-Jesu-Fest in Pozuzo und konnten beobachten, wie das in der Kirche angestimmte „Auf zum Schwur, Tiroler Land" mit Ausnahme der Indianer von allen lauthals mitgesungen wurde. Anläßlich der Prozession war die gesamte Frauenwelt in heimatlicher Tracht erschienen. Das Bekenntnis war auch nach dieser Richtung eindeutig. (Siehe Farbbild 34.)

1972 schrieb ich: „Dem Ertrinkenden wird nicht dadurch geholfen, daß man ihn ins Wasser stößt. Doch steht außer Zweifel, daß die kulturelle Lage eine gezielte Hilfe benötigt. Nachdem Pozuzo lange Zeit ‚im Urwald vergessen' war, würde es jetzt und angesichts seines beispiellosen Durchhaltens keine Wiederholung dieses Zustandes verdienen. Nun wäre dieser tödlich!
Pozuzo braucht dringendst einen echten kulturellen Anschluß an das alte Heimatland sowie Persönlichkeiten und Einrichtungen, welche diesen im Bewußtsein um die damit verbundenen Werte und Erfolgsmöglichkeiten klug und mitreißend zu fördern vermögen. Was sich in den übrigen Siedlungen als nutzbringend erwies, sollte auch hier zur Anwendung kommen. Ein ‚Kulturverein' könnte mit Hilfe der konsularischen Stellen auch die finanziellen Zuwendungen nötigerweise überwachen."[207]
Ich blieb bei der Hoffnung, daß, wenn jetzt noch gezielte Hilfe käme, dem Volkstum im – allerdings „letzten Augenblick" – Auftrieb gegeben werden könnte. Glücklicherweise behielt ich recht!
Nicht zuletzt, weil ich bei meinem ersten Aufenthalt in *Agostino Egg-Schuler* einen jungen Mann entdeckt hatte, der mit Tatkraft, Klugheit, großem Verantwortungsgefühl und mit Mittelschulausbildung ausgestattet, in der Lage war, die Kolonie aus der Not-

---

205 ORF-Sendung, Jänner 1972, im Rahmen der Sendungen über das 10. österreichische Bundesland
206 Gasser, Hannes: Urwald-Kolonie Pozuzo. Das Tirolertum stirbt aus. In: Tiroler Tageszeitung vom 11. Juli 1970
207 Ilg, Karl: Pioniere in Brasilien. Innsbruck–Wien–München 1972, S. 108

lage zu befreien, und den ich als geeigneten Anführer auch schon damals öffentlich empfahl.
1977 befand ich mich wieder in Pozuzo. In den paar Jahren hatte sich vieles verändert. Vor allem gab es nun an Stelle der schwankenden „Kaiser-Wilhelms-Brücke" eine eisengefügte „Pionierbrücke", welche die beiden Ufer und Ortsteile miteinander verband und die am Weihnachtstag 1975 feierlich eingeweiht worden war. Auch mein Seufzer, mit dem ich meine Darstellung Pozuzos 1972 abschloß, „wenn Pozuzo nur bald die vor 116 Jahren versprochene Straße erhielte, anstatt der gefährlichen Pfade", auf denen wir damals wieder heimwärts zogen, hatte Erfüllung gefunden. Denn die Straße war nun vorhanden, und der Brückenschlag der peruanischen Pioniere hatte gewissermaßen die Krönung dieses dankenswerten Unternehmens gebildet.

Sicherlich, die Straße wird noch lange gefährdet und vorübergehend unterbrochen sein! Der Anschnitt vieler steiler Hänge und Schuttkegel wird, namentlich in der Regenzeit, immer wieder abgeräumt und aufgeschüttet werden. Eine so krasse Abgeschiedenheit, wie vordem und ganzjährig, wird es nie mehr geben.

Endlich eine feste Brücke; ein neues Zeitalter beginnt...

Das Ende des Jahres 1975 leitete somit für Pozuzo ein neues Zeitalter ein. Namentlich die Absatzmöglichkeit der in Pozuzo erzeugten landwirtschaftlichen Produkte war ab nun eine ganz andere geworden. Dieses führte in erstaunlich rascher Zeit zu einer völligen Umstellung in der Landwirtschaft. Bildeten vordem auf Mauleselsrücken transportierbare Produkte, wie namentlich Kaffee, den Hauptertrag, so wurden es nun solche aus der Viehwirtschaft, also Lebendvieh und Fleisch. An Stelle der Kaffeepflanzungen begegneten uns nun überall Viehweiden. Auch weite Urwaldgebiete waren neu zur Weidenutzung gerodet worden.

NEUE TOCHTERSIEDLUNGEN

Ja, noch mehr: Die neuen Verhältnisse hatten zur Gründung einer erstaunlichen Anzahl von Tochtersiedlungen am Knie *(Codo)* des Rio Pozuzo geführt! Ihre Gründer waren vornehmlich junge Leute, Ehepaare, die in *Mayro, Cuchuras, Iscozacin,* doch daneben auch in *Seso, Santa Rosa* und *Cristobal* Land erwarben, das in Pozuzo nicht mehr zur Verfügung stand, und auf ihm nach erfolgter Rodung vor allem eine extensive Viehwirtschaft entfalteten (vgl. Karte 8, siehe Farbbild 35.)
Mit dem Vorstoß bis Mayro, wo der Rio Pozuzo in den Rio Pachitea, einen Nebenfluß des Amazonas, mündet, haben diese jungen Pioniere auch jenen Ort erreicht, von dem aus vor 125 Jahren Peru über den Amazonas mit dem Atlantik und seinen Anliegerstaaten verbunden werden sollte.

Mayro weist z. Zt. 20 junge Pozuzinerfamilien mit ca. 1200 Rindern, Iscozacin 15 Familien mit 2000 Rindern, Cuchuras 20 Familien mit ca. 10.000 Rindern auf, davon Albert Zender allein 1800! Cuchuras ist allerdings nicht von den Tirolern und Rheinländern gegründet worden, sondern entstand schon 1875 und erzeugte vordem namentlich Baumwolle und Gummi. Wohl aber können die Pozuziner in diesem Gebiet als die ersten Vertreter einer Viehzucht in diesen Tropen bezeichnet werden. Auch eine Pioniertat!

Lebendvieh und Fleisch werden von Lastkraftwagen abgeholt und vielfach bis Lima transportiert. Daß sich die Absatzmöglichkeit für über so große Entfernungen herangeführte Produkte lohnt, hängt einmal mit dem starken Anwachsen der Bevölkerung in der Hauptstadt zusammen, zum anderen allerdings auch mit dem Umstand der Enteig-

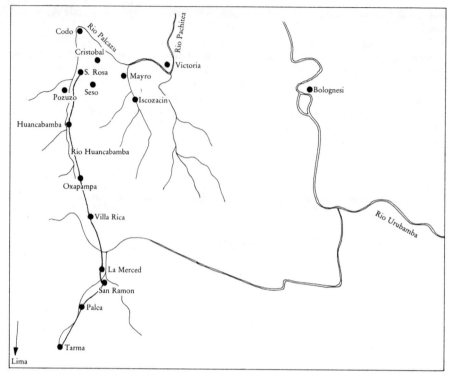

Karte 8
Pozuzos neue Straße und seine Außenorte

nung der großen Haziendas im Zuge der „Revolution". In sehr vielen Fällen führte die Überführung derselben in „Kommunen" zu deren völligem Zusammenbruch. Die Fleischerzeugung aus diesen erlahmte, und an ihrer Stelle fügen sich eben neue Erzeugungsgebiete in die Lücken ein, wenngleich unter viel schwierigeren Bedingungen. Ob dieses eine Dauererscheinung bildet, ist zur Zeit nur schwer auszumachen.

Die Pozuziner-Pioniere hatten auf alle Fälle schnell die ihnen gebotenen Möglichkeiten erkannt und genützt. Ihr besonderes Anliegen muß es im Augenblick sein, auch den Transport der Waren in die eigene Hand zu bekommen und den Zwischenhandel auszuschalten, der hier wie überall sonst den größten Gewinn erzielt und die Erzeuger in empfindliche Abhängigkeit zu drücken vermag.

Genossenschaftsgründung und „Historischer Verein"

Zusammen mit dem schon früher erwähnten Agostino Egg-Schuler, der sich seine Begeisterungsfähigkeit bewahrt und während seines Bürgermeisteramtes weitere Erfahrungen und Kenntnisse dazuerworben hatte, und mit anderen erfahrenen Männern, berieten wir daher in meinem Quartier eingehend die Möglichkeit der Gründung einer eigenen „Genossenschaft", und es wurden auch sofort entsprechende Schritte beschlossen. 1979 konnte Herr Egg bereits seinen voll ausgearbeiteten Plan zur Verwirklichung dieses Vorhabens einreichen, der unter dem Titel „Organisacion de ma Cooperativa de Comercialisacion y servicios" läuft. Ziel ist die Vermarktung der eigenen Erzeugnisse

aus Ackerbau und Viehzucht „priorirarumente leche y came" (vor allem von Milch und Fleisch).
Wenn man dieses liest, packt einen ehrliche Bewunderung darüber, wie weit sich die wohl unter den schwierigsten Umständen gegründete deutschsprachige Kolonie in Südamerika entwickelt hat.
Jedoch muß bei der Forcierung der Viehzucht und Milchwirtschaft in Pozuzo bedacht werden, daß geänderte politische Verhältnisse auch wieder Umstellungen in der wirtschaftlichen Erzeugung nach sich ziehen können. Deshalb sind die Pozuziner und die jungen Außenorte gut beraten, wenn sie andere Wirtschaftszweige, namentlich erprobte alte, nicht aufgeben, sondern neben der Viehzucht weiterentwickeln! Die verbesserten Verkehrsverhältnisse werden ihnen jedoch auch unter veränderter Wirtschaft zugute kommen. Bis zum Codo gibt es private Flugzeugverbindungen und wird die Straßenverbindung eifrig ausgebaut.

Allerdings ist auch nicht zu verschweigen, daß bei der Erschließung neuer Wirtschaftsräume hier ähnliche Fehler begangen wurden und immer noch werden, wie im Mittelalter in den europäischen Alpen. Hier wie damals wurde der Wald als feindliches Element behandelt und seine Schutzfunktion verkannt. Angesichts der noch viel ausgeprägteren Steilheit der Hänge in den Anden sowie der Niederschlagsmenge und -gewalt dort sind die damit ausgelösten Schäden begreiflicherweise noch umfangreicher; sie werden den Nachkommen noch schwer zu schaffen machen, wenn nicht bald die notwendige Einsicht einkehrt. Im Augenblick ist in diesem Teil Perus jedoch noch so viel Land ungenützt und dem Urwald abzuringen, daß die Hoffnung auf Abwendung der Gefahren als unrealistisch verstanden werden muß. Solange der Staat Urwaldgebiete an Rodungswillige „verschenkt", sofern sie in einem bestimmten Zeitraum die Rodung durchführen, können Schonung und Umweltschutz nicht erwartet werden.
Am ehesten ist noch von den Pozuzinern und nicht zuletzt infolge des günstigen Einflusses des weitblickenden und sich zu einer Führerpersönlichkeit entwickelten Agostino Egg Einsicht und Schonung zu erwarten.

Neben den wirtschaftlichen Problemen gibt es aber auch kulturelle! Die verbesserten Wegverhältnisse verbanden Pozuzo mit den Menschen der näheren und weiteren Umgebung. Neue Existenzmöglichkeiten zogen in bisher unbekanntem Maße Mestizen, Bergindianer und andere Fremde, z. T. bis aus Lima, an. Wer am Sonntag das Geschehen nach der Messe beobachtet, wird unsere Kolonisten als gefährdete Minderheit einschätzen. Im Dorfzentrum wird kaum mehr deutsch gesprochen. Wandert man allerdings die Einzelhöfe ab, fällt das Urteil nicht mehr so hoffnungslos aus. Doch die Lage ist ernst, und so wurden in jener Zusammenkunft 1977 auch in dieser Richtung wichtige Beschlüsse gefaßt.
Es sollte ein „Historischer Verein von Pozuzo" gegründet werden. Diese Bezeichnung wurde angesichts der politischen Verhältnisse als die zielführendste befunden. Vorsicht war geboten, denn daß ich während meines öffentlichen Lichtbildervortrages auf die Polizeistube gebracht wurde, um dort über meine Person Auskunft zu geben, bereitete vielen Sorge. Dem Historischen Verein sollte die Erhaltung des Geschichtsbewußtseins und damit auch des kulturellen Erbes anvertraut sein. Zu diesem Zweck sollte ein „Koloniemuseum" errichtet werden, das die Phasen der Entstehung gegenständlich festzuhalten hätte. Folgerichtig sollte der Verein aber auch für die Erhaltung des Brauchtums und der Sprache der europäischen Einwanderer verantwortlich zeichnen. Damit ward ihm endlich auch die deutsche Hilfsschule anvertraut.
Trotz einiger Sorgen reichte Agostino Egg 1979 einen sauber ausgearbeiteten Entwicklungsplan für Pozuzo ein, in dem offen auch das „Centro Cultural" mit seinen Aufgabengebieten der Regierung zur Genehmigung vorgeschlagen wurde, mit „Museum", „Archiv", „Dorfbibliothek" und einer Einrichtung zur Abhaltung von Kursen „para conservacion de la tradicion linguistica alemana – tirolesa", also zur Erhaltung der deutschen Sprache bzw. des tirolischen Dialekts.

Das Jahr 1979 war für dieses Unterfangen besonders günstig, weil in diesem Jahre vom 26. bis 28. Juli die 120. Wiederkehr des Eintreffens der Kolonisten in Pozuzo festlich gefeiert wurde, samt Hochamt, Sitzungen, Vorführungen, Fußballschlacht, Hahnenkämpfen und Rinderschau.
Herr Dr. Carl Rauscher, österreichischer Botschafter in Lima, hatte selbst am Hochtag an den Feierlichkeiten teilgenommen.

Er übersandte mir am 24. März 1980 gütigerweise folgenden Bericht:
„Am 28. Juli, der ja auch der peruanische Nationalfeiertag ist, zelebrierte Pater Alois Starker zunächst ein Te Deum, anschließend erfolgten auf dem Hauptplatz Musik- und Tanzvorführungen verschiedener Schülergruppen (darunter auch zwei Schuhplattler), und von den diversen Honoratioren wurden entsprechende Festreden gehalten, unter anderem vom damaligen Bürgermeister von Pozuzo, Wendelin Schmid, vom Gobernador (der die Regierung vertritt und Polizeifunktionen hat), vom Direktor Zonal von Cerro de Pasco, dem Schuldistriktsinspektor und dem Bürgermeister von Oxapampa. Da auch ich eingeladen wurde, eine kurze Ansprache zu halten, übermittelte ich in meiner improvisierten Rede zunächst die Grüße und Glückwünsche aus Österreich, insbesondere diejenigen der engeren Heimat der Mehrzahl der seinerzeitigen Auswanderer, nämlich des Landes Tirol und des Herrn Landeshauptmanns Wallnöfer, verwies auf die unter schwierigsten Bedingungen erfolgte Besiedlung und Erschließung Pozuzos, erinnerte an eine seinerzeitige Erklärung des früheren Präsidenten Belaunde, der diese als ein Vorbild für ganz Peru bezeichnet hatte, und stellte schließlich weitere österreichische Hilfe im Rahmen der gegebenen Möglichkeiten in Aussicht. Anschließend fand eine Festsitzung im Gemeinderat statt, wo die peruanische Unabhängigkeitsproklamation verlesen wurde.
Am Abend desselben Tages veranstaltete der kurz vorher gegründete „Historische Verein", der sich zur Aufgabe gestellt hat, die Tradition der seinerzeitigen Einwanderer zu erhalten und weiterzugeben, ein Abendessen, in dessen Rahmen eine Kindergruppe deutsche Lieder, darunter ‚Tirol, Tirol, Tirol, du bist mein Heimatland' und ‚Das Schönste auf der Welt ist mein Tirolerland' sang."

Neben den Festveranstaltungen war sein Aufenthalt weitgehend mit Besprechungen mit dem Bürgermeister, dem Pfarrer und dem Comite de Desarollo (Entwicklungskomitee) ausgefüllt. Eines der dabei behandelten Projekte betraf eine landwirtschaftliche Genossenschaft, in welchem Zusammenhang man den im Entwicklungskomitee tätigen Herrn Augustin Egg zum Studium des Genossenschaftswesens und moderner landwirtschaftlicher Produktionsmethoden für ca. zwei Monate nach Tirol zu entsenden vorschlug.
Diesen wichtigen Vorschlag hatte ich Herrn Landeshauptmann Wallnöfer bereits anläßlich der Audienz aller Abgesandten aus den altösterreichischen Kolonien in Südamerika in Dreizehnlinden 1978 gemacht.

Ich hatte ihn wieder am 7. Mai 1979, in der Erwartung der Feierlichkeiten, schriftlich mit den Worten eingereicht, „für Pozuzo wäre es besonders wichtig, den m. E. tüchtigsten Mann, nämlich Augustin Egg – allerdings bereits Familienvater! – für einige Zeit (ähnlich wie seinerzeit Hubert Lobitzberger aus Carlos Pfannl in Ostparaguay) zur Ausbildung, namentlich im Genossenschaftswesen, nach Österreich zu bekommen. Der weitere wirtschaftliche Aufstieg Pozuzos hängt zweifellos mit der Gründung einer Genossenschaft zusammen".

Ein Pozuziner sieht erstmals die alte Heimat wieder

Es mußte aber auch noch Agostino Egg und namentlich seine junge Frau Rebekka mit ihren Kindern für das große Opfer einer mehrmonatigen Abwesenheit des Vaters und Wirtschafters gewonnen werden, wobei mich insbesondere P. Starker unterstützte.
Am 10. Juni 1980 traf sodann Agostino tatsächlich in Tirol, genauer in Silz, der Heimat seiner Väter, 121 Jahre nach deren Auswanderung, ein und wurde vom Bürgermeister der Ortsgemeinde, Herrn Dipl.-Kfm. Eduard Förg, und Vertretern der Landesregierung unter den Klängen der Musikkapelle und dem Jubel vieler Ortsbewohner feierlich begrüßt. Agostino nutzte die Zeit in Tirol vorbildlich und sammelte für das Genossen-

schaftswesen ebenso Erfahrungen, wie in der Land- und Forstwirtschaft, im Maschinenbau, im Meldewesen u. a. m.

Neu eingekleidet und mit vielen Gerätschaften, gespendet von der Landesregierung und verschiedenen Körperschaften, trat er am 4. September 1980 die Rückreise an, wieder feierlich vom Herrn Bürgermeister Dipl.-Kfm. Eduard Förg verabschiedet, der, wie seine Ortsgemeinde und die Nachbarsgemeinden Eggs besonders wirksame Helfer bleiben werden. Silz soll für alle Zukunft als Koordinator der Entwicklungshilfe nach Pozuzo in Erscheinung treten, das anläßlich des Jubiläums auch den österreichischen Bundespräsidenten Dr. Rudolf Kirchschläger zum Ehrenbürger erküren durfte.

Die kulturellen Probleme hatten wir bekanntlich in den Beratungen 1977 durch die vielseitige Tätigkeit des Historischen Vereins und die Wiedereröffnung der deutschen Hilfsschule zu lösen erhofft, denn mit dem Verlust der angestammten Sprache bei der Jugend wäre spätestens in der nächsten Generation die Verbindung mit der alten Heimat auf größte Schwierigkeiten gestoßen. Deshalb begab ich mich wieder einmal zu Frau *Delfina Randolf-Crisanto* mit der Bitte um Übernahme dieser Aufgabe, die sie schon mehrere Male angenommen, aber nach einiger Zeit infolge allgemeinen Desinteresses wieder aufkündigen mußte. Ich konnte ihr nur einen bescheidenen Lohn zurücklassen, der sich aus gesammelten Spenden nach meinen Vorträgen zusammensetzte, und versprechen, mich weiter zu bemühen.

Doch bereits 1979 konnte sie mit ihren Schulkindern die Feierlichkeiten mitbestreiten, und 1980 verfügte Frau Delfine über 45 Kinder im Deutschunterricht und über 25 in der Singgruppe. Die Namen der Kinder lauteten:

Kinder, die Deutsch lernen

1. Bezabeth Zevallos Egg
2. Yoseline Zevallos Egg
3. Patricia Zevallos Egg
4. Rosaline Schuler Köhle
5. Wendelin Schuler Köhle
6. Delfina Kroll Vogt
7. Lurdes Schaus Schuler
8. Hedwig Schaus Schuler
9. Rosa Schaus Schuler
10. Nancy Yabar Venavides
11. Ketty Yabar Venavides
12. Juab Carlos Egg Ruiz
13. Carlos Alberto Zevallos Egg
14. Roberto Zevallos Egg
15. Javier Zevallos Egg
16. Jaime Zevallos Egg
17. Carmen Köhle Gstir
18. Cecilia Köhle Gstir
19. Angel Köhle Gstir
20. Hans Köhle Gstir
21. David Schuler Köhle
22. Patricia Schmidt Agüero
23. Edwin Schmidt Agüero
24. Alberto Schmidt Agüero
25. Josef Gstir Randolf
26. Anton Gstir Randolf
27. Elisabet Gstir Randolf
28. Susana Kroll Vogt
29. Luz Maria Cielos Witting
30. Roswita Köhle Heidinger
31. Ketty Köhle Heidinger
33. Maria Witting Vogt
34. Katarine Witting Vogt
35. Norma De la Cruz
36. Yolanda Trujillo
37. Carmen Huaranga Schmidt
38. Edilberto Ruiz Gstir
39. Carlos Ruiz Gstir
40. Erika Ruiz Gstir
41. Lucia Zevallos Nallesteros
42. Benjamin Kroll Saldani
43. Elwin Luiz Schmidt Ballesteros
44. Karim Lili Ballesteros Schmidt
45. Rita Ballesteros Schmidt

Singgruppe

1. Celina Egg Gstir
2. Maria Egg Gstir
3. Katarine Schuler Egg
4. Lucrecia Berastein Kroll
5. Jovina Kroll Vogt
6. Magdalena Kroll Evangelista
7. Rosalia Gstir Randolf
8. Rosine Gstir Randolf
9. Johann Köhle Schaus
10. Anton Müller Randolf

11. Jorge Gstir Randolf
12. Hans Gstir Randolf
13. Ana Randolf Crisanto
14. Maria Schmidt Schuler
15. Josefa Heidinger Schuler
16. Clara Müller Randolf
17. Katarine Schaus Schuler

28. Lidia Schaus Schuler
19. Celina Crisanto Vargas
20. Lidvina Köhle Gstir
21. Estela Aquino Falcon
22. Alicia Poma Tamayo
23. Jans Witting Heidinger

Die Namen der Kinder gewähren auch einen gewissen Einblick in die Vermischung verschiedener Volkselemente in den Familien. Umso nachdrücklicher muß die Tatsache empfunden werden, daß sich so viele Kinder zum Deutschunterricht bzw. zur Singgruppe melden. 1982 konnte auch „Delfina" die alte Heimat Tirol kennenlernen, und es „fiel ihr Tirolerdialekt als weitaus urwüchsiger auf als der, den die österreichischen Tiroler heute sprechen".

Rheinländer und Tiroler haben selbstverständlich am frühesten eheliche Verbindungen eingegangen!

Mögen Schule und Singgruppe gedeihen. Für die Erhaltung der Lehrpersonen und Schule soll in Hinkunft die österreichische Bundesregierung aufkommen.

Daß Herr Bundespräsident Dr. Kirchschläger die Ehrenbürgerschaft Pozuzos annahm, läßt mit Sicherheit auf ein dauerhaftes Interesse Österreichs an dieser Kolonie hoffen!

ÜBERLEITUNG

Fassen wir unsere Beobachtungen und Erfahrungen auf den vielen Reisen durch Brasilien und auf den weiten Strecken durch Peru auf der Suche nach den Niederlassungen der deutschsprachigen Auswanderer zusammen, um auf diese Weise zum zweiten Teil dieses Buches überzuleiten, dann stellen wir fest:
Das den Deutschen zugewiesene Betätigungsfeld, das in Brasilien und Peru durch lange Zeit fast ausschließlich der Urwald war, brachte es neben der von uns bewunderten Kulturleistung unweigerlich mit sich, daß die Niederlassungen größtenteils weit voneinander entfernt sind. Späterhin haben politische Absichten diesen Umstand noch verschärft. Er wurde so zum Schicksal unserer Auswanderer und hat ihre Eigenart mit ausgebildet.
Die Entfernungen bewirken, daß sich die Kolonisten und Kolonien viel zuwenig untereinander kennen. Hinzu kommen die soziologischen Barrieren. Es ist keine Frage: Zwischen Städtern und Landbewohnern wie zwischen den einzelnen Kolonien gibt es vielfach so etwas wie „unwegsame Zonen".

Die Kluft wird noch erhöht durch die Verschiedenheit der Zeitpunkte der Einwanderung und Herkunftsgebiete. Für die ersten Einwanderer nach Brasilien gab es den Begriff der „deutschen Nation" noch nicht oder nur schleierhaft, und sie wurden erst hier, durch das gemeinsame Erlebnis der Fremde, sowohl was die Natur des neuen Landes als auch seine Bewohner betraf, auf ihre Volkstumsart hingewiesen und erkannten sie als gemeinsames Erbe.
Zunächst aber hatten sie sich auf engem Raum mit den ihnen auf diesem entgegenstellenden Schwierigkeiten auseinanderzusetzen und brachten im kulturellen Bereich jene Gewohnheiten zur Geltung, die sie von der alten Heimat her kannten und schätzten. Mit ihnen verteidigten sie ihre kulturelle Existenz wie mit den anderen Gewohnheiten die wirtschaftliche. Denn sehr bald wurde ihnen vor Augen geführt, daß sie, wenn sie diese Hilfsmittel nicht gebräuchten, untergingen. Erst nachträglich wurde ihnen vor Augen geführt, daß alle deutschsprachigen Auswanderer mit den mehr oder minder gleichen Hilfsmitteln um ihre Existenz kämpften.

Teilweise ist es ihnen jedoch heute noch nicht bewußt und wurden wir immer wieder von der Notwendigkeit überrascht, daß die Deutschen sozusagen in letzter Stunde auf ihr gemeinsames Erbe aufmerksam gemacht werden müßten. Der Umstand, daß unsere Kolonisten lange, oft viel zu lange von ihrer „alten" Heimat abgeschnitten (ja „vergessen") waren, führte weiters zwangsmäßig dazu, daß sie auf ihren mitgebrachten Gewohnheiten beharrten und vom Entwicklungsprozeß im Mutterland abgenabelt waren. Dieses führte zu einem Sonderdasein, für das dem mitteleuropäischen Deutschen oft das Verständnis fehlt, das zu Fehlurteilen über die Ausgewanderten und zu deren weiterer Abkapselung führt.
Dabei liegt vielen Kolonistenfamilien die Erhaltung ihres Erbes in einer rührenden, wenn auch mitunter hilflosen Weise am Herzen. In der oft schmerzvollen Frage der „Integration" sollte auch für sie das nötige Verständnis walten.
Der Wissenschaftler, der allein der Wahrheit verpflichtet ist, auch wenn sie unangenehm wäre, wird erklären müssen, daß es zwar sehr wohl einen Teil deutschsprachiger Siedler gibt, der sich integrieren will – es sei ihm selbstredend unbenommen –, daß es

aber daneben einen großen Teil gibt, dem die Integration sehr schwerfällt.[208] Es muß auch für diesen einen Modus vivendi geben, der seine „Menschenrechte" mit den verständlichen Interessen der Regierung und des Staates in sinnvolle Harmonie bringt.

Die „alten" deutschsprachigen Kolonien könnten dabei nicht nur auf ihr allgemeines „Menschenrecht" verweisen, sondern auch darauf, daß ihnen, die man zur Kolonisation rief, die Befriedigung ihrer religiösen wie kulturellen Bedürfnisse „nach ihrer Art" vom Staat zugestanden wurde. Für viele ist die Erhaltung deutscher Sprache und Tradition außerdem nicht nur eine geistig-seelische Angelegenheit, wie wir wissen, sondern auch ein wirtschaftliches Anliegen. Sie verbinden damit die Möglichkeit zur Verbesserung ihrer Lage und zum Anschluß an die Entwicklung in der übrigen Welt. Niemand wird bestreiten, daß die Kenntnis zweier Sprachen wertvoll ist und daß die Nationen Mitteleuropas unter die technisch, wirtschaftlich, wissenschaftlich und sozial aufstrebenden zu zählen sind. An diesem Fortschritt wollen sich unsere Kolonisten beteiligen.

Dabei muß jedoch betont werden, daß die deutschsprachigen Kolonisten stets aufrecht zu ihrem neuen Vaterland gestanden sind, sich auch als Vaterlandsverteidiger sehr früh bestätigten. Genauso stehen sie auch heute zu ihrem neuen großen Vaterland.
Was die Sprachkenntnisse betrifft, wissen wir außerdem, daß die Kenntnis der deutschen Schriftsprache unsere Kolonisten auch für Posten in der Wirtschaft befähigen würde, die ihnen jetzt verschlossen sind.

In diesem Zusammenhang kann es nicht gleichgültig sein, welche Stellung die Geistlichkeit beider Konfessionen einnimmt: Schule und Glaube, Lehrer, Pfarrer und Pastor waren lange Zeit die Säulen bzw. die Führer der Gemeinschaft gewesen. Schade, daß sie es nicht mehr sind. Wir vernahmen bereits davon!
Doch gerade was die Seelsorge betrifft, sollte gelten, daß im „Gespräch mit Gott" die Muttersprache Vorrang genießt. Was dem brasilianisch- oder spanischsprechenden Gläubigen mit Recht gebührt, sollte dem deutschsprechenden Siedler nicht vorenthalten werden. Wo dem nicht Rechnung getragen wird, befinden sich die Kolonisten neben einer durch Rückständigkeit und Unkenntnis fortschrittlicher Methoden verursachten wirtschaftlichen auch in einer kulturellen und sogar seelischen Krise. Sie ist von ihnen keineswegs gewollt, sondern ihnen geradezu aufgedrängt.

Das Anliegen der deutschen Schule bzw. der Verankerung des Deutschunterrichts in der staatlichen Gesetzgebung, die Ausschöpfung der gewährten Möglichkeiten sowie die Mobilisierung aller Hilfskräfte hiefür verdient allseitige Berücksichtigung. Der Ausbildung von Lehrkräften wäre überall größtes Augenmerk zuzuwenden.[209]
Auch Wünsche nach Briefverkehr und Verbindunghalten sind erst erfüllbar, wenn alle Kolonisten wieder deutsch lesen und schreiben können. Niemand aus Europa darf sich daher wundern, von seinen Bekannten keine Nachricht zu erhalten. Die Jüngeren können nicht mehr deutsch schreiben. Unter den Älteren können es noch einige. Allein auch die Lesepost ist oft erschreckend gering. Ich fand nicht selten einen uralten Kalender vor, der von den Kolonisten immer wieder von neuem zur Hand genommen wird. Von neueren deutschen Büchern, auch über ihre ehemalige Heimat, besitzen sie fast nichts. Weiters sollte sie wenigstens ein sonntägliches Presseorgan in ihrer Sprache an

---

208 vgl. Rehs, Michael: Grünes Licht für die Gegenseitigkeit. In: Inst. für Ausl. Beziehungen, Jg. 20 (1970), Heft 1, S. 1 ff
209 vgl. De Mello Freyre, Gilberto: Unkenntnis der deutschen Sprache. In: Inst. für Ausl. Beziehungen, Jg. 18 (1968), Heft 1, S. 14 ff

ihren Versammlungsstätten und „Salons" erreichen. Bei der Beschaffung von Lese- und Unterrichtsstoff versäumt Europa eine wichtige Aufgabe!

Erfreulicherweise haben die Regierungen ihre Einstellung in bezug auf eine rasche Vermischung der eingewanderten mit der angestammten Bevölkerung geändert und sind vermehrt zu der Ansicht gelangt, die auch wissenschaftliche Untersuchungen untermauern, daß eine zu frühe Vermischung fast immer mit einem sozialen Absinken verbunden ist, in welchem auch der Staat keinen Gewinn erkennen kann, während im anderen Falle die Erhaltung geistiger und charakterlicher Kräfte ebenso wie beruflicher Kenntnisse dem Staate erhalten und in einem allmählichen Übergang auch der übrigen Bevölkerung mitgeteilt werden kann.

Präsident Geisel nahm in diesen Fragen stets eine beachtenswerte Haltung ein.

Bei einer klaren Abschätzung der Lage müßte es nicht schwerfallen, Abhilfe zu schaffen.

Hinsichtlich der gesundheitlichen Situation fiel auf, wie sehr unsere Kolonisten bereits in jungen Jahren abgearbeitet sind. Auch die Ernährung ist oft noch mangelhaft und sehr einseitig.

Die Kolonisation ist in weiten Teilen Südamerikas für Siedler aus Mitteleuropa schon aus klimatischen Gründen nicht leicht. Ihre Arbeitsintensität steht außerdem bei dieser Hitze und Schwüle vor zusätzlichen Schwierigkeiten. Eine bessere Lebens- und Wirtschaftsweise täte vielen Siedlungen not.

Unzweifelhaft lassen sich die kulturellen Verhältnisse nicht von den wirtschaftlichen trennen. Das kulturelle Selbstbewußtsein ist nicht ohne eine gewisse wirtschaftliche Existenzsicherheit denkbar.

Die wirtschaftliche Lage der fast zwei Millionen Brasildeutschen sowie der deutschsprachigen Siedler in Peru ist vor allem durch die Tatsache gekennzeichnet, daß sie im landwirtschaftlichen Bereich zu einem großen Teil am Bildungsfortschritt der letzten Jahrzehnte nicht mehr oder nur in beschränktem Maße teilhaben konnten und daß sie insbesondere auf diesem Sektor in die „Entwicklungshilfe" eingeschlossen werden sollten. Wo dieses bereits, wie es unsere Beispiele demonstrierten, geschehen ist, ist Freude und Dankbarkeit am Platze. Daneben wären auch jeweils einige örtliche Probleme verschiedener Art zu lösen und verdienten unsere aufrechte Unterstützung.

Im städtischen Bereich haben unsere Ausgewanderten vielfach bedeutende Positionen inne, haben Industrien gegründet und leiten sie, wie umgekehrt viele Kolonistensöhne als ihre Mitarbeiter an Werkbank und Schreibtisch tätig sind. Doch auch für sie alle sind Fortbildungsmöglichkeiten von entscheidender Bedeutung, wie jene auf sprachlichem Sektor nicht unterbewertet werden darf. Am besten wird deren Pflege in den familiären und örtlichen Gemeinschaften genährt.

Die erstaunlich lebendigen Kräfte von Sitte und Brauch, welche wir ebenfalls in ihrer Vielfalt beobachten und studieren konnten, vermochten bis jetzt größere Einbrüche abzuwehren. Die jungen deutschsprachigen „Kolonien" der „Donauschwaben" und „Mennoniten" meistern deshalb ihr Schicksal so gut, weil sie, in der „Diaspora" gereift, um nicht zu sagen gestählt, nicht nur widerlichsten Umständen zu trotzen vermögen, sondern auch Tradition und Bildung als jene Kräfte einschätzen, die sie tatsächlich sind: Garanten des Fortschritts und Bürgen für das Bestehen in der Fremde. Indem sie diese in solcher Weise sich einverleiben, machen sie die Fremde zu ihrer Heimat . . .

Ähnliches gilt für die Pozuziner in Peru.

Gleichzeitig wird uns aber auch vor Augen geführt, wie sehr die Staaten selbst solche Kolonisten schätzen und sie stolz zu ihren Fähigsten zählen . . .

Damit erhalten aber gerade auch die der Gemeinschaft der Kolonisten zur Verfügung stehenden volkskundlichen Erkenntnisse einen höchst aktuellen und erhaltenden Wert und entscheiden die den erkannten Äußerungen innewohnenden Kräfte wesentlich über die Existenz einer Gemeinschaft.

Was ich auf Grund meiner wissenschaftlichen Untersuchungen – namentlich in Südtirol – erkannte und in meiner Antrittsvorlesung 1954 bereits ausführlich darlegte, nämlich, daß die volkstümlichen Äußerungen für eine Gemeinschaft lebensnotwendig und unentbehrlich seien, weil eine Gemeinschaft von Menschen auf die die fünf Sinne ansprechenden Verständigungsmittel nicht verzichten könne, unter welchen die Sprache bzw. im engeren Bereich die Dialekte nur „eines" unter vielen bedeuten[210], habe ich auf meinen nachfolgenden Forschungen in Südamerika hundertfach bestätigt erhalten!

Daraus ergibt sich aber für den folgenden Abschnitt die Aufgabe, diese volkstümlichen Erscheinungsformen gesammelt zum Verständnis dieser Gemeinschaft vorzuführen und auch der Gemeinschaft der Kolonisten selbst die geistigen Kräfte (neben den wirtschaftlichen) zu ihrer Erhaltung bewußtzumachen.

---

210 Ilg, Karl: Die Gegenwartsaufgabe von Sitte und Brauch. In: Tiroler Heimat, 20. Bd. (1956), S. 123–131

2. TEIL

VOLKSKUNDE DER DEUTSCHSPRACHIGEN KOLONISTEN IN BRASILIEN UND PERU

Wenn ich im folgenden zweiten Abschnitt dieses Buches die Volkskunde der Brasildeutschen und deutschsprachigen Siedler in Peru darstelle, so sei mir der Hinweis gestattet, daß ich mit den volkskundlichen Untersuchungen über unsere Siedler in Argentinien, Chile, Paraguay, Uruguay und Venezuela zusammen, welcher Band bereits erschienen ist, – somit über ganz Südamerika, wo Deutsche in größerer Zahl Siedlungen gegründet haben –, sowohl was die Erarbeitung eines Gesamtüberblicks wie auch verschiedener Detailuntersuchungen betrifft, Neuland beschritten habe. Vor mir war noch kein deutscher Volkskundler mit diesem Unterfangen unterwegs.

Immer schon hatte mich das „Volk an den Grenzen" beschäftigt, beginnend mit der Darstellung der Walser[211], jener „Hochalemannen", welche vom schweizerischen Wallis aus weite Gebiete der West- und Ostalpen in mittelalterlicher Kolonisation erschlossen, indem sie sich stets in die „höchsten Höhinen"[212] vorwagten und an den Grenzen der Ökumene jahrhundertelang bis heute standhielten. Später untersuchte ich die deutschen „Sprachinseln" in Südtirol, Jugoslawien, Ungarn, Rumänien usw.[213] und stand auch hierbei stets unter dem Eindruck eines Lehr- und Erfahrungssatzes meines Professors Dr. Otto Stolz, Historiker der Universität Innsbruck, der lautete: „Das Schicksal des Volkes an den Grenzen hängt ab vom Schicksal des Volkes in der Mitte."[214]

In der Tat ist das Ringen der Ausgewanderten um ihre Kultur nicht von der dem Zentrum innewohnenden Kraft zu trennen, so bittere Folgen unsere Leute an den Grenzen auf Grund der heutigen Situation in der Mitte erkennen mögen. Allein, gegenwärtige Situationen sind nicht ewig, sondern unterliegen der Veränderung, wie alles und wie es die Geschichte beweist. Volkstümliche Eigenarten überdauern auch Krisenzeiten und erweisen gerade damit ihre Stärke und Schutzfunktion!

Die einzelnen volkstümlichen Erscheinungsformen darf ich schildern, wie ich sie der Reihe nach erlebte und wie sie so mir entgegengetreten sind: mit der Siedlungsweise beginnend, über die Eigenart des Wirtschaftens, der Nahrungsweise, der besonderen Art des Bauens und Wohnens, des Kleidens, bis zu Sitte und Brauch und den weiteren die deutschsprachigen Kolonisten kennzeichnenden volkstümlichen Äußerungen.

Man weiß um sie in Mitteleuropa und um die durch sie ausgedrückte Übereinstimmung mit ihm viel zu wenig Bescheid! Ebenso wissen die Ausgewanderten des einen Landes nicht, daß ihre Schicksalsgenossen im anderen südamerikanischen Lande dieselben tradierten Eigenarten bewahrt haben und sie so eine durch sie über den ganzen Subkontinent reichende Gemeinsamkeit besitzen.

---

211 Ilg, Karl: Die Walser in Vorarlberg. 1. Teil: Die Verbundenheit mit dem Boden, Siedlung und Wirtschaft als volkskundliche Grundlagen (= Schriften zur Vorarlberger Landeskunde, Bd. 3). Dornbirn 1949 – derselbe: Die Walser in Vorarlberg. 2. Teil: Ihr Wesen; Sitte und Brauch als Kräfte der Erhaltung ihrer Gemeinschaft (= Schriften zur Vorarlberger Landeskunde, Bd. 6). Dornbirn 1956
212 so die urkundlichen Bezeichnungen
213 Ilg, Karl: Erwandertes Rumänien. Die volkskundliche Lage der Siebenbürgersachsen und Donauschwaben. In: Festschrift für Ernst Kolb (= Veröffentlichungen der Universität Innsbruck, Reihe 69), Innsbruck 1971, S. 105–120 – vgl. auch Gauss-Weidenheim: Die Donauschwaben, Bild eines Kolonistenvolkes, Freilassing 1961
214 Stolz, Otto: Vorlesungen zur Geschichte Deutschlands und Österreichs in den Jahren 1933 bis 1937

SIEDLUNGS-, FLUR- UND WIRTSCHAFTSFORM

Wandert man den deutschsprachigen Siedlungen – sie werden landesüblich dort „Kolonien" bezeichnet – zu, fällt jedermann als erstes die Siedlungsweise auf.
In welchem Verband die Menschen zusammenwohnen, d. h. wie die Häuser bzw. Höfe der einzelnen zueinander stehen, springt als erstes ins Auge.
Selbstverständlich gäbe es mehrere Möglichkeiten des Zusammenwohnens. In den deutschsprachigen Siedlungen fällt jedoch als besonders typisch die *Einzelhofsiedlung* auf. Man kann sie für die deutsche Siedlungsform als charakteristisch bezeichnen. Andere volkliche Gemeinschaften siedeln nicht so extrem „in der Einöd", jeder für sich.
Jede Siedlungsweise ist eine Erscheinung, deren Herausbildung mehrere Faktoren bewirkten, namentlich aber der Vorgang der Landnahme und die Eigenart der Siedler selbst. In unseren Schilderungen hatten wir schon bisher versucht, den Vorgang der Landnahme darzutun. Die Landnahme, d. h. die Festsetzung der deutschen Siedler, erfolgte bekanntlich sowohl in Brasilien als auch in Peru – übrigens auch in den meisten anderen südamerikanischen Staaten![215] – durch einen großen Zeitraum fast ausschließlich im Wald, im Urwald.
Diesen hatten ihnen die jeweiligen Landesregierungen vornehmlich und im Gegensatz zu den portugiesischen und spanischen Kolonisten, als der ersten Siedlergruppe, zur Ansiedlung zugewiesen. Erst in jüngster Zeit, so auf dem Campo Alto, in Witmarsum und in Entre Rios, wurde davon in Brasilien abgewichen.
Sosehr es jedoch auf der einen Seite der Wille der Regierungen war, unseren Leuten die Rodung des Urwaldes und den Aufbau kleiner Bauernwirtschaften auf den entstandenen „Roças" zu übertragen, so konnten jene umgekehrt allerdings auch wieder nur jene Anordnungen erlassen, welche den Siedlern zumutbar waren, und also entschied ihr Element von Anbeginn aktiv mit.

Vorgänge wie bei uns im Mittelalter

Wer sich mit den Siedlungsvorgängen in den Alpen[216] und in den Mittelgebirgen Deutschlands am Ausgang des Mittelalters beschäftigt, ist versucht, diese Rodungs- und Siedlungsvorgänge im subtropischen und tropischen Urwald Südamerikas im 19. und 20. Jahrhundert mit jenen zu vergleichen.
Denn was sich im 13. und 14. Jahrhundert in den Mittelgebirgen und Alpen des deutschsprachigen Mitteleuropa ereignete, vollzog sich in Südamerika im 19. und beginnenden 20. Jahrhundert. Hier wie dort drangen deutsche Menschen landhungrig in den Urwald vor und legten auf den von ihnen erschlossenen Rodungen ihre Höfe an, auf sich gestellt, der Wildnis trotzend.
Nicht alle europäischen Völker eigneten sich für diese Siedlungsform. So ist diese z. B. den Südländern fremd, wohingegen sie im nördlichen Europa bevorzugt wird. Inner-

---

215 vgl. Ilg, Karl: Pioniere in Argentinien, Chile, Paraguay und Venezuela. Innsbruck–Wien–München 1976. S. 234 ff
216 Ilg, Karl: Die Walser in Vorarlberg. 1. Teil: Die Verbundenheit mit dem Boden, Siedlung und Wirtschaft als volkskundliche Grundlagen (= Schriften zur Vorarlberger Landeskunde, Bd. 3.) Dornbirn 1949

halb desselben waren scheinbar die unter den Germanen am südlichsten wohnenden Deutschen berufen, durch die Besiedlung des subtropischen Urwaldes das germanische Element in Südamerika zu verbreiten. Wie das Mittelalter die Einzelhofsiedlung zum deutschen Kolonisationstyp erhoben hatte, so geschah dieses nun in den von Deutschen besiedelten Landstrichen Brasiliens und Perus im 19. und 20. Jahrhundert. In bezug auf die Einzelhofsiedlung hatte übrigens schon Tacitus ausgeführt:

„Es ist hinreichend bekannt, daß germanische Völker nicht in Städten wohnen, ja sie wollen nicht einmal von geschlossenen Siedlungen wissen. Sie wohnen für sich und auseinanderliegend, wie eine Quelle, das Feld, ein Gehölz ihnen zusagt. Die Dörfer legen sie nicht nach unserer Art an mit verbundenen und zusammenhängenden Gebäuden. Jeder umgibt sein Haus mit einem Hof, entweder als Mittel gegen Feuersgefahr oder aus Unerfahrenheit im Bauen . . ."[217]

So kommt es, daß der Wanderer, der in den Urwald Brasiliens und Perus eindringt und dort einsame Höfe vorfindet, mit Recht vermutet, daß sie zum großen Teil von Deutschsprachigen angelegt wurden. Dasselbe gilt in den anderen südamerikanischen Staaten –!

Doch bei anderem Klima größere Gegensätze und Schwierigkeiten

Welche Schwierigkeiten dabei überwunden werden mußten, hat Frau Maria Kable besonders eindringlich und offenbar auf Grund eigener Erlebnisse geschildert:
„Tag um Tag dringt der Siedler weiter in den feuchtschwülen Urwald, Laub und Modergewölk umstiebt ihn, trügendes Sumpfgebiet weicht unter dem zurückhastenden Fuß, Giftschlangen, Skorpione, Vogelspinnen lauern. Tag um Tag fährt die Axt in eisenhartes Holz der Riesenstämme, ächzend hallt das Sterbelied des Zauberwaldes. Bunte Papageienzüge schwärmen auf und entfliehen, Affen jagen sich mit Gekreisch, bis die große Totenstille kommt. Wochenlang liegen die Waldesleichen in der Dörrglut der Tropensonne . . . Inzwischen ist der Waldschlag, die ‚Roça', getrocknet. Jetzt kann das Feuer hineingeworfen werden, das mit züngelnden roten Flammen und hohen Rauchsäulen im knatternden, knallenden Holzgewirr und Rohr weiterfrißt, bis das Gebiet des lebenden saftfeuchten Urwaldes ihm eine Grenze setzt. Grauer Dunst schwelt über der schwarzgebrannten Blöße, um halbverkohlte Baumstümpfe und rußbedecktes Astwerk. Die Roça wird abgeräumt, größere Stämme und Stubben aber bleiben liegen, damit die Fäulnis den Boden düngt. Dann lockert die Hacke, die hier den Pflug ersetzt, die aschenweiße humusreiche Erde, und der Siedler beginnt sein Pflanzwerk . . . Bald leuchtet schon das hellgrüne Schilf der Maisfelder über dem fruchtbaren Boden, aber es gibt kein Ernteruhe, wie es kein europäischen Winter gibt. Immer aufs neue ruft die Sonne auf die Felder; in zügelloser Fruchtbarkeit wuchert das Unkraut, die Hacke kommt nicht aus der Hand; und zahllose andere Feinde drohen der jungen Saat: Heuschreckenschwärme, die wie eine schwarze Wolke am Himmel auftauchen und in wenigen Stunden den Pflanzungen jedes grüne Blättchen rauben, Pflanzen- und Tierschädlinge, tagelang strömende Regengüsse, nein, Regenbäche – und die Ameisen, dies unheimlich andringende Heer der Schlepperameisen, des schlimmsten Feindes der Siedler.
Dies Urwaldleben fordert harte, entbehrungswillige Menschen. Ihr Kampf ums Dasein hat heroische Größe, doch in der armen Nüchternheit ihres Werktags wird es ihnen kaum bewußt. Jene, die vorher vielleicht sich ein Robinson-Abenteuer romantisch ausmalten, wurden schon in die rauhe Wirklichkeit zurückgeführt, wenn sie mit ihren Familien wochen- oder monatelang im armseligen Einwandererschuppen einer Kolonie liegen und warten mußten, bis ihr Land vermessen war. Eine Kolonistenfamilie in Rio Grande do Sul hat anfangs in einem großen hohlen Feigenbaum gewohnt. Unzählige sind es, die zugrunde gehen mußten, ehe die Saatenfelder reiften. In der Verlassenheit des Waldes fanden sie stummen Tod, sie brachen zusammen unter dem Pfeil der Indianer, stürzende Bäume erschlugen sie, das Fieber zehrte sie auf; Frauen starben im Kindbett, ohne Hilfe; die schaurige Einsamkeit der Urwälder wob modernes Dickicht über ihren Gräbern.
Jahre und Jahrzehnte der Entbehrungen, des unaufhörlichen Ringens um das nackte Dasein hatten die deutschsprachigen Siedler zu ertragen. Auf tausend Dinge mußten sie Verzicht leisten, die ihnen in der alten Heimat als selbstverständlich und als daseinsnotwendig erschienen waren. Sie, die in altem europäischen Kulturland aufwuchsen, sahen sich gezwungen, gewissermaßen Jahr-

---

217 Fehrle, Eugen: Publius Cornelius Tacitus, Germania. 4., erweiterte Auflage, München–Berlin 1944. S. 21

hunderte der Entwicklung zurückzugehen und in den Anfangszeiten der Kolonie wie die Waldindianer zu leben.
Aber schwerer als dies alles war ihre Einsamkeit und Abgeschlossenheit im Urwald. Der Stadtplatz, Mittelpunkt der Siedlung, wo sich nach und nach einige Handwerker niederließen, und die ‚Venda' (Kaufhaus und Ausschank), in der sie ihre Erzeugnisse gegen Waren eintauschten, lagen meistens viele Kilometer, manchmal 10 bis 20 Kilometer weit von den einzelnen Siedleranwesen entfernt. In den Gründungsjahren haben die Kolonisten oft Tagereisen bis zur ‚nächsten' Venda gemacht und ihre Ernte auf dem Rücken durch tiefe Löcher, Schlamm und über überschwemmte Pfade hingeschleppt. So mußten sie auch ihre Kranken schleppen, sie tagelang auf Tragbahren durch den Urwald tragen, um irgendwo einen Arzt zu erreichen.
Diese Einsamkeit griff besonders hart in die Seele der Frau. Um Geburt und Tod schauerte die Öde der Verlassenheit. Sie war auf sich selbst gestellt wie der Mann und kämpfte wie er, doch die größere Verletzbarkeit ihres Wesens litt an vielen kleinen Dingen, die der Mann übersehen konnte."[218]
Doch auch die brasilianischen Autoren, so Aurelio Porto, bestätigten die Schwierigkeiten in bewegten Worten:
„Wieviel schwere Stunden gab es nicht im Leben dieser Leute! Wenn auch einige hierbei zugrunde gingen, die Mehrzahl überwand doch mit bewundernswerter Zähigkeit alle Hindernisse, die sich ihnen in den Weg stellten, und hinterließ ihren Nachkommen einen ehrenvollen Namen und den Wohlstand, den sie durch ihr Land erworben hatten, durch das Land, auf dem heute ihre Kinder als würdige Nachfolger sitzen."[219]

Vordeutsches Siedeln mit deutschem nicht vergleichbar

Man mag vielleicht entgegenhalten, daß auch die Fazendeiros alten Schlages Einzelsiedler wären. Doch sind sie dies nur beschränkt. Ihr Vereinzeltsiedeln ist keineswegs jenem der deutschen Urwaldkolonisten gleichzusetzen. Auf einer Fazenda leben stets viele Personen und Familien zusammen, der Senhor mit seinen Angehörigen sowie die Dienstboten und die Gauchos mit ihren Familien. Früher hätte man auch noch die Sklaven und ihre Familien in diese Siedlungsgemeinschaft einbeziehen müssen. Eine Fazenda stellt daher stets einen „Gutshof" dar. Nur herabgekommene Fazenden können diesen Titel nicht mehr beanspruchen, und die Familie des Fazendeiro lebt auf ihnen allein und einsam. Ansonsten herrscht viel Leben und Geselligkeit auf diesen Höfen. Außerdem liegen sie in offener Landschaft, zugänglicher für den Freund und ebenso auch besser zu verteidigen gegen den überraschend einfallenden Feind. Der Urwald birgt weit mehr Gefahren aller Art, leiblicher und seelischer, in sich als das offene Land.

Indem der Wald durch ein Jahrhundert deutsches Betätigungsfeld war, wurde der Urwald das alle verbindende Milieu. Er forderte überall von unseren Leuten das gleiche Schicksal ab.

Oberacker vermerkt in diesem Zusammenhang:
„Bezeichnend für den Deutschstämmigen ist immer die Urwaldsiedlung gewesen, durch die bei geringstem Anfangskapital auch dem wenig Bemittelten, aber durch seinen vollen persönlichen Einsatz immer wieder die Möglichkeit zum wirtschaftlichen Aufstieg geboten war."[220]
Was wir in Brasilien an Siedlungsformen angetroffen haben, ist uns genau so auch im peruanischen Urwald begegnet!

Wie in den Mittelgebirgen Deutschlands und der Alpen[221] vollzog sich das Eindringen in die Urwälder durch Zuteilung bestimmter Grundstücke an die Kolonisten.

---

218 Kable, Maria: Deutsche Heimat in Brasilien. Berlin 1937. S. 23–26
219 Porto, Aurelio: Die deutsche Arbeit in Rio Grande do Sul. Rio Grande do Sul 1934. S. 100
220 Oberacker, a. a. O., S. 40
221 Ilg, Karl: Die Walser in Vorarlberg. 1. Teil (Schriften zur Vorarlberger Landeskunde, Bd. 3), Dornbirn 1949 – Die Walser in Vorarlberg, 2. Teil (Schriften zur Vorarlberger Landeskunde, Bd. 6). Dornbirn 1956 – Die Walser und die Bedeutung ihrer Wirtschaft in den Alpen. In: Vierteljahresschrift für Sozial- und Wirtschaftsgeschichte, 39. Bd., S. 63–75 – Stolz, Otto: Die Schwaighöfe in Tirol (= Wissenschaftliche Veröffentlichungen des Deutschen und Österreichischen Alpenvereins). Innsbruck 1930

Die Grundstücke nannte man in Brasilien „Lose". Diese Bezeichnung könnte noch an die alte germanische Landzuteilung durch das Loswerfen erinnern. In diesem Zusammenhang darf ich auch auf die Untersuchungen meiner Schülerin Frau Angelika Rizzoli im Rahmen einer – vor kurzem abgeschlossenen – Dissertation „Volkskundliches aus der Gemeinde *Mieming*" (einer großen Gemeinde auf dem Mieminger Plateau) verweisen, der zufolge die „Lußfalder" die ältesten Eigenbesitze in jener Gegend sind. Die Bezeichnung „Luß" läßt sich jedoch einwandfrei von „Los" ableiten und die ortsgebundene Sage weiß auch noch vom Verteilen dieser Grundstücke durch das Los an die Landnehmer zu berichten.
In Südamerika geschah die Losverteilung auch durch das Ziehen des Loses durch den einzelnen Kolonisten. Jeder rodete auch für sich!
Überall wurde der Wald an die Siedler verteilt. Die „Lose" gelangten sofort oder nach Abzahlung der erforderlichen Prämie in deren Besitz.

Dennoch war aber die als typisch bezeichnete Einzelhofsiedlung, also die heute über weite Gebiete verbreitete „*Streulage*", nicht die anfängliche Siedlungsform; sie bildete sich erst nachträglich heraus. (Siehe Farbbild 35)

ZUERST WALDHUFENSIEDLUNG, DANN STREUSIEDLUNG UND HAUFENDÖRFER

Als Urform wird man in Brasilien die *Waldhufensiedlung* bezeichnen müssen. Auch sie hat im mittelalterlichen Deutschland ihre Parallelen, neben den Alpen vor allem in den „Waldhufen" der Mittelgebirge – besonders charakteristisch beispielsweise im Erzgebirge ausgeprägt – als auch der „Marschhufen" der norddeutschen Tiefebene. In beiden Fällen fädelten sich beidseitig an einer Waldschneise oder einem Wasserlauf die Höfe auf, jeder vom anderen allerdings in entsprechender Distanz, wie sich diese eben durch die Grundbesitzgrenzen ergab. Genauso in Brasilien!

Oberacker schildert den Vorgang wie folgt:
„Die grundsätzlich bis heute beibehaltene Kolonieanlage (als deren Vorbild São Leopoldo gelten kann) ist die folgende: Man geht von einer festen Grundlinie als Stütze aus. Senkrecht zu ihr werden Schneisen mit einer Breite von etwa 6,60 m in den Urwald gehauen. An diesen Schneisen, auch Pikaden, Straßen oder Linhas genannt, die gleichzeitig die künftigen Verkehrsstraßen darstellen, wird nun die Abmessung und Kennzeichnung der Frontseite der einzelnen Kolonielose (Grundstücke) vorgenommen. Liegen die Grundstücke zu beiden Seiten der Pikade, so nennt man sie im Gegensatz zur einfachen Schneise Doppelpikade. Falls die Kolonisten ihre Häuser unmittelbar an die Straße bauen, so erinnert die Schneise noch am ehesten an ein deutsches Reihendorf. Allerdings ist ihre Ausdehnung eine weit größere; so erstreckt sich beispielsweise die Baumschneise in der Kolonie São Leopoldo, die ursprünglich auf jeder Seite 125 Kolonielose zählte, auf 27,5 km. Die Kolonielose der ersten Riograndenser Kolonie São Leopoldo besaßen eine Breite von 220 m und eine, allerdings nur teilweise angedeutete Tiefe von 3300 m. Somit hatte also ein Kolonielos einen Flächeninhalt von fast $\frac{3}{4}$ qkm oder 72 ha ... Später wurden diese großen langgestreckten Lose durch kleinere, breitere und kürzere abgelöst. So besitzen heute die Kolonielose bei einer Breite von 250 m und einer Länge von 1000 m nur noch einen Flächeninhalt von $\frac{1}{4}$ qkm oder 25 ha. Auch wich man von der gradlinigen Pikade zugunsten ihrer Bedeutung als Straßenlage ab und berücksichtigte Steigung und Gefälle. Mehrere oder viele Schneisen, die einer gemeinsamen Verwaltung unterstehen, bilden eine Kolonie."[222]
Die Bezeichnung „Reihendorf", welche Oberacker erwähnte, ist für die Anfangszeit wohl besser durch „Waldhufendorf" zu ersetzen.
Gerade die von Oberacker erwähnte Erstreckung der „Baumschneise von São Leopoldo" auf beinahe 28 km – die Kolonie Hohenau in Paraguay ist 46 km lang! – ist typisch für ein Waldhufendorf.

---

222 Oberacker, Karl Heinrich: Die volkspolitische Lage des Deutschtums in Rio Grande do Sul (Schriften des Instituts für Grenz- und Auslandsdeutschtum an der Universität Marburg, Heft 9). Jena 1936. S. 4

Die nachfolgende Verkleinerung der Kolonielose und die dieser wieder folgende Aufsplitterung durch Erbteilung führten dann allerdings dazu, daß in einer Waldhufe mehrere Höfe entstanden und sich aus den Waldhufendörfern eine Streusiedlung herausentwickelte.

Später entstanden dann in den neuen Siedlungsräumen auch „echte" Dörfer. Doch auch ihre Form ist für die Deutschsprachigen typisch und weicht nirgends ab. Es handelt sich hierbei um zwei Typen, um *„Haufen- und Reihendörfer"*. Der Ortsverband ist in ihnen auch sehr lose. Im Zentrum des Dorfes befindet sich die Kirche. In unmittelbarer Nähe der Kirche sind häufig nur noch der Friedhof (namentlich in den alten Siedlungen) sowie „Venda", Schule und Pfarrhof.
Dazu kamen nachträglich die Häuser der paar, oft aus dem Bauernstande sich heraus entwickelten, Handwerker. Tannenwald ist als ein solches typisches Haufendörfchen anzusprechen. (Siehe Farbbild 2)
Als zweiten Typ lernten wir die Reihendörfer kennen. Sie haben sich aus „Waldhufen" entwickelt. Ihre Höfe ziehen an einer Straße oder Gasse hin und bilden so ein langes, schmales Band von durch Zäune miteinander verbundenen Gehöften.

Die lusobrasilianischen Dörfer hingegen haben *„Massendorfcharakter"*.

Auch der deutsche Friedhof zeigt eine aufgelockerte Anlage, ganz im Gegensatz zum lusobrasilianischen bzw. italienischen. Dort handelt es sich um eng verbaute Totenstädte.
So begegnen wir bereits hier der leider viel zuwenig bekannten Tatsache, daß unsere Leute jenen fernen Landstrichen in unerwartetem Ausmaß ihren Stempel aufdrückten.

AUCH IN DEN STÄDTEN DEUTSCHE SIEDLUNGSEIGENTÜMLICHKEITEN

Allein nicht nur die deutschen Siedlungsformen auf dem Lande, Streusiedlung, Waldhufen- sowie Reihen- und Haufendorf fallen samt der neugotischen Kirche auf. Auch in den Städten, ja sogar in den Großstädten, gibt es auffallende deutsche Siedlungserscheinungen. Im Gegensatz nämlich zu den portugiesischen und spanischen Gründungen – mit ihren für sie typischen „Quadras", dem Grundriß der römischen Lager nachempfunden, mit im Rechteck sich kreuzenden Straßenzügen, mit den Wand an Wand stehenden Gebäuden, sofern solche nicht eine hohe Gartenmauer vom anderen abgrenzt und jede Einsicht von außen abwehrt – siedeln die Deutschen aufgelockert. Jedes Haus umgibt ein kleinerer oder größerer Garten, den nur ein Zaun von der Straße abscheidet. Hinter ihm sieht man Blumen, Gemüsebeete und Frucht- oder Zierbäume.
Auf diese Weise sind ein großer Teil São Leopoldos und von Santa Cruz in Rio Grande do Sul, vor allem aber Blumenaus (siehe Farbbild 10), Brusques und anderer Städte in Santa Catarina, genauso auch z. B. die Vorstadt Brooklyn in São Paulo, viele Straßenzüge von Curitiba in Paraná zu Gartenstädten geworden. Man wohnt in ihnen wie in Deutschland, der Schweiz oder Österreich.

Die Siedlungsweise hängt überall eng mit der Wirtschaftsweise der Menschen zusammen.
Das Siedeln im Urwald setzte bei unseren Kolonisten von vornherein die bäuerliche Selbstversorgung voraus, und zwar im vollen – man könnte schreiben – „europäischen" Ausmaß! Damit soll der gewaltige Abstand der Wirtschaftsform unserer Siedlergrup-

pen von den primitiven Formen der Selbstversorgung der Urwaldindianer angedeutet werden.

GEMISCHTE LANDWIRTSCHAFT IM GEGENSATZ ZU BISHERIGER MONOKULTUR

Die deutschsprachigen Kolonisten versuchten in der Tat sogleich das für sie Lebensnotwendige selbst zu erzeugen. Sie waren damit, wie schon Oberacker hervorhob, die ersten eigentlichen Bauern!

Daher „die ersten Bauern" in europäischem Sinne

„In krasser Form" hatte „Portugal" lange Zeit „in seinen südamerikanischen Kolonien" – so Oberacker – „die frühkapitalistischen Grundsätze zur Anwendung" gebracht. Das Land war deshalb bis zum Anfang des 19. Jahrhunderts „einer Reihe von Ausbeutungs- und Unterdrückungsvorschriften unterstellt" gewesen. Oberacker erinnerte daran, „daß ebenso wie das Handwerk und die Industrien auch gewisse landwirtschaftliche Kulturen unterdrückt" waren. Er wies „auf das Verbot des Weinanbaues" hin; „bekannt ist auch die Unterdrückung des Weizenanbaus in Rio Grande do Sul"[223].
Ebenso wie die portugiesischen Fazendeiros auf ihren Campos die riesigen Viehherden hielten, die ihnen Fleisch und vor allem Häute für den Handel einbringen mußten, waren auch die portugiesischen Plantagenbesitzer eindeutig der Monokultur verhaftet.
„Die Betriebe der Pflanzer waren einseitig auf die Abgabe und Ausfuhr eines einzigen Erzeugnisses, des vom Mutterlande und von ganz Europa gleichbegehrten Zuckers, eingestellt. Solche Betriebe bildeten wohl für die Außenhandelsbilanz wertvolle Wirtschaftszellen; als Grundlage für die Volkswirtschaft eines selbständigen Staates aber waren sie ohne eine Ergänzung durch andere Landwirtschaftsbetriebe nicht geeignet. Es galt also, diese weltwirtschaftlich ausgerichteten Vertreter der Kolonialwirtschaft zu dienenden Gliedern der Volkswirtschaft eines nicht nur juristisch, sondern auch wirtschaftlich freien Brasiliens zu machen und sie durch binnenmarktgebundene landwirtschaftliche Betriebe zu ergänzen."
Oberacker führte noch weiter aus:

„Leopoldine, die wie einst Moritz von Nassau auf allen Gebieten den überlieferten portugiesischen Vorstellungen entgegentrat, wußte aus der Geschichte ihrer österreichischen Heimat, daß nur durch einen echten Bauernstand die wirtschaftliche Freiheit des Landes gegenüber Portugal und England gewonnen und gesichert werden konnte. Bauern waren nicht nur nötig als Versorger der Armee, sondern auch als Versorger der Städte, auf deren Entwicklung als Mittelpunkte der neuzeitlichen Kultur nach der Übersiedlung Johanns VI. größerer Wert gelegt wurde. Darum sollten neben Soldaten – die übrigens nach Ableistung ihrer Dienstjahre selbst als Kolonisten angesetzt wurden – auch Männer und Frauen kommen, die den brachliegenden und daher für die Wirtschaft des Landes wertlosen Boden bebauen und erschließen sollten."[224]

Der Ruf an sie war auch nicht umsonst ergangen; sie kamen in großen Scharen, Oberacker nahm an, daß von den durch Major Schäffer im Auftrag der brasilianischen Regierung angeworbenen ersten deutschsprachigen Siedlern „in wenigen Jahren schätzungsweise 1500 Bauernhöfe dem Urwald abgerungen" wurden. „Das war gewiß keine geringe Anzahl, reichte jedoch bei weitem nicht aus, um die gesteckten Ziele zu verwirklichen. Trotzdem aber darf schon die landwirtschaftliche Bedeutung dieses ersten Zeitabschnittes der deutschsprachigen Kolonisation nicht unterschätzt werden. Im Viehzüchterland Rio Grande do Sul wurde durch die ‚Deutsche Kolonie von São Leopoldo' und anderer Siedlungen die Landwirtschaft überhaupt erst begründet." Diese

---

223 Oberacker, Karl Heinrich: Der deutsche Beitrag zum Aufbau der brasilianischen Nation. São Paulo 1955. S. 180
224 ebenda, S. 180

Kolonien trugen neben ihrer Aufgabe als Versorger des Heeres auch „anerkanntermaßen viel zur Entfaltung der Hauptstadt Porto Alégre und anderer Städte bei. Eine ähnliche Bedeutung kam São Pedro de Alcantara in bezug auf Florianópolis, Santo Amaro und Itapecirica in bezug auf São Paulo und Neu-Freiburg in bezug auf Rio de Janeiro zu". Ohne Zweifel begann erst nach der Anlage der deutschen Siedlungen „der Aufstieg des Südens zu seiner heutigen Größe und Bedeutung; vor Beginn der deutschen Einwanderung gehörten Rio Grande do Sul und Santa Catarina zu den ärmsten und bedeutungslosen Provinzen, und ihre Ausfuhr war von Jahr zu Jahr zurückgegangen.

Die deutschen Siedler sollten einmal durch ihre eigenen Leistungen zur Entfaltung der brasilianischen Volkswirtschaft beitragen, zum anderen aber auch durch ihr Beispiel der vorhandenen Landbevölkerung neue Anregungen geben, was infolge der gegebenen Verhältnisse jedoch nur in einem recht bescheidenen Maße möglich war. Neu-Freiburg wurde z. B. mit dem ausgesprochenen Zweck angelegt, die Milchwirtschaft und das Molkereiwesen in Brasilien heimisch zu machen"[225]. Da es sich um Schweizer handelte, war diese Hoffnung durchaus berechtigt und das Vorhaben gezielt. „Im Gegensatz zu den Pflanzern verlegten sich die deutschen Kolonisten in allen Siedlungen von vornherein auf den Anbau vieler Kulturpflanzen; außerdem pflegten sie neben dem Ackerbau gleichzeitig die Vieh- und Geflügelzucht sowie den bis dahin fast unbekannten Obst- und Gemüseanbau. Sie führten neue Kulturpflanzen in die brasilianische Wirtschaft ein und brachten neue landwirtschaftliche Erzeugnisse auf den Markt. Die Betriebstechnik ergänzten sie durch die Anwendung des Pfluges, der Egge und des vierrädrigen Bauernwagens.

Außer den Siedlern haben sich auch einzelne deutsche Persönlichkeiten um die Umwandlung der raubbaumäßig betriebenen Plantagenwirtschaft in eine planvoll betriebene Landwirtschaft bemüht. Major von Schäffer trug sich z. B. mit der Absicht, ausländische Nutzpflanzen in Brasilien heimisch zu machen und europäische landwirtschaftliche Arbeitsgeräte einzuführen. Der Schweizer Joseph Jakob Baumann züchtete auf seinem Landgut vor der Stadt São Paulo europäische Blumen, Obstsorten und Weinstöcke. Der Konsul und Naturforscher Georg Heinrich von Langsdorff versuchte, allerdings erfolglos, dem Pflug in der Landwirtschaft Mittelbrasiliens zur Anerkennung zu verhelfen. Auf seinem Gut ‚Mandioka' im Staate Rio de Janeiro stellte er planmäßig landwirtschaftliche Versuche an; gleichzeitig trieb er hier, sozusagen in der ersten landwirtschaftlichen Versuchsanstalt Brasiliens, meteorologische und botanische Studien. Auch die Kaiserin Leopoldine bemühte sich um die Förderung des Ackerbaues und der Viehzucht; sie ließ Rassetiere aus Europa kommen und versuchte, europäische Kulturpflanzen zu akklimatisieren. Durch ihre kleine, nach europäischen Vorbildern eingerichtete Zuchtstation auf dem kaiserlichen Gut Santa Cruz hoffte sie ebenfalls der Viehzucht und Landwirtschaft neue Anregungen geben zu können."[226]

Diese Feststellungen veranlassen uns auch noch, auf die von den Kolonisten geernteten Früchte näher einzugehen.

Noch heute am verbreitetsten Blockflur

Nach Art dieser Wirtschaftsstruktur, welche im Gegensatz zur lusobrasilianischen eine erstaunliche Vielfalt in der Eigenversorgung zuließ und sich von den Gewohnheiten der Indianer um ein noch vielfacheres abhob, war auch die Flurverfassung gestaltet. Wir gehen dabei von der Lage und Form der Flur aus und stellen fest, daß die bewirtschafteten Flächen inmitten des zunächst erworbenen Loses nahe beieinanderliegen. Die Geschichte der Landnahme ließ uns dies auch von vornherein vermuten. Und auch wenn das „Los" im Laufe der Zeit durch Erbteilung verkleinert wurde, achtete man darauf, daß die von einem Hof aus bewirtschafteten Flächen eine räumlich zusammenhängende Einheit bildeten. Daher ist die bei unseren Kolonisten weitest verbreitete

---

225 ebenda, S. 180 f
226 ebenda, S. 181

Flurform die der Pionierzeit entsprechende „*Blockflur*". Die Blockflur bildete auch im von Deutschen bewohnten Europa die Ausgangsform in der Wirtschaftsgeschichte und Flurverfassung.[227] (Siehe Farbbild 30.)
Erst bedeutend später, in der Regel durch Erbteilung, kam eine Besitzstreuung auf. Doch konnte auch dann nicht von einer „Gewannflur" die Rede sein. Sobald nämlich Neuland erworben wurde, erwarb man es möglichst wieder in einem Stück dazu oder vereinigte dieses mit dem größten Teil des bestehenden Besitzes.
Der Block, ursprünglich zumeist zur Gänze urwaldbestanden, wurde der Notwendigkeit entsprechend in „Roças" und „Potreiros" aufgegliedert. Die Aufgliederung bzw. Begrenzung der einzelnen Teile erfolgte durchwegs auf Grund natürlicher Gegebenheiten. Als solche sind Flußläufe, Sümpfe, Bodenschwellen, das Auftreten bestimmter Pflanzenarten, welche eventuell die momentane Rodung behinderten, u. ä. – von den Nachbarsgrenzen abgesehen – zu nennen.

Ackerland und „Potreiro"

Das Ackerland liegt von der Behausung entfernter als der „Potreiro". Letzterer diente nur als Weide und so blieb es! Sowohl in Brasilien als auch in Peru ist die Heueinbringung unbekannt; die von Lesemäuerchen umgebene Fläche wird nur abgeweidet.
Der „Potreiro" liegt auch im Bereich der Dörfer tunlichst im engsten Hofgebiet und wird von dem des Nachbarn durch Mauern oder hohe Lattenzäune abgegrenzt. Das Vieh wird ganz im Gegensatz zu den Gepflogenheiten des brasilianischen „Fazendeiro" oder peruanischen „Hazendero" vom Kolonisten stets in der unmittelbaren Nähe seiner Behausung gehalten.
Beim Portugiesen und Spanier wäre dieses allein schon wegen der Größe der Herden unmöglich gewesen. Sie hatten mit diesen eine Monokultur betrieben.
„... Schon bald nach ihrer Ankunft hatten die portugiesischen Einwanderer erkannt, daß die Viehwirtschaft als die körperlich weit weniger anstrengende Arbeit ihnen weit mehr liege als die Landwirtschaft. Üben die Lusos (Luso = Lusobrasilianer, Portugiese, nachdem Portugal auch Lusitanien bezeichnet wurde; d. Verf.) dennoch Landwirtschaft, so ist es noch heute ... Plantagenbetrieb, wobei die früheren Sklaven durch Landarbeiter ersetzt wurden ... Den deutschsprachigen Siedlern war hingegen von vornherein bei ihrer Einwanderung die ungeheuer schwere Aufgabe zugedacht worden, den Urwald, mit dem der Luso nichts anzufangen wußte, für die brasilianische Wirtschaft zu erobern."[228]
Sie unterschieden sich deshalb auch von den bisherigen Siedlern allein schon durch die Form der Viehwirtschaft.
Im Gegensatz zu den genannten nennt der deutsche Kolonist – von Ausnahmen abgesehen – nur etwa 3 bis 7 Stück Kühe, und zwar Milchkühe, sein eigen, welche jahrein, jahraus auf seinem „Potreiro" weiden. Allerdings könnte diese Viehwirtschaft – wie wir wissen – in der Milchtierhaltung und Milchverarbeitung gewaltig gesteigert werden. Der „Fazendeiro" züchtet hingegen die Rinder als Fleischtiere und lebt vom Viehhandel. Der Kolonist schlachtet ein Rind nur zu den höchsten Anlässen oder verkauft es zu solchen Anlässen zwecks Schlachtung an andere.

---

227 Helbok, Adolf: Grundlagen der Volksgeschichte Deutschlands und Frankreichs, 2. Bd. (Textband und Kartenband). Berlin–Leipzig 1937/38
228 Oberacker, a. a. O., S. 39–40

Die paar Kühe sind also dem deutschen Kolonisten, „wie weiland dem Germanen", eng vertrauter Besitz. Er will ihn in unmittelbarer Nähe wissen.
Diese öfters zu hörende Erklärung muß allerdings um zwei wesentliche Erklärungen ergänzt werden. Einmal handelt es sich, im Gegensatz zum anderen, beim kleinen Rinderbestand des Kolonisten bekanntlich um Milchtiere. Ihre notwendige tägliche Betreuung läßt es zweckmäßig erscheinen, sie in der Nähe der menschlichen Behausung zu halten. Zum anderen sind es allerdings auch, wie schon an anderer Stelle erwähnt, Sicherheitsüberlegungen, vor allem die Vorkehrung gegenüber räuberischen Überfällen; bildete doch der Viehbestand den einzigen beweglichen Besitz des Kolonisten. (Siehe Farbbild 36)
Daraus ergibt sich, wie selbstverständlich, daß man die Ackerflächen von den Höfen weiter entfernt anlegte, auch wenn man auf ihnen häufig, ja häufiger als auf dem „Potreiro", arbeitet.

URWECHSELWIRTSCHAFT, HACKBAU

Die Bebauung erfolgt in Brasilien und Peru von unseren Leuten gleich und zwar so, daß das zuerst bebaute Grundstück nach 6 bis 8 Jahren dem Wald überlassen und das anstoßende Grundstück gerodet und bebaut wird. In der Regel kommt auf dem verlassenen Grundstück nicht mehr Urwald, sondern nur noch Sekundärwald, die sogenannte „Capoeira", auf. Nach einigen Jahren wird auch das zweite Grundstück verlassen und mit Brand weiter gerodet werden.
Diese primitive Art der Brandwirtschaft würde Wilhelm Abel mit Recht eine „Urwechselwirtschaft"[229] bezeichnen. Sobald der größte, wenn nicht der gesamte Komplex des Besitzes „umgetrieben" ist, muß wieder von vorn begonnen werden. Die deutschsprachigen Kolonisten pflegen allerdings einen Urwaldbestand für die zukünftigen Generationen zu belassen, so daß der Umtrieb schon vor der gänzlichen Rodung einsetzt. Da auf die Roças kaum Mist gefahren wird – die Düngung ist weithin unbekannt (bzw., von Europa her gesehen, in Vergessenheit geraten) –, wird der Ertrag nach jedem Umtrieb geringer, und dieser Tatsache wurde lange dadurch begegnet, daß man nach Rodung der letzten Urwaldreserve die Siedlung verließ und zur Suche nach Neuland aufbrach.
In den Anfängen der Besiedlung betrieb man vielfach allein urhaften „*Hackbau*". In den steilen Roças – und es gibt deren viele – unterwirft man sich ihm auch heute noch tagtäglich im Schweiße des Angesichts. Erst nach ausreichendem Schwenden, d. h. nach dem Beseitigen der Baumstrünke und Wurzelstöcke, konnte der Pflugbau folgen, sofern der Kolonist so weit wirtschaftlich erstarkt war, daß er sich ein paar Zugochsen halten konnte. Mit deren brachialer Kraft wurden sodann die ersten langen Ackerfurchen gezogen und die Ackerflur von selbst in Zelgen abgeteilt.
Natürlich liegen diese Zelgen in der Raumeinheit des Hofes. Wo im Laufe des Siedlungsausbaues Dörfer entstanden, dort trat nachträglich auch Gemengelage auf, jedoch nicht in der strengen Form einer Gewannflur nach europäischen Gewohnheiten. Dazu sind die Siedlungen viel zu jung –.
Die „Potreiros", die Weideflächen, bilden das beständigste Faktum. Sie erfahren durch Jahre keine Veränderung. (Siehe Farbbild 36.)

---

229 Abel, Wilhelm: Geschichte der deutschen Landwirtschaft vom frühen Mittelalter bis zum 19. Jahrhundert (Deutsche Agrargeschichte, Bd. II). Stuttgart o. J. (1962). S. 77

Zäune verhindern das Ausweichen des Viehs; häufig handelt es sich – wie erwähnt – um Trockenstein-Mäuerchen. Sie bilden oft auch die engere Umfriedung des Hofes.
Die Sparsamkeit und finanzielle Beschränkung der meisten Kolonisten hat die Einführung von Stacheldrahtzäunen an Stelle älterer Zaunarten bis heute auf bestimmte Gebiete beschränkt.
Sicherlich ist aber die Viehzucht noch in den Anfängen.

Der Milchertrag der Kolonistenkuh ist nämlich noch nicht hoch und schwankt zwischen 5,8 und 12 Liter pro Tag. Den Tieren macht das Klima und namentlich die Insekten (besonders die Zekken) viel zu schaffen. Die Rassezüchtung sowie die Futterpflege könnten auch verbessert werden. Das übliche Fleischgericht stellt dem Kolonisten das Huhn.

Sein Fleisch ist oft sehr zäh; die Kolonisten sprechen deshalb gerne scherzhaft vom Fleisch des „Bauernadlers".

Der Schweinezucht wurde bereits Erwähnung getan. Katze, Hund, Pferd und Maulesel vervollkommnen die Arche Noah.

Wie mag sich der Taglöhner aus Deutschland ob dieses seines Besitzes gefreut haben, wenn dieser herangewachsen war und er sich deshalb auch als vollwertiger Kolonist fühlen konnte!

Keine Sklaven; von vornherein kleine Familienbetriebe

Die Rodung und Bewirtschaftung erfolgte zumeist im engsten Familienbetrieb. Dies ist auch heute noch so der Fall. Ausnahmen finden sich nur unter den Großbesitzern auf dem Kamp und bei den Kaffeefazendeiros.

Da die Tätigkeit in der Roça sehr anstrengend ist, erfordert sie viel Kraft und sind daher unsere Kolonisten, wie wir schilderten, oft abgezehrt und müssen, mangels fortschrittlicher Wirtschaftsformen, von sich und von ihren Kindern das Letzte abfordern. Jedem Besitzer offenen Landes mußte der Einsatz seiner eigenen Kräfte und seiner Dienstboten im Wald als unrentabel erscheinen. Kein Fazendeiro wäre mit seinen Leuten dem Urwald zu Leibe gerückt; er wußte lohnendere Beschäftigungen. Deshalb gaben er und der Staat den Waldbesitz gern an die Kolonisten ab, zumal im Abverkauf dafür noch bezahlt wurde.

So ging „tatsächlich bald nach ihrer Ankunft" (nämlich der Kolonisten, d. Verf.) „der Urwaldboden aus der Hand der Regierung oder auch aus den Händen lusitanischer Privatbesitzer an die Deutschen über."[230]
Doch indem dieser – in kleinen Einheiten – auf sie überging, setzten sie sich auch auf diesem fest und wurde dieses, wie wir bereits an anderer Stelle ausführten, zu ihrem Schicksal. Urwald und Abgeschiedenheit prägten ihren Charakter ebenso wie freies Besitztum und harte Bauernarbeit.

DIE TYPISCHEN ANBAUPFLANZEN

Der Ackerbau richtete sich auf ganz bestimmte Früchte aus.
Die Hauptfrüchte, welche unsere Kolonisten hervorbrachten, nannte ich schon in den Ortsberichten; es waren und sind dies: *Mais, Reis, Weizen, Kartoffeln, Süßkartoffeln, Maniok und Bohnen.* Wenn irgend möglich, zieht der Kolonist für seine Zwecke

---

230 Oberacker, a. a. O., S. 40

Tabak, Kaffee und *Zuckerrohr.* Bei entsprechendem Anbau verkauft er auch einen Teil der Ernte.

Nicht umsonst reihe ich den Mais an die erste Stelle.
Der *Mais,* für Tropenlandschaften wie geschaffen, in Amerika urbeheimatet – man denke u. a. auch an die Maisgottheiten der Mexikaner –, hatte, wie schon im Bericht erwähnt, in den Notjahren, die den Franzosenkriegen folgten und welche wieder der Einwanderung vorangegangen waren, wesentlich dazu beigetragen, den Hunger zu stillen. Besonders war dies in den süddeutschen Landschaften der Fall gewesen (während in den norddeutschen Gebieten die Bedeutung der Kartoffel überwog). Auf alle Fälle bildete damit der Mais für den größeren Teil der Auswanderer eine wohlvertraute Nahrungspflanze! Dabei eignete er sich auf den frisch gerodeten, noch mit vielen Stämmen und Wurzelstöcken besetzten „Roças" besonders gut. Man konnte die Körner stekken, wo gerade Platz war. An ein Säen war ja in der ersten Zeit überhaupt nicht zu denken; auch Getreide mußte gesteckt werden. Doch auch die Vielseitigkeit der Verwendung des Maises verdient noch einmal hervorgehoben zu werden.
In der Brei- und Brotnahrung spielt er bei unseren Kolonisten heute noch eine Hauptrolle, worauf noch näher einzugehen ist.

Neben der Nahrung für den Menschen hat der Mais, brasilianisch „*milho*" genannt, aber auch in der Viehnahrung eine große Bedeutung: einmal als Körnerfutter für das Federvieh und zum andern als Futter für die vielen munteren schwarzen Schweinchen, deren Züchtung eine wichtige altertümliche Einnahmequelle darstellt.

Neben dem Mais haben Kartoffeln, Süßkartoffeln und Maniok eine Hauptstellung in der bäuerlichen Selbstversorgung inne; genauso auch Bohnen und Reis. In den Berichten wiesen wir darauf hin, daß es sich beim letzteren um *Bergreis* handelt.

Deshalb verlangt er auch keine Bewässerungsanlagen, welche im Gebirge auch kaum möglich waren. Er braucht nur zur rechten Zeit den Regen und gewährt in der Alltagskost vielfach eine willkommene Abwechslung neben den vorerwähnten Kartoffeln und Maniokknollen.

Ich vermute, daß die Norditaliener den Bergreis in unsere Landschaften brachten. Sie kolonisierten ja vielfach in der Nähe der oder mit den Deutschen und namentlich mit den Österreichern, mit denen sie sich teilweise ja auch in einem Staatsgefüge befunden hatten.
Die *Bohnen* endlich sind aus dem Küchenzettel der Kolonisten schon gar nicht mehr wegzudenken. Kein Mittagmahl ohne Bohnen! Ihr Eiweißgehalt ist angesichts des offensichtlichen täglichen Mangels an Fleischprodukten äußerst wichtig. Die Vorliebe zu ihnen mögen die Kolonisten aus der alten Heimat mitgebracht haben. Sicherlich besaßen sie aber auch die Portugiesen. Das Bohnengericht war für den Seefahrer eine bekannte Speise. Schlußendlich war es aber auch für die Neger und Negersklaven gewesen, so daß gerade die Negersklavin als Köchin für die Verbreitung der Pflanze durchaus beigetragen haben mag.

Die Kolonisten ziehen die kleinen schwarzen Bohnen und die etwas größeren, braunen, sogenannten „paulistanos". Genügt Mais in der Regel für den Eigenbedarf, so können Bohnen sehr wohl auch verkauft werden. Dasselbe gilt für Reis und Weizen, natürlich nicht gemeinhin in dem Umfang, wie dies bei den Donauschwaben und Mennoniten der Fall ist.
An weiteren Früchten wären noch zu nennen: „*Abacaxis*", „*Avocados*", Orangen, *Beeren* und namentlich *Bananen.* Letztere sind in ihrer Bedeutung für die Ernährung von Mensch und Vieh besonders hoch einzuschätzen. Auch wir haben uns wochenlang auf unseren Fahrten fast nur von Bananen ernährt.
Mit gleicher Hochschätzung ist auf eine nicht minder anspruchslose Pflanze zu verweisen: auf das Zuckerrohr. Auch dieses erweist dem Kolonisten große Dienste.
Von Gemüsen hatte ich in meinen Berichten jedoch wenig vermeldet. In der Tat ist der Hausgarten auch nicht sehr reichhaltig. Doch sah ich verschiedene *Salate,* weiters *Tomaten, Gurken* und *Melonen.*
Im Hausgarten gedeihen desgleichen verschiedene *Tees* zu medizinischen Zwecken.

In dieser Weise begegnen dem aufmerksamen Wanderer auf Schritt und Tritt Eigentümlichkeiten, welche unsere Kolonisten ohne Absicht abheben und als eigenständige Gruppe erkennen lassen.

Daß sich die deutschen Kaffeefazendeiros in Rolândia ähnlich wie die großen Bauern der Donauschwaben in Entre Rios sowie der Mennoniten in Campo Alto und Witmarsum von den hier geschilderten Gepflogenheiten abheben, ist verständlich. Doch bei den Kleinbauern unter ihnen stellen wir dieselbe Verfassung wie bei unseren anderen Kolonisten fest.

LANDWIRTSCHAFTLICHE GERÄTE, NEUE UND GEWOHNTE

Endlich ist noch über die landwirtschaftlichen Geräte zu berichten, welche dem Kolonisten zum Aufbau seiner Existenz und zu seiner unzweifelhaft großen Kulturtat zur Verfügung stehen.[231]
Sie sind seine engsten Kameraden im Urwald und auf der „Roça". *Beil, Axt, Hammer, Nagel, Säge, Pickel, Zapin, Schaufel* und *Hacke,* ja auch den Pflug führte der Kolonist häufig in seinem Auswanderergepäck mit sich.

In allen Empfehlungen an die Auswanderer heißt es etwa wie bei K. Schueler: „Dreißigjährige ... Erfahrungen": (weiters) „packe man Handwerkszeug, an dessen Benützung man gewöhnt ist, ein."[232] In den Empfehlungen an die Dreizehnlinder hieß es: „An Werkzeug ist möglichst mitzunehmen: Pickeln, Schaufeln, Sensen, Sicheln, Denglzeug, Schindleisen, Krampen, Zeppinen, Hammer, Zangen, Schraubstöcke, Schraubenzieher, Äxte, Hacken, verschiedene Feilen, Handsägen und Bogensägeblätter; wer in der Lage ist, soll auch eine große Säge von zirka zwei Meter Länge, Hobel, Meißel, Stemmeisen, Meßband, Zollstock, Abziehstein, einen kleinen Schleifstein usw. mitnehmen. Bei größerem Werkzeug sind die Stiele natürlich nicht mitzupacken."[233]
Sensen wurden allerdings, wie schon in den Berichten erwähnt, nicht so benötigt, wie man es in Europa für notwendig gehalten hatte. Den *Bohrer* unter den Zimmermannsgeräten wollen wir jedoch, ergänzend, nicht unerwähnt lassen.

Nur am Anfang wurde den Kolonisten das ihnen zugemessene Land völlig kostenlos übertragen. Dazu wurden ihnen außerdem noch für das erste Jahr ein Geldzuschuß, landwirtschaftliche Geräte sowie Kühe und Reittiere zur Verfügung gestellt.

Nach Aurelio Porto warb Major Schäffer Kolonisten in Deutschland bekanntlich unter folgenden Bedingungen an:
a) freie Reise auf Kosten der kaiserlichen Regierung
b) unentgeltliche Abtretung eines Stücks Landes von 400 Klafter (Braças) im Quadrat bzw. 160.000 Quadratklafter
c) für jeden Kolonisten ein täglicher Geldzuschuß von einem Franken oder 160 réis während des ersten Jahres und die Hälfte im zweiten Jahr
d) für jede Familie nach Maßgabe der Zahl der Familienmitglieder eine bestimmte Anzahl Rinder, Pferde usw.
Außerdem wurden bewilligt:
a) der unverzügliche Titel eines brasilianischen Bürgers
b) vollkommene Religionsfreiheit
c) Steuerbefreiung für 10 Jahre[234]

Bei der Beistellung von Geräten und Tieren erinnert sich der Wirtschaftshistoriker wieder an ähnliche Vergünstigungen im deutschen Mittelalter; dort sprach man von der

---

231 Ilg, Karl: Art und Bedeutung der landwirtschaftlichen Geräte der deutschstämmigen Kolonisten in Südamerika. In: Österr. Zeitschr. f. Volkskunde, XXV. Bd. (1971), S. 61 ff
232 Schueler, Karl: Brasilien. Seine Bedeutung für Auswanderer und Kapitalisten. Berlin 1921
233 Benesch, Leopold: Dreizehnlinden. Die österreichische Siedlung in Brasilien. 4., erweiterte Aufl. Linz o. J. (1946). S. 28
234 Porto, Aurelio: Die deutsche Arbeit in Rio Grande do Sul. São Leopoldo 1934, S. 40

Beistellung vom „eisernen Vieh"[235] usw. Wie solche Vergünstigungen im Mittelalter aber nur bei größeren Schwierigkeiten in der Landnahme gewährt wurden, so berechtigten uns die gleichen Maßnahmen im 19. Jahrhundert zur Annahme, daß die Grundherren bzw. der südamerikanische Staat in der Besiedlung der den Deutschen übertragenen Räume ebenfalls große Schwierigkeiten erblickten. Die Rodung der Urwälder galt stets als die Überwindung einer Summe von Schwierigkeiten.

Die foice bei den Brasildeutschen

Unter den landwirtschaftlichen Geräten begegnete den Kolonisten jedoch alsbald ein neues: die *„foice"*. Sie stellt das erste und wichtigste Gerät zur Urbarmachung dar. Es handelt sich um ein durch einen Holzteil verlängertes Buschmesser, dessen oberes Ende sichelartig nach innen, zur Schneidfläche hin, eingebogen ist. Es ist daher sehr dem in unseren Alpen verwandten Schneitelmesser ähnlich und sicherlich ein urtümliches, vielen Zwecken dienendes Gerät. Es wird von den Kolonisten auch Buschsichel genannt.

Mit ihm wird nämlich nicht nur das dichte Unterholz geschlagen, man kann mit ihm auch dicke Äste und selbst Stämme abhauen. Daher weisen die für die Industrien wie für den Haushalt aufgestapelten Holzbeigen kaum je den Schnitt einer Säge auf, sondern fast immer nur die Hiebflächen mit der „foice". Allein damit nicht genug. Mit der „foice" wird auch gemäht; allerdings nicht ein Gras, wie wir es kennen, sondern ein strohartig wildes Kraut. Unwillkürlich erinnert man sich dabei an die Entstehung des Wortes „Heu", das das Gehauene bedeutet; ursprünglich gab es wohl auch bei uns einen wie oben beschriebenen Grasbestand, der auf gleiche Art gemäht, also „gehauen" worden war.[236] (Siehe Textzeichnung 5)

Da das Wort portugiesischen Ursprungs ist, kann angenommen werden, daß den Portugiesen auch die Einführung dieses Vielzweckinstrumentes nach Brasilien zu danken ist. In den spanisch sprechenden Staaten des südamerikanischen Subkontinents wird bekanntlich die stiellose *„Machete"* zur Rodung – zumindest zur Öffnung der Schneise –, im weiteren die Axt verwendet. (Siehe Farbbild 39.)

Natürlich führen diese Überlegungen den, auch mit der Geräteforschung befaßten Ethnologen zur Frage, ob dieses „Vielzweckinstrument" früher in Europa nicht eine größere Verbreitung hatte. Denn offenbar wurde es in weiten Teilen schon längst durch entwickeltere Geräte, welche für die einzelnen Zwecke spezialisiert wurden (Sichel, Sense, Säge, Beil, Axt), abgelöst. Doch war zu hoffen, u. a. noch in Museen Zeugnisse anzutreffen. Tatsächlich finden sich solche sehr wohl. Die ersten begegneten mir in alten Darstellungen in rumänischen Museen! Weiters bot die Ausstellung „Die Kelten in Mitteleuropa" vom 1. Mai bis 30. September 1980 im Keltenmuseum *Hallein*, Land Salzburg, Österreich, bildliche und gegenständliche Zeugnisse an sowie endlich das „Walsermuseum" in Mittelberg, Kleinwalsertal, mit welchen Zeugnissen auch das Vorkommen der foice im ehemaligen Mitteleuropa belegt ist! Die bildlichen Darstellungen lassen erkennen, daß die foice auch, wie heute noch in Brasilien, als Waffe verwendet wurde! Wohl anzunehmen ist, daß dieses Instrument auch den Römern bekannt war!

Der Name „foice" leitet sich aus dem Lateinischen ab: falx, -cis (vulgär-lat.: falce), womit „jedes gekrümmte Schneidewerkzeug" verstanden werden kann (ital.: falce, franz.: faux)[237]. Ihm kommt im Deutschen die „Hippe" gleich!

---

235 Wopfner, Hermann: Bergbauernbuch. 1. Bd. Innsbruck–Wien–München o. J. (1951), S. 79 – Stolz, Otto: Die Schwaighöfe in Tirol (Wissenschaftliche Veröffentlichungen des Deutschen und Österreichischen Alpenvereins, 5). Innsbruck 1930. S. 37
236 Ilg, Karl: Die Sense in ihrer Entwicklung und Bedeutung. In: Schlern-Schriften 53 (Wopfner-Festschrift, II. Teil). Innsbruck 1948. S. 179–190
237 Stowassers Lat. Handwörterbuch, 5. Aufl. Wien 1918

Textzeichnung 5
Die „foice"

Der mit der „foice" auf der Schulter zur „Plantage" oder „Roça" aufbrechende Mann gehört zu einem der alltäglichen Bilder in den Siedlungen im Interior.

Eigenartig ist übrigens auch das Schleifen der „foice". Man verwendet hierfür keinen Wetzstein, sondern eine kleine Eisenfeile.

Das nächste bedeutendste Gerät ist die Haue. In der Regel handelt es sich um eine sehr breitschaufelige Haue. Männer, aber auch Frauen und Kinder führen sie vom Morgen bis zum späten Abend in ihrer Hand. Sicherlich hatten sie die Kolonisten bereits in ihrem Auswanderergepäck, während man dies von der „foice" nicht annehmen kann. Diese Haue ist für viele Bodenverhältnisse wenig geeignet. Die Traditionsliebe der Kolonisten wie ihr Mangel an Fortschritt, aber auch die Beharrlichkeit der örtlichen Erzeuger ließen jedoch keine Veränderung zu. So kommt es, daß die älteren Leute häufig in den Armen ein Zittern haben, daß sie, wie schon erwähnt, kaum imstande sind, eine Kaffeetasse zu halten...

Ohne Zweifel würde sich eine zweizinkige Haue, wie ich sie etwa in den französischen Alpen beobachtete, bedeutend besser im Serragelände eignen als das offenbar nur für Lehm- und Sandböden geeignete Instrument. Ich habe diese Ansicht oft Kolonisten und Erzeugern unterbreitet. Ing. Lindner aus Joaçaba bei Dreizehnlinden, ein gebürtiger Südtiroler aus *Vahrn* bei *Brixen*, versicherte mir, in größerem Umfang in seiner Fabrik diese Erzeugung aufnehmen zu wollen; doch dann starb er.

Pflug und Hacke

Die nächste Betrachtung gehört dem *Pflug*. Er ging[238] aus Grabscheit, Hacke und Arl hervor und stellt nach einer sehr ansprechenden Theorie meines emeritierten Innsbrucker Kollegen in Vor- und Frühgeschichte, Leonhard Franz[239], eine keltische oder germanische Erfindung dar. Sie wäre nördlich der Alpen gemacht worden und zu den Römern als „plovum Räti" gelangt.

Oberacker[240] bemerkt in seinem schon öfters genannten Werk über die Geschichte des deutschen Elements in Brasilien, daß die deutschen Kolonisten „neben der Egge auch den Pflug" nach Südamerika brachten. Vor ihnen wäre er in diesem Erdteil unbekannt gewesen.

Sicherlich kannten ihn nicht die Indianer. Unter diesen kommen die kulturell sehr tiefstehenden Indianer Brasiliens überhaupt nicht in Betracht. Diese waren noch zur Zeit Hans Stadens (1560) nur mit dem Grabscheit ausgestattet gewesen.[241] Hingegen hätten im Inkareich Perus bereits sehr wohl hochstehende Instrumente entwickelt worden sein können. Allein dort fehlte es das geeignete Zugtier. Das Lama war für viele Aufgaben, nicht aber als Zugtier geeignet. Auf den Hochebenen Perus mit hochentwickeltem Getreideanbau begegnet uns daher bis heute in der europäischer und nordamerikanischer Beeinflussung noch abgekehrten Gebieten nur eine von Menschenkraft gezogene Arlart sowie die kurzspitzige Haue, welche in Hockestellung mit einer Hand geschwungen wird. Daher waren es wohl zweifelsohne Europäer, welche den Pflug brachten. Außer den Deut-

---

238 Koren, Hanns: Pflug und Arl. Salzburg 1950
239 Franz, Leonhard: Aus dem vorgeschichtlichen Kulturleben in den Alpen. In: Jahrbuch des Österr. Alpenvereins, Bd. 74, 1949, S. 110–128
240 Oberacker, Karl Heinrich: Der deutsche Beitrag zum Aufbau der brasilianischen Nation. São Paulo – Brasil 1955. S. 265
241 Staden, Hans: Zwei Reisen nach Brasilien (1548–1555). Marburg an der Lahn o. J. (1963). 2. Aufl.

schen kamen jedoch für Südamerika noch die Portugiesen, Spanier, Franzosen und Holländer in Betracht!

Die Herrschaft der letzteren war durch die äußerst fortschrittsfreudige und auf die Entwicklung der Kultur und der Landwirtschaft Brasiliens bedachte Persönlichkeit des Fürsten Moritz von Nassau ausgezeichnet. Ihm wird die Verfeinerung einer Reihe wirtschaftlicher Methoden zugeschrieben, so etwa die verbesserte Aufbringung und Aufbereitung des Zuckerrohrs, der Baumwolle und des Kakaos. Desgleichen errichtete er Straßen und verbesserte die Unterkünfte der Arbeiter und Sklaven. Sein Besitz „Schönblick = Boa Vista" in Pernambuco bildete ein Mustergut in allem. Oberacker[242] hebt auch seine deutsche Abkunft hervor.

Von der Verbringung des Pfluges nach Brasilien durch die Holländer ist jedoch nichts bekannt geworden; ebensowenig wird dies von den Franzosen vermeldet. Die Anwesenheit jener war auch mehr militärischer Art gewesen.
Spanier und Portugiesen bedienen sich in ihrer vielfach felsigen Mittelmeerheimat heute noch häufig des Arls, und man schätzt den Pflug nicht, weil er in seinem Tiefgreifen „viele Steine an die Oberfläche kehrt". Für zurückliegende Jahrhunderte war der geeignetere Arl daher sicherlich noch mehr verbreitet gewesen.
Allerdings erwähnt die ausgezeichnete Darstellung der Geschichte des südlichsten Staates Brasiliens, daß den ersten Kolonisten aus den Azoren 1737, „erfahrenen Landwirten", zur Erbringung ihrer „großen Weizenernten"[243] geeignete Ackerbaugeräte zur Verfügung gestellt wurden. Ob „Pflüge", wird allerdings nicht gesagt. Wohl aber ist bei der Schilderung der Verlegung der staatlichen Faktorei von der Lagune in das Landesinnere des heutigen São Leopoldo in der gleichen Schrift vermerkt: „Schon breiteten sich von Gesträuch und Wald befreite Felder aus und bald fiel in die vom Pflug geöffnete Erde der Leinsamen."[244] War es aber tatsächlich ein Pflug, der die Erde geöffnet hatte, oder waren es nicht wieder nur Arle gewesen?

Die „alten" deutschen Pflüge bzw. die von den ersten Kolonisten verwendeten bestehen mit Ausnahme der Pflugschar nur aus Holz. Dabei handelt es sich um sehr stabile, um nicht zu sagen klobige Erzeugnisse. Die vierkantige Grindel und das Scharholz sind mindestens 12 bis 14 cm dick! Zur Führung dient eine kräftige Gabel, welche an die Grindel angeschlossen ist. Die metallene Schaufel ist etwa 25 cm breit und wieder klobig, offenbar das Erzeugnis des nächsten Dorfschmiedes. (Siehe Farbbild 37)
Mit Hilfe dieser „Pflüge", welche von einem Ochsenpaar unter dem „Nackenjoch" gezogen werden, vermögen die Kolonisten den Boden der Roça tief aufzuwühlen und dabei selbst die Baumstrünke zu ziehen, welche allenthalben im Boden wurzeln. Die wichtige Aufgabe des Schwendens hat wohl auch die äußerst stabile und derbe Ausführung des deutschen Kolonistenpfluges ausgelöst.

Diese beschriebenen Instrumente Machete, Foice, Hacke und Pflug bildeten lange die Geräte zur Landbestellung. Den Rechen zur weiteren Verkleinerung der Scholle und Aufbereitung der Erde und auch andere uns selbstverständliche Gartengeräte benützen unsere Kolonisten kaum.
Nun haben auch Eisenpflug und Traktor vielfach Eingang gefunden und wird letzterer auch bei der Erschließung neuer Rodungen in folgenschwerem Ausmaß verwendet. Unsere Großbauern blicken stolz auf einen ausgedehnten „Maschinenpark".
Doch ist noch besonders auf die „*Milhomaschine*" zu verweisen. Es handelt sich um eine Körnersetzvorrichtung. Sie wurde von einem Kolonisten erfunden! Mit ihrer Hilfe vermag der Kolonist, ohne sich zu bücken, die Körner in den Boden zu stecken. Nachdem die Maschine mit dem hohlen Spitz in den Boden eingedrungen ist, löst er durch

---

242 Oberacker, Karl Heinrich: ebenda, S. 67 ff
243 Porto, Aurelio: a. a. O., S. 10
244 Porto, Aurelio: a. a. O., S. 22

eine Vorrichtung das Durchfallen der Körner aus. Dies erzeugt ein knatterndes Geräusch; man hört es zur Anbauzeit in allen „Roças".
Die Milhomaschine hat das ursprünglich verwendete Setzholz, in der Regel ein zugespitztes Aststück, in Brasilien fast zur Gänze verdrängt. (Siehe Farbbild 38, Textzeichnung 6)

Textzeichnung 6

VERKEHRSMITTEL

Die Betrachtung ist mit den kolonisteneigenen Verkehrsmitteln abzuschließen. Dabei wären als die wichtigsten Verkehrsmittel im Lande heute die Omnibusse zu nennen. Doch sind sie in der Regel Eigentum größerer „viações", d. h. von Autogesellschaften, und daher nicht kolonisteneigen; auch besitzen lange nicht alle Kolonisten einen Personenwagen oder Jeep.

Vierrädrige Wagen

Das volkstümlichste Mittel des Kolonisten zur Beförderung seiner Erzeugnisse vom Feld nach Hause und von zu Hause auf den Markt bzw. auf die „venda" ist auch heute noch sein *Kolonistenwagen,* ein zum Unterschied vom zweirädrigen der Lusobrasilianer und Kastilianer vierrädriger Wagen. Der hochrädrige Karren ist auch auffallend verziert. Er zeichnet sich durch prächtige Volkskunst aus, während der Kolonistenwagen einen sehr einfachen, schlichten, graugrünen Anstrich trägt.
Ich vermute, daß er dem ärarischen Wagen nachgebildet wurde, wie er beim preußischen und österreichischen Militär lange Zeit in Verwendung stand. Auch die übrige Beschaffenheit spricht dafür. Er ist relativ klein, schmal und leicht und dadurch gerade auch für die schwierigen Verkehrsverhältnisse im „Interior" wie geschaffen. Ein Umkippen ist weniger als beim zweirädrigen Karren möglich.
Der Wagenaufbau besteht aus einem Bodenbrett und aus schräg nach oben und nach außen laufenden Wandbrettern. Die Vorder- und Rückseite wird mit einem schräggeschnittenen Stirn- und Hinterbrett abgeschlossen, das entweder mit Scharnieren am Wagen befestigt ist oder in einem an den Wänden befindlichen Falz eingeschlossen werden kann. Zur Beförderung von Personen wird einfach ein Querbrett über die Wandbretter gelegt. Zum Schutz für Personen und Waren kann auch ein Plachendach angebracht werden. Viele Kolonisten dürften diesen Wagen bei der Einwanderung mitgeführt haben. Später wurde er den Vorbildern nachgebaut.
Schon als ich diese Vermutung längst niedergeschrieben hatte, begegnete mir in der jüngsten Literatur ein gleicher Hinweis aus Nordamerika. Auch dort besaßen die deutschen Farmer einen gleichgebauten Wagen, „Conestega" genannt. Er war sehr gängig und auch für schlechte Wege sehr brauchbar; er spielte schon früh, so auch in den Kämpfen vor 1754, eine Rolle. Allerdings war der Conestega im Gegensatz zu den deutschen Wägen in Südamerika nicht militärgrün, sondern bunt gestrichen: „Die Räder des Conestega waren immer leuchtend rot gestrichen; der Wagenkasten war preußischblau und die Plane strahlend weiß." Von Hagen fügte hinzu: „Es wird behauptet, daß diese Farbenkombination auch die Farben der Flagge der Vereinigten Staaten beeinflußt hätte."[245]

Neben dem geschilderten Fuhrwerk besitzen unsere Kolonisten aber auch noch eine

---

245 von Hagen, Victor W.: Der Ruf der Neuen Welt. Deutsche bauen Amerika. München–Zürich 1970. S. 98 ff

Art „Rennwägelchen", wie solche auch unsere deutschen Bauern vor der Motorisierung besaßen. Sie eignen sich in erster Linie zur Personenbeförderung.
Zu diesem Zweck besteht ihr Aufbau aus einem breiten Sitz mit Seiten- und Rückenlehnen. Darauf können gut drei Personen, mit einem Kind vier Personen, Platz finden. In der rückwärtigen Hälfte des Wagens können Waren, Koffer und Gepäck abgestellt werden. Auch dieses „Rennwägelchen", dessen Wände und Lehnen aus schön gedrechseltem Gitterwerk bestehen, fährt auf vier Rädern. Mit diesem Wägelchen erscheinen die Kolonisten sehr gerne zum Kirchgang.
Zum Ziehen genügt für beide Wägen ein Zugtier. Zwei Zugtiere kann man bereits als Zeichen des Wohlstandes verstehen.

Um große Frachten zu befördern, wurden früher in den Kolonien mächtige Plachenwägen verwendet, die im Besitze der sogenannten „Carroceiros" waren. Diesen Wägen wurden bis zu acht Ochsenpaare vorgespannt und mit diesen Fahrzeugen gewaltige Überlandstrecken bewältigt. Man konnte auch deutsche Carroceiros antreffen.
Sie sind heute längst durch „Camions" abgelöst, welche auch in verkehrsmäßig sehr ungünstige Gegenden vorzudringen vermögen. Ähnlich wäre wohl auch bald das Auto in der Lage, die anderen oben aufgezeigten Verkehrsmittel zu verdrängen, wenn dem nicht die enorme Verteuerung der Erdölprodukte in den Entwicklungsländern entgegenstünde.

Immer noch im Sattel!

Deshalb wird sich auch das Reitpferd bzw. der Maulesel halten. Schon die Kinder werden im Umgang mit den Reittieren unterrichtet und beherrschen sie frühzeitig. Zum Reitpferd gehört auch der Sattel bzw. das Sattelzeug. Die Kolonistensättel können in Feiertagsausrüstung wahre Prachtwerke bilden und dem Sattel eines stolzen Fazendeiro in nichts nachstehen.

Die Beschläge sind prächtig, die Messingnägel funkeln, und vom Sattel hängen messingbeschlagene Kordeln. Die alten Steigbügel bestanden aus messingenen Halbschuhen, in die man auch barfuß schlüpfen konnte. Heute sieht man sie an den Wänden aufgehängt; sie gelten als Glückszeichen, ähnlich den Hufeisen in Europa. Mit ledernen Halbschuhen als Bügel sind wir selbst noch nach Pozuzo geritten.

Man unterscheidet einen *Frauen-* und einen *Herrensattel*. Doch reiten die Frauen heute zumeist im Herrensattel, und der Frauensattel wird nur noch zu besonderen Anlässen, z. B. zur Hochzeit, benötigt.
Um besonders weich zu reiten, wird über den Sattel noch ein buntgefärbtes Lammfell geschlagen. In Peru werden aus Lamawolle hergestellte Decken bevorzugt, welche die Indianerinnen kunstvoll zu weben verstehen.
Allerdings verwenden diese die Pozuziner seit einigen Jahren vornehmlich nur noch in den Außensiedlungen. Denn nach dem erwähnten Straßen- und Brückenbau erfolgte ein sprunghafter Übergang vom Reit- und Tragtier zum Lastwagen und, was die Jugend betrifft, zum Motorrad.

DIE VOLKSNAHRUNG

Natürlich war es unser Bestreben, auch Genaueres über die Lebensweise unserer Auswanderer und das Wichtigste über ihre Ernährungsweise zu erfahren.
Man kann davon ausgehen, daß die Wirtschaftsform auf eine möglichste Selbstversorgung abgestellt ist. Daraus resultiert zwangsmäßig eine bestimmte Nahrungsweise bzw. die Überlieferung einer solchen, von der trotz teilweise veränderter Verhältnisse auch in der Gegenwart nicht so schnell abgerückt wird.
Beginnen wir mit dem „täglichen Brot".

Das *Brotgetreide* lieferte ursprünglich fast überall der *Mais;* er stellt auch heute noch in sehr vielen Siedlungen das Brotgetreide dar. Infolge der Luftfeuchtigkeit ist das Brot nur sehr gering haltbar; es muß also oft, in der Regel zweimal in der Woche, gebacken werden. Dies geschieht in den jeweils vom Wohnhaus in einiger Entfernung liegenden selbstgebauten Backöfen. (Siehe Textzeichnung 7.)

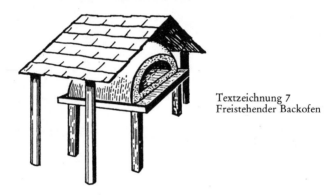

Textzeichnung 7
Freistehender Backofen

Diese bestehen aus einer Lehmtonne, welche auf Säulchen aufruht. Der Backofen ist also stets gestelzt. Auf den Stelzen ruht ein Bohlenboden, der dicht mit Lehm besetzt ist und auf dem die Tonnenwand aufruht. Zur Unterstützung der Konstruktion verwendet man Zweige, die in den Lehm eingeknetet werden und später in der Hitze verkohlen. Die Ofenöffnung wird in der Regel mit einer Holztür verschlossen.

Den Brotteig gibt man nicht direkt auf die durch die Glut erhitzten und von dieser nachträglich gereinigten Ofenböden, sondern reicht ihn in Kasserollen in den Ofen hinein. Diese Kasserollen – „late" genannt – sind einfache, vom Kolonisten selbst zurechtgeschlagene und zugebogene Blechbüchsen. Die Brotform hat daher Stollenform. Möglicherweise hängt diese Sitte mit norddeutschen Gepflogenheiten und mit dem Maismehl zusammen, das zuwenig eigene Bindung hat. Brot gibt es zu allen Mahlzeiten; am Morgen und Abend stellt es die Hauptnahrung dar. Zur Hefebereitung verwendete man früher – heute wird sie schon öfters gekauft – zerriebene rohe Kartoffeln, welchen Rohzucker, vom Zuckerrohr gewonnen, beigesetzt wird. Auf das Brot wird Marmelade – auf die wir noch zurückkommen –, Butter oder Topfen aufgestrichen.
Der Mais wird zu Hause oder in Wassermühlen gemahlen. Diese Mühlen ergaben Bilder, die an den „Schwarzwald" erinnern. (Siehe Farbbild 40)
Auch unter den gekochten Früchten spielt der Mais eine große Rolle! Aus Maismehl bereiten die Kolonisten nämlich auch einen Brei, wobei dem Mehl Milch oder Wasser

33 „Marterln" am „2. Weg" nach Pozuzo über die Anden

34 Kolonistenfrauen in Pozuzo in „ihrer" Tracht

35 Kahlschläge für Wiesenbau in Pozuzo

36　Typischer „Potreiro", Rio Grande

37　Breiter　　　　　38　Milho-Maschine　　　　39　Facon (Machete,
　　Kolonistenpflug　　　　　　　　　　　　　　　　　Buschmesser)

beigesetzt wird und dieser auf dem Herd in einer Pfanne so lange kocht, bis er fest wird. Dann wird er in einer Bratpfanne durch ständiges Stochern mit einer Schaufel zerkleinert. Diese riebelige Speise mundet ausgezeichnet und macht auf lange Zeit satt, umso mehr, je mehr Fett bzw. Butter beim Braten verwendet wird. Doch auch der polentaartige Aufkoch, mit heißer Butter übergossen, schmeckt gut. Namentlich die Abstämmlinge der Tiroler bevorzugen diesen, während die Alemannen den „Riebel" lieben. Endlich wird Mais zu einer Art Gemüsesuppe verwendet. In diese werden nämlich junge Kolbenschnitten gegeben und mitgekocht.

Für den *Mittagstisch* spielen Maniok, Reis und schwarze Bohnen die Hauptrolle. An Stelle von Maniok tritt in den südlichen Landschaften häufig die Kartoffel oder Süßkartoffel.

In „Tirol" tischte uns einmal eine Familie auch die „Caráfrucht" zum Mittagmahl auf: eine fünf Kilo schwere „Kartoffel", welche ausgezeichnet schmeckt, besser als unsere Kartoffeln. Man zeigte uns auch den Brotbaum, dessen Früchte so groß wie kleine Kürbisse werden und auch zu Kuchen, zu „Chips" oder zu einer Art Kartoffelbrei verkocht werden können.

Zu einem Wildschwein (das jedoch nur sehr klein bleibt) oder zum Fleisch des „tatu", eines Gürteltieres, das auch während unseres Aufenthaltes geschossen wurde, schmecken sie ausgezeichnet!

Bohnengericht als Fleischersatz

Die Bohnen ersetzen auf dem Werktagstisch das Fleisch. Bohnen werden fast zu jedem „warmen Essen" aufgetragen. Wir fanden sie nie anders denn als Brei zubereitet. An der Liebe zu ihm waren sicherlich mehrere Volkselemente beteiligt; um nur eine „deutsche" Erfindung handelt es sich, wie erwähnt, bei dieser Speise bestimmt nicht.

In den Bohnenbrei werden gekochter Reis, geriebene, auch ungekochte Manioca und gekochte Kartoffeln geschüttet. Der Kolonist genießt dieses Gemengsel mit offensichtlichem Hochgenuß.

Auch wenn die Leute auf der Roça arbeiten, wird ihnen in einer Blechschale Maniok oder Reis und Bohnenbrei nachgetragen.

Bohnenbrei mit eingekochten Schweinefleischbröckchen unter Zugabe einiger Gewürze, wie Pfeffer, Lorbeer, Essiggurken u. a., stellt ein Festgericht dar. Es ist die berühmte *„Feijoada".* Sobald von ihr die Rede ist, schnalzen die Kolonisten mit der Zunge. Beim Auftragen derselben bricht allgemeiner Jubel aus. In Brasilien ist jedes deutsche Haus stolz, eine besonders schmackhafte Feijoada zubereiten zu können. Die Feijoada ist nicht in der deutschen Küche entstanden; sie wurde von den Lusobrasilianern übernommen. Man wird dieses fettreiche „schwere" Gericht keineswegs als besonders gesund und dem heißen Klima angepaßt bezeichnen können.

Kartoffeln, Süßkartoffeln und Maniok werden fast nur in gesottenem Zustand aufgetragen. Diese allgemeine Art der Zubereitung geht sicherlich auch auf die einfache Herdgestaltung zurück. Neben warmen Süßkartoffeln wird sehr gerne Kartoffelsalat gereicht. Zum Churrasco darf er nie fehlen!

Daneben werden Kartoffeln, mit Mehl und Fett verknetet, zu *„Kücheln"* gebacken. Ähnlich werden auch aus dem Farinhamehl, das aus dem zerriebenen und gepreßten Maniok gewonnen wird, „Kücheln" gebacken, die sehr gut munden. Fällt „außer der Zeit" ein Gast ins Haus, sind diese Kücheln die gängige Speise, mit der der Besuch bewirtet wird.

An Gemüsen im engeren Sinne ist die Kolonistenküche, wie erwähnt, nicht sehr reich.

Das gebräuchlichste Gemüse ist das Kraut, und zwar weniger aus Krautköpfen als aus Krautrüben. Salate, Spinate gibt es selten. Das Fehlen der in diesen und ähnlichen Gerichten enthaltenen Stoffe ist sicherlich mit eine Ursache der häufigen Zahnerkrankungen. Die Küche ist wohl zu einseitig, und Mangelerkrankungen sind die Folge.
Ein sehr gesundes Gericht bildet die gekochte oder gebratene Banane. Sie sättigt außerordentlich und mundet außerdem zum Fleisch besonders gut.
Die Gattin des Industriellen Hering aus Blumenau machte uns auch auf die große Heilkraft des Bananensaftes aufmerksam. Er wäre „besonders hilfreich gegen Schlangenbiß"; zerhackte Bananenstengel würden „das beste Heilfutter gegen jegliche Krankheiten des Viehes" darstellen. Vermutlich wurde die Erfahrung von den Indianern übernommen.

Ein seltenes und dementsprechend geschätztes Gericht sind die Teigwaren, vor allem Nudeln. Sie werden noch vielfach in den Haushalten von Hand hergestellt. Einen besonders hohen und willkommenen Besuch zeichnet man mit dieser Speise aus. In Dankbarkeit an meine Kolonistenfreunde sei bemerkt, daß wir dieses Gericht mehr als verdient oft vorgesetzt erhielten.

In Ermangelung an Fleisch werden auch gerne Spiegeleier, oft „Ochsenaugen" genannt, zu Salzkartoffeln oder zum Kartoffelsalat, auch zum Brot gereicht. Häufig gibt es auch hartgekochte Eier, namentlich zum Frühstück oder zum Abendbrot. Eier werden auch häufig in die Suppen eingeschlagen.

In Süßspeisen, namentlich bei der Zubereitung der „Zöpfe" und „Stollen", werden sie geradezu verschwendet. Von diesen deutschen Gebäcken abgesehen, wäre noch eine, sicher „drüben" erworbene Süßspeise, die „Rapadura", zu nennen, zu der Zucker, Eier und geriebene Nüsse vermengt werden. Von der Stange werden Schnitten abgetrennt.

Die charakteristische „Schmiere"

Zu den Süßspeisen sind auch die verschiedenen *Marmeladen* zu zählen. Besonders verbreitet sind Erdbeer-, Avvocados- und Zuckerrohrmarmelade. Letztere ist die häufigste und gehört zu jedem Brotaufstrich.
Sie wird aus gekochtem Zuckerrohrsaft gewonnen. Dieses geschieht mit Hilfe einer handgemachten, hölzernen Presse. Sie ist auf jedem Hof anzutreffen.
Doch nur wir in Europa sprechen von Marmeladen...
Alle Marmeladen heißen bei den Kolonisten „Schmiere". Man „schmiert" sie auf. Unter „Marmeladen" verstehen sie hingegen festgekochte, steife Formen. Sie werden nicht als Brotaufstrich, sondern als Leckerbissen für sich gereicht.
Die Milch wird auch zu einem wesentlichen Teil zu „Schmiere" verarbeitet. Man versteht darunter einen Topfen, dem viel Pfeffer und Zwiebeln beigegeben werden.
Als „Käse" entdeckte meine Frau in Pozuzo aus Topfen gebildete Kugeln; sie werden über dem Herd in der Küche geräuchert.
Es dürfte sich um eine sehr altertümliche, bereits aus Tirol mitgebrachte Art handeln.
In jüngster Zeit versuchen sich mehrere Siedlungen mit Erfolg auch in der Herstellung moderner Käsearten, namentlich in Santa Catarina!
Überall, wo Milchkühe gehalten werden, wird auch Butter hergestellt. Die beste genossen wir zweifellos in Dreizehnlinden.
Sie wird auch zu Butterschmalz abgekocht. Noch mehr als dieses wird in der Küche jedoch Schweinefett verwendet. In den „Vendas" wird es in Fässern gehandelt.
Daneben beobachteten wir in abgelegenen Siedlungen über dem Herd ein fleischarmes

Speckstück hängen, von dem die nötige Fettmenge nach Bedarf zum Kochen herabgeschnitten wurde.
Die Aufbewahrung von Lebensmitteln stößt begreiflicherweise auf Schwierigkeiten. Man muß notgedrungen mehr als in unseren mitteleuropäischen Klimaten „von der Hand in den Mund" leben. Dies gilt namentlich für sämtliche Fleischspeisen. Das Fleisch ist im Tropenklima äußerst verderblich, und man tut gut, größte Vorsicht walten zu lassen.

Vor allem Hühnerfleisch; gelegentlich Churrasco

Die *Hauptfleischnahrung* ist Hühnerfleisch. Hühner gibt es in jedem Kolonistenhaushalt in ausreichender Menge. Den Unterhalt finden ja die Tiere selbst. Man hält die Hühner ebenso zur Eiergewinnung wie zur Fleischversorgung. Hühnerfleisch gibt es jeden Sonntag und anläßlich jedes Gastbesuches. Auch zum Huhn werden Bohnenmus, Reis, Kartoffeln, Maniok, Polenta usw. aufgetragen. Diesem Gericht geht eine Hühnersuppe voraus. In ihr werden die Innereien gekocht und die Fleischteile vorübergehend mitgesotten. Nachträglich werden diese aufgebraten dargereicht.
Fleisch vom Truthahn oder von der Gans und Ente zeichnet einen besonderen Festtag, namentlich das Weihnachtsfest, aus.
Auch zur „Freßkerb" werden derlei Braten aufgetragen. Taubenfleisch gilt als Krankenkost. Viele Höfe besitzen einen Taubenschlag. Daneben gilt auch eine Hühnersuppe als Krankenkost. Stets hörte meine Frau, daß die Hühnersuppe „die kräftigste und bekömmlichste unter allen Suppen" sei.
Frisches Schweinefleisch gibt es selten. Man schlachtet ein Schwein fast nur zur „Freßkerb", zum „Totenmahl" und als „Zutat" zur Hochzeit oder Primiz. Anläßlich einer Schlachtung gibt es Blutwürste und Kesselfleisch; der Hauptteil des Fleisches wird gebraten, ein weiterer angeräuchert oder luftgetrocknet. Man pflegt gebratenes Fleisch in Schweinefett abzuschließen.
Rindfleisch gibt es nur bei außerordentlichen Gelegenheiten. Es wird als *„Churrasco"* aufgetragen. Darunter ist ein Spießbraten nach Gauchoart zu verstehen. Das Rind wird im Freien geschlachtet und das Fleisch in handgroße Stücke zerlegt. Diese werden mit einem Holzspieß aufgespießt und über das offene Feuer gehalten. Anstatt der Holzspieße können natürlich auch solche aus Eisen verwendet werden.
Die Fleischstücke werden rundum angebraten und erhalten eine feinschmeckende Kruste; im Innern bleiben sie jedoch halbroh. Indem man den Spieß samt dem Fleisch aufnimmt, schneidet man die feinsten Stücke von ihm herab und legt den Spieß dann wieder über das Feuer, um ihn weiterbraten zu lassen. Wir bemerkten allerdings, daß viele Kolonisten auch am halbrohen Fleisch Gefallen fanden!
Mancher Mann „verdrückte" bei solchen Gelegenheiten an die 3 bis 4 kg Fleisch. Dazu wird wenig anderes gereicht. Man taucht nur die Fleischstückchen in geriebenen, mitunter gepfefferten Maniok. Sonst wird noch Brot und Kartoffelsalat gereicht. Den Männern mag noch ein Schluck *„Cachaça"* die Verdauung regeln helfen.
Churrasco gibt es bei Hochzeiten, Primizen, aber auch bei öffentlichen Festen. Kommt z. B. „hoher" Staatsbesuch oder wird eine Kirche, eine Schule, ein Krankenhaus zu bauen begonnen oder das Dach gedeckt, das Gebäude vollendet oder eingeweiht, so wird ein „Churrasco" fällig. Man kann den Eindruck gewinnen, daß Anlässe zum Churrasco geradezu gesucht werden. Ein Churrascoessen stillt nicht nur den permanenten Fleischhunger, sondern auch die permanente Sehnsucht nach Geselligkeit.
In Peru wie in den anderen spanischsprechenden Ländern vertritt der *„Asado"* den Churrasco. Hier wird ein großer Fleischfladen auf dem Rost gebraten.

Neuerdings gibt es fahrbare Einrichtungen, an denen ein ganzer Ochse am Spieß gebraten wird.
Rindfleisch wird auch verwurstet. Die Würste sind zwecks Haltbarkeit stark gewürzt und gesalzen. Die Bezeichnung „salsiches" (die Gesalzenen) verdienen sie mit vollem Recht.
Endlich wird aus Rindfleisch auch „*Xarque*" gemacht, das ist Trockenfleisch. So unansehnlich es in seinem Alter von außen dünken mag, so frisch und nahrhaft ist es im Innern. Mit ihm wird hie und da der fleischlose Alltag aufgebessert.
Xarque wird gesotten aufgetragen oder zu Klößen verarbeitet, welche die Tiroler Siedlungen „*Knödel*" nennen.
So gibt es selbstverständlich neben Speisen, welche unzweifelhaft deutsches Überlieferungsgut bilden, in der Kolonistenküche auch Gerichte, die aus dem Lande selbst stammen. Auch sie sind als volkstümliches Gut unserer Kolonisten zu bezeichnen!

Die volkstümlichen Getränke

Gleiches gilt auch von den *Getränken!* Sie haben in diesem Klima eine große Bedeutung, umso mehr, als es vielfach kaum genießbares Wasser gibt. Die Bächlein sind häufig träge und trüb, die Quellen selten, und das Grundwasser aus den Ziehbrunnen ist „abgestanden". Oft liegen Ziehbrunnen und Dungstätte in unmittelbarer Nähe.

Chimarrão, cafèzinho

Die volkstümlichsten Getränke sind der Kaffee und der „*Chimarrão*", der „*Mate*".
Kaum daß ein Gast das Haus betritt, wird ihm Kaffee – häufig in kleinen Tassen und dann „*cafèzinho*" bezeichnet – gereicht. Er verdrängt den Matetee immer mehr, der als „Chimarrão" getrunken wird.
In den Anfängen der Kolonistenzeit spielte dieser eine ganz große Rolle und stand den ganzen Tag über zur Verfügung, namentlich nach dem Frühstück sowie vor und nach jeder weiteren Mahlzeit. Dazu wurden die Zweige des Matebaumes geschnitten und mit den Blättern geröstet, sodaß letztere abfallen. Nach weiterer Rauchbehandlung werden diese feinkörnig verrieben und kommen ziegelförmig gepreßt in den Handel.
Die Zubereitung haben die Kolonisten sicherlich von den Lusobrasilianern gelernt, diese wieder von den Indianern! Den Jesuiten ist die Verfeinerung der Zucht wie der Zubereitung zuzuschreiben[246]. Dazu wird eine Kanne siedend heißes Wasser benötigt. Die Kannen sind alter Tradition gemäß aus Bronze gegossen. Bronze- oder Gußeisengeräte halten das Wasser besonders lange warm. Außerdem kann das Wasser in diesem Gefäße auch selbst siedend gemacht werden.
Dieses Wasser wird nun in eine „Cuya" gegossen, welche zur Hälfte mit eben diesem feinkörnig geriebenen Matetee angefüllt ist. Sofort nach dem Aufguß bildet sich eine braune Flüssigkeit, welche ungezuckert mittels eines Silberröhrchens herausgesogen wird. Der noch Ungeübte wird sich dabei sicherlich die Zunge verbrennen. Der Tee schmeckt bittersüß. Man sagt ihm eine für Magen und Darm heilsame Wirkung nach; er fördere namentlich die Verdauung. Ebenso halte er munter. In Gesellschaften geht die „Cuya" mit demselben Silberröhrchen reihum und das Röhrchen gelangt in viele Münder. Es wäre ein grober Fehler des Gastes, wenn er die ihm in der Reihe gereichte Cuya unbenützt an sich vorbeigehen ließe.

---

246 Ilg, Karl: Pioniere in Argentinien, Chile, Paraguay und Venezuela. Innsbruck–Wien–München 1976, S. 190 ff; hier habe ich die Entstehung und Geschichte dieses Tees, in anderen Ländern „Yerba" genannt, ausführlich geschildert.

Die Alten in Brasilien „schwören auf den Chimarrão", während die „jüngere Generation" unter den Kolonisten den Kaffee vorzieht, was für Pozuzo schon lange gilt. Viele Kolonisten besitzen selbst einige Kaffeesträucher um ihr Haus.

Den Kindern wird häufig Milch gereicht. Daneben kennt die Kolonistenküche noch mehrere Säfte. Sie werden aus verschiedenen Früchten hergestellt und schmecken vortrefflich. Ganz besonders beliebt ist der „Orangenwein".
Auf 2 Liter aus Orangen gepreßtem Saft wird 1 kg Zucker gegeben. In der Regel werden 25 bis 60 Liter Wein erzeugt. Ob der Zuckergehalt der Mischung richtig ist, stellen die Kolonisten mit einem rohen Ei fest. Es sinkt, wenn zuwenig Zucker beigegeben ist. Der Saft bleibt 60 Tage in Gärung und ruht zu diesem Zweck in großen Korbflaschen oder Tonkrügen. Nach 60 Tagen wird der Wein in kleine Flaschen abgezapft und soll weitere 30 Tage bis zum Genuß „stehen bleiben". Sodann steht ein sehr bekömmliches, aber auch nicht wenig alkoholisches Getränk für die Festtage zur Verfügung.
Während der Zuckerrohrernte gewinnt man auch die Rohrmilch, welche durch Pressen der Zuckerrohrstengel gewonnen wird. Es handelt sich um ein bekömmliches, aber auch sehr stärkendes Getränk.

Cachaca, batida, pisco sauer, vinho tinto

Stark alkoholisch ist der „Zuckerrohrschnaps". Dazu wird die Zuckerrohrmaische zeitgerecht gebrannt. Der Zuckerrohrschnaps oder „Cachaça" wird gern vor einem Mahl aufgetragen.
Besonders beliebt ist das Beisetzen von Zucker und Limonensaft. Man preßt zu diesem Zweck eine halbe oder ganze Zitrone aus; man nennt dieses sehr schmackhafte Getränk „*Batida*", in Peru „*Pisco sauer*".
Immer mehr Kolonisten verstehen sich auf den Anbau von Reben und die Gewinnung des süffigen, schweren, dunklen Weines, der daher „*vinho tinto*" genannt wird.

Unweigerlich: Bier

Bier wird nicht in den Haushalten erzeugt, wohl aber stellt es zu den Festtagen das beliebteste Getränk dar, sofern man dessen Beschaffung bestreiten kann. Die Biererzeugung liegt in den Städten zumeist in der Hand Deutschsprachiger und geht durchwegs auf deutsche „Brauereikunst" zurück.
In den Städten stehen selbstverständlich auch die vielen Fruchtsäfte zur Verfügung, welche das so früchtereiche Brasilien aufzubringen vermag, darunter ebenfalls deutsche Ursprungserzeugnisse.

Was die Nahrungsweise der deutschsprachigen Bürger betrifft, kann ebenfalls allgemein von einer erstaunlichen Traditionsliebe berichtet werden. In besonderer Weise gilt dieses für termingebundene Festtagsgerichte. Zu Weihnachten wird bei den Bürgern beispielsweise „wie einst zu Hause" aufgetragen. Groß- und Schwiegermütter achten emsig darauf, daß die überlieferten Speisen und Gebäcke für die hohen Tage nicht in Vergessenheit geraten.
Auch ist zu bedenken, daß sehr viele deutsche Bürger – und zwar nicht nur die „Wohlhabenden" – einen Landbesitz, wenn auch nur eine kleine „Chacra", haben, eigene Früchte ernten und daher auch eigene Früchte verarbeiten können. Umgekehrt sind Städte selbstredend auch Umschlagplätze verschiedenster Volksgüter und finden daher auch fremde Speisen und Geschmäcker in unseren Häusern Eingang.

BAUEN UND WOHNEN

Schon bisher hatte ich öfters auf die Art des Bauens und Wohnens der Kolonisten aufmerksam gemacht. Auch sie springt dem Wanderer ins Auge. Immer wieder stellt er mehr oder weniger auffallende Unterschiede zur Bau- und Wohnweise der übrigen Bevölkerung fest.
Ich hatte das Haus in mehreren wissenschaftlichen Arbeiten „die dritte Haut des Menschen" bezeichnet und mit diesem Vergleich in kurzen Worten dartun wollen, wie sehr Mensch und Haus eins seien und letzteres stets den Charakter des ersteren verrate. Denn das Sprichwort „Wie der Rock, so der Herr" ließe sich auch auf ein „Wie das Haus, so der Herr" ausdehnen. Tatsächlich steht das Haus (oder die Wohnung) auch in einem selten innigen und dauernden Zusammenhang mit dem Besitzer oder Inhaber. Man wechselt das Haus viel weniger oft als den Rock. Häufig reicht die Verbindung ununterbrochen von der Geburt bis zum Tod. Die innigsten und intimsten Augenblicke verbinden den Menschen mit dem Haus. „Der Sarg ist nichts anderes als ein Haus im kleinen..."[247]

Bevor wir das erste Mal nach Südamerika aufbrachen, konnten wir oft von „Kennern" erfahren, daß sich die deutschen Siedler in Brasilien ebenso wie in Peru völlig der Landesbevölkerung angepaßt hätten und daß es ein Fehler wäre, dort noch viel Eigenständiges erwarten zu wollen. Umso größer war daher unser Erstaunen, als wir auf dem südamerikanischen Kontinent oft und oft wie in deutschen Haus- und Siedlungslandschaften wandelten und in der fernen Fremde das Gefühl hatten, „wie daheim" zu sein. Man weiß in den deutschsprachigen Mutterländern offenkundig viel zuwenig über diese Dinge Bescheid! Ohne Zweifel stellen aber gerade die hier vorzuführenden volkskundlichen Erscheinungen unserer Siedler ein besonders deutliches und untrügbares Zeichen ihrer Eigenart dar und strafen jene, auch von Wissenschaftlern ausgesprochenen Behauptungen, Lügen, wonach gerade das deutschsprachige Element in den Tropen und Subtropen einer besonders raschen Auflösung verfallen sei.

Sobald sie können, bauen und wohnen sie, wie „zu Hause"

Selbstredend bauten unsere Kolonisten nicht am ersten Tag ihrer Ankunft die uns heute so schmuck und mitteleuropäisch anmutenden Häuser und Höfe. Sie konnten sie vielmehr erst nach Übergangslösungen erstellen. Es ist daher geboten, sich zunächst mit diesen ursprünglichen Lösungen zu befassen. Im Urwald muß man sich, wie jedermann versteht, fürs erste mit sehr primitiven, rasch errichteten Behausungen begnügen. Die Rodung des Urwaldes und die Anlage der „Roça" müssen dem Kolonisten für den Anfang wichtigere, die Existenz vordringlicher berührende Probleme bilden. Vor der Annehmlichkeit kommt die Stillung des Hungers. Umso bemerkenswerter ist es aber, daß sich unsere Kolonisten, sobald es ihr Los erlaubt, in der ihnen völlig neuen und für sie fremden Gegend, die andere Gewohnheiten und Bedürfnisse entwickelt hatte, zur angestammten Bauweise zurückgegaben.
Dies fiel uns in Brasilien genauso wie in Peru auf! Ja in ganz Südamerika!

---

247 Ilg, Karl: Landes- und Volkskunde. Geschichte, Wirtschaft und Kunst Vorarlbergs. III. Bd., S. 291, u. Volk und Wissenschaft, mit Verzeichnis meiner Veröffentlichungen, Innsbruck 1979

Am Beginn unglaublich primitiv

Wie man sich in den Anfängen hier behelfen mußte, bezeugen uns Berichte. Ich greife jenen meines engeren Landsmannes aus dem vorarlbergischen Montafon, *Alois Schoder,* heraus, der 1924 im Raum von *Erechim* (Santa Catarina, Brasilien) Kolonist wurde und den wir schon im 1. Teil erwähnten.

Sein Bericht ist besonders plastisch; und was er erlebte, blieb den meisten nicht erspart. Die ersten Behausungen stellten, sofern man die verlassenen Indianerhütten überhaupt als solche bezeichnen kann, *wandlose Schermen* dar.

„Meine Frau . . . sah nur das Düster-Herbe des Urwaldes im Dämmerdunkel des Abends und die verlassenen Hütten der Bugre-Indianer, die wohl ein Dach aus Palmblättern, aber keine Wände hatten . . .

Ich schaffte eine genügende Menge des hier überall üppig wuchernden Farnkrautes herbei, stopfte dieses in die Strohsäcke und machte damit – nachdem ich zuvor den Boden der Hütte mit Reisern gereinigt – sowie mit den mitgebrachten Decken und Federbetten ein weiches Lager für die Nacht zurecht.

Hierauf machten wir in der anstoßenden zweiten Hütte, die auf der anderen Seite an den vorbeifließenden schmalen Wasserlauf angrenzte, ein Feuer an und bereiteten das Nachtmahl. Als Pfannenhalter diente ein rasch in die Erde getriebener Pfahl mit einem seitlich eingeschnittenen Querschlitz, wie wir es daheim in unseren Bergen, wenn man im Freien kochte, oft gemacht hatten. Einfach, aber praktisch!

Dann saßen wir auf den mitgebrachten Klappstühlen um das Feuer, verzehrten das einfache Mahl und suchten frühzeitig unser Lager auf. Unsere Kinder schliefen bald ein.

Die Nacht verlief still und ruhig. Eine undurchdringliche Finsternis herrschte ringsum. Kein Strahl der Sterne drang durch das dichte Geäst der Bäume. Dann und wann erklang der hohle Ruf einer Eule durch den Wald, und das leise Murmeln des Bächleins nebenan übte eine einschläfernde Wirkung aus. Ich schlief trotz der ungewohnten Umgebung bald tief und fest bis zum Morgen.

Meine Frau schlief leider nicht so gut. Ihre erregten Sinne und das Ungewohnte unserer Lage ließ sie tausend Geräusche hören, die in Wirklichkeit gar nicht existierten, und raubten ihr lange Zeit den Schlaf. Das eintönige Plätschern des Wassers klang jedoch so beruhigend, daß auch sie schließlich den Schlaf der Gerechten schlief."[248]

Am folgenden Tag mußte der Kolonist versuchen, die dürftige Behausung etwas besser auszustatten; kein Tag ist ja vor Gewittern und Niederschlägen sicher:

„Während meine Frau nun mit dem Essenkochen beschäftigt war, untersuchte ich die Hütte etwas genauer.

Die Behausung bestand aus sechs Pfosten, die oben in eine Gabel ausliefen. Zwischen die Pfostenpaare jeder Giebelseite hatte man je einen höheren Pfosten eingerammt, der oben gleichfalls in eine Gabel auslief. Auf die Gabeln der Giebel- und Seitenpfosten wurden nun Stangen aufgelegt und diese mit Lianen festgemacht, die Pfosten der Giebelseite außerdem mit je einer Querstange verbunden. Darüber kam ein Dachgerüst aus dünnen Stangen, in die lageweise die Blätter der Coqueropalme eingeflochten wurden. Die Ausmaße der Hütte betrugen in Metern: 2,50 × 3,50, die Seitenhöhe 1,80, im Giebel 1 Meter höher. Der Boden bestand aus festgestampfter Erde."

Um dem Leser die Vorstellung von der primitiven Unterkunft der Kolonisten in der Anfangszeit zu erleichtern, darf ich den Bericht noch fortsetzen:

„Die Hütte war also äußerst einfach gebaut und bot einen sehr beschränkten Raum. Sie genügte jedoch den Bedürfnissen der Bugre-Indianer, deren gesamte Einrichtung aus ein paar Kalebassen, Töpfen und Fellen sowie Köcher, Pfeil und Bogen besteht. Die Bewohner selbst waren mit Hunderten anderen von der Regierung in entferntere Gegenden verpflanzt worden, um den ewigen Reibereien mit den Kolonisten, die fast immer mit Mord und Totschlag endeten, ein für allemal ein Ende zu setzen.

---

248 Schoder, Alois: Auf Neuland in Brasilien. Bregenz o. J. (1949). S. 54–56

Ich stellte mir lebhaft vor, wie diese braunen, geschmeidigen Gestalten, die fast immer nackt gehen, in diesen Hütten rund um das Feuer saßen und sich wärmten. Und nun kamen wir als landfremde Menschen, die sie als ihre Todfeinde ansehen mußten, in ihr ureigenstes Gebiet und richteten uns in ihrem Eigentum häuslich ein. Tragik des Schicksals!
Am Nachmittag spaltete ich die Blöcke auf. Das Pinienholz spaltet sich ausgezeichnet, und ich hatte bald einen Haufen Schindeln fertig. Hierauf holte ich Querstangen aus dem Wald und befestigte sie mit starken Nägeln an den Pfosten. An die Stange kamen die kurzen Bretter oder Schindeln. Bis zum Abend hatten wir so in gemeinsamer Arbeit die eine Längswand fertiggestellt.
Nach dem Essen brachten wir die Kinder zu Bett. Hierauf bauten wir beim Schein einer Kerze die Barrikade mit den von der Seitenwand erübrigten Kisten noch etwas höher auf, bedeckten sie zur Vorsicht mit leeren Säcken und verstauten das Bettzeug in einem Koffer. Ein Zeltblatt und unsere Mäntel lagen für alle Fälle bereit – dann legten wir uns zur Ruhe.
Aber man konnte nicht schlafen. Die Luft wurde immer schwüler. Man hatte den Eindruck, als ob sie aus einem geheizten Backofen käme. Es war eine dunkle, schweigende Nacht. Kein Laut drang durch die dichte Finsternis, die uns umgab. Der monotone Ruf der Eule, der heisere Schrei des Käuzchens war verstummt. Nur das leise Murmeln des Waldquells klang auch heute wieder beruhigend durch die Stille. Ich wälzte mich von einer Seite auf die andere, ebenso meine Frau. Eine eigentümliche Spannung lag in der Luft, die uns nicht schlafen ließ. Dazu die ungewöhnliche Schwüle dieser Nacht, die uns den Schweiß aus den Poren trieb. Endlich schliefen wir doch ein.
Ein furchtbarer Donnerschlag weckte uns gegen Mitternacht aus unserem Schlummer auf, so daß wir erschreckt in die Höhe fuhren. Es blitzte ununterbrochen. Lange anhaltend und dumpf dröhnend rollte noch das Echo des Donners durch den nächtlichen Wald. Plötzlich zerriß wieder ein blendender Blitz das Dunkel, dem ein so schmetternder Donnerschlag folgte, daß die Erde zu beben schien. Die Kinder schrien vor Schreck laut auf und verkrochen sich angstvoll unter ihre Decken. Es war der Auftakt zu einem höllischen Konzert, wie wir es bisher noch nicht erlebt hatten. Die atmosphärische Spannung hatte nun den Höhepunkt erreicht. Blitz folgte jetzt auf Blitz und Schlag auf Schlag. Die elektrischen Entladungen folgten einander so unvermittelt, daß die Hütte und die ganze Umgebung minutenlang von dem magischen Licht fast taghell erleuchtet waren, und die Donnerschläge waren so betäubend, daß auch dem mutigsten Menschen das Herz dabei erbeben mußte. Es war ein Krachen und Knattern, ein Bersten und Brüllen, Rollen und Dröhnen immerfort, immerzu, ohne Pause, daß man es gar nicht drastisch genug zu schildern vermag. Das Trommelfeuer einer Schlacht konnte nicht schlimmer sein. Ich wollte meiner Frau etwas sagen, aber es war unmöglich, sich verständlich zu machen.
Schwere Tropfen klatschten gegen das Dach, erst vereinzelt; aber dann begann ein Brausen, Rauschen und Tosen, als ob alle Schleusen des Himmels geöffnet wären. Das ausgetrocknete Blätterdach vermochte die vom Himmel stürzenden Wassermassen nicht mehr zu halten, und bald begann es überall zu tropfen und zu rinnen. Das Wasser fand seinen Weg in die Hütte. Mit einem Sprung war ich auf, riß beim Leuchten der Blitze das Zeltblatt aus einer Kiste und deckte es über die Kinder, dann schoben wir unser Lager in die Mitte des Raumes und breiteten unsere Mäntel darüber hin.
Ein klirrendes Krachen riß mich aus meiner gebückten Stellung hoch. Ich blickte hinaus. Der Blitz hatte oberhalb der Mulde in eine Pinie eingeschlagen. Eine Feuergarbe schoß hinter den im Vordergrund stehenden Bäumen empor, und dann loderte der brennende Baum wie eine riesige Fackel kirchturmhoch gegen den Nachthimmel auf. Ein schaurig-schöner Anblick. Der wolkenbruchartige Regen löschte jedoch das Feuer bald wieder.
Wir lagen in der Mitte des Raumes dicht nebeneinander. Aber die eindringende Flut fand ihren Weg überall hin. Der Wind trieb die Regenschauer von der Giebelseite herein, in mehreren Rinnsalen strömte das Wasser über den festgestampften Boden der Hütte hin und floß schließlich unter unserem Rücken durch, Strohsäcke, Decken und Mäntel durchnässend und durchfeuchtend. Von oben, von unten, von allen Seiten kam das Wasser. Wieder und wieder schlug es ein; manchmal flammten ganze Feuergarben auf, und der Donner der Entladung hallte schaurig durch den Wald. Äste krachten zu Boden und ein Brausen und Tosen, ein Krachen, Rollen und Dröhnen lag in den Lüften, daß einem angst und bange werden konnte.
Man konnte nicht sprechen, der Lärm verschlug jedes Wort. Abgespannt und müde versuchten wir dennoch zu schlafen. Wir hielten uns die Ohren zu, zogen die Decke über den Kopf, um das Donnern nicht mehr zu hören und das fortwährende Leuchten der Blitze nicht mehr zu sehen. Aber es war umsonst. Die Schläge waren so stark, daß man sie Schallwellen förmlich im Gesicht spürte, und das grelle Licht der Blitze leuchtete in der offenen Hütte derart von allen Seiten herein, daß man es auch durch die Decke sehen mußte.
Das Tropfen und Rinnen vom Dach ließ allmählich nach. Die Palmblätter waren nun von der Nässe gequollen, schlossen sich enger zusammen und leiteten das Wasser ab. Der Regen aber fiel unentwegt weiter, und das Gewitter ließ nicht nach. Es war eine fürchterliche Nacht! Halbdurch-

näßt und vor Kälte erschauernd sehnten wir den Tag herbei. Erst gegen Morgen umfing uns endlich ein bleierner Schlaf."[249]
In den Anfängen der Kolonisation mußten die Siedler mitunter in noch primitiveren Indianerhütten Schutz suchen. Wie diese beschaffen gewesen sein dürften, können wir dem Bericht Hans Stadens entnehmen, der die erste Volkskunde Brasiliens nach seiner glücklichen Errettung aus Gefangenschaft und Lebensgefahr schrieb: „Wenn sie ihre Hütten bauen wollen, versammelt ein Häuptling eine Gruppe von vierzig Männern und Frauen . . ., die errichten ein Hütte, die ungefähr vierzehn Fuß breit und . . . bis zu hundertfünfzig Fuß lang ist. Solche Hütten sind etwa zwei Klafter hoch und oben rund wie ein Kellergewölbe und werden dicht mit Palmblättern bedeckt, damit es nicht hineinregnet. Innen sind sie nicht durch Zwischenwände untergeteilt. Niemand hat ein abgetrenntes Zimmer . . . Jede Partei hat ihr eigenes Feuer . . . Jede Hütte hat in der Regel drei kleine Pforten, eine an jedem Ende und eine in der Mitte. Die sind so niedrig, daß die Wilden sich beim Ein- und Ausgehen bücken müssen. Wenige Dörfer zählen mehr als sieben Hütten. Zwischen den Hütten lassen sie einen Platz frei, auf dem sie ihre Gefangenen totschlagen."[250]

DIE BAUTECHNIK, RIEGELWERK, PFAHLBAU

Natürlich strebten unsere Leute nach Verbesserungen, sobald sie nur konnten. Die Caboclos hingegen leben in ihrer Umgebung noch heute so. (Siehe Farbbild 41.)
Am häufigsten errichteten die Kolonisten im Anfang *Riegelwerkhütten*, deren Wände mit gespaltenen Stämmen von Araukarien oder Palmitos oder aus lehmverschmiertem Gitterwerk bestanden. Sie lösten das Provisorium der Indianerhütten ab, welche nur ein Dach über dem Kopf boten. (Vgl. Farbbilder 26 und 43.)
In Dreizehnlinden hatten sich die Leute in den ersten Monaten damit geholfen, daß sie die von der Gemeinschaftssäge hergestellten Bretter zur Aufstellung eines Satteldaches verwendeten, unter welchem sie hausten, bis die ersten Gebäude zur Verfügung standen. (Vgl. Textzeichnung 3, Seite 83)
Feste Wände konnten Regen und Sturm besser trotzen und auch gegen menschliche und tierische Feinde besseren Schutz gewähren.
Handelte es sich um gute Ausführungen, dann ließ sich dies nur in Ausnahmefällen ohne fremde Hilfe bewerkstelligen. Die Kolonisten hatten selten geübte Zimmerleute. Daher halfen in der Regel geübte Nachbarn, nicht selten Einheimische mit. Sie berieten die Kolonisten und führten damit aber unweigerlich auch landesübliche Gewohnheiten ein.
Rodovico Theo gab 1853 den Kolonisten den guten Rat: „Es ist deshalb und mit Bezug auf die schon gemachten Bemerkungen über Blätterdächer sehr wünschenswert, daß sich recht bald Schindelarbeiter in der Colonie einfinden, um durch ihre gewiß recht einträgliche Arbeit die Blätterdächer gänzlich zu verdrängen und sie durch Schindeln zu ersetzen . . . Das Beschlagen der Bäume zu Balken wird meistens von den darin sehr bewanderten Brasilianern in Akkord übernommen, wobei der ‚Palmo' (Spannmaß) auf zirka 5 Cruzeiros zu stehen kommt. In brasilianischen Städten ist die Holzart vorgeschrieben, weil unter den vielen anscheinend harten Hölzern nur wenige von wirklicher Dauer sind. Das aus der Lei (Gesetzholz) ist das Zimmetholz (Canella), besonders Canella Preta, unserem Nußbaum sehr ähnlich, was häufig vorkommt. Weil man es aber aus dem Urwald schlagen muß, wird alles Holz genommen, so daß sich an den brasilianischen Häusern wahre Musterkästen der brasilianischen Holzarten in der Colonie ergeben."

Offenkundig handelt es sich bei diesen Bauten durchwegs um *„Riegel- oder Fachwerkbauten"*. Als Wände wurden auch bereits vorgefertigte „Gitterwerke" eingefügt und diese mit Kalkmörtel beworfen.
„Es bleibt dann noch der Kalkputz zu machen, der aber immer sehr kostspielig ist. Deshalb haben manche Kolonisten, um zu sparen, die Wände nur mit gespaltenen Pal-

---

249 Schoder, Alois: a. a. O., S. 57–61
250 Staden, Hans: Zwei Reisen nach Brasilien (1548–1555). Marburg an der Lahn o. J. (1963), 2. Aufl., S. 117

men gefüllt und sich gegen Luftzug durch Binsenwerk geschützt." Das Spalten von Palmen ist einfacher als jenes fester Hölzer.

Auch Vizekonsul Nixdorf, der Begründer Rolândias 1934 im Nordwesten Paranás, schilderte uns, wie er mit seinen ersten sieben Kolonistenfamilien „Stabholzhütten" erbaute, nachdem es seine Männer mit Blockhäusern versucht hatten. Allein die Errichtung derselben hätte viel zu viel Zeit erfordert, und die Familien hätten viel zu lange auf ein festes Dach und auf eine Hütte mit Wänden verzichten müssen.

Die Stabholzwände oder die lehmbeworfenen Gitterwände boten allerdings, wenn auch versperrbare Holzläden und Türen vorhanden waren, gegen wilde Tiere und feindliche Indianer nur beiläufigen Schutz.

J. Schlegel, der als erster in den Urwald von Ibirama siedelte, schilderte uns die Schrecken, welche seine Frau mit ihren beiden Kindern ausstand, als Indianer nächtlicherweile ihre Behausung umschlichen und in sie einzudringen versuchten bzw. versuchten, durch die vorhandenen Ritzen Pfeile zu schießen, während er – ein aus *Landsberg* gebürtiger Bayer – zwei Tage nach Blumenau unterwegs war, um Werkzeuge einzukaufen.

Ähnliche Erfahrungen hatten die meisten Kolonisten gemacht.

Daher drängten alle Siedler, sobald als möglich noch festere Wände aufzuführen. Sie errichteten als nächstes „*Bretterhütten*". Sehr lehrreich schilderte uns dies wieder A. Schoder[251].

„Das Pinienholz spaltet sich leicht und gut.

Aus einem Block mit einem Meter Durchmesser kann man 16 bis 19 cm starke Bretter erhalten. Jedes einzelne wird noch mit der Axt bearbeitet, so daß sie wie gehobelt ausschauen."[252]

Fahren wir über die Techniken des Hausbaus noch kurz im Bericht fort:

„Es war einige Wochen später. Das Gerüst unseres Hauses war im Rohbau vollendet . . . Da die Schindeln aus Pinienholz, die wir zum Dach benötigten, noch nicht ausgetrocknet waren, deckte ich zunächst nach landesüblicher Art, indem ich durch jede Schindel einen Nagel trieb und sie dann wie Ziegel an die Latten hängte.

Meine Frau stand unten auf der Erde und schlug die Nägel ein. Dann reichte sie die Schindeln der Tochter, die auf dem Rande des Daches saß, hinauf. Diese hinwieder reichte sie mir, und ich hängte sie oben in die Latten ein. So bestand Arbeitsteilung, und die Arbeit ging schnell und leicht vonstatten.

Am nächsten Tag kamen die Wände an die Reihe, wobei wieder alles mithelfen mußte. Wir legten die breiten schönen Bretter, deren Fugen schon vorher in langer Arbeit mit Axt und Hobel geradegezimmert worden waren, aufrecht an die Balken und trieben starke Nägel ein. Das ergab solide, starke Wände, die bei dem milden Klima dieser Gegend auch in der kühlen Jahreszeit warm hielten . . . Mit einem Gefühl der Erleichterung und großer Befriedigung zogen wir in das neue Haus ein. – Wenn es auch nur ein einfaches Kolonistenhaus war, das vorläufig nur aus einem einzigen Raum bestand – die Zwischenwände fehlten, als Fußboden diente noch die festgestampfte Erde und die Decke bildete das Dach –, so war es doch ein festgefügtes, allseitig geschlossenes Haus und für unsere Verhältnisse hinreichend groß (Länge 8, Breite 5 Meter, Höhe an den Seiten 3, im Giebel 4,80 Meter). Fußboden und Decke, alle diese Arbeiten konnten später leicht nachgeholt werden.

Auf schnell gezimmerten Pritschen, die ich später durch Bettstellen ersetzte, schliefen wir hier herrlich und kühl. Kein Moskito belästigte uns mehr. Das Haus erwies sich als moskitorein.

Es ist ein ungemein erhebendes Gefühl, nach langer Zeit wieder im eigenen Heim zu schlafen, und doppelt wohltuend wirkt es dann, wenn dieses Heim, so wie hier, zum größten Teil der eigenen Schaffenskraft entsprang und jedes Stück der Einrichtung, mag dieselbe im Anfang auch noch so einfach gehalten sein, dem eigenen Können sein Entstehen verdankt."[253]

Einige Grundzüge des primitiven Hausens wurden ersichtlich: Einmal der Umstand, daß die erste feste Behausung nur einen „Einraum" darstellt. Wohn-, Koch- und

---

251 Schoder, Alois: Auf Neuland in Brasilien. Bregenz o. J. (1949). S. 85/86
252 Schoder, a. a. O., S. 89
253 Schoder, a. a. O., S. 101–103

Schlafraum waren in einem vereinigt. Der Boden bestand, wie wir vernahmen, aus gestampftem Lehm und die Decke bildete das Schindeldach, durch das auch der Rauch von der offenen Herdstelle ins Freie gelangte. (Siehe Textzeichnung 11)
Unwillkürlich vergleicht man diese Zustände mit unseren Almhütten. Der Wissenschaftler denkt ebenso vielleicht an den Rechtsspruch im Sachsenspiegel hinsichtlich der Erbfähigkeit eines Kindes: „Ut possit aperire oculos et videre culmen domus et quatuor parietes"[254] (Das Kind wird erbfähig, wenn es die Augen aufschlägt und First und vier Wände beschreit), demzufolge jene einfache Bauweise vor 1000 Jahren noch allgemein in Germanien üblich gewesen war.
Das gilt auch für den gestampften Lehmboden; auf unseren Almen können wir ihn heute noch antreffen. Allerdings suchten sich unsere Vorfahren auch bald vom Lehmboden mit seiner Kälte und namentlich seiner Feuchtigkeit zu lösen.

In den Tropen und Subtropen spielt die Bodenfeuchtigkeit eine noch größere Rolle. Dies veranlaßte die Kolonisten sehr bald, ihre Behausungen auf Pfähle zu stellen. Das war auch vorteilhaft gegenüber Schlangengefahr und zur Abwehr anderer gefährlicher Tiere. Daher ging die Aufstellung von *Pfählen* in der Regel am frühesten mit der Errichtung des Bretterhauses Hand in Hand. Sofern der Kolonist die Vorteile der Stelzung von Europa her noch nicht kannte (hier etwa als Unterkellerung), so eignete er sich diese „drüben" schnell an. (Siehe Textzeichnungen 15 und 16, Farbbild 46.)
Vor allem machten die häufigen Tropenregen eine solche bauliche Maßnahme notwendig. Nur durch *Stelzung* konnte man das Eindringen von Wassermassen in den Wohnraum unterbinden. Aus dem gleichen Grund suchte man auch geneigte Bauplätze auf. Die Stelzung wurde also für unsere Kolonistenhäuser typisch. Doch auch die Lusus stelzen!
Hingegen haben sie lange Zeit auf das Bretterhaus verzichtet und dafür andere Baugewohnheiten beachtet. Bei den Lusobrasilianern bestand die primitive Erstbehausung weit mehr aus Palmitos- und Lehmflechtwänden und gilt dies zum Teil heute noch. Das gestelzte Bretterhaus machte daher lange Zeit den deutschsprachigen Kolonisten erkenntlich. Die Bretterhäuser sind überall in den deutschsprachigen Siedlungen für die ältere Bauphase typisch, auch in Pozuzo, wie noch näher auszuführen ist.

STRUKTUR UND EINRICHTUNG DES KOLONISTENHAUSES

Der nächste Fortschritt bestand darin, daß man vom Einraum zu mehr Räumen überging. Es erfolgte der innere Ausbau des Hauses.
Mit dem zunehmenden Ausbau der Roça und mit dem damit verbundenen Gefühl, auf dieser Stelle in der Welt zu Hause zu sein, nahm bei europäischen Kolonisten bezeichnenderweise und sehr stark bei den Deutschen der Wunsch Gestalt an, die Wohnverhältnisse nach ihrem Herkommen zu verbessern. Vor allem wollte man nun aus jedermann verständlichen Gründen den Schlafraum vom Wohn- und Kochraum absondern. Da in den jungen Familien der Gründerzeit in der Regel nur das Ehepaar Erwachsene waren, nahm dieses selbstverständlich die Kinder, vor allem die Kleinkinder, mit ins eigene Schlafzimmer. Daher genügte zunächst die *Zweiteilung des ursprünglichen Einraumes.* (Siehe Textzeichnungen 8 und 12.)
Das Ziehen einer Bretterwand durch die Mitte des Einraumes genügte. Die Eingangstür befand sich im Wohnzimmer, das auch Küche war. Da man die Tür stets auf einer

---

254 Zitiert nach Jakob Grimm: Deutsche Rechtsaltertümer. 4. Aufl., Band I. Leipzig 1899. S. 106 – Lex Alemannorum 92

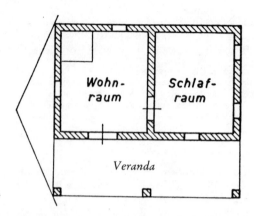

Textzeichnung 8
Zweiraumhaus und Veranda

Traufseite anbrachte, um durch das verlängerte Dach Regen- und Sonnenschutz zu erhalten, war wie von selbst schon beim Einraumhaus ein verandaartiger Vorbau entstanden. Indem man dieses Vordach nun auch über den Schlafraumteil vorzog und den Vorraum mit einem Geländer versah, war die gemütliche „Veranda" geschaffen, eine für das Kolonistenhaus unentbehrliche Laube. Hier verbringt die Familie einen Großteil der Feiertage, hier werden Gäste und Nachbarn empfangen und bewirtet, auf der Veranda werden oft auch an Werktagen die Mahlzeiten eingenommen und spielen die Kinder. Ebenso beschließt man den Tag in Gemeinsamkeit auf ihr, verfolgt die hinter den Bergen, über den Baumwipfeln des Urwaldes oder am Horizont des weiten Kamps allmählich versinkende Sonne, plauscht, trinkt den Chimarrão und rastet sinnvoll aus für einen neuen Arbeitstag. (Siehe Textzeichnung 9, Farbbilder 8 und 46.)

Natürlich stehen in der Veranda Bänke und Stühle um einen einfachen, breiten Tisch, um die genannten angenehmen Dinge zu verrichten. Der auf der Veranda herrschende Luftzug gibt labende Kühle.

Das Mobiliar im Innern des Hauses ist rasch aufgezählt. Jenes des Wohn- und Kochraumes ließ sich schon gut aus der Schilderung A. Schoders erkennen. In einer Ecke steht der *Wohntisch mit der Eckbank*, in der anderen befindet sich der *Herd*. An

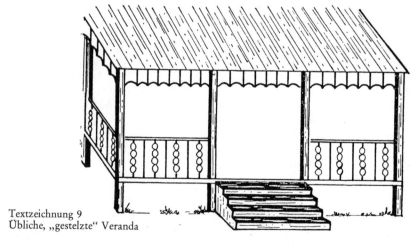

Textzeichnung 9
Übliche, „gestelzte" Veranda

den an ihn angrenzenden Wänden hängt, wenn möglich, eine *Schaffreite* zur Aufnahme des Geschirrs, während Geräte, welche aufzuhängen sind, mit einem Nagel irgendwo an der Wand befestigt werden. Später wird die Schaffreite durch einen *Küchenschrank* ersetzt werden, oder sie nimmt das herumhängende Geschirr auf. An den übrigen Wänden hängen an Nägeln Werkzeuge, Reitzeug und Kleider.

Unsere weitere Aufmerksamkeit verdient der *Herd*. Der Küchenherd ist aufgemauert und in der Regel mit einer Gußeisenplatte abgeschlossen, deren kreisrunde Öffnungen ihrerseits wieder mit Ringen zu schließen sind. Doch behalf man sich in den Anfangszeiten oft und oft nur mit einem offenen Herd.

In der Nacht spendete er auch *Licht*. Gleiche Aufgaben hatten auch Öl- und Fettfunzeln und später Petroleumlampen. Letztere werden vielfach heute noch verwendet. Für die Öllichter diente ursprünglich selbstgewonnenes *Erdnußöl*.

Wenig künstlerische Ausstattung, aber Winterbild und Schwarzwälderuhr

An Kunstgegenständen ist nur weniges vorhanden. Das Kreuz über dem Tisch ist einfach und besteht häufig nur aus zwei Balken ohne Korpus. Die Bilddrucke, oft eine Landschaft darstellend, sind billig, wenngleich sie durch ihr Alter gelegentlich schon antiquarischen Wert erhielten. Offenbar sind vielfach Landschaftsdrucke *aus der deutschen Heimat mitgebracht* worden. Eine Darstellung fällt unter ihnen infolge ihrer Häufigkeit besonders auf, nämlich das Bild einer „Winterlandschaft". Desgleichen kann ein aufgehängter Keramikteller den Winter darstellen. Sie drücken wohl die heimliche Sehnsucht und die stille, oft unbewußte Anhänglichkeit an die alte Heimat aus, selbst über Generationen hin.

Als weitere Kunstgewerbegegenstände wären die *Schwarzwälderuhr*, welche in vielen Kolonistenhäusern und deutschen Stadtwohnungen tickt, als auch gewisse Requisiten, Bestecke, Geschenktassen u. a. anzusprechen.

Auch das *Schlafzimmer* ist sehr einfach eingerichtet. Neben Eltern- und einigen Kinderbetten hat auch nicht viel anderes Platz. Die Kleider hängt man auch hier an Nägeln oder an Latten auf. Nur die Bettwäsche und eventuelle Trachtenstücke werden in der *Truhe* versorgt, welche ebenfalls noch z. T. aus der Auswandererzeit stammt. Eine *gestickte Decke* deckt sie zu und auf ihr steht oft eine Vase mit Kunstblumen. Gestickte Decken, häufig mit Hausmannssprüchen, schmücken die Wände. Glasfenster dürfen wir für diese Phase noch nicht erwarten. Nachts werden die gähnenden Öffnungen mit *Holzläden* verschlossen. Untertags zieht nur der Begüterte eventuell einen Stoffvorhang vor. Die kahlen Öffnungen beeindrucken und wirken fremdartig; den Einheimischen sind sie jedoch eine gewohnte Erscheinung. (Siehe Farbbild 42.)

Fremde Gaffer ziehen ja selten am Haus vorbei. Tauchen Fremde auf, ist jedermann froh, sie zu sehen. Umgekehrt gewähren die offenen Fensterlöcher auch ungehinderte Kontrolle für Aug und Ohr und stellen der allzeit nötigen Vorsicht kein Hindernis entgegen.

Sollten im Schlafzimmer nicht alle Hausbewohner unterkommen, wird diesen im Wohn- und Kochraum das Lager bereitet. Die Großeltern bewohnten und bewohnen diesen Raum noch heute häufig.

In der Folge schuf man noch weitere Schlafräume. Doch noch früher kam es zur *Verselbständigung der Küche;* man zweigte diese vielfach als eigenen Baukörper ab. Die Küche wurde „hinten hinaus" gebaut, d. h., man zog das Traufdach auch auf der rückwärtigen Seite zumindest in der Breite der geplanten Küche vor, so daß diese als großer Erker aus dem Hausgrundriß vorragte. Dies hatte den Vorteil, daß dieser Raum an drei Seiten Wind und Luft ausgesetzt war und damit die Herdwärme, aber auch die Fliegen-

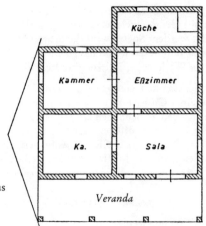

Textzeichnung 10
Mehrräumiges Kolonistenhaus
mit rückwärts angehängter
Küche

schwärme vom Wohnzimmer (das ja noch immer Schlafzimmer war) besser abgehalten wurden. (Siehe Textzeichnungen 10, 14, 15, 16.)

Es fiel uns auf, daß die Küche in der Regel eine Stufe (oder sogar mehrere Stufen) tiefer lag als das anschließende Wohnzimmer, aus dem heraus sie doch entwickelt wurde. Das Befragen der Bewohner führte jedoch zu keiner Erklärung. Ich mußte sie selbst finden; doch war dies einfach: Mit dem Vorziehen des Traufdaches wurde die Decke niedriger. Um dennoch genügend Luftraum zu haben, senkte man am besten den Küchenboden um einiges ab. (Siehe Farbbild 8.)

In anderen Fällen erscheint die Küche wie als kleines Häuschen an die Giebelseite angelehnt. Ja, es kommt auch vor, daß die Küche überhaupt als separat aufgeführtes Gebäude, man könnte sagen als „*Feuerhaus*", anzutreffen ist. Allerdings ist dieses nicht als Regelfall zu erwähnen.

Anstatt Stube „Sala"

Gleichzeitig mit der Abzweigung der Küche entstand ein eigener Wohnraum, die sogenannte „*Sala*". Nur in wenigen Fälle hörte ich das Wort „*Stube*" für diesen. Und wie zu sagen ist, auch mit Recht; denn eine Stube, also „ein rauchfrei heizbarer Wohnraum"[255], ist die Sala auch nicht. Deshalb war auch die Übernahme der landesüblichen Bezeichnung für den Wohnraum in dieser Gegend naheliegend.

Die Sala dient als Aufenthalts-, Eß- und Repräsentationsraum der Familie. Je mehr letztere Aufgabe – der des „*Salons*" – in den Vordergrund trat, umso eher wurde alsdann noch einmal eine Vergrößerung vorgenommen und ein eigener Eßraum angelegt. Das geschah auch aus hygienischen Gründen und mit dem Zweck, Fremde nicht in den „Suppentopf gucken zu lassen". (Siehe Textzeichnung 10.)
Die Sala ist in der Regel von der Veranda aus betretbar und empfängt auch von dieser Seite her das Tageslicht. Sie befindet sich häufig in der Mitte der Räume. Sie weist Tisch

---

255 vgl. Ilg, Karl: Ein Beitrag zur Geschichte des Ofens und der Stube. In: Volk und Heimat – Geramb-Festschrift. Graz 1949. S. 85–97 – derselbe: Zur Verbreitung der Rauchstube in Nordtirol. In: Österr. Zeitschrift für Volkskunde, N. S. Bd. XII (1958), S. 141–145 – derselbe: Die Entwicklung der Stube unter dem Gesichtspunkt bodenständiger Rauchstuben im Südwesten des deutschen Kulturraumes. In: Österr. Zeitschrift f. Volkskunde, N. S. Bd. XIX (1965), S. 209–224

und Stühle sowie häufig eine *Kommode* auf und hat außer Stühlen auch noch einen besonders zu erwähnenden *Diwan* vorzuweisen. Mit ihm erscheint die Bürgerlichkeit ausgewiesen. Dem Gast wird mit stets auffallender Fürsorge eben dieser gepolsterte Diwan als Sitzgelegenheit zugewiesen.
Daß der Bezug häufig aus Kunststoffen besteht, wird jedermann verständlich sein: der Roterdeschmutz und -staub ist von diesen Stoffen am leichtesten zu entfernen.

In der Sala jedes Tiroler Hauses befindet sich, wie im „alten" Tirol, der *Herrgottswinkel* und hängen Fotos von den Familienangehörigen an den Wänden. An Festtagen wird der Tisch weiß gedeckt. In der Sala wird auch der Tote aufgebahrt.

Sicherlich wäre ein *Stubenofen* oft angenehm. Aus unseren Berichten ging doch hervor, daß die Leute zur Winterszeit im südlichen Teil Brasiliens empfindlich frieren. Mangels verglaster Fenster in den älteren Gebäuden – auch wir hatten in Espirito Santo nur Mückengitter „erlebt" – streicht der Windzug ungehindert tagsüber durch das Haus und kann sich die Sonnenwärme für die Nacht nicht innerhalb der Wände halten. Außerdem sind diese selbst sehr wärmedurchlässig. Mag untertags das Thermometer im Winter auf 25 Grad und mehr ansteigen, so sinkt es in der Nacht auf Minusgrade ab. Die Nächte sind empfindlich kalt, und der Körper, darauf nicht vorbereitet – namentlich der der alten Leute und Kinder –, leidet empfindlich. Ein wärmender Ofen täte große Dienste. So aber sind Erkältungskrankheiten überall an der Tagesordnung.

Kein Stubenofen

Warum haben die Kolonisten den Ofen nicht aus ihrer alten Heimat in die neue übertragen? Vermutlich, weil sie über das Klima der Subtropen länger falsche Vorstellungen hatten und andererseits von den Portugiesen (und Spaniern), welche keinen Ofen kannten, hinsichtlich der winterlich kalten Nächte dahingehend unterrichtet wurden, daß es keine andere Lösung gäbe, als diese zu ertragen.
Ein weiterer Grund dürfte darin zu suchen sein, daß in den ältesten Behausungen unserer Kolonisten, die bekanntlich Einräume sind, ja ohnehin das Herdfeuer brannte. Wie als Lichtquelle mag es auch als Wärmequelle geschätzt worden sein.
Mit der Lostrennung des Herdraumes aus dem Wohnteil wanderte die Küche aber in einen in der Nacht unbenützten Raum ab und ging vermutlich den Kolonisten verloren. Da die Kälteeinbrüche in diesen Gegenden nur von geringer Dauer waren – sie sind erst durch die umfangreichen Entwaldungen nachdrücklicher geworden –, empfand man wohl auch den Verlust der Wärmequelle nicht sehr und paßte sich ohne große Bedenken den einheimischen Gepflogenheiten an. Die Entfernung der Küche aus dem Wohnbereich hatte doch umgekehrt den Vorteil, Hitze und Insektenschwärme, eine Last über einen weitaus größeren Zeitraum, von diesem Bereich abzuhalten!

Öfters wurde uns in deutschen Kolonistenhöfen aber auch der Herd als Ofen bezeichnet. Das erregte begreiflicherweise unsere Aufmerksamkeit. Der Umstand würde die oben ausgesprochene Vermutung unterstützen, daß die Siedler tatsächlich den Herd auch als Ofen, d. h. zu Heizzwekken, verwendet haben. Ich konnte auch noch mehrfach in den Küchen ofenähnliche Herdanlagen entdecken. Sie bestehen aus einem zirka 1 m hohen Mauersockel. Über dessen eine Hälfte ragt noch einmal ein zirka 25 cm hohes Mäuerchen auf, das ein Viereck umschließt, welches oben durch eine Eisenplatte bedeckt ist. Das Mäuerchen weist zum nicht verbauten Sockel hin eine Öffnung auf, durch das Holz zum Brand eingeführt werden kann. Meine Frau sah, wie die Frauen zu diesem Zwecke lange Äste auf dem Sockel liegen hatten und diese allmählich immer tiefer in das Feuerloch nachschoben. Die so erhitzte Eisenplatte (ohne kreisrunde und mit Ringen verschließbare Öffnungen) eignet sich vortrefflich zum Garkochen und zur Wärmehaltung verschiedener Speisen; das Ganze kann aber genausogut auch als Ofen verwendet worden sein. Die Altartigkeit der Einrichtung steht außer Zweifel.

Heute wird der Ofen in den Kolonistenhöfen neu eingeführt. Es geschieht dies vor allem durch jüngst aus Europa Eingewanderte. Die Einrichtung wandert von der Stadt bzw. von reichen Gutshöfen aufs gemeine Land. Allerdings handelt es sich in der Regel nicht mehr um Holzöfen, sondern um Öl- oder Gasöfen oder um „offene Kamine". Den älteren Häusern unserer Kolonisten war jeder Kamin fremd. Der Rauchabzug erfolgte vom offenen Herd oder Sparherd bzw. Küchenofen frei durch Türen, Fenster, Ritzen in der Wand und namentlich durch das Dach selbst. Vielfach ist das heute noch so: Es qualmt aus dem ganzen Dach!

Mit der Einführung volleiserner Sparherde – etwa seit den dreißiger Jahren und seitdem es einigermaßen erträgliche Zubringerwege gibt – wurden kleine Rauchabzüge angebracht, welche lustig über das Küchendach hinausragen. (Siehe Textzeichnung 15.) Dies wurde gleichzeitig und nicht selten zum Anlaß genommen, die separierte Küche wieder in das geschlossene Gefüge einzubeziehen. (Siehe Textzeichnung 17)

Die weitere Entwicklung ging nur in der Richtung weiterer Wohnraumbeschaffung durch Einrichtung einer „*Dependance*", welche mit dem Haupthaus durch einen gedeckten Gang – einer „Laube" – verbunden war. (Siehe Textzeichnungen 18 und 19.)

Die Textzeichnungen mögen die Ausführungen unterstützen:

Die Entwicklungsstufen am Kolonistenhaus

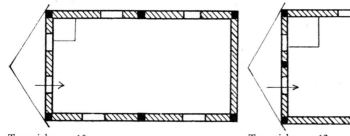

Textzeichnung 11
Einraum = Vielzweckraum

Textzeichnung 12
dessen erste Unterteilung

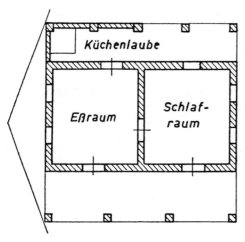

Textzeichnung 13
Drehung der Dachrichtung,
Vorziehen des Daches
auf der Traufseite
zur Ausführung der Veranda
und Küchenlaube

40 Kornmühle im Serragebiet von Rio Grande

41 Caboclo-Hütte

42 Wohnkultur unserer Kolonisten, Pozuzo

43 Älteste Behausungen, Fachwerk mit Lehmwand, in Tirol

44 Modernes Kolonistenhaus (Villa) in Entre Rios

45 Weihnachtspyramide aus Gramado

46 Bretterverschaltes Fachwerkhaus mit Veranda in Rio Grande

47 Tanz ums Johannisfeuer bei den Pommern in Süd-Rio Grande

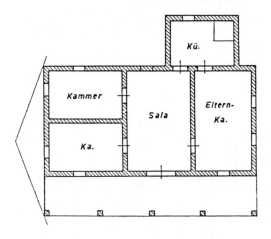

Textzeichnung 14
Anbringung einer separaten Küche
an rückwärtiger Traufseite

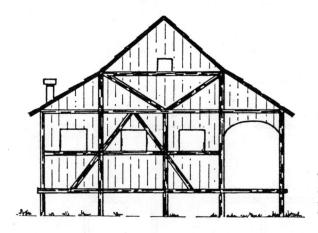

Textzeichnung 15
Aufriß des ausgereiften
„alten" Kolonistenhauses,
das bereits aufgepfählt ist

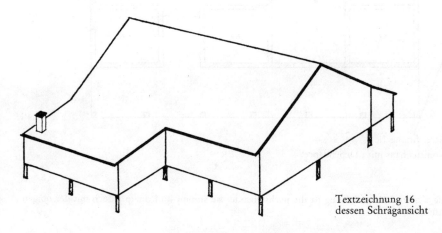

Textzeichnung 16
dessen Schrägansicht

Die weitere Entwicklung führte wieder zur Vereinigung von Wohnhaus und Küche. Die Schatten spendende Veranda breitete sich auch an einer Giebelseite aus. Die Kammern hatten sich vermehrt; auch eine „Speis" war dazugekommen. Damit entstand jenes ansehnliche, die Kolonistenlandschaft kennzeichnende Siedlerhaus, das man besonders häufig antrifft.

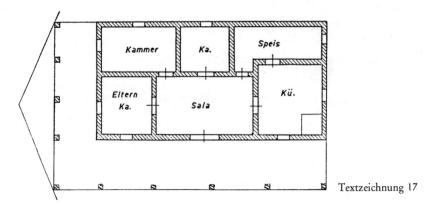

Textzeichnung 17
Weiterentwickeltes Haus mit halb umlaufender Veranda

Wuchs die Kinderzahl oder der Reichtum des Kolonisten, so schob man häufig ein zweites kleines Gebäude mit zwei bis drei Kammern an und überdeckte den offenen Gang zwischen Haupt- und Nebengebäude.

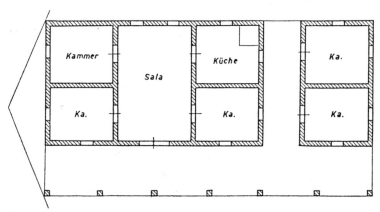

Textzeichnung 18
Kolonistenhaus mit „Dependance"

Eine weitere häufige Lösung ist die nachstehende; sie stimmt im Prinzip jedoch mit der obigen Form überein.

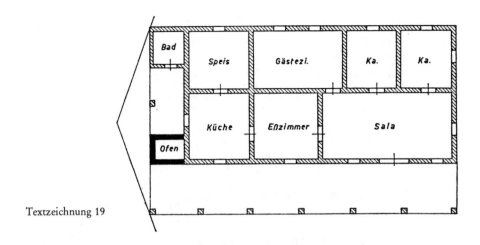

Textzeichnung 19

Wollten wir die geschilderten Grundrisse mit europäischen Typen in Verbindung bringen, was zweifellos berechtigt ist, dann hätten wir diese als *portugiesisch-deutsche Mischung* zu bezeichnen. Die Sala vertritt die Stube genauso wie das Atrium. Sie und der diesem nachfolgende Salon bewirken die Gruppierung der übrigen Räume um sie. Doch gibt es auch abweichende Typen.
So fand ich bei den Pommern eine von diesen Typen abweichende vor. Sie öffnet sich nicht traufseitig, sondern giebelseitig. Sie erinnert an die *niederdeutsche Haus- und Hofform*. Rechts und links der Veranda, welche *dielenartig* in die Sala übergeht, befinden sich die Räume, ähnlich den Kammern rechts und links des *Fletts*.

TIROLER HAUS, DONAUSCHWABENSTIL

Ähnlich konservativ waren auch die Tiroler und Vorarlberger in Dreizehnlinden vorgegangen.
Während die ersten zum „*Mittelflurhaus*" übergingen, sobald es ihre wirtschaftliche Lage zuließ, entwickelten die Vorarlberger das ihnen angestammte „*Flurküchenhaus*". Diesen Grundrißtypen entsprach natürlich auch das äußere Bild. Minister Thaler verfolgte dabei die Erhaltung der Tradition! Er drückte dieses mit folgenden Worten aus: „Schon um die Heimkultur der alten österreichischen Heimat nicht zu vergessen und diese den Kindern als Notwendigkeit zu lehren", ebenso auch „um sich gegen die Temperatureinflüsse gut schützen zu können", würde das für die Siedler erstrebenswerte Haus „Grundmauern aus Stein und Lehmmörtel aufweisen, auf die das Erdgeschoß aus Mauerziegeln aufgeführt wird". Der Oberstock bestehe aus Holz: „So ein Haus in alpenländischem Baustil, mit der Veranda ringsum, sieht heimatlich aus; man freut sich seines Heimes und vergißt, am Heimweh zu erkranken."

In der Serra von Rio Grande do Sul, in der ebenfalls Österreicher kolonisieren, wurden die gleichen alpenländischen Typen (siehe Farbbilder 11 und 12) versucht.

Eine anfänglich ebenfalls separate Entwicklung machten auch die Donauschwaben auf dem Kamp von Entre Rios mit. Doch war die Abweichung gering.

In diesem Falle hatte ihnen nämlich die Kolonistenleitung Baracken zur Verfügung gestellt, welche im Grundriß kaum von den in Europa üblichen abwichen.
„Ich schrieb bereits darüber wie folgt:

Die ältere Verschalungsweise ist sofort dadurch erkennbar, daß sie horizontal verläuft. Sie entspricht somit der Bauweise an unseren Baracken. Sie wurde von Europa mitgebracht und bewährt sich jedoch im feuchten Sturzregenklima Brasiliens keineswegs. Das Wasser fließt an den vertikal gestellten Brettern viel rascher ab und erzeugt weniger rasch Fäulnis, dem das Araukarienholz ziemlich stark ausgesetzt ist."[256] Die später errichteten Bretterhäuser haben daher auch in Entre Rios ihre Wandbretter vertikal „aufrecht", angeschlagen, wie es im ganzen Untersuchungsraum üblich war und noch ist. Der Wissenschafter weiß, daß das gleiche System auch an den alten Stabholzbauten unserer Breiten angewandt war.

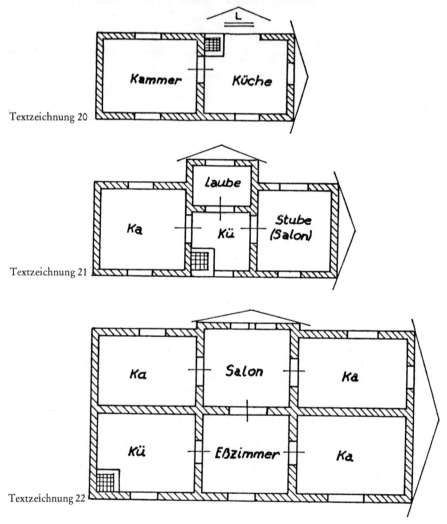

Textzeichnung 20

Textzeichnung 21

Textzeichnung 22

---

256 Ilg, Karl: Bei den Donauschwaben im brasilianischen Entre Rios. In: Zur Kulturgeschichte Innerösterreichs. Graz 1966. S. 157 f

228

Was den Grundriß der Donauschwabenhäuser betrifft, so war folgendes zu bemerken: „Die älteren Behausungen haben auch einen äußerst einfachen Grundriß. Hatte die Kolonistenfamilie am Tag ihres Einzuges zwei Kinder, so wurden ihr eine Küche und zwei Kammern gebaut, jene der Eltern konnte man auch als Stube verwenden. Bestand die Familie nur aus drei Personen, wurde ihr nur eine Küche und eine Kammer zugebilligt. Die genannten Räume wurden jeweils im Giebel hintereinander angeführt. Das ergab die im südöstlichen Österreich und in seinen Nachbargebieten übliche „Streckhofbauweise."
Doch ist diese Bemerkung nur auf die Anlage der Wohnräume, d. h. ihr typisches Hintereinander, zu beziehen. Auf die Hofformen wird noch eigens eingegangen. (Siehe Textzeichnung 20.)
Für die Hausformen der Donauschwaben kennzeichnend war weiters, daß „man an den in der Mitte üblichen Stubenteil gerne eine quergestellte Laube anschloß, die den Eingang schützte. Sie empfängt den von der breiten, rotlehmigen Straße Eintretenden auch mit der ersten willkommenen Schattenspende. Während die Häuser zur Straße stets traufseitig stehen, wendet ihr die Laube den Giebel zu." (Siehe Textzeichnungen 21 und 22).
„Im Innern fällt zunächst die *Sauberkeit* auf. In der Kammer wird sie besonders durch die *kunstvoll aufgetürmten Betten* unterstrichen. Die weißen oder blau oder rot karierten Kissenbezüge weisen keine Falte, im ersteren Fall aber oft einen Spitzenbesatz auf. Man sieht es: Die Frauen haben die Heimat ins fremde Land gebracht, das ja rundherum ganz andere Traditionen kennt und hat.

Hatte ich bei den Tirolern und Vorarlbergern in der Stubenecke einen Herrgott hängen gesehen, so sind es hier mehr einfache Heiligenbilderdrucke, welche neben vergilbten Fotos donauschwäbischer Ahnen oder gefallener Angehöriger die sonst so einfachen Wände schmücken. Ein Spitzendeckchen belebt des weiteren gerne die Wand."[257]
Was man ebenfalls noch erwähnen müßte, ist die sog. *„Unruh"*, die in den alten Donauschwabenhäusern von Entre Rios in Paraná, kunstvoll und zart gefügt, von der Decke des Wohnzimmers herabhängt. Heute stehen in Entre Rios aber bereits auch villenartige Gebäude. (Siehe Farbbild 44.)

WIE DIE POZUZINER IN PERU BAUEN

In *Pozuzo (Peru)* wurde hinsichtlich des Grundrisses eine Lösung gefunden, welche von jener in Brasilien nicht wesentlich abweicht. Man wird ihn mit Recht als gemeinsames hispanisches Erbe bezeichnen können. Wieder ist die Sala von Kammern und Küche umgeben und befindet sich in der Mitte des Hauses. Allerdings ist diese Sala nach einer Traufseite hin völlig offen, d. h., sie ist nur von drei Wänden umgeben. Auch im Oberstock befindet sich über der Sala ein nach einer Traufseite offener Raum, der in einen kleinen Söller mündet. Die nach einer Seite offene Sala und ebenso der Flur im oberen Stock verstehen sich durch das Klima dieser in der Nähe des Äquators liegenden deutschsprachigen Siedlung. Ich vermute, daß es sich hierbei um einen Bauvorschlag Pfarrer Schafferers handelt.

In der offenen Sala von Pozuzo befindet sich auch wieder ein Herrgottswinkel mit Eckbank. Noch bis vor einem Dutzend Jahren wurden hier alle Wände mit Brettern verschlagen, welche von Hand gesägt wurden. Zwei bis vier Säger sägten, wie mir Altbürgermeister Witting erklärte, in einer Woche 1000 Fuß = 330 m. Die Fugen zwischen den Brettern wurden mit Leisten verkleidet. Auch die Balken zur Aufführung des Riegelwerkes wurden von Hand gesägt. In 6 Wochen hätte

---

257 Ilg, Karl: Bei den Donauschwaben im brasilianischen Entre Rios. In: Zur Kulturgeschichte Innerösterreichs. Graz 1966. S. 158

man ein Haus erstellt. Die geleistete Zimmermannsarbeit war zweifellos bewundernswert. Da auch hier alle Häuser auf Pfählen ruhen und diese sehr hoch sind, kommt das *Unterhaus* beinahe einem weiteren Stockwerk gleich, daher wirken die Gebäude in Pozuzo umso wuchtiger. In den offenen Unterhäusern werden Werkzeuge abgestellt, sind die Maultiere angebunden und nisten nachts die Hühner. In die Sala gelangt man über ein Treppe, die außen am Haus emporführt oder im Innern des Hauses. (Siehe Textzeichnungen 23 und 24.)

Das „alte" Kolonistenhaus in Pozuzo

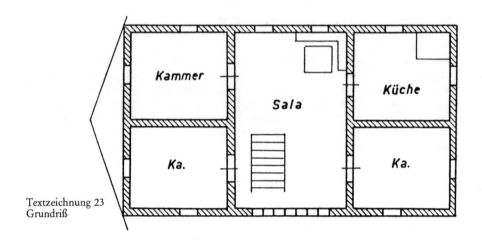

Textzeichnung 23
Grundriß

Textzeichnung 24
Aufriß, auffallend die offene Sala
und der offene Flur im Oberstock.
Auch der offene Dachboden
ist zu beachten.

Was den Dachboden betrifft, ist dieser offen und die Giebeldreiecke unverschalt, offenbar, damit der Luftzug ungehindert durchziehen und die Hitze unter dem Dach mildern kann. Man vermag daher die Dachkonstruktion bereits von außen leicht zu erkennen. Es handelt sich hier um Pfettendächer, wie übrigens auch in Dreizehnlinden. Sonst traf ich an den Kolonistenhäusern sehr häufig Sparrendächer an. Auch im Inneren der Häuser von Pozuzo erinnert vieles an die alte Tiroler Heimat. In den Kammern waren die Betten sogar, wie zu berichten, mit gehäkelten Decken überzogen (siehe Farbbild 42). Doch ist dieses keine Ausnahme, denn auch die anderen Kolonisten hielten an den Traditionen ihrer Heimat fest.

Abschließend halten wir fest:
Das alte Kolonistenhaus, durchwegs ein Riegelbau – die verschiedenen Grundrisse sind uns bekannt –, besteht aus Holz „von unten bis oben". Denn auch das Dach ist hölzern; es besteht aus Schindeln. In den abgelegenen „Kolonien" ist es noch in beträchtlicher Zahl anzutreffen.

DIE ALLGEMEINE BAULICHE WEITERENTWICKLUNG

In vielen „Kolonien" ging jedoch die Entwicklung noch weiter, weniger nach dem Grundriß als in einer weiteren Verbesserung der Bauweise und namentlich der Wände und des Daches.
An Stelle des Bretterhauses – einer, wie wir vernahmen, ausgesprochen deutschen Erscheinung – rückte das Fachwerkhaus mit *Ziegelfüllung der Wände*. Die Fugen zwischen den Ziegelauflagen wurden mit Kalk fein säuberlich verstrichen und damit genau jener Gewohnheit gefolgt, welche wir vom Bodensee bis zur Nordsee als bodenständig bezeichnen können. Also hatte das unseren Kolonisten eigene Bretterhaus im Fachwerkhaus eine ebenso deutsche Nachfolge. Besonders prächtige Fachwerkhäuser finden sich in den zwischen 1850 und 1890 gegründeten Siedlungen in Rio Grande do Sul und Santa Catarina, folglich im Raum São Leopoldo und Novo Hamburgo, des weiteren im Hügelgelände von Pelotas, ebenso im weiten Bogen der Serra von Gramado, Nova Petrópolis, Taquari bis Santa Cruz und selbst bis Panambi. Ganz besonders reich ist auch die Gegend von und um Brusque, Blumenau, Pomerode bis Joinville und São Bento. (Siehe Farbbilder 8 und 10.)

Die Ziegelmauern waren wetterfester, gegen die verschiedenen holzzerstörenden Insekten unempfindlich und außerdem noch ansehnlicher. Sie dokumentierten den kleinen *soliden Wohlstand* unserer Auswanderer in der Jahrhundertwende. Auch die Fachwerkhäuser waren gepfählt. Man wollte damit nicht des Vorzugs verlustig gehen, den die Pfahlbauten gewährten.

Mitunter dürften die Kolonisten einfach die Bretter von den Balken des Riegelwerks heruntergeschlagen und die Wände neuerdings mit Ziegeln aufgefüllt haben. Auf diese Weise änderte sich der oben beschriebene Grundriß kaum, und es war auch kein Grund vorhanden, der eine Änderung notwendig gemacht hätte. Er hatte durch seine Entwicklung schon voll und ganz den Bedürfnissen einer Siedlerfamilie entsprochen.

Auch das Dach erhielt nunmehr eine *Hartbedeckung,* und zwar wieder in Ziegeln. Es fällt auf, daß es sich bei den Ziegeln um Flachformen handelt, welche nach meiner Untersuchung als den Holzschindeln nachgebildete Formen zu bezeichnen sind.[258] Die der romanischen Gewohnheit entsprechenden Hohlziegel („Mönch und Nonne"), welche die Portugiesen verwendeten, wurden von unseren Kolonisten nur wenig gebraucht.

Die Ziegel stellten die Kolonisten auch selbst her. Im Umkreis vieler Siedlungen und selbst vieler Einzelhöfe beobachtet man einen „Lehmteich samt Lehmmühle" und Brennofen, wobei letzterer mit dem überall reichlich zur Verfügung stehenden Holz befeuert werden kann. Die Lehmmühle wurde durch ein an eine Hebelstange gebundenes und im Kreise umgetriebenes Tier – Pferd, Esel, Ochs oder Maulesel – in Betrieb gebracht. Die Fachwerkhäuschen verraten zweifellos auch eine volkskünstlerische

---

258 Ilg, Karl: Landes- und Volkskunde. Geschichte, Wirtschaft und Kunst Vorarlbergs. III. Bd. Innsbruck 1961. S. 291–342

Note. Sie wird durch verschieden gelagerte Ziegelreihen noch erhöht, so daß Bänder, Friese, Kreuz-, Stern- und Kreisformen entstehen. Ebenso erhielten nun auch die *Veranden ein künstlerisch ausgesägtes Geländer* und unterhalb des Daches einen in Bögen verlaufenden Abschluß.

Als letzte Stufe der bäuerlichen Entwicklung des Wohnhauses ist sodann die Aufführung eines *voll gemauerten und mit Putz angeworfenen Hauses* zu bezeichnen. Im Grundriß änderte sich dieses nur unwesentlich von den beschriebenen Formen. Allerdings ist es nicht mehr gepfählt. Eine *Kelleranlage* fehlt gleichwohl. Das Gebäude ruht in der Regel nur auf einer kleinen Grundmauer auf. Die mehrfach beschriebene Bodenfeuchtigkeit läßt offenbar nur selten eine Kelleranlage zu. In Entre Rios fielen mir allerdings eine ganze Reihe von Kelleranlagen bzw., genauer, ,,*Kellergruben*" auf. Sie sind dort infolge des trockenen Campbodens möglich.

Keine Keller! Rotfarbige Fußböden

Das Fehlen der Keller machte jedoch schon früh eine *Vorratskammer*, oft ,,*Speis*" genannt, nötig. Wir haben sie bei den Grundrissen eingetragen. (Siehe Textzeichnungen 17 und 18.)
Die gemauerten Häuser besitzen alle Glasfenster. Zum Unterschied von der lusobrasilianischen Sitte, die Fenster vertikal zu öffnen, so daß es sich, wie im Mittelmeergebiet häufig, um aufziehbare Fenster handelt, bevorzugen unsere Kolonisten *horizontal zu öffnende Fensterflügel*.
Nicht selten nehmen nun unsere Kolonisten auch kleine villenartige Häuser zu Wohnstätten, wobei städtische Vorbilder und Pläne nachwirken. Der angesammelte Wohlstand, z. B. bei Großbauern, wie in Entre Rios, soll offenkundig gemacht werden. (Siehe Farbbild 44)

Hier gibt sich für mich die Gelegenheit, auch noch eine Bemerkung zu den Fußböden in den ,,fortgeschrittenen Kolonistenhäusern" einzufügen. Die Besonderheit hängt mit der Beschaffenheit des Erdreichs zusammen. Die weitverbreitete Terra rossa oder der Rotsandstein bedingen rote Sand- oder Lehmböden. Sie färben alsbald alles, was mit ihnen in Berührung kommt, rot: In Anbetracht des Hanges zur Sauberkeit eine empfindliche Last für unsere Kolonistenfrauen. Wie Kleider und Schuhe werden alsbald auch die Fußböden rot verschmiert. Deshalb läßt man die Bretterböden am besten gleich mit einer roten Farbe ein. Das gleiche geschieht mit den Steinböden in den gemauerten Häusern. Letztere sind begreiflicherweise am besten sauberzuhalten und mögen deshalb zur Bevorzugung der gemauerten Bauweise beigetragen haben.
Um 1880 waren auch schon die ,,vollendeten" Grundrisse ausgereift. Um die Jahrhundertwende entstanden die voll gemauerten Kolonistenhäuser.
Aber auch sie behielten – in Stadt und Land! – noch vielfach mitteleuropäische Traditionen bei. Man ist über die häufige Wiederkehr von Jugendstilelementen geradezu verblüfft; erst nach dem Zweiten Weltkrieg verbreitete sich internationale Architektur, wie ihn obiger Villenstil aus Entre Rios verkörpert.
Gleichzeitig zog ein diesem Stil verbundenes Mobiliar ein!

TYPISCHE HOFFORMEN

Entgegen einer allgemeinen Gepflogenheit habe ich in der vorliegenden Veröffentlichung die Schilderung der Hausformen jener der Hofformen vorgezogen, auf die ich nun übergehen will. Doch traf ich diese Anordnung absichtlich; für den Kolonisten ist nämlich lange Zeit das Haus nicht nur das wichtigste Bauwerk, sondern auch das einzige gewesen. Den ,,*Urhof*" machte hier vielfach und noch lange das ,,*Haus*" des Siedlers aus. Für sich, seine Familie und seine Geräte brauchte er sofort und notwendig ein Dach und vier Wände. Den ihn begleitenden Tieren, wie Pferd oder ,,Mula", Kühen und Schweinen – ja zumeist auch den Hühnern –, wies er zunächst einen Aufenthalt im Freien zu. Dabei hatten große Bäume mit weiten Kronen – besonders bevorzugt suchte man deswegen die ,,Figueiras" (wilde Feigenbäume) auf – Schutz vor Hitze und Regen zu bieten. In das Geäst der Bäume flüchteten sich nachts die Hühner. Ihre Legekiste befindet sich noch heute da und dort unten am Stamm. Sobald ein Pfahlhaus aufgeführt war, retteten sich die Tiere, vor allem die Kleintiere, auch unter dieses. Für die Großtiere baute man alsdann einen *Pferch;* zuerst hatte er kein Dach, dann legte man einen Pferch mit einem Dach an. Vielfach blieb dieser überdachte Pferch bis heute bestehen und ersetzt den Stall unserer Breiten. Besonders früh erhielten die Schweine einen überdachten Pferch, um den in ihm eingesperrten Tieren Schatten zu bieten. An der Schweinezucht hängt ja heute noch ein wesentlicher Teil der Existenz vieler Kolonisten. Den Pferch der Schweine hatte man in der Regel auch, so wie das Haus, gepfählt, sicherlich um auch ihn von der Bodenfeuchtigkeit abzuheben. Das Dach reicht allerdings nur zur Hälfte über ihn. Man will damit offensichtlich bezwecken, daß die Tiere nach Bedarf auch ans Licht rücken können. Ein Teil der Überdachung reicht für den Futtergang. Spät erhielten auch die Hühner eine eigene Unterkunft, häufig gleichzeitig mit dem Pferd, für das dann auch am ehesten ein fester Stall errichtet wurde.

Älteste Hofform Haufenhof; dann Paarhof

Damit zeichnet sich der Hof des Kolonisten eindeutig als *Mehrhof* oder *Haufenhof* aus. Am Ende des Prozesses charakterisieren ihn viele kleine Gebäude, welche um das Wohnhaus stehen.

Unter diesen Gebäuden wären, weil den europäischen Verhältnissen fremd, noch besonders die Kaffeebereitungsanlage, eine Zuckerrohrpresse und ein Tabakdörrofen zu nennen. Selbstredend fehlen Backofen sowie Ziehbrunnen oder Laufbrunnen nie und noch eine kleine Einrichtung, für die ich anfänglich keine Erklärung fand. Häufig ragt nämlich unter den Gebäuden des Gehöftes eine schlanke, hohe und mit Brettern verschalte Einrichtung heraus. Für eine Klosettanlage – die es auch gibt – schien sie augenfällig zu hoch. Sie stellte sich dann als *Räucheranlage* heraus. (Siehe Textzeichnungen 25 und 26.)

Ihr Geviert mag etwa 1 × 1 Meter, ihre Höhe 3 Meter messen. Unterhalb des Pultdaches befindet sich an der Hauptseite eine kleine Öffnung, durch die der Rauch entweicht, der über dem Feuer, das sich in einer Erdgrube befindet, entsteht. In etwa 2 Meter Höhe hängen Würste und Fleisch zum Räuchern, sofern dieses nicht im Hause über dem Herd in der Küche besorgt wird.

Nur an wenigen Stellen, so z. B. auf der Serrastraße von Dona Francisca, bei den Böhmerwäldlern, fand ich ausgebildete *Paarhöfe*. *Streckhöfe* jedoch, wie sie Iris Barbara Graefe[259] bei den Rußlanddeutschen in Argentinien beobachtet hat, begegneten mir nie. Die auch in den Reihendörfern jedem Hof zugemessenen, großen Grundflächen machten solche Anlagen nicht notwendig. Das Klima nötigte eher, davon Abstand zu nehmen.

Vor allem muß dabei an die Fliegen- und Mückenschwärme gedacht werden, welche die

---

259 Graefe, I. B.: Zur Volkskunde der Rußlanddeutschen in Argentinien. Veröffentlichung des Instituts für Volkskunde Wien, Bd. 4, 1971

 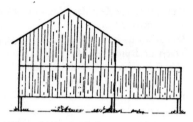

Textzeichnung 25   Textzeichnung 26

Wirtschaftsgebäude anziehen. Diese Streckhöfe sind mir übrigens auch nachträglich bei meinen Untersuchungen in Argentinien[260] nur sehr selten begegnet, so daß ich annehmen darf, Frau Graefe meinte damit die – auch von uns hier erwähnten – „gestreckt gebauten Häuser".

Bei den Norddeutschen Dielenstädel

Wohl aber müssen noch die von „Pommern" und anderen aus Norddeutschland stammenden Kolonisten aufgeführten *„Dielenstädel"* genannt werden. In der Mitte derselben liegt die „Diele", häufig unverschlossen, mit offenem Zu- und Abgang, so daß nur die seitlichen *„Kübbungen"* verschalt sind. Doch dienen diese nicht als Ställe, sondern zur Unterbringung landwirtschaftlicher Geräte, Maschinen, Fahrnisse und Früchte.

Zu einer Hofanlage gehört in der Regel auch die Umfriedung. Sie ist auch von rechtlicher Bedeutung.[261]
Die deutschen Kolonistengehöfte sind zumeist mit einem *Lesesteinmäuerchen* oder mit einem *Flechtzaun* umgeben. Die Lusos hingegen umgeben sich mit hohen Mauern. Der Flechtzaun ist genauso hergestellt, wie ihn mittelalterliche Bilder unserer Maler zeigen. Der Zaun dokumentiert den unmittelbaren Hofbesitz. Ihn zu durchschreiten ist erst erlaubt, wenn dem Fremden auf sein Klatschen mit beiden Händen ein Zeichen zum Näherkommen gegeben wird. Auf „wilden" Zutritt kann ungestraft mit der Schußwaffe reagiert werden.
Innerhalb des Zaunes befindet sich auch der größte Besitz an fahrender Habe, das Vieh. Der „Viehraub" wurde von Indianern und umstreunendem Gesindel oft geübt und ist auch heute nicht ausgestorben.

Ein zweiter Zaun steht gelegentlich noch eng um das Wohnhaus. Er soll das Vieh – vor allem die Kühe und die munteren, schwarzen Schweinchen, deren fröhliches Umhertollen uns oft ergötzte – von dem Eintritt ins Gärtchen abhalten, in dem unsere Kolonistenfrauen neben dem wenigen Gemüse und den Arzneikräutern viele Blumen und mit besonderer Liebe stets Rosen ziehen.
Die Vorliebe für Rosen empfanden wir auch als deutsches Überlieferungsgut; ihre Pflege ist im brasilianischen Klima schwierig. Nach 3 bis 4 Jahren muß damit gerechnet werden, daß sie verwildern, weshalb immer neue gezogen werden müssen.

---

260   vgl. Ilg, Karl: Pioniere in Argentinien, Chile, Paraguay und Venezuela. Innsbruck–Wien–München 1976
261   Ilg, Karl: Grenzzeichen in den Alpen. In: Das Rechtswahrzeichen, Heft 2. Freiburg 1940. S. 84 ff

DIE DEUTSCHEN STÄDTISCHEN BAUFORMEN

Unter diesem Titel können hier begreiflicherweise nur die von den deutschsprachigen Bürgern aufgeführten Wohnstätten, vor allem die *Einfamilienhäuser*, berücksichtigt werden. An ihnen läßt sich unserer Erfahrung nach am eindeutigsten der Wille zur Tradition und Verbindung mit dem Mutterland erkennen. Natürlich müssen dabei die verschiedenen wirtschaftlichen und sozialen Verhältnisse der Stadtbewohner berücksichtigt werden.

Südamerika hat ältere städtische Kultur als Nordamerika

Auch muß der Betrachtung die Tatsache vorangestellt werden, daß sowohl Brasilien wie auch Peru – das eine ehemaliges „Kaiserreich", das andere „Sitz des spanischen Vizekönigs" – im Gegensatz zu Nordamerika bereits einen eigenen Kolonialstil entwickelt hatten, von dem unsere Einwanderer nicht unbeeinflußt blieben. Mit einigem Recht hielten die Vertreter Lateinamerikas während des ersten „Dialogkongresses Westeuropa – Lateinamerika" 1979 in Alpbach/Tirol[262] anderen entgegen, daß in „Lateinamerika" schon längst Dome, Stifte, Schlösser, Paläste und wohlausgestattete Bürgerhäuser standen, als im nördlichen Subkontinent noch die Bretterbudenromantik der Wildwestzeit herrschte. Die südamerikanischen, vorab die brasilianischen Architekten vermögen bekanntlich auch heute eine vielfach bewunderte Architektur (vgl. Brasilia) zu vertreten.

Im genannten Brasilia haben sich bekanntlich nicht zuletzt brasildeutsche Architekten (Wiemeyer) ein bleibendes Denkmal gesetzt.

Es war naheliegend, daß unsere städtischen Einwanderer aus diesen Anregungen Gewinn zogen und daß sich diese, wie bereits angedeutet, auch auf die ländlichen Bauten ausbreiteten.

Dennoch blieb auf dem Lande wie in der Stadt vorerst die europäische Tradition in sehr auffallendem Maße tonangebend. Der Fabriksherr, Handwerker und Arbeiter in der Stadt wollte ähnlich wie der deutsche Bauer so bauen und wohnen „wie zu Hause". Was er sich offensichtlich bei seiner Auswanderung erträumt und zu Hause nicht in der Lage gewesen wäre, zu verwirklichen, das wollte er nun in der Fremde in die Tat umsetzen. Darin fand er gewissermaßen eine Krönung seines Entschlusses, die Heimat zu verlassen und in der Fremde sein Glück zu versuchen.

Villen der Gründerzeit

Aus diesem Grund finden wir in den Städten vor allem den *Stil der „Gründerzeit"* vertreten. Er kennzeichnet sich durch die in üppigen Parks gelegenen Villen der Begüterten mit „Glasveranden, Türmchen, Erkern, Laubsägenromantik und Stuck" ebenso aus, wie es das Haus des Handelsmannes nach „wilhelminischer Manier" und ebenso das kleine zierliche Landhäuschen des Arbeiters gibt, wie man es heute noch so in den Außenbezirken, eingebettet in kleine Gemüsegärten, antreffen kann. Man könnte ohne Schwierigkeiten solche Villenviertel und Straßenzüge von São Leopoldo, Novo Hamburgo, Brusque, Blumenau nach Deutschland übertragen, so sehr stimmen sie mit der Bauweise um die Jahrhundertwende überein und wirkte diese Tradition noch bis zum Zweiten Weltkrieg nach.

---

262 vgl. Ilg, Karl: Dialogkongreß Westeuropa–Lateinamerika. Inventar und Analyse der gegenseitigen Beziehungen. 24. Juni bis 29. Juni 1979 in Alpbach/Tirol/Austria

Zur Ausführung dieser Wünsche der Bauherren stand eine genügende Anzahl von Architekten und Baumeistern zur Verfügung, von denen der Großteil noch in Mitteleuropa ausgebildet worden war oder zumindest unter der Einwirkung des dort noch ausgebildeten Lehrers und Meisters stand. Der Einwandererstrom sorgte dafür, daß diese Entwicklung nicht abriß.

Eine Abkehr von derselben trat entscheidend erst mit den politischen Vorgängen im Zweiten Weltkrieg ein. Die wirtschaftliche und politische Erstarkung des Einwandererlandes fand auch in einer Hervorhebung eigenständiger Architektur ihren Ausdruck. Anstelle von Villen und Häuschen mit steilem oder Walmdach, auch mit solchen mit typisch alpinem Stil, treten nun Villen mit flachen Dächern, zierlichen Säulengängen, bis zum Fußboden herabreichenden Glasfenstern, mit Mosaikböden und durch Marmorplatten verputzten Wänden.

Anzeichen der Integration

Auf diese Weise wird offenkundig die Integration oder auch die Unabhängigkeit vom Mutterland bzw. die Selbständigkeit des Auswandererelementes zum Ausdruck gebracht, ein Vorgang, der keineswegs verwundern kann und in der Traditionslosigkeit des Mutterlandes hinsichtlich Architektur noch eine weitere Unterstützung erhält.
Man darf allerdings nicht übersehen, daß, wie angedeutet, namentlich der Städter auch schon früher in Brasilien und Peru durch den Kolonialstil beeinflußt war. Nicht selten zog er die Giebelwand über das Walmdach oder Satteldach hoch und täuschte ein Flachdach vor. An den Fassaden brachte er barocken Stuck an und färbelte diese in Brasilien rosarot, welche Farbe die kaiserlichen Bauten zur Zeit Leopoldines und Pedros II. auszeichnete und ein bewußtes Gegenstück zum Gelb der kaiserlichen Bauten der österreichisch-ungarischen Monarchie darstellte.
Im Inneren der Gebäude bildete auch die „Sala", im Gegensatz zur Stube, den Mittelpunkt. Auffallend früh nahm auch das Badezimmer, vom Klima her verständlich, einen gewichtigen Platz ein.
Zusammenfassend aber gibt es keinen Zweifel, daß Siedlungs- und Bauweise unserer Ausgewanderten Brasilien, namentlich dessen Süden ganz besonders auffallend geprägt haben, so sehr, daß man sich in mehreren Landschaften – wäre nicht ein anderes Klima und dessen Folgeerscheinungen – nach Mitteleuropa versetzt glaubt. Für Peru kann solches nur abgeschwächt, für die kleine Enklave Pozuzo gelten –.

DIE SIEDLERTRACHT

Was die Kleidung der Städter betrifft, so kann nur festgestellt werden, daß sie sich der jeweiligen Mode, wenn auch mitunter „nachhinkend", angepaßt hat. Trägt der Städter „Tracht", dann ist es eine der Pionierzeit romantisch nachgebildete Kleidung. In Brasilien handelt es sich dabei um die „*Gauchotracht*", in Peru um eine solche mit spanischen Elementen.
Hingegen kann bei unseren Landbewohnern sehr wohl noch von Tracht die Rede sein, wenn wir darunter die von den Kolonisten, Männern, Frauen und Kindern gemeinschaftlich getragene Kleidung verstehen.
Die Kleidung gibt zweifellos weiteren Aufschluß über den Menschen. Kleidet sich eine Gruppe von Menschen auf die Dauer ähnlich, so dokumentiert sie damit inneren Zusammenhalt und ein offenbares Selbstgefühl.
Für mich ist jene Kleidung „Tracht", welche von der Bevölkerung gemeinschaftlich heute und überwiegend getragen wird, hingegen „historische Tracht" jene, welche in Erinnerung an die Ahnen und in beabsichtigter Überlieferung an sie getragen wird. Solche historischen Trachten fanden wir – nicht uninteressant – namentlich bei den altösterreichischen Kolonisten vor. Auf sie ist gesondert einzugehen.
Eine lebendige Tracht muß selbstverständlich dem neuen Land und auch seinem Klima angepaßt sein.[263]

DIE MÄNNERKLEIDUNG

Die Männer tragen eine einfache lange Tuchhose von weißer, beiger oder blauer Farbe, ein Baumwollhemd, weiß oder blau gemustert, mit halblangen Ärmeln und offenem „*Schillerkragen*". Die Füße stecken entweder in *Holzschlapfen*, Sandalen, Halbschuhen oder, namentlich beim Ritt über Land, in braunen Stiefeln mit großen Sporen. Der Schaft wird modisch zusammengefaltet getragen, wohl um nicht mehr Hitze als nötig erdulden zu müssen. Diese Eigenart wurde sicher von den Gauchos übernommen.
Auf dem Gang zur Roça trägt man einfache Holzschlapfen. Die Sohlen derselben bestehen aus Holz, dem sogenannten *Settecavallo-Holz*, dem Sieben-Pferde-Holz. Dieses hat zufolge seiner besonderen Widerstandskraft diesen Namen erhalten.

Den klimatischen Erfordernissen angepaßt

Doch gehen die Leute auch vielfach barfuß; die Männer tragen dann ihre Hosen aufgekrempelt, was man auch als trachtliche Eigenart bezeichnen kann. Die Füße sind, wie ich schon im Bericht erwähnte, von Ameisen oft entsetzlich zugerichtet. Die Gefahr, daß sich der Sandwurm unter die Zehennägel gräbt, ist nicht minder groß. Schon die Kinder, die größtenteils barfuß gehen, leiden schwer darunter.

Die Stoffe von Hemden und Hosen müssen schweißaufsaugfähig und gut waschbar sein. Im Gegensatz zu den europäischen und nordamerikanischen Gepflogenheiten, denen

---

263 Ilg, Karl: Landes- und Volkskunde. Geschichte, Wirtschaft und Kunst Vorarlbergs. Bd. III. Innsbruck 1961. S. 291

zufolge Kunststoffe hochgeschätzt werden, wird bei den Kolonisten die Baumwolle ihre Stellung aus diesem Grunde wohl noch lange uneingeschränkt beibehalten. Die Kleidung wird von den Frauen häufig gewaschen und bis zur letzten Möglichkeit geflickt, so daß sie oft einem Fleckerlteppich ähnelt. Die Sauberkeit und Sparsamkeit der Kolonistenfrauen sticht ins Auge und fällt umso mehr auf, als die übrige Landbevölkerung nicht durchwegs diesen Grundsätzen huldigt.

Die Hose wird mit einem kunstvoll beschlagenen Lederriemen zusammengehalten, an dem auch der Facão bzw. die Machete aufgehängt wird. Das Hemd wird häufig über die Hose herabfallend getragen und ist dementsprechend blusenähnlich kurz.

Auf dem Haupt trägt der Mann sowie der Jungmann einen breitkrempigen Hut aus Filz oder Stroh. Er dient als Schatten- und Wetterhut. Mitunter ist er mit einer Lederschlaufe versehen, welche über das Kinn gezogen wird, damit dem Reiter auch bei raschem Ritt und Wind der Hut festsitzt. Es gehört „zur Art", seinen Hut an den Krempen kunstfertig aufzubiegen und auch den Gupf nach eigenem Geschmack einzufalten. Solches zeichnet den „zünftigen" Kolonisten aus. Die vorwiegende Farbe der Filzhüte ist grau oder braun.

Ein verwitterter Hut wird ob seiner Patina geschätzt.

An Unterkleidung trägt der Mann höchstens noch Unterhosen. Socken und Strümpfe trägt nicht mehr jedermann.

Fällt Regen und Sturm ein, schlüpft der brasilianische Kolonist nicht in den „Poncho", sondern in den bei unseren Leuten besonders beliebten weiten Reitermantel von dunkelgrauer oder schwarzer Farbe, einem deutschen Erzeugnis. Wir verdanken es bekanntlich dem Industriellen Renner aus Porto Alégre. In Peru ist dieser wachsgetränkte Mantel unbekannt und wirft der Reiter den Poncho über.

Für den Winter ist schlecht vorgesorgt. Am Festtag trägt der Mann zu Hose, Hemd, Schuhen und Hut auch einen Rock, durchwegs Konfektionsware. Am Werktag trägt man dann einen abgetragenen Rock, noch verbreiteter aber einen gekauften Pullover. Nur selten wird ein solcher im eigenen Haushalt gestrickt.

Da oft dieselbe Wolle für Ausbesserungen nicht vorhanden ist, fallen Reparaturen sehr bunt aus. Ich gewann den Eindruck, daß diese „Farbenfreude" ebenso ein Ausdruck des Mangels an Material wie eine unbewußte Konzession an den Süden und sein Verhältnis zu den Farben ist.

Oft gewaschen, geflickt

Natürlich haben wir uns oft die Frage gestellt, worin sich die eben beschriebene „Tracht" der Kolonisten von der Kleidung der anderen Männer unterscheidet.

Einige Elemente wurden bereits angedeutet. Ein vordringliches ist die überall ins Auge springende Sauberkeit, Ordentlichkeit und Einheitlichkeit. Der Kolonist zeichnet sich hierin ohne Zweifel aus und fällt daher im „Interior" sofort auf. (Siehe Farbbilder 3, 34, 37 und 38.)

Wenn ich im Interior Fremde um Auskunft bitten mußte und mich natürlich in erster Linie an unsere Kolonisten wenden wollte, ging ich nach diesem Rezept vor und täuschte mich wahrhaftig in der ganzen langen Zeit kein einziges Mal.

Unser Kolonist kleidet sich auch einfach. Dem Deutschsprachigen liegt es nicht, seine Persönlichkeit durch die Kleidung zu betonen.

Im Vergleich zu ihm gibt sich der „Luso" oder der Eingeborene spanischer Herkunft gerne individuell, seine Persönlichkeit betonend. Oder aber er trägt „Gauchotracht" bzw. solche spanischer bzw. indianischer Tradition.

DIE FRAUENKLEIDUNG

Genauso wie ihre Männer tragen auch die Kolonistenfrauen eine sie von der übrigen Bevölkerung abhebende Kleidung. Man wird sie mit gleichem Recht als „Tracht" bezeichnen dürfen.

Anklänge aus Biedermeier

Die *Frauenfesttagstracht* könnte man nach ihren Grundzügen wohl am besten als *biedermeierlich* bezeichnen. Denn fast genauso gingen auch unsere Urgroßmütter zur Sommerszeit einher. Die Kleidung besteht aus einer Bluse mit faltig angenähtem Rock. Die Bluse hat häufig gepluderte Ärmel, die halblang und lang getragen werden. Die Bluse ist vorne mit Knöpfen verschließbar und endet am Hals mit entweder kleinem Stoffkragen oder mit aufgeschlagenem Kragen. Es handelt sich um Baumwollstoffe, die alle einen bestimmten Druck aufweisen; ursprünglich trug man vielfach selbstgewebtes Tuch. Wieder handelt es sich, wie bei der Männerkleidung, um das Vorherrschen der Farben Weiß und eines helleren Blau. Häufig sind es weiße Stoffe mit aufgedruckten blauen Pünktchen oder umgekehrt blaue Stoffe mit weißen Pünktchen, oder es sind in denselben Farben gedruckte Streifenmuster.

Es ist sicher berechtigt, auf diese auffallende Farbenkombination in der Männer- und Frauenkleidung bzw. auf das Vorherrschen der genannten Farben hinzuweisen. Denn in diesem Punkt unterscheidet sich die Tracht unserer Kolonisten auch von jener der Italobrasilianer, welche rote und gelbe Farbmuster in sehr kräftiger Tönung bevorzugen. Der biedermeierliche Schnitt fällt allerdings besonders an den älteren Kolonistenfrauen auf, während von den jüngeren Frauenspersonen das sogenannte Reformkleid[264] bevorzugt wird. Die benützten Stoffe und Muster sind jedoch in beiden Fällen gleich. Das Reformkleid, das während des Ersten Weltkrieges geboren wurde und größte Einfachheit und Sparsamkeit betont, fällt sackartig von den Schultern bis unter das Knie. Das Reformkleid wird oft im Bereich der Hüften durch einen aus dem gleichen Stoff genähten Gürtel zusammengehalten. Die Ärmel werden glatt, halblang oder lang mit schmalem Stoffbund getragen. Oft vervollkommnet eine Schürze beide Kleidungen. Daneben tragen die Kolonistenfrauen allerdings auch Rock und Bluse getrennt, namentlich zur Arbeit, was den Vorteil hat, daß man die Bluse auch ausziehen kann. Die Bluse hängt meist lose über die Hüften herab; dies macht weniger „heiß". Die Kombination von Rock und Bluse versteht sich aber auch aus Sparsamkeitsgründen. Man kann so noch Stücke des ehemals „ganzen" Kleides tragen, wenn ein Teil schon abgetragen ist.

Zum Insektenschutz lange Hosen; Zopftracht. Mann und Frau in Holzschlapfen oder barfuß

Zur Arbeit in der Roça trägt die Frau *auch lange Hosen*. Die Insektenplage macht dies mehr als verständlich. Auch vor Schlangenbiß schützt sie besser. Die Hose dürfte deshalb schon ein sehr altartiges Kleidungsstück der Kolonistenfrauen sein.
Über den Kopf knüpft die Frau, sofern sie überhaupt eine Kopfbedeckung trägt, ein *Kopftuch*. Es wird – wieder in Anlehnung an die alte Heimat – unter dem Kinn oder am Hinterkopf zusammengebunden.
Die Haare trägt die Frau bis über Halshöhe hinauf geschnitten oder *in Zöpfen*, welche kranzartig um den Kopf gebunden sind. Daneben tragen nicht wenige Frauen die Haare

---

264 Nienholdt, Eva: Die deutsche Tracht im Wandel der Jahrhunderte. Berlin–Leipzig 1938

lang herabfallend, lose oder in Zöpfen. Letzteres fiel uns besonders bei den Hunsrückerinnen in der Serra auf.
Die Frauenfüße stecken in *Holzschlapfen*, jedoch auch in Halbschuhen und vollen Sandalen. Am häufigsten geht aber auch die Kolonistenfrau barfuß.
Schuhe schmerzen sie. Ich erinnere mich noch gut daran, wie ungern auch ich als Bub nach einem Sommer voller Freiheit, zu dem auch das Barfußgehen zählte, meine Füße im Herbst in die Schuhe preßte. Strümpfe tragen auch die Frauen kaum.
Die *Unterwäsche* der Frau besteht aus Trägerhemd und Hose, beides „gewirkt".
Für die Mädchen wird oft Unterwäsche verfertigt, indem man einen Zucker- oder Wollsack am unteren Ende aufschneidet und am oberen Ende mit zwei Trägern versieht.

Die hier geschilderte trachtliche Kleidung schafft aus den deutschsprachigen Kolonisten ohne Zweifel eine einheitliche, nicht zuletzt auch sozial geformte Gruppe und trägt zum Zusammenhalt bei.

HISTORISCHE TRACHTEN

„Historische Trachten" gibt es nur vereinzelt. Die Gedenkfeiern an die Einwanderung, welche sich im vergangenen Jahrzehnt häuften, haben sie ohne Zweifel gefördert. Sie wurden anläßlich der Aufzüge aus vergessenen Kisten und Truhen hervorgeholt, geflickt und erneuert und schmücken heute nicht selten die ebenfalls in dieser Zeit und aus gleichem Anlaß entstandenen Ortmuseen.
Von der Hunsrücker Tracht, welche bei der 150-Jahr-Feier von der Historischen Gruppe in São Leopoldo getragen wurde, war bereits die Rede. Es darf hier daran erinnert werden.

„Hilft Heimweh vertreiben"

Unterdessen ist an vielen Orten Gleiches geschehen. Einer der moderneren Koloniegründer, Minister Thaler, riet seinen Tiroler Landsleuten, beim Aufbruch nach Dreizehnlinden in ihrem Reisegepäck die Festtagstracht nicht zu vergessen, nämlich „die daheim übliche Tracht unbedingt mitzunehmen".
Das hilft Heimweh vertreiben und stärkt das Zusammengehörigkeitsgefühl, wenn man sich auch in der neuen Heimat wie früher kleidet".[265]
Da aber die schmucke „Unterinntaler Tracht" aus einem dunklen Wollstoff, wobei der reichbestickte Oberteil an den langen, faltigen Rock angenäht ist und dieser durch eine buntseidene Schürze geschützt wird, viel zu „heiß" ist und dasselbe auch vom „steifen" (spanischen) Hut mit Goldstickerei am unteren Rand gilt, wurde diese Tracht ebenso wie jene der Bregenzerwälderin durch eine unter Anleitung der verstorbenen Lehrerin Ella Grander entwickelte, dem Klima besser angemessene Dirndltracht ersetzt, die von den Frauen aller Altersstufen in Dreizehnlinden heute bei allen feierlichen Anlässen getragen wird.
Das Mieder dieses Dirndls ist schwarz und geschnürt, weit ausgeschnitten und natürlich ärmellos. Der angenähte Rock ist ebenfalls von schwarzem Stoff, doch handelt es sich um einen Baumwollstoff. Auch ist er nur knielang; über ihn wird eine grüne Tuchschürze gebunden. Unter dem Mieder trägt man eine kurzärmelige Bluse. Die schwere Kopfbedeckung fällt fort. Anstelle des dunklen Hutes tragen die Frauen einen niedlichen Strohhut oder gehen barhaupt. Zu dieser Tracht gehören auch Strümpfe, und zwar weiße, während zur alten schwarze getragen werden sollen. Mit beiden stecken die Füße in schwarzen Halbschuhen.
Auch die Frauen der Volkstanzgruppe Dreizehnlindens haben sich diese erneuerte Tracht zu eigen gemacht, und selbst die Jugendtanzgruppe trägt sie einheitlich.
Den Unterschied zwischen ehemaligen Tirolerinnen und Vorarlbergerinnen vermochte diese neue

---

265 Benesch, Leopold: Dreizehnlinden – die österreichische Siedlung in Brasilien. 4. Aufl., Linz 1946. S. 27/28

Tracht völlig zu verwischen. Die Nachfahrinnen der Bajuwaren tragen sie genauso wie jene der Alemannen.

Alt-Österreicher besonders trachtenfreudig

Die Männer von Dreizehnlinden kleiden sich ebenfalls nach historischen Richtlinien. Hierbei spielen – *bei Männern* bezeichnend – die Vereine eine wesentliche Rolle. Durch diesen Umstand erhält die Männertracht jedoch von vornherein *einen uniformen Charakter*. Unter den Vereinen von Dreizehnlinden sind vor allem die Musikkapelle und die Volkstanzgruppe zu nennen.
Erstere trug bis vor wenigen Jahren einen grüngrauen Steireranzug mit langen Hosen; auf dem Kopf saß ein grüngrauer Hut mit breitem Band; einige Musikanten besaßen einen Gamsbart. Diese trachtliche Uniform war eine Spende des Tiroler Musikkapellenverbandes an die Auszügler anläßlich ihrer Verabschiedung 1933 gewesen. Begreiflicherweise wurde diese „Tracht" in den verflossenen vierzig Jahren stark strapaziert; sie wirkte sehr abgetragen. Außerdem kann man den Steireranzug nur sehr beschränkt als historische Tirolertracht bezeichnen.
Ich faßte nach unserer ersten Begegnung mit Dreizehnlinden den Plan, der Trachtenkapelle neue „echtere" Trachtenkleidung zu verschaffen. Zu roten, offen getragenen, an den Ärmeln und am glatten Kragen goldverbrämten Röcken erhielten die Musikanten schwarze lange Hosen, dazu ein weißes Hemd, das ein buntes Halstuch schmückt, und einen grünen, breiten Hosenträger. (Siehe Farbbild 16.)
Die Füße stecken in weißen Socken und schwarzen Halbschuhen. Der Filzhut hat einen hohen, spitzverlaufenden Gupf; um ihn schlingt sich eine prächtige Goldkordel mit Quasten. Die Tracht wählte ich nach Stoff, Farbe und Schnitt mit Unterstützung der Trachtenschneiderei der Firma Lodenbaur, Innsbruck, selbst aus. Die rote Farbe wählte ich vor allem in Hinblick auf die alte Trachtenfarbe Tirols.[266] Die Tracht wurde von der 36 Mann starken Musikkapelle, ja von der ganzen Siedlung mit wahrer Begeisterung aufgenommen, und Brasiliens verstorbener Staatspräsident Costa de Silva entschloß sich sogar anläßlich eines großen „Musikbandentreffens" in São Paulo, öffentlich und in deutscher Sprache der Siedlung für die folkloristische Bereicherung durch ihre Tracht zu danken. Die Kapelle hatte sich dabei besonders ausgezeichnet. (Siehe Farbbild 17)
Nach unserer zweiten Expedition erhielten auch die Burschen der Volkstanzgruppe über meine Bemühungen durch die Vorarlberger Landesregierung eine neue historische Tracht, während die Tänzerinnen sich mit der in Dreizehnlinden selbst entstandenen, erwähnten Frauentracht schmücken. Die Tracht der Tänzer kommt der Tracht der Musikkapelle gleich, nur daß anstatt der langen schwarzen Tuchhosen kniegebundene schwarze, sauber bestickte Hirschlederhosen getragen werden.

Unter den „Altösterreichern" zeichnen sich auch die *„Donauschwaben"* von *Entre Rios* und die *„Böhmerwäldler"* von *São Bento* aus. Vielleicht kann man überhaupt feststellen, daß wie die Österreicher in der Heimat dem Trachtenwesen verbunden sind, dieses auch in der Fremde besonders pflegen.
Entre Rios bewahrt nur eine historische Tracht, aber bei jung und alt. Sie blieb lebendig. (Siehe Farbbild 25.)

---

[266] Ilg, Karl: Die rote Farbe in der Tiroler Tracht. In: Südtirol, Land europäischer Bewährung (Schlern-Schriften 140). Innsbruck 1955. S. 211–220

Alle empfinden sie als „hohes Erbe ihrer Väter". Als sie 1944 ihre Heimat an der mittleren Donau verlassen mußten, war die Tracht etwas vom wenigen, das die Frauen an sich rafften und durch alle Notzeiten retten konnten. Angesichts ihres in der Diaspora gestählten Selbstbewußtseins und Selbsterhaltungswillens verwundert es nicht, daß die in Paraná heranwachsende Jugend die historische Tracht ohne wesentliche Änderung in die Gegenwart übernahm. Allerdings war sie auch für das heiße Klima geeigneter als die Tracht der Tiroler und Vorarlberger. (Siehe Farbbild 15.) Sie war schon den an der „mittleren Donau" heißeren Sommern angepaßt gewesen.

Betrachten wir zunächst wieder die *Frauenkleidung:*
Am ärmellosen Mieder hängt am Festtag ein sehr faltenreicher, langer Rock, über den eine weiße oder beige Schürze getragen wird. Unter dem geknöpften Mieder wird ein kurzärmeliges, jedoch mit bauschigen Ärmeln versehenes Hemdleibchen getragen. Das Mieder wird flach abgeschlossen und der Kragen nur durch helle Stickerei angedeutet. Den so freien Hals schmückt ein schmales Samtband. Die Füße stecken in weißen Strümpfen und schwarzen Halbschuhen. Die jungen Frauen tragen keine Kopfbedeckung, die alten hingegen ein schwarzes Kopftuch, dessen Enden hinten gebunden werden. Am Werktag tragen die Frauen von Entre Rios ebenfalls ein schwarzes Kopftuch; die Kleidung ist von den übrigen Kolonien abweichend dunkel gehalten. Auch dieser Umstand ist überliefert. Das Werktagskleid hat Reformschnitt. (Siehe Farbbild 26.)

Die *„historische" Männertracht von Entre Rios* besteht aus langen schwarzen Hosen und einer ärmellosen, hochgeknöpften schwarzen Weste. Aus den Armlöchern quellen weiße gepluderte Leinenärmel, am Hals schließt das Hemd mit einem hochgeknöpften Kragen ab, um den eine schwarze Seidenkrawatte gebunden wird. Zu schwarzen oder weißen Socken werden schwarze Halbschuhe getragen. Auf eine Kopfbedeckung wird verzichtet. Diese Tracht tragen Tänzer und Musikanten. Doch wird sie auch von nicht vereinsorganisierten Leuten getragen. (Siehe Farbbild 26.)

In São Bento weist die Tracht der *„Tremlbanda"* auch historische Züge auf. Von einer direkten Überlieferung der ehemaligen Böhmerwälder Heimat kann nur beschränkt die Rede sein.

Die Musikkapelle – in Südamerika „banda" genannt – kleidet sich in lange, dunkelgraue Hosen, in eine ärmellose, mit Silberknöpfen verschließbare Weste aus gleichem Stoff, aus der ein weißes Hemd mit bauschigen Ärmeln hervorschaut. Der Hemdkragen kann offen getragen oder mit einer schwarzen oder grünen Binde geschlossen getragen werden. Auf dem Kopf sitzt ein breitkrempiger grauer Hut mit grünem Band.

Die *Kolonisten von Tirol* besitzen keine Musikkapelle mehr und die historischen Trachtenuniformen sind vergessen. Aber es muß beides dort einmal bestanden haben und gepflegt worden sein.

Ich schließe dies aus einer von mir aufgefundenen Notiz[267] des Jahres 1867. Denn damals erhielt der Postmeister von Volders (bei Innsbruck) vom Auswanderer Josef Kelmer aus Volders einen Brief, in dem dies bestätigt wurde. Ich erwähnte diese Mitteilung bereits in meiner Ortsschilderung. Die Vermutung, daß besagte Nationaltracht in Tirol vor allem aus kurzen und knielangen Lederhosen bestand, zu welchen knielange Strümpfe und, soweit vorhanden, farbige, vor allem graue, braune und grüne Röcke getragen wurden, konnte ich durch aufgefundene alte Fotos bestätigt finden.

---

267 Ilg, Karl: Die deutsch-brasilianischen Kolonien und sinnvolle Entwicklungshilfe, am Beispiel der österreichischen Siedlungen. In: Humanitas Ethnica. Festschrift für Theodor Veiter. Wien–Stuttgart 1967. S. 274 f

SITTE UND BRAUCH

Wenn ich den einzelnen Abschnitten einige grundsätzliche Gedanken vorausschicke, so, um für die Bedeutung bzw. für die Funktion der vorzuführenden Erscheinungen das rechte Verständnis zu wecken.
Solches scheint mir namentlich auch für die Darstellung von Sitte und Brauch am Platze. Dabei halte ich es für wissenschaftlich gerechtfertigt, die beiden Erscheinungen getrennt zu behandeln und nicht als Synonyma zu begreifen.[268]

Sitte regelt den Verkehr in der Gemeinschaft und hebt sie von anderen ab.
Die Sitte bezeichnete ich als ein Regulativ im Verkehr der Menschen untereinander.[269]

Die Sitte führt in ihrer Fortentwicklung zum Recht und ist vielfach als dessen Vorform zu verstehen. Das menschliche Zusammensein macht beide notwendig. Die Alternative von Ordnung ist Unordnung! Letztere aber bedeutet den Ruin jeder menschlichen Gemeinschaft. Selbst die Familie als kleinste menschliche Gemeinschaft könne, so führte ich aus, der Ordnung nicht entbehren. Dies aber schließe gleichzeitig Über- und Unterordnung mit ein. Besonders sichtbar sei die Einordnung.
Diese Einordnung in die überlieferten Gepflogenheiten, Richtlinien und Verbindlichkeiten hebt auch unsere Kolonisten als besondere Gemeinschaft hervor und macht sie deutlich. Einige dieser Erscheinungen haben wir bereits vorgeführt, so die Art ihres Arbeitsbetriebes und ihre Nahrungsbereitung, ihre Siedlungsformen, die Eigenart ihres Bauens und Wohnens und als letztes ihre Kleidungssitten. Alle diese Erscheinungen wären nicht denkbar ohne Einordnung des einzelnen Siedlers und Kolonisten in die größere, alle umfassende Gemeinschaft der deutschsprachigen Landnehmer.
Zu dieser Gemeinschaft veranlaßte sie sicherlich in erster Linie und zwangsmäßig ihre Schicksalsgemeinschaft. Denn als „*Deutsche*" waren sie ja nicht, oder wenn, dann erst in der zweiten Etappe ihrer Siedlungsgeschichte, ins Land gekommen. Sie mußten, wie wir bereits darlegten, erst durch das gemeinsame Schicksal zu einer Gemeinschaft geprägt werden. Gekommen waren die ersten als Angehörige z. B. des „*Königreiches Württemberg*", des „*Großherzogtums Baden*", der „*Österreichischen Monarchie*", des „*Königreiches Preußen*" und so fort, einschließlich der kleinen Hoheitsgebilde nach der politischen Landkarte zufolge des Wiener Kongresses. Sie mußten auch zum Teil hinnehmen, daß ihre mitgebrachten Familiennamen verschrieben wurden, wie ich dies z. B. in Rio Pardo, aber ebenso auch anderenorts feststellen konnte:

Ein „ehrlicher" Bürger namens Schäfer aus dem heutigen *Baden-Württemberg* mußte sich, nachdem er „den Staatseid auf die Bibel und bei allen Heiligen" – wie ihn jeder Kolonist, ob Katholik oder Protestant – abgelegt hatte, Chafer schreiben lassen; ein biederer Josef schrieb sich jetzt José. So steckt hinter mancher derartigen Verschreibung eine deutsche Herkunft, welche nur noch urkundlich nachweisbar wäre.

Aus dieser nachträglich so zusammengeschweißten deutschsprachigen Siedlergemeinschaft wird uns auch die nun zu behandelnde *Sitte* verständlich. Daß sie größtenteils *auf europäischer Tradition* beruht, ist dabei nicht weiter verwunderlich. Denn die Kolonisten schufen sich am Tage ihres Beginnens nicht plötzlich „neue Anschauungen über

---
268 Ilg, Karl: Die Gegenwartsaufgabe von Sitte und Brauch. In: Tiroler Heimat, Bd. XX (1956), S. 123–131
269 ebenda

Ordnung und Recht", sondern wandten selbstverständlich jene an, welche sie gewohnt waren und die bei ihnen und ihren Eltern erprobt und in Geltung gewesen waren.

SIPPEN- UND FAMILIENBINDUNG

Jegliche Gemeinschaft nimmt, wie anderswo, auch hier ihren Anfang in der Familie. Sie zählt hier größtenteils zu den bewundernswertesten Gebilden. Die Familien sind hier noch weit mehr als unsere Familien die eigentlichen Lehrstätten zur Heranbildung der Jugend. Hier lernt die Tochter nähen, flicken und kochen, den Haushalt führen, der Sohn Kolonist zu sein, den Urwald zu schlagen, die Capoeira zu brennen, die Roça zu bestellen, Vieh zu ziehen und die Erträgnisse zu verkaufen, Häuser und andere Gebäude zu errichten, den Cachaça zu brennen usw. Hier lernen die Jungen auch die Muttersprache und mitunter noch in ihr zu lesen und zu schreiben.

Familie intakt, Eltern- und Kindesliebe

Die Kinder erkennen früh, daß es ihre Eltern sind, die ihnen das tägliche Brot nicht nur reichen, sondern buchstäblich und im Schweiße ihres Angesichtes erarbeiten, so daß, wenn sie dies nicht für sie tun würden, sie hungern und dürsten müßten. Was Wunder, wenn in dieser Lehr- und Lerngemeinschaft und in diesem auf Gedeih und Verderb Aufeinanderangewiesensein, wobei sich in späteren Jahren der Schwerpunkt der Verantwortung auch verlagern kann, eine unzertrennliche Gemeinschaft aufblüht?!
Man spürt solches bereits beim Eintritt in den Hof: Kinder und Eltern stehen eng gedrängt zusammen und erwarten den Eintretenden. Die elterliche Autorität ist ungestört; doch alles überstrahlt die Liebe!
Im zwanglosen Zusammensein gibt es daher viel Schönes, oftmals gegenseitigen Zuspruch, wenig Tadel, viel Geduld und Rücksichtnahme. Erkundigt man sich nach den Ursachen hiefür, so wird dem Fragenden oft zur Antwort gegeben, daß „das Leben der Kolonisten sonst schon hart genug" wäre. Man solle es sich nicht auch noch zusätzlich vergällen.
So fanden wir immer wieder in diesen oft einfachen Behausungen hellen Glanz und menschliche Wärme. Die Kolonistengemeinschaften in den Siedlungen spiegeln das wider, was in den Familien erzogen wird.
Auch in den Städten fiel mir der große Familiensinn stets auf. Wieviel Tradition und Zusammengehörigkeit wird auch in den Bürgerhäusern gepflegt!

ERBFOLGE, AUSSTEUER UND HOCHZEIT

Eine der wichtigsten Gewohnheiten bei Bauern ist zweifellos die *Erbfolge*. Hatte der Kolonist sich eingekauft und gerodet und bekam sodann Kinder, die ihm gleichzeitig auch als treue und billige Helfer willkommen waren, dann mußte sein Trachten, wollte er vor seinen Nachbarn bestehen, dahin gehen, rechtzeitig für diese seine Kinder vorzukehren und damit auch für sie Grund und Boden – eine „Kolonie" – zu erwerben.
Dabei wurde und wird folgendermaßen vorgegangen: Den Söhnen versucht man Land zu verschaffen, die Töchter aber werden mit der *„Aussteuer"* versehen, und vor allem wird ihnen zu Ehren eine große und aufwendige *„Hochzeitsfeier"* veranstaltet.[270] Die

---

[270] Ilg, Karl: Das Brauchtum der deutschstämmigen Siedler in Brasilien und Peru. In: Volkskunde – Fakten + Analysen. Festgabe für Leopold Schmidt (= Sonderschriften des Vereines für Volkskunde in Wien, Bd. 2). Wien 1972. S. 246 ff

Aussteuer wird nach den schlichten Bedürfnissen der Siedler bemessen und ist nicht sehr hoch! Die Mitgabe einer Nähmaschine stellt heute dabei oftmals den größten Wert dar. Vor dem Zweiten Weltkrieg war das häufigste Geschenk der Eltern an die Braut ein Reitermantel, ein Frauensattel und eine Kuh; unter solchen Umständen erhält die Hochzeit als Geschenk an die Braut eine besondere Bedeutung. Wollen wir daher Hochzeit und Eheschließung zunächst als „weltliche Angelegenheit", eben als „Sitte", betrachten! Der Tochter steht eine große Feier durch die Sitte gewissermaßen zu! Sie ist für ihr Ansehen unentbehrlich. Auch der Bräutigam erwartet sich diese Dokumentation, denn wenn eine Feier ausgeschlagen wird, betrifft dies auch das Ansehen und den Ruf des Bräutigams. Die Feier gibt aber auch dem Brautvater Gelegenheit, seine Liebe zur scheidenden Tochter öffentlich unter Beweis zu stellen. Darüber hinaus kann der Vater aber auch sein wirtschaftliches Können dokumentieren.

Ganz wichtig ist Hochzeitsfeier!

Es kommt auch heute noch vor, daß sich die Kolonistenväter dabei übernehmen, so daß nach einer Hochzeit wieder lange Zeit „Schmalhans ins Haus zieht", zumal eine Hochzeit zwei oder drei Tage dauern „soll".
Dabei wird auch in den Nächten gefeiert, getrunken, gegessen und getanzt. An Getränken wird „Cachaça" und Bier, öfters auch Wein aufgetragen. Sofern letzterer nicht in der Umgebung geerntet wird oder der Kolonist nicht selbst einen Weinberg besitzt, geht der Weinkonsum „rasch ins Geld". Doch auch ein Bierkonsum kann große Summen verschlingen, zumal häufig 100 und mehr Personen bewirtet werden müssen. Der Fleischbedarf verschlingt ein bis zwei Rinder. Dazu kommt noch die Schlachtung kleinerer Tiere, etwa von Schweinen und namentlich von Hühnern. Für das Aufspielen zum Tanz müssen einige Musikanten bezahlt, verpflegt und bewirtet werden.
Zur Hochzeit werden möglichst alle Verwandten und Nachbarn geladen. Die „zwei Säulen jeder Volksgemeinschaftsbildung, Nachbarschaft und Verwandtschaft"[271], heben sich dabei deutlich ab.
Eine Kolonistenhochzeit kann man füglich nicht nur im Hinblick auf die Familiengründung des Brautpaares, sondern desgleichen als ein Sippen- und Nachbarschaftsfest ersten Ranges empfinden.
Dabei gingen mitgebrachte und in der neuen Heimat dazugekommene Traditionen eine Mischung ein.
Die Ladung erfolgt durch den Brautführer, nachdem zuvor die Nachricht von der Vermählung am Kirchenportal angeschlagen und diese also kundgemacht wurde.
Der Brautführer ist in der Regel ein Bruder oder ein naher Verwandter der Braut. Er wird später auch Pate der Kinder aus dieser Ehe sein. Der Brautführer ist einige Tage, zumeist beritten, unterwegs, um alle Geladenen zu verständigen. Auf dem Hut trägt er bunte Bänder.

Noch Brautführer und Hochzeitsreiter

Bei den Pommerndeutschen in Espirito Santo tritt womöglich an einem Freitag und nach Vollmond ein bekranzter „*Hochzeitsreiter*" die Einladungstour an. Sein Saumzeug, ebenso sein Hut sind mit „Sträußlein und bunten Bändern verziert"[272].

---

271 Ilg, Karl: Volk, Volkskunde, europäische Ethnologie. In: Studien zur Namenkunde und Sprachgeographie. Festschrift für Karl Finsterwalder zum 70. Geburtstag (= Innsbrucker Beiträge zur Kulturwissenschaft, Bd. 16). Innsbruck 1971. S. 445–455
272 Oberacker, Karl Heinrich: Brauchtum und Aberglaube bei den Kolonisten pommerischer Abstammung in Brasilien. Staden-Jahrbuch 9/10. São Paulo 1961/62

Eine Hochzeit wird heute in der Regel an einem Samstag gefeiert, während früher der Montag Hochzeitstag war. Die Ankunft der Gäste ist einprägsam und malerisch. Ein großes Begrüßen, jeweils mit anhaltendem „abraço" verbunden, setzt ein, und ihm folgt ein Erzählen und Berichten.
Ist der Hof der Kolonisten geräumig genug, so findet die Veranstaltung auf ihm statt.

Männer schlafen im Freien

Dabei ist wohl die Frage der nächtlichen Unterkunft, sofern überhaupt eine benötigt wird – die Männer verzichten mitunter auf sie –, die sofort zu lösende. Doch ist sie leichter zu lösen als bei uns. Jüngere Frauenspersonen erwarten sich von vornherein kein Bett, sondern suchen sich wie selbstverständlich in den Wirtschaftsgebäuden ein Lager aus. Die Männer, soweit überhaupt, kampieren im Freien, indem sie sich einen Sattel unter den Kopf ziehen. Auch die Bewirtung spielt sich im Freien ab; Bänke und Tische werden durch Bretter gebildet, die auf den in die Erde gerammten Pfosten aufruhen.
Sind die Hofgebäude zu klein oder gebricht es an Geschirr oder an anderen Notwendigkeiten, so findet die Hochzeitsfeier in der nächsten „Venda" statt. Die Venda besitzt vor allem auch einen Tanzsaal, was für anspruchsvolle Tänzer einen besonderen Anziehungspunkt bildet. Ein weiterer Umstand zur Wahl einer Venda als Veranstaltungsraum einer Hochzeit kann sein, daß der Kolonist die Auslagen der Hochzeit durch Ernteleiferungen an die Venda nach und nach abstatten kann. Bei Bargeldnot ist dieser Ausweg trotz beträchtlicher Zinsenaufrechnung der nächstliegendste.
Das Brautpaar kleidet sich, wenn irgend möglich, nach europäischer Manier, die Braut in Weiß und Schleier, der Mann in einem schwarzen Anzug (auch wenn dieser bei Verwandten ausgeliehen wird).

Natürlich beginnt der Hochzeitstag mit einer kirchlichen Feier und werden Segen und Glück auf das Paar vielfältig herabgefleht; stellenweise wird auch Zauber versucht. Doch darüber im folgenden Kapitel.
Unter den weltlichen Erfordernissen können gewisse Eigenschaften der Braut nicht unerwähnt bleiben. Sie werden gewissermaßen als Voraussetzungen für den Vertrag, was Ehe wörtlich bedeutet, verstanden. Denn „die Braut ist der Acker, auf dem ein neues Geschlecht heranreifen soll".
„Die Braut soll als Jungfrau in die Ehe kommen." Die romanische Welt, welche um unsere Kolonisten lebt, vertritt diesen Grundsatz mit besonderer Strenge. Sie hat dabei sicher auch dem Temperament ihrer Völker Rechnung getragen und unsere Kolonisten beeinflußt. Es kann daher mitunter vorkommen, daß ein Bursch ein Mädchen nach jahrelanger Bekanntschaft und nach einem entstandenen intimen Verhältnis aus obigem Grunde nicht zur Hochzeit führt, obgleich das Mädchen ihm seine Jungfernschaft dargebracht hatte.
„Gefallenen" Mädchen blieb leider vielfach nur die Möglichkeit, insbesondere wenn ein „Kind der Liebe" vorhanden ist, die „Companheira" eines Begüterten zu werden oder in einem der vielen Freudenhäuser in den Städten unterzutauchen beziehungsweise auf dem Lande einen ähnlichen Weg zu beschreiten. Der Schutz der Familie für ein solches Mädchen ist gering. Es war wie ausgestoßen.
Die Gedichte, welche die verwandten Kinder dem Hochzeitspaar darbringen, künden denn auch häufig vom „Schatz der Jungfrau" und vom großen Schritt im Leben, der der Braut bevorsteht, so wie umgekehrt darin, daß dem Bräutigam Tüchtigkeit nachgerühmt bzw. abverlangt wird.

Braut wird durch alle Räume geführt; Zug zur Kirche feierlich!

Handelt es sich um einen Hof, in den die Braut neu einzieht und ihn also als Herrin betritt, so wird sie von der Venda oder von den Wirtschaftsgebäuden aus, an und in denen die Feier stattfindet, mit Musikbegleitung von den Verwandten zum Wohnhaus und durch alle Räume desselben geführt.
Am Hochzeitstag geht der Zug vom Haus der Braut aus, nachdem dort ein vom Brautvater angestimmtes Vaterunser gebetet wurde.[274]

Bei den Wolgadeutschen in Paraná – so Fugmann – war es lange Zeit üblich, daß die Braut vom Lehrer aus dem Vaterhause abgeholt wurde, wobei dieser eine feststehende Ansprache zu halten hatte. An einer Stelle der schriftlichen Aufzeichnung derselben hatte die Bemerkung gestanden, „hier fängt die Braut an zu weinen".[274]
Der Brautzug gestaltet sich immer noch auf dem Lande feierlich. Bei den Pommern in Espirito Santo zieht dem Brautzug voran der Hochzeitsbitter mit einer Stange in der Hand, woran viele bunte Tücher hängen, die ihm nebst Geld beim Einladen gespendet wurden. Hochzeitsfeiern bleiben bei allen Beteiligten in lebenslanger Erinnerung. Zu bedauern daher jenes Mädchen, das auf eine solche verzichten muß.
Um dem abzuhelfen, ging man nach dem Zweiten Weltkrieg, auch unter dem Einfluß der Geistlichkeit und der Behörden, daran, die Feiern abzukürzen. Die kirchliche Trauung wird auf den Nachmittag verlegt und nur bis zum nächsten Morgen oder Vormittag durchgefeiert.

Die Stadtbewohner halten es gleich!

Ebenso halten es auch die deutschen Stadtbewohner. Doch sind angesehene und vermögende Familien immer noch auf mehrtägige Feierlichkeiten eingestellt.
Verlobungsfeiern gibt es nur in den Städten. Auf dem Lande legen die jungen Leute vielmehr darauf Wert, möglichst lange „unbekannt" zu bleiben.

BEGRÄBNISSITTEN

Im Lebensbrauchtum ist einer Hochzeit nur noch eine Begräbnisfeier gegenüberzustellen. Es mag den Leser verblüffen, daß ich sogleich auf dieses Thema übergehe. Allein Lebensfreude und Tod, Werden und Sterben sind einander im Kolonistendasein unglaublich nahe. Trotz ihrer Gegensätzlichkeit sind sie Geschwister.
Der Tod eines Familienmitgliedes trifft die kleinen, einsamen Gemeinschaften immer hart, gleichviel, ob es sich um einen Eltern- oder Geschwisterteil handelt.

Besonders bitter, wenn Eltern von noch unerwachsenen Kindern abberufen oder den Eltern Kinder „im schönsten Alter" genommen werden. Daß sich beides bei unseren Kolonisten oft ereignet, versteht sich aus ihrer Lage. Unfälle bei der Arbeit, Schlangenbisse u. ä. sind häufig, die ärztliche Hilfe ist fern und die finanziellen Mittel sind zu gering. Kommen Krankheiten über einen, versucht man es anfänglich, wie ich bereits berichtete, sich nach Rezepten des Apothekers zu heilen und „schickt sich später darein". „Denn", so hört man es aus der Kolonisten Mund oft, „jedem ist ja das Schicksal vorbestimmt."

---

273 Oberacker, Karl Heinrich: ebenda
274 Brepohl, Wilhelm Friedrich – Fugmann, Wilhelm: Die Wolgadeutschen im brasilianischen Staate Paraná, S. 85. Stuttgart 1927

Todesfall führt gesamte Siedlergemeinschaft zusammen

Die Schicksalsgemeinschaft unter den Kolonisten macht es verständlich, daß der Tod eines der ihren alle, nicht nur die engere Familie, betrifft. Jeder nimmt an dem Ereignis Anteil.

Er bezieht es auf sich selbst, sei es zufolge der Überlegung, daß er genauso der nächste sein könnte oder daß in seiner Familie genauso ein Unglücksfall einbrechen könnte, sei es auch, daß er bei diesem Ereignis erfahren will, wie stark die Hilfe von Sippe und Nachbarschaft wirklich ist. Jedermann sind die Glockenzeichen bekannt, durch die vom nächsten Glockenturm sofort der Tod bekanntgemacht wird. Wenn es keine Kirche gibt, wird es von der nächsten Kapelle aus besorgt. Stirbt ein Kind, läutet die Glocke einen Schlag, stirbt ein Erwachsener, fallen zwölf einsame Schläge. So geschieht es z. B. in Tannenwald; in *Tinimbu* wird, je nachdem, ob ein Mann, eine Frau oder ein Kind verstorben ist, eine andere Glocke angeschlagen. Und zwar läßt man zur Todesanzeige die Glocken nur „halbschlagen", d. h., man fängt den Klöppel im halben Schlag auf. Doch gibt es noch weitere Variationen.

Eine andere Art der Kundmachung ist das Aussenden der Schulkinder mit „Laufzetteln" oder es werden „Umlaufzettel" ausgegeben. Im Falle des Hinscheidens des Familienoberhauptes begibt sich der Sohn sofort aufs Pferd oder auf ein Fahrzeug.

Eile ist nämlich schon infolge der klimatischen Notwendigkeiten und der damit verbundenen Vorschriften gegeben. Ihnen zufolge soll beziehungsweise muß der Verstorbene innerhalb der nächsten 24 Stunden bestattet sein.

So ist es verständlich, daß zum Begräbnis oft nur die Hälfte der Gäste erscheinen kann, als solche zu kommen willens wären und bei der Hochzeit erschienen sind.

Dem Toten wird während aller 24 Stunden Wache gehalten; er wird in der „Sala" aufgebahrt. Im Zeichen der Nachbarschaft wird er von den jungen Männern aus derselben zu Grabe getragen. Wo der Friedhof fern liegt, kommt es auch vor, daß man die Toten am Rande ihrer Roça bestattet. Ich habe viele solche einsame Gräber oder Gräbergruppen mit deutschen Inschriften gesehen. Doch lassen sich auch die Fazendeiros besonders gerne auf ihrem Besitz, in der Regel in pompösen Grabmälern, bestatten. Caboclosgräber, oft nur mit einem verfaulenden Holzkreuz gekennzeichnet, trifft man an manchem Weg. Lusobrasilianer und Italienabstämmlinge hingegen bevorzugen richtige Totenstädte.

Bei verfallenden Gemeinschaften wird bezeichnenderweise auf Bestattungsmöglichkeiten in der Nähe kein Wert mehr gelegt. Dann wird der Sarg von einem Lastwagen abgeholt und oft ohne Beisein eines Familienangehörigen zum fernen Großfriedhof geleitet und dort an einer Stelle beigesetzt, die bald vergessen ist, da sie niemand von den Angehörigen besuchen kann. Ich habe solches z. B. in der niedergegangenen *Vorarlbergersiedlung* Colônia Austria am Itararé erfahren. Diese Gemeinde hatte es infolge unglücklicher Umstände nie zu einer eigenen Kirche oder Kapelle mit Friedhof gebracht.

Eine entsprechende Beteiligung am Begräbnis ist ein untrügliches Zeichen der Kraft einer Siedlergemeinschaft. Dieses gilt auch für die städtischen Bereiche, seien es nun Bezirks-, Straßengruppen u. ä.

Deutsche Friedhöfe von besonderer Art

Die deutschen Stadtfriedhöfe oder Friedhofsteile unterscheiden sich deutlich von den anderen, sowohl durch die schon oben erwähnte Erdbestattung als auch durch die aufgelockerte, baumbestandene Anlage. Es ist üblich, daß bei der Bestattung öffentlich der Toten gedacht wird, sei es durch den anwesenden katholischen oder protestantischen Geistlichen, sei es durch den „Kirchenvater" oder den Küster, häufig auch durch Vereinsvorstände und politische Persönlichkeiten.

Das Mahl nach dem Begräbnis fällt weniger reichlich als bei der Hochzeit aus.
Fehlen den Kindern nun Vater oder Mutter, so übernehmen die Paten deren Stelle. Ich habe oft bewundernswerte Zeugnisse dieser besonderen Hilfsbereitschaft gefunden und möchte deshalb hier noch bemerken, daß mit guter Begründung den beiden Paten am Hochzeitsfest ihrer Patenkinder neben den Eltern der Ehrenplatz eingeräumt wird.

DIE NACHBARSCHAFT

Zu Paten werden sowohl engere Verwandte als auch die nächsten Nachbarn gebeten. Neben der Familie und Sippe ist es die Nachbarschaft, auf welche die Gemeinschaften aufbauen.

Paten sind sehr geachtet

Neben den engeren Familienmitgliedern sind die Nachbarn die Nächsten. „Nächstenliebe" in diesem wortwörtlichen Sinne wird hochgeschrieben. Sie ist vielfach auch die Voraussetzung für eine Existenz in der Fremde.
Ist „Not am Mann", dürfen die Kolonisten mit Sicherheit auf Unterstützung der im Umkreis wohnenden Siedler rechnen. Einige Anlässe wurden schon genannt: bei Bauarbeiten, bei Geburten, bei Krankheiten und namentlich bei Unglücksfällen; desgleichen bei Überfällen, die es immer noch geben kann.

Diese Hilfsbereitschaft unter der Voraussetzung der Gegenseitigkeit kommt auch bei Schlachtungen zum Tragen. Bei der leichten Verderblichkeit der Ware liegt es im Interesse des Besitzers, sie rasch zu gebrauchen. Was er und seine Familie an Schlachtfleisch nicht selbst benötigen, nehmen die Nachbarn mit Dank an und revanchieren sich, sobald sie selbst schlachten. Auf diese Weise kann man vielleicht mehrmals im Jahr zu dem so heißbegehrten Frischfleisch gelangen.

Auch die Abende beschließen die Kolonisten gerne in der Runde. Häufig stoßen zur Familie, welche auf der Veranda Platz genommen hat, Nachbarn, und man läßt den „Chimarrão" umgehen. Es werden Lieder gesungen oder Erzählungen geboten, aus der Orts- und Familiengeschichte, eigene Erlebnisse geschildert oder es wird gespielt. Als Spiele begegnen uns bei Erwachsenen und Kindern dieselben, „wie bei uns". Aber man hat, im Gegensatz zu uns, dort noch Zeit!
Kommt aber „richtiger Besuch" auf den Hof, dann ist für alle Feiertag. Der Gast wird selbstverständlich zum Mahl eingeladen und muß bleiben, solange er kann.

Zufällige Begegnungen werden liebevoll gefeiert.

Es ist ganz selbstverständlich, daß Nachbarn und Freunde, welche sich auf Wegen begegnen, von den Reittieren absteigen, die man etwas grasen läßt. Jede herzliche Begegnung beginnt mit einem ausführlichen *„Abraço"*, währenddem man sich gegenseitig die Schultern und den Rücken beklopft und die rechte und linke Wange abwechslungsweise an die Wangen des anderen drückt. Das kann fünf Minuten so dauern. Erst nach dem Abraço wird eine intensive Unterhaltung einsetzen können.

Wir haben diese Grußform immer von neuem als besonders herzlich und reizend empfunden. Während des Beklopfens und Betätschelns, das ohne Zweifel einer echten Freude und Zuneigung zum andern entspringt, sind Ausdrücke zu hören, wie: „Ich freu mich so, dich wiederzusehen"; „Wie großartig, daß ich dir begegne" u. ä.
Wenn möglich, wandern die sich Begegnenden am Ende der Rast noch ein Stück des Weges gemeinsam, wieder ein vornehmer und herzlicher Zug, der die Achtung vor dem andern bekräftigt.

Wenn jemand bei Arbeitenden auf der Roça vorübergeht, erfolgen ebenfalls Zurufe oder eine kurze Unterhaltung.

DIE „VENDAS"

Im weiteren sind auch die „Vendas" Treffpunkte der Nachbarn und deren Versammlungsorte. Das sind die Krämerläden der Siedlungen. In ihnen finden sich jeden Tag Menschen aus den Siedlungen zum Einkauf ein und bilden, da ihnen an diesem Tag die Zeit nicht eilt, eine kleine Gemeinschaft.

Vielseitige Aufgaben eines Krämerladens

In der Venda – dem Krämerladen – atmet man im Interior nicht nur den Hauch der großen Welt, sondern sie bildet das Zentrum. Hier kauft man nicht nur ein, hier erfährt man gegenseitig die Neuigkeiten. Sie ist stets mit einem großen Saal ausgestattet, in dem alles an den Wänden hängt, was der Kolonist benötigt. In der Mitte befindet sich ein langer Tisch, auf dessen einem Ende der Schlußteil des Kaufes abgewickelt wird, z. B. Stoffe ausgeschnitten werden u. ä. Alsdann setzt man sich an den gleichen Tisch am anderen Ende, plaudert, und die Männer trinken und spielen Karten mit den anderen Käufern, so daß ein solcher „Venda"-Besuch häufig einen ganzen Tag dauern kann. Jedermann wird später den aus der Venda Heimgekehrten begrüßen und sich an den Neuigkeiten laben, die er nach Hause bringt; ein solcher Besuch bildet oft für lange den einzigen Kontakt mit der Welt und häufig auch mit den anderen verstreut lebenden Nachbarn.

Wie eine „Venda" am Anfang der Kolonisation beschaffen war, mag nachfolgende unverblümte Schilderung aus alten Aufzeichnungen, die ich fand, dartun:
„Ein einziger Kaufladen befand sich damals in der Siedlung, der aber mit den geringsten Läden am Stadtplatz, wie sie heute sind, nicht im entferntesten verglichen werden kann. Sehen wir uns die Herrlichkeiten desselben einmal an.
Da steht ein Faß mit Santosspeck, so genannt, weil er aus Santos kam. Der Deckel ist beschwert, wahrscheinlich, weil sonst die Maden mit dem Speck wegliefen. Wir wollen den Deckel auch nicht lüften, auf Rücksicht auf unsere Geruchsnerven. In der Kiste auf dem Boden liegt ein Ballen Dörrfleisch (carne secca), aber in welchem Zustande! Zolldick mit rotem Schimmel überzogen und über und über mit Schmutz bedeckt, ist das Fleisch ein würdiges Seitenstück zum Speck, dem es auch im Geruch ähnelt. Außerdem schien es jedermann für eine Art Anstandspflicht zu halten, den Ballen mindestens einmal als Spucknapf zu benutzen. Selbst die Hunde hatten einen solchen Ekel davor, daß sie ihre Verachtung auf eine den Hunden eigentümliche Weise zu erkennen gaben. Zwischen Speck und Dörrfleisch stehen einige Säcke Bohnen, die von Würmern und kleinen Käfern total zerfressen sind. Dann kommt eine Tonne mit Fischtran – Petroleum kannte noch keiner; sehr dick, streng riechend, mit Gräten, Schuppen und ganzen Fischköpfen vermischt, konnte es jede Hausfrau beim Anstecken der Lampe zur Verzweiflung bringen. Da waren auch Lichter, Talglichter natürlich, an denen ein Eskimo seine helle Freude gehabt hätte. Leider fanden sie hier nicht so viel Anerkennung, wie sie jedenfalls in Grönland gefunden haben würden. Salz, jawohl Salz war es, aber grobes, schmutziges Seesalz, kein Salz, wie wir es heute kaufen können. Dann sah man noch einige Säcke Maniokmehl, einige Pakete Nägel, etwas Draht, Nähnadeln usw. Auf einem Brett lagen einige Rollen Arbeitszeug, grober, baumwollener Stoff, auch etwas wollenes Zeug. Das war so ziemlich alles. Die ganze Ausstattung hätte man bequem auf einem Wagen fortschaffen können.
An Getränken gab's nur Branntwein und Rotwein, Vinho tinto, der aber besser Vinho da tinta hätte heißen sollen, da nur sehr gewiegte Kenner ihn von wirklicher Tinte unterscheiden konnten. Zucker, Weizenmehl und Reis wurden zum Luxus gerechnet und waren selten zu haben, wie denn bald dieses, bald jenes fehlte. Namentlich war das der Fall, wenn lange schlechtes Wetter herrschte oder gar hohes Wasser eintrat. Dann hieß es entbehren, und jeder mußte sich helfen, so gut er konnte, bis wieder Zufuhr von außen kam, denn bei solchen Zeiten hörte einfach jeder Verkehr auf."

Auf den Vendas gibt es den Tanzboden für die Hochzeiten, und die Vendabesitzer bilden die bestorientierten Gewährsleute. Sie sind in der Regel geachtete Leute und nehmen, unseren Wirten in den Dörfern gleich, eine höhere soziale Stellung ein. Natürlich zählen sie auch zur Schicht der Vermögenden.
Angesichts ihrer Informiertheit ist ein Gang zur Venda eine ständige Notwendigkeit. Frauen wie Männer nützen jede Gelegenheit ausgiebig. Das Weitauseinanderwohnen macht dies mehr als begreiflich. Dasselbe gilt auch für unsere peruanischen Siedler.

Auch uns war es bald klargeworden, daß der Weg zur Venda bei Betreten einer Siedlung eine der ersten Handlungen sein sollte. Man konnte von ihr aus mit der Siedlung am schnellsten Kontakt finden und etwas über ihre Geschichte und ihr Schicksal erfahren.

ANDERE GEMEINSCHAFTEN

Im folgenden wären unter Sitte noch jene Einrichtungen und Veranstaltungen zu schildern, zu denen nicht Familien, Sippen und Nachbarschaft, sondern die Allgemeinheit zusammenruft.
Sicherlich hat die Teilnahme an diesen Veranstaltungen nicht jenen verpflichtenden Charakter wie bei den vorher erwähnten Fällen.

Zur Pionierzeit die Schützengesellschaften

Früher dürfte unter den Veranstaltungen der Siedlergemeinschaft zu den *Schützengesellschaften* wohl die größte Teilnahmeverpflichtung bestanden haben, doch nur für Männer. Solche „Gesellschaften" gab es früher in jeder einigermaßen großen „Kolonie". Ihre Aufgabe war der Selbstschutz, einmal vor den Indianern, dann aber auch in den wechselvollen kriegerischen Ereignissen, welche die älteren Kolonien, nicht selten schon wenige Jahre nach ihrer Gründung, heimsuchten.[275] Auch in außenpolitische Auseinandersetzungen wurden sie hineingezogen.[276] Daneben gab es gleich schon Grenzdörfer, welche sich gleichzeitig als Wehrdörfer einzurichten hatten. Der Blutzoll der deutschsprachigen Siedler war hierbei häufig überdurchschnittlich.[277] Die Kriegerdenkmäler erinnern mit Recht daran.
Doch ist von dieser „Wehrhoheit" längst nicht mehr die Rede. Die Ereignisse um den Zweiten Weltkrieg führten zur Ablieferung aller Waffen, und die Gesellschaften fanden sich nach längerem Verbot und Abstand nur als gesellige Einrichtungen wieder; namentlich obliegt ihnen eine Ballveranstaltung. Sie steht immer noch in großer öffentlicher Wertschätzung.
Der Schützenball ist auch heute noch immer ein großes „Ereignis"; in vielen Kolonien stellt er die einzige größere Veranstaltung während der ganzen Faschingszeit dar. Daneben gibt es auch einige Vorträge. Die Veranstaltungen bauen sich in erster Linie auf den Besuch der Mitglieder auf; doch werden auch Nichtmitglieder eingeladen. Der öffentliche Einfluß der Schützengesellschaften ist örtlich sehr verschieden. Andere wichtige Vereinigungen stellen die *„Clubs"* dar, von denen wir bereits in den örtlichen Darstellungen einige wichtige kennenlernten. Die großen deutschen Vereinigungen, auch der Österreicher und Schweizer, müssen deshalb hier nicht noch einmal erwähnt werden. Sie besitzen örtliche Niederlassungen, welche Vorträge, gesellige Zusammenkünfte, Trinkfeste und die jährlichen Gedenkfeiern veranstalten. In den Städten werden diese Veranstaltungen außerordentlich gepflegt und beachtet.
Daneben haben in Stadt und Land aber auch die Pfarrgemeinden auffallenden gesellschaftlichen Charakter. Neben größeren Ereignissen spielen auch die wöchentlichen „*Domingueiras*" eine große Rolle.

Später *Domingueiras*; die wichtigen *Salons*

Darunter versteht man das sonntägliche Zusammentreffen bei Plauderei, Spiel und Tanz. Besonders beliebte Spiele sind dabei das Kegel- und Bocciaspiel. Zum Tanz kann schon die Musik einer Ziehharmonika ausreichen, während Bälle eine Musikkapelle

---

275 Oberacker, Karl Heinrich: Der deutsche Beitrag, S. 223 ff
276 Porto, Aurelio: a. a. O., S. 221 ff
277 ebenda, S. 225 ff

„beinahe voraussetzen". Diese Veranstaltungen finden in der Venda, in einer vor der Kirche errichteten Halle oder aber in den *„Salons"* statt.

Die „Salons" sind von der Siedlergemeinschaft erbaute und erhaltene Gebäude – oft prächtige Fachwerkhäuser –, welche eben diesen Gemeinschafts- und Geselligkeitszwecken dienen. Man kann sie füglich als ganz besonders sichtbare und eindringliche Schöpfungen des Gemeinschaftswillens unserer Kolonisten bezeichnen.

Wo es im Interior an so vielem gebrach und Verzicht geleistet werden muß, sind diese Gebäude ehrenwerte Kulturzeugnisse zur Pflege überlieferter Sitte und Art und bilden mit Kirche und Schule ein nicht wegzudenkendes Dreigestirn in unseren Siedlungen. Noch mehr war dies in der Vergangenheit der Fall.

In ihnen hat auch die *Musikkapelle*, sofern es eine gibt, ihr Heim, und finden sich die *„Liedertafeln"* ein, deren Chöre neben schönen brasilianischen Liedern immer noch – genausoviel oder noch mehr als bekannte städtische Chöre – deutschsprachiges Liedgut pflegen.

In diesen Salons werden auch die *Bälle* „unter dem Jahr" veranstaltet, ebenso in den „Vendas". Außer im Fasching finden vor allem zu Weihnachten, zu Ostern und an den Staatsfeiertagen Ballveranstaltungen statt. Den Weihnachtsball bezeichneten die Kolonisten stets als den „vornehmsten".

Sie werden in der Regel von den Jungmannen der Siedlung organisiert; dasselbe gilt auch von den „Domingueiras". Doch kann es auch sein, daß letztere der Seelsorger beziehungsweise der Kirchenvorstand organisiert.

In Streugebieten ohne eigenen Seelsorger ist der jeweilige Tag der Meßfeier, etwa alle 4 bis 8 Wochen, Anlaß, um alle Siedler zusammenzuführen und auch anschließend eine Domingueira zu veranstalten.

Deutsche Tanzlust; in den Städten die „Clubs"

Den Deutschen wird ganz allgemein eine große Tanzlust nachgesagt, den Katholiken noch mehr als den Protestanten. Auch die jungen Mütter wollen nicht auf die Tanzfreuden verzichten.

Deshalb nehmen sie ihre Kleinkinder, die von Zeit zu Zeit gestillt werden müssen, mit auf den Tanzboden. Den Kleinen werden zu diesem Zweck einige Kammern in einem Nachbarhaus frei gemacht und die Wickelkinder dann nebeneinander auf die bereitstehenden Betten geschichtet. Und während die Kleinkinder in vielstimmigem Chor ihr Mißvergnügen vermelden, spielt die Tanzmusik auf. Enttäuscht über die auffallende Ignoranz der Älteren, versinken die Kleinen jedoch bald in den Schlaf, aus dem sie erst in früher Morgenstunde die in Tanz und Vergnügen erhitzten und nun zum Aufbruch rüstenden Mütter wecken werden.

In den Städten trifft man sich am Sonntag in den „Clubs", die häufig über sehr umfangreiche Freizeiteinrichtungen mit Spielwiesen, Schwimmbädern, Tennishallen usw. verfügen. Sie sind ebenfalls sehr bedeutende gesellschaftliche Einrichtungen. Die Clubs vermitteln wichtige Verbindungen. Dankbar denke ich dabei auch selbst an viele, die mir, häufig über Vortragsveranstaltungen, vertrauensvoll geschenkt wurden.

Unter den Veranstaltungen sticht die „Kerb" hervor

Die erwähnte Tanzlust kam und kommt noch immer auch ganz besonders „auf der Kerb" zum Ausbruch. Sie ist sowohl eine von der Siedlungs- wie Kirchengemeinde getragene Veranstaltung. Zweifellos sollte der religiöse Charakter bei ihr, nämlich der „Kirchweihsonntag", im Vordergrund stehen, doch nimmt diese Stellung – offenbar schon lange – die profane Festlichkeit ein. Einst wurde gleich mehrere Tage hindurch in Land und Stadt gefeiert, geschmaust und getanzt.

Denn schon 1864 konnte der Chronist aus São Leopoldo berichten:[278]
„In der Stadt wie in allen Schneisen der Kolonie finden sich große Säle, die ausschließlich bestimmt sind für die Abhaltung der öffentlichen, regelmäßig wiederkehrenden Bälle. Hier versammeln sich drei Tage lang alle Bewohner der Schneise oder der Stadt, um sich den Freuden der Kerb hinzugeben.
Der Ball macht alle gleich. Der wohlhabende Kolonist, der gut gekleidet ist und über der Weste die schwere goldene Kette trägt, die Frau, die nach der Mode ihr Kleid trägt, Reich und Arm, Unternehmer und Dienstbote, die Hausfrau und die Dienstmagd, der Weiße und der Schwarze, der in der Kolonie deutsch spricht – kurz, alle finden sich dort, von ansteckender Fröhlichkeit erfaßt, beim Tanze zusammen. Und die Musik ist unermüdlich. Ist ein Stück zu Ende, so fordert der Beifall sogleich das zweite. Aber da jeder für jedes Stück einen gewissen Betrag zu zahlen hat – 100, 200 Réis –, so ruft man auf dem Höhepunkt der Begeisterung nur: Noch einmal! Die drei Tage, ganze Tage, ganze Nächte, verrauschen schnell ohne Unterbrechung im endlosen Ball, der unbedingt zu den überkommenen Bräuchen gehört, die aus dem alten Deutschland auf amerikanischen Boden verpflanzt wurden.
Und das Bier, das beste, das man sich denken kann, nach alter deutscher Art gebraut, dem englischen Biere durchaus vergleichbar, strömt schäumend aus den Flaschen, die sich zu Tausenden leeren und die Geister entzünden.
Sind die Tage der Kerb vorbei, so kehren die Kolonisten an ihre Arbeit in Pflanzung, Werkstätte oder Handel zurück."

Gefeiert wird gern und häufig

Auch die *Schulfeiern* bilden in diesen Ländern eine die Gemeinschaft außerordentlich berührende Erscheinung. Dies hängt nicht nur mit der Kinderliebe zusammen, sondern auch mit dem staatlichen Bestreben, schon die Kinder für die vaterländischen Aufgaben zu gewinnen.

Und wann immer diese Feiern stattfinden, die Eltern und Anverwandten der Kinder machen mit Begeisterung mit. Schulfeiern sind mit Theater und Gesangsaufführungen der Kinder, aber auch mit öffentlichen Aufmärschen, in welchen gewisse Stände, namentlich der Kolonistenstand, gewisse Wohlfahrtsorganisationen, wie „Rotes Kreuz", landwirtschaftliche Beratungsgruppen u. ä., aber auch Szenen aus der Geschichte des Landes, der Gegend usw. dargestellt werden, verbunden. In einer von unserer Kolonistenbevölkerung stark durchsetzten Landschaft kommen selbstredend auch ihre Geschichtserinnerungen zur Geltung.
Noch mehr gilt dies von den Theateraufführungen. Auf die „Weihnachtsspiele" muß später noch besonders eingegangen werden.

Während die geschilderten Veranstaltungen regelmäßig zu erwarten sind, gibt es weitere, welche über besonderer Veranlassung inszeniert werden. Man freut sich, wenn sie gegeben werden, bilden sie doch einen außerordentlichen Anlaß zur Unterhaltung und lockern so unerwartet und damit besonders bedankt den harten Alltag auf der Roça auf, der, wie schon einmal erwähnt, jahraus, jahrein, ohne Unterschied in den Jahreszeiten, harten Tribut abfordert.
Solche Veranstaltungen betreffen den Neubau eines Spitals, einer Schule oder Um- und Zubauten an denselben. Oder man will ein bestimmtes anderes Vorhaben fördern. Diese Veranstaltungen sind ebenfalls stets mit einem Ball, einer Tombola und einem Churrascoessen verbunden, und es mag den Fremden verwundern, wenn er alsdann jung und alt zur Feststätte ziehen sieht und beobachtet, wie jedermann sich sowohl an den Spenden wie auch den gebotenen Unterhaltungen beteiligt und später beglückt wieder heimkehrt. Die Sehnsucht, sich zu begegnen, Erfahrungen und Neuigkeiten auszutauschen, sich zu unterhalten, ist offenkundig sehr groß. Dies läßt aber wohl auch auf die noch in den meisten Fällen sehr starke, ungebrochene Kraft der Siedlungsgemeinschaften schließen.

---

278 Porto, Aurelio: Die deutsche Arbeit in Rio Grande do Sul, S. 191, São Leopoldo 1934

Daher sind alle diese Veranstaltungen, alle diese Bälle wichtige soziologische Erscheinungen und gesellige Fixpunkte im Jahresablauf. Sie führen die Kolonisten aus ihrer Einsamkeit heraus und zusammen, auch biologisch, was äußerst wichtig ist.

DIE BRÄUCHE, DIE LEBENSBRÄUCHE

Der Darstellung der Sitte mag nun jene des Brauches folgen. Wollte ich die Sitte „als Reglement mit Ordnungskraft im Verkehr der Menschen untereinander verstanden wissen, so nun den Brauch oder die Bräuche als Ausdrucksmittel im Verkehr einer menschlichen Gruppe mit Gott oder dem Göttlichen."[279]
Daß der Kolonist an solches glaubt, steht außer Zweifel. Es ist auch begreiflich. Denn er begegnet Außermenschlichem ständig, wie ihm auch seine eigene Macht bzw. Ohnmacht stets vor Augen geführt wird. Es gibt daher kaum einen areligiösen Kolonisten, genau wie es H. Günther[280] seinerzeit vom alten deutschen Bauern aussagte. Allerdings erscheint nicht jeder Brauch gleich tief verankert.

Brauch religiös motiviert

Zum wohl beständigsten Brauchtum unseres Kolonisten zählt das *tägliche Gebet* um die Hilfe in all den Nöten, welche hundertfach auf ihn und seine Einsamkeit hereinzustürzen vermögen. Kirche und Gottesdienst liegen für ihn ja oft weitab. Das Gebet schien uns oft so stark und inbrünstig gesprochen und in einem Glauben, als könnte man mit ihm Berge versetzen.

AUCH EIGENE „KOLONISTENHEILIGE"

In den katholischen Gebieten werden auch die Heiligen häufig zu Hilfe gerufen. Besonders beliebte Heilige sind Antonius von Padua, die hll. Georg und Martin, die hl. (kleine) Theresia, die Muttergottes von Fatima, die Königin des Rosenkranzes, die hl. Mutter Anna und der hl. Josef – dieser in seiner Stellung als „Vater", „Landmann" und als „Sterbepatron". Doch besitzen unsere Kolonisten auch „Heilige" – genauer „Selige" –, welche gewissermaßen aus ihrer Mitte stammen und auch eine entsprechende Verehrung genießen, nämlich die drei „Seligen" Rochus, Alfons und Johannes – Jesuitenpatres bzw. -brüder, welche 1640 in *San Miguel,* in den sog. „Missôes", den Märtyrertod erlitten. In den von Jesuiten geleiteten Pfarren fanden wir viele „Heiligenbilder" von diesen in den Behausungen und auch Darstellungen in den Kapellen und Kirchen. Doch auch die Darstellung der schwarzen Muttergottes von *Aparecida,* der größten Marienwallfahrt Brasiliens, trafen wir häufig an. Fast in jedem Hause ist auch über der Eingangstür ein „Haussegen" zu beobachten.
In den katholischen Kirchen und Kapellen fallen auch die vielen *Votivbilder* auf. Besonders viele begegneten uns in *Asambuju* bei Brusque und auf dem *Kreuzberg* von Nova Trento.
In Pozuzo genießt das Herz Jesu und der hl. Josef große Verehrung.

---

279 Ilg, Karl: Die Gegenwartsaufgabe von Sitte und Brauch. In: Tiroler Heimat, Bd. XX (1956), S. 123–131 – derselbe: Volk und Wissenschaft (Festgabe für Karl Ilg zum 65. Geburtstag). Innsbruck 1979
280 Günther, Hans F. K.: Bauernglaube. Zeugnisse über Glauben und Frömmigkeit der deutschen Bauern. Leipzig und Berlin 1942. S. 16

HEIL- UND ABWEHRKRÄFTE

Unter den Heil- und Abwehrkräften, welche den Katholiken zur Verfügung stehen, sind auch die vielen *Glocken* zu nennen. Auf der alten Glocke von Brusque, von Kaiser Pedro II. gestiftet, die sich heute im Museum von Asambuju befindet, ist zu lesen:

> „Anna Susanne bin ich genannt
> Brusque ist mein Vaterland
> da will ich bleiben
> will alle Wetter am Himmel vertreiben.
> Pedro II. 1866"

Doch auch das *Besprechen* spielt heute noch eine nicht geringe Rolle. Ich zeichnete einige Formeln auf! Interessanterweise nennt man das Verwenden dieser Formeln – „an die man glauben muß", sollen sie helfen – nicht Besprechen u. ä., sondern „Brauchen".

Das war für mich nicht uninteressant, zumal es deutlich für meine Erklärung des Wortes Brauch (= kultische Handlung) Zeugnis ablegt. Die Kolonisten hatten eine solche notwendig; sie steht im Gebrauch. Ich wurde aber verhalten, die Aufzeichnungen „bei mir zu behalten."

Daneben werden namentlich bei Geburt und Schwangerschaft offenbar von den Ahnen und z. T. wohl auch von den Indianern überkommene „Vorschriften" beachtet.

Die Frauen sollen in fortgeschrittener Schwangerschaft weder „stricken" (was wenig geschieht) noch „binden", sie sollen „nicht erschreckt werden und sich nicht in Gefahr begeben". Bei der Geburt werden Amulette aufgelegt, Kräuter unter das Bettlaken gesteckt, Kräuter im Badewasser des Säuglings mitgesotten und der Wochentag und sein Sternzeichen bei der Geburt genau beachtet. Das Taufwasser wird hinter den Busch gegossen, damit das Kind wachse oder damit ein Kranker gesunde.

Wann immer die Möglichkeit zum Besuch eines Gottesdienstes gegeben ist, wird sie mit Heißhunger, namentlich von den Frauen, ergriffen. Sie besuchen dann alle am Tag gebotenen Messen.

In der Pause zwischen Früh- und Hauptgottesdienst nehmen die Frauen höchstens ein Butterbrot zu sich und legen dann wieder den weiten, stundenlangen Fußweg zu ihren Höfen zurück, während sich die Männer noch an den Schnapsbuden vergnügen.
Die Kolonistenfrauen „brauchen bestimmt viel göttlichen Beistand", um ihr hartes Los zu ertragen.

Sie gehen auch öfters zu den Sakramenten. Dabei muß erwähnt werden, daß die Beichte fast ausnahmslos in der alten Muttersprache, also in Deutsch, erfolgt, auch wenn sonst bei den Gottesdiensten schon völlig brasilianisch oder peruanisch gesungen und gebetet wird. Die geheimsten und diffizilsten Dinge lassen sich doch wohl am besten in der eigenen Sprache ausdrücken. Ist dies in den Beichtstühlen nicht mehr möglich, nimmt der Beichtgang deutlich ab.

DIE TAUFFEIER

Die flüchtige Darstellung der Sitten im Lebensbrauchtum ging an der Geburtsfeier vorüber. Sie ist allerdings unter den Feiern die geringste.
Bei einer *Geburt* selbst wird oft gar nicht gefestet. Das „Kinderbekommen" fällt meist mit dem sorgenvollen Stadium des Hofaufbaues zusammen. „Kinder gibt es viele." Mitunter muß der Mann sogar die Stelle der Hebamme vertreten. Da gibt es zum Feiern nicht viel Zeit.

Die Geburt eines Menschenkindes wird daher zumeist erst bei der *Taufe* gefeiert. Bis dahin aber kann längere Zeit verstreichen. Dann ist auch die Kindesmutter „schon wieder auf" und vermag das kleine Mahl für die Familie und die beiden Paten selbst zu besorgen und damit einem der stärksten Gemeinschaftsgebilde – Familie und Patenschaft – nach Möglichkeit ihre Aufmerksamkeit schenken.
Nicht selten werden im Interior sehr verschiedene Altersstufen gleichzeitig zum Taufbecken geführt, und es sind immer ergreifende Augenblicke!
Im Lebensbrauchtum sind jedoch *Erstkommunion, Konfirmation* und *Firmung* noch tiefgreifendere brauchtümliche und religiöse Ereignisse. Die Kinder werden in der Schule und im Pfarrunterricht nachdrücklich auf sie vorbereitet. Doch auch zu Hause werden ihnen Lehren erteilt und der Unterricht unterstützt. Wieder einmal tritt auch hier die Kolonistenfamilie deutlich in Aktion. Die Kinder fühlen sich dabei „zum ersten Mal im Mittelpunkt" und von ihrer religiösen Gemeinschaft als vollreif und ihr verantwortlich genommen. Sie sind richtig „ergriffen".[281]
Die Kolonisten gestalten diese Tage sehr schön und erinnerungsreich. In den meisten Fällen wird auch eine Reise in die nächste größere Siedlung, oft in eine Stadt nötig, in der der Bischof die Weihe erteilt. Dann konnten wir erfahren, daß eine solche Reise für Frauen oft der „weiteste Ausflug in die Welt" war, an den sie ihr Leben lang zurückdachten.
In der Regel erhalten die Kinder durch den Pfarrer auch Kommunion- oder Konfirmationsbilder. Sie bilden den Hauptschmuck in den einfach ausgestatteten Kinderkammern.

DIE TRAUUNG

Die *Hochzeit* ist eines von den brauchtümlich größten Ereignissen, wenngleich ich die rein zwischenmenschlichen Momente nicht minder im Vordergrund sah.
Solange das Christentum in den Herzen der Kolonistenbevölkerung lebendig ist – und es gibt keinen Grund, an der Lebendigkeit zu zweifeln –, stellt die Ehe aber auch ein Sakrament und einen vor Gott gegebenen Verspruch dar, dem man zeitlebens verpflichtet bleibt.
Das Einsamwohnen gibt den Brautleuten beziehungsweise den Verlobten auch hinreichend Gelegenheit, diese Tatsache bei sich zu überdenken. So gehen sie nicht unbedacht zur kirchlichen Feier, und es ist ihnen wiederum ihre „Ergriffenheit"[282] von den Augen und Gesten deutlich abzulesen. Auf unsere oftmaligen Fragen, ob Ehescheidungen häufig seien, erhielten wir durchwegs verneinende Antworten.
Die Kirche oder Kapelle, in der der Verspruch stattfindet, ist schmuck herausgeputzt, und die Verwandten und Nachbarn tun alles, den Küster entsprechend zu unterstützen. Beim Jawortgeben und Ringaustausch des Brautpaares herrscht im ganzen Raum auffallende Stille.

Früher Montag Hochzeitstag; heute Samstag

Die neben dem Altar aufgestellten Fahnen tragen die päpstlichen und die Staatsfarben,

---

281 Gennep, Arnold van: Les rites de Passage. Paris 1909. S. 190 f – Weiser, Lily: Altgermanische Jünglingsweihen und Männerbünde. Bühl 1927. S. 17
282 Weiser, Lily: Altgermanische Jünglingsweihen und Männerbünde. Bühl 1927. S. 17 – Gennep, Arnold van: Les rites de Passage. Paris 1909

womit auch auf diese Weise der kirchliche Akt neben dem politischen symbolisiert wird. Fast jedes Brautpaar bereitet sich noch durch Gebet, durch Wallfahrten oder auch durch Fasten vor. Während die kirchliche Feier früher nach der weltlichen anberaumt war und in der Regel auf einen Montag fiel, hat man sie, wie erwähnt, seit 20 Jahren auf den Samstag vorverlegt und der weltlichen Feier vorangestellt. Das hatte sicherlich manchen Vorteil. Es zeigt auch die beabsichtigte Hebung des kultischen Aktes an. Auch in den protestantischen Kirchen werden die Trauungen sehr feierlich gestaltet.
Von der fest gefügten Tradition und Einhaltung der Zeremonien bei den Rußlanddeutschen war schon an anderer Stelle die Rede. Bei einer bestimmten Formel während der überlieferten Aussprache des Pastors „hatte die Braut zu weinen". An Hand von Umfragen dürfte diese Geste bis zum 1. Weltkrieg Gültigkeit gehabt haben.

Primizen sind in unseren Siedlungen nicht häufig. Es ist für die Kolonistenbuben nicht leicht, ein akademisches Studium zu erlangen. Umso großartiger wird eine Primiz begangen. Um den Segen des Primizianten zu erlangen, werden größte Reisebeschwerden auf sich genommen. Die Heimatgemeinde wetteifert mit der Sippe, den Tag zu einem für alle unvergeßlichen zu machen.

TOTENBRAUCH

Unter den Lebensbräuchen nannte Koren[283] den Totenbrauch als jenen Bereich des Brauchtums, der sich am längsten hält. Auch hier beobachtete ich dasselbe!
Der Einbruch des Todes umgibt die Stätte seines Auftritts stets mit dem Odem des Gewaltigen und letztlich Unfaßbaren. Der Atem einer anderen Welt weht die Umstehenden an. Solange der Tote in der Sala aufgebahrt liegt, brennen Kerzen vor dem aufgestellten Sterbekreuz, das in jedem Haushalt vorhanden ist, und die Besucher verrichten vor ihm und vor dem Verstorbenen leise murmelnd Gebete. Da die Bestattung aus früher erwähnten Gründen rasch erfolgen muß, nehmen begreiflicherweise auch nur bei einem Bruchteil von Bestattungen Geistliche teil. In vielen Fällen führt den Kondukt der Kapellenvorstand oder der Küster an. Er spricht die Gebete an der Grube.

Nach dem Begräbnis wird die Sala ausgekehrt, werden die Stühle umgekippt (so z. B. in *Morro Redondo*), „auf daß der Tote nicht wiederkehre". Aus dem gleichen Grund läßt man sich die Haare wachsen, auf daß der Tote den Lebenden nicht erkenne. Sicherlich sind solche Bräuche unmittelbar vor dem Untergang.
Ich erwähnte soeben, daß in vielen Fällen das Begräbnis nicht von Priestern begleitet werden kann. Darin vermute ich auch den Grund für das Vorhandensein sehr altertümlicher und zum Teil vorchristlicher Züge. Weitere fielen uns an mehreren Orten besonders auf:
Bei den Pommern im Hügelland von Pelotas kommt es noch vor, daß dem Toten bei der Aufbahrung im Hause die Füße zusammengebunden werden, auf daß er nicht „gehen" bzw. „wiederkehren" könne. Erst nach der Totenfeier werden ihm die Schuhe aufgebunden. Ab dann „sei er nämlich öffentlich totgesprochen." Wenn auch selten, werden den toten Kolonisten auch ihre Schmucksachen, dem Mann vor allem die Uhr, mit ins Grab gegeben. Die Sterbenden würden sogar darum bitten. In Espirito Santo komme es auch vor, daß man dem Toten eigens einen neuen Anzug und ein neues Kleid anmesse und mitgebe. Bei den Katholiken stiften die Verwandten und Bekannten viele

---

283 Koren, Hanns: Volksbrauch im Kirchenjahr. Salzburg 1934

Seelenmessen. Die Ehefrauen tragen beim Tode ihres Mannes 13 Monate „das Leid", das heißt, sie tragen schwarze Kleidung, zumindest an den Feiertagen.
Der Gräberbesuch ist ein häufiger. Die Zier der Gräber ist jedoch notwendigerweise schlicht. Blumen gedeihen in diesem Klima schlecht, sodaß vielfach Kunstblumen die Grabeszier bilden.
Oft waren dem Namen und Datum Sprüche aus der Bibel oder aus der Volksweisheit beigegeben.

Die *Friedhöfe* sind saubergehalten. Ich staunte immer wieder darüber und über die vielen deutschsprachigen Inschriften mit gotischen Zügen. Stets aber lagen Katholiken und Protestanten in zwei Bereichen sichtbar voneinander getrennt. Die glaubensmäßige Trennung hat zweifellos oft, weniger durch die Kolonisten als durch die Geistlichen verursacht, zur Schwächung des deutschsprachigen Elementes beigetragen.
In den Außenorten von São Bento erinnern neben den Grabsteinen oder (hölzernen) Grabkreuzen auch noch, wie erwähnt, die „Totenbretter an die Verstorbenen"[284].
Diese Bretter, auf denen die in Tüchern eingewickelten Toten zum Friedhof getragen wurden, stellte man in Anlehnung an uraltes Brauchtum, das möglicherweise auf vorchristliche Gepflogenheiten zurückgeht, an Weggabelungen auf. Man ritzte den Namen des Verstorbenen und das Todesdatum hinein und erbat so wohl Gebete für ihn oder ein Angedenken an ihn.

DAS WEIHNACHTSFEST, HÖHEPUNKT IM JAHRESBRAUCH

Nach den Höhepunkten im Lebensbrauch sind auch jene *im Jahreslauf* kurz aufzuzeigen. In ihnen klingt die alte Heimat besonders stark durch. Wenn die Kolonisten zunächst über kein anderes Brauchtum als Ersatz verfügten, so war später die Absicht wirksam, durch diese Traditionen die alte Heimat und die in kindlicher Geborgenheit liebgewordenen und liebwerten Gewohnheiten zu erhalten.
Am augenfälligsten trat uns dies bei der Gestaltung der Weihnacht entgegen.
Bei diesem Brauchtumsfest konnten und mußten die Kolonisten offenbar am selbständigsten und nach ihrer Art vorgehen. Denn die vor ihnen eingewanderten Romanen hatten aus ihrem Lande zu diesem Fest andere Überlieferung mitgebracht. Weiters war auch der Jahresablauf auf der südlichen Halbkugel dem Festcharakter dieses Tages diametral entgegengestanden, sodaß die romanischen Völker auch in ihren Kolonien zur Weihnachtsgestaltung anderen Anlaß gefunden hatten.
Die Liebe zum Weihnachtsfest ließ jedoch unsere Kolonisten alle Schranken des Klimas mißachten und das liebliche Fest ihrer Heimat auch in der Neuen Welt in vollem Glanz erstrahlen.
In der Folge wurden die romanischen Nachbarn in Südamerika vom Weihnachtsbrauch der deutschen Kolonisten ergriffen, sodaß sich heute viele den Festesbrauch, namentlich den des *Christbaumes,* zu eigen gemacht haben.
In den katholischen Kirchen unserer Siedlungen und Stadtteile stehen stets Christbaum und *Krippe;* in den protestantischen Kirchen kann letztere auch fehlen, doch der Baum nie! Was den Brauch in den Wohnungen der Kolonisten betrifft, so gibt es wohl kein Haus, in dem das geschmückte Araukarienbäumchen fehlt.

---

284 Huber, Josef: Das Brauchtum der Totenbretter. München 1956

Ich habe oft beobachtet, daß man diese Bäumchen – wie erwähnt – direkt am Zaun zieht, um sie alle Weihnachten in nächster Nähe griffbereit zu haben. Der Schmuck der etwas dornigen Bäumchen erfordert keine größeren Auslagen. Man behängt sie mit „Strohsternen und mit buntem Papier", aus dem verschiedene Formen geschnitten werden. Man „vergoldet" Nüsse und hängt sie auf. Es werden „Girlanden aus Strohröhrchenketten" fabriziert. Nach jedem Strohteilchen folgt eine getrocknete Frucht verschiedener Sträucher. Endlich wird „Gebäck in Ring- und Sternformen", auch in „Engelformen" aufgehängt und das Bäumchen mit Kerzen geschmückt.

Es gibt keinen Zweifel, daß diese Überlieferungen aus deutschen Landen mitgebracht wurden. In wenigen Fällen wurde auch gläserner Christbaumschmuck bei der Ausreise mitgenommen. Die Gebäckformen haben sich die Kolonisten aus Blechbändern vielfach selbst zurechtgebogen. Doch wurden dabei die Vorbilder aus der alten Heimat nachgebildet. Da sich Kerzen in der Hitze alsbald nach unten biegen, versuchte man relativ früh, sofern es technisch möglich war, eine elektrische Christbaumbeleuchtung zu installieren.

Es erfaßte uns fürwahr Ergriffenheit und Staunen, in welchem Umfang in den fremden Weiten gerade dieses typischste aller Jahresfeste deutschsprachiger Menschen erhalten geblieben ist und wie die Kolonisten keinen Einfall sparten, Weihnachten „wie zu Hause" zu feiern. In solchen Augenblicken fühlen sie sich, unbewußt, mit einer großen Kultur-, Sprach- und Schicksalsgemeinschaft verbunden!

Ich mußte mich unwillkürlich an die Frontwinter und an die Versuche meiner Kameraden im Zweiten Weltkrieg erinnern, auch in harter Fremde diesen Tag mit heimischer Wärme auszustatten und eine Weihnacht auch bei geringsten Mitteln hervorzuzaubern. Weiters ist zu bemerken, daß nicht etwa nur das bäuerliche Land oder das „Interior" (Hinterland) an diesem Festkreis teilnehmen, sondern selbstverständlich auch die deutschsprachigen Stadtbewohner! Ja, diese nicht minder! Ihre Kirchen sind genauso geschmückt und von Liedern erfüllt und für ihre „Clubs", Gesellen-, Hilfsvereine, Landsmannschaften" ist der Weihnachtsabend unter dem Christbaum genauso ein „großes Ereignis", das jung und alt, wie selten eines, zusammenführt.

Noch mehr als Christbaumschmuck – es sei denn, er wäre unterdessen zugrunde gegangen – hatten die Kolonisten Krippenfiguren mitgenommen und stellen sie heute noch auf. Während solches in katholischen Häusern zu beobachten war, fand ich in protestantischen nicht selten alte *Weihnachtspyramiden* vor, die ganz sicherlich z. T. wieder bei der Ausreise mitgebracht worden waren. Man wird diese Gebilde sogar als Vorläufer des Christbaumes bezeichnen können (Farbbild 45).

Bei der Weihnachtspyramide des Alfonso Drexler in Gramado fand ich folgende Dreiteilung: Auf der untersten Etage drehten sich deutsche Soldatenfiguren, aus Holz geschnitzt, mit Spitzhelm. Er gab ihnen noch Gewehre dazu, während sie in seiner Kindheit nur Säbel hatten. In der zweiten Etage werden Jesus, Maria und Josef gezeigt, während sich in der obersten Etage die Heiligen Drei Könige mit Stern drehen. Auf der Spitze der Pyramide befindet sich ein Windrad, das durch die Warmluft, welche aus den seitlich angebrachten Öllämpchen aufsteigt, in Gang gebracht wird und die Figurenetagen mitbewegt. Laut Aussage des Besitzers wurde die Pyramide von seinem Urgroßvater in die Serra von Rio Grande do Sul mitgebracht und „in der Familie stets in hohen Ehren gehalten".

Die Kirchenkrippe von Dreizehnlinden stellt eine Spende aus dem österreichischen Tirol dar, während für Tirol in Espirito Santo ein Kolonist namens Johann Pfurtscheller 1902 Krippenfiguren aus Tirol in Österreich kommen ließ und der Kirche stiftete.

In Stadt und Land setzt die Vorbereitung zum Weihnachtsfest selbstverständlich schon Tage, wenn nicht Wochen vor diesem ein. In den Küchen wird gebacken, vor allem „Doce" in vielgestaltigen, jedoch schon erwähnten Formen. Das Volk empfindet in diesen zweifellos „in gewisser Weise Segen".

In der Kirche oder Kapelle wird geputzt und gescheuert, welchen „Kirchendienst" vor allem die größeren Mädchen besorgen.

Neben Christbaum und Krippe „Weihnachtsspiel" oder „Weihnachtsschule"

In der Pfarre oder Schule wird hingegen ein „*Weihnachtsspiel*" geprobt, auf daß es am 28. Dezember zur Freude der ganzen Kolonistenschaft gut über die Bretterbühne gehe. Man sieht es als „religiösen Dienst" an. Dem Pastor wird für seine Leitung der sogenannten „*Weihnachtsschule*" ein ansehnliches Geldgeschenk dargebracht. Die Kolonisten hängen an diesem Spiel außerordentlich und spielen selbst mit Begeisterung und Inbrunst mit. Sie bitten schon lange Zeit im voraus um für sie passende Rollen! Genau so ist es in den Stadtbezirken der Fall.

In den protestantischen Gebieten mag man dieses Spiel als religiösen Höhepunkt der Weihnachtszeit bezeichnen, in den katholischen ist es ohne Zweifel die Mitternachtsmesse, zu der alles hinströmt, was gehen kann. Heimgekehrt, erwartet die Kinder am Christabend die glückliche Bescherung und sodann ein Mahl in der Sala. Neben Hühnersuppe gibt es den obligaten Schweinebraten, dessen Genuß wieder auf alte kultische Vorstellungen in unserer Heimat zurückgeht.

Den schönsten Augenblick stellt aber ohne Zweifel das Entzünden des Christbaumes dar. Alt und jung und selbst Hund und Katze sind darob erregt. Dabei erklingen in allen Häusern die alten Weisen: „O Tannenbaum", „Ihr Kinderlein, kommet", „Es ist uns heut eröffnet" und vor allem und mehrmals das von Pfarrer Josef Franz Mohr und dem Lehrer Franz Xaver Gruber im österreichischen Oberndorf geschaffene „Stille Nacht, heilige Nacht", das sich unterdessen die Welt eroberte. Selbst in der dem Untergang geweihten „Colônia Austria" versammelt sich die letzte Vorarlberger Familie Grabherr-Meyer unter einem Christbaum, „stellt ein Jesuskind darunter und singt davor".

Neuerdings kann man vor reicheren Kolonistenhäusern und Stadtvillen auch mit farbigen elektrischen Birnen beleuchtete Christbäume in den Gärten sehen, wobei in der Regel ein entsprechender Parkbaum geschmückt wird.

In einigen Kolonistengebieten, namentlich österreichischen und süddeutschen Ursprungs, hat sich auch noch das *Rauchnacht*-Brauchtum erhalten, wenngleich fast nur noch am Dreikönigstag. An diesem gehen dort auch die *Sternsinger* um und dieses alles wider Erwarten . . . !

Derart hatten wir wider allen Aussagen vor der Abreise das Weihnachtsbrauchtum erlebt. Bei allem alten Hauch und Zauber möchte ich aber auch nicht den Unterschied verkennen und verschweigen: die Kolonistenweihnacht mußte notgedrungen auch fremde Akzente erhalten. Sie wurde eine andere als in unserem verschneiten Norden. Drüben steht alles in gewaltigem Wachstum, man befindet sich mitten in der landwirtschaftlichen Tätigkeit; die Abende und Nächte sind wärmer als sonst im Jahr und erfüllt von Düften und vom Schwirren der sogenannten „Weihnachtskäfer". Es ist eine sehr „frohe" Weihnachtszeit! Winterliche Beschaulichkeit liegt ihr fern.

BRAUCHTUM IM ÜBRIGEN JAHR

Der Natur nach wird dieser Jahreszeit daher ein südamerikanisches Fest mehr gerecht, der *Karneval*. In Brasilien erlangte er eine besonders reiche Entfaltung. Doch den Deutschen sind karnevalistische Veranstaltungen beinahe fremd!

Fasnacht fremd

Der Karneval von Rio de Janeiro wurde weltbekannt. In der deutschsprachigen Bevölkerung faßte er kaum Fuß. Während die anderen sich bereits ab Neujahr in den Sambatänzen ergehen, ist in den deutschen Siedlungen keine Spur davon zu bemerken.

Als wir am 2. Jänner 1966 erstmals in Rio an Land gingen, überraschten uns schon im Hafenviertel die ersten Sambaaufzüge: Menschengruppen von 100 bis 200 Personen – im Höhepunkt auf Hunderttausende anwachsend – marschieren, oder besser, tanzen und tänzeln unter den dumpfen Schlägen aufreizender Trommeln in bunter Aufmachung und wie in verzückter Haltung die Straßen einher, fröhliche Rufe und Jubeltöne ausstoßend oder leichte Lieder singend und summend. Geigen und andere Instrumente mischen sich ein.

Zweifellos liegen in diesen Aufzügen sehr alte Elemente. Teilweise reichen sie bis in die Römerzeit zurück, in der bei diesen Festen den Sklaven besondere Freiheiten eingeräumt waren; teilweise entstammen sie mittelalterlichen Freizügigkeiten, die auf der Iberischen Halbinsel Gültigkeit hatten. Doch tragen sie zweifellos auch negroide Züge und erinnern an die Sklavenzeit: auch in ihr wurde im Fasching den Armen vorübergehend Erleichterung und Freizügigkeit gewährt und alten Vorbildern gefolgt.

Ich bin überzeugt, daß unsere Auswanderer diesem Treiben ziemlich verständnislos und unbeholfen gegenübergestanden sein dürften. Es war ihnen fremd. Daß es ihnen aber auch „fremd" blieb, daran hatte auch ihre Umwelt Schuld. Denn wie hätte sich in ihren entlegenen Rodungssiedlungen ein Sambazug aufstellen und durchführen lassen?! Diese Umzüge waren von vornherein auf städtische Siedlungsformen angewiesen und kamen daher für unsere Streusiedlungen kaum in Betracht. Doch als es auch in diesen Räumen Städte gab, dürfte in der deutschsprachigen Bevölkerung kein Nährboden für diese Veranstaltungen vorhanden gewesen sein. In den deutschen Städten stellten wir um diese Zeit auch heute eine beschauliche Stille fest.

Die strenge protestantische Einstellung zu den karnevalistischen Aufführungen, der sich ein großer Teil der deutschsprachigen Bevölkerung verhaftet fühlt, dürfte dabei mitgespielt haben.

Das Faschingsbrauchtum unter den Deutschsprachigen beschränkt sich auf die schon erwähnten Bälle. In den katholischen Gemeinden mögen mehr Bälle veranstaltet werden, und es wird innerhalb der Familie etwas „Schabernack" getrieben.

In den alttirolischen Siedlungen konnte ich am meisten Faschingsbrauchtum erfahren, aber eben auch nur größten Teils aus der Erinnerung alter Kolonisten –! Frau Lehrerin Grander † erzählte mir noch , daß kleine Burschengruppen auf die Einzelhöfe zogen und den „Spottjudas" aufführten. Dabei wurden in Versen, oft gesungenerweise und namentlich in Gstanzlform, die Einwohner des Hofes verulkt. „Es gab ein großes Gelächter, und die Gäste wurden mit Freuden bewirtet."
Mit einer Ziehharmonika wurde zum Tanz aufgespielt.
Vor vielen Jahren hatte man auch auf öffentlichem Platz unter begeisterter Teilnahme vieler Kolonisten „Dr. Eisenbart" und andere Faschingsstücke gegeben.
Mit der Pioniergeneration ging jedoch das Meiste dieser Faschingsbräuche unter; höchstens, daß zu einem Ball einige Maskierungen getragen werden –. Sollte sich diese Kolonie einmal dem Fremdenverkehr zuwenden, könnte sie zweifelsohne in der Wiedererweckung alten Brauchtums Anreize besitzen.
Die Donauschwaben erfreuen sich in diesen Tagen besonders begeistert am Tanze. Ihre Traditionsgruppen führen Volkstänze auf.

In den Städten treffen sich die Deutschsprachigen bei verschiedenen Tanzgelegenheiten und „Chops"; sommerliche Hitze tut das Ihre, den Durst zu steigern –.
Es ist ja Hochsommer, und überall wächst die erste Ernte heran.

Nun gibt es den bratscherão

Nach Weihnacht und Fasnacht folgt in unseren Kolonien der „*Bratscherão*". Er leitet die Maisernte und damit in vielen Fällen die Haupternte ein. Die Bezeichnung „Bratscherão" ist von einer Tätigkeit abgeleitet, welche während der Maisernte notwendig ist. Es handelt sich um das Abschälen der Kolbenblätter, wobei die letzten vier Blätter belassen und zusammengeknüpft werden, um den Kolben zum Trocknen aufzuhängen.

Diese Verrichtung wird in den Alpenländern „Bratschen" genannt, und es ist üblich, daß man sich nachbarweise aushilft.
Dies besorgt man auch in den Kolonien in der Regel am Abend, wobei die Hausfrau reichlich Essen und Trinken aufträgt und der Hausherr einen kleinen Tanz organisiert. Die Bezeichnung selbst ist eine typische Verbrasilianisierung eines durchaus deutschen Wortes.

PALMBUSCHEN, HEILIGGRÄBER, OSTERSPIELE

Am Palmsonntag, der dem *Ostersonntag* vorausgeht, zogen die Buben von Dreizehnlinden jahrelang mit ihren *Prangstangen* zur Kirche. Weil sie aber in der Kirche damit kindlichen Unfug trieben und die Andacht mit ihren heimlichen Auseinandersetzungen, welcher die größte und schönste Prangstange besaß, störten, hätten „die Schulschwestern diesen Brauch untersagt" und nur noch „Palmbuschen" gestattet. Solche fanden wir an vielen Häusern unter dem Giebel als Segens- und Abwehrzeichen aufgehängt. Sie waren mit bunten Bändern und Papierblumen verziert.
Ostern wird ähnlich wie bei uns gefeiert. Allerdings sind iberische Züge unverkennbar vorhanden.
In den katholischen Kirchen stehen *„Heiliggräber"* mit wahrhaft südländischem Temperament aufgemacht, welcher Aufmachung sich auch unsere Kolonisten anschlossen.
Wenn möglich, finden auch Prozessionen statt, während welcher lebende Bilder aus dem Leiden und der Verherrlichung Christi gezeigt werden. Berühmt wurden solche Vorführungen im malerischen *Ouro Preto* in Minas Gerais u. a. Doch bemühten sich auch deutsche Siedlungen um solche Aufführungen oder an ihnen teilzunehmen. In *Rio Pardo* von Rio Grande do Sul, um das sich viele Deutsche niedergelassen hatten, wurde ein geschnitzter Christuskörper in Lebensgröße, dessen Gliedmaßen verrenkbar waren, umgetragen. Man konnte mit ihm Szenen der Kreuzigung und Grablegung aufführen. Die Teilnahme an solchen Prozessionen und geistlichen Spielen war Ehrensache. Aus dem Archivbestand konnte ich ersehen, daß sich auch die Deutschsprachigen um solche Ämter und Rollen bewarben.

Die Mennoniten besitzen selbst ausgeprägte *Osterspiele*. Die Protestanten feiern am Karfreitag ihren höchsten Jahrestag.

Daheim gibt es am Ostersonntag in allen Kolonistenhäusern gekochte, *gefärbte Eier* oder leere Eierschalen mit „Erdnußdoce" gefüllt. Das ist eine aus Erdnüssen und Feigen verknetete Masse. Daneben schenkt man sich „Osterhasen aus Kuchenteig".
Auf Grund zahlreicher Umfragen war festzustellen, daß unsere Kolonisten beim Genuß dieser Speisen auch heute noch die Vorstellung haben, daß ihnen diese Glück und Segen bringen.
Dem Osterfest folgt der Buscherão.
Der *„Buscherão"* trägt die Bezeichnung nach dem ersten Vorgang der neuerlichen Feldbestellung, und diese ist wieder deutschen Ursprungs. Die Bezeichnung geht auf das deutsche Wort „Busch" zurück. Die Beseitigung des Sekundärwaldes, d. h. der Capoeira, heißen unsere Leute kurz „Buschen".
Auch beim Buscherão wird Nachbarschaftshilfe in Anspruch genommen und entsprechend mit Speise und Trank verdankt.
Im gemeinsamen Vorgehen bei der Arbeit wird auch eine Segenstat verstanden, welche zur Fruchtbarkeit beiträgt.

Fronleichnamsfest

Ein besonders schönes Fest bei den katholischen Siedlern ist das *Fronleichnamsfest*. Wir

haben es mehrmals erlebt. Alles ist auf den Beinen. Zuvor werden überall die Straßen gefegt, sodaß der Staub meterhoch aufwirbelt. Dann versieht man die Hauswände mit grünem Buschwerk.
Während Männer und Frauen hinter dem Allerheiligsten, das der Geistliche „unter dem Himmel" trägt, gingen, zogen die anderen Gruppen vor ihm, eine weise Aufgliederung der Lebensstände. Die Prozessionen bei den Lusobrasilianern wiesen diese strenge Ordnung nie auf; dort ging man mehr in Massen, ebenso in Peru, nicht aber in Pozuzo. (Siehe Farbbild 34)
Wo eine Musikkapelle vorhanden ist, begleitet sie den Zug mit geeigneten Märschen; der stets vorhandene Chor singt die Evangelien.
Ähnlich werden Statuen, welche die Lebensstände kennzeichnen, mitgetragen, als da sind: eine Schutzengel-, eine Aloisius-, eine Jungfrau- und eine Mutter-Anna-Statue. Selbst im Amazonasurwald von Pozuzo sah ich diese Tradition bis ins letzte beibehalten. In den deutschsprachigen Siedlungen wird auch „São João", das Sonnwendfest, in alter Tradition begangen; es fällt hier in die Winterwende. Überall lodern die Feuer auf. Ganz besonders feierlich schien uns das Fest von den Pommern gehalten zu werden. Da sprangen auch noch überall die jungen Paare über die zerfallende Glut und sah man ältere Leute Asche sammeln und für die Äcker mit heimtragen. (Siehe Abb. 47.)

Einwanderungstag; Bierfeste; die Freßkerb

Am 25. Juli wird der Einwanderungstag des deutschen Elements in Brasilien gefeiert. Ich konnte die Feier bereits im Bericht über Panambi ausführlich schildern.
Mit seinem Datum neigt sich das südamerikanische Jahr merklich dem Frühling zu. Gleichzeitig fallen aber auch wieder Ernten an. Nun kann die „Freßkerb" gefeiert werden. Von ihr war bereits mehrfach die Rede. Das Wort selbst ist dem Westdeutschen, vor allem hunsrückisch-pfälzischen Dialekt entlehnt.
Auch die Städter, die keine Ernte zu feiern haben, beteiligen sich an ihr mit großem Gaudium, gleichso auch an den „Bierfesten", auch „*Chopsfeste*" genannt, welche das „Münchner Oktoberfest" nachahmen und auf denen Alt und Jung, Weiß und Farbig „Trink, trink, Brüderlein, trink", „In München steht ein Hofbräuhaus" und viele Heimwehlieder singen. Es wurde mir oft bestätigt, daß diese Lieder die Zweisprachigkeit erhalten und Sprachinteressierte für die deutsche Sprache gewinnen.

Allerseelen führt Lebende und Tote zusammen

Allerheiligen und *Allerseelen* zeichnen sich durch ein ergreifendes Totengedenken aus. Es handelt sich um ein wahrhaft ehrliches Bekenntnis der Verbundenheit der Lebenden mit den Toten. Die Ahnenketten, in denen jeder selbst nur Glied ist, sind dem gesunden Kolonisten voll gegenwärtig. Die Gräber werden schön geschmückt, oft werden die Grabsteine oder -kreuze erneuert, und das ganze Friedhoffeld weist kein Unkraut mehr auf. Nach dem Kirchenbesuch und Libera verweilen die Familien lange vor den Gräbern im Gebet. Auch erlebte ich es, daß die Alten bei dieser Gelegenheit „ihrer Gräber in Europa" gedachten und still an der Hoffnung zehrten, daß der Tod alle Verwandten einmal wieder zusammenführen werde.

Aber auch jeder Sonntag wichtig!

Bei aller Wertschätzung dieses termingebundenen Jahresbrauchtums darf jedoch auch nicht auf den immer wiederkehrenden *Sonntag* vergessen werden! Von den verschiedenen geselligen Veranstaltungen, „Domingeiras", Clubzusammenkünften usw. war bereits die Rede. Sie sind alle letzten Endes vom Sonntag als kirchlicher Einrichtung ausgelöst worden. Die gemeinschaftsbildende Kraft des Sonntags ist gewaltig. Auch in den Kolonien. Daher darf hier auch an die köstliche Darstellung der Fahrt zum Sonntagsgottesdienst Alexander Lenards noch einmal erinnert werden. Sie ist durch einen Erlebnisbericht Pastor Hagenarks zu ergänzen, den Brepohl bei den Wolgadeutschen in Papagaios novos, Paraná, aufzeichnete: „Und wenn dann der Gottesdienstsonntag kam, nahm ich des Morgens um halbzehn ein riesiges Ochsenhorn und blies hinein und um dreiviertelzehn noch einmal, dann waren um zehn Uhr alle andächtig versammelt und der Gottesdienst konnte gefeiert werden."[285] Hernach entwickelte sich auf der Wiese um die kleine Kirche ein munteres Treiben.

Doch vor demselben sieht man wieder die Kolonisten die Gräber ihrer Anverwandten besuchen, soweit dieses möglich ist.

Dann allerdings setzt ein Begrüßen mit abraĉo, ein Händeschütteln, Schwatzen und Erzählen, aber auch Politisieren und Handeln ein und steht fest, daß die Kolonisten noch viel einsamer wären, gäbe es diesen Sonntag nicht –!

Der Kolonist kann dann auch mit dem festlich geschmückten Pferd und Wagen auffahren und darin seine hübschen Töchter zeigen. –

---

285 vgl. Ilg, Karl: Zur volkskundlichen Bedeutung des Sonntags. In: Zeitschrift für Volkskunde, 51. Jg. (1954), S. 196–208

DIE DIALEKTE

Bei der Darstellung der volkstümlichen Eigenarten können auch die Dialekte nicht übergangen werden. Von der schwierigen Situation der deutschen Schriftsprache war bereits an anderer Stelle die Rede. Die Dialekte haben in örtlicher und landschaftlicher Begrenzung eine große volkskundliche und volkstümliche Bedeutung.[286] Im engeren Verkehr nimmt der Dialekt bzw. nehmen die Dialekte eine völlig beherrschende Rolle ein!
In gewisser Hinsicht war dies auch schon früher der Fall gewesen. Unter sich sprach man immer schon, auch in den Städten und in den gebildeten Kreisen, im Dialekt. Das mochte „hinterwäldlerisch" anmuten; man kann es aber genauso mit Recht als „kernig, bodenständig oder selbstbescheiden" bezeichnen.
Doch war die Ausschließlichkeit nicht gegeben! Umgekehrt sind diese Dialekte allerdings der Mutterboden jeder Schriftsprache und auch die Voraussetzung zu deren Wiederbelebung.

Unter den Dialekten fanden wir nachfolgende besonders stark verbreitet: den *pommerischen*, den *sächsischen*, den *hunsrückisch-pfälzischen*, den *schwäbisch-alemannischen* sowie den *bairisch-österreichischen*.
Hauptgebiete des pommerischen Dialekts sind die Siedlungen um *Pelotas* und *Nova Hamburgo*, weiters auch Siedlungen im Serrabogen von Rio Grande do Sul sowie die Dörfer und Einzelhöfe um *Pomerode* in Santa Catarina und wieder um *Rondon* in Paraná und endlich im „Warmen Land" von Espirito Santo.
Sächsische Dialekte finden sich namentlich im Städtedreieck von *Blumenau, Joinville* und *Brusque*. Hunsrückisch-pfälzische Dialekte fanden wir um *São Leopoldo* und *Santa Cruz*, vor allem aber im Serrabogen von Rio Grande do Sul verbreitet sowie im Serragelände von Santa Catarina, desgleichen um Rondon und im „Kalten Land" von Espirito Santo. Schwäbische Dialekte stellten wir besonders ausgeprägt um *Panambi* in Rio Grande sowie in *Brusque*, in *Guabiruba* und in *Alcántara* in Santa Catarina fest und ebenso in diesem Bundesland in Dreizehnlinden, desgleichen noch um Entre Rios in Paraná. Bajuwarischen Dialekten begegnet man öfters im „Interior" von Santa Catarina, nicht zuletzt in *Ibirama* und in *São Bento*, wie auch in *Dreizehnlinden* und in *Tirol* im „Kalten Land" von Espirito Santo! Dieses und *Pozuzo* in Peru sind als besondere Enklaven bajuwarisch-österreichischen Dialekts zu bezeichnen. Hier kann man noch altartigen Dialektformen und Ausdrucksweisen begegnen, die in Europa schon verklungen sind. Diese Relikterscheinungen erklären sich ohne Zweifel durch die Abgelegenheit und Abgeschlossenheit der Gebiete.
Die Aufzählung der Verbreitungsgebiete kann jedoch nicht entfernt als vollständig bezeichnet werden. Vielmehr wären hier noch umfangreichere fachliche Untersuchungen notwendig! Hoffentlich setzen diese bald durch Fachleute ein.
Sie würden nämlich, wie ich glaube, neben aller gegenseitigen Verschiedenheit – welche bisher allein herausgestellt wurde – auch die Herausbildung von starken Übergängen zwischen den Dialekten und von Vermischungen ergeben. Sie dringen dem Volkskundler allenthalben ans Ohr! Er ist allerdings nicht berufen, die ihm begegnenden Erscheinungen von Grund auf zu untersuchen und zu erklären.

---

[286] Brepohl, Friedrich Wilhelm – Fugmann, Wilhelm: Die Wolgadeutschen im brasilianischen Staate Paraná, S. 58. Stuttgart 1927

NEUSTAMMBILDUNG

Ich möchte aber diese Entwicklungen im Hinblick auf eine gewisse „Neustammbildung" nicht unerwähnt lassen. Die Kolonien sind ohne Zweifel einer solchen unterworfen. Sie ist naturgemäß.
Ihre wesentlichste Erklärung und Begründung finde ich in folgenden Umständen: Die Dialektträger wurden vielfach gemischt angesetzt. Ja schon auf den Auswandererschiffen kamen häufig mehrere Dialektgruppen zusammen. Dies führte in beiden Fällen zu Bekanntschaften. Bei der Untersuchung vieler Pfarrbücher stellte ich fest, daß sich entweder schon auf den Auswandererschiffen oder bald nach der Seßhaftmachung Paare trauen ließen, deren Teile aus verschiedenen Ländern und Dialektgebieten stammten.

Aus vielen Stämmen zu einer neuen Schicksalsgemeinschaft zusammengefügt

Der Zug in die Fremde und das neue Schicksal ließen die in der alten Heimat gültigen Barrieren ohne Bedenken überspringen.

Beim weiteren häufigen und ohne große Ressentiments getroffenen Ortswechsel fand dieser Vorgang seine Fortsetzung. Dann noch einmal in der Brautschau, bei der schon sehr früh aus Vermögensabsichten, aber auch aus biologischen Überlegungen heraus (welche dem Bauernstande immer schon vertraut waren) weit in fremde Landschaften ausgegriffen wurde. Das gilt auch für die Stadtbewohner!
Auch die Ritte über Land und kriegerische Einsätze unserer Kolonistensöhne führten zu Bekanntschaften über große Entfernungen hin, desgleichen Handelsbeziehungen.
Endlich nötigte nicht selten auch das Verhalten der Kirchen zur Brautschau außerhalb des engeren Ortsbereiches, namentlich wenn in diesem keine oder nur wenige Gleichgläubige vorhanden waren.

Neue Sprachformen halten Einzug

Sehr stark tritt die Neustammbildung auch im *Gebrauch fremdsprachiger Wörter* und in deren Umbildung zutage.
Dieser Gebrauch erklärt sich durch die Notwendigkeit, die Bezeichnung fremdländischer Pflanzen, Tiere, Sachen und Einrichtungen aller Art übernehmen zu müssen, da für diese keine deutschen Bezeichnungen zur Verfügung standen.
Dies war in Südamerika in außerordentlichem Umfang der Fall! Nicht nur Klima, Boden, Pflanzen und Tiere waren anders, auch die Wirtschaftseinrichtungen, Behandlungsarten, Techniken usw. Dieser Umstand muß in seiner ganzen Tragweite gesehen werden, um zu begreifen, wieviel fremde Ausdrücke von vornherein in die deutschen Dialekte Eingang fanden und sie charakterisieren. Doch sind auch die deutschen Wörterneubildungen nicht zu überhören!
Zunächst schien uns nachfolgende Betrachtung ein Einzelfall zu sein. In Pozuzo wurde der Cujabaum, dessen Früchte bzw. Fruchtschalen sich in mannigfacher Weise zu Trink- und Hohlgefäßen formen und gebrauchen lassen, von den Tirolern offenbar frühzeitig in seiner Nützlichkeit entdeckt. Doch hatten sie vermutlich in ihrer besonderen Abgeschlossenheit lange Zeit nicht seinen einheimischen Namen erfahren. Daher gaben sie ihm selbst einen solchen, nämlich den Namen „Pumplbaum". Unter Pumpeln versteht man im tirolischen Oberinntal Glocken, wie sie den Kühen um den Hals gebunden werden und wie sich solche auch die Maskenträger um den Bauch gürten. Die Cujafrüchte sehen genauso aus, sodaß die neue Bezeichnung durchaus treffend war.

Unerwartet viele Neubildungen in deutscher Sprache

Alsdann konnten wir jedoch erkennen, daß solche Namengebung keineswegs eine Einzelerscheinung war, sondern daß vielmehr eine große Zahl neuer deutscher Namen geschaffen wurde und daß sich unsere einfachen Kolonisten dabei sehr schöpferisch betätigten.

Oberacker[287] stellte auch – verdienstvollerweise für Brasilien – eine ganze Reihe solcher neu geprägter deutscher Wörter fest, woraus hier nur eine Auswahl gebracht werden kann.

Als solche Ausdrücke seien genannt: für tatu – „Schuppenschwein", für lontra (Fischotter) – „Wasserhund", statt anu – „Kuhvogel" (weil er das Ungeziefer vom Kuhrücken fortpickt), für tucano – „Pfeffervogel", für urubu – „Aasvogel", für araponga – „Waldschmied", für pica-pau (Specht) – „Baumpicker", für den bösen Feind der Maisäcker, den caruncho – „Miljebock" (Ameise), für verschiedene andere Ameisen – „Blattschneider, Schlepper, Kampochsen, Saubermacher, Regenameisen, Wanderer", für cupim (Termite) – „Erdlaus" usw.

Neben den Tierbezeichnungen wurden auch solche für Pflanzen erfunden: für ateiro – „Affenbeerbaum", für umbu – „Käsbaum", für timbauva – „Wollbaum", für capim elefante –„Negergras", für tucum –„Zwiebelgras"; auch reizende Blumennamen gibt es, z. B. „Puppenaugen, Mittagsblümchen, Elfuhrblume, Königin der Nacht" u. ä.

Selbstverständlich schufen unsere Kolonisten auch eigene Namen für ihre Geräte und Arbeitsmethoden. Anstatt foice wird „Buschsichel" gebraucht; es gibt die „Milhomaschine", die „Pflanzmaschine", die „Reis-, Farinha- und Teemühle". Wir vernahmen von der Zuckerrohrpresse und vom Tabakofen.

Anstatt „Interior" spricht man von Hinterland. Der caixeiro viajante ist der „Musterreiter", die Syphilis ist als „Schlechte Krankheit" bekannt. Die Neger werden im Süden „Blaue", in Espirito Santo „Grüne" bezeichnet.

Die Bezeichnung „Hinterland", aber auch andere sind sogar in den brasilianischen Sprachschatz eingegangen und existieren dort als Lehnwörter.

In weit größerem Umfang wurden jedoch von unseren Kolonisten Ausdrücke fremden Sprachgutes übernommen, die eine gewisse „Neustammbildung" mitformten.

Bereits Lehnwörter

Doch verwenden unsere Leute nicht nur fremde Ausdrücke in ihrem täglichen Umgang, sondern sie haben auch schon viele derselben zu echten Lehnwörtern erhoben und empfinden sie als ihren deutschen Sprachbesitz.

Wir haben uns in Brasilien eine ganze Reihe solcher notiert und konnten sie nachträglich mit Fausel übereinstimmen. Da war es etwa das „Armazem" (Gemischtwarenhandlung), dann die „Venda" (Handlung, Landgasthof), die „Drogeria" (Drogerie), die „Livraria" (Buchhandlung), die „Loja" (Laden), welche Wörter dem Neuankömmling sofort in die Ohren fielen und von ihm durchaus als deutsche Lehnwörter empfunden werden mußten, ebenso weiters: die „praça" (Platz), das „municipio" (Stadt), die „vila" (Dorf), die „praia" (Strand), die „serra" (Gebirge), der „monte" (Berg), desgleichen viele landwirtschaftliche Ausdrücke wie das „terreno" (bäuerlicher Landbesitz), die „fazenda" (Gutshof), die „granja" (kleiner Gutshof), die „picada" (Schneise), die „roça" (Rodung, Acker), die „plantage" (Ackerland), der „campo" (Weideland, Step-

---

287 Oberacker, Karl Heinz: Neuschöpfungen der deutschen Sprache in Brasilien, Staden-Jahrbuch, Beiträge zur Brasilienkunde, Band 5, 1957, p. 175 bis 183

penboden), der „mato" (Urwald), die „capoeira" (Sekundärwald). Hinsichtlich der Verkehrsausdrücke spricht kaum ein Deutschbrasilianer von einer Brücke („ponte"), einem Fluß („rio"), einer Straße („rua, estrada"), von einem Omnibus („ônibus"), einem Lastwagen („caminhão"), einem Maultier („mula"). Genauso ist von keinem Gefrierhaus („frigorifico"), keinem Schwimmbad („piscina") die Rede. Anstatt Bier hört man „cerveja", noch mehr „chop". Der „abraço" ist bei der Begrüßung ebenso selbstverständlich wie der Abschiedsgruß „até logo". Im Haus suchen wir selbstverständlich die „sala" (Saal, Stube), die „cama" (Kammer), in der Küche begegnen wir der Universalbezeichnung „late" (Büchse, Hohlgefäß) und so weiter.

Neben Fausel[288] haben sich Friedrichsen (1878), Oberacker, Kuder, Porzell, Loew und Bossmann in der Erforschung des Deutschbrasilianischen besonders verdient gemacht. Schon Friedrichsen machte neben der Übernahme von Lehnwörtern auch auf deren teilweise Umbildung[289], etwa durch Versehen der Wörter mit deutschen Endungen und durch andere ähnliche Vorgänge, aufmerksam. Zu diesem Zweck brachte er ganze Erzählungen zur Darstellung und machte in ihnen den Gebrauch dieser Wörter plausibel.

Fremde Wörter werden von den Deutschen verformt

Viele Kurzgeschichten gewähren einen hervorragenden Einblick: „Der Kascheer (Caixeiro, Handlungsdiener) in einer Fazendaloja (das ist ein Schnittwaren-Manufakturenladen) geht mit der Charute im Munde aus, beauftragt, Ausstände zu cobrieren (cobrar, einkassieren), über die empfangenen Summen Quittungen zu passieren (passar, ausstellen) und mit den einkassierten Beträgen nach der Alfândega (Zollamt) zu gehen, um dort einige Waren zu ‚dispachieren'. Da ihm die Charute ausgegangen ist, geht er in eine ‚Venda', um sich Phosphoros zu kaufen (Reibhölzer, meist mit Phosphor). Der Vendist hat kein Trock (troco, Kleingeld zum Wechseln), er kauft daher noch etwas Fum (fumo, präparierter Tabak) und Palje (palha, Maisstroh) zu Cigarren, dazu. Schließlich nimmt er noch, für ein paar ‚Ventin' Doss (doce, süßes Gebäck) für das Kind seines Prinzipals mit. Bei der Rückkehr ins Geschäft übergibt er zuerst das ‚recibo' von der Alfândega und fragt dann einen eintretenden deutschen Käufer nach dessen Wünschen. Derselbe verlangt Casimir (Tuch), Bajett (baetta, baetilha, Flanell) zum Futter für den Ponsch (poncho), Meskle (mescla, Baumwollzeug) und chita (kattun, Zitz). Der Käufer fragt: Wieviel kostet die Kowe (o côvado, männlich, die Elle), findet den geforderten Preis natürlich zu hoch, erhält aber zur Antwort, billiger kann die Ware nicht verkauft werden, schon der geforderte Preis ‚läßt' (deixa) sehr wenig Nutzen."[290].

Beim Anhören der deutschbrasilianischen ebenso wie der pozuzinischen Redeweise

---

[288] Fausel, Erich: Die deutschbrasilianische Sprachmischung. Probleme, Vorgang und Wortbestand. Berlin 1959
[289] Es wäre in diesem Zusammenhang daran zu erinnern, daß auch in Europa mit dem Eindringen neuer Kulturpflanzen aus Amerika ähnliche Vorgänge verbunden waren. Die Bezeichnungen erfuhren auch vielfache Abwandlungen in den deutschen Dialekten. Vgl. Martin, B.: Die Namengebung einiger aus Amerika eingeführten Kulturpflanzen in den deutschen Mundarten. Gießen 1963. Beiträge zur deutschen Philologie, Band 25
[290] Friedrichsen, Ad.: Wie der Deutsche in Südbrasilien spricht, Koseritzkalender 1878, S. 74–80

hatten wir uns immer wieder an die gleichen, zuvor in den Tredici Comuni und Sette Comuni, also in den deutschen Sprachinseln in den italienischen Südalpen, gewonnenen Eindrücke erinnern müssen. Auch andere Sprachinseln weisen diese für sie typischen Wesenszüge in der Sprachformung auf, nämlich altartige Relikte, Neuformen und vermischte Wörter, welche aus unserer Sprache bzw. aus zwei Sprachen stammen.
Auch unsere Kolonistensiedlungen Südamerikas stellen solche „Sprachinseln" dar, welche, vom Gesamtvolkskörper abgeschnitten – in unserem Falle abgewandert –, zu einem charakteristischen Eigendasein verpflichtet sind.
Ebenso wie die deutschen Kolonisten im fremden Land sprachschöpferisch wurden und sich fremde Ausdrücke aneigneten, so haben sie auch Dichter und Schriftsteller hervorgebracht, die die innige Verbindung mit der neuen Heimat dokumentieren und der eben erwähnten Neustammbildung Ausdruck verleihen.[291] Doch kann von ihnen hier nicht weiter die Rede sein; ihre Darstellung würde ein eigenes Buch füllen!

---

[291] Ilg, Karl: Das Deutschtum in Brasilien. Eckartschriften. Heft 68. Wien 1978, S. 100

SCHLUSSWORT

Es wird unsere Aufgabe in Mitteleuropa bleiben, sich all dieser Entwicklungen bewußt zu werden und für sie Verständnis aufzubringen. Aber auch zu begreifen, daß trotz aller milieu- und geschichtsbedingten Eigenentwicklungen in Südamerika, allem voran in Brasilien, als dem ersten und stärksten von deutschsprachigen Menschen besiedelten Land – und von diesem in die spanisch sprechenden Länder des Subkontinents übergreifend – in großen Inseln noch viele Traditionen aus dem alten Europa – den Trägern derselben bewußt und unbewußt – lebendig sind!
Indem ich ihnen nachspürte und sie zu begründen versuchte, wurde mir auch die Brückenfunktion unserer ausgewanderten Deutschen klar, welche an beiden Ufern gepflegt und in völkerverbindender Weise weiter ausgebaut werden sollte.
Wir wollten hier im besonderen auch den volkskundlichen, den ethnologischen Erfahrungsschatz aufzeigen und ihn mit den geographischen und geschichtlichen Vorgängen in Verbindung bringen, wodurch entscheidende Entwicklungen ausgelöst wurden und Bestand behielten.

Anschrift des Verfassers:
Univ.-Prof. Dr. Karl Ilg, Direktor des Instituts für Volkskunde (Europäische Ethnologie) an der Universität Innsbruck, Innrain 52a, Tirol, Österreich

REGISTER

Ortsregister

Acatuba 124
Achental 163
Acobamba 166
Aguas Blancas 172
Aimore 101
Alcantara 265
Alpbachtal 82
Alpen 53, 191, 193
Alsace 73
Alte Pikade 47
Alto 124
Amazonas 20
Amur 120
Andelsbuch 164
Antwerpen 163
Aparecida 254
Argentinien 15, 29, 30, 46, 234
Asambuju 254
Au 89
Augsburg 165
Auhagen 119
Azoren 15

Babenberg 82, 85
Baden 243
Bäckerstraße 73
Bär 73
Bage 119
Bahia 18, 22, 24, 25, 26, 41, 152
Balkan 110
Banat 111
Barias das Sedas 101
Barra do Garcia 121, 158
Bassos 98
Batschka 111
Bayern 20
Belem 20
Belo Horizonte 124, 146, 156
Berlin 124
Bingertal 140
Bings 91
Blumenau 66, 70, 71, 124, 195, 231, 235, 265
Boa Vista da Estrela 50
Böhmerwald 53, 75
Boluquara 98
Bom Fine 47
Bom Gardin 100
Bom Jardin 47
Boqueirao 120
Brasilia 235
Brasilien 14ff, 16, 17, 19, 22, 23, 24, 25, 28, 31, 34, 39, 41, 42, 46, 63, 191
Bregenz 20
Bregenzerwald 82, 164
Bridel 162

Brixen 20
Bruck 162
Brüdertal 99
Brusque 66, 72ff, 195, 231, 234, 265
Bukowina 75, 99
Burglahr 162

Caceres 157
Cai 55
Callao 165
Cambe 104
Campinas 137
Campinho 143
Campo Alto 63, 118
Campos Gerais 119
Carambei Castrolandia 121
Carazinho 124
Carlos Pfannl 115
Castro 99
Caxias do Sul 51
Chapecó 62
Cerro de Pasco 161
Coimbra 24
Colatina 152
Colonia Alema 126
Colonia Austria 81, 101, 248, 260
Colonia Velha 126
Concordia 100
Corredeira 101
Costa Machado 101
Cristobal 179
Cruz-Alta 61, 124
Cruz-Machado 100
Cruz do Sul 124
Cruzeiro do Sul 81
Cuchuras 179
Cuiaba 157
Curitiba 18, 77, 96ff, 99, 101, 195
Curitibanos 78

Deutschland 20, 26, 29, 32, 34, 39, 42, 111
Diamantino 159
Dillenburg 19
Dois Irmaos 47
Dollfuß 85
Dona Ema 74
Dona Francisca 69, 72, 76, 233
Dornbirn 177
Dos Sinos 55
Dreizehnlinden 80ff, 88ff, 217, 227, 241, 265

Eberfeld 124
Ebro 14
Eifel 32, 53, 162
Elfenau 62

271

Elsaß 111
Encalitado 100
Enneberg 162
Entre Rios 85, 90, 98, 109ff, 114ff, 232, 241
Erechim 80ff, 124, 215
Erlangen 68
Erval 47
Esperanca 100
Espirito Santo 26, 131, 135, 141, 247
Estrela 47ff, 48
Eydtkuhnen 98

Farinhatal 147
Fazenda de Padre Eterno 47
Feliz 47
Fichtelgebirge 53
Fiecht 163
Florianopolis 66
Foz do Iguacu 125
Frankental 26, 41
Freiburg 15, 20, 24
Fulpmes 144

Garcia 68
Gertrudes 98
Getulio Vargas 124
Gleba Arinos 157, 158
Gnadental 119
Göttingen 26
Gramado 32, 51, 231
Gravatai 55
Gschnitz 168, 174
Guabiruba 265
Guaira 122
Guanabara 139
Guarba 55
Guarapuava 109
Guarauna 98
Güstrow 27
Gurgltal 154

Häring 162
Haiming 162
Hallein 203
Hamburg 27, 165
Harz 53, 68
Hays 98
Homberg 17, 18
Hortencio 47
Huacho 166
Huancabamba 164
Huanuco 174
Hunsrück 32, 39, 42, 53, 162

Iacui 55
Ibirama 73, 265
Ibirapuera 126
Ijui 124
Imst 154
Independencia 100
Ingelheimertal 140
Innsbruck 154, 162

Ipiranga 24, 25
Iracema-Straße 100
Iraty 100
Iscozacin 179
Itajai Mirim 72
Itapiranga 124
Itapocu 99
Itapui 81
Itarare 101
Itu 137
Itupava 73
Ivoti 45

Jammertal 32
Jaragua 73
Joacaba 80, 124
Johannisdorf 98
Joinville 66, 72ff, 73, 231, 265
Juiz de Fora 139ff, 154

Kaffeeschneis 32, 47
Kaltern 21
Kanada 119
Kappl 85
Kassel 102
Kaukasus 120
Köhler 98
Konstanz 20
Kraueltal 119
Krim 120

Lagos 98
Lajeado 50
Lajes 66
La Merced 172
Lana 51
Landeck 162
Landsberg 218
Lapa 99
Lawrence 98
Leutasch 162
Lima 162
Linha Nova 47
Linha Parana 100
Linha Pineal 85
Linha Velha 73
Lissabon 24
Logoa dos Patos 30
Londrina 103ff
Lorena 73
Luxemburg 20
Luzern 98

Maastricht 19
Manaus 160
Mangerahy 146
Maranhao 20
Marburg 124
Mariental 98
Maringa 121
Marzelino Ramos 124
Mato Grosso 49, 121, 157ff

Matrei 162
Maynas 20
Mayro 179
Mayrofluß 161
Mecklenburg 27
Menk 73
Mercedes 124
Mieming 144, 194
Minas Gerais 154
Moema 98
Mondai 78
Montalverrie 47
Montenegro 57, 124
Moriz 156
Morro Redondo 257
Mosel 32, 53, 162
Moseltal 140
München 124
Münnerstadt 26
Munde Novo 47

Namibia 99
Navis 162
Neu-Danzig 102
Neu-Holland 19
Neuwürttemberg 61, 62
Nova Friburgo 15, 26, 41, 43, 139, 197
Nova Hamburgo 30, 45, 231, 235, 265
Nova Petropolis 47, 231
Nordböhmen 75
Nürnberg 17

Oberinntal 141
Oberösterreich 82, 111
Obsteig 162
Odenwald 53
Österreich 10, 16, 20, 22, 29, 75, 111, 131
Österreicher-Schneis 47
Olinda 128
Orgelgebirge 16
Oroya 171
Ouro Preto 262
Oxapampa 170ff

Palcazu 162
Palmeira 98, 124
Panambi 62, 231, 265
Papagaios novos 98, 264
Paraguay 46
Paranà 18, 36, 49, 95ff, 101, 135, 247
Paranagua 17, 18, 95
Pardo 55
Parelheiros 126
Passo Fundo 124
Passo Rosario 27, 45
Pellado 98
Pelotas 30, 45, 231, 265
Peperi 62
Pernambuco 18, 156
Peru 161ff, 211, 229
Peterstraße 73
Petropolis 139ff

Pfalz 42, 53
Pfeifer 98
Pfunds 162
Picadacaia 47
Piratuba 124
Pitztal 154
Polen 75
Polling 162
Pomerode 73, 231, 265
Pommern 53, 75
Ponta Grossa 98
Porto Alegre 30ff, 58
Porto de Guimaras 47
Porto do Cachoeiro 142
Porto Feliz 78, 137
Portugal 14, 24, 25, 196
Pozuzo 115, 144, 161ff, 229ff, 265
Preußen 53, 243
Prusia 167
Puerto Rico 49
Pugas 98

Quabiruba 73
Quarenta e Oitu 47
Quatorze 47
Quatro Colonias 47
Quellental 101
Quero-Quero 98

Rankweil 80
Rattenberg 80
Recife 19
Rhein 162
Rheinland 53
Rio 15, 16, 22, 23, 25, 26, 31, 135, 139ff, 260
Rio Arinos 157
Rio Capivari 65
Rio Claro 137, 159
Rio Doce 26, 152
Rio Grande 30
Rio Grande do Sul 15, 21, 29ff, 32, 34, 38, 39, 54, 57, 63, 66, 135, 227, 231
Rio Iguacu 121
Rio Incu 142
Rio Itajai 68
Rio Negrinho 77
Rio Negro 74, 75, 95
Rio Paraná 95
Rio Paranapanema 121
Rio Pardo 243, 262
Rio Peixe 78
Rio dos Sinos 65
Rio do Sul 78
Rio Tres Forquilhas 66
Rio Uruguay 78
Roland 102
Rolandia 83, 104, 124
Rondon 123ff, 265
Rosengarten 85
Rußland 63

San Amaro 126
San Bonifacio 124

273

San Miguel 254
San Pedro de Alcantara 65, 66
San Ramon 170
San Salvador 156
Santa Catarina 49, 64ff, 66, 78, 135, 195, 231
Santa Cruz 47, 69, 167, 195, 231, 265
Santa Isabel 142
Santa Leopoldina 142
Santa Maria 143, 151ff
Santa Maria de Solidade 47
Santa Rosa 124, 179
Santo Angelo 47
Santos 24, 126
Sao Bento 75ff, 76, 77, 151ff, 231, 241, 258
Sao Felipe 17
Sao Joao Batista 21, 46
Sao Laurenco 47
Sao Leopoldo 15, 30, 39, 41ff, 43, 44, 45, 47, 54, 65, 194, 231, 235, 265
Sao Miguel 21
Sao Paulo 24, 31, 34, 45, 95, 126ff, 135, 137ff, 195
Sao Pedro 155
Sao Sebastiano 18
Sao Sebastiao do Cai 57
Sao Vicente 17
Seefeld 162
Serado 159
Serra do mar 18, 75
Serra Negra 100
Serra Santa Barbara 159
Seso 179
Sete Quedas 122
Sibirien 73, 120
Silz 162, 182
Sinimbu 37, 248
Slawonien 111
Soares de Souza 27
Soledade 124
Solothurn 98
Sorocaba 137
Spanien 25
Südtirol 82
Sumatra 103
Syrmien 111

Schleswig 73
Schmirn 162
Schwabenschneis 32, 47
Schwarzwald 53, 111
Schwaz 162
Schweiz 10, 15, 20, 21, 29, 131, 146, 147
Schweizertal 140
Schwendberg 162
Stams 163
Stans 163
Steiermark 82
Straubing 18
Stubaital 146
Stuttgart 165

Tangera 91
Tannenwald 32, 248

Taquari 55, 96, 98, 231
Tarma 172
Taschkent 120
Taunus 53
Tavares 98
Terra Nova 103, 107ff, 121
Teutonia 48, 57
Texas 51
Theodoro 156
Ticliopaß 171
Tirol 53, 80, 92, 96, 111, 143ff, 209, 242, 265
Tittmoning 152
Toledo 123ff
Torres 45, 65, 66
Tovar 71
Travessão 47
Tres Barras 85
Treze Tilias 80ff
Trombude 124

Ubatuba 17
Ucayali 161
Ukraine 28, 120
Ulm 18
Ural 120
Uruguay 29, 30, 78, 119
Utrecht 18

Val Canaan 152
Vahrn 204
Velha 68
Vera Cruz 17
Victoria 100
Victoria-Straße 100
Videira 82, 94ff
Vila Velha 109
Villa Rica 170ff
Vinschgau 154
Vitoria 141
Vogesen 53
Volders 155, 242
Vorarlberg 53, 111
Vorderösterreich 111

Wald 162
Waldheim 119
Wallis 190
Wattens 162
Westerwald 162
Westfalen 124
Westfalental 140
Wien 16
Wildschönau 81, 82, 86
Witmarsum 118ff
Witzenhausen 103
Wolfiswyl 127
Wolga 29, 97
Wolhynia 101
Württemberg 243

Xingu 20, 61

Zams 162
Zug 98

Namensregister

Abeck, Helmuth 99
Abegg 124
Abel, Wilhelm 199
Adler 165
Albach 99
Alfons, Märtyrer 254
Altenburger, Toni 92
Altpeter, H. 34
Andrada e Silva, José 24, 26, 28
Anna, hl. 54
Antonina, v. 95, 96
Antonius v. Padua 254
Aoilez, de 24
Arbigaus 95
Arend 124
Arke 95
Arnt 55
Asperger, Sigismund 21
August v. Sachsen 128
Aulich, Werner 96, 102, 107

Bach 99
Bachleitner 165
Bachler, Hans 93
Bär 73
Barbedo, Luiz 128
Bardenmann 123
Barling 95
Bartels 142
Barth, Willy 123
Bastian 143
Bauer 99, 165
Baumann, Josef 197
Baumann, Ricardo 170
Becher 99
Beck 18
Becker 55, 95, 124, 156
Beckmann, Lydia 48
Behaim, Martin 17
Belaunde 182
Belcci, Aloysius 20
Benedikt, hl. 76
Benesch, L. 82, 84, 202, 240
Benignus 22
Bernauer 129
Berthold 123
Betendorf, Johann 20
Bisegger, Hanns 9
Blau, Josef 76
Blumenau, Hermann 68, 69, 71
Bock, Alois 154
Bock, Peter 61
Böhm, Johann 21, 28
Böhmer, Antonio 147
Boesche 27
Böse 123
Boettger, Eduard 170
Bold, Hans 118
Bonifazius, hl. 134
Bonmann 124

Bopp, Georg 42
Bossmann, Reinhold 100, 268
Botcher, Andreas 69
Brage, Ney 118
Branco, Castello 130
Braumann, Franz 176
Braun, Franz 177
Braun, Otto 137
Breine, Clementine 135
Breitenbrunn 77
Brentano, Karl 20
Brepohl, F. 119, 264, 265
Brepohl, W. 98, 247
Breyer, Wenzel 20
Brüggemann, Emma 79
Brüggemann, Richard 79
Brugger 51
Brunner, Walter 9
Bucher, Carl 177
Buchi 147
Buchmann, Michael 50
Burkhardt 123
Bussler 124
Buzaid, Alfredo 48

Cabral, Pedro 17
Calogeras, Pandia 22
Canet, Jayme 118
Cao, Diego 17
Carneiro 55
Cassia 89
Casten 95
Castilla 161
Caxias 56
Christensohn 99
Closs 124
Coelho, Duerto 18
Concalves da Cruz, Antonio 141
Costa de Silva 241
Coutinho, Vasco 141

Da Costa, Pacheco 150
Da Rocha Netto, Munhez 114
Darrehofer 143
De Cancela, Rita 120
Dechandt 99
Decke 71
Decke, José 64
Degen 145
Delhaes-Günther, Dietrich 48, 54, 55, 56, 61
De Lima, Tomaz 41, 46
De Mello Freyre, Gilberto 34, 186
Dengler 135
De Paula Soares, Francisco 66
Dhein, Karl 61, 79
Diehl 55
Diener, Walter 123
Doblander 165
Doldt 143, 146
Dopke 124
Dormien, Ursula 133
Dresch 93

Drexler, Alfonso 259
Dunke 124
Dupouy, Walter 164

Eberle 51, 99
Egg 144, 165
Egg, Josef 162, 163, 164, 165, 166, 167, 168, 169, 174, 175, 176
Egg-Schuler, Agostino 178, 180, 181, 182
Ehrlich 124
Eichendorf 77
Eichhorn, Bernd 164
Eidam 123
Eisendle 165
Elfers, Albert 113
Elisabeth II. 73
Emmerich 95
Ender, Thomas 139
Enders 95
Entres, Gottfried 65
Erdunger 123
Erndl 9, 150
Ertl 114
Escher 124
Eschwege, Wilhelm v. 139
Essenfelder 129

Faulhaber, Hermann 61, 62, 79, 80
Faulhaber, Walter 62
Fausel, Erich 268
Fehrle, Eugen 192
Felder, Franz 163
Feldmann, Philipp 42
Ferbot 95
Ferdinand v. Ulm 17
Ferreira da Silva, José 68, 69
Fetz, Albert 89
Ficker, Carlos 75
Fidelis, hl. 145
Figueredo, Iao 130
Filbinger 114
Filip 123
Fill, Herbert 91, 92
Firnberg, Hertha 9
Fischer 165
Fleißner, v. 164
Flores, José 68, 69
Fochintz 124
Foeger 165
Foerg, Eduard 182, 183
Fois 95
Fontes, Hermann 68
Fouquet, Karl 9, 18, 22, 40, 41, 65, 73, 95, 132, 136, 138
Francisca, Carolina 23
Frank, Elisabeth 99
Franke, Rudi 62
Franz I. 16, 22, 25
Franz II. 16
Franz, Leonhard 204
Frega 124
Friedenreich, Alma 69

Friedenreich, Clara 69
Friedenreich, Minna 69
Friedenreich, Wilhelm 69
Friedrich Heinrich v. Oranien 19
Friedrichs, Karl 57
Friedrichsen, A. 268
Fritz, Samuel 20
Fröhlich 9
Frösch, Max 113
Fröschle, Hartmut 22, 40, 69
Fugmann 96, 101, 247
Funke, Alfred 51

Gärtner, Reinhard 69
Gamilschegg, v. 81
Gappmaier, Josef 116
Gasse 143
Gasser, Hanns 173, 178
Gauss-Weidenheim 111
Geier, Friedrich 69
Geisel, Amalie 48
Geisel, Arlando 48
Geisel, August 48
Geisel, Bernardo 48
Geisel, Ernesto 48, 118, 187
Geisel, Henrique 48
Gennep, Arnold v. 256
Georg, hl. 254
Gernhard, R. 75
Gerstäcker, Friedrich 161, 166
Giesen-Nagel, Martha 150
Gilles 143
Glaim 143
Glaser, Roberto 119, 120
Glatzl 156
Gneisenau 21
Görgen, Hermann 29, 30, 96, 141
Goerres 165
Goller, Herbert 177
Gorte 99
Gottardi, August 175
Graber 155
Graber, Consolata 80
Grabher, Rudolf 101
Grabherr-Meyer 102, 260
Graefe, Iris 233, 234
Grander, Ella 86, 89, 240, 261
Grander, Josef 89
Granich 124
Grannemann 95
Grebert 154
Greil 144, 150
Grein 95
Gremser, Gustav 142, 150
Grimm, Jakob 219
Gritsch 165
Gritsch, Franz 155
Grömann 156
Gruber 115
Gruber, Franz 260
Gruber, Peter 88
Gstir 165, 167

Guebert 95
Günther, Hans 254
Guse 124
Gustavsohn, Agosto 170
Gutmann 129

Haas, Franz 132
Habsburg 16
Hacke 95
Hagele 156
Hagen, Victor v. 206
Hagenark 264
Haller 165
Hansen 73, 124, 129
Harbach, Rainer v. 9, 87, 90, 100, 114
Hardt 99
Hartmann, Karl 97
Haselwanter 165
Hassener 124
Hassinger, Jorge 170
Hau 95
Hauer 129
Hausberger, Gabriel 86
Hausberger, Maria 89, 90
Heberle, Johann 50
Hechenberger 165
Heid 153
Heidinger, Enrique 170
Heidinger, José 170
Heimerl, Stefan 163, 166
Heisler 129
Helbach 18
Helbok, Adolf 53, 198
Heller, Otto 133
Helmel, Frido 114
Helmer 144
Henschel 73
Hering 123, 129, 210
Hering, Annemarie 71
Hering, Bruno 70
Hering, Hermann 70
Herpich 124
Hesse, Heliodor 18
Heydenreich 129
Heydt 138
Hieblinger, José 148
Hilgenberg 99
Hillebrand, Johann 45
Hilti, Richard 93
Hinkelday 73
Hinner, Rudolf 81
Hirn, Ferdinand 53
Hitler, Adolf 128
Hladik, Theodor 116, 150
Hochscheid 165
Hölzel 128
Hörhan, Eduard 65
Hörmann 174
Hörmann, Ludwig v. 163
Hoffmann 107
Hoffmann, Erich 69
Hollanda, Arnual v. 18

Holtz, Harald 177
Holzmann 99
Holzmeister 143, 144, 146
Hort 95
Hosp 165
Huber, Josef 258
Humboldt, Alexander v. 161, 162
Hundertpfund, Rochus 20

Ilg Karl 9, 15, 22, 31, 34, 40, 47, 63, 69, 71, 72, 77, 78, 92, 94, 98, 102, 111, 113, 123, 138, 155, 161, 173, 178, 188, 190, 193, 202, 203, 212, 214, 222, 228, 229, 231, 234, 237, 241, 242, 243, 244, 245, 254, 264, 269, 270
Innitzer 111
Ipfelhofer, Luis 175
Isenberg 124
Isenhagen 124

Jacques, Norbert 17
Jäger 165
Jäger, Friedrich 42
Jahn 143
Jahn, Adalbert 49
Jakob, José 71
Januaria 23
Jansen 18, 71 73, 120, 121
Jansen, Robert 159
Jenewein 155
Joao VI. 15, 22
Joao Carlos 23
Johann VI. 22, 24, 196
Johann, Christoph 167
Johannes, Märtyrer 254
Johnscher 129
Josef, hl. 165, 175, 254
Josef II. 110
Jungeles 95
Jurk 99
Justus 99

Kable, Maria 192
Kadletz, Theodor 18
Käfer, Nelsido 90
Kapeller 165
Karl VI. 110
Katan 142
Katharina II. 97
Kautzky, Robert 143
Keler 156
Kelkert 123
Keller, H. 32, 66, 123
Kellner, Paul 69
Kelmer, Josef 155, 242
Kempf, Hildegard 106
Kempf, Nikolaus 105
Kempfer 124
Kertschmer, Bruno 79
Kessler, Herbert 9, 91
Kinzl, Hans 175, 176, 177
Kirchschläger, Rudolf 183, 184
Kirsch 124

277

Kistenmacher 124
Klasen, Karl 130
Kleine 9
Kleine, Theo 132
Kleinwächter, Justin 133
Klemens 95
Klitzke 124
Klotz, Ernst 93
Kneip, Oskar 146
Knösel, Daniel 127
Knösel, Kornelius 127
Koch 165, 173
Koch-Weser, Erich 102, 103, 104, 106
Köhler 99
Koeler, Julius 140
Koelin, Arno 79
Kohlhepp, Gerd 29, 69, 72, 129
Kohlmann, Andreas 69
Kohlmann, Christine 69
Kohlmann, Johanna 69
Kohlmann, Maria 69
Kolumbus 17
Kopper 124
Koren, Hanns 204, 257
Krabe, Friedrich 62
Kräutler, Erich 20
Krall 165
Kramer 165
Krantz, Anna 65
Kratz 165
Kraus 95
Kraus, Leopold 170
Krug 124, 127
Kruse, Michael 128ff, 134
Krutsch 99
Kuder 268
Kühlmann, Albert 127
Kühnrich 129
Kümmel, Daniel 42
Küng, Johann 87, 89, 91, 92
Kuhlmann, Gustav 62
Kuhn 95
Kunsebach, E. 69, 72
Kuss 85
Kutter, Francisco 122

Lacerda de Werneck, Frederico V. 114
Lampeas 95
Lamprecht 165
Landau 156
Lang 114
Lange 143
Langsdorff, Georg v. 139, 197
Lantschner, Hadrian 143, 145
Laske 124
Laßberg, P. v. 57
Leffel 95
Leh, Mathias 90, 112, 113, 114, 116, 117, 118
Lenard, Alexander 74, 264
Leopold, hl. 42, 47
Leopoldine 16, 21, 22ff, 23, 24, 25, 26, 42, 137, 144, 196, 236

Letsch 123
Lichtenberger, Jakob 116
Liner 144
Lindner 204
Lins, Christoph 18
Lins, Sebald 18
Lippes 21
Lobitzberger, Hubert 182
Löst 123
Loew 165, 268
Loew, Ulrich 62
Lohse, Hermann 123
Lohse, Ida 123
Losquie 95
Luck 95
Ludewick 95
Lüttich 143
Luther 102

Maack, Reinhard 65, 107
Maak, Heinrich 124, 125
Maak 77
Magalhaes, Joao de 15
Maier, H. 105
Mair 165
Mairhofer 165
Mangels 129
Maria Luise 23
Maria II. v. Portugal 23
Maria Theresia 22, 110, 111, 114
Marianne v. Habsburg 21
Markgraf 99
Martin, hl. 254
Martin, B. 268
Martius, Karl 139
Marx 145
Marzenkowsky 124
Maschke, Joao 101
Matallana, E. 168
Matt, Paul 164
Maurer 165
Mayer 77
Mayer, Andreas 42
Mayer, Lothar 177
Mayer, Max 177
Medger-Hamerla, Ruth 112
Medizi 130
Meister, Johann 17
Menk 73
Metternich 24, 25
Metz 124
Meusburger 101
Meyer, Otto 129
Meyer, R. 61
Miller 95
Misch, Kaspar 20
Mischek, Elisabeth 76
Mitterhofer 155
Moeller 18
Möller 156
Mohr, Josef 260
Mohr, Michael 112

Moog, Hans 42
Mores 95
Moritz v. Nassau 18, 19, 20, 25, 196, 205
Moro 114
Moser, Bernhard 89
Muehlenbruck 170
Müller 124, 129, 143, 165
Müller, Daniel 139
Müller, Ernst 61
Müller, José 170
Müller, Karl 124
Müller, Michael 96
Mueller, Manuel 170
Münster, Hieronymus 17
Müßigang 165
Mummelthey, Walther 79
Munk, Anton 155
Munk, Margarete 155

Napoleon 22, 23
Narke 124
Natal, Laudo 126
Natterer, Johann 139
Nauck, Ernst 142, 150
Naumer 95
Nehring 123
Nelson de Genna 34
Nering 124
Neufeldt, Günter 126
Nickel, Mathias 150
Nienholdt, Eva 239
Niesing 99
Nixdorf 123, 129
Nixdorf, Oswald 83, 85, 103, 105, 106, 218

Oberacker, H. Karl 16, 17, 18, 19, 20, 21, 22, 23, 26, 27, 48, 58, 69, 137, 193, 194, 196, 198, 200, 204, 205, 245, 247, 251, 267, 268
Oberdanner 165
Obrist, Hans 163
Obry, Olga 22
Otoni, Teofilo 156
Ott 99

Pahr, Willibald 132
Pambo, Rocha 20
Pappenheim 19
Paucke, Florian 21
Paula, Maria 23
Paulinelli 118
Pauls, Peter 119, 120, 121, 135
Pedro 16, 22, 23, 24, 25, 26, 27, 46, 66, 68
Pedro II. 13, 45, 54, 56, 57, 65, 67ff, 72, 96, 97, 99, 103, 112, 139, 140, 141, 142, 236, 255
Pergager 154
Perret, Jakobus 20
Peters 156
Petry, Leopoldo 49, 132
Pezzei, Johann 175, 176, 177, 178
Pfaffendorf, Daniel 69
Pfeil, Konrad 20

Pfurtscheller 144, 146
Picano 23
Pies, Wilhelm 19
Pixius 95
Pletz 95
Pobz, Wilhelm 42
Pohl, Johann 139
Pointl, Franz 90, 92
Pombo, Rocha 96
Porto, Aurelio 14, 15, 16, 26, 33, 34, 41, 42, 44, 46, 47, 48, 49, 58, 66, 193, 202, 205, 251, 253
Porzell 268
Prajon, Kurt 71
Prantl 165
Presbach, Friedrich 42
Preuß 143
Pridarolli, Giuseppe 69
Prior, Fritz 9
Prudente 101
Prüser, Friedrich 103

Quessen 95
Quetem 95

Raffl 165
Rainer 144
Rambo, P. 30, 132
Ramelow, H. 56
Ramos, Agostinho 68, 69
Randolf 165
Randolf, Delfina 183
Rasch, Ignaz 42
Raspe 124
Rath, Karl 127
Rau, Ludwig 43
Rauen 95
Rauscher, Carl 182
Rehs, Michael 34, 186
Reichert, Theodor 127
Rein 99, 143
Reitmeyer, Johannes 86, 90
Renaux, Carlos 72, 129
Renaux, Guilherme 72
Renner, A. 58, 129, 238
Renner, Johann 165
Renters 124
Ribas, Manuel 102
Richter, Heinrich 20
Riemer, Friedrich 69
Riese 123
Ritscher, Julius 69
Ritschner 124
Rizzoli, Angelika 194
Robert, Gernhard 73
Rochus, hl. 254
Rockenbach, Rosa 89
Rodovico, Theo 217
Rößler 73
Rofner 93, 165
Rohracher 9, 111, 161
Rolfe 95

279

Romer 124
Rommel 114
Rotermund, Fritz 132
Rückert 77
Ruhr 95

Saake, Guilherme 33, 38, 39, 49
Sabote 95
Sailer 165
Salomon 124
Sandl 95
Sarmento, Morais 41
Sauer 95, 124
Sauser 73
Sebastian, hl. 149
Seek 165
Seith 143
Sepp, Anton 21, 46
Sepp, Gabriel 21
Setubal, Paulo 22
Sienplisel 18
Siller 144
Sollentin, Franz 69
Sommer, Friedrich 126
Souza, José 26
Sulzbach, Hans 42
Supitz 124

Schadelbauer, Karl 169
Schäfer 77, 146
Schäffer, Georg 25ff, 26, 27, 41, 42, 74, 156, 196, 197, 202
Schafferer 168, 174, 175
Scharff 124
Scharnhorst 21
Schaumann, Gustav 127
Schauren, Michael 50
Schauss 165
Scheffer 156
Schefflent 124
Scheid 95
Schelle, J. 218
Schemitz 95
Scherer 95
Scherer, Augustin 163, 164, 174
Scherer, Michael 128
Schifferli, Leopold 127
Schilling, Jacques 42
Schlieper, Gustavo 102, 105
Schlösser 129
Schluckenbier 95
Schmaus, José 170
Schmidl, Ulrich 18, 79
Schmid-Tannwald, K. 175, 176
Schmid, Wendelin 182
Schmidt 129, 177
Schneeburg, v. 72
Schnitzlein, Hans 130
Schoder, Alois 84, 215, 217, 218, 220
Schöpf 144, 163, 164, 165, 167, 174, 175
Schongenhauer 123
Schrappe, Oskar 138

Schröder 72
Schrott 165
Schubert 95
Schuck 95
Schüler, Hermann 22
Schüler, Jakob 79
Schueler, Karl 202
Schütz-Holzhausen 161ff
Schug 124
Schulz 95
Schulz, Elias 148
Schuschnigg, Walter v. 81
Schwantes 121, 158
Schwarz 77
Schweig 124
Schweigl 165

Staden, Hans 17, 18, 65, 95, 204, 217
Stadler 165
Stadler, Christobal 170
Stadler, Martin 170
Stark 73
Stark, Franz 85
Starker, Alois 162, 174, 175, 182
Staud 165
Stefan 112
Stein 143
Steinen, Karl v. 61
Stock, Georg 112
Stockschneider 95
Stöckl, Franz 152
Stolz, Otto 190, 193, 203
Stresser 95
Strigl 165
Stumpf, Alois 42
Stutzer, Gustav 49

Tacitus 192
Thaler, Andreas 80, 81, 83, 84, 86, 89, 92, 93, 103, 112, 227, 240
Thaler, Gottfried 93, 116
Theremin, Wilhelm v. 139
Theresa, hl. 254
Thibes 95
Thielmann 142
Thomes 146
Thomes, Camillo 90, 150
Timpe, Heinrich 50
Tochtrop, Leonardo 94
Tollinger 146
Tostes 156
Träsel, Albert 50
Trautmann 124
Treffner, Franz 154
Treyer, Johann 20
Tromer 95
Troppmaier, Karl 133
Tschofen 164
Tschudy 26, 137
Tuelli 135
Tuppy 9

Überlinger 165, 166

Uhlig, Otto 53
Ulmer, Ferdinand 53, 163
Unfried 165
Ustarbowski, Joao 148

Valentin, Ferdinand 17
Van Eye 123
Varnhagen, Francisco 127, 134
Vaz, Antonio 19
Veigl, Franz 20
Vergueiro 137
Vogt 124
Vranitzky 9

Wagner, Michael 175, 176, 177
Waitzel 156
Walcher 144, 165
Waldheim, Kurt 90
Wallnöfer, Eduard 9, 88, 92, 182
Walser 165
Wandrowsky 124
Warm 143
Wasner 165
Webber 95
Weber 123
Weber, Friedrich 81
Wegermann 62, 79
Weiser, Lily 256
Weiss 77
Weiszflug 129
Weit 165
Wellens 95
Wendland 123
Werm, Josef 112
Westreicher 165
Wetter, Peter 114
Wettstein 73
Wichert 99
Wiederin 164
Wieland, Lothar 110
Wilde 124
Wilhelm 128
Wilhelm, Valentin 42
Wilmsen 124
Wisbark 95
Witte, Hans 27
Witting 165, 229
Wohlgemuth, Jakob 76
Wolf 18
Wopfner, Hermann 53, 203

Zangl 177
Zerrenner 129
Zimmer 124
Zimmermann 87, 113, 115
Zimmermann, H. 73
Zimmermann, Karl 42
Zipperer 129
Zipperer, Anton 76, 77
Zipperer, Carlos 77
Zipperer, Georg 77
Zipperer, Josef 76, 77

Zoller 165
Zonal 182
Zweig, Stefan 139, 140

Sachregister

Abwanderung 149
Abwehrkräfte 255
Ackerbau 82, 200ff
Agregado 30
Ährenleserinnen 163
Akademiker 127
Allerseelen 263
Anbaupflanzen 200ff
Anerbenrecht 123
Araukarie 38, 48, 75, 76, 83, 110
Arbeitsgeräte 197, 202ff
Archive 124, 162, 181
Asado 211
Ausstellung 58
Aussteuer 244
Autowerke 131
Avvocados 201
Azorianer 15

Backofen 208
Badenser 142
Ball 252, 254
Bananen 52, 145, 152, 168, 201
Bandeirante 96, 126
Bank 130
barfuß 239
Batida 213
Bauweise 38, 40, 214ff
Bayer 152
Beeren 201
Begräbnis 247ff
Bekenntnisse 108, 133, 148, 186
Belgier 142
Benediktiner 163, 174
Bergkaffee – siehe „Kaffeeanbau"
Besiedlung 14ff
Bergindianer 181
Biedermeier 239
Bier 57, 117, 127, 213
Bierfeste 263
Binnenwanderung 157
Blinddarmoperation 174
Blockflur 197ff
Bohnen 36, 57, 98, 117, 145, 200, 209
Borajudos 29
Botokuden 65
Brandwirtschaft 199
Bratscherão 261
Brauch 243ff
Brauchtum 37ff, 86, 121, 153, 243ff
Brautpaar 165
Bretterhütten 218
Brot 36, 208
Brücken 169, 179
Buger 64, 70

281

Buscherão 262
Buschmesser 203
Buschsichel 36

Caboclos 36, 52, 104, 122
Cachaca 211, 213
Campo 29, 95, 109ff
Capanga 159
Capoeira 35, 145, 199
Caritas 159
Chimarrão 212
Chopfeste 263
Christbaum 38, 258
Churrasco 211
Club 251, 252; siehe auch „Klub" und „Vereine"
Coca 168

Denkmäler 24, 47, 127, 136, 170, 251
Deutschbrasilianer 62, 85, 133
Deutsche 16ff, 32ff, 46ff, 67ff, 95ff, 102, 123, 126ff, 156
Deutschunterricht 89ff, 150
Dialekte 265ff
Diamanten 159
Diaspora 187
Dielenstadel 234
Domingueira 251, 263
Donauschwaben 109ff, 157
Donauschwabenstil 227ff

Egge 204
Elektroindustrie 131
Einfamilienhaus 235
Einraum 218
Einwanderung 15ff, 136
Einwanderungstag 263
Einzelhöfe 151, 153, 191
Eisen 30
Eisengießerei 19
Engländer 103
Entdeckungszeit 16ff
Entwicklungshilfe 18ff, 68, 87, 88, 183, 187
Erbfolge 244
Erbrechte 53, 123, 244
Erdnüsse 37, 57
Ernährungsweise 208ff
Erosion 147, 148
Erstkommunion 256
Erzeugnisse 57

Fabriken 43, 51, 61, 71, 73, 93, 101
Fachwerk 38, 217, 231, 232
Fakturei 41
Farinhamehl 147
Fasnacht 86, 260, 261
Fasching 260, 261
Fazendeiro 29, 104, 110, 157, 193, 198
Feijoada 209
Feldfrüchte 36
Firmung 256
Fleischvermarktung 181, 198

Flurformen 191ff, 197ff
Flurküchenhaus 227
Foice 203
Franzosen 142
Frauenkleidung 239ff
Fremdenlegion 141
Fremdenverkehr 71, 77, 93
Freßkerb 211
Friedhof 40, 73, 77, 127, 148, 152, 174, 195, 248, 258
Fronleichnamsfest 262
Früchte 200
Fußboden 232

Gastfreundschaft 73, 144
Gasthof 71, 93
Gaucho 29ff, 152
Gauchotracht 237
Gebet 254
Geburt 255
Geflügel 210
Gelbfieber 64, 68, 158, 165
Gemeinschaftsbetrieb 82
Gemüseanbau 37, 57, 151, 197, 210
Genossenschaft 79, 111, 112, 121, 180, 182; siehe auch „Kooperative"
Geräte 202ff
Gerberei 43, 45
Gerste 116
Getränke 212ff
Getreide 63, 171
Gewannflur 198
Glocken 225
Goethe-Schulen 135
Gold 159, 172
Gottesdienste 255
Grabkreuz 174
Großgrundbesitzer 30, 67, 68, 69, 105
Grundstück – siehe „Lose"
Gründerzeit 235
Guano-Monopol 161
Gummiplantage 158
Gurken 201

Hackbau 35, 199
Hacke 204
Handwerk 58, 71, 101, 127
Hanf 41, 57
Hans-Staden-Institut 132
Haue 204
Haufendörfer 34, 195
Haufenhof 233
Hausformen 38, 152
Hazendero 198
Hazienda 180
Heeresaufbau 21
Heilige 254
Heiliggräber 262
Heilkräfte 255
Herd 221
Herrgottswinkel 223, 229
Herz-Jesu-Fest 147, 178

282

Herz-Jesu-Feuer 86
Herz-Jesu-Missionare 162
Hessen 142
Heydtsches Reskript 43, 56, 61, 75, 97, 137ff
Hilfsschulen – siehe „Schulen"
Hilfsverein 166
Hirseanbau 120
Hochkamp 109ff
Hochzeit 164, 211, 244ff
Hofformen 114, 232ff
Holländer 18ff
Holzschlapfen 239
Honig 57
Hose 238, 239
Hühnerfarm 151
Hühnerfleisch 210
Hüttenwerk 132
Hunsrücker 39, 162
Hut 238

Indianer 21, 46, 50, 64, 79, 96, 141, 158, 167, 171, 172
Indio 166, 171
Industrie 30, 45, 47, 50, 57ff, 61, 70, 77, 101, 129ff, 187
Inka 172
Inselberge 31
Institute 132, 135
Integration 185ff, 236
Interior 40, 78, 85, 102
Italiener 51, 61, 78, 80, 94, 102, 103, 112, 123, 152

Jahresbrauchtum 258ff
Japaner 102, 103
Jesuiten 20ff, 43, 108, 141, 159, 167, 212

Käse 210
Kaffeeanbau 104, 144, 146, 150, 152, 168, 170, 200, 212
Kaiserreich 25
Kamillianer 175
Kamp 109ff, 157
Kapuziner 143, 145, 146
Karner 163
Karneval 260, 261
Kartoffel 31, 37, 200
Keller 232
Kerb 38, 252
Kirche 134
Kirchweihfest 38, 252
Kleidung 237ff
Klima 29, 96, 159, 237
Klub 133 – siehe auch „Club" und „Vereine"
Kolchose 111
Koloniemuseum 181
Kolonisationsbedingungen 42
Kolonisierung 14ff
Kolonistenheilige 254
Kolonistenschuppen 43
Kolonistenwagen 206
Kommune 180
Konfessionen – siehe „Bekenntnisse"

Konfirmation 256
Kopftuch 239
Kooperative 113, 121 – siehe auch „Genossenschaft"
Krämerladen – siehe „Venda"
Kraut 210
Kredite 159
Kriege 45, 50, 144, 168
Krippe 258, 259
Küche 221, 224, 225
Küchel 209
Kulturverein 90ff, 132, 178
Kulturzentrum 150

Lama 171
Landarbeiter 30
Landeskunde 17
Landnahme 191
Landwirtschaft 196ff
Landwirtschaftsschule 114ff
Laninger 165
Lebensbrauchtum 255
Leder 43, 45, 57
Lehrer 89
Lose 49, 83, 103, 158, 194
Luso 85, 198, 238
Lutheraner 151
Luxemburger 142, 148

Machete 203
Mais 36, 37, 57, 86, 87, 98, 168, 200, 208
Malaria 64, 68, 158
Maniok 31, 36, 145, 147, 168, 200
Männerkleidung 237ff
Marienheiligtum 143
Marmelade 93, 210
Massendörfer 195
Mate 98, 212
Matriarchat 172
Maulesel 200, 207
Maultiertroppa 173
Medizin 19, 177
Mehrhof 233
Melonen 37, 201
Mennoniten 62, 63, 118ff, 135, 159
Mestizen 181
Milchwirtschaft 36, 87, 98, 120ff, 170, 181, 197
Milhomaschine 57, 205
Minifundos 35
Mischkolonien 57, 62
Mission 20
Missionare 20ff, 100, 162, 178
Mittelflurhaus 227
Mittelstand 68
Möbel 77
Molkerei 87, 91, 197
Monokultur 19, 87, 150, 152, 196ff
Moselländer 148, 162, 165, 167
Moskitos 29, 36
Mühle 208

283

Museum 43, 72, 136, 143, 162, 181, 255
Musikkapelle 86, 93, 146, 241, 242, 252

Nachbarschaft 249ff
Nahrung 208ff
Naturalwirtschaft 36
Neger 96
Niederösterreicher 148
Nikolausnacht 86

Obstbau 197
Obstgarten 94
Odyssee 162
Ofen 223
Orangen 201
Orangenwein 213
Orden 20ff, 43, 108, 141, 143, 145, 146, 162, 163, 174, 175
Ostereier 86
Osterspiele 262
Österreicher 22ff, 47, 51, 75, 99, 111, 127, 148

Paarhof 77, 233
Palmbuschen 262
Palmsonntag 86, 150
Pampa 29
Paßhöhe 171
Paten 249
Pergel 51
Pfahlbau 217
Pferch 233
Pferd 200
Pflug 204
Planalto 31, 49
Plantage 35, 158, 161
Polen 103, 110
Pommern 148, 151
Poncho 238
Portugiesen 14ff, 39, 103, 128, 141
Potreiro 35, 198
Prangstangen 262
Preußen 144, 166, 170
Primiz 211, 257

Quadras 195

Rauchnacht 260
Realteilung 53
Religion 40
Reihendörfer 195
Reis 36, 37, 57, 117, 168, 200
Reisebeschreibung 21
Reitpferd 207
Responso 175
Rheinländer 148, 162, 165, 167
Riegelwerk 217
Roca 36, 50, 52, 80, 122, 191, 198
Rodung 37, 48, 82ff, 124, 191ff
Roterde 103, 104, 159
Rum 169
Russen 110
Rußlanddeutsche 85, 97ff

Sachsen 142, 148
Sage 176
Sägeindustrie 77, 110
Sala 222, 230, 236
Salon 187, 222, 252
Sattel 58, 207
Sekundärwald 35, 145, 199
Seidenraupenzucht 102
Seife 43
Selbstversorgung 36, 196
Selige 254
Sense 36
Serra 29ff, 78, 94, 157
siedeln 38
Siedlungsformen 34ff, 40, 55, 191ff
Siedlungsgeschichte 41ff
Silber 161
Sippe 244
Sitte 243ff
Sklaven 41, 154, 200
Soldaten 27
Söldner 27ff, 45
Sonntag 263, 264
Sonnwendfest 263
Spanier 20, 103, 128
Speis 232
Sprache 265ff
Sprachinseln 190, 269
Sprachprobleme 32ff, 39ff, 135, 177, 265ff
Sudetendeutsche 175ff

Schlangen 36, 50, 64, 143, 145, 210
Schmiere 210
Schnaps 57, 213
Schneise 73, 103, 151
Schulen 34, 89ff, 100, 127, 134, 146, 150, 156, 177, 178, 183
Schulfeiern 253
Schützen 251
Schwabenkinder 163
Schweinezucht 36, 57, 86, 200
Schweizer 15ff, 41, 142, 147, 148
Schwerindustrie 130

Städte 39
Steinhaus 152
Steppe 119
Sternsinger 260
Straßendörfer 30
Streckhof 233
Streusiedlungen 68, 194
Steyler Missionare 100, 108, 143, 144, 174
Stube 222
Stubenofen 223

Tabak 47, 57, 168, 200
Tanz 152, 251, 252
Tauffeier 255, 256
Tee 201
Textilien 30, 57, 70, 131
Tiger 145

Tiroler 51, 80ff, 103, 142ff, 154, 155, 161ff, 168ff
Tomaten 201
Totenbrauchtum 247ff, 257, 258
Totenbretter 77
Totengedenken 263
Tracht 148, 172, 178, 237ff
Tradition 37, 71, 77, 86, 99, 187
Trauung 256
Trockenfleisch 57, 212
Typhus 79, 167
Tschechen 103

UNESCO 159
Union Austria 176, 177
Universität 43, 71, 96, 100
Unruh 229
Uranvorkommen 131
Urwald 31, 48, 84, 141, 144, 147, 158, 175, 191ff
Urwechselwirtschaft 199

Venda 30, 36, 39, 145, 151, 193, 195, 249, 250, 252
Veranda 220
Vereine 30, 34, 41, 51, 55, 72, 76, 79, 90, 99, 100, 105, 127, 132, 133, 146, 156, 166, 176, 177, 178, 180, 241; siehe auch ‚Club" und „Klub"
Verkehrsmittel 206ff
Verlagswesen 45
Vermischung 187
Verwaltung 139
Viehspende 91
Viehwirtschaft 36, 87, 118, 121, 170
Villa 235
Völkerverständigung 160
Volkskunde 17, 37ff, 190ff.

Volksmedizin 210
Volksnahrung 208ff
Volkstanzgruppe 240, 241
Vorarlberger 81, 85, 101, 162, 165
Votivbilder 254

Wagner 58
Waldhufendorf 38, 151, 194
Wanderarbeiter 163
Wassernot 152
Wasserreis 30
Wehrdörfer 45, 97
Weihnachten 38, 86, 258ff
Weihnachtspyramide 259
Weihnachtsspiel 260
Weinbau 57, 82, 87, 94, 213
Weizen 30, 57, 63, 97, 117, 168, 200
Werbetätigkeit 25ff, 98, 158, 163, 164
Werkzeug 175
Wettermantel 59
Winter 145
Wirtschaftsformen 35ff, 86ff, 191ff
Wohnformen 38, 55, 214ff
Wolgadeutsche 97ff, 117
Wolle 57

Xarque 212

Zaunformen 199, 234
Zebu 151, 152
Zeitungen 127, 133, 137, 140
Zelgen 199
Zopf 172, 239
Zopftracht 239
Zuckerrohr 19, 57, 66, 168, 200
Zuckerrohrschnaps 211, 213
Zusammenfassung 185ff

Karl Ilg
Pioniere in Argentinien, Chile, Paraguay, Venezuela
Durch Bergwelt, Urwald und Steppe erwanderte Volkskunde der deutschsprachigen Siedler.
320 Textseiten, 47 Farbbilder, 19 Illustrationen, 4 Karten am Vorsatz, lam. Pappband

Aus dem Inhalt

I. Teil: Auf Erkundung der Geschichte und Gegenwart

Venezuela
Venezuela, Welserkolonie von 1528 bis 1556 – Die Entstehung von Tovar 1843 – „Schenkung" und Konsolidierung – Zwischen beiden Weltkriegen – Gründung Turens 1951 – Die Herkunft dieser Siedler und die Zukunft der Kolonie.

Chile
Die ersten Deutschen unter den Konquistadoren – Eunom und Amandus Philippi – Karl Anwandter und Perez Rosales – Die „1848er" – Das zweite deutschsprachige Siedlungsgelände um Osorno und der Vorstoß in den Urwald zum See Llanquihue – Als Siedler Zillertaler, andere Österreicher und Schweizer – Die Akademikerschübe nach Mittelchile – Die Lage des Deutschchilenentums heute.

Argentinien
Das „Wintermärchen Bariloche" und die Entstehung der „argentinischen Schweiz" – Pforzheimer in „Paso Flores" – Schweizer gründen Esperanza – Die Wolgadeutschen als Begründer der argentinischen Kornkammer – Der argentinische „far west"; im Anfang „Brasildeutsche" – „Mate, Tung und Zitrusfrüchte" – Der Raum von Cordoba und die deutschsprachigen Zweitsiedlungen in der Sierra – Das Sommermärchen „Cumbrecita" – Das deutschsprachige Buenos Aires – Der Beitrag der deutschsprachigen Wissenschaft, Kunst und Technik.

Paraguay – Uruguay
Von Fray Mentos bis Neu-Berlin – Die erste deutschsprachige Kolonie am Lago Bernardino und Nueva Germania – Schwerpunkt Hohenau – Die deutschen Chaco-Krieger – Kolonisation in Ostparaguay – Das österreichische Carlos Pfannl und Sudecia – Die grandiose Kultivierung der „grünen Hölle" durch Mennoniten – Ausblicke.

II. Teil: Volkskunde der deutschsprachigen Kolonisten in Argentinien, Chile, Paraguay und Venezuela

Siedlungsweise – Wirtschaftsformen – Ackerbau und Viehzucht – Die Genossenschaften – Die landwirtschaftlichen Geräte – Die Verkehrsmittel – Die Volksnahrung – Bauen und Wohnen – Die Siedlertracht – Sitte und Brauch – Nachbarschaft und Familienbindung – Andere Gemeinschaften – Erbfolge, Aussteuer und Hochzeit – Begräbnissitten – Sitten im Jahresablauf – Zusammenfassung.

Personen- und Ortsregister

Aus Pressestimmen:
„In Text und Bild berichtet der Autor über die Geschichte und Geschicke der deutschsprachigen Kolonisten, über ihre Siedlungs- und Lebensweise, über ihre wirtschaftliche und kulturelle Situation. Dabei versteht er das Ergebnis seiner Beobachtungen als einen Beitrag zum ‚Brückenschlag zwischen der Neuen und Alten Welt', der das gegenseitige Geben und Nehmen zwischen den Menschen und Völkern fördern soll. In seiner allgemeinverständlichen Sprache ist dieses faktenreiche und recht anschauliche Buch für alle Leser von 15 Jahren an gut geeignet." Das Neue Buch, München

„Das wissenschaftlich fundierte Buch ist spannend zu lesen wie ein abenteuerlicher Reisebericht, der uns die Schicksale von ca. 3,5 Millionen deutschsprachiger Menschen – Österreicher, Schweizer, Deutsche aus dem Reichsgebiet und aus den Nachfolgestaaten – nahebringt." Die Presse, Wien

Tyrolia-Verlag Innsbruck – Wien

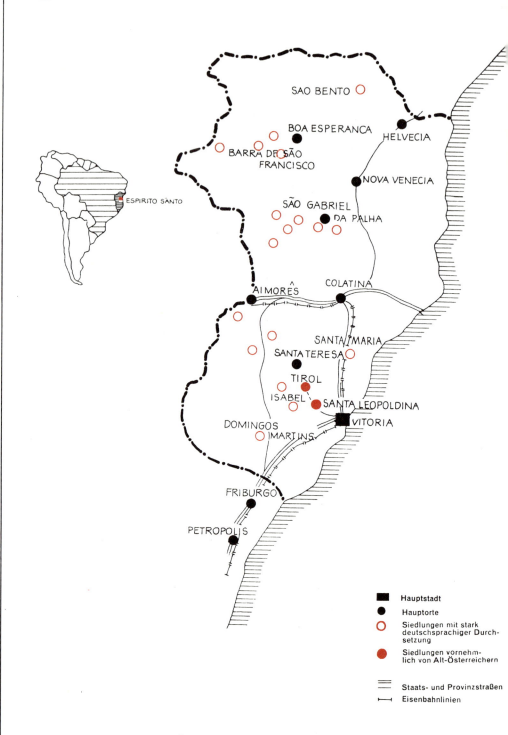